徹底反復研究会叢書 ③

子どもの集中力を高める
帯タイムで徹底反復
おび

著　徹底反復研究会 中国支部
監修　陰山英男

中村堂

「徹底反復研究会叢書」発刊にあたって

　私が学級担任をしていたとき、日々さまざまな実践をしてきました。漢字や計算のみならず、社会や理科、音楽や体育まで、いろいろなことにチャレンジしてきました。そうした実践の中で、ある一定のコツのようなものをどの実践にもエッセンスで入れることによって、非常に大きな教育効果が得られるようになってきました。

　そのコツとは。
「決められたことを単純な方法で、徹底的に反復する」－そのことに尽きたのです。
　やるべきことは限られているので多くはありません。やるべき基本的なことを徹底的に反復させます。その学習が定着してくると、その瞬間から子どもたちは私の予想を超えて伸びていきました。そして、子どもたちが主体的に学ぶように変わっていきました。

　一方、反復の重要性はどんな場面でも強調されていますが、実際には2、3回繰り返されるだけで終わってしまい、徹底的にやりきるまではなされていませんでした。反復を徹底的に行うことは意外とやられていなかったため、子どもの劇的な成長が極めて限定的なレベルまでしか見られなかったのです。そのため、子どもの成長は、私が徹底反復の指導によって見た劇的な成長ではなく、一般的に言われる、「子どもレベルのもの」と軽く見られるようになってしまったのです。

　言いたいことは一つ。反復ではない。"徹底"反復なのです。

　私が徹底反復学習を実践してきた以降、多くの教師によってさまざまな場面で応用され、多くの子どもの成長を生み出してきました。
　私は、徹底反復の指導の具体を明らかにすることによって、新しい時代の新しい可能性を、その実践の中から提案していきたいと思うようになりました。

　そしてこのたび、私が代表を務める、まさしく、この徹底反復学習を日々の教育実践に取り入れ活動している研究団体、「徹底反復研究会」に所属している教師たちが、新しい可能性につながる実践を書籍にまとめ、シリーズとして発刊する運びとなりました。
　一つ一つの実践の中に貫かれる徹底反復の哲学。多くの方がこの本からそれを学んでいただけることを願っています。

2014年4月1日　徹底反復研究会代表　陰山英男

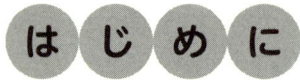

　私は、広島県のとある小学校に在籍させていただいている普通の教師です。

　最近クラスや学校で気になっていることは、学力の低い子が増えていることです。公立小学校では昔からよくある話だと思いますが、学級崩壊がクローズアップされだしてから顕著になってきているように感じます。一度学級崩壊を起こし、担任不在の状態が続いたクラスでは、プリント学習が続くため、当該学年の学力が身につかない場合が多々あるからです。そのような状態で、次の学年に上がった学力の低い子は、果たして授業を満足に受けることができるでしょうか？おそらく、基礎学力を補充しながら進めていかなければ難しいと思います。また、学級崩壊を経験したことがない学年でも、前年度の学習を取りこぼし、授業についていくのが難しい児童が幾人かはいることと思います。

　そこで我々が注目しているのが、帯タイムの活用です。おそらく、朝学習や掃除後の隙間時間、放課後などに「○○タイム」と称して、実践されている学校が多くあると思います。この時間を大いに活用し、子どもの基礎学力を上げ、同時進行で、授業に楽しく取り組める子どもを増やすことが重要であると考えています。

　ここ数年、私たちの勤務する自治体の教育委員会は、「繰り返し学習」の重要性を全国学力・学習状況調査などの結果から、しきりに説いています。しかし、帯タイムの効果的な活用方法については、小学校の研究対象としてとらえられることは少なく、進んでいない実態があり、どのような方法が効果的なのか、悩まれている先生方は多くいらっしゃるのではないでしょうか？

はじめに

　私たちが所属する「徹底反復研究会」の代表をされている陰山英男先生は、尾道市立土堂小学校在籍中、モジュールタイムを設定し、授業時間を使った徹底反復学習を実施されました。当時、私も教諭としてその取り組みに参加し、多くの学習方法を仲間の先生方と研究し実践して参りました。その結果、子どもたちの基礎学力は飛躍的に向上し、普段の授業と相まって学ぶことを楽しむ子どもたちが増えていったのです。土堂小学校を離れてからは、帯タイムや授業時間の最初の数分間を活用しながら、5～10分の短時間で毎日、徹底反復学習を続けてきました。その結果、学級崩壊を起こしたことのある難しいクラスでも、子どもたちの基礎学力は向上し、学力格差が縮まるという経験をたくさんさせていただくことができました。

　今後、帯タイムを設定する学校は増えることと思います。しかし、効率的な帯タイムの活用方法は、あまり知られていないのが実情です。ぜひ、拙書をご活用いただき、子どもたちが楽しく授業に取り組めるクラスづくり、学校づくりの一助となることを期待しています。

2015年2月1日

徹底反復研究会　中国支部　福山支部長
　　　　　　　　　　　山根　大文

帯タイムで徹底反復●目次

「徹底反復研究会叢書」発刊にあたって……3
はじめに……4

第1章
なぜ帯タイムなのか　　　　　　　　　　　　　9

1. 間違いだらけの百ます計算……10
2. 低学力が生む学級崩壊……14
3. 短い時間で集中……18
4. やる気が出てくる……22
5. 切り替えが生む効果……28
6. 基礎基本の定着……29
7. 毎日繰り返すことの重要性……30
8. 朝いちばんで脳が目覚める……32
9. 誰でも簡単にできる……33
10. 短時間でできる……34

第2章
帯タイムのつくりかた　　　　　　　　　　　35

1. 時程表のどこに？……36
2. 学校として設定されていない場合……38
3. 帯タイムの構成……40
4. まずは結果を出そう……42

第3章
帯タイムの実際　　　　　　　　　　　　　　45

1. 国語編①　音読①……46
1. 国語編②　音読②……50
1. 国語編③　音読③……54
1. 国語編④　ひらがな　かたかな　漢字……56

1. 国語編⑤　ひらがな　かたかな……64
1. 国語編⑥　国語　漢字プリントも「視写」……66
1. 国語編⑦　漢字大相撲……70
1. 国語編⑧　ローマ字……74
1. 国語編⑨　ローマ字しりとり……78
1. 国語編⑩　辞書引き……80
1. 国語編⑪　百ます作文……82
1. 国語編⑫　百ますしりとり……86
1. 国語編⑬　一文解釈……90
1. 国語編⑭　ふわふわ言葉……92
1. 国語編⑮　紙上問答ゲーム……94
2. 算数編①　フラッシュカード……98
2. 算数編②　10ます計算……100
2. 算数編③　10の合成……102
2. 算数編④　九九表間違い探し……106
2. 算数編⑤　かけ算九九　繰り上がりのあるたし算　繰り下がりのあるひき算……110
2. 算数編⑥　百ます計算……114
2. 算数編⑦　わり算3類型……120
2. 算数編⑧　ジャマイカ……122
3. 社会編①　都道府県名……124
3. 社会編②　地図引き……128
3. 社会編③　都道府県プリントを視写……130
3. 社会編④　資料でブレインストーミング……134
3. 社会編⑤　私はだれでしょう……138
4. その他①　校歌……140
4. その他②　英会話……142
4. その他③　ビジョントレーニング……144
4. その他④　コミュニケーションを育てるペアトーク！……146

おわりに……148

第1章

なぜ帯タイムなのか

第1章　なぜ帯タイムなのか
1. 間違いだらけの百ます計算

　みなさんは、百ます計算をご存知でしょうか？　おそらく多くの先生方が実践された経験をおもちだと思います。百ます計算は、故岸本裕史先生が提唱された計算方法で、縦10×横10のますの左と上にそれぞれ0から9の数字をランダムに並べ、それぞれ交差する合計を記入する計算トレーニングです。（図－1）単純な計算を繰り返しすることにより、集中力と基礎計算力の向上に役立つとされています。

+	3	4	0	9	6	8	1	7	2	5
1										
4										
7										
9										
0										
6						→14				
2										
3										
5										
8										

図―1　百ます計算の例

第1章　なぜ帯タイムなのか── 1．間違いだらけの百ます計算

誤解1　計算力の向上！？

　ねらい自体は間違いではありません。百ます計算は基礎計算力の向上という側面はもちろんあります。しかし、厳密には、集中力が向上し、その結果として、基礎計算力も向上すると我々は考えています。問題解決学習をしているときの脳の動きと、百ます計算をしている時の脳の動きを比較すると、問題解決学習をしている脳より、百ます計算をしている脳が活発に動き、脳が集中しているということが研究の結果分かってきています。集中して同じ問題を繰り返しすることにより、計算力も向上するのです。

誤解2　毎日違うプリント！？

　百ます計算のプリントの出し方ですが、毎日違うプリントを出されている先生も多いと思います。一見よさそうに見えるこの方法ですが、実は正しくありません。違う問題を出すと、子どもは安心して問題に取り組むことができません。ぜひ、同じ問題を最低でも2週間（10日間）繰り返し出してみてください。時間を計ってやると、子どものタイムが日に日に短くなり、速くなっていくのが分かります。タイムが縮まることで子どもたちは自信をつけ、「やればできる！」という学習意欲につながっていきます。ですから、同じプリントを毎日続けてください。

誤解3　答え合わせは！？

　答えわせは不要です。机間巡視をしながら、正しくやらずに、適当な数字を書いている子どもがいたら、その場で指導をします。百ます計算のねらいは、あくまで「集中力をつけるトレーニングである」という認識をもたれるとよいと思います。ですから、答え合わせは省き、短時間で終わらせるのです。百ます計算をしているとき、「カッ」「カッ」と鉛筆の音が教室中に響きわたります。この音は、子どもたちの集中力の表れであり、感動的です。百ます計算で経験した集中力を授業にもっていければ最高です。
　一方で、繰り上がりのあるたし算、繰り下がりのあるひき算、かけ算九九などの基礎計算力のチェックとして百ます計算を実施する場合もあります。この時には、「来週テストするよ」と予告してあげるとよいでしょう。

11

テストをすることで、子どもたちはいい加減な計算をしなくなります。それどころか、テスト前日には、自主学習ノートなどを活用し、間違えない工夫をする子どもも出てきます。この方法を使えば、テストをさせてから教師が丸つけをするだけで済むので、日々の答え合わせは必要ありません。間違いがある子どもについては、間違いに関して指導し、再度テストを受けさせ、間違いがなくなるまで繰り返すとよいと思います。

　最後に、百ます計算の枠は、2つ準備してください（図－2）。例えば、3分間、百ます計算を実施した場合、速い子は、2分以内に終わってしまいます。その子が何もしない空白時間をつくらないことが重要です。3分間、時間設定するなら、クラス全員がその時間内に集中できる状態を設定してあげましょう。

（山根大）

第1章 なぜ帯タイムなのか —— 1. 間違いだらけの百ます計算

百ます たしざん

名前 _____

月　日（　　分　　秒）　点

+	3	1	8	5	0	2	7	4	6	9
5										
8										
3										
0										
1										
9										
4										
6										
2										
7										

月　日（　　分　　秒）　点

+	2	9	4	1	8	5	3	7	0	6
4										
8										
2										
7										
1										
5										
0										
9										
3										
6										

図—2　百ます計算の枠を2つ準備した例

第1章　なぜ帯タイムなのか
2. 低学力が生む学級崩壊

　勉強をしたくない子、他のことがしたい子、分からない子、勉強がつまらない子、多くの子どもの内面が考えられます。しかし、結果的に勉強をしない子が増えれば増えるほど授業は成立しにくくなります。一概には言えませんが、授業中の集中力に欠く子がいる場合、以下のような状況に発展する可能性が考えられます。

○クラスにこんな子はいませんか？

- 姿勢が整わず、靴を脱いだり、足が上がったりする。（イラスト—1）
- 勉強道具が整わず、筆記用具、教科書ノートを机の上に出さない。
- 学用品を机の中にしまうことができず、勉強道具が教室中に散乱する。
- 教師や友達の話は聞かず、手悪さをしたり、隣や前後の子に話しかけたりする。
- 突然、小さい声で何かつぶやいたり、歌を歌ったり、口笛を吹いたりする。
- 自分の中で引っかかる友達や先生の発言には、座ったまま大きな声で発言したり、馬鹿にしたように笑ったりする。

　このような子を認めてしまうと、教室にせっかくあった発表しようとする積極的なムードは一気になくなり、やる気のある子が頑張れなくなるかもしれません。教師の発言に対し、自分勝手な理屈で反論する子が出てくることもあるかもしれません。ときには、仲間に同意を求め、教師を孤立させるような態度を集団で示すこともあるかもしれません。自分ができな

第1章　なぜ帯タイムなのか── 2. 低学力が生む学級崩壊

い作業や計算問題、作文などになると、友達のところに移動し、様子を見に行く子が出るかもしれません。気に入らないと、そのまま教室を出ていく子もでるかもしれません。教師は対応に追われ、本来の授業ができなくなるかもしれません。

イラスト―1　姿勢が整わない例

　では、勉強しない子はなぜ勉強しないのでしょうか？　原因は、大きく三つあると考えています。

　一つ目のタイプは、本人の特性が影響するタイプです。もともと、漢字が覚えにくかったり、計算が苦手だったりする場合です。このような子には、しっかり考えながら個別に対応する必要があります。どのような方法がその子に適するのか、個別指導をしていきます。場合によっては、学習障害も疑いながら、特別支援の先生と連携する必要があるでしょう。専門知識が必要なので、教師はその子に合う指導法を詳しい先生に聞いたり、書物やセミナーで勉強したりしながら学ぶ必要があります。

15

二つ目のタイプは、そもそも能力があるのに、さぼっているタイプです。このような子に、帯タイムを使った反復学習は最適です。毎日、続ける習慣を徹底反復学習でつけることで、『やればできる！』という自信が湧いてくるはずです。最初、習慣づけることは難しいかもしれませんが、毎日、同じパターンで繰り返すことにより、学習する習慣がついてくることが期待できます。

　三つ目のパターンは家庭の環境が厳しいタイプです。本来、中学年、高学年でついているはずの家庭学習の習慣が、親の見取りが不十分なため、家庭学習の習慣がついてない子どもがこれに当たると思います。このような子どもは、今まで一回も宿題を完全に提出したことがない場合が多いです。まず、家庭と連携して、保護者の方に家庭学習の大切さを伝えます。その上でその子どもには、「他のみんなは、漢字1ページだけど、君だけは、1文字でいいよ」と伝えます。周囲の子には、「○○さんは、みんなより宿題の量は少ないですが、だんだん増やしていって、最終的にはみんなと同じ量にするつもりですので知っておいてください」と事前に言い含め、不平が出ないようにしておきます。計算ドリルに関しては、「問題を写すだけでいいよ。でも必ず、提出するんだよ」と伝えます。このタイプの子は、宿題を忘れるのではなく、はじめから分からなかったり、学習用具が整わなかったりするので、提出できないように考えられます。ですから、漢字ノートや、計算ノートすら、どこにあるか分からない子が多いのです。でも、担任から、「漢字は1字でいいから。計算問題は、1問、式を写すだけでいいから」と言われれば、提出しないわけにはいきません。漢字ノートや計算ノートと違うノートかもしれませんが、準備して提出しようとする可能性が高くなります。仮に朝の段階で提出物が整っていなくても、担任が別紙を渡し、書かせて必ず提出させるようにさせます。すると、その子はだんだん提出する習慣がついてくることでしょう。『宿題は提出するものだ』という意識が芽生えてきます。提出する習慣がついてくると、友達がその子を認めます。「今まで宿題を提出していなかった○○さんが、毎日、宿題を提出している」となってくるはずです。それがその

子の自信に結びつき、ひいては学力向上に結びついていくはずです。『学力は家庭でつく』―この原則を我々は忘れてはいけません。

　勉強しない子どもは、生徒指導上も問題がある場合が多いです。勉強しない子どもが勉強することにより、生活態度も改善されます。逆に生活態度を徹底反復指導することにより、学習に結びつけることも可能になると思います。

　※詳しくは、「徹底反復研究会叢書1　こんなときどうする？　日々の指導に生かす『徹底反復』」（中村堂）をご覧ください。

（山根大）

【参考資料】
「学力は家庭で伸びる」（陰山英男・小学館文庫）

第1章　なぜ帯タイムなのか
3. 短い時間で集中

　本来、基礎基本を徹底する時間を毎日45分間とってもよいのかもしれません。土堂小学校では、週3回、モジュールタイムと称して45分を15分ずつに区切り、国語科的内容、算数科的内容、教師の裁量に分け、徹底反復学習を実施していました（図-1）。

　しかし、当時このカリキュラムは文部科学省の指定を受けていたからできていたのであって、指定外の学校ではおそらくできなかったでしょう。

　この問題は現在ではクリアしていますが、多くの学校では帯タイムが有効だと考えます。帯タイムで確保できる時間も、せいぜい10分～15分でしょう。短い時間をフルに活用して、子どもの集中力を上げていきます。集中力を上げる、という点に着目すれば、45分よりも10～15分の方がよいかもしれません。短い時間の方がメリハリのある学習ができるからです。私が15分の帯タイムを設定するとしたら（図-2）のようになります。同じ内容を最低でも1週間（5日間）集中して繰り返すことにより、子どもたちはできないことができてきます。

　ここで気をつけないといけないことは、同じ課題を繰り返し学習させるということです。同じ課題であるということは、子どもたちに絶対的な安心感を与えます。これにより、読めなかった難しい漢字の並ぶ名文が読めるようになったり、声がそろったりしてきます。百ます計算のタイムが縮まってきます。書けなかった漢字が書けるようになってきます。基礎学力がついてきます。子どもたちは、自分の伸びが実感でき、自信がついてきます。勉強が苦手だった子が勉強に目を向けだします。それをねらうのです。

第1章 なぜ帯タイムなのか―― 3．短い時間で集中

図―1　土堂小学校のモジュールタイム

図―2　帯タイムの実践例

基礎学力を上げることは、応用力を上げる基礎となります。(図－3)のグラフを見てください。平成21年度　全国学力・学習状況調査（小学校調査）のA問題とB問題の相関関係をとったグラフです。注目していただきたいのは、秋田県です。相対的に見て、A問題の得点が高ければ、B問題の得点が高いことがうかがえます。逆のことも言えます。A問題の正答率とB問題の正答率は、ほぼ比例関係にあります。

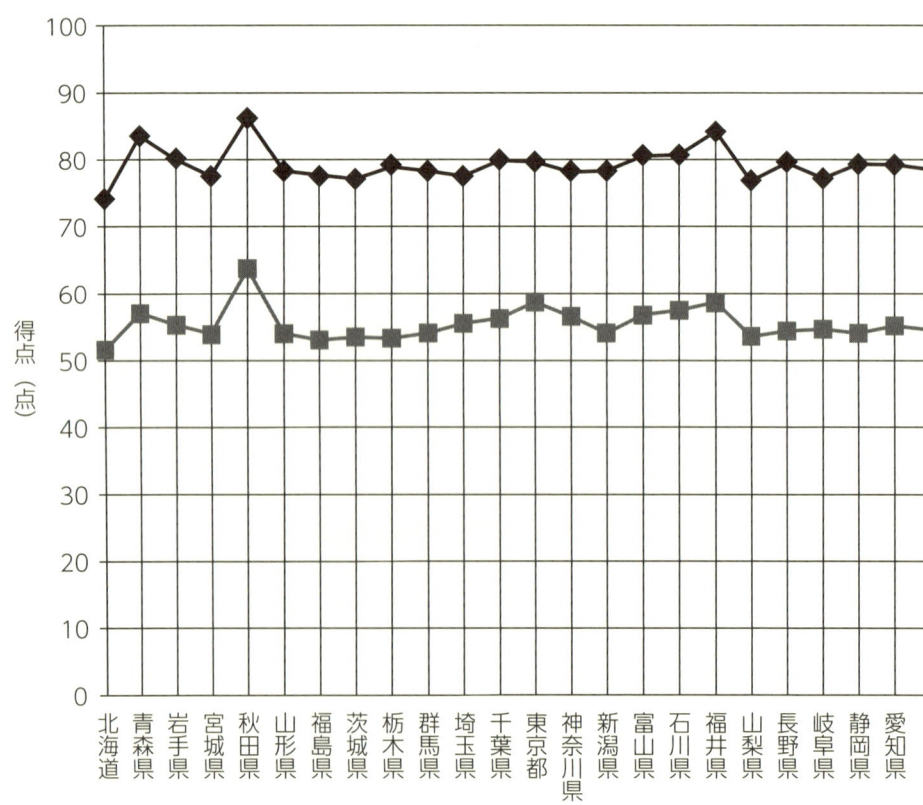

図―3　平成21年度　全国学力・学習状況調査（小学校調査）の算数　A問題とB問題の正答率

第1章　なぜ帯タイムなのか── 3．短い時間で集中

　B問題ができるから、A問題もできる。B問題ができないから、A問題もできない、という理論も成り立つかもしれませんが、学力の土台は、基礎基本の上に成り立つことを考えれば、前者の方が正しいと言えるでしょう。このことから基礎基本を徹底することが、応用問題にも対応できる突破口になることがうかがえると思います。

（山根大）

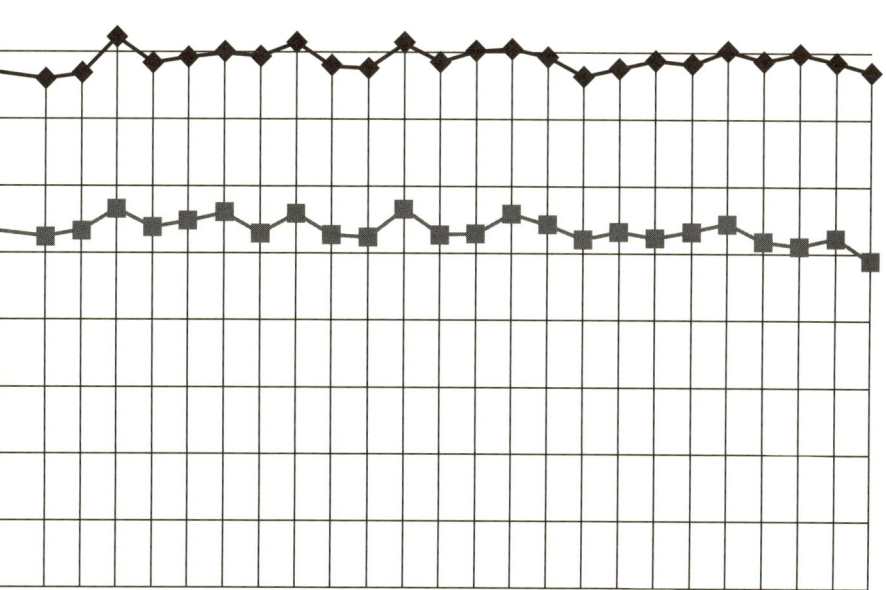

第1章　なぜ帯タイムなのか
4. やる気が出てくる

　帯タイムの学習を徹底的に繰り返すことで、子どものやる気につながっていきます。

①音読
　最初、子どもは、難しい文章を読めません。特に漢文（図－1）などは、漢字の羅列であり、習っていない漢字もあるため、「え～、こんなの読めない」と拒否反応を示すこともあるでしょう。特に漢字が苦手な子は、漢字を見ただけでいやになります。読んでもたどたどしいです。しかし、何度も繰り返し読むことでだんだん読めるようになってきます。自分だけでなく、友達も読めるようになってきますので、だんだん声がそろってきます。一クラス30人学級で、クラス全員の声がそろったとき、子どもたちは、感動するでしょう。今まで様々なことがそろえられなかったクラスの子どもであれば、一体感をもつことを、たまらなくうれしく感じるはずです。
　「来週テストするよ」と言って、テストを予告します。子どもたちは、難しい課題の暗唱にチャレンジすることになります。最初、暗唱できる子どもたちも、何度も何度も練習し、ついには何も見ずに読めるようになったときには、とび上がって喜びます。
　また、このとき覚えた名文は、おそらく一生忘れないでしょう。将来、子どもが困ったとき、落ち込んだときに思い出せば、人生の助けになることと思います。これを陰山先生は、「未来への贈り物」と言っています。

第1章 なぜ帯タイムなのか ── 4. やる気が出てくる

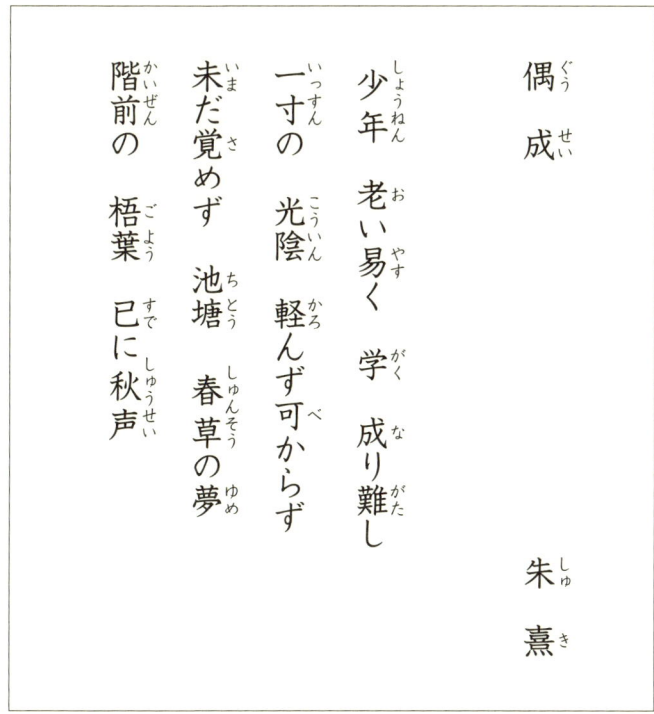

図―1　音読教材　偶成

②百ます計算
　子どもたちは、最初から、速く計算することはできません（P.13図－2）。しかし、何度も繰り返し、計算することで、確実に速く計算できるようになってきます。百ます計算をやりきったとき、勢いよく「はい！」と返事をさせます。これが、子どものステータスとなります。『時間内に百ます計算しきった』という達成感につながります。このとき注意しなければならないことは、自分の記録を友達と比べない、ということです。「勝負は、昨日の自分とだよ。昨日の自分に勝つんだよ」と声をかけます。「1秒でも速く計算できれば、今日の自分が昨日の自分より成長しているということだよ」と教えてあげます。必ず、記録をつけさせ、日々の成長を実感させます。(図－2　記録用紙　ます版)

図—2　記録用紙　ます版
◆このシートは、ダウンロードできます。詳しくは、本書P.150をご覧ください。

繰り上がりのあるたし算、繰り下がりのあるひき算、かけ算九九等、集中力のほかに基礎計算力が絶対に必要なカテゴリーの場合は、次の週にテストをし、できるまで徹底的にやりきらせます。そして、だれができて、だれができないのかチェックを入れておきます。この「出来」、「不出来」が、日々の算数の授業と直結していきます。できるようにしてあげることで、子どもに自信をもたせてます。

③ひらがな、かたかな、漢字
　陰山先生は、「当該学年と当該学年以前の漢字が8割以上書け、9割以上読めるようになったとき、学力は飛躍的に向上する」と言われています。国語科の学習の基本は漢字であり、漢字力は、他教科に絶対的な影響を与えるからです。だとすれば、漢字を制する者が学習を制すると言えるのではないでしょうか？
　しかし、勉強を苦手とする児童の大半は、家庭学習の習慣がついていないため、漢字が苦手な子が多くいるように感じます。では、どうすれば漢字学習ができるようになるのか？
　それは、帯タイムで毎日、徹底的に繰り返して漢字を書かせることです。そして、次の週にテスト、できなければ練習、補習を繰り返して行うことです。これにより、クラスのほとんどの子どもが当該学年以前の漢字をほぼマスターすることができるようになります。1学期を一巡したら、2学期、3学期とさらに繰り返します。それでもマスターできない子どもは、何か特別な要因があるはずですので、違う手を打ちます。例えば、書けなくてもよいから、読めるように指導する。あるいは、読みながら覚える学習方法を適用するなどがそれに当たると思います。特別支援の先生がよい知恵をもたれている場合が多いですので、聞いてみることをおすすめします。
　また、ひらがな、かたかなも重要です。実は、ひらがなを2分以内に50音すべてを書けない子は、毎年、クラスに1、2割程度います。図－3のプリントを使ってチェックすると、例えば、「め」と「ぬ」を間違えたり、くっつきの「を」が書けなかったり、こんな子はめずらしくありません。2分以内に書けず、空欄を多く残す子もいます。かたかなに関しては、

30人学級では、クラスに３〜４割程度、２分間に50音を書けない子がいます。一瞬驚きますが、教科書を見ると納得します。国語の教科書見開き１ページで、かたかなが使われている頻度は、15分の１〜30分の１程度です。つまり、かたかなの使用頻度は、ひらがな、漢字に比べ、極端に少ないのです。ですから、書けない子が多いのも仕方がないと思います。いずれにせよ、ここで落胆する必要はまったくありません。漢字と同じ方法で、テスト→練習→補習を繰り返して行うのです。これにより、ひらがな、かたかなは完全にマスターできます。漢字と違って画数が少ない分、簡単に覚えることができると思います。一方、ひらがな、かたかなは盲点です。高学年になると、当然できるものと考え、チェックをしない先生は多いのではないでしょうか？　帯タイムを使って、ぜひ書けるかどうかチェックされることをおすすめします。ひらがな、かたかなが書けない子がやる気満々で授業に臨むとは、考えにくいからです。　　　　　　　　（山根大）

【参考資料】
「陰山メソッド：徹底反復音読プリント」（小学館）

第1章　なぜ帯タイムなのか── 4. やる気が出てくる

図─3　ひらがな練習シート

◆このシートは、ダウンロードできます。詳しくは、本書P.150をご覧ください。

第1章　なぜ帯タイムなのか
5. 切り替えが生む効果

　授業は、説明、指示、発問で構成されています。また、細かいユニットもしくはパーツで構成されている、と考えられている先生方もいらっしゃいます。どちらにせよ、授業は初めから終わりまで同じことが繰り返されることはなく、どこかに切れ目があるのです。

　学校生活でも同じことが言えます。学校には時程があり、何時から何時まで○○の時間、と決まっているのです。そのとき、子どもに必要なのが切り替える力です。

　よく、「チャイムを守りましょう」というクラス目標や学級目標を設定する場合がありますが、それを実現する手立てとは一体何なのでしょうか？「5分前行動をしよう」とか、「3分前には席に着く」と言うしかありません。では、そうするためにはどうすればよいのでしょうか？

　それは、先を予想して行動する力を身につけさせることです。先を予想して行動させる習慣を身につけさせるために、帯タイムは非常に有効な手段となりえます。

　例えば、帯タイム前に実施するプリントを教師は配布しません。なぜなら、時間がもったいないからです。30人学級に配れば、それだけで2分程度かかってしまいます。

　では、どうしたらよいのでしょうか？　事前に場所を指定しておいて、帯タイムが始まる前に子どもに取りに行かせるのです。つまり、準備する習慣をつけさせるのです。さらに帯タイムが始まったら、子どもは集中して学習に取り組みます（P.19）。音読のあとは計算、計算のあとは漢字、と子どもは先を読んで素早く行動していきます。

　この習慣づけが帯タイムによって可能になります。時間になったら先を予想し、行動する子どもが確実に増えてきます。　　　　　　（山根大）

第1章　なぜ帯タイムなのか
6. 基礎基本の定着

　学力の向上を目指し、授業改善に向けた研究が各校で行われていることと思います。しかし、いかに授業改善を進めても、授業だけで学習内容を確実に習得できるかと言えば、現実的には難しいことです。すべての教科、単元で、すべての子どもたちが確実に「わかる」「できる」ようになる授業を展開できる教師はほとんどいないでしょう。

　そのため、授業外の時間を使って学習内容の定着を図ることが必要になります。家庭学習はその代表格で、多くの先生方が宿題を出して学習内容の定着を図っていることと思います。ただし、子どもたちが全員宿題を提出していたとしても、どれだけ集中して行ったのかまではよくわかりません。

　学校によっては、授業外の時間に帯タイムを設けて学力の定着を図る取り組みも行われています。学校で行う帯タイムは家庭学習と違って、教師が指導することにより子どもたちに集中して学習させることが可能です。その点では、より効率よく学習内容を定着させることができると考えられます。

　帯タイムを具体的にどのように進めていくかについては後の章で紹介していきますが、発展的な内容よりも、読み書き計算といった基礎基本に重点を置いた方がよいでしょう。意外にも、脳は難しいことを考えているときより、1年生で習うたし算のような簡単なことをしている時の方が活発にはたらいていると言われています。集中して課題に取り組み、脳を高速ではたらかせることによって脳を鍛えていきます。そうすることで基礎基本の学習内容がより定着していくようになります。

　　　　　　　　　　　　　　　　　　　　　　　　　　　　（島田）

第1章 なぜ帯タイムなのか
7. 毎日繰り返すことの重要性

　エビングハウスの忘却曲線をご存じでしょうか。これは、意味のないアルファベット３文字の音節を被験者にいくつも覚えさせ、時間と節約率※との関係をグラフに表したものです。

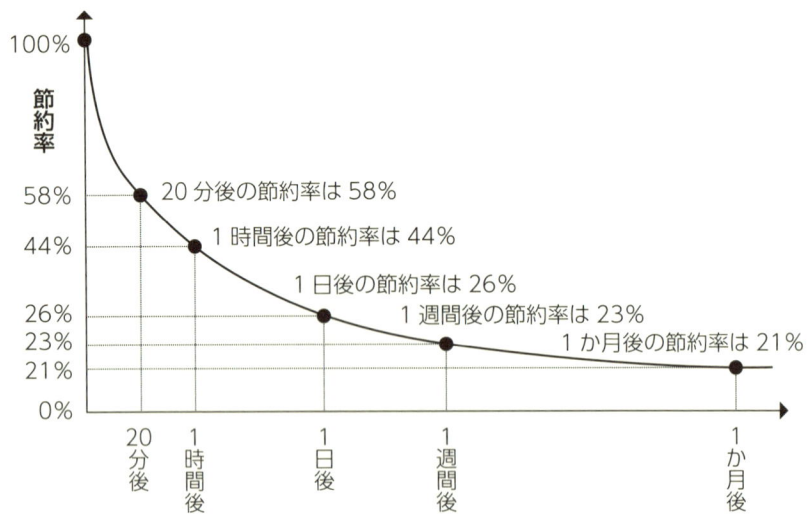

エビングハウスの忘却曲線

　時間が経つと、覚え直すのに時間または回数がかかることが分かります（実際の学習では意味理解を伴っているため、図の実験よりも忘れにくくなっていると考えられます）。単元末のテストはよくできていたのに学年末テストではボロボロだった、という経験はないでしょうか。１学期に学習したことを学年末まで復習しなければ、半年以上のブランクができ、せっかく学習したこともほとんど忘れてしまう可能性があります。
　しかし、一度復習をすると忘却曲線の傾きは緩やかになり、二度、三度

第1章 なぜ帯タイムなのか── 7．毎日繰り返すことの重要性

と繰り返すごとに傾きはさらに緩やかになっていきます。つまり、復習を繰り返すことで学習したことをきちんと定着させることができるのです。

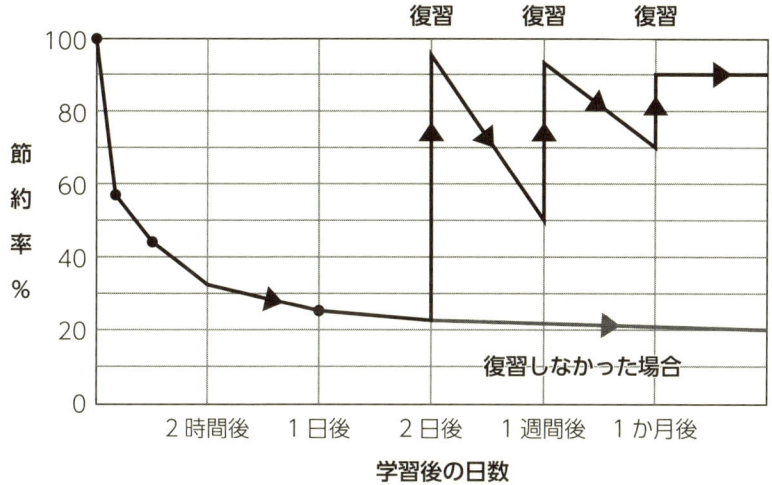

エビングハウスの忘却曲線と復習の関係

　学習内容の定着という観点から述べてきましたが、徹底反復の目的はそれだけではありません。勉強をすることで、集中して力を発揮できる脳に鍛えあげていくことがより重要な目的です。学習内容の定着のためにどのくらいの時間を置いて復習すべきかについては諸説ありますが、「勉強＝集中するトレーニング」という観点からすれば、一定期間は毎日同じ時間に同じ内容を繰り返すのがよいでしょう。

　帯タイムは毎日同じ時間に設定されています。あとは内容や実施方法を工夫して、子どもたちがより集中しやすい環境をつくっていくことが大切です。
　　　　　　　　　　　　　　　　　　　　　　　　　　　　（島田）

※【節約率】＝（【最初に要した時間または回数】－【覚え直すのに要した時間または回数】）÷【最初に要した時間または回数】
参考　ウィキペディア「忘却曲線」

第1章　なぜ帯タイムなのか
8. 朝いちばんで脳が目覚める

　「早寝・早起き・朝ご飯」が脳を鍛える土台になることは広く知られるようになりました。睡眠時に成長ホルモンやメラトニンが分泌されるため、睡眠は心身の成長や健康に大きく影響します。また、朝ごはんを食べることにより、脳のエネルギー源であるブドウ糖を補給し、体温を上げることができ、活動するための準備が整います。全国的な学力テストや体力テストと同時に行われるアンケートでも、生活習慣と学力や体力との相関関係が示される結果となっています。

　ところで、スポーツ選手は運動をする前に必ず入念なウォーミングアップをします。けがを防ぐことはもちろんですが、関節や筋肉をほぐしてよりよく体を動かすことができるようにする目的もあります。では、勉強前にウォーミングアップをしているでしょうか。

　以前勤めていた学校で、25ます計算（ウォーミングアップ）をしてから百ます計算をした日と、何もしないでいきなり百ます計算をした日のタイムを比較したことがあります。25ます計算をする日→しない日→しない日→する日…のように2週間続けてみましたが、25ます計算をした方が学級平均で2秒ほど速いという結果になりました。厳密な実験や分析ではありませんが、事前の25ます計算で脳を高速回転させることにより、本番の百ます計算のスピードが上がるということがある程度言えると思います。

　「帯タイム＝ウォーミングアップ」「授業＝本番」のように考えるなら、1校時の授業から全力で取り組めるようにするために、朝いちばんに帯タイムを設けることが効果的だと言えそうです。ただし、帯タイムは集中して取り組ませ、その空気を授業にそのまま持ち込めるように、教師はきちんと意識して授業を行う必要があります。　　　　　　　　　　（島田）

第1章 なぜ帯タイムなのか
9．誰でも簡単にできる

　よく「授業は生き物」と言われます。指導案を考え、細案を書き、模擬授業を行ってシミュレーションをしたとしても、子どもたちが予想外の反応を示すことがあります。その時、教師がどう対応するか、それによって授業の展開が変わってきます。授業のうまい教師はその対応が上手です。その域に達するには、かなりの修行が必要です。

　しかし、帯タイムは授業と違ってそれほど難しくありません。例えば百ます計算をするとします。事前に百ます計算のプリントとストップウォッチを用意します。帯タイムになったらプリントを配り、名前を書かせます（プリントを教室の所定の場所に置いておき、帯タイムが始まる前に各自で取っておくシステムにすると、時間の無駄がありません）。次に、「用意、始め」と合図します。この間に教師は机間巡視を行い、いい加減な解答を書いている子どもがいたら指導をします。100問を解き終えたら「はい」と言わせます。時間になったら「やめ」と合図をします（時間は子どもの実態に応じて調整しますが、3分程度がちょうどよいと思います）。最後に、タイムやできた問題数を記録させます。基本的に答え合わせはしません。正解かどうかよりも、集中できたかどうかの方が重要だからです。ただし、適当な答えを書いている子どもがいるかもしれないので、丁寧に机間巡視をするとともに、時には隣の人とプリントを交換して答え合わせをするようにします。

　以上で終わりです。教材を準備して適切な指示をすれば、基本的には大丈夫です。さらに、きちんとしたシステムを作ってしまえば、教師の指示がなくても帯タイムの時間になったら子どもたちだけで進めてくれます。帯タイムの指導は誰でも簡単にできるのです。

（島田）

第1章　なぜ帯タイムなのか
10. 短時間でできる

　帯タイムの長所は、短時間で子どもたちを鍛えることができる点です。「勉強＝集中するトレーニング」という考え方からすれば、短時間で行う帯タイムの方が授業より効果的かもしれません。45分間集中し続けるのは、よほど鍛えられた子どもでない限り難しいからです。

　帯タイムには、主に①「集中力を鍛える」というねらいと、②「学力をつける」というねらいがあります（もちろん、そのほかのねらいをもって行うこともあります）。

　①「集中力を鍛える」ことについては、どんな内容を行うときにも常に意識しておく必要があります。帯タイムを集中して活動させるためには、私語をさせないことを徹底させます。特に活動が終わった直後の私語に気をつけます。また、活動の切り替えを素早くさせます。例えば、音読と百ます計算を行うとします。音読終了後に百ます計算のプリントを配布すると、子どもたちが何もしない時間ができてしまいます。そのときに私語をするなどして、集中力が途切れてしまいます。そのため、すぐに百ます計算に移ることができるように、あらかじめプリントは配布しておきます。そして、音読終了後すぐに「用意、始め」の合図をします。すると、子どもたちは素早く着席して百ます計算を始めるようになり、私語をすることなく集中し続けることができます。このように、帯タイムの終了まで集中し続けられるように活動を仕組み、指導することが大切です。

　②「学力をつける」ことについては、漢字や計算のほか、学級の実態に応じて扱う内容や活動の仕方を工夫していく必要があります。子どもたちがよくつまずいているところだけを１枚のプリントにまとめ、それを帯タイムに行えば、短時間で効率よく学力の定着を図ることができます。大切なことは、同じ活動をしばらく続けることです。百ます計算や漢字などプリントを用意する場合は、まったく同じものの方が効果的です。　（島田）

第2章

帯タイムの つくりかた

第2章 帯タイムのつくりかた
1. 時程表のどこに？

　児童生徒が学校でどのような時間の使い方をするかを定めているのが時程表です。例えば1時間目は午前8時50分から午前9時35分までのように決められています。この時程表を含む学校の教育計画の立案は校長の監督の下、教務主任が行うことになっています。（学校教育法施行規則44条）
　では、帯タイムの設定はどのようになされているのでしょうか。残念ながら帯タイムの実施時間に関しては明確な方針をもって設定されていることは少ないように見えます。多くは前年度通りであったり、近隣の学校を参考にしたりして決定されていることと思います。ですが、よく考えてみてください。帯タイムの実施目的や内容は計画案に書く必要があるため、丁寧に理由が記されます。しかし実施時間に関してはその時間で行うことの理由が明示されることはありません。この実施時間についても児童生徒のために熟考したいものです。

　さて私たちは、第1章の8「朝いちばんで脳が目覚める」で記述したとおり、時程表上は朝をおすすめします。帯タイムは脳の準備運動であるとするならば、朝に設定することが望ましいでしょう。音読や計算で脳を活性化させることで、その後の1校時からの授業が効率的に受けることができると考えます。具体的には、朝会や朝の会が終わったあと、1校時の前に設定します。
　昼休憩や掃除の後（5校時の前）に設定している学校も多くありますが、それでは脳の活性化という観点で言えばその効果は5校時と6校時しか得られません。1日を帯タイムで元気にスタートする、朝の帯タイムをぜひ始めてみてください。
　注意点が二つあります。まず、毎日同じ時間を守ることです。集中力を発揮するには緊張よりもリラックスが重要です。毎日時間がころころ変

第2章 帯タイムのつくりかた── 1. 時程表のどこに？

わっていては、児童生徒に変な緊張を強いてしまいます。時程表を設定する際、曜日ごとに時間が違うということがないようにしましょう。2つめは、朝の会の延長です。朝の会の次に帯タイムがあるという安心感もあり、ついつい朝の会を長引かせてしまうことがあります。朝の会の内容も吟味し、絶対に時間を守って帯タイムに入れるようにしましょう。

例1

（朝会が毎日）	
朝会	8：15～8：30
学級での朝の会	8：30～8：40
帯タイム	8：40～8：55
1校時	8：55～9：40

例2

（朝会が週1）	朝会あり	朝会なし
朝会	8：20～8：40	なし
学級での朝の会	8：40～8：50	8：20～8：35
帯タイム	なし	8：35～8：50
1校時	8：50～9：35	8：50～9：35

（山根僚）

第2章 帯タイムのつくりかた
2. 学校として設定されていない場合

　帯タイムが学校として設定されていない場合や、帯タイムがあってもやらなければならないことが決められていて担任の裁量が認められていない場合があります。その場合、なかなか効果的な実践はつくりにくいのですが、いくつかの工夫点を例示します。

①教科の冒頭に設定
　例えば、算数の授業の初めに百ます計算を3分間設定するという方法です。チャイムと同時に百ます計算を開始するなど、算数の授業冒頭は"必ず百ます"という状況を繰り返すことで、毎日の算数の授業で確実に効果を挙げることができます。気をつけなければいけないのは、日によって実施したりしなかったりとばらつきが出ないようにすることです。必ず授業冒頭にあるという繰り返しが児童生徒にとって安心感を生み、集中しやすい環境をつくります。デメリットを挙げれば、たとえ3分といえども授業時間を使うため、算数の授業が42分になってしまうということです。また、算数の時間を使う以上、他教科の帯タイム（漢字や都道府県など）を実施することができません。他教科でも同様の冒頭タイムを設定することはできますが、数が多くなると実施が難しくなるのも悩ましいところです。

②朝の会の中に設定
　朝の会は必ず朝に行われるため、この中に帯タイムを実施することで本来の帯タイム同様、朝いちばんの実施が可能です。しかし、朝の会の時間設定は学校によってまちまちであり、10分あるか15分あるかで可能な量が決まってきます。朝の会は担任や学年に一定の裁量が認められているので、工夫次第では5分から10分の時間を確保することができるでしょう。

第2章　帯タイムのつくりかた── 2．学校として設定されていない場合

デメリットとしては、本来の朝の会で行うべき内容をどうしても圧縮せざるを得ないことが挙げられます。極力無駄をそぎ落として時間を作り出す努力をしていかなければなりません。例えば、朝の会が10分なら

- 挨拶30秒
- 健康観察1分30秒
- 係からのお知らせ2分
- 先生の話1分
- 帯タイム5分…例（音読1分・計算2分・漢字2分）

といった具合に目安を設定し、学級の子どもたちに伝えておくとよいでしょう。毎日の継続性を大切にして実施できるよう、そして1時間目に食い込むことがないように実施していきましょう。

①にも②にも共通して言えることは、学校内での足並みです。できることなら、学年内では協調歩調で実施したいものです。自分の教室だけ音読をしていると、他の学級の迷惑になることもあります。もちろん、自分の学級がテストでも隣が国語で音読することもありますので、本来は大きな問題ではないはずです。しかし、隣の先生が苦情を言ってきている状況で無理を押し切り、学年団の人間関係を壊してしまってはかえって子どもたちに悪影響を及ぼしてしまいます。学年内でよく話し合い、よりよい形をつくっていきましょう。

（山根僚）

第2章 帯タイムのつくりかた
3. 帯タイムの構成

　帯タイムを設定している学校は多いといいながらも、その構成方法は千差万別です。ただ、効果的な帯タイムの実施方法についてのアカデミックな研究はあまり見られないように思います。本研究会ではこの構成方法についても実践の中から考察してきました。

　構成するにあたって重視すべきは、やはり児童生徒が集中して取り組めるようにすることです。
　例えば、次のような構成の学校があったとします。

	月	火	水	木	金
15分間	計算	漢字	ドリル	音読	計算

　この構成は、学力重視で組んであると思います。毎日日替わりで多くの内容をしようという意図が感じられます。しかしこの方法ではうまく機能しないでしょう。まず、計算が週に2回だけです。百ます計算に代表される計算練習は、毎日取り組むことでタイムが上がりやすいことがわかっています。それは、本章でも述べたとおり、毎日同じ時間に設定されることで安心して取り組むことができるからです。毎日やることが変わってしまえば、その都度新たな緊張が生じます。リラックスして取り組むことが難しいのです。次に、一つの内容で15分間やり続けるには、指導者が相当の準備をした上で、子どもたちもかなり鍛えられた状態でないと難しいと思います（決して不可能ではありません）。そして、漢字や音読も週に1回だけではあまり効果は望めません。なぜなら、1週間の内にまた忘れてしまう上、なかなか学習自体に慣れにくいからです。つまり効率的ではないということです。

　わかりやすく、水泳の練習に例えてみましょう。次の表のように、アッ

第2章 帯タイムのつくりかた── 3. 帯タイムの構成

プ、プル（手かき）、キック（バタ足など）、コンビネーション、ダウンを日替わりで練習したらどうなるでしょうか。

	月	火	水	木	金
60分	アップ	プル	キック	コンビ	ダウン

これでは練習にならないのは自明です。なぜなら、1回の練習の中に様々なメニューがあるのが普通だからです。火曜日は手のかきだけ練習し、水曜日はバタ足だけ…では練習もおもしろくありません。

	月	火	水	木	金
10分	アップ	アップ	アップ	アップ	アップ
10分	プル	プル	プル	プル	プル
10分	キック	キック	キック	キック	キック
20分	コンビ	コンビ	コンビ	コンビ	コンビ
10分	ダウン	ダウン	ダウン	ダウン	ダウン

ざっくりですが、上記のように区切って1日のメニューをつくり、それを毎日繰り返すとよりよいのではないでしょうか（私は水泳は専門ではないので、細かな点はご容赦ください）。

この考えで帯タイムの構成を考えてみます。

	月	火	水	木	金
2分	音読	音読	音読	音読	音読
5分	計算	計算	計算	計算	計算
5分	漢字	漢字	漢字	漢字	漢字
3分	フラッシュカード	フラッシュカード	フラッシュカード	フラッシュカード	フラッシュカード

このように、15分の中の構成を固定化し、それを毎日繰り返すとよいでしょう。もちろん音読の内容は少しずつ変化するでしょうし、計算も慣れてくれば3分でもよいかもしれません。フラッシュカードを増やしたいときもありますね。1、2週間ごとに見直しながらより子どもたちの実態に即したメニューを考えていきましょう。

（山根僚）

第2章 帯タイムのつくりかた
4. まずは結果を出そう

　実は、漢字前倒し学習を実践しようとすると、すぐにご理解をいただきにくいことが多いのです。なぜならこれまでタブーとされた詰め込み式だからです。しかしやってみると漢字の定着率が高く、子どもたちからも「来年もやって」と支持されます。ところが、それを説明しても実践させてもらえない若手教師がいます。そこで年間の前倒しを学期ごとの前倒しにして実施することで批判をかわし、それで高い定着率を示したことで翌年から年間分の前倒しを実践できたということもあります。

　帯タイムを「学力向上重視」で構成している学校では、本書で述べているような「集中力向上重視」の方法の理解を得られないかもしれません。事実、管理職の先生や指導主事の先生から根拠もなくやめさせられたり、足並みをそろえることを理由に歯止めがかかったりした事例も過去にありました。実践に燃えている若い先生がその指示に従わず、人間関係を悪くしてしまうこともあります。「いったいどうしたらよいのでしょうか」という相談を受けたとき、私は次のようにアドバイスしています。

①上司の指示には従うこと。学年団の協調性は大切。
　共に仕事をしている仲間である以上、協力関係は重要です。普段からコミュニケーションを大切にし、自分の考えだけを押し通さず、ほかの先生の実践からも学ぶようにしましょう。そこから新たな発見もあるはずです。

②子どもたちの集中力を高め、子どもの姿で実践を証する。
　なかなか理解が得られない場合、まずは自分の学級の子どもたちを育てることです。毎日音読をしたり、百ます計算をしたりしていくことで、当然ながら音読は上手になり、百ます計算も速くなります。漢字などはテス

トの点数などに明らかに現れます。それに加えて集中力も向上しているので、日常の授業の参加態度もよくなります。朝礼での整列や、掃除などにも素早い行動が見られるでしょう。子どもが成長したという事実の前に、その実践には説得力が生まれます。もちろん、帯タイム実践だけでなく、様々な実践に学び、自分自身の教師力を向上させ続けることが大切なのは言うまでもありません。

　集中力が高まった子どもたちとの授業はかなり速いペースで進みます。余剰時間も生まれるので空いた時間に習熟に取り組めばさらに学力も向上します。帯タイムで扱う音読やフラッシュカードなどの難易度も上げることができます。それでも高い集中力を維持しながら子どもたちは取り組むことができます。さらに授業への参加態度が向上し、委員会活動や係活動などにも創意工夫がどんどん生まれてくるでしょう。このような正の循環を学級内に起こし、子どもたちの事実を作り上げていきます。さらに、全国学力・学習状況調査のような調査問題でもよい結果が出せれば大きなプラスです。このような学級を数年間経営できれば、きっと周囲の先生方にも理解していただけると思います。

　教師の世界も民間企業と同じく成果を示すことが大切なのです。まずは「結果」＝「子どもが成長した事実」を出しましょう。きっと理解が拡がることでしょう。

（山根僚）

第3章

帯タイムの実際

第3章 帯タイムの実際
1. 国語編①
音読①

1 該当学年
   1～6年生
2 準備物
   音読原稿
3 教材アピール
「音読はすべての学習の基本である。」このスタンスを忘れてはならないと思います。まず、読めなければどの学習もできません。ですから、毎日一回、音読の時間をもうけるべきだと私は考えています。最初は、音読の声がそろいません。しかし、宿題に音読を出したり、毎日、全員で繰り返して音読をしたりすることによって、難しい文章でも、読めなかった子が読めるようになります。そろわなかった声がそろってきます。すべての学習の基礎となる。できなかった子ができるようになり、クラスのまとまりが感じられるのが音読のよさなのです。
4 やってみよう！
   ①音読教材を選びます。
   ②「さんはい！」のかけ声で、タイトルから読み出します。
5 留意点
   ・音読教材は、各学年に応じて選んでください。何でもよいと思いますが、子どもをしっかり見て、この子たちだったら、この音読教材が合うだろうと見極める眼力が必要だと思います。
   ・最初、音読の出足をそろえるのは難しいものです。タイトルを教師が読んで、その後、子どもが続くパターン、タイトルを教師が読んで、タイトルから繰り返すパターン、色々あると思います。出だしをそろえるいちばん簡単な方法は、「さんはい！」で、タイトルか

- 教師が楽しそうに読むことがポイントです。音読って楽しいな、と子どもに思わせればしめたものです。
- 読むのが難しい文章、「こう読んでほしい」という思いがある場合は、追い読み（教師が読んだあとに子どもに読ませる方法）がおすすめです。

6　発展すると

　教材を教師がしっかり読み込み、自分が「好きだな」と思う教材を選んでおきます。好きな教材を読み込んでいくうちに、強調したい部分、しっとり読みたい部分、読みにくい部分、読んでいてはっきりしない部分などが分かってきます。それを子どもに伝えるのです。そうしていくうちに、音読のポイントが子どもに伝わります。

　慣れてくると、始まりは、子どもでもできます。代表者が前に出て、「さんはい！」と言って、全体をリードさせます。最終的には子どもたちだけでできるようになるのがよいと思います。

　詩や名文と言われるもののほか、教科書の音読をさせてもよいと思います。国語の教科書の物語文、説明文、他教科で重要だと思う教科書の一節を切り取って音読させるのも授業との接続という点で有効です。

　音読は毎日の宿題に出します。そして、1～3週間続けたあと、テストすることをおすすめします。なぜなら、最初、難しくて読めそうにない文章を音読でき、さらに暗唱できるほど、子どもにとって自信になることはないからです。これが子どもに自信をつけさせる最も簡単な方法かもしれません。少し勉強が苦手な子でも、何度も読んでいると難しい文章が覚えられるものです。ぜひ、お試しください。

　以下に私が定番で毎年やっている音読教材を掲載します。参考になさってください。

（山根大）

【参考文献】
「徹底反復音読プリント」（陰山英男　小学館）

五十音　　　北原白秋

水馬赤いな、ア、イ、ウ、エ、オ。
浮藻に小蝦もおよいでる。

柿の木、栗の木。カ、キ、ク、ケ、コ。
啄木鳥こつこつ、枯れけやき。

大角豆に酢をかけ、サ、シ、ス、セ、ソ。
その魚浅瀬で刺しました。

立ちましょ、喇叭で、タ、チ、ツ、テ、ト。
トテトテタッタと飛び立った。

蛞蝓のろのろ、ナ、ニ、ヌ、ネ、ノ。
納戸にぬめって、なにねばる。

鳩ぽっぽ、ほろほろ。ハ、ヒ、フ、ヘ、ホ。
日向のお部屋にゃ笛を吹く。

蝸牛、螺旋巻、マ、ミ、ム、メ、モ。
梅の実落ちても見もしまい。

焼栗、ゆで栗、ヤ、イ、ユ、エ、ヨ。
山田に灯のつく宵の家。

雷鳥は寒かろ、ラ、リ、ル、レ、ロ。
蓮花が咲いたら、瑠璃の鳥。

わい、わい、わっしょい。ワ、ヰ、ウ、ヱ、ヲ。
植木屋、井戸換え、お祭りだ。

将に東遊せんとし壁に題す

男児　志を立て　郷関を出づ

学　若し成る無くんば　復たとは還らず

骨を埋むるに　何ぞ期せん　墳墓の地

人間　到る処　青山あり

釈　月性

第3章 帯タイムの実際── 1．国語編① 音読①

冬が来た

公孫樹の木も箒になった
八つ手の白い花も消え
きっぱりと冬が来た

きりきりともみ込むような冬が来た
人にいやがられる冬
草木に背かれ、虫類に逃げられる冬が来た

冬よ
僕に来い、僕に来い
僕は冬の力、冬は僕の餌食だ

しみ透れ、つきぬけ
火事を出せ、雪で埋めろ
刃物のような冬が来た

高村光太郎

◆このシートは、ダウンロードできます。詳しくは、本書P.150をご覧ください。

第3章　帯タイムの実際
1. 国語編②
音読②

1　該当学年
　　1年生〜

2　準備物
　　音読教材

3　教材アピール
　音読によって、脳の前頭前野領域が活性化することは、東北大学の川島隆太教授の研究を筆頭に、さまざまなところで証明されています。音読は、脳の働きが活性化するだけでなく、声を出すことで覇気が生まれたり、頭がすっきりしたり、体が温まったりと、もたらされる効果は多くあります。
　音読教材は、読みやすく、リズムのよいものを選ぶようにしましょう。子どもたちが自然と言葉のリズムを楽しめる教材は、同じ言葉が繰り返し出てくるようなものや、5・7調や5・7・5調のような構成になっているものがよいでしょう。学年に関わらず、音読の導入期には、北原白秋「五十音」や藤田圭雄「早口ことば」などから始めると、楽しく音読できると思います。

4　やってみよう！
　①正しい姿勢をつくる。
- 腰骨を立て、足を床につけて座る。合言葉を決め、全員で確認する。例えば、「足はぺったん、背筋はぴん。お腹と背中にグー1つ。」
- のどではなく、お腹から声を出すことを意識させる。例えば、お腹に手を当て、腹式発声を確かめさせたり、胸に手を当て、声が体に響い

第3章 帯タイムの実際── 1．国語編② 音読②

ていることを感じさせたりする。
②口形を確認する。（導入期）
- 「あ」「い」「う」「え」「お」の口の開け方を確認する。
　「あ」・・・丸く大きく開けるように
　「い」・・・口角を横にひっぱるように
　「う」・・・唇を前に突き出すように
　「え」・・・口角を両下に下げるように
　「お」・・・縦楕円に開くように
③「スピード」「テンポ」「タイミング」を意識して。
- 読みの「スピード」
　ここで扱う音読は、詩や物語の情景を味わうためのものではない。よって、ある程度のスピードをもって読む。先に挙げた口形や、言葉が雑にならない速さを意識し、初めは教師が引っ張って読み進める。
- 「テンポ」よく次々に
　短い時間に2、3の作品を読むときは、合言葉で姿勢の確認をしてすぐに次の作品に入る。どの順番で何を読むかという段取りをしておき、テンポよく進めることが大切である
- 読みの「タイミング」、ほめる「タイミング」
　連れ読み（教師の範読に続けて児童が読む）の際は、児童が読み終わって、次を読み始めるのではなく、児童の読みの終わりにわずかに重ねるようにして、次を範読し、テンポをつくっていく。
- よい読みや、よい姿勢の児童には、その場で評価することは、読みの質を高める大切なポイントである。「○○くんの、口の開け方はいいね」「○○さんの姿勢はかっこいいね」など言っているとテンポが乱れてしまいます。評価は短く、見つけた瞬間に行うことがポイントです。例えば、「手本となるような子は肩を軽くたたき、たたかれた子は立つ」というルールをつくっておく。または、その子の目を見て「GOOD」のポーズをする。など、目に見える評価をしていきます。できるだけ短時間に、できれば一瞬でできる評価がよいでしょう。

51

5　留意点
　まずは、教師が扱う作品を暗唱できるようにしておくことが大切です。教師が資料を見ながら読んでいては、児童の音読を評価することができません。教師は暗唱しながら机間巡視し、姿勢や口形を直したり、ほめたりしましょう。指導のタイミングを逃してはなりません。

6　発展すると
　読みのバリエーションを増やし、より楽しい音読を目指しましょう。
　連れ読み、一斉読み、列読み、交互読み、もぐら読み、
　サイレント読み（口形だけで、声に出さずに）、ひそひそ読み、
　動作読み、繰り返し読み　　など

（後藤）

【お勧め教材】
- 陰山メソッド徹底反復「音読プリント」（小学館）
- 陰山メソッド徹底反復「音読プリント2」（小学館）
- 徹底反復で子どもを伸ばす―徹底反復研究会実践集（日本標準）

第3章　帯タイムの実際── 1．国語編② 音読②

第3章　帯タイムの実際
1. 国語編③
音読③

1　該当学年
　どの学年でも活用可能です。

2　準備物
　○詩

3　教材アピール
　「声は肥え」という言葉があります。声を出すということは、自分自身が、そして学級集団が成長していくための大切な「肥料」になります。
　声を出すことは、どの教科の学習でも必要なものであり、学力の根底をなすものの一つです。しかし、声を出すことは教師の意識的な指導なくして、育つものではありません。教師が一年間意識し続けて初めて、学級全体の声がそろったり、一人でも教室に響く声を出したりすることができると思います。
　もちろん、詩を読むこと以外でも学級全体の声を高めていくことはできます。しかし、音読に取り組むことで、声だけではなく集団としての連帯感や学びの心構えなど多くのプラスの成長があることを感じています。また教え子たちは、次のような手紙を幾度となく書いてくれています。「先生が担任のとき、平家物語や漢詩などの音読に取り組んでくれたおかげで、中学・高校になっても小学校のときに音読した内容を覚えていて、あのとき全力で頑張ったことが未来の自分へのプレゼントになった」と。
　この手紙は、４月の音読をスタートするときに担任する児童に読んで聞かせています。「未来へのプレゼント」、そんな素敵なものもプラスαでついてくる音読、おすすめです。

4 やってみよう!

①詩を決めよう

　詩を決める際には、「教師の読ませたい」という思いをいちばんに考えるとよいと思います。音読をやっていても、教師自身が魅力を感じていなかったり、意味を理解していなかったりするものは、児童のやる気に火を点けることはできません。

②いろいろな形態で読んでみよう

　まずは、教師が範読をします。それに続いて、全体で読んでいきます。その後は、ペアで読ませたり班で読ませたり、様々に形態を変えながら、変化をつけながら音読をさせていきます。

③録音をしてみよう

　録音や録画をすると効果的です。当然、初めから声をそろえたり、表現豊かに読んだりすることはできません。しかし、回を重ねていくと見違えるように成長をしていきます。

　初めに読んだ音読と成長を遂げた音読を、児童に聞かせます。すると、児童自身がビックリします。そこで、「こんなにうまくなっているなんてすごい」と大いに認めていきます。そうすることで、「もっと読みたい」と児童の意欲が高まることでしょう。

5　留意点

　私の学級では、暗唱にもチャレンジをしています。7つの詩を暗唱するごとに、級が一つ進級する制度を設けています。進級するごとに、「○級認定証」を発行しています。級が上がることも、児童の音読への意欲を高めるきっかけになっています。

　上のような制度だけではなく、一人で音読をする「音読大会」を開催したり、授業参観などで多くの方に見ていただく場を準備したりすることで、児童の音読の力はさらにさらに高まっていきます。

（友田）

第3章 帯タイムの実際
1. 国語編④　ひらがな　かたかな　漢字

1　該当学年
　　1〜6年生

2　準備物
　　ワークシート　ストップウォッチ

3　教材アピール
　高学年になると、読むこと、書くことが苦手な子によく出会います。では、その子たちはなぜ、それらのことが苦手なのでしょうか？
　私は、ある国語の研究校で、授業研究を懸命にやった経験があります。授業は準備に準備を重ねうまくいったのですが、その後の単元末テストでは、子どもたちに平均点で78点しかとらせることができませんでした。「なぜ、こんなに授業を頑張ったのに、テストで点がとれないのだろう？」と当時の私はひどく落胆したものです。随分考えたのち、私はあまり得点がよくなかった子に、テストの本文を音読するように言ってみました。すると、音読がスムーズにできないのです。特にひっかかっている部分は漢字です。例えば、「森林」を「もりはやし」と読んでいました。「森」も「林」も1年生で出てくる漢字です。私が当時受けもっていた児童は5年生です。その時気づいたのが、「漢字が読めない子は、音読ができない。音読ができなければ、読解はできない」という当たり前の構図でした。つまり、どんなに授業の方法を検討したところで、当該学年だけでなく、それ以下の学年で学習した漢字が書けたり読めたりしなければ、読んだり書いたりする力は発揮できないということを学んだのです。

第3章　帯タイムの実際── 1. 国語編④ ひらがな　かたかな　漢字

　私は、さらに掘り下げて考えてみました。「もしかしたら、ひらがな、かたかなも読んだり書いたりできない子がいるのではないか？」と。そこで、帯タイムを使って、1週間、ひらがなを2分間で書かせた後、次の週にテストをしてみたのです、すると、クラスの1～2割の子が、2分間以内にひらがなが書けないことが分かりました。かたかなでも同じことをやってみました。かたかなの場合は、定着率はさらに低く、約4割程度の子が書けないことが分かりました。最初、私は驚きましたが、あとから、教科書や子どもの作文、連絡帳を見たとき、この結果に納得しました。と言うのも、かたかなの使用頻度はひらがなに対して、極端に少ないのです。漢字も同様だと思います。子どもの教科書の音読を聞いていて、よく使う漢字に関しては定着率はよいのですが、ほとんど出てこない漢字や新出漢字は、読むことができない傾向にあります。

　これらの結果から、私は、どんなに上手に授業をしても、ひらがな、かたかな、当該学年以下の漢字が定着していない児童は、授業を集中して受けることは難しいのではないか、という結論に達しました。陰山先生は、「当該学年以下の漢字が9割読めて、8割書けるようになれば、国語とそれ以外の教科の学力は飛躍的に上がってくる」と言っています。私も同じような実感をもっています。国語でも算数でも理科でも社会でも、問題文が読めなければ問題は解けないのです。もっといえば、読もうとする気持ちをもたせることが大切なのだと思います。しかし、ひらがなや、かたかな、当該学年以下の漢字が読めない子どもたちは、文章を読みたがらない傾向にありますので、テストや授業は彼らにとって、たいへん苦痛であることが推測されます。学力の基礎である漢字を帯タイムで補充しながら、授業を進めることにより、勉強が苦手だった子が徐々に学習に取り組むようになっていく姿を、私は何度も見てきました。ぜひ、多くの先生方におすすめしたいメソッドです。

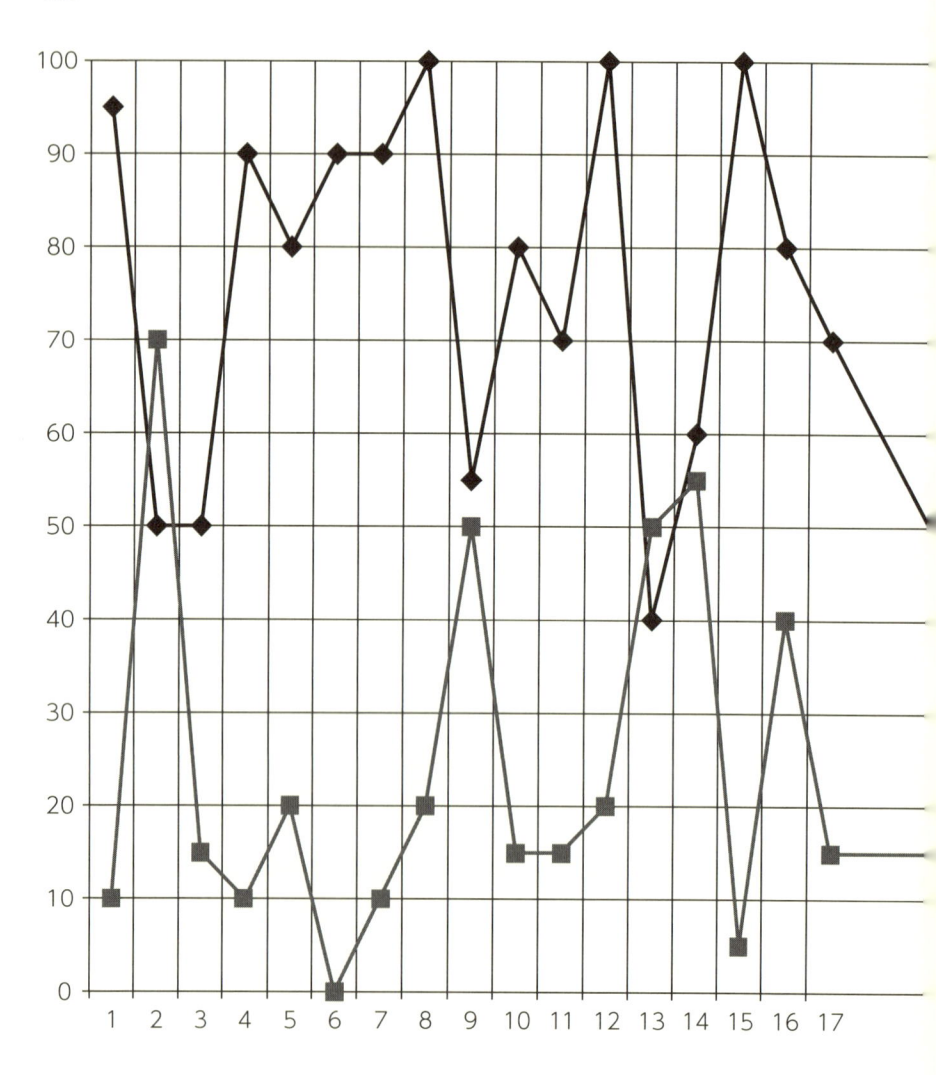

5年生　説明文　得点（読解力）と本文を読んでつまった回数との関係

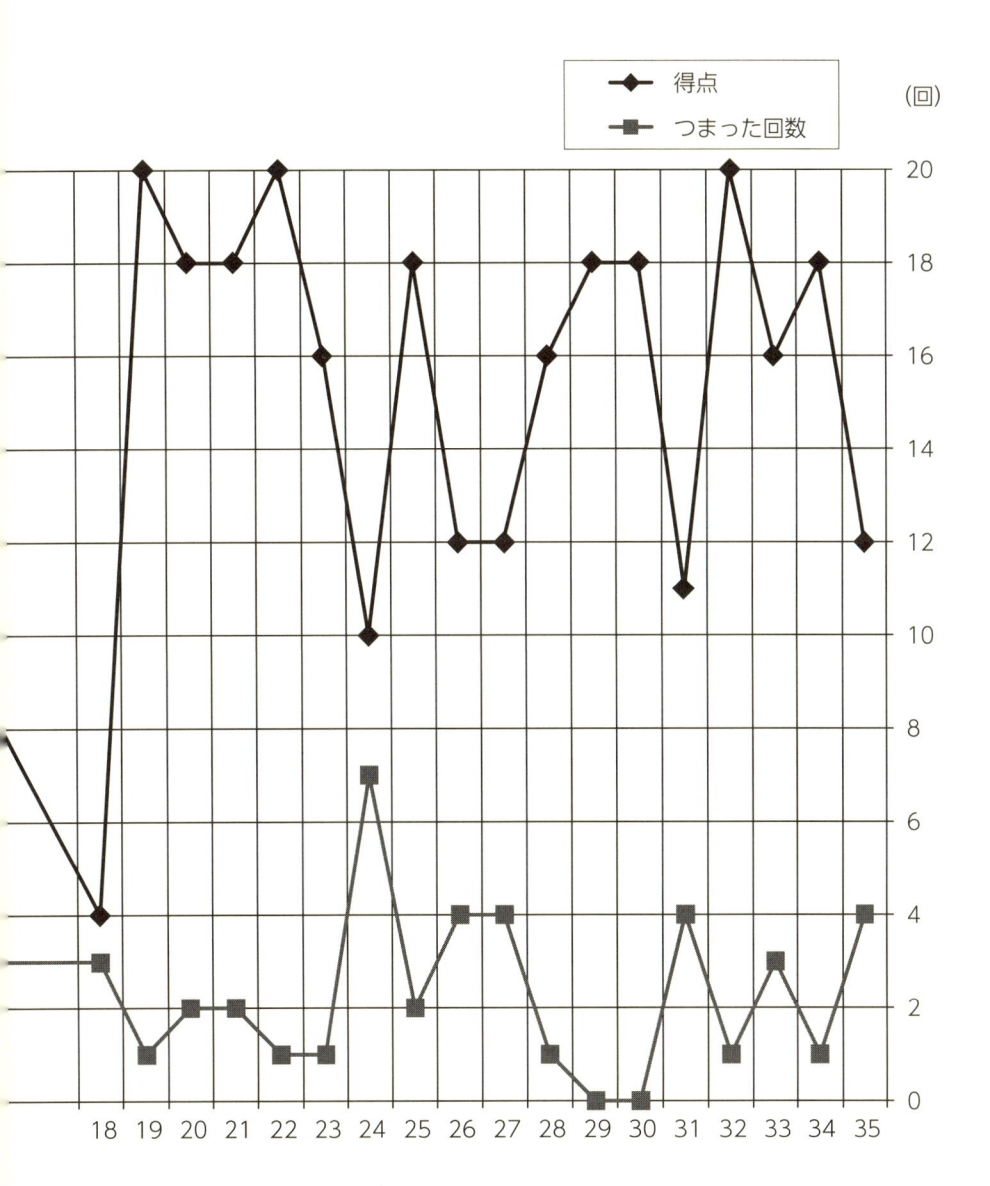

第3章 帯タイムの実際 ── 1. 国語編④ ひらがな　かたかな　漢字

国語テストの得点とつまらずに文章が読めることには、関係があります。スムーズに文章が読める子は得点が高いし、そうでない子は得点が低い傾向にあります。

59

4　やってみよう！
①２分間で書きましょう。「わからない子は、答えを見てもよいです。ただし、次の週にテストをするので、覚えてくださいね。それでは、よーい、スタート」と言って２分間、計測する。
②ワークシート（ひらがな、かたかな、漢字）をする。
③２分後、何問できたか記録する。
④次の週、同じ問題でテストをします。ひらがな、かたかなは、２分間で全問できることを目標にしましょう。漢字は、８割書けることを目標にしましょう。

5　留意点
- 全員合格の意識をもたせましょう。
- きれいな字でなくてよい、マスからはみ出してもよい、答えを見てもよい、ということを告げます。なるべくハードルを下げ、書くことに対する抵抗感をなくしてあげましょう。書くことに慣れさせることが大切だと思います。ただし、テストのときには、丁寧に書かせるように指導してください。
- 漢字の場合、学年が上がれば上がるほど、効果がでにくいです。しかし、あきらめてはいけません。５年生の場合なら、１学期にひらがな、かたかな、１〜４年までの漢字を一巡やります。２学期は、１学期の段階で、ひらがな、かたかなが全員合格していたら、１年生の漢字から始め、４年生の漢字までやっていきます。３学期は、１・２年生の漢字が合格していたとするなら、３・４年生の漢字からやっていきます。１年を通して、ねばり強く繰り返す意識をもちましょう。プリントは変えませんので、何度もやっていくうちに、書けたり読めたりできるようになる可能性は高まるはずです。それでもできない子は、読むだけでもOKにするなど、ハードルを下げてもよいと思います。子どもを見極め、ハードルを下げながら学習に参加させるのは教師の眼力にかかっていると思います。全員参加の意識をもって取り組みましょう。

第3章　帯タイムの実際── 1．国語編④ ひらがな　かたかな　漢字

6　発展すると

　漢字の前倒し学習につながります。5年生の場合なら、1学期末までに、5年生の全漢字を教えてしまいます。その後、5年生の全漢字プリントに、宿題や隙間時間、自主学習ノート、帯タイムなどを使って取り組ませ、定着を図ります。夏休みの宿題に全漢字プリントを出し、「6割程度書けるように覚えてきてね。2学期の最初にテストをするよ」と言います。2学期も「2学期末にテストをするよ。今度は、7割程度書けるように覚えてね」と予告し、帯タイムや隙間時間に全漢字プリントをやらせます。そして、2学期末にテストをします。今度は、冬休みの宿題に全漢字プリントを出します。「冬休み明けにテストをするよ、今度は、8割程度書けるように覚えてきてね」と言います。最終的に、学年末にテストをし、全員が8割の漢字が書けるように定着を目指すのです。単元ごとに漢字を学習するのではなく、1学期中にすべての漢字を教えてしまい、1年かけて当該学年の漢字を8割習得させる「漢字前倒し学習」と、帯タイムをリンクさせるのです。たいへん難しいことですが、当該学年の漢字を8割以上書けるようにするのは、担任の責任だと思います。そのチェックに、全漢字プリントは欠かせません。活用していただき、子どもの漢字力を上げていきましょう。

　　　　　　　　　　　　　　　　　　　　　　　　　　　（山根大）

【参考文献】
「陰山メソッド　徹底反復漢字プリント小学校1～6年」（陰山英男　小学館）

6月　朝学習　集計表　　　　名前(　　　　　　　　　　)

全21回　　　　　　　　　　　　　☆できたマスの数を書こう

日付	曜日	百ます計算	漢字ひらがな	百ます作文	日付	曜日	百ます計算	漢字ひらがな	百ます作文
1	日				16	月			
2	月				17	火			
3	火				18	水			
4	水				19	木			
5	木				20	金			
6	金				21	土			
7	土				22	日			
8	日				23	月			
9	月				24	火			
10	火				25	水			
11	水				26	木			
12	木				27	金			
13	金				28	土			
14	土				29	日			
15	日				30	月			

記録表の例

第3章 帯タイムの実際── 1. 国語編④ ひらがな　かたかな　漢字

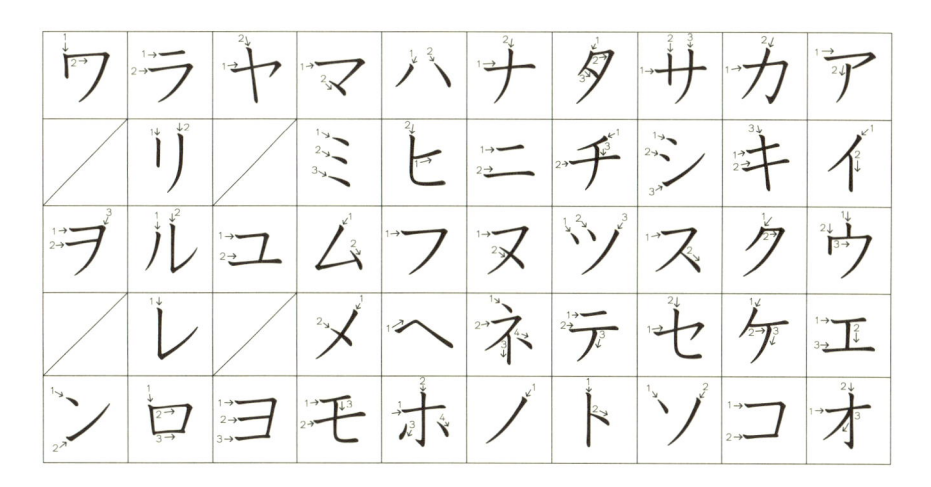

わ	ら	や	ま	は	な	た	さ	か	あ
	り		み	ひ	に	ち	し	き	い
を	る	ゆ	む	ふ	ぬ	つ	す	く	う
	れ		め	へ	ね	て	せ	け	え
ん	ろ	よ	も	ほ	の	と	そ	こ	お

ワ	ラ	ヤ	マ	ハ	ナ	タ	サ	カ	ア
	リ		ミ	ヒ	ニ	チ	シ	キ	イ
ヲ	ル	ユ	ム	フ	ヌ	ツ	ス	ク	ウ
	レ		メ	ヘ	ネ	テ	セ	ケ	エ
ン	ロ	ヨ	モ	ホ	ノ	ト	ソ	コ	オ

かたかなの確認テストの例（ひらがなは、P.27参照）

◆このシートは、ダウンロードできます。詳しくは、本書P.150をご覧ください。

63

第3章 帯タイムの実際
1. 国語編⑤ ひらがな　かたかな

1　該当学年
　　1年生・特別支援学級
2　準備物
　　・ひらがな50音プリント
　　・かたかな50音プリント
　　・個別のひらがなプリント
　　・個別のかたかなプリント
3　教材アピール
　ひらがな、かたかなの50音をすべて書けるようになることを1年生で必ず身につけさせる必要があります。また、形よく書けるようになることも大切なことです。そのために、50音の穴あきプリントをして、50音の理解度を見取り、その児童の苦手な部分を徹底して指導することが効果的だと考えます。
　50音プリントと個別プリントの枠をあらかじめ作っておけば、穴あきをする部分を変えたり、児童に応じた個別プリントを作成したりすることがすぐにできます。
4　やってみよう
　ひらがなやかたかなを一通り指導したあと、50音で理解しているのか見取るために50音プリントをします。いきなりすべて空白で行うのではなく、母音（あいうえお）と行のあたまの字（かさたなはまやらわ）が書いてあるプリントがよいと思います。50音を2～3分間で書けるように繰り返し練習させます。
　すばやく50音が書けるようになったら、次は字の形にこだわります。児童それぞれが苦手とする字をピックアップした個別プリントを作り、字

第3章 帯タイムの実際── 1．国語編⑤ ひらがな　かたかな

の形を指導していきます。速さにこだわりながらも、この場合は字の形にこだわります。

　字の形が整ってきたら、また50音プリントに戻ります。前回とは違うところを穴あきにして繰り返し練習します。字の形が整っていないものが出てきたら、再度個別プリントで指導します。50音プリントと個別プリントで、そのときどきに応じて指導していきます。

　最後に、すべて穴あきの50音プリントでテストをします。素早く50音が書けるようになるまで繰り返します。

5　留意点

　飽きないように、穴あきの部分を変えたり、個別プリントの字を変えたりするとよいと思います。　　　　　　　　　　　　　　　　　　（原田）

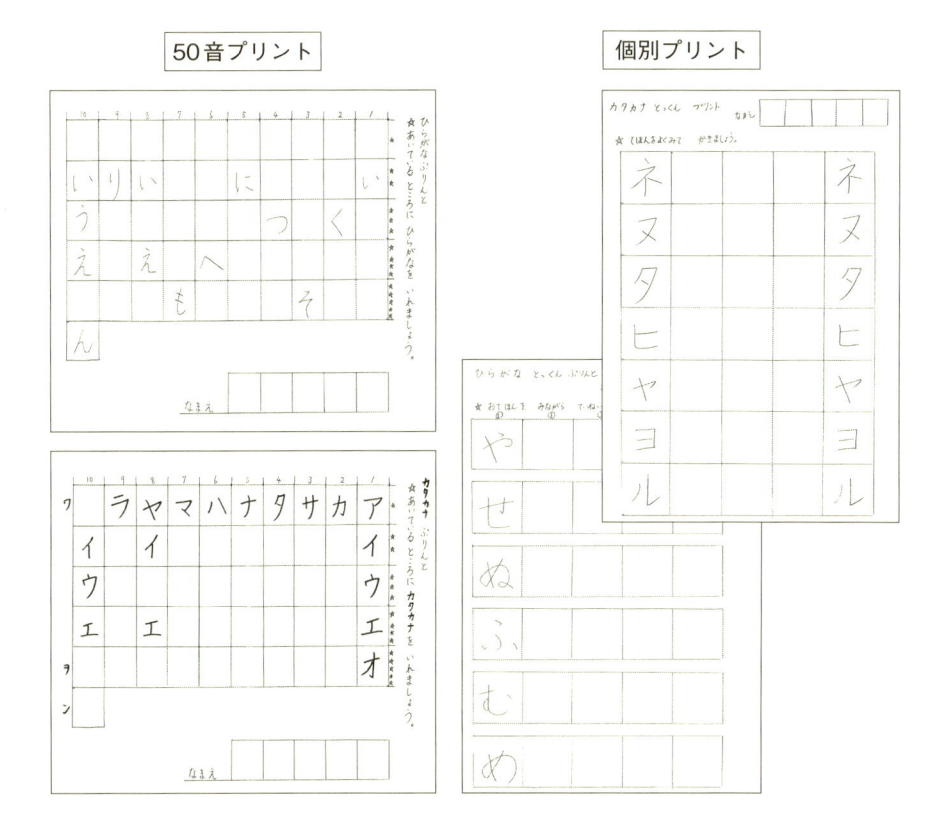

第3章　帯タイムの実際
1. 国語編⑥
国語　漢字プリントも「視写」

1　該当学年
　　1～6年生
2　準備物
　　漢字プリント
3　教材アピール
「どうせ書けないし…」
　漢字プリントに取り組むことに嫌気を感じ、漢字を覚えることについて自信も意欲も失ってしまっている。そんな子たちを見かけたことはないでしょうか。その子たちも時間をさかのぼれば「漢字を覚えたい」「いい点を取りたい」と思っていたはずです。しかし、その子たちは、どこかで"期待"と"結果"（テストの点数等）との差にくじけてしまったのでしょう。
　漢字プリントを「視写教材」として扱うことで、子どもたちはより強い目的意識をもって活動に取り組みます。そして、多くの子が練習を重ねるほどに"期待"と"結果"の縮まりを実感します。
　　4　やってみよう！
①漢字プリントの問題と解答を作成する。
②問題と解答をあわせて、大量に印刷しておく。
③制限時間を決め、教師の合図で視写を開始する。
- 解答を見ながら問題用紙を埋める。
- 「ていねいに」「正確に」「できるだけ速く」など、実態に合わせて条件をつける。
- 毎日繰り返すと「解答を見たくない」という子も出てくるので、その子たちには解答を隠して解いてもよいことを伝える（解答は隠しても

第3章 帯タイムの実際── 1．国語編⑥ 国語　漢字プリントも「視写」

よいが、もちろん分からなかったら見てもよい）。
④③を毎日行う。
⑤１週間に１回（回数は実態に応じて変える）、まったく同じプリントで「テスト」を行う。
⑥「テスト」は教師が採点してすぐに返却する。
⑦③〜⑥を２〜３回（回数は実態に応じて変える）繰り返す。

5　留意点

- テストでは、「○点以上が合格です！」といった教師の成果主義的な声かけには注意しておく必要があります。そのような声かけで子どもたちを緊張（萎縮）させて取り組ませた結果がよければまだ子どもたちも救われますが、もし悪かった場合には「もうやめた」「やっぱり無理だし」といったあきらめの言葉が出てきやすくなると考えたほうがよいでしょう。

- 最初は「ゲーム感覚で楽しむ」くらいの構えで臨ませるのがよいと思います。指導するとすれば、最初から「漢字を覚えること」自体を子どもたちに目的意識としてもたせるのではなく、まずは「えんぴつの持ち方」「姿勢」「とめ・はね・はらい」等、すぐに表現しやすい部分から段階的に指導を行っていくことがコツだと思います。

- たとえ点数が悪くても、「もう１回やってみたら？　プリントならいくらでもあるんだから！」「①〜⑩だけやってみたら？　できたら先生が特別に見てあげるよ」といった言葉を繰り返し送ることで、子どもたちの中に漢字テストに対する"安心感"を育てていくことが大切です。

- また、用意した漢字プリントは「視写教材」としてだけでなく「音読教材」としても使えます。一枚のプリントをさまざまな方法で使う。そうすることで、反復学習のリスクである"マンネリ化"を防ぐことにもつながるでしょう。

（中國）

漢字マスター 52 〈三学期＋α〉解答

① 亡(ぼう)命する	② ゆで卵(たまご)	③ 灰(はい)色	④ 幼(よう)虫	⑤ 拡(かく)大する	⑥ 窓(まど)を開ける	⑦ 我(われ)先に行く	⑧ 至(し)急(きゅう)向かう	⑨ 鋼(こう)鉄
⑩ お地蔵(ぞう)様	⑪ 朗(ろう)読	⑫ 詞(し)を書く	⑬ 絹(きぬ)織物	⑭ 処(しょ)分する	⑮ 就(しゅう)任する	⑯ 家賃(ちん)	⑰ 故(こ)郷(きょう)	⑱ 株(かぶ)式会社
⑲ 親孝(こう)行	⑳ 穴(あな)がある	㉑ 背(せ)中	㉒ 俳(はい)句	㉓ 警(けい)告する	㉔ 骨(ほね)とみ	㉕ 肺(はい)活量	㉖ 潮(しお)が満ちる	㉗ 延(えん)長する
㉘ 胸(むね)が痛む	㉙ 幕(まく)が開く	㉚ 牛乳(にゅう)	㉛ 通訳(やく)する	㉜ 縮(しゅく)する	㉝ 法律(りつ)	㉞ 天皇(のう)	㉟ 肝(かん)臓(ぞう)	㊱ 磁(じ)石
㊲ 温泉(せん)	㊳ 内閣(かく)	㊴ 県庁(ちょう)	㊵ 貴(き)金属	㊶ 雑誌(し)	㊷ 意欲(よく)	㊸ 洗(せん)面所	㊹ 障(しょう)害物	㊺ 演奏(そう)する
㊻ (腹を)干(ほ)す	㊼ 忘(わす)れる	㊽ 拝(おが)む	㊾ 探(さが)す	㊿ (用事を)備(そな)える	51 済(す)ます	52 従(したが)う

/ 52問中

漢字プリント例

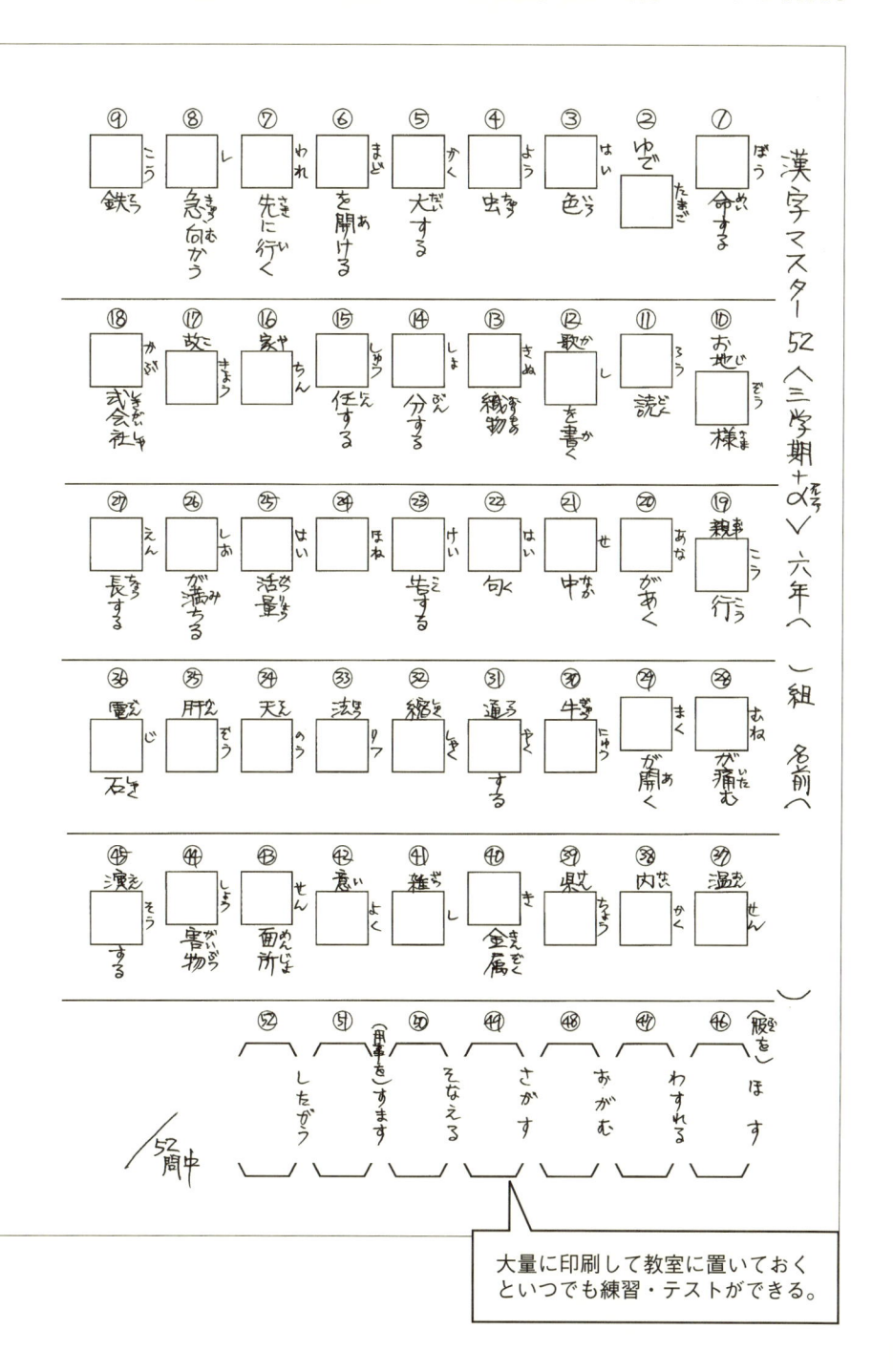

第3章 帯タイムの実際── 1. 国語編⑥ 国語　漢字プリントも「視写」

漢字マスター52〈三学期＋αだよ〉六年（　）組　名前（　　　　）

①ぼう　命する
②ゆで　たまご
③はい　色
④よう　虫
⑤かく　大する
⑥まど　を開ける
⑦われ　先に行く
⑧し　急に向かう
⑨こう　鉄ろ

⑩お　じ　様
⑪ろう　読
⑫し　を書く
⑬きぬ　織物
⑭しお　分する
⑮しょう　任する
⑯や　ちん　家ちん
⑰こ　きょう　故
⑱かぶ　式会社

⑲おや　こう　行
⑳あな　があく
㉑せ　中
㉒はい　句
㉓けい　告する
㉔ほね
㉕はい　活量
㉖しあわ　が満ちる
㉗えん　長する

㉘む　ね　が痛む
㉙まく　が開く
㉚ぎゅう　乳
㉛とお　通る
㉜しゅく　縮する
㉝ほう　法リツ
㉞てん　のう　天
㉟かん　臓
㊱じ　石　磁石

㊲せん　湯
㊳ない　かく　内
㊴ちょう　慰
㊵き　金属
㊶お　推し
㊷い　よく　意
㊸せん　面所
㊹しょう　害物
㊺えん　演そう　する

㊻（服を）ほす
㊼わすれる
㊽おがむ
㊾さがす
㊿そなえる
�（用事を）すます
�262したがう

／52問中

> 大量に印刷して教室に置いておくといつでも練習・テストができる。

第3章　帯タイムの実際
1. 国語編⑦
漢字大相撲

1　該当学年
　どの学年でも活用可能です。

2　準備物
　○10問漢字テスト（多めに準備しておくとよいです）
　○大相撲ファイル（図１や図２、さらには毎日のテストを綴っています）

3　教材アピール
　漢字を定着させるためには、漢字テストなどでの確認が欠かせません。いくら毎日の宿題で取り組ませていても、数をこなせば定着するものではありません。必ず確認をしていくことが必要です。
　しかし、毎日漢字テストとなると児童は嫌がることが多いです。ゲーム性を取り入れて、児童が「今日もやりたい」「次のテストのために家で練習をしてきたい」などの意欲的な思いに変えていく工夫をした教材が、「漢字大相撲」です。
　私の学級では、「明日に向けて練習プリントをください」と言ってたくさんのプリントを持ち帰り練習をしてくる子が多くいます。
　また、漢字ノートの宿題も、「次の日のテストのために」などのように

図１　漢字大相撲の表紙

第3章　帯タイムの実際―― 1．国語編⑦　漢字大相撲

「覚える」という明確な目的意識をもって取り組んでいる子が多いです。

4　やってみよう！
①四股名を考えよう
　児童に漢字大相撲を開催することを発表します。しかし、児童は意外と相撲の仕組みを知りません。いきなり、番付の話などをしても難しいので、四股名を考えさせます。相撲を詳しく知らなくても、「白鵬」「朝青龍」などの名前は知っています。お相撲さんは、四股名という本名とは別の名前があることを説明して、四股名を考えさせます。そこで児童の顔が、笑顔に変わることは間違いなしです。

②勝敗の説明・番付を決める
　毎日のテストは、10問行います。最初の場所は、自分で番付を決めさせます。漢字に自信のある子は横綱や大関でチャレンジをします。苦手に感じている子は、前頭くらいからチャレンジをします。今までに、幕下からスタートをした子はいません。もしいても、それはそれでよいと考えています。

　漢字大相撲を行う目的は、漢字の力をつけてほしいということもありますが、漢字学習に対して意欲的になってほしいと考えています。そのため、たとえ幕下を選んでも、苦手で漢字が定着していなかった子が勝ちを積み重ねていく中で、苦手が少しでも自信になってくれたらそのこと

漢字相撲～〇〇部屋～

番付	勝敗のポイント
横綱（よこづな）	全問正解
大関（おおぜき）	1問ミス
関脇（せきわけ）	2問ミス
小結（こむすび）	3問ミス
前頭（まえがしら）	4問ミス
十両（じゅうりょう）	5問ミス
幕下（まくした）	6問ミス

（成績を受けて）

全勝　　　番付が2つ上がる
10勝以上　番付が1つ上がる
8勝以上　そのまま
（勝ち越し）
7勝以下　番付が1つ下がる
（負け越し）
3勝以下　番付が2つ下がる

図2　勝敗の基準

の方が価値あることだと考えています。また、場所を進めるにつれて、自分の力にあった番付になっていきます。

　毎日の勝敗ですが、自分が選んだ番付によって勝敗が変わります。横綱を選んだ子は、全問正解でないと勝ちになりません。前頭を選んだ子は、４問の間違いまでは勝ちです。これを15日間続けていって、優勝を決めます。

　15日間経ったところで、次の場所の番付が決まります。（図２参照）全勝だと番付が２つ上がります。７勝以下、つまり負け越すと番付が１つ下がります。

　このような説明を図２を使いながら行い、番付を決めさせます。

③漢字テストに向けて
　漢字テスト前日には、次の日に行う漢字テストのプリントを大量に印刷しておき、自由に取れるようにします。また、宿題での漢字練習は、次の日のテストを試験範囲にしておきます。
　勉強すれば、点数が取れるように教師がしかけておきます。

④漢字テスト
　漢字テストを終えた後も肝心です。間違えたところは、必ず複数回練習をして、教師に持ってこさせます。ミスをそのままにさせておかないようにしておくことが重要です。
　勝敗をその日のうちにまとめさせます。漢字大相撲は、自分との戦いになります。漢字が得意と思っていて横綱を選択していた子が１問のミスで負けて悔しがり、漢字が苦手と感じていて小結を選択していた子が２問ミスで勝つということもありま

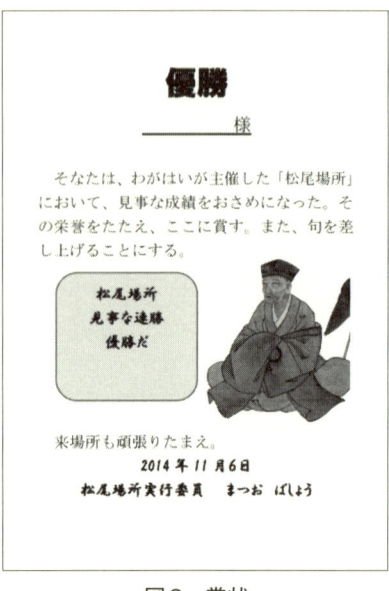

図３　賞状

す。横綱を選んでいた子は、得意というプライドが次の日への意欲を高め、苦手と感じていた子が勝てたことでさらに意欲をもつなどのプラスの雰囲気ができてきます。

⑤15日を終えて
　15日間を終えると、来場所の番付を確認します。同時に、優勝者を決めます。
　場所の名前は、最初は学校名や担任の名前を使います。それ以降も、工夫をしていきます。個人的には、「松尾場所」がおすすめです。知的に高まっている学級だと、笑ってくれます。
　優勝者には、図３のような賞状を渡し、頑張りを価値づけていきます。

5　留意点
①意欲重視
　担任の考え方もあると思いますが、漢字学習へ前向きに取り組んでくれるきっかけとして考えているのがこの漢字大相撲です。そのため、たくさんのプリントを持ち帰り努力している子を認めたり、苦手に感じている子の頑張りなどを積極的に認めたりすることが大切だと考えています。

②遊び心
　「松尾場所」の賞状や四股名もそうですが、遊び心をもちながら取り組むことで、児童がより楽しみながら取り組んでくれます。

6　伸びを実感
　日々の積み重ねを繰り返すことで、学期末の50問漢字テストなどでは学級平均90点以上になります。漢字大相撲の前後をしっかり振り返らせて、力になっていることを実感させたいものです。

（友田）

第3章　帯タイムの実際
1. 国語編⑧　ローマ字

1　該当学年
　　 3～6年生
2　準備物
　　ローマ字ドリル　ローマ字プリント　記録用紙
　　ストップウォッチ
3　教材アピール
　　ローマ字が意外と定着していないクラスは多いのではないでしょうか？それもそのはずです。平成23年の学習指導要領の改訂から、今まで4年生で教えていたローマ字を3年生で教えるようになりました。さらに、教える時間は8時間程度。少ない学校だと5時間程度しか時間を割り当てられていないのです。また、使わないと忘れてしまいます。ローマ字を学習する機会は、3年生以降、ほとんどありません。帯タイムを活用して、ローマ字を完全定着させたいものです。
4　やってみよう！
①ローマ字プリントを配布します。
②「よーい、スタート！」のかけ声で、一斉に始めます。
③2分計測し、「やめ！」の合図でやめます。
④書けた文字数を記録用紙に記入します。
5　留意点
- ワークシートにローマ字を記入します。記入するローマ字は、授業で使用した、ローマ字ドリルに出てきた単語をそのままのせるとよいと思います。
- ワークシートの4線譜は、ローマ字ドリルの付録として付いていますので、ご活用ください。

- ワークシートはリバーシブルにします。表は、ローマ字のみ。裏は日本語のみとし、裏返せば、互いに答えがわかるようにしておきます。読めなかったり、書けなかったりしたときは、裏返すと答えが見えるようにしておき、わからなかったときのプレッシャーを無くしておきます。
- 最初は、比較的簡単な読みの方からチャレンジさせればよいと思います。
- 最初に小文字を定着させます。なぜなら、小文字の方が使用頻度が高いからです。
- 連絡帳の教科名を「kokugo」と書くなどして、普段からローマ字に親しませます。
- 画用紙やパワーポイントに同じ単語を記入し、早く答えさせるフラッシュ教材にすると、子どもたちは楽しんで学習ができ、さらに定着率は上がります。

6　発展すると

　タイピングに移行できます。総合学習の調べ学習などで、パソコンを使った調べ学習をよくすると思います。一般的に「かな打ち」より「ローマ字打ち」の方が早く入力できるので、ローマ字の学習が生きてきます。また、英語活動でも、「pen」を読むときに、ローマ字読みができれば「ペン」と読むことができます。ローマ字学習はＩＣＴや英語教育と直結していることを我々が自覚し、確実に定着させる必要があると感じます。

（山根大）

【参考文献】
「世界へジャンプ　ローマ字ワールド」（教育同人社）
　※授業で使用したローマ字ドリルに出てきた単語を、徹底反復させます。

```
aka    ie    uki    ike    oka
(   ) (   ) (   ) (   ) (   )
sake   asi    suika   seki
(   ) (   ) (      ) (   )
tako   tuki   tokei   ito
(   ) (   ) (     ) (   )
inu    neko   nasu   tani
(   ) (    ) (    ) (    )
huku   hana   hito   hon
(   ) (    ) (    ) (   )
uma   mukasi   moti   same
(   ) (      ) (    ) (    )
yoko   yume   yane   wani
(   ) (    ) (    ) (    )
```

おもて

（　き）（いけ）（おか）

（すいか　）（せき　）

（たこ　）（つき　）（とけい　）（いと　）

（いぬ　）（ねこ　）（なす　）（たに　）

（ふく　）（はな　）（ひと　）（ほん　）

（うま　）（むかし　）（もち　）（さめ）

（よこ　）（ゆめ　）（やね　）（わに　）

うら

◆このシートは、ダウンロードできます。詳しくは、本書P.150をご覧ください。

第3章 帯タイムの実際── 1．国語編⑧ ローマ字

sumire

siro

画用紙やパワーポイントに、学習した単語を書き、速く言わせるフラッシュ教材をつくると、さらに定着率は高まります。

第3章　帯タイムの実際
1. 国語編⑨
ローマ字しりとり

1　該当学年
　　3～6年生

2　準備物
　　ローマ字を書く罫線のあるワークシート、ローマ字表

3　教材アピール
　　3年生で学習するローマ字。学年が上がるにつれてローマ字の定着率は上がっているでしょうか？　6年生でも、普段ローマ字を読んだり書いたりする機会のない児童は、残念ながらローマ字を十分に習得できていません。やはり、定期的に復習する時間を設け、ローマ字を読み書きすることが必要です。そこで、ローマ字の学習に少し遊びを取り入れた、ローマ字しりとりを行います。短時間でどれだけローマ字を使ったしりとりができるか。遊びながら、ローマ字を復習することができます。

4　やってみよう！
　①ローマ字を書く罫線とローマ字表がセットとなったワークシートを準備します。
　②ローマ字表を最初から最後まで、全員で読みます。大きな声ではっきりと読ませます。慣れてきたら、ローマ字表を指でなぞりながら言わせるとより効果的です。
　③ローマ字表を下敷きで隠しながら、最後まで、全員で読みます。読めないローマ字は、答えを見てもよいことを伝えておきます。
　④時間制限をつけて、ローマ字しりとりをしていきます。

第3章 帯タイムの実際── 1．国語編⑨ ローマ字しりとり

⑤時間内に、いくつしりとりができたか数えます。いくつ書けるようになったか伸びを実感させます。

5　留意点

- ローマ字を忘れた児童も、安心して取り組めるようにワークシートには、ローマ字表も印刷しておきます。
- 毎日やらなくても、定期的に行うことで、ローマ字を忘れないようにさせましょう。
- ローマ字しりとりがいくつできたか振り返りをしたり、スタート前にいくつしたいか目標を立てさせたりすることで、励みになります。

6　発展すると

　ローマ字表を見ずに、ローマ字しりとりをすることができるようになります。ローマ字表を見ずにできそうな児童には、
「もうローマ字表を見なくてもできるかな？」
と声かけをします。
　少しずつレベルアップをしていくことで、最終的には全員がローマ字表を見ずに、ローマ字しりとりができるレベルを目指します。
　5・6年生では英単語を学習します。そこで、「sun」「man」など、ローマ字での読みと英語の読みが似ているものを示し、ローマ字が読めると英語の発音に近づくことを実感させます。そうすることで、よりローマ字の大切さを感じることができます。　　　　　　　　　　（原）

第3章　帯タイムの実際
1. 国語編⑩　辞書引き

1　該当学年
　　1～6年生
2　準備物
　　漢字辞典　国語辞典
3　教材アピール
　辞書は、子どもが最初にもつ調べ学習のツールです。よく「自ら学ぶ子をつくる」、という目標を掲げるクラスや学校はありますが、いちばん簡単な方法は辞書引きであると私は感じています。辞書は、いつでも引けるように、机の上に置かせます。そして、国語の授業にかかわらず、算数、社会、理科などあらゆる授業で、分からない言葉を引かせていくのです。そうすることにより自ら学ぶ習慣が子どもに身につくだけでなく、語彙が増えていきます。その前段階として、辞書の早引きをやらせていくのは、有効です。
4　やってみよう！
　①漢字辞典、国語辞典を準備させます。
　②教師は、「流行」という言葉を板書し、「『流行』という言葉の意味を調べましょう」と言います。
　③調べた順番に、立ってその意味を音読します。
　④1分後に全員で音読し、着席させます。
5　留意点
　・調べたい言葉に応じて、国語辞典がよいのか、漢字辞典がよいのか指導しておきます。また国語辞典の場合だと、五十音順に文字が並んでいることを、漢字辞典の場合は、部首引き・音訓引き・総画引きの3種類があり、状況に合わせて早く引ける方法を選択することを指導し

ておきます。
- 辞書引きは1年生から可能です。最初は、知っている文字を見つけたら、どんどん付箋を貼らせていきます。付箋の数が増えていくことで、子どものやる気もアップします。
- 最初のうちは調べられない子もいますので、早く調べた子は調べられない子を補助してもよいことにします。そうすれば、調べられない子はだんだん調べるコツをつかんでいきますし、教えた子は、調べ方を教えることで2度、同じことを学ぶことになります。「学び合い」の原理を応用します。
- 一斉音読を入れることで、声を出させていきます。辞書がそろわず、音読がそろわないこともありますが、声を出させることを主眼におきます。

6　発展すると

　辞書の早引きをグループでやることも可能になります。一人が問題を出し、他の子が辞書を引いて、答えを言っていきます。

　また、辞書の逆引きという方法も有効です。先に意味を出題者が言って、その意味を考えさせるのです。

　辞書引きにゲーム的要素を取り入れることにより、子どもの言葉への興味関心を高めることにもつながりますし、学級づくりの一助になると思います。

(山根大)

【参考文献】
「小学校1年で国語辞典を使えるようにする30の方法」(深谷圭助　明治図書)
　：「クラスと学校が幸せになる『学び合い』入門＜会話形式でわかる『学び合い』テクニック＞(西川純　明治図書)

第3章　帯タイムの実際
1. 国語編⑪
百ます作文

1　該当学年
　　1〜6年生

2　準備物
　　原稿用紙（何ます書いたかわかるもの）
　　記録用紙

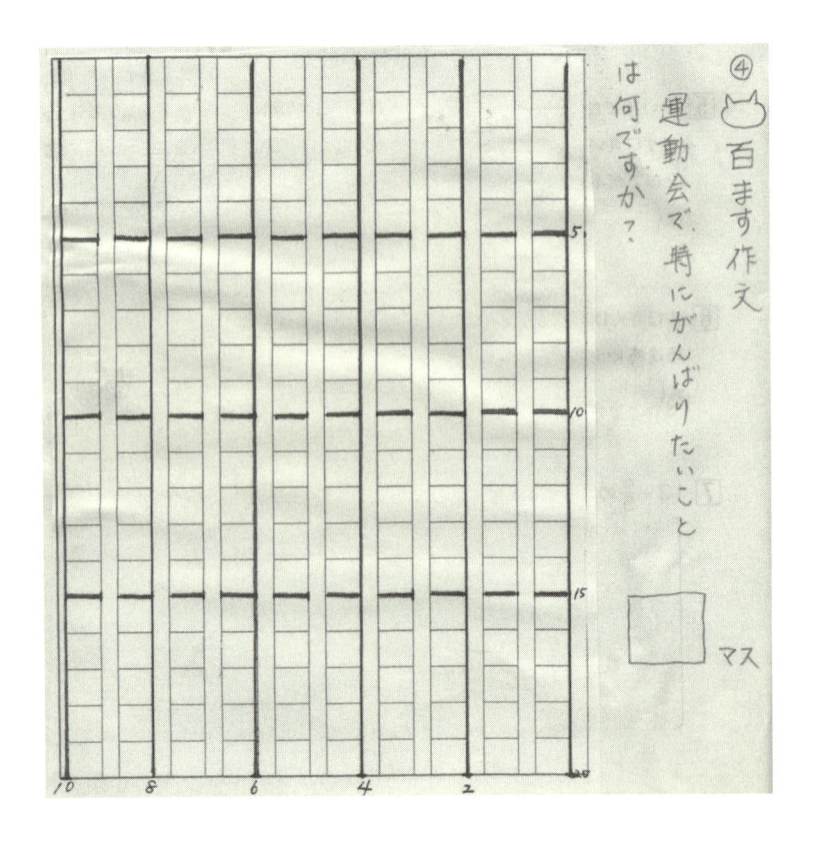

第3章 帯タイムの実際── 1．国語編⑪ 百ます作文

6月　朝学習　集計表　　　　名前(　　　　　　　　　)
全21回　　　　　　　　　　　　☆できたマスの数を書こう

日付	曜日	百ます計算	漢字ひらがな	百ます作文	日付	曜日	百ます計算	漢字ひらがな	百ます作文
1	日				16	月			
2	月				17	火			
3	火				18	水			
4	水				19	木			
5	木				20	金			
6	金				21	土			
7	土				22	日			
8	日				23	月			
9	月				24	火			
10	火				25	水			
11	水				26	木			
12	木				27	金			
13	金				28	土			
14	土				29	日			
15	日				30	月			

◆このシートは、ダウンロードできます。詳しくは、本書P.150をご覧ください。

3　教材アピール
　1分間、お題について書き続けることを徹底反復することにより、「書く馬力」が身につきます。これが、授業で応用されると、例えば、「主人公の気持ちについて、1分間で書きましょう」と教師が指示したとき、すべての子が瞬間的にノートに書き始めることができるようになります。

4　やってみよう！
　①お題を書いた原稿用紙を準備します。
　②子どもの手元に紙が行き渡ったのを確認し、「よーい、スタート」で書き始めさせます。
　③1分後に、「終わり」の指示を出します。
　④ますを数えさせ、記録用紙に記録させます。

5　留意点
- お題は、子どもがそのときに書きやすい、タイムリーなものがよいと思います。例えば、「運動会に向けて、がんばっていること」「夏休みにやってみたいこと」などがよいでしょう。
- 原稿用紙は、子どもが帯タイムを始める前に、自分で取っておかせるとよいでしょう。
- 必ず、書けたますを記録用紙に記入させます。同じお題で、書けたますが増えたということは、子どもの「書く馬力」が上がったことを意味します。
- 最初は、一文字でもよいので、とにかく原稿用紙に「書く」ことを意識させます。このとき、「書く」ことが苦手な子には、少しでも負担を減らしてやります。「一文字でも書ければよいですよ」「ますからはみ出してもよいですよ」「漢字を使わなくてもよいですよ」と声をかけましょう。

6　発展すると
　紙上討論ができます。クラスの問題を議論することは、難しいものです。

第3章　帯タイムの実際——　1．国語編⑪ 百ます作文

　発表が偏ったり、発言権の強い子の手前、発表できない子が出てきたりするかもしれません。しかし、それらの子も書くことはできます。原稿用紙を与え、「クラスの友達に伝えたいこと」というタイトルで書かせてみましょう。すると、クラスに対して思いのある子は、どんどん意見を書いてきます。それを、教師は、1枚のペーパーにまとめて、次の日、発表するのです。この作業を繰り返すことにより、クラスの問題点や、逆に良い行動をしている子などがわかってきます。最初は、クラスの子に対して否定的な意見が多く出てきますが、だんだん肯定的な意見も出てきます。

　また、「ほめ言葉のシャワー」の応用としても活用できます。1分間で、「あなたのこんなところがすごい！！」というタイトルで、日直の子のよいところを書かせるのです。言うのが苦手な子も、書くことならできるはずです。

　これら2つを組み合わせることにより、学級づくりの一助とすることも可能です。ぜひ、お試しください。

（山根大）

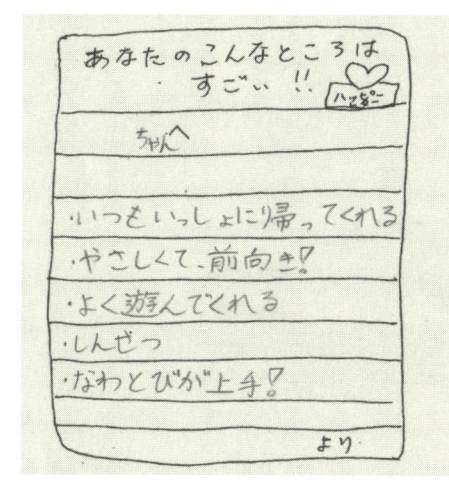

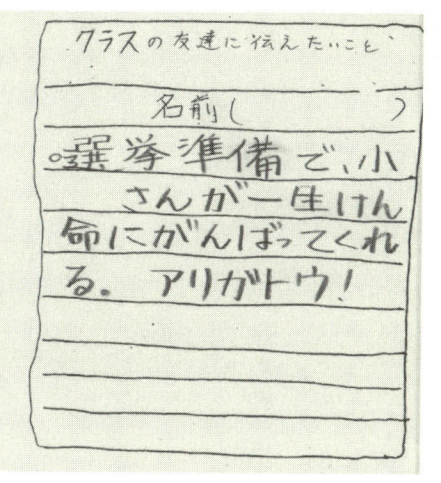

【参考資料】
「小学校『100マス作文』入門」（三谷祐児　明治図書）
「小学校発！　一人ひとりが輝くほめ言葉のシャワー」（菊池省三　日本標準）

第3章　帯タイムの実際
1. 国語編⑫
百ますしりとり

1　該当学年
　　1～6年生

2　準備物
　　ますのあるノートまたはプリント（百ます計算の用紙も可）

3　教材アピール
　ひらがなを学習した1年生からであれば、何年生でもチャレンジすることができます。人数やルール、制限時間等を調整することで、子どもの実態に合わせた活動を展開することができます。

4　やってみよう！
　①ルールを説明します。
　　・しりとりで言葉をつなげていってください。
　　・百ます埋まったら終わりです。
　　※「制限時間」「最初の文字」「百ますを越えればよいのか、百ますピッタリ埋めるのか」等の条件を必要に応じて指示します。
　②教師の合図で始めます。
　③できた子は「はいっ」と言う、手を挙げるなどして、教師に合図を送ります。教師は何分何秒でできたかを伝えます。
　④子どもは自分のタイムを記録に残します。

5　留意点
　・最初からタイムを意識させることに抵抗がある場合は、制限時間内に

何文字（何単語）つなぐことができるかにチャレンジさせてもいいと思います。
- 子どもによってクリアする時間差ができるので、終わった後の作業も指示しておくとよいです。例えば、「そのまま続ける」「別の言葉で始めて再チャレンジ」など。
- タイムが上がらず、苦手意識を抱く子も出てくるかもしれません。そんな子たちへの支援として、以下のような手立てが考えられます。
- できている子の作品を印刷して配布する。または掲示する。
- 事前に「言葉集め」の活動を行っておく。（「あ」で始まる言葉を集めよう等）
- 思いつかないときは国語辞典を使ってもよいことにする。
- 多くの子にとって百ますから始めるのはかなり負担が大きいことが予想されます。まずは十ますや二十ますを何セットか行うことから始めてもいいと思います。

6　発展すると
- 文字数に制限を加える。
  例えば、「1単語につき5文字以内」あるいは「1単語につき3文字以上」「すべて4文字」等。
- カテゴリに制限を加える。
  例えば、「動物限定」「食べ物限定」「外来語限定」等。
- ますを増やす。
- 先生と対決する。
  先生との関係づくりの一つの方法として扱うことができます。休み時間等に遊び感覚でやってみると子どもたちは白熱します。
- ペアやグループで取り組む。
  子どもたちどうしの関係づくりの一つとしても扱うことができます。例えば、「順番に書いていく。他の人はヒントを言ってもよい」「順番に書いていく。ただし誰もしゃべってはいけない」などのルールをつくってやってみてはどうでしょうか。

〈書き方例①〉

- 難易度の易しい書き方です。「しりとりで○個つなぐ」を目標に順番に書いていきます。下に示したものは横書きですが、もちろん縦書きでもかまいません。
- 「ゃ」や「っ」などの小さい文字や「ー」の伸ばす文字も一ますに数えています。
- 目標の数まで到達したら空いているますやプリントの裏などに続きを書かせます。

①	あ	め	り	か					
②	か	め	ら						
③	ら	く	だ						
④	だ	ち	ょ	う					
⑤	う	た							
⑥	た	ん	ぼ						
⑦	ぼ	う	し						
⑧	し	ょ	う	ぼ	う	し	ゃ		
⑨	や	き	ゅ	う					
⑩	う	さ	ぎ						

第3章 帯タイムの実際── 1．国語編⑫ 百ますしりとり

〈書き方例②〉
- ジグザグに書いていきます。
- 前の言葉の最後の文字と次の言葉の最初の文字は重ねて書いています。

(中國)

あ	た	ま	く	ら	っ	こ	い	の	ぼ
た	お	じ	ら	く	ま	か	い	す	り
ま	じ	ゃ	く	し	ら	ゆ	き	ひ	め
ょ	じ	う	ぐ	う	ゅ	り	お	こ	ん
う	ら	し	ま	た	ろ	う	ん	ど	う
す	び	う	よ	い	す	り	ぎ	い	か
け	っ	と	ま	と	そ	ー	す	け	ー
ご	ん	り	ぐ	ん	ど	ー	ぼ	ー	と
じ	ゅ	ー	す	と	れ	っ	ち	き	ゅ
ぎ	さ	う	ゅ	に	う	ゅ	ぎ	な	う

スタート → ゴール

89

第3章 帯タイムの実際
1. 国語編⑬
一文解釈

1　該当学年
　　1～6年生
2　準備物
　　自学ノート　筆記用具　カウンター　ストップウォッチ

カウンター

3　教材アピール
　参観授業でよく見る授業風景です。
　教師「それでは、この問題の考え方を5分間でノートに書きましょう」
　　　（5分後）
　教師「それでは、発表できる人？」
　　　（ほとんど挙手がなく、2～3人で授業が進む）
　これでは、何のために考えさせる時間をとっているのか、よくわかりません。全員で授業を進める発表にするためには、
　　1．どんなことを言っても、批判されない学級の雰囲気
　　2．すべての子どもが授業に参加している
　この2点が必要だと思います。この教材は、お題を出されて、思いついたことをすぐに発表することを繰り返す、単純なものですが、子どもの参加する力、発表する雰囲気をつくり出すことができます。

4　やってみよう！
　①教師が黒板にお題を書きます。例えば「運動会」。
　②教師は、「よーい、スタート」で1分間計ります。
　③子どもは班になり、「運動会」について思いつくことを、どんどん言っていきます。その間、記録係は、ノートに記録していき、カウンター係はカウンターをどんどん押していきます。
　④発表係は、班ごとに出た数と、例を発表します。例えば、「私たちの班は20個出ました。例えば、組体操です」などが出ます。
　⑤いちばん多く出た班は、友達から拍手のプレゼントがもらえます。
　⑥記録用紙に記録します。

5　留意点
　• お題は、最低でも1週間変えません。グループ全員で参加し、たくさん発表しようとする意欲が、伸びとして記録用紙に記録されていきます。意欲の高い班ほど、記録が伸びます。
　• 班机にしなくても、顔を寄せ合うだけで、この学習は進めることができます。班机にする時間ロスを回避しましょう。
　• 発表の合間に、「いいね！」とか、「ナイス！」など、肯定的な言葉を入れさせましょう。すべてのグループワークで発表しやすくなる魔法の言葉です。帯タイムで定着させることにより、クラスの雰囲気が良くなります。

6　発展すると
　指名なし発言につながっていきます。指名なし発言とは、教師がお題を与えたとき、教師の指名なしに、思いついたことを子どもがどんどん発表していく発表方法です。教師が指名する手間が省けるため、子どもの発表に合わせ、教師は板書をしたり、切り返し発問をしたりできます。これは、授業を効率的に進めるための強力な武器となります。　　　　　（山根大）
【参考文献】「全員参加の全力教室―やる気を引き出すユニット授業」（杉渕鐵良　日本標準）

第3章 帯タイムの実際
1. 国語編⑭ ふわふわ言葉

1 該当学年
全学年・特別支援学級

2 準備物
- プロジェクター　パソコン

3 教材アピール
「ちくちく言葉をなくして、ふわふわ言葉を増やしましょう」という指導があります。「ちくちく言葉」とは人を傷つける言葉で、「ふわふわ言葉」とは人を元気づけたり勇気づけたりする言葉です。
「ふわふわ言葉・ちくちく言葉」のすばらしい授業をしても、その後、やっぱり人を傷つける言葉があふれてしまうということが多々あります。子ども自身も「ちくちく言葉」が悪いことは分かっていても、なかなか「ふわふわ言葉」を言う機会がないようです。
　それならば、無理やりその機会を作り、「ふわふわ言葉」にたくさん触れさせれば、そのよさに気づき、自然とすてきな言葉を発することができるようになるのではないでしょうか。

4 やってみよう
　プレゼンテーション用ソフトを使って、フラッシュカードのように「ふわふわ言葉」を並べたスライドを作ります。
　どんどんとスライドを作ってもよいでしょうが、できれば順番にもこだわってみてください。
　私は最後には必ずアントニオ猪木の「いくぞーっ！　1・2・3・

だーっ！」で締めます。

5　留意点
　パソコンを用意することが面倒な場合、画用紙で作ったフラッシュカードでもよいですが、リズムが大事なのでパソコンの方がおすすめです。
　気軽にでき、元気が出るので、授業中にリフレッシュさせたい時や朝の会・帰りの会にもおすすめです。　　　　　　　　　　　　　　（原田）

スライドの一例

1 ふわふわ あいさつ	2 はい	3 はい	4 はいっ	5 はいっ！	6 おはよう
7 いってきます	8 こんにちは	9 さようなら	10 かえりました	11 ありがとう	12 どういたしまして
13 すごい	14 すてき	15 さいこう	16 いいよ	17 おっけー	18 ないす
19 げんき？	20 だいじょうぶ？	21 できる	22 きっとできる	23 きみならできる	24 がんばれ
25 ふぁいと	26 そのちょうし	27 もうすこし	28 まだまだ！	29 やった〜^-^	30 できた！
31 いくぞー！	32 1	33 2	34 3	35 だーっ！	

第3章　帯タイムの実際
1. 国語編⑮　紙上問答ゲーム

1　該当学年
　　1年生〜

2　準備物
　　短冊カード

3　教材アピール
　紙上問答ゲームは、お題に対する答えを紙に書き、ペアトークします。短時間で条件にあった答えを考えたり、書いたものを読み返すことで、自分の意見を整理したりすることもできます。低学年では、書き出しを1ます下げること、主述を明らかにして書くこと、句読点や改行など、文の書き方指導も合わせて行うことができます。

4　やってみよう！
　①お題を提示する。
　・少ない帯タイムを有効に活用するには、お題を黒板に書いたり、紙に書いて貼ったりするとよい。
　②ペアトークの準備をする。
　・書いた文を読み返し、書き直したり、書き加えたりしながら、自分の意見を整理する。
　③ペアトークをする。
　・順番を決め、その順序で問いに対する自分の考えを発表する。

第3章　帯タイムの実際── 1．国語編⑮ 紙上問答ゲーム

5　留意点
- 考える時間、短冊に書く時間、読み返す時間といったように活動を1、2分ごとに区切り、テンポよく進める。
- 低学年及び導入期では、お題に対する自分の意見のみでも構わない。徐々に理由も書けるようになってくる。活動に苦手意識が生じないように、「書けなくても構わない」というスタンスを大事にした指導を心がける。

6　発展すると
　活動に慣れてくると、問い方を変えながら活動を発展的に展開していきましょう。

---

①あなたは、○○が好きですか。
②あなたは、○○になりたいですか。
③あなたは、○と△とでは、どちらが好きですか。
④あなたは、○と△とでは、どちらを選びますか。
⑤□□のとき、あなたは、○と△では、どちらが必要ですか。
⑥あなたは、○○に賛成ですか。反対ですか。
⑦「○○」という意見に、反論すると・・・

　導入期では、食べ物を取り上げ、どちらが好きかを問うような質問がよいでしょう。しかし、主観的な理由づけになるので、徐々に季節や天気、遊びなど具体的な理由づけができるものに発展していきましょう。
　③のようにどちらかを選ぶ場合の答え方は、選んだ方の理由を肯定的に考えさせるようにしましょう。
　④のように、条件をふまえた理由づけが必要な場合は、具体的な事実を挙げて、客観的・論理的に選択理由が述べられるように、初めは教師が切り返しをしながら、考えを深めさせるとよいでしょう。
　⑤では、グループ活動を取り入れることも有効です。例えば、「修学旅行では、地図と時計では、どちらが必要ですか」では、修学旅行を想定し、

どちらがより必要性があるかを話し合うことで、多くの意見が得られ、理由を深めることができます。

⑥では、論題に対して、自分の立場を決めて意見を言うトレーニングをして、議論するために必要な力を身につけることができます。また、友達の発表を聞く中で、「視点を変えて考える」こともできるようになってきます。

⑦では、提示した意見に対して、自分はどう考えるか、相手の考えの根拠をしっかり考えながら自分の考えを整理していく必要があります。活動に慣れてくると、短時間でのディベート形式の話し合いへと発展させることも可能です。テーマに対して素早く自分の考えをもち、相手を説得するための根拠を論理的に組み立てて話す力も期待できるでしょう。

(後藤)

第3章 帯タイムの実際── 1．国語編⑮ 紙上問答ゲーム

第3章 帯タイムの実際
2. 算数編① フラッシュカード

1　該当学年
　　1年生

2　準備物
　　1〜20までのフラッシュカード

3　教材アピール
　1年生の算数のメインはたし算・ひき算です。たし算・ひき算では「10のまとまり」を作って考えさせることが重要です。
　私の学級では、朝の帯タイムにこのフラッシュカードを行っています。繰り返して行ううちに、暗算で計算することが苦手な子でも、瞬時に「あといくつで10になるか」など、10のまとまりに着目して考え計算することができるようになりました。準備の時間もかからず、何回も繰り返し行うことができるのが良いところです。また、カードを出すだけで子どもたちが注目するため、授業の導入などでも活用できると思います。

4　やってみよう！
①あといくつ
　まず、教師が「あといくつで10になるでしょう」と言い、ランダムに1〜10までのカードを1枚ずつ見せます。子どもたちはカードの数字を見て、あといくつで10になるかを考え、その数字を答えます。例えば、「6」のカードを見て、子どもたちは「よん！」と答えます。
　1回目は全員で、2回目は列ごとで、3回目は男女に分かれてなど、変化をつけて繰り返し行うと、集中して何回も練習することができます。

第3章　帯タイムの実際── 2．算数編① フラッシュカード

②10といくつ

　まず、教師が「10といくつでしょう」と言い、ランダムに10〜20までのカードを見せます。子どもたちはカードの数字を見て、10といくつか考え、数字を答えます。例えば、「15」のカードを見て、子どもたちは「じゅうとご！」と答えます。リズムよく全員で答えるようにすると楽しく練習することができます。

5　留意点
- 子ども全員が見えているかどうか、フラッシュカードの向きや高さに気をつけるとよいです。ラミネートすると、角度によっては見えにくくなるので、厚紙等で作ることをおすすめします。
- 一斉に答えるときに早く答える子がいる場合、そのほかの子の意欲がなくなってしまう可能性があります。全員で答えるときは、早くわかったとしてもみんなで声をそろえて答えることをルールにするとよいでしょう。

　　　　　　　　　　　　　　　　　　　　　　　　　　　　（小林）

第3章 帯タイムの実際
2. 算数編② 10ます計算

1　該当学年
　　1年生

2　準備物
　　計算プリント、ストップウォッチ

3　教材アピール
　10ます計算を継続してみて感じたことは、子どもたちに集中力がつき計算が速くなったことです。2分以上かかってもすべて計算できなかった子が、何回も行ううちに1分以内でできるようになりました。また、毎回の計算タイムを記録していくことで、自分の成長を実感でき、自己肯定感や学習意欲にもつながっていると感じます。

4　やってみよう！
　①プリントを全員に配布し、名前を書かせる。
　②「始め」の合図とともに一斉にスタートする。
　③すべて計算できたら、「はい！」と挙手させる。
　④タイムを伝え、自分のプリントに書かせる。
　⑤答え合わせをする。

5　留意点
・私のクラスでは「全員2分以内でやろう」という目標タイムを決めて行っていました。そのため、時間がかかる子はすべての問題を解くことができませんが、継続して行っていくにつれ、できる計算が一つ増

第3章　帯タイムの実際 ── 2．算数編② 10ます計算

え、すべての計算が1分でできるようになりました。クラスの実態に応じて、目標時間を設定するとよいと思います。タイムが速くなり、目標タイムを達成できたら、しっかりほめてあげましょう。
　　目標時間を長く設定すると、早く計算が終わってしまった子も長く待つことになるので、待つ間の工夫も必要です。

- 10ます計算プリントは、1枚で同じ計算を5回分練習できるようになっています。2回目以降は、前回までの計算を隠す等、答えが見えないようにするとよいと思います。また、2回目以降は答えがもう分かっているため、自分で答え合わせをさせるのもよいと思います。
- 計算し終わったプリントは算数ノートに貼ったり、ファイルに綴じたりなど、頑張った証拠が残るようにすると子どもの自信につながります。

6　発展すると

　10ます計算ができたら、25ます計算、かいだん計算、49ます計算と、徐々にレベルを上げていきましょう。以下のプレ百ますプリントを参考にしてみてください。

```
            プレ百ますプリント

      ●たしざん              ●ひきざん

      ①10ますたしざん        ①10ますひきざん

      ②25ますたしざん        ②25ますひきざん

      ③かいだんたしざん      ③かいだんひきざん

      ④49ますたしざん        ④49ますひきざん
```

【参考文献】
「奇跡の学力　土堂小メソッド」（陰山英男　文藝春秋）

(小林)

第3章 帯タイムの実際
2. 算数編③ 10の合成

1　該当学年
　　1年生・2学期〜2年生
2　準備物
　　フラッシュ
　　10の合成計算プリント

3　教材アピール
　1年生の2学期では、繰り上がり及び繰り下がりの計算の学習があります。その際のつまずきを少しでも少なくするために、10の合成をしっかり身につけておく必要があります。1年生の2学期最初に、このプリントを徹底して行っておくと、さくらんぼ計算がとてもスムーズに進めることができます。

4　やってみよう！
　①10の合成フラッシュ
- まずは、一斉指導で10の合成フラッシュを行います。その後、列や男女で声に出させ、最終的には1人ずつフラッシュを言わせます。全員がすらすら言えるようになるまで、繰り返し行います。

　②10の合成プリント
- 1列10問×5列（計50問）のプリントを準備します。
- 1列ごとに分け、5セット行う。導入期は、1列1秒程度が望ましい。教師は、「1、2、3・・・」とタイムをカウントし、児童は、自分が終わった時に聞こえたタイムを記録させます。次の列の1問目に鉛

第3章 帯タイムの実際── 2．算数編③ 10の合成

筆を置き、その列を頭の中で計算しながら待たせます。途中で終わった場合は、できた問題数を記入させます。カウントし終わると、すぐさま次の列をスタートさせるため、スタートの合図を一斉にします。

③答え合わせをする

- 50問すべてをするのは時間がかかるため、今日は1列目、今日は3列目と5列目というように抜粋して行うと効率的です。
- 「できたところまで、全問正解」「1ミス」「2ミス」というように、評価も加えましょう。

5　留意点

- 1列の目標タイムは、児童の実態に応じて設定します。導入時は、15秒程度からスタートするとよいでしょう。児童の様子を見ながら、10秒、8秒と徐々に短くしていきます。
- 必ずタイムやミスの数を記録させ、自己の伸びを確認させます。

6　発展すると

- 50問を一気に取り組ませます。その際も、目標タイムを設定し、1秒でも速く、正確に解けるよう意識させます。

（後藤）

10の合成フラッシュ（例）

1と□で

4と□で

第3章 帯タイムの実際── 2. 算数編③ 10の合成

10の合成プリント

１０のひきざん①   月   日 なまえ（   ）

1	10 − 1 =	11	10 − 3 =	21	10 − 7 =	31	10 − 9 =	41	10 − 3 =
2	10 − 4 =	12	10 − 4 =	22	10 − 1 =	32	10 − 5 =	42	10 − 4 =
3	10 − 7 =	13	10 − 9 =	23	10 − 9 =	33	10 − 1 =	43	10 − 1 =
4	10 − 8 =	14	10 − 8 =	24	10 − 8 =	34	10 − 8 =	44	10 − 9 =
5	10 − 5 =	15	10 − 5 =	25	10 − 2 =	35	10 − 6 =	45	10 − 8 =
6	10 − 2 =	16	10 − 1 =	26	10 − 4 =	36	10 − 2 =	46	10 − 5 =
7	10 − 3 =	17	10 − 6 =	27	10 − 5 =	37	10 − 7 =	47	10 − 2 =
8	10 − 6 =	18	10 − 2 =	28	10 − 6 =	38	10 − 4 =	48	10 − 6 =
9	10 − 9 =	19	10 − 7 =	29	10 − 3 =	39	10 − 3 =	49	10 − 7 =
10	10 − 5 =	20	10 − 8 =	30	10 − 5 =	40	10 − 6 =	50	10 − 9 =

	びょう　もん		びょう　もん		びょう　もん		びょう　もん		びょう　もん

１０のひきざん②   月   日 なまえ（   ）

1	10 − □ = 4	11	10 − □ = 1	21	10 − □ = 2	31	10 − □ = 1	41	10 − □ = 4
2	10 − □ = 6	12	10 − □ = 9	22	10 − □ = 1	32	10 − □ = 3	42	10 − □ = 1
3	10 − □ = 2	13	10 − □ = 6	23	10 − □ = 6	33	10 − □ = 5	43	10 − □ = 7
4	10 − □ = 8	14	10 − □ = 8	24	10 − □ = 8	34	10 − □ = 7	44	10 − □ = 9
5	10 − □ = 7	15	10 − □ = 2	25	10 − □ = 9	35	10 − □ = 9	45	10 − □ = 8
6	10 − □ = 9	16	10 − □ = 4	26	10 − □ = 7	36	10 − □ = 4	46	10 − □ = 2
7	10 − □ = 3	17	10 − □ = 5	27	10 − □ = 5	37	10 − □ = 4	47	10 − □ = 6
8	10 − □ = 4	18	10 − □ = 3	28	10 − □ = 5	38	10 − □ = 6	48	10 − □ = 1
9	10 − □ = 1	19	10 − □ = 1	29	10 − □ = 1	39	10 − □ = 8	49	10 − □ = 0
10	10 − □ = 2	20	10 − □ = 7	30	10 − □ = 5	40	10 − □ = 0	50	10 − □ = 3

	びょう　もん		びょう　もん		びょう　もん		びょう　もん		びょう　もん

第3章 帯タイムの実際
2. 算数編④
九九表間違い探し

1　該当学年
　　２年生

2　準備物
　　間違い九九表

3　教材アピール
　フラッシュカードや百ます計算などである程度かけ算九九を覚えたころに行います。
　九九表の中にいくつか間違った答えを入れておきます。子どもたちはその間違いをすべて見つけ、正しい答えを書きます。タイムレース制にすることで、子どもたちはより早く間違いを見つけようと集中して取り組みます。
　さらに、答えを見つけた後の活動をアレンジすることで、子どもたちの楽しみも倍増します。

4　やってみよう！
　①「間違い九九表」を配布する。
　②「用意、始め」で間違いを見つける。間違っている答えに斜線を引き、正しい答えを表の下の（　）内に書く。
　③すべて書き終えたら（　）内の数字を全て足し、「はいっ」と言ってタイムを聞き記録する。
　④制限時間になったら「やめ」と指示して答えを発表し、最も速く正解した子に全員で拍手を送る。

5 留意点

- 事前にやり方を説明しておきます。その際、拡大した「間違い九九表」を黒板に掲示するなどして実際にやり方を示すと、子どもたちはイメージをつかみやすくなります。
- 早く終わった子どもが集中力を保てるよう、裏面にも別の「間違い九九表」を印刷しておくとよいでしょう。
- 制限時間や間違いをいくつにするかは、子どもの実態に応じて調整します。九九の定着度が低い児童には正しい九九表を渡してもかまいませんが、自力でできるように九九の定着を図りましょう。
- 九九表の間違いの数を増やすと難易度が上がります。また、九九表の乗数や被乗数をランダムに並べるとかなり難しくなります。
- アレンジとして、九九表の答えの数字のところに文字を入れます。間違っている答えの文字を並べ替えると単語ができるようにします。ゲーム性が高まり、子どもたちも喜びます。　　　　　　　（島田）

資料1　間違い九九表

	1	2	3	4	5	6	7	8	9
1	1	2	3	4	5	6	7	8	9
2	2	4	6	8	10	12	14	16	18
3	3	6	9	12	15	18	12	24	27
4	4	8	12	16	20	24	28	32	36
5	5	10	15	20	25	30	35	40	45
6	6	12	18	24	30	36	42	48	54
7	7	14	21	28	35	24	49	56	63
8	8	16	24	32	40	46	56	64	72
9	9	18	27	35	45	54	63	72	81

(　　) + (　　) + (　　) + (　　) = (　　　　)

◆答えは「147」。

第3章 帯タイムの実際── 2．算数編④ 九九表間違い探し

資料2　間違い九九表（アレンジバージョン）

	1	2	3	4	5	6	7	8	9
1	㋧1	㋻2	㋘3	㋡4	㋫5	㋒6	㋖7	㋐8	㋙9
2	㋭2	㋜4	㋺6	㋩8	㋑10	㋡12	㋥14	㋤16	㋛18
3	㋒3	㋐6	㋯9	㋳12	㋮15	㋻18	㋩12	㋗24	㋫27
4	㋝4	㋪8	㋑12	㋘16	㋖20	㋯24	㋬28	㋤32	㋾36
5	㋕5	㋞10	㋠15	㋦20	㋹25	㋬30	㋔35	㋘40	㋫45
6	㋪6	㋡12	㋗18	㋜24	㋙30	㋮36	㋯42	㋨48	㋒54
7	㋕7	㋟14	㋠21	㋸28	㋲35	㋩24	㋣49	㋖56	㋫63
8	㋘8	㋕16	㋟24	㋧32	㋹40	㋗46	㋔56	㋞64	㋬72
9	㋜9	㋭18	㋤27	㋱35	㋕45	㋵54	㋼63	㋭72	㋖81

今日のキーワードは
　　「（　　）（　　）（　　）（　　）」

◆答えは「はんぷく」。

第3章　帯タイムの実際

2. 算数編⑤
　　かけ算九九
　　繰り上がりのあるたし算
　　繰り下がりのあるひき算

1　該当学年
　　2〜6年生

2　準備物
　　ワークシート　ストップウォッチ

3　教材アピール
　高学年になると、算数が苦手な子に対して、かけ算九九、繰り上がりのあるたし算、繰り下がりのあるひき算ができていないことに気づくことがあります。1・2年生で本来習得しておくべきであるのに、かけ算九九、繰り上がりのあるたし算、繰り下がりのあるひき算を習得していない子は、私の経験だとクラスに1〜2割程度いる感覚です。でも、落胆する必要はありません。帯タイムの中で、誰ができていて、誰ができていないのか、しっかりチェックし、習得させた後、テストをします。これを2〜3回繰り返すことで、かなりの確率で全児童が計算できるようになります。かけ算九九は、2桁と1桁のかけ算、わり算へ発展しています。さらには、通分、約分、面積、体積を求めるのに必須です。2年生以上の学年では、必ずチェックを入れ、習得させておきたいものです。

4　やってみよう！

① 「２分間で計算します。よーい、スタート」
② ワークシートをする。
③ ２分後、何問できたか記録する。
④ 次の週、テストをすることを予告してからテストを行う。
⑤ １問でも間違う子がいるようなら再テストをする。

5　留意点

- 全員合格の意識をもたせましょう。
- かけ算九九の場合、書くのがしんどい子には、言ってもＯＫにしましょう。また、基準を２分から３分にゆるめてもよいと思います。
- プリントは手書きでも十分です。時間を節約するために、どんどん手書きプリントをつくりましょう。
- 早くできた子のために、プリントは２段にします。

6　発展すると

列ごとに言ったり、班ごとに円になり、順番に言ったりしてもよいと思います。楽しい雰囲気でやると、より覚えられるようになります。

（山根大）

■くりあがりのあるたし算　　　名前（　　　　　　　　）

① 5 + 8 =　　　⑪ 5 + 9 =　　　㉑ 6 + 7 =
② 8 + 5 =　　　⑫ 6 + 8 =　　　㉒ 8 + 3 =
③ 9 + 3 =　　　⑬ 7 + 8 =　　　㉓ 7 + 7 =
④ 7 + 4 =　　　⑭ 6 + 6 =　　　㉔ 9 + 6 =
⑤ 4 + 8 =　　　⑮ 8 + 7 =　　　㉕ 5 + 6 =
⑥ 3 + 8 =　　　⑯ 7 + 9 =　　　㉖ 6 + 5 =
⑦ 8 + 9 =　　　⑰ 9 + 5 =　　　㉗ 7 + 5 =
⑧ 6 + 9 =　　　⑱ 9 + 7 =　　　㉘ 2 + 9 =
⑨ 7 + 6 =　　　⑲ 5 + 7 =　　　㉙ 4 + 7 =　　（　　分　　秒）
⑩ 9 + 8 =　　　⑳ 9 + 4 =　　　㉚ 4 + 9 =　　　□ 問

① 5 + 8 =　　　⑪ 5 + 9 =　　　㉑ 6 + 7 =
② 8 + 5 =　　　⑫ 6 + 8 =　　　㉒ 8 + 3 =
③ 9 + 3 =　　　⑬ 7 + 8 =　　　㉓ 7 + 7 =
④ 7 + 4 =　　　⑭ 6 + 6 =　　　㉔ 9 + 6 =
⑤ 4 + 8 =　　　⑮ 8 + 7 =　　　㉕ 5 + 6 =
⑥ 3 + 8 =　　　⑯ 7 + 9 =　　　㉖ 6 + 5 =
⑦ 8 + 9 =　　　⑰ 9 + 5 =　　　㉗ 7 + 5 =
⑧ 6 + 9 =　　　⑱ 9 + 7 =　　　㉘ 2 + 9 =
⑨ 7 + 6 =　　　⑲ 5 + 7 =　　　㉙ 4 + 7 =　　（　　分　　秒）
⑩ 9 + 8 =　　　⑳ 9 + 4 =　　　㉚ 4 + 9 =　　　□ 問

第3章 帯タイムの実際──2. 算数編⑤　かけ算九九　繰り上がりのあるたし算　繰り下がりのあるひき算

■くりさがりのあるひき算　　名前（　　　　　　　　）

① 15－7＝　　⑪ 11－4＝　　㉑ 11－6＝
② 14－5＝　　⑫ 14－6＝　　㉒ 10－9＝
③ 13－9＝　　⑬ 12－7＝　　㉓ 16－9＝
④ 15－9＝　　⑭ 14－7＝　　㉔ 12－9＝
⑤ 10－8＝　　⑮ 11－3＝　　㉕ 12－6＝
⑥ 14－9＝　　⑯ 10－7＝　　㉖ 13－7＝
⑦ 12－4＝　　⑰ 13－8＝　　㉗ 15－6＝
⑧ 14－8＝　　⑱ 17－9＝　　㉘ 12－5＝
⑨ 12－8＝　　⑲ 11－8＝　　㉙ 13－5＝　　（　　分　　秒）
⑩ 18－9＝　　⑳ 16－8＝　　㉚ 12－3＝　　☐ 問

① 15－7＝　　⑪ 11－4＝　　㉑ 11－6＝
② 14－5＝　　⑫ 14－6＝　　㉒ 10－9＝
③ 13－9＝　　⑬ 12－7＝　　㉓ 16－9＝
④ 15－9＝　　⑭ 14－7＝　　㉔ 12－9＝
⑤ 10－8＝　　⑮ 11－3＝　　㉕ 12－6＝
⑥ 14－9＝　　⑯ 10－7＝　　㉖ 13－7＝
⑦ 12－4＝　　⑰ 13－8＝　　㉗ 15－6＝
⑧ 14－8＝　　⑱ 17－9＝　　㉘ 12－5＝
⑨ 12－8＝　　⑲ 11－8＝　　㉙ 13－5＝　　（　　分　　秒）
⑩ 18－9＝　　⑳ 16－8＝　　㉚ 12－3＝　　☐ 問

◆このシートは、ダウンロードできます。詳しくは、本書P.150をご覧ください。

第3章　帯タイムの実際
2. 算数編⑥ 百ます計算

1　該当学年
　　1年生〜

2　準備物
　　百ます計算プリント

3　教材アピール
　徹底反復学習の代名詞とも言える百ます計算。縦と横に十ますずつ並んだ百個のますに上と横に並んだ数字を足していくものです。
　たし算・ひき算・かけ算のものがあり、繰り上がりや繰り下がりの有無などで難易度を調整することもできます。学習内容的には2年生までの算数に該当します。基本的な計算練習になるため、計算力の向上のために行う学校が多いと思います。しかし、毎日徹底的に繰り返すことで大きな集中力を得ることができます。取り組む時間も5分程度で可能です。何年生でも実施可能ですが、ユースウェアが重要であることは言うまでもありません。

4　やってみよう！
　①事前にプリントを準備する。
　②プリントを配布する。
　③百ます計算を解かせる。
　④終了したら「はい」と言わせ、タイムを告げる。
　⑤規定の時間（例：5分）が経つまで集中を持続させる。
　⑥「やめ」等の合図を告げる。

第3章　帯タイムの実際── 2．算数編⑥ 百ます計算

⑦タイムや解けた問題の数を記録させる。
⑧ファイルなどに保存させる。

5　留意点
　ユースウェアが重要と先述しました。百ます計算を行っても効果がなかったという声を聞くことがあるからです。万能な方法はありませんが、効果を高める方法はあります。反対に効果を弱める方法もあるのです。
　大切なのは「集中」させるためのユースウェアを選んでいるかということです。
　まず初めてます計算に取り組む場合、いきなり百ます計算をしてはいけません。百問のますを見ただけで多くの児童は心が折れてしまいます。まずは自信をつけてあげましょう。入門編としては十ます計算が適しています。十ますで数週間経験を積んでから百ますを始めることをおすすめします。
　また、プリントの問題は毎日変えてはいけません。少なくとも2週間は同じものを使いましょう。毎日ころころ問題を変えてはその都度児童に緊張が走ります。緊張と集中は共存しにくいものです。自信をもってタイムを縮めていけるよう、問題は一定期間変えない方が取り組みやすくなります。私の場合は1か月以上変えないこともよくあります。
　以下に、【4　やってみよう！】の順に留意点を述べます。
① 　百ます計算で最も失敗しやすいのが、個人差への対応です。5分間という時間設定なら、2週間も続ければほとんどの児童がクリアしていることと思います。例えば2分で終わった場合は、残り3分で私語や手悪さなどをして集中を途切れさせてしまうケースがあります。残り時間も集中を維持するために、百ますを2段にしたプリントを準備します。
② 　配るときにザワザワした状況であれば、集中が乱れてしまいます。プリントの配布でも集中させたいものです。例えば帯タイムの前の休憩時間に、棚から自分のプリントを取ってきておくルールにしておくと、配布する手間が省けます。

115

③④⑤　解き始めたときは全員が集中します。そして速い児童は１分前後で解いてしまうでしょう。２分３分と経つにつれ、終わった児童が増えていきます。そうなると自然に集中が途切れてしまいます。そのうち雑然とした雰囲気になります。

　それを防ぐための２段重ねです。１段目のタイムをとった後、その集中を維持したまま２段目を解かせます。２段目はタイムをとりません。児童には「集中力が鍛えられる」「計算練習にもなる」と説明します。

　さらに時間内に２段目も終えてしまう場合には、欄外に『エレベーター計算』をしてさらに集中を持続します。エレベーター計算は、任意の３桁程度の数字のたし算を10回、筆算で行うというものです。数字はその日の日付など毎回指示する必要がないもの（５月９日なら５０９など）がよいでしょう。10回足せば答えは末尾に０が加わっただけの形になるので、合っているかどうかの判断も児童だけでできます。それでも時間が余る場合は10回引くエレベーターひき算を行います。これは答えが０になります。これでもさらに時間が余れば、さらに任意の数でエレベーター計算を続けます。この様な工夫をすることで規定の時間内に集中を続けることが可能です。

⑥　教師の「やめ」の指示の後、「あーっ、疲れた〜！」「お前、何秒だった？」などの私語が一斉に発生します。そのままザワザワした雰囲気をつくってはいけません。「せっかくつくった集中を壊すのはもったいない」と指導し、集中を維持できるようにしましょう。

⑦　集中を維持したまま、記録を書かせます。ファイルの表紙裏などに記録用紙を貼っておくとよいでしょう。４年生以上なら折れ線グラフに表すとより伸びが見えます。また、規定時間内に百ますが終えられない児童のために、解いた問題数を記録する様式も用意しましょう。大切なことは自分の成長が実感できるようにすることです。

⑧　ファイルに綴じるときも集中です。休憩時間ではありません。手際よく片付け、その集中を維持したまま次の活動へ移りましょう。

6　答え合わせは必要か？

　よくある質問に「百ます計算の答え合わせは必要ですか」というものがあります。まったく必要がないわけではありませんが、答え合わせそのものはそれほど重要なものではありません。

　答え合わせは「計算が合っているかどうか」を確認するものです。つまり、計算力向上を主眼とした取り組みです。対して百ます計算は集中力向上を主眼とした取り組みです。百問中２、３問間違えていてもその他の大多数が合っているのなら、答え合わせに時間をかけることは必要ないと考えます。よく放課後に百ます計算の束を職員室で丸つけをされている先生を見かけます。かなりしんどい作業であり、長くは続けられません。時々抜き打ち的に先生が読み上げる形で答え合わせするだけで十分ではないでしょうか。

　ただし、気をつけなければならないのは、速さを追求するあまり適当な答えを書く児童が現れるということです。そのためにはタイムを計りながら机間巡視し、その様なことをしている児童を発見し、指導することが大切です。放課後の丸つけで発見するよりもずっと効率的です。

　本稿で述べたことは百ます計算の基本形です。必要なのは、目の前にいる子どもたちにとって最も有効な形は何かを見取る眼力です。十ますなのか、百ますなのか、またはひき算なのかかけ算なのか。

　それとも数字のフラッシュカードなのか、百割計算なのか…。ぜひ、ご自身で考えてみてください。共通するのは「集中しているか？」です。

（山根僚）

百ますたし算

	+	1	8
159 + 159			
318 + 159	6	7	14
477 + 159	3	4	11
636 + 159	0	1	8
795 + 159	4	5	12
954 + 159	1	2	9
1113 + 159	8	9	16
1272 + 159	5	6	13
1431 + 159	2	3	10
1590	9	10	17
	7	8	15

エレベーター計算の例

◆ 「百ます計算」に関する各種プリントを、ダウンロードできます。詳しくは、本書 P.150 をご覧ください。

第3章　帯タイムの実際——2．算数編⑥ 百ます計算

百ますたし算　月　日　名前（　　　　　）

+	1	8	2	6	7	9	0	3	5	4
6										
3										
0										
4										
1										
8										
5										
2										
9										
7										

（　　分　　秒）

+	6	4	2	1	8	3	0	9	5	7
1										
9										
3										
2										
5										
4										
8										
0										
7										
6										

（　　分　　秒）

百ます計算（2段重ね）の例

第3章 帯タイムの実際
2. 算数編⑦
　　わり算3類型

1　該当学年
　　3年生〜4年生

2　準備物
　○陰山英男の徹底反復シリーズ 徹底反復「計算プリント」（小学館）

3　教材アピール
　　わり算には、以下の3類型があります。
　　A類型：14÷7＝2　（わり切れるもの）
　　B類型：15÷7＝2あまり1　（あまりがあるもの）
　　C類型：21÷9＝2あまり3　（繰り下がりあまりあり）
　　A類型はかけ算（かけ算はたし算を繰り返すことです）の変形です。B類型は、かけ算とひき算の組み合わせです。C類型は、かけ算とひき算の組み合わせですが、繰り下がりがあります。
　　つまり、A類型→B類型→C類型と難易度が上がっていきます。また、C類型がすらすらできるということは、四則演算（＋、−、×、÷）を完璧にマスターすることができたといってもいいでしょう。

4　やってみよう！
　　子どもたちの実態に合わせて、制限時間と合格ラインを設定します。例えば、A類型は1分30秒以内で45問／50問正解を2回続けたら合格などとします。合格したら、次のB類型に取り組ませます。
　　具体的には以下のようにします。
　①プリントは自分で用意しておくように指導しておく。

第3章　帯タイムの実際──　2．算数編⑦ わり算3類型

②終わったら手を挙げて「はい」と言い、教師はタイムを伝える。
③時間がある人は、裏の問題に取り組む。（裏には次の類型の問題がすってある。表「A類型」：裏「B類型」。表「B類型」：裏「C類型」。このようにしておくと時間の無駄がなく、また次の類型の練習をすることになる。）
④制限時間がきたら、途中でも終了する。
⑤答え合わせは自分でする。（事前に配布しておく）
⑥次の類型に進む場合は自己申告で教師に伝える。

5　留意点
①趣意説明をする
「なぜこのプリントをするのか」をきちんと説明しておきます。例えば、「計算は算数においてもっとも大切な基礎基本です。それがすらすらできるようになると、算数の力が飛躍的に伸びます」「（高学年になると）難しい文章題が出てきます。この時、問題ができても、計算ミスをする人がいます。もったいないです」などと話をしておきます。
②答え合わせについて（きちんとしない子がいるのでは）
　答え合わせを子どもたちがすることに、抵抗を感じる先生もおられるかもしれません。とにかく続けてください。継続は力なりです。続けると計算力が伸びてくることを子どもたちは実感します。伸びが実感できると、答え合わせもきちんとするようになります。

6　その他
①マンネリ化したとき
　マンネリ化したときには、ひとつ前の類型をしてみましょう。すらすら解ける自分に子どもたちも気分がよくなり、よい気分転換になるでしょう。
②発展的なものとして
　発展的なものとしては、たし算、ひき算、かけ算、わり算（ABC類型）が混ざったものをしてみるのも、計算力アップにいいでしょう。
③逆に厳しい子は、穴あき九九から始めるといいでしょう。　　　（新納）

第3章 帯タイムの実際
2. 算数編⑧
ジャマイカ

1 該当学年
　4年生以上

2 準備物
　ジャマイカ（計算ゲーム、トモエ算盤発売）

3 教材アピール
　教室に置いておくと、休憩時間などに児童が夢中になって取り組みます。教師が、「やりましょう」などと声をかける必要もなく、「先生、やっていいですか？」と時間を見つけては取り組みます。

　インターネット通販などから１つ1,500円程度で手に入れることができます。

図1　休憩時間に取り組む様子

4 やってみよう！
①やり方
　ジャマイカには、７つの数字があります。どの数字も１〜６までの数字が入ります。ただし、５つの白い数字と２つの黒い数字から成り立っています。図２で言うと、「２・５・４・５・６」が白い数字。「50・３」が黒い数字です。
　黒い数字の「50・３」を足します。53です。白い数字の「２・５・

4・5・6」を使って、53になる式を作ります。「かけ算・わり算・たし算・ひき算」のどれを使ってもいいです。そして、「2・5・4・5・6」の順番を入れ替えてもいいです。

　図2に関して言えば、例えば（6＋4）×5＋5－2などが考えられます。
②授業の導入などで

　使い方はさまざま考えられます。最初だけは、実物投影機で映しながらやったりデジタルコンテンツを使ったりして、全体でやり方を共有します。

図2　ジャマイカ

　それ以降は、授業の導入で取り上げたり、児童全員がそろっていない待つ時間などを利用したりすることも考えられます。

5　留意点

　楽しむことや柔軟に考えていく力を養うことができる教具の一つです。できた子を認めることはあっても、できない子が嫌な気持ちになるような扱い方には注意をしましょう。

　また、教師も児童同様に悩みます。休憩時間に児童と一緒になって行うと、児童とつながる一つのきっかけになります。

（友田）

第3章　帯タイムの実際
3. 社会編①　都道府県名

1　該当学年
　　4～6年生

2　準備物
　　都道府県名音読プリント

3　教材アピール
「中学年で47都道府県名を覚える」ことになっているからには、学級全員に覚えさせたい。覚えるのが苦手な子だって、覚えた数が増えるとうれしいはず。ゲーム感覚で、日々繰り返すことによって、少しずつでも都道府県名が言えるようになってくるはずです。

4　やってみよう！
　①県名音読プリントを全員に配布し、個人の物として管理させます（裏表印刷）。
　②音読プリントを用意させ、ペアになって向き合い、読む人と答え合わせをする人を決めます。
　③読み始めの位置と読んでいく方向を指定して「始め」の合図で音読させます。
　④答え合わせをする人は、正解なら「○」、間違っていたらヒントや答えを言ってあげます。
　⑤タイムを計っておき、終わった児童には挙手＆合図をさせて、タイムを伝えます。
　⑥一定時間（決めておく）経ったら交代して同じことを繰り返します。

第3章　帯タイムの実際── 3. 社会編① 都道府県名

5　留意点
- 都道府県の形だけが書かれているプリントなので、都道府県の形と名前がある程度一致するまでは、フラッシュカードでインプットさせておいた方がよいと思います。
- 読み進める方向は、初めのうちは左上から縦が簡単です。慣れてきたら横に読んだり、スタート位置を変えて上に読ませたりするとおもしろいです。
- 日本全体から見た都道府県の位置についてはカバーできていないので、日本地図を使った音読も平行して行うと効果的だと思います。
- 都道府県名が余裕で言えるようになってきた児童には、都道府県名＋都道府県庁所在地も連続して言わせたり、さらに特産品もセットにして言わせたりすると難易度を上げることができます。
- なかなか答えられない児童がいた場合には、ペアの人に答えを教えてもらって復唱するという形でもよいと思います。

6　その他
　やりっぱなしでは、どれだけ成果が出ているか明確ではないので、月に１回は都道府県名を書くテストをします。宿題に出すこともあります。ひらがなでもいいから、とにかく書かせることで記憶を定着させることをねらいにしています。書く機会を増やそうと思えば、テスト用紙の裏表両方に問題を印刷し、合格にならなかった場合には、裏にすべて漢字で書かせるなどすると、漢字表記にも慣れ、負荷にもなるので覚えようという気持ちをもたせることもできます。合格した児童には合格証を与えるようにし、意欲につながるようにしました。　　　　　　　　　　　　　　　　（引地）

音読都道府県名カード

	A	B	C	D	E	
1						1
2						2
3						3
4						4
5						5
6						6
7						7
8						8
9						9
10						10
	A	B	C	D	E	

第3章 帯タイムの実際── 3．社会編① 都道府県名

音読都道府県名カード（答え）

	A	B	C	D	E	
1	北海道	埼玉県	岐阜県	島根県	佐賀県	1
2	青森県	千葉県	静岡県	鳥取県	大分県	2
3	岩手県	東京都	愛知県	広島県	長崎県	3
4	秋田県	神奈川県	兵庫県	岡山県	宮崎県	4
5	宮城県	富山県	滋賀県	山口県	熊本県	5
6	山形県	新潟県	大阪府	香川県	鹿児島県	6
7	福島県	石川県	京都府	徳島県	沖縄県	7
8	群馬県	長野県	奈良県	愛媛県	中国地方	8
9	栃木県	福井県	三重県	高知県	四国地方	9
10	茨城県	山梨県	和歌山県	福岡県	日本	10
	A	B	C	D	E	

◆このシートは、ダウンロードできます。詳しくは、本書P.150をご覧ください。

127

第3章　帯タイムの実際
3. 社会編② 地図引き

1　該当学年
　　4年生～

2　準備物
　　地図帳

3　教材アピール
　4年生になると、子どもたちはいよいよ地図帳を手にします。都道府県の学習は、4年生の社会の学習の重要な部分です。3年生までは、自分の住んでいる街の中にしかなかった視点が、日本全国へ広がっていきます。地図帳を使って、県や市町村の位置をみんなで楽しく覚えられると良いですね。同時に、調べたい市町村が一体どこにあるのか、早く調べる訓練をしておくと、たいへん便利です。また、自分で素早く調べる習慣をつけさせるためにも、この手法は有効だと思います。

4　やってみよう！
　①愛媛県今治市は、どこにあるか調べましょう。
　②教師は、「よーい、スタート」ではじめます。
　③調べられた子は、立ち上がって、座っている子に教えていきます。
　④全員、立ち上がったら、一人の子を指名し、何ページのどこにあるか、
　　言わせます。

第3章 帯タイムの実際── 3. 社会編② 地図引き

5 留意点
- 最初は、県名だけにし、大まかにどの県がどこにあるのか、とらえさせていくとよいでしょう。
- 次に市町村を加えていきます。自分の住んでいる市町村、隣接市町村、隣接する県の市町村、といった順に、徐々に距離をとっていくとよいでしょう。
- 地図帳の巻末に、索引ページがありますので、活用方法をぜひ教えてください。「○ページの⑦の⑦」など、その市町村が当てはまる緯線と経線の範囲を正確に言わせるようにすると、さらによいと思います。
- 辞書引きと同様に、常に机の上に地図帳を置かせておき、どこにあるかわからない地名を素早く引かせるとよいでしょう。「自ら学ぶ子」を生む、簡単な方法だと思います。

6 発展すると

　子どもに問題を出させてよいと思います。「ぼくのおじいちゃんが住んでいる、長崎県佐世保市を調べましょう」などの問題を出させると、その街がより身近に感じられるかもしれません。

　地図帳は、行ったことのない土地を想像させる入り口です。子どもたちが大きくなったとき、地図をもって、実際に調べたことのある場所へ旅立っていくことでしょう。小学校の段階から地図の見方をしっかり教えて、「ここって、どんな所なんだろう？」とわくわくさせるような、想像力を広げる一助にしたいものです。

（山根大）

第3章 帯タイムの実際
3. 社会編③ 都道府県プリントを視写

1 該当学年
　4年生〜

2 準備物
　プリント

3 教材アピール
　子どもたちにとって、都道府県の場所と名称を一致させて覚えるのは、簡単なことではありません。「見て覚える」「聞いて覚える」「書いて覚える」「声に出して覚える」など、人によって覚えやすい覚え方はあると思いますが、ここでは「見る」と「書く」を組み合わせた「視写」を都道府県プリントにも応用した方法を紹介します。「見る＝インプット」であり、「書く＝アウトプット」であるとすれば、「視写」は単純な作業の中でその両方を繰り返し行うことができます。
　基本的には解答をそのまま写すだけですので、間違うことはほとんどなく、子どもたちは安心して活動に取り組むことができます。定期的に解答部分を切り離したプリントを使って「テスト」を行うことで、子どもたちは自分の記憶の定着度を確認することもできます。

4 やってみよう！
　①問題と解答を作成する。
　②問題と解答をあわせて、大量に印刷しておく。
　③制限時間を決め、教師の合図で視写を開始する。
　・解答を見ながら問題用紙を埋める。

第3章　帯タイムの実際── 3．社会編③ 都道府県プリントを視写

- 「ていねいに」「正確に」「できるだけ速く」など、実態に合わせて条件をつける。
- 毎日繰り返すと「解答を見たくない」という子も出てくるので、その子たちには解答を隠して解いてもよいことを伝える（解答は隠してもよいが、もちろん分からなかったら見てもよい）。

④③を毎日行う。
⑤定期的に同じプリントで「テスト」を行う。
⑥「テスト」は教師が採点してすぐに返却する。
⑦③～⑥を2～3回（回数は実態に応じて変える）繰り返す。

5　留意点
- 早くできた場合の指示をしておく必要があります。次の言葉はその一例です。
- 「県庁所在地を書き込みなさい」
- 「各都道府県の特産品を書き込みなさい」
- 「山地、平野、海、湖の名称を書き込みなさい」
- 「中国地方の都道府県を赤色でぬりなさい」　　…等。
- 毎回同じ順番で書き込ませていると、記憶の定着にむらができるおそれがあります。「今日は九州地方から視写しなさい」といった指示を加え、時折、記憶のむらを防ぐための手立てを行う必要があります。
- 子どもの実態に合わせて、問題数も変えるとよいと思います。47都道府県を一度にすべて提示するのがよいのか、東日本・西日本に分けて提示するのがよいのか。あるいは、地方ごとがよいのか。制限時間や子どもたちの視写速度・集中力を考慮して出題する問題数も調整するといいと思います。

(中國)

〈プリント例〉

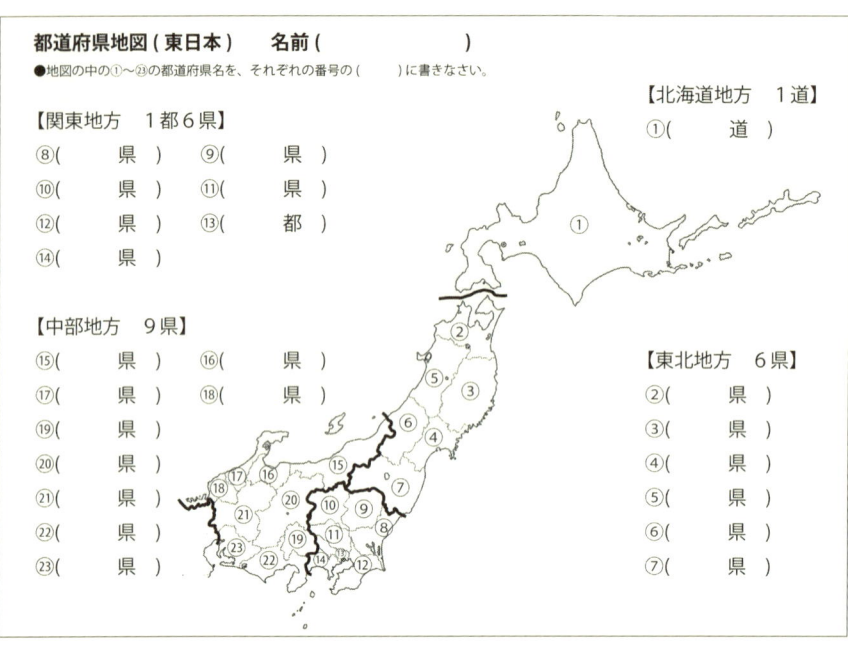

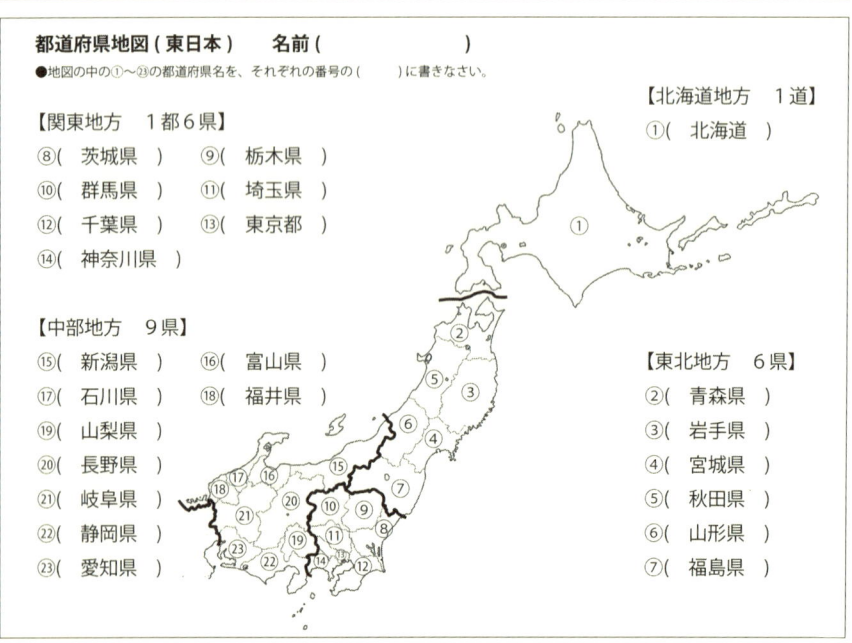

都道府県地図（東日本）　名前（　　　　　）
●地図の中の①〜㉓の都道府県名を、それぞれの番号の（　）に書きなさい。

【北海道地方　1道】
①（　　道　）

【関東地方　1都6県】
⑧（　　県　）　⑨（　　県　）
⑩（　　県　）　⑪（　　県　）
⑫（　　県　）　⑬（　　都　）
⑭（　　県　）

【東北地方　6県】
②（　　県　）
③（　　県　）
④（　　県　）
⑤（　　県　）
⑥（　　県　）
⑦（　　県　）

【中部地方　9県】
⑮（　　県　）　⑯（　　県　）
⑰（　　県　）　⑱（　　県　）
⑲（　　県　）
⑳（　　県　）
㉑（　　県　）
㉒（　　県　）
㉓（　　県　）

都道府県地図（東日本）　名前（　　　　　）
●地図の中の①〜㉓の都道府県名を、それぞれの番号の（　）に書きなさい。

【北海道地方　1道】
①（　北海道　）

【関東地方　1都6県】
⑧（　茨城県　）　⑨（　栃木県　）
⑩（　群馬県　）　⑪（　埼玉県　）
⑫（　千葉県　）　⑬（　東京都　）
⑭（　神奈川県　）

【東北地方　6県】
②（　青森県　）
③（　岩手県　）
④（　宮城県　）
⑤（　秋田県　）
⑥（　山形県　）
⑦（　福島県　）

【中部地方　9県】
⑮（　新潟県　）　⑯（　富山県　）
⑰（　石川県　）　⑱（　福井県　）
⑲（　山梨県　）
⑳（　長野県　）
㉑（　岐阜県　）
㉒（　静岡県　）
㉓（　愛知県　）

第3章　帯タイムの実際── 3．社会編③ 都道府県プリントを視写

【都道府県地図（西日本）　名前（　　　　　）】
●地図の中の㉔〜㊼の都道府県名を、それぞれの番号の（　）に書きなさい。

【中国・四国地方　中国5県・四国4県】
㉛（　　　県　）　㉜（　　　県　）
㉝（　　　県　）　㉞（　　　県　）
㉟（　　　県　）　㊱（　　　県　）
㊲（　　　県　）　㊳（　　　県　）
㊴（　　　県　）

【近畿地方　2府5県】
㉔（　　　県　）
㉕（　　　県　）
㉖（　　　府　）
㉗（　　　府　）
㉘（　　　県　）
㉙（　　　県　）
㉚（　　　県　）

【九州地方　8県】
㊵（　　　県　）
㊶（　　　県　）
㊷（　　　県　）
㊸（　　　県　）
㊹（　　　県　）
㊺（　　　県　）
㊻（　　　　県　）

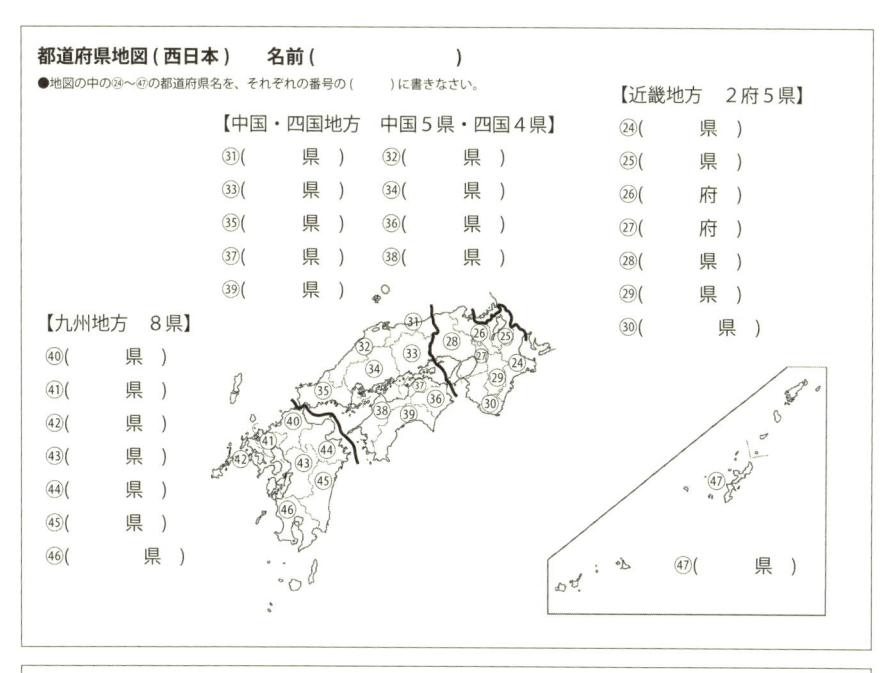

㊼（　　　県　）

【都道府県地図（西日本）　名前（　　　　　）】
●地図の中の㉔〜㊼の都道府県名を、それぞれの番号の（　）に書きなさい。

【中国・四国地方　中国5県・四国4県】
㉛（　鳥取県　）　㉜（　島根県　）
㉝（　岡山県　）　㉞（　広島県　）
㉟（　山口県　）　㊱（　徳島県　）
㊲（　香川県　）　㊳（　愛媛県　）
㊴（　高知県　）

【近畿地方　2府5県】
㉔（　三重県　）
㉕（　滋賀県　）
㉖（　京都府　）
㉗（　大阪府　）
㉘（　兵庫県　）
㉙（　奈良県　）
㉚（　和歌山県　）

【九州地方　8県】
㊵（　福岡県　）
㊶（　佐賀県　）
㊷（　長崎県　）
㊸（　熊本県　）
㊹（　大分県　）
㊺（　宮崎県　）
㊻（　鹿児島県　）

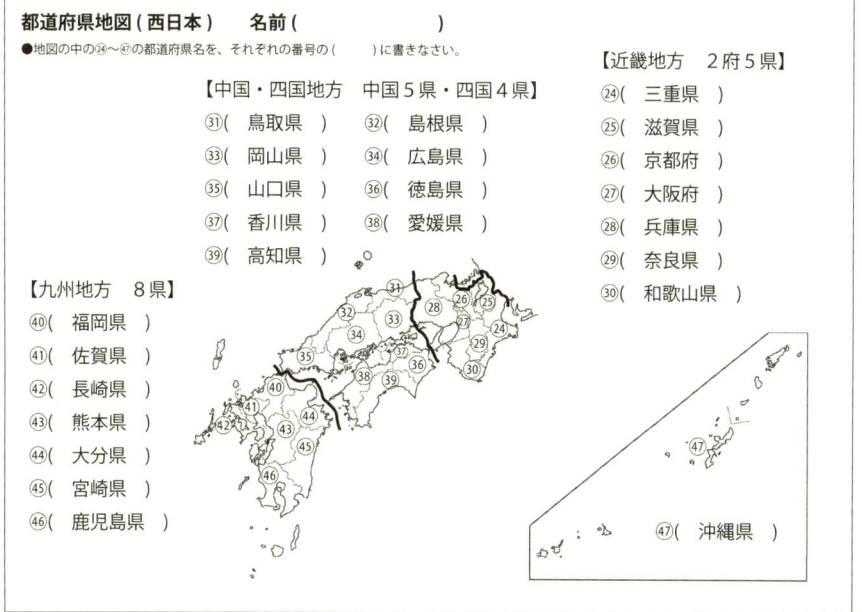

㊼（　沖縄県　）

◆このシートは、ダウンロードできます。詳しくは、本書P.150をご覧ください。

133

第3章　帯タイムの実際

3. 社会編④ 資料でブレインストーミング

1　該当学年
　　3～6年生

2　準備物
　　教科書　資料集　ノート等

3　教材アピール
　この教材は、集中力の育成と同時に、図表のような「非連続型テキスト」を読み取る力の育成にもつながると考えています。PISA調査で求められる読解のプロセスには、次の三段階があるとされていますが、主には①②の力を高めることができるでしょう。

> ①情報の取り出し … テキストに書かれている情報を正確に取り出すこと。
> ②解釈 … 書かれた情報がどのような意味を持つかを理解したり、推論したりすること。
> ③熟考・評価 … テキストに書かれていることを知識や考え方、経験と結び付けること。

4　やってみよう！
　①ノートに「日付」「資料のあるページ」「資料名」等を書く。
　②制限時間を決め、教師の合図で書き始める。
　　・慣れるまでは「資料を見て気づいたこと、分かったこと、予想できることを、制限時間以内にできるだけたくさん書きましょう」といった

第3章　帯タイムの実際―― 3. 社会編④ 資料でブレインストーミング

ルールやポイントの説明、記述例などを示すとよいでしょう。
- 慣れてくれば、「5個見つけたら持ってくる」など、子どもの実態に合わせて個数の基準を設けるのもいいと思います。この時、教師が「全体で共有したい記述」や「評価したい子どもの姿」などをしっかり観察しておくと、後の子どもたちの学習の質や学習意欲の向上につなぐこともできるでしょう。

③ノートを集め（その場でもよい）、丸をつけて返す。その後、帯タイムに出された子どもの記述の中で、授業時間で取り上げられそうなものは積極的に取り上げる。

5　留意点
- ブレインストーミングの基本は、「どんな考えも否定しない」「質より量を重視する」ことです。別々のアイデアをくっつけたり一部を変化させたりすることで新しいアイデアを生み出すことも大いに推奨されることを子どもたちに伝えておくとよいでしょう。
- 最初の頃は、子どもたちにとって読み解きやすい資料、または親しみのある資料から始め、記述の「質」よりもブレインストーミング自体の「おもしろさ」「良さ」を経験させることに重点を置きます。どちらかと言えば、「図や表」よりも「写真や絵」の方が、子どもたちは多くの情報を取り出しやすいようです。
- 難易度は、「資料の内容」だけでなく「活動人数」によっても調整することができます。1人で考えるのが難しければ、ペアや班といった複数人数での活動から始めてもよいでしょう。

(中國)

〈資料とノートの例〉

▲「蒙古襲来絵詞」(宮内庁所蔵)

6/12 教 P45	文永の役 ①武士が馬に乗っている。 ②武士はかぶとをかぶっている。 ③武士はよろいを着ている。 ④武士は弓矢で戦っている。 ⑤馬がけがをしている。 ⑥木がある。 ③爆弾が爆発している。 ④武士は１人しかいない。 ⑤敵はやりも持っている。 ⑥敵はぼうしをかぶっている。 ⑦敵の服は布。 ⑧刀を持っている敵がいる。 ⑨家の戸を盾にしている敵がいる。 ⑩敵は長靴をはいている。 ⑪敵の顔がオニみたい。 ⑫武士の上に文字が書いてある。 ⑬爆弾の上にも文字が書いてある。　・・・等

第3章 帯タイムの実際──3．社会編④ 資料でブレインストーミング

私たちが食べているものは、どこの国・地域で作られているのかな？

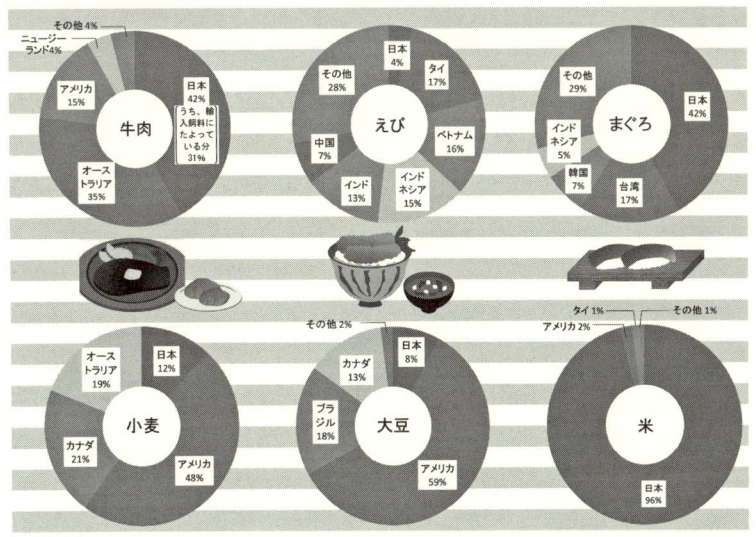

牛肉
- 日本 42%（うち、輸入飼料にたよっている分 31%）
- オーストラリア 35%
- アメリカ 15%
- ニュージーランド 4%
- その他 4%

えび
- 日本 4%
- タイ 17%
- ベトナム 16%
- インドネシア 15%
- インド 13%
- 中国 7%
- その他 28%

まぐろ
- 日本 42%
- 台湾 17%
- 韓国 7%
- インドネシア 5%
- その他 29%

小麦
- アメリカ 48%
- カナダ 21%
- オーストラリア 19%
- 日本 12%

大豆
- アメリカ 59%
- ブラジル 18%
- カナダ 13%
- 日本 8%
- その他 2%

米
- 日本 96%
- アメリカ 2%
- タイ 1%
- その他 1%

資料：農林水産省「平成24年度食料需給表」、財務省「貿易統計（2012年）」を基に作成

▲農林水産省「ジュニア農林水産白書」より

9/20 資 P60	私たちが食べているものの原産国 ①牛肉は日本のものが42％。 ②牛肉は2位がオーストラリア。 ③小麦と大豆はアメリカが1位。 ④大豆は半分以上がアメリカ産。 ⑤大豆はアメリカ大陸の国が9割。 ⑥米は90％以上が国内産。 ⑦米はアメリカとタイからも輸入している。・・・等

第3章 帯タイムの実際
3. 社会編⑤
私はだれでしょう

1　該当学年
　　6年生

2　準備物
○教科書、資料集

3　教材アピール
　学習指導要領に掲載されている歴史上の人物だけでも、40名以上になります。掲載はされていないものの、授業の中で出てくる人物はもっと多くなります。
　指導する以上は、名前とできごとなどを関連させて覚えさせたいものです。卑弥呼など歴史の学習をスタートした頃には、多くの子が「ついに歴史の学習がスタートした」と意欲をもち、一生懸命に覚えます。しかし江戸時代頃になると、多くのできごとが起こったり人物が出てきたりして定着が不十分になります。
　しかし、江戸時代頃の学習をしていても、「わたしはだれでしょう」のような遊び心を取り入れながら復習をすることで、忘れることは激減します。
　さらには、児童自身が追試可能です。そのため、「先生、織田信長について考えてきたからみんなに問題を出してください」と児童がつくった問題で、楽しんでいくこともできます。

4　やってみよう！
①やり方

第3章　帯タイムの実際── 3．社会編⑤ 私はだれでしょう

　まずは、教師が、三つヒントを出します。例えば、「①男性です。②戦の指揮をしました。③初めて鉄砲を使いました」と出します。答えは、織田信長です。
　答えが分かったら、ノートに答えを書かせます。例えば、正解だったら1ポイント。漢字で正確に書けていたらプラス1ポイントなどのルールにしておきます。3問行い、ポイントがいちばん多い人が勝ちになります。

5　留意点
①問題レベル
　答えは織田信長でも、三つ出すヒントの内容によってレベルを変えることができます。また、ヒントは一つ目から三つ目に進むにつれて、難易度を難から易に変えていくことがポイントです。
②迷いやすいからこそ問題に
　どちらだったか迷う人物が多くいます。例えば、紫式部と清少納言。足利義満と足利義政など多くいます。そういう人物こそ、問題に適しています。一つ目、二つ目のヒントではどちらの人物にも当てはまることを言い、三つ目のヒントで人物が特定できるようにします。
　このことにより、間違えやすいポイントに着目をさせることができます。
③テンポ
　これは、あくまで復習の一環です。そのため、テンポが大切です。素早くヒントを出していき、1回に3人は取り組みたいです。

6　発展すると
○歴史人物カルタ
　社会科資料集などには、人物のカードがついています。その場合は、活用可能です。ない場合も、ある人物を学習した後にカードに人物のイラストを書かせておきます。それを使って、歴史人物カルタを行います。
　教師が三つのヒントを言う間に、分かったらカードを取ります。ペアなどで戦うと、より盛り上がります。　　　　　　　　　　　　　（友田）

第3章　帯タイムの実際

4. その他①
校歌

1　該当学年
　　1〜6年生

2　準備物
　　楽譜

3　教材アピール
　みなさんは、終業式に歌う子どもの校歌の歌声にがっかりしたことはありませんか？　私はよくあります。声が小さすぎるのです。中には歌っていない子もいます。子どもだけでなく、教職員が歌えない場合もあります。新しく学校に来られた先生方は特にそうでしょう。歌えない理由はとても簡単です。歌い慣れていないため、歌詞を覚えていないのです。
　校歌は、その学校を象徴する最も重要な歌のはずです。ないがしろにしてよいはずがありません。音楽の授業で歌を習う前に、校歌を元気よく、堂々と歌える子ども、私たちでありましょう。

4　やってみよう！
　①校歌を元気よく歌います。「さんはい！」
　②子どもたちは元気よく歌い始める。
　③歌い終わったら、「元気よく歌えた人？」と問う。全員手が挙がったら合格です。

5 留意点
- 校歌は「○○小学校」の子どもであることの証であること、歌をつくった人が、「こんな子に育ってほしい」という願いが込められていることを事前にしっかり指導しておきます。
- 徹底して毎日繰り返すことにより、必ず定着します。
- 節ごとに、男子、女子、列ごと、班ごとなど、変化をつけてもおもしろいです。

6 発展すると

　歌を堂々と歌えるクラスはよいクラスです（どんな発言をしても、みんなが許してくれる）。こんな安心感を生んでくれることでしょう。また、校歌が堂々と歌えれば、ほかの歌も堂々と歌えるはずです。音読や群読、暗唱、発表など、声を出すあらゆる活動に波及していくことが期待できます。校歌を軸に学級づくりを進めることは、有効な手段だと思います。

(山根大)

第3章 帯タイムの実際
4. その他②
英会話

1　該当学年
　　1～6年生

2　準備物
　　英語の教科書（必要に応じて）

3　教材アピール
　チャンツの中で、子どもがしゃべれないという経験をされたことのある先生方は、多くいらっしゃることと思います。私はそのような体験を多くもつ一人です。では、なぜ、子どもがしゃべることができないのでしょうか。私は、
　　1．クラスの内でどんなことを言っても許される雰囲気がある
　　2．英語に自信がある
　この2点が重要であると感じています。2については、子どもの圧倒的な英語力の不足が考えられます。英語の授業は、週に1時間しか設定されていませんので、定着が難しいのです。しかも、学習指導要領の目標が「親しむ」ことを重視していますので、英単語の暗記や文法の活用など、力を入れていない学校が多いのではないでしょうか？　その課題を、帯タイムで解消することが可能です。

4　やってみよう！

①教師は、「英語で学習したチャンツを復習しましょう。

　　Ａ：Hi,My name is Tomofumi.
　　Ｂ：Hi,my name is Ryosuke.
　　Ａ：Good bye.
　　Ｂ：Good bye.

という会話を、１分間で何人とできますか？　数えてくださいね。レッツ、スタート！」と言います。

②子どもは、席を立って自由に、出会った友達とチャンツをします。

③１分間たったら、教師は、「フィニッシュ！」と言って、席に座らせます。

④教師は、何人の人と会話ができたか聞きます。

⑤いちばん多くの人と会話ができた人には、大きな拍手のプレゼントがあります。

5　留意点

- 最初、会話が難しい子には、英語の教科書の使用を許可します。
- レベルが上がってきたら、「男子は女子と会話をしてください。女子は、男子と会話をしてください。」と言います。普段、話をしない子と会話ができ、学級内の交流が深まります。
- 毎日、繰り返すことが大切です。最低でも１週間同じ会話を繰り返すことにより、英単語と文法が定着します。次週、ＡＬＴの先生がこられた時、子どもの上達ぶりに驚かれることがあります。
- 「How many?」「What's do you like?」など、さまざまな文法や英単語に応用できます。

6　発展すると

英語が好きな子が増えます。「英語の歌を歌ってみたい。」「英語でクイズがつくりたい。」など、意欲的な意見がでてくることがあります。

(山根大)

第3章　帯タイムの実際

4. その他③
ビジョントレーニング

1　該当学年
　　1～6年生
2　準備物
　　割りばし（先にナイロンテープを巻く）　メトロノーム
3　教材アピール
　本読みをすると、「文字をなぞらないと読めない」「文字をとばしてしまう」「漢字がなかなか読めない」「運動が苦手…」といった課題を感じることがあると思います。課題克服の一つとして、眼球運動のトレーニングを紹介します。日常生活において、意識することのない「目の運動」をトレーニングすることで、空間認知の能力向上だけでなく、体の使い方の向上（プロ野球読売ジャイアンツの選手もトレーニングとして取り入れている）にも期待できます。
4　やってみよう！
　①メトロノーム・割りばしを用意します。
　②両手に割りばしを持つ。
　③顔から30～40ｃmほど前にポイントが来るように持つ。
　④両手の間隔は40～50cm
　⑤メトロノームのリズムに合わせ、右・左・右・左と視点を変える。
　⑥30秒間行う。
　⑦ポイントを左右→上下→右斜め→左斜めを30秒間ずつ行う。
　※毎日の積み重ねが大切です。朝の会の項目に『ビジョントレーニング』を組み込み、『トレーナー係』をつくって行っています。高学年

> 割りばしの先にビニルテープを蒔きつけると見えやすいよ。

第3章 帯タイムの実際── 4．その他③ ビジョントレーニング

であれば、進める手順を示した用紙を渡せば、児童が簡単に進めることができます。

5　留意点

①取り組みの目的意識をもたせる。

　「何のために取り組むのか」と活動の意図を十分に伝える。「本がすらすら読めない」「漢字がうまく覚えられない」「計算が遅い」など、苦手なものを挙げさせるといった課題を出す児童がいたらチャンス！「実はね」と紹介。しかも、「ジャイアンツの選手も…」と伝えると運動大好きの男の子も俄然意欲が向上します。

②トレーニングの成果を実感させる。

　トレーニングは、やりっ放しなほどつまらないものはありません。①で目的をもたせたなら、その成果を数値や形で見させ、実感させましょう。

　例えば、本読み・百ますなどのタイムの測定、また、ボールのキャッチングや漢字の定着にも期待できるので、「トレーニングの積み重ねで、課題を克服したぞ」といったことにより実感させてみてはどうでしょう。取り組み前に、児童の本読みの状況や漢字の定着度などのデータを取っておくといいでしょう。

③マンネリ化を防ぐ。

　活動の流れに慣れてきたら、次のような変化をつける。

　ア．メトロノームのテンポを上げる。

　イ．ポイントの間隔を広げる。

　ウ．トレーニングの成果を実感させる。

（砂走）

【参考文献】

「学ぶことが大好きになるビジョントレーニング─読み書き・運動が苦手なのには理由があった」（北出勝也　図書文化社）

「発達障害の子のビジョントレーニング視覚を鍛えて読み書き・運動上手に！」（北出勝也　講談社）

第3章　帯タイムの実際

4. その他④
コミュニケーションを育てるペアトーク！

1　該当学年

　　3年生以上

2　準備物

○筆記用具　メモ帳など（特になくてもできます）

3　教材アピール

　ペアトークを授業やそれ以外の場で行っている先生方は多いと思います。そこでこのペアトークを使って、コミュニケーションのスキルを身につけようというのが、この実践のねらいです。

　複数の人に同じことを言っても、相手の反応が異なることがあります。また同じ人に同じことを言っても、言うタイミングや周囲の状況などで受け止め方が違うということがあります。これらをペアトークで疑似体験し、振り返りを行うことで、適切なコミュニケーションのスキルを身につけることが期待できます。

　この実践は、吉田忍氏（プロビジネスコーチ）のセミナーからヒントをいただきました。

4　やってみよう！

　①ペアになります。

　②聞き手と話し手を決めます。

　③話す話題を出します（最初は教師から出してください）。

　③まず話し手が30秒間話します。

　その時、聞き手は、「へぇー」「そうなの！」などのうなずきや、質問をします。

　④決められた時間がきたら終わります。

第3章 帯タイムの実際── 4.その他④ コミュニケーションを育てるペアトーク！

⑤次に振り返りをします。
　その時のポイントはつぎのようなものです。
　　ア：話し手が話をしていて、よかったのは具体的に「どのような話」をしているときの「どのような反応（うなずきや質問）」であったか。
　　イ：逆によくなかったのは具体的に「どのような話」をしているときの「どのような反応（うなづきや質問）」であったか。
　　ウ：それ以外の、話していて気づいたこと（目線や体の動き、腕の位置）などについて。
　いずれにしても、どのような反応が話し手にとってよかったかについて、言葉だけでなくしぐさやうなずきなどのノンバーバル（非言語）コミュニケーションまで含めた振り返りをするのが大切です。
　これらを意図的に何度も繰り返すことで、子どもたちはコミュニケーションに必要なスキルを身につけていくことができると思います。

5　留意点
　①教師から提供する話題や話す時間については、子どもたちの実態に合わせて調整してください。ただし長くとも1分程度がいいでしょう。1分以上目的をもって話すのは、子どもたちにとっては難しいと思います。
　②事前に、聞き方の基礎的な指導はしておくといいと思います。例えば話を聞くとき、聞き手が背中を向けて聞く、横を向いて聞く、正面を向くがまったく反応がない（無表情）、うなずく、メモをとるなど、どのようなときに話し手が話しやすいかを子どもたちが知っておくことは大切です。

6　その他
　発展的なものとしては、その話をするときの感情面や気分、またそこに至るまでの時間的経過（過去に何があったのか）まで振り返りをします。すると、人間の感情が様々な要因に左右され、それによって反応が異なることも学ぶことができます。

（新納）

おわりに

　本書を手にとっていただき、ありがとうございます。

　全国の小学校で行われている帯タイムですが、その多くが基礎学力の定着を目標に設定されています。もちろんそれ自体は正しく、帯タイムによって基本的な計算や漢字の力を育むことができていることと思います。ところが反面、いくら百ます計算をしてもタイムが上がらない、子どもたちの計算力が向上しないという理由で、帯タイムを廃止してしまう学校もあります。この差はどこから生じているのでしょうか。

　私たちは「集中」こそがそのキーワードだと考えています。百ます計算のプリントを配るときにザワザワした雰囲気そのままで配布したり、計算を終えた子どもが私語をしたりする教室では集中力が高まりません。当然、子どもたちの力も高まりません。反対に整然とプリントが配られ、自分の後ろの人に対しても目を合わせて両手で「どうぞ」と渡し、「ありがとう」と受け取るという配布が行われ、自分の計算が終わっても終了時刻まで自主練習を行うことが制度設計されて集中を維持することができる状況では、確実にタイムは伸び、集中力も高まっていきます。そのことを教師自身が知っているのと知らないのとでは、大きく成果が異なってくるでしょう。

　また、集中と緊張は似て非なるものです。集中力を高めるために緊張を強いる方法もありますが、強い緊張感の中では、大人でも全力を出すことが難しいはずです。実は集中力は、リラックスした状態でこそ発揮されるのです。子ども自身が今の居場所に安心して所属し、自分という存在を受け入れてもらえているという学級状況でこそ集中して取り組むことが可能となります。

　つまり、帯タイムの目標の第一は、「児童生徒の集中力を高める」とするべきであり、そのための具体的方策を練らなければならないのです。

　そして、高い集中力が必要なのは帯タイムだけではないはずです。それ

おわりに

以外の授業でも集中して取り組んでほしいと教師なら考えるはずです。そこで発想の転換をしてみましょう。本会代表の陰山英男先生は、勉強するために集中するのではなく、そもそも「勉強とは集中する練習である」と提唱しています。そう、集中力を高めるために勉強という手段があるのです。勉強を通して集中力を高め、その集中力を生かして勉強し、さらに集中力を高めていくという正のスパイラルを起こしていくことが大切なのです。これは取りも直さず教師の力量向上が求められているということです。集中力向上は子ども任せでは難しいのです。

　私たち徹底反復研究会は多くの先生方の力量向上に少しでも寄与できればと、全国で定期的にセミナーを開催しています。また、執筆活動を通して、実践の成果をお伝えしています。

　中国支部の前著である『日々の指導に生かす「徹底反復」（徹底反復研究会叢書1）【中村堂】』では、ロッカーの整頓や給食当番、朝の会や昼休憩、学習発表会や卒業式などの授業以外の場面での指導場面について紹介しています。併せてご一読いただければ幸いです。

　最後に、本書を出版するにあたり、前書同様にサポートしてくださいました株式会社中村堂の中村宏隆氏に心から感謝申し上げ、「おわりに」といたします。

2015年2月15日
　　　　　　　　　徹底反復研究会　副代表兼中国支部長　山根僚介

◆本書に掲載されているプリントの一部、および「百ます計算」に関する各種プリントを、印刷・ダウンロードしてご活用いただけます。

【ダウンロードの方法】

①中村堂のホームページにアクセスします。
　http://www.nakadoh.com/

②画面上部のメニューから［ダウンロード］を選びます。

③［徹底反復研究会叢書③　子どもの集中力を高める　帯タイムで徹底反復］の書名をクリックします。

④「認証が必要」という画面が現れますので、以下のユーザー名とパスワードを入力します。
　　ユーザー名：tettei
　　パスワード：obi-time

⑤必要なワークシート名をクリックして、印刷あるいはダウンロードします。
　（注）印刷とダウンロードの方法は、お使いのブラウザーによって異なります。各ブラウザーの使用方法をご参照ください。

著者紹介

徹底反復研究会　中国支部　　※五十音順

後藤愛沙（広島県小学校教諭）　　小林由香莉（広島県小学校教諭）
島田幸夫（広島県小学校教諭）　　砂走敏和（広島県小学校教諭）
友田真（徹底反復研究会広島支部長、広島県小学校教諭）
中國達彬（広島県小学校教諭）　　新納昭洋（岡山県小学校教諭）
原田圭輔（広島県小学校教諭）　　引地勝利（広島県小学校教諭）
山根大文（徹底反復研究会福山支部長、広島県小学校教諭）
山根僚介（徹底反復研究会副代表、中国支部長、広島県小学校教諭）

監修者紹介

陰山英男
徹底反復研究会代表
立命館大学 教育開発推進機構 教授（立命館小学校校長顧問）
文部科学省 中央教育審議会 教育課程部会委員
NPO法人日本教育再興連盟 代表理事

※すべて2015年3月1日現在

「徹底反復研究会」のご紹介

徹底反復研究会では、次の3つの目的を柱に、教育活動に取り組んでいます
○読み書き計算の徹底反復を中心とした子どもを伸ばす実践を育てる
○「早寝早起き朝ご飯」など、子どもが学ぶ土台となる生活習慣の確立・改善に取り組む実践を育てる
○子どもを伸ばす実践を共有し、研鑽する
詳しい内容・最新情報は、徹底反復研究会のホームページへ
http://hanpuku.jp/

徹底反復研究会叢書③
子どもの集中力を高める
帯（おび）タイムで徹底反復

2015年4月10日　第1刷発行

著　者／徹底反復研究会　中国支部　　　編集協力・デザイン／有限会社レディバード
監　修／陰山英男　　　　　　　　　　　印刷・製本／シナノ書籍印刷株式会社
発行者／中村宏隆
発行所／株式会社　中村堂
　　　　〒104-0043　東京都中央区湊3-11-7
　　　　湊92ビル 4F
　　　　Tel.03-5244-9939　Fax.03-5244-9938
　　　　ホームページアドレス　http://www.nakadoh.com

◆定価はカバーに記載してあります。
◆乱丁・落丁の場合はお取り替えいたします。

ISBN978-4-907571-15-3

しかし，タンパク質の立体構造には，| イ |結合の他にシステイン同士の| ケ |結合，酸塩基間のイオン結合など，さまざまな結合が関与しており，タンパク質はDNAよりもはるかに複雑で多様性に富んだ立体構造をもつ。そのため，DNAは高温で相補的な| キ |間の| エ |結合が分離しても，緩やかに温度を下げれば| ク |構造が回復する安定性を備えているのに対し，タンパク質は高温では| コ |が起こり，立体構造は容易に回復せず，変化しやすいと言える。

問2 下線部1)について。(ア)～(エ)のタンパク質が人体において果たしている役割について，それぞれ簡潔に説明せよ。
  (ア) ペプシン　(イ) アクチン　(ウ) ヘモグロビン　(エ) インスリン

問3 下線部2)について。このような機能変化の例に，解糖系の初期段階の反応に関与する酵素活性の変化がある。この酵素には，酵素反応の基質と結合する部位（活性部位）とATPが結合する部位（アロステリック部位）が存在し，ATPが過剰に存在すると，アロステリック部位にATPが結合して酵素活性が変化する。解糖系がATP合成のための呼吸反応の一部であることを踏まえ，以下の問いに答えよ。
  (1) 過剰なATPの存在による酵素活性の変化とは，促進，抑制のどちらか。
  (2) このような変化が起こることの意義を1行で説明せよ。

問4 下線部3)について。DNAが受け継がれる場面には，個体の発生・成長過程で生じた細胞にDNAが受け継がれる場面のほか，親から子へとDNAが受け継がれる場面もある。両者の過程には共通する面もあるが，異なる点も多い。
  (1) これらの場面では，細胞分裂に先立ってDNAの複製が起こる。DNAの複製様式の名称を答えよ。
  (2) 親から子へ渡す細胞をつくる際に特徴的に見られる分裂様式の名称を答えよ。
  (3) (2)の分裂で生じる細胞は，発生・成長過程の分裂で生じる細胞とどのような違いがあるか。次の語を2つずつ用い，2点に分けてそれぞれ簡潔に説明せよ。
    核相　　多様　　半減　　遺伝子
  (4) (3)の解答となる違いが生じる原因について，次の語を両方用いて2行以内で説明せよ。ただし，乗換えについては触れなくてよい。
    第一分裂　　相同染色体

問5 ピーターパンの物語はJ・M・バリーという人が創作したものであるが，それを読んだ人達がこの物語を高く評価したために物語として受け継がれているという面もある。DNAとタンパク質の間にも似た関係があり，DNAによってタンパク質が合成される一方，タンパク質がDNAを合成するという面もある。
  (1) DNAによってタンパク質の構成単位が決まるしくみを1行で答えよ。
  (2) タンパク質（酵素）によってDNAが合成される過程において，最も重要な役割を果たす酵素の名称を1つ答えよ。

> 解説

問1　タンパク質について：炭素Cにアミノ基－NH₂，カルボキシ基－COOH，水素Hと側鎖Rが結合したアミノ酸の重合分子である。遺伝暗号によって指定されるアミノ酸は20種類で，全生物で共通している。あるアミノ酸のカルボキシ基と，次のアミノ酸のアミノ基との間でペプチド結合がつくられ，離れた位置のペプチド結合間の周期的な水素結合により，αヘリックス，βシートなどの二次構造ができる。タンパク質特有の立体構造の形成には水素結合のほか，イオン結合，疎水基同士の間の疎水性相互作用，2個のシステイン分子の－SH基から水素が分離して生じるS－S結合(ジスルフィド結合)など，さまざまな結合も関係しており，共有結合であるS－S結合を除き，これらの結合はあまり強くない。そのため，高温では結合が分離して熱変性が起こり，pHのわずかな変化によって立体構造が変化する。有機溶媒などの疎水性物質の作用で変性が起こることもある。

　　　DNAについて：構成単位であるヌクレオチドは，塩基A(アデニン)，T(チミン)，G(グアニン)，C(シトシン)のどれか一つと五炭糖(デオキシリボース)とリン酸からなり，相補的な塩基間の水素結合によって二重らせん構造を形成している。なお，RNAは単鎖構造で，ヌクレオチドの糖はデオキシリボースでなくリボースであり，4種類の塩基のうち1種類がTでなくU(ウラシル)である。

　　　タンパク質を構成するアミノ酸の中には，システイン，メチオニンという含硫アミノ酸が含まれるため，タンパク質の構成元素はC，H，O，N，Sである。核酸はリン酸に由来するPを含むため，構成元素はC，H，O，N，Pである。この構成元素の違いは，ハーシーとチェイスの実験において，遺伝子の本体がDNAとタンパク質のどちらであるかを解明する過程で利用された。(⇨参 p.43)

問2　(ア) 胃液に含まれ，胃酸の存在するpH2程度の酸性条件で高い活性をもつタンパク質分解酵素。タンパク質の消化(加水分解)に触れれば十分であるが，胃酸と共に食物中の菌を殺すという，生体防御に関係する面もある。(⇨参 p.134)

　　(イ) 細胞運動に関係する物質。筋原繊維の細いフィラメントを構成しており，ATPアーゼ活性をもつミオシンと共に筋肉の収縮に関係する(⇨参 p.120)。細胞骨格の一種を形成しており，細胞質分裂の時に収縮環を形成することや，原形質流動に関係することなどを答えてもよい(⇨参 p.100)。

　　(ウ) 脊椎動物の赤血球に含まれ，酸素運搬に関係している。(⇨参 p.131)

　　(エ) すい臓のランゲルハンス島B細胞から分泌され，血糖値を下げる作用をもつホルモン。(⇨参 p.150)

問3　過剰なATPが存在する場合，これ以上ATPを合成する必要がないと考えられ，ATP合成に関与する酵素の活性を抑制するのが合理的である。ATPは呼吸反応の最終産物と見なすことができ，最終産物が反応系の初期段階に作用して反応を抑制する

1 参考書編 ⇨ p.2～p.7

しくみである。ホルモンの濃度が高すぎる場合，視床下部などの中枢が感知して分泌を抑制するしくみと類似しており，負のフィードバックとよばれる。(⇨参 p.21)

問4 (1)，(2) 発生・成長に伴う分裂とは，卵割も含めた体細胞分裂，親から子へとDNAが受け継がれる場面で特徴的に見られる分裂とは，減数分裂である。分裂前の間期中のS期にDNAの複製が起こるが，減数分裂の第一分裂と第二分裂の間ではDNAの複製が起こらない。(⇨参 p.66)

(3) ヒト，ショウジョウバエなど，ある種の生物をつくるのに必要な遺伝子の1セットがゲノムであり，ゲノムを構成する染色体の本数，本でいえば何巻で完結するかをしめす数が n である。両親は1セットずつのゲノムを子に渡すことで，子の核相は両親と同様，$2n$ になる。減数分裂は，$2n$ を n にする（核相を半減させる）ための分裂であり，相同染色体のどちらを受け取るかで多様な遺伝子構成の配偶子が生じる。なお，この問題では「乗換えは触れなくてよい」とされているが，染色体の乗換えによる遺伝子組換えも，多様性を生じる重要な原因である。(⇨参 p.69)

問5 (1) DNAとmRNAの対応は1対1なので，DNAの塩基配列がタンパク質のアミノ酸配列を決めていると言える。(⇨参 p.48)

(2) DNA合成の主役となる酵素がDNAポリメラーゼである。RNA合成の主役となる酵素RNAポリメラーゼと併せて知っておきたい。(⇨参 p.46)

解答

問1　ア－20　　イ－ペプチド　　ウ－ヌクレオチド　　エ－水素
　　　オ，カ－αヘリックス，βシート　　キ－塩基　　ク－二重らせん
　　　ケ－S-S（ジスルフィド）　　コ－熱変性

問2　(ア) 胃液の酸性条件でタンパク質を分解する消化酵素。
　　　(イ) 筋肉の収縮に関係する。
　　　(ウ) 肺胞から組織へ酸素を運ぶ。
　　　(エ) 血糖値を低下させるホルモン。

問3　(1) 抑制
　　　(2) 不必要な呼吸に伴う過剰なATP合成（または基質の浪費）を避ける。

問4　(1) 半保存的複製　　　(2) 減数分裂
　　　(3) 1．核相が $2n$ から n に半減している。
　　　　　2．多様な遺伝子構成の細胞である。
　　　(4) 第一分裂で相同染色体が対合した後に分離するため，分裂で生じた細胞は相同染色体のどちらか一方のみをもつようになる。

問5　(1) DNAの塩基3個が1個のアミノ酸を決める。
　　　(2) DNAポリメラーゼ

2 高校生のユズル君と小学4年生の弟の会話を読み，下記の問いに答えよ。

弟：昨日細胞って何か教えてくれたでしょう。細胞って作れるのかなあと思って。
兄：顕微鏡で細胞を観察することは今すぐできるけど，細胞を作ることはできないよ。1)細胞は，内部で色々なはたらきをしているからね。

　ユズル君は愛用の光学顕微鏡を戸棚から出して検鏡の準備を整え，水槽からオオカナダモを取り出し，葉を1枚切り取ってプレパラートを作った。

兄：葉の緑は葉緑体という粒の色だ。2)植物細胞にはあるけど 3)動物細胞にはない。
弟：ふーん。植物の細胞って意外につまらないね。どれにも緑色の粒しかないもの。
兄：無色だからわからないだけで実際には細胞の中には色々な粒があるんだよ。この本の写真を見て。ネズミの肝臓の細胞だそうだ。
弟：細胞の中に緑色の粒はなくて，短い棒みたいなものが沢山見えるね。一体これは 4)細胞の中で何をしているの？
兄：呼吸，と言っても息をすることじゃなくて，ものを燃やすような反応というか…。
弟：どんな生物の細胞も，色々な粒や棒があるの？
兄：動物や植物の細胞よりもずっと小さいけれど，5)粒や棒が見えない細胞もあるよ。

問1　下線部1)について。この説明は「細胞説」という考え方に通じるものであり，真核細胞の中には下記のような構造体が含まれる。

　［構造体］
　　(ア) 核　(イ) ミトコンドリア　(ウ) リボソーム　(エ) 小胞体
　　(オ) 葉緑体　(カ) 中心体　(キ) 細胞壁

(1) 次の人名のうち，細胞説を提唱した人名を2つ選べ。
　　(ア) シュワン　(イ) フック　(ウ) フィルヒョウ　(エ) シュライデン
　　(オ) レーウェンフック

(2) 次の説明のうち，細胞説の考え方と一致しているものを2つ選べ。
　　(ア) 細胞は，細胞がないところから自然に発生することもある。
　　(イ) 単細胞生物も，多細胞生物も，その体は細胞から構成されている。
　　(ウ) ウイルスは単独では生命活動を行っていないが，複製のための情報を備えているため，細胞からなると言える。
　　(エ) 単細胞生物は細胞の中ですべての生命活動を行っているが，多細胞生物の細胞は，物質の分泌，運動など，特定の生命活動しか行っていない。
　　(オ) 異なる組織に属する動物細胞で行われている生命活動を比較すると，どの細胞でも共通に行われている生命活動が存在する。

(3) 次の(a)，(b)に該当する部位を，［構造体］からすべて選べ。
　(a) 動物細胞，植物細胞の両方に存在する。

(b)　光学顕微鏡では確認できない。
問2　下線部2)の植物細胞について。
　　(1)　植物細胞特有で，細胞の形態維持に重要な役割を果たしている構造体を問1の［構造体］から1つ選べ。
　　(2)　この構造体の主成分となる物質と，この物質の構成単位の名称を1つずつ答えよ。
問3　下線部3)の動物細胞について。
　　(1)　植物細胞に存在せず，動物細胞に存在するものを問1の［構造体］から1つ選べ。
　　(2)　(1)で答えた構造体のはたらきを2つ，短文で答えよ。
問4　下線部4)について。この疑問の解決に重要な役割を果たしたのは，細胞分画法によって細胞小器官を分離し，はたらきを調べる方法である。
　　(1)　ネズミの肝臓を用いて細胞分画をする場合，遠心分離に先立って行うべき操作として適切なものを次の(ア)～(キ)からすべて選べ。
　　　　(ア)　固定　　(イ)　破砕　　(ウ)　37℃程度に保つ。　　(エ)　氷冷下に置く。
　　　　(オ)　蒸留水を加える。　　(カ)　70℃の希塩酸を加える。
　　　　(キ)　適当な濃度のスクロース溶液を加える。
　　(2)　(1)の操作後の試料を試験管に分け取り，遠心力を順次強くし，沈殿物として構造体を分けることができた。1回目から3回目の遠心による沈殿物（分画Ⅰ～Ⅲ）には互いに異なる構造体がそれぞれ1種，1種，複数種含まれ，膜をもつ構造体や光学顕微鏡で確認できる構造体が含まれない上ずみ（高分子物質やその複合体は含まれる）を分画Ⅳとする。
　　　　(ア)　RNAが存在する分画を，分画Ⅰ～Ⅳからすべて選べ。
　　　　(イ)　分画Ⅰ～Ⅳにそれぞれ狙いどおりの細胞内構造が多く集まっているかを顕微鏡観察以外の方法で確認したい。一定量の酸素とコハク酸を供給し，酸素が減少することを確認する方法が有効な分画を，分画Ⅰ～Ⅳから1つ選べ。
　　　　(ウ)　解糖系に関係する酵素を多く含む分画を，分画Ⅰ～Ⅳから1つ選べ。
問5　下線部5)について。動物や植物の細胞をA，このような細胞をBとする。
　　(1)　A，Bそれぞれの細胞をあらわす語を答えよ。
　　(2)　次の(ア)～(カ)から，Bのような細胞をもつ生物を3つ選べ。
　　　　(ア)　ゾウリムシ　　(イ)　乳酸菌　　(ウ)　シアノバクテリア　　(エ)　枯草菌
　　　　(オ)　酵母菌　　(カ)　クロレラ
　　(3)　Aは，祖先細胞の中にBのような細胞が入り込んで生じたという考え方が有力である。このしくみで生じたと考えられる細胞小器官の名称を2つ挙げ，それぞれの起源に近いと考えられる生物の名称を(2)の(ア)～(カ)から1つずつ選べ。
　　(4)　(3)の考え方の根拠となるこれらの細胞小器官の特徴を3つ，短文で答えよ。

> 解説

問1 (1) 1838年に植物学者シュライデン，翌年動物学者シュワンによって提唱された。シュライデンの発表の前，二人は会食して細胞に関して意見交換しており，二人の発表は無関係ではないようである。
　(イ) フックはコルクの観察により，細胞（セル）と命名した。
　(ウ) 病理学者フィルヒョウは「細胞は細胞から生じる」という言葉で知られ，細胞の自己複製能の説明と理解できる。しかし，この言葉は本来病気とは細胞の異常であり，特定の細胞が特定の病原体に感染することを説明したものである。
　(オ) レーウェンフックは，自作の顕微鏡によって多くの微生物を発見した。
(2) (ア) 自然発生説。自然に生まれるようでは，自己複製能をもつとは言えず，誤り。
　(イ) 構造的単位としての細胞説であり，正しい。
　(ウ) ウイルスは細胞膜もなく，単独では生命活動を行わないため，細胞とは言えず，誤り。他の生物の細胞に入り込むと，生命体らしい挙動を示す。
　(エ) 呼吸によるエネルギー獲得機構や，DNAに遺伝情報を保持し，その情報をもとにタンパク質を合成するリボソームをもつことなど，すべての細胞が共通に行っている機能は多く，誤り。
　(オ) (エ)とは逆に，細胞が機能的単位であることにつながる内容であり，正しい。
(3) (a) (オ)葉緑体や(キ)細胞壁は動物細胞にはなく，(カ)中心体は植物にはない。
　(b) (ウ)リボソームは小さすぎて見えない。(エ)小胞体は全体としては大きいが，薄い膜が細かく重なり，光の屈折との関係で確認できない。

問2 植物細胞には，主成分のセルロースと，糊のようなペクチンを含む細胞壁が存在する。セルロースはデンプンやグリコーゲンと同様，グルコースが脱水縮合により多数結合した高分子物質であるが，デンプンなどとはグルコース間の結合の仕方が異なり，容易に分解されない。

問3 中心体は通常細胞に1つ存在し，一対の中心小体を含む。細胞分裂の際の紡錘糸形成や，鞭毛，繊毛形成の起点となる。チューブリンというタンパク質を主要素とする細胞骨格である微小管の形成に関係する構造体である。

問4 (1) 細胞を低温(エ)で細胞小器官の膨張や破裂が起こらない濃度の無害な溶質（スクロースなど）を含む溶液中(キ)で破砕(イ)して細胞膜を破壊し，遠心力によって細胞小器官を分離する。
(2) 細胞小器官は主に大きさの違いによって順次沈降してくる。試料は動物細胞なので，「核→ミトコンドリア→小胞体，リボソームなどの混合物」の順で沈降する。植物細胞であれば，核とミトコンドリアの間に葉緑体が沈降する。
　(ア) RNAは分画Ⅰの核の中の核小体に存在し，ミトコンドリアの中でもタンパク質合成が起こるため，タンパク質とRNAの複合体であるリボソームは分画Ⅱの

ミトコンドリアにも多少存在する。リボソームは分画Ⅲでは小胞体と結合した状態, 分画Ⅳでは遊離した状態で含まれ, 結局すべての分画にRNAは存在する。
- (イ) 酸素を用いる呼吸はミトコンドリアで起こるため, 分画Ⅱ。
- (ウ) 解糖系は細胞質基質中の酵素のはたらきによって進行するため, 分画Ⅳ。

問5 (1) 原核細胞は核膜や膜によって包まれた細胞小器官や中心体が存在しない。
(2) (ア) 単細胞の真核生物で, 原生生物に分類される。
- (イ) 嫌気呼吸の一種である乳酸発酵を行う細菌。
- (ウ) 光合成を行う原核生物。
- (エ) タンパク質を主な呼吸基質とする好気性細菌で, 納豆菌も枯草菌の一種である。
- (オ) アルコール発酵で有名。細菌ではなく, カビなどの真菌類に属する。
- (カ) 単細胞の真核生物で, 緑藻類に属する。

(3), (4) ミトコンドリアは好気性細菌, 葉緑体はシアノバクテリアに由来すると考えられている。これらは細菌を一枚の膜で包んだ構造で, 外膜以外は原核細胞的な特徴を備えていることがこの説 (共生説) の根拠となる。なお, すべての真核生物にミトコンドリアが存在し, 植物などの一部の真核生物のみが葉緑体をもつことから, 共生の順序は, まず, 好気性細菌が共生して真核細胞が誕生し, 次いで植物の祖先細胞にシアノバクテリアが共生したと考えられている。この順序は, 進化の過程でまず, 水を用いる光合成を行うシアノバクテリアが誕生し, その後分子状酸素 O_2 を呼吸に用いる好気性細菌が登場したという, 出現の順序と逆である。なお, 共生を受けたのは古細菌ではないかといわれており, この点は3ドメイン説(⇨参p.189)とも関係が深い。

解答

問1 (1) (ア), (エ)　　(2) (イ), (オ)
　　(3) (a) (ア), (イ), (ウ), (エ)　　(b) (ウ), (エ)

問2 (1) (キ)　　(2) 主成分:セルロース　　構成単位:グルコース

問3 (1) (カ)
　　(2) 1. 細胞分裂の際の紡錘糸形成の起点となる。
　　　　2. 鞭毛や繊毛形成の起点となる。

問4 (1) (イ), (エ), (キ)
　　(2) (ア) 分画Ⅰ, Ⅱ, Ⅲ, Ⅳ　　(イ) 分画Ⅱ　　(ウ) 分画Ⅳ

問5 (1) A:真核細胞　　B:原核細胞　　(2) (イ), (ウ), (エ)
　　(3) ミトコンドリア:(エ)　　葉緑体:(ウ)
　　(4) 1. 内膜の化学的組成が外膜や他の生体膜と異なり, 原核細胞に近い。
　　　　2. 固有の環状DNAをもち, 半自律的に分裂・増殖する。
　　　　3. 原核細胞型の小さなリボソームをもつ。

3 次の文を読み，下記の問いに答えよ。

ワキ　いかに山伏たち，これは関にて候。
シテ　承り候。これは南都東大寺建立の為に，国国へ客僧を遣わされ候。北陸道をばこの客僧承って罷り通り候。先ず勤めに御入り候へ。
ワキ　勤めにも入り候べしさりながら，これは山伏たちに限ってとめ申す関にて候。
シテ　さてその謂れは候。
ワキ　さん候。頼朝義経御仲不和にならせ給うにより，判官殿は十二人の作り山伏となって，奥秀衡を頼み御下向のよし，頼朝きこしめし及ばれ，国国に新関を据え，山伏を堅く選み申せとの御事にて候。さる間この所をば某承って，山伏を止め申し候。ことにこれは大勢御座候間，一人も通すまじく候。
シテ　委細承り候。それは作り山伏をこそとめよと仰せ出だされ候ひつらめ。よもやまことの山伏をとめよとは仰せられ候まじ。

(謡曲『安宅』)

　義経は兄頼朝の疑いを受け，山伏に変装し奥州藤原氏の元へと逃走するが，頼朝は各所に関所を設け，義経を捕らえようとする。この後，勧進帳を読めと迫る富樫に対し，弁慶は何も書いていない紙を勧進帳と称して読み上げる場面や，弁慶が人夫姿の義経を杖で打ち据え，疑いを晴らそうとする場面が続く。能『安宅』，歌舞伎『勧進帳』として演じられている，日本の古典芸能中，最も有名な場面の一つである。

　細胞において，1)細胞膜は物質の出入りを調節する関所のような役割を演じている。　ア　イオンとナトリウムイオン（Na^+）は共に一価の陽イオンであり，「作り山伏とまことの山伏」のようによく似ているが，神経の静止電位の発生に関係する　ア　イオンリーク（漏洩）チャネルは両者を峻別し，　ア　イオンのみを通す。
　イオンチャネルには，　ア　イオンリークチャネルのように常に特定の物質を通すものもあるが，特定の刺激の有無によって開閉状態が変化するものも多い。活動電位の発生に関係するナトリウムチャネルは　イ　刺激によって開き，Na^+ を透過させる。運動神経から放出される神経伝達物質である　ウ　と結合して開くチャネルのように，リガンドと総称される情報伝達物質と結合して開くものもある。イオンだけでなく水分子も，　エ　という 2)水専用の通路となるタンパク質を通って輸送されている。
　チャネルを通る輸送や特定の物質と結合する　オ　を介した輸送の多くは，濃度差に従う受動輸送であるが，他のイオンの濃度差のエネルギーなど，ATP以外のエネルギーを用いた能動輸送と見なせる場合もある。例えば，小腸上皮細胞の管腔側には，Na^+ とグルコースを同時に輸送する共輸送体が存在する。小腸上皮細胞の体液側では，多くの細胞と同様，3)Na, K−ATPアーゼによる能動輸送が行われているため，細胞内の Na^+ の濃度は低い。消化物の中には通常 Na^+ がかなり含まれるため，共輸送体を用いるこ

とで，グルコースは自身の濃度勾配に逆らって消化管内から上皮細胞へと輸送される。つまり，共輸送体におけるグルコースの輸送は，4) ATPとは別のエネルギーを用いた能動輸送とみることができる。

問1　文中の空欄 ア ～ オ に適する語を答えよ。
問2　下線部1)の細胞膜について。
　(1)　細胞膜の主成分として，二分子層を形成する分子の名称を答えよ。
　(2)　細胞膜は，溶媒（水）は通すが，溶質は通さない半透膜に近い性質を備えている。赤血球とユキノシタの葉の裏面表皮細胞を用いて，蒸留水と高濃度のスクロース溶液に浸したときの細胞の様子を調べる実験を行った。
　　(ア)　蒸留水に浸した場合の各細胞の変化について，両者の違いがわかるように合計2行以内で説明せよ。
　　(イ)　高濃度のスクロース溶液に浸した場合の各細胞の変化について，両者の違いがわかるように合計2行以内で説明せよ。
　(3)　(2)のような細胞周辺の溶液の濃度による細胞の形や大きさの変化は，細胞のはたらきに大きな影響を与える場合がある。
　　(ア)　ゾウリムシのような淡水産の原生生物は，収縮胞の拍動によって水を排出している。ゾウリムシを蒸留水から徐々に塩分濃度の高い溶液に移すと，拍動の頻度はどのように変化すると考えられるか。1行で説明せよ。
　　(イ)　乾燥の危険がなく，盛んに光合成が行われる条件での孔辺細胞は，乾燥していたり，光合成が行えない条件での孔辺細胞と比較して，形や大きさにどのような違いがあるか。気孔の開閉状態と合わせて2行以内で説明せよ。
問3　下線部2)の水の通路となるタンパク質（ エ ）は，腎臓の集合管を構成する細胞の内部または細胞膜に存在し，脳下垂体後葉からのバソプレシンの作用の有無によって細胞膜へ，または細胞の内部へと移動する。大量の水を飲んだ場合におけるバソプレシンの分泌量の変化と， エ が移動する方向について，1行で説明せよ。
問4　下線部3)について。この能動輸送のしくみは，ヒトなどの赤血球を用いた実験によって解明されてきた。
　(1)　細胞膜の研究において，赤血球が有利であった点を2行以内で説明せよ。
　(2)　赤血球にはミトコンドリアが存在しない。赤血球の能動輸送に必要なエネルギー（ATP）の調達に関与する反応の名称を答えよ。
問5　下線部4)はどのようなエネルギーを用いた輸送か。

解説

問1 ア, イ は神経の興奮伝導, ウ は興奮の伝達に関係してくわしく扱う。（⇨ 参 p.106）

　エ　水分子はリン脂質の疎水基の部分をほとんど通過できない。細胞膜が半透性に近い性質をもつのは, アクアポリンの存在によって水分子が通ることができ, 溶質に対するチャネルやキャリアなどの輸送体が機能していない場合である。セロハンのように小孔が存在するのとは全く異なる。

　オ　チャネルは特定のイオンなどを通し, 担体（キャリア）は特定の物質と結合してその物質の移動を促進する。担体を介した輸送は基本的に濃度差に従う受動輸送であるが, 後で触れる共輸送のように, 濃度差に逆らう輸送もある。

問2　(1)　細胞膜は二分子層を形成するリン脂質と, タンパク質が主成分。細胞によって結合したり透過したりする物質に違いがあるのは, 膜上に存在するタンパク質の種類の違いによる。

　(2)　(ア)　細胞膜はほぼ半透性のため, 細胞内外に溶質の濃度差があると, 水は濃度差がなくなる方向, すなわち溶質の濃度が低い方から高い方へと浸透する。この移動により, 細胞膜に包まれた部分の体積が変化する。しかし, 細胞壁は溶媒も溶質も自由に通す全透性のため, 溶質, 水の両方が自由に移動し, 体積の変化を伴わずに細胞内外の濃度差が消失する。

　　　細胞壁で囲まれた部分の体積変化が起こるのは, 細胞膜に覆われた部分が膨張し, 細胞膜からの圧力を受ける場合である。細胞膜の側から見ると, 細胞壁が存在するため, 細胞膜で囲まれた部分の膨張がある程度で抑えられ, 蒸留水中でも破裂はしない。

　　(イ)　(ア)と同様の理由により, 高濃度のスクロース溶液に浸した場合, (ア)とは逆に細胞膜で囲まれた部分（原形質）から水が出ていく。しかし, 細胞壁内外の濃度差はすみやかに消失し, 細胞壁が変形することはないため, 植物細胞では細胞壁と細胞膜の間に隙間ができることになる。この現象が原形質分離である。

　(3)　(ア)　溶液（溶質）の濃度が高くなるほど細胞内外の濃度差が小さくなるため, 細胞に入ってくる水の量が減少する。その結果, 水を追い出すポンプの作用をもつ収縮胞の拍動頻度は小さくなり, やがてほとんど停止すると考えられる。

　　(イ)　孔辺細胞は気孔に面する細胞壁が厚く, 反対側が薄いため, 吸水・膨張すると外側が大きく伸び, 内側も外に向かってそり返るように変形し, 気孔が開く。気孔の開閉は植物体の水輸送において重要であり, 改めて扱う。（⇨ 参 p.83）

問3　まず, バソプレシンは集合管での水の再吸収を促進するホルモンであり, 体液の浸透圧が高い状態で水の再吸収を促進して体液の浸透圧を下げる作用がある。大量に水を飲むと, バソプレシンの分泌は低下して水の再吸収は抑制され, 尿として排出さ

れる水が増える。再吸収の抑制とは集合管の外へと水が出ていくのを抑制するということであるから，集合管壁の水の透過性の低下と同じであり，アクアポリンは細胞膜に存在せず，細胞内に存在すると考えられる。(⇨ 参 p.144)

問4 (1) ある部分のはたらきを研究する上で，その部分以外の影響をなくすことができれば最も好都合である。赤血球を低張液中で緩やかに破裂させてヘモグロビンを細胞から追い出すと，ゴーストとよばれる純粋な細胞膜の袋が得られる（リン脂質同士の親和性により，破裂した部分は自動的に回復する）。ゴーストの内容物の調整も容易であり，哺乳類の赤血球は，細胞膜のはたらきを研究する上できわめて好都合な材料である。近年は人工脂質膜を用いた研究も行われている。

(2) 嫌気条件の筋肉で解糖（乳酸発酵と同じ反応）が起こっていることは有名であるが，赤血球はミトコンドリアをもたず，解糖で得られたエネルギー（ATP）を用いて能動輸送を行っている。

問5 体液側に存在する Na, K－ATP アーゼの作用により，小腸上皮細胞内部の Na^+ の濃度は低くなっているが，食後の消化管の中には Na^+ はかなりある。この濃度差のエネルギーによって Na^+ は細胞内に移動する。共輸送体がグルコースと Na^+ の両方を輸送するということは，「ATPとは別のエネルギー」として Na^+ の濃度差を利用していると見なせる（⇨ 参 p.102）。なお，「イオンの濃度差のエネルギーの利用」という考え方は，呼吸における ATP 合成のしくみを理解する上で重要である。(⇨ 参 p.25)

◆解答◆

問1　ア－カリウム　　イ－電気　　ウ－アセチルコリン
　　　エ－アクアポリン（水チャネル）　　オ－担体（キャリア）

問2 (1) リン脂質

(2) (ア) 赤血球は膨張し破裂するが，ユキノシタの葉の裏面表皮細胞は膨張するが破裂はしない。

(イ) 赤血球は収縮するが，ユキノシタの葉の裏面表皮細胞では<u>細胞膜内は収縮し，細胞壁は変形しないため，細胞膜と細胞壁の間に隙間ができる。</u>
（下線部は単に「原形質分離が起こる」と表現しても正解）

(3) (ア) 拍動の頻度が徐々に小さくなっていく。

(イ) 吸水により大きく膨張してそり返るような形になり，一対の孔辺細胞の間の隙間である気孔は開いている。

問3　バソプレシンの分泌量は減少し，　エ　は細胞の内部へと移動する。

問4 (1) 内部に核や膜構造がなく，ほぼ細胞膜の中にヘモグロビンを含むだけの単純な構造なので，細胞膜のみのはたらきを調べやすい。

(2) 解糖

問5　Na^+ の濃度差のエネルギー

4 酵素に関する次の文を読み，下記の問いに答えよ。

以下は3人の高校・生物部員の会話である。

真理子：我が班の研究テーマは「酵素」ですが，おもしろい実験はないですかね。
駿一郎：酵素といえば，やっぱり 1)アルコール発酵じゃないの。…とくれば酵母菌か。
真理子：私は酵素といえば消化酵素かなと思っていました。発酵もありましたね…。
部　長：生物の体内で起こる反応には大抵何かしら酵素が関与しているとみていい。例えば [　　] もみんな酵素が関係しているんだよ。
真理子：…思っていたより奥が深そう。もっと調べてみたいので何かヒントを下さい。
部　長：考え込むより何かデータを取ってみたら。調理実習の残りのジャガイモを使って，2)カタラーゼのはたらきと温度の関係を調べてグラフに描いてごらん。
真理子：えー，3)カタラーゼといえば肝臓でしょ。植物にもあるんでしたっけ？
部　長：そう考えるなら，それを確かめるのも実験だ。

問1　「活性化エネルギー」の語を用い，酵素の機能について2行以内で説明せよ。
問2　[　　] 内に入れる例として不適当なものを以下の(ア)～(オ)から1つ選べ。
　(ア) ホタルの発光　　(イ) 尿素合成　　(ウ) 根の吸水
　(エ) ヨーグルトの製造　(オ) 水あめの製造
問3　下線部1)のアルコール発酵に関与する酵素について説明した次の文中の空欄 ア ～ オ に適する語を答えよ。

　　グルコースをエタノールにする過程の最終段階では，アルコール脱水素酵素がはたらいている。この酵素の名称は，2つの特徴を示している。1つはアルコール（エタノール）という「特定の物質に対して酵素作用を示す」ということであり，この性質を ア 性という。もう1つは，脱水素反応に関与するということである。アルコール脱水素酵素はカタラーゼと同様 イ 酵素であり，胃液の ウ やすい液の エ などのタンパク質分解に関与する オ 酵素とは異なる。

問4　下線部2)について，真理子さんは実験を10℃，20℃，40℃，50℃の4つの温度条件で行うことにした。ジャガイモをすりつぶしたものをガーゼでこした溶液を酵素液とし，一定量の酵素液と基質（過酸化水素）溶液を試験管にとり，目的の温度条件を保ちながら各々1本ずつ混合し，1分ごとに3回，発生する泡の高さを読み取った。測定後，各温度条件ごとの平均値を反応速度とした。

(1) 真理子さんはジャガイモにカタラーゼが十分に含まれているのか不安だったので，多めの酵素液を用いて室温で実験してみたところ，激しく気泡が発生した。その気体の名称を答えよ。

(2) (1)の実験結果から，真理子さんはこのままの酵素液と基質の溶液では，反応が激しく起こりすぎ，測定が難しいと判断し，酵素溶液の量のみを減らして実験

を行った。ある量で適切と判断し，以後，その条件に固定して実験した。図の実線を(1)の実験，破線を後の実験とし，両者の結果を表現したグラフとして適するものを図の(ア)〜(エ)の中から1つ選べ。

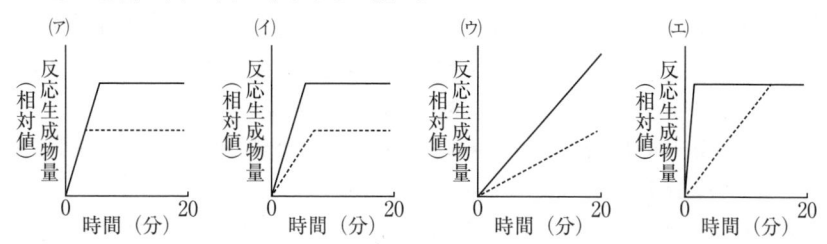

(ア)　　　　　(イ)　　　　　(ウ)　　　　　(エ)

反応生成物量（相対値）／時間（分）　0〜20

(3) 駿一郎君は，この実験のみでは発生した気体が酵素反応によって生じたとは言い切れないと考え，ある処理を加えた実験を提案した。

　(ア) この処理と目的を1行で答えよ。ただし，処理に薬品は用いないものとする。
　(イ) このような実験をあらわす語を答えよ。

(4) これらの実験のうち，50℃を除き，3回の測定値に大きな違いは見られなかった。違いが見られなかった原因について，次の語をすべて用いて2行以内で説明せよ。　　　基質　　活性部位　　結合

(5) 50℃では，3回目の測定値が2回目までより著しく小さくなった。真理子さんは，酵素タンパク質の性質からAと考えた。駿一郎君は2回までの反応速度がかなり大きいことからBと主張した。A，Bをそれぞれ1行の短文で答えよ。

(6) A，Bのどちらが正しいかを確認するための実験法を1行で説明せよ。

問5　下線部3)に関して。カタラーゼはジャガイモにも存在することが明らかになったが，カタラーゼは何のために存在するのだろうか。真理子さんはカタラーゼと過酸化水素について調べ，次のことがわかった。

カタラーゼ：4つのサブユニットからなる（ア）構造のタンパク質で，ペプチド鎖は，ポルフィリン環構造の内部に二価の鉄イオンが存在する（イ）という分子と結合している。毎秒4000万分子の過酸化水素を処理でき，全酵素中最速とも言われ，ヒトでは肝臓，血液に多く含まれるが，全身至るところに存在する。

過酸化水素：酸素に電子が渡ることで生じ，カタラーゼがない細胞中では，過酸化水素は少しずつヒドロキシラジカル OH に変化し，細胞死を引き起こす。OH は各種有機物を酸化し，有害な活性酸素の一種である。

(1) カタラーゼの説明文中の空欄（ア），（イ）に適する語を答えよ。
(2) （イ）を含み，次の作用に関係するタンパク質名を1つずつ答えよ。
　(a) 酸素運搬　　(b) 電子伝達
(3) 真理子さんが調べた結果をもとに，有害なはずの過酸化水素の3％水溶液（オキシドール）が傷口の消毒（殺菌）に利用できる理由を3行以内で考察せよ。

◉ 解説

問1 酵素は生体触媒として化学反応を促進する。触媒は反応の前後で変化しないことと，活性化エネルギーを低下させることで反応速度を上昇させることを説明する。

問2 (ア) ホタルの発光ではルシフェラーゼという酵素がはたらいており，発光物質ルシフェリンの酸化反応が起こっている。発光にはATPが必要なので，ATPの化学エネルギーが光エネルギーに変換される例である。

(イ) 両生類の成体や哺乳類は，肝臓にアンモニアを毒性の低い尿素に変換する尿素回路（⇨ 参 p.140）を備えている。

(ウ) 浸透圧,吸水力が高い（ポテンシャルが低い）方に向かって水が移動する現象で，酵素とは直接関係しない。（⇨ 参 p.12）

(エ) ヨーグルトは乳酸菌による牛乳の乳酸発酵でできる。（⇨ 参 p.23）

(オ) キャンディーなどに使われている水あめは，アミラーゼなどの加水分解酵素によってデンプンを分解したものであり，マルトース（麦芽糖）が主成分。

問3 ア ：タンパク質を主成分とする生体触媒である酵素の重要な性質。

イ ～ オ ：呼吸や発酵では，脱水素酵素などの酸化還元酵素や脱炭酸酵素，消化では各種の加水分解酵素がはたらいている。代表的な酵素名は記憶しておきたい。

問4 (1) カタラーゼは $2H_2O_2 \longrightarrow 2H_2O + O_2$ の反応を触媒する。

(2) 実験では予想外の事態が起きることがある。基質の量が同じであれば酵素濃度を下げても最終的な反応生成物量は変わらないため，(ア)と(イ)は除外できる。(ウ)は測定した時間内でどちらもまだ反応が続いており，どちらも十分測定が可能であり，説明と矛盾する。(エ)の実線はすぐ反応が終了しているが，酵素濃度を下げた点線では反応速度が下がり，反応終了までの反応時間が長くなり，測定しやすい。したがって(エ)が正しい。

(3) 過酸化水素の分解反応の触媒としては，MnO_2 などの無機触媒も考えられ，ジャガイモに無機触媒が含まれるかどうかは，確認しなくてはわからない。確認のためには，酵素の有無以外，全く同じ条件で測定した対照実験を設定する必要がある。

酵素活性を失わせる方法には，強酸または強塩基に浸す方法もあるが，問題文の「薬品は用いない」という指示から，煮沸して酵素タンパク質を変性させる方法を答える。もちろん，煮沸した後，実験直前に常温に戻す。

(4) 最大反応速度でなければ，時間と共に基質濃度が低下し，反応速度が低下するはずである。一定の速度で反応したことは，最大反応速度で反応していたことを示す。

(5), (6) 50℃の条件で，3回目の測定時の反応速度がかなり低くなった原因としては，高温による酵素タンパク質の熱変性が考えられ，それがAである。酵素活性が残っていると仮定すると，基質に原因がある可能性がある。高温では反応速度は大きいため，この条件でのみ，3回目で基質が不足したという可能性がBである。

どちらが正しいかを確認するためには，基質を増やして実験すればよい。酵素活性が失われたとすると，基質を増やしても反応速度は小さいままであるが，基質の不足が原因であれば，基質を増やせば反応速度は2回目までと同じになる。

問5　(1), (2)　ヘモグロビンは赤血球中に含まれ，酸素運搬に関与する（⇨参 p.131）。電子伝達系での鉄イオンの二価と三価の変化による電子の受け渡しに関与するシトクロムと同様，ヘム鉄を含む（⇨参 p.24）。なお，クロロフィルもポルフィリン環構造をもつが，内部には鉄イオンではなく，マグネシウムイオンが含まれる。

(3)　過酸化水素は本来活性酸素を生じる毒であるが，ヒトの体内にはその毒を消去するカタラーゼがあるため，傷口に過酸化水素水を塗っても問題はない。酸素を用いて呼吸を行う好気性生物が，カタラーゼのほかにSOD（スーパーオキシドディスムターゼ）など，活性酸素の害を消去するための酵素を備えている。このことから過酸化水素水が，活性酸素の害を防ぐしくみをもたない細菌を殺す目的で使用されることに気づくだろう。3％過酸化水素水溶液（オキシドール）の殺菌作用はそれほど強くない。以前は破傷風菌を殺せると考えられていたが，残念ながら無理であることがわかっている。なお，無カタラーゼ症でも顕著な症状がない場合が多いのは，他の活性酸素処理機構がはたらいているためと考えられる。

◆解答◆

問1　反応前後で自身は変化しないが，活性化エネルギーを低下させ，反応速度を上昇させる。

問2　(ウ)

問3　ア－基質特異　イ－酸化還元　ウ－ペプシン　エ－トリプシン　オ－加水分解

問4　(1)　酸素　　(2)　(エ)
　　(3)　(ア)　酵素を失活させるため，酵素液を十分煮沸する。
　　　　(イ)　対照実験
　　(4)　基質が十分存在し，すべての酵素の活性部位に基質が結合している状態が測定時間中継続していたため。
　　(5)　A：酵素タンパク質が熱変性した（酵素が熱で失活した）。
　　　　B：基質が不足した。
　　(6)　基質を追加して反応が起こるかどうかを調べる。

問5　(1)　(ア)－四次　　(イ)－ヘム
　　(2)　(a)　ヘモグロビン　　(b)　シトクロム
　　(3)　人体ではあらゆる場所にカタラーゼが存在するため，過酸化水素はヒドロキシラジカルに変化せず，害はないが，活性酸素の害に対応するしくみをもたない嫌気性細菌を殺すことができるため。

17

5 次の文を読み，下記の問いに答えよ。

　京の活動を七条の一点にあつめて，あつめたる活動の千と二千の世界を，十把一束に夜明までに，あかるい東京へ推し出そうために，汽車はしきりに煙を吐きつつある。黒い影がなだれ始めた。――一団の塊まりはばらばらに解けて点となる。点は右へと左へと動く。しばらくすると，無敵な音を立てて，車両の戸をはたはたと締めて行く。忽然としてプラットフォームは，在る人を掃いて捨てたようにがらんと広くなる。大きな時計ばかりが窓の中から眼につく。すると口笛が遥かの後ろで鳴った。車はごとりと動く。

(夏目漱石『虞美人草』)

　1907年当時の汽車は蒸気機関車であり，ボイラーで石炭を 1)燃焼させて高温高圧の水蒸気をつくり，その圧力によってシリンダーを動かし，シリンダーの動きによって車輪を動かしている。燃料の化学的エネルギーを一旦水蒸気のエネルギーに変換し，更に車輪の動きという力学的エネルギーに変換して汽車は動いている。生物は，栄養分のエネルギーを 2)使いやすいエネルギーに変える 3)エネルギー変換を行い，そのエネルギーを使って生命活動を行っている点で，蒸気機関車とよく似ている。

問1　下線部1)の燃焼について。燃焼に相当する生命活動は呼吸である。燃焼と呼吸の関係について説明した次の文中の空欄 ア ～ キ に適する語を答えよ。
　　[文]
　　　燃焼と呼吸は有機物が酸素と結合し，二酸化炭素，水（水蒸気）などを生じるという点では確かに同じ反応である。しかし両者の過程は大きく異なる。
　　　燃焼では酸素と有機物が直接結合し，二酸化炭素や水を生じるが，呼吸は多くの段階からなり，その後半の段階で二酸化炭素を生じ，最後に酸素が水素と結合して水を生じる間接的な反応である。
　　　呼吸の反応過程のうち，まず， ア で起こる解糖系では，グルコースがピルビン酸になる過程で イ 反応が起こり， イ 酵素によって有機物から切り出された水素（水素イオン，電子）が補酵素 NAD$^+$ に渡され，還元型補酵素 NADH を生じる。ピルビン酸はミトコンドリアの ウ に入り， イ 反応と エ 反応によって NADH と二酸化炭素が生じると共にアセチル CoA に変化する。アセチル CoA は オ と結合して カ に変化し，一連の回路反応によって カ は オ に戻る。この過程でも イ 酵素と エ 酵素の作用により，NADH などの還元型補酵素と二酸化炭素が生じる。還元型補酵素が保持していた電子は，ミトコンドリアの キ で起こる電子伝達系に入り，電子伝達系の最後の段階で酸素に渡され，水素イオンと共に水が生じる。

問2　下線部2)について。ここでいう「使いやすいエネルギー」とは，ATPの（ 1 ）

結合のエネルギーである。
(1) 空欄（ 1 ）に当てはまる語を答えよ。
(2) 次の(ア)～(コ)の生命活動は，それぞれ以下のA～Cのどれに該当するか。ただし，合成・分解の両方が起こる場合，差し引きで多い方を答えよ。
　　A：ATP合成を伴う　　B：ATP分解に伴って進行する
　　C：ATPの合成・分解とは無関係に起こる
　(ア) 解糖系　　(イ) 葉緑体のチラコイドの反応　　(ウ) クエン酸回路
　(エ) 筋肉の収縮　　(オ) デンプンの加水分解　　(カ) タンパク質合成
　(キ) 葉緑体のストロマでの反応　　(ク) ホタルの発光
　(ケ) 原形質分離　　(コ) シビレエイの発電

問3　下線部3)のエネルギー変換について。ミトコンドリアの電子伝達系では，還元型補酵素の還元力のエネルギーを，以下のように変換している。
　　　(a)のエネルギー　⟶　(b)のエネルギー　⟶　ATPの化学エネルギー
(1) (a), (b)に当てはまる語を下の(ア)～(オ)から1つずつ選べ。
　(ア) 高エネルギー電子　(イ) 補酵素の酸化力　(ウ) 反応熱
　(エ) 有機物の還元力　　(オ) 水素イオンの濃度差
(2) 「(a) ⟶ (b)」（前者）と「(b) ⟶ 化学エネルギー」（後者）のエネルギー変換と水素イオンの関係について，次の語をすべて用い前者と後者の違いが分かるように，3行以内で説明せよ。
　　受動輸送　　能動輸送　　膜間腔　　マトリックス　　濃度差

問4　有機物分解によるエネルギーの放出は，酸素を用いない発酵でも見られる。
(1) 乳酸発酵において，還元型補酵素の水素を受け取る物質の名称を答えよ。
(2) 乳酸発酵やアルコール発酵で合成されるATPの量は，呼吸と比較して著しく少ない。この理由について，次の2つの観点から説明せよ。
　(ア) ATP合成が起こる反応系に注目した場合（1行で説明）。
　(イ) 反応の結果生じる物質に注目した場合（2行で説明）。

問5　蒸気機関車の燃料である石炭は，植物の遺体が地中に埋もれ，地熱や高圧によって石炭化とよばれる反応が起こってできた物質と考えられている。
(1) 石炭は生物遺体に由来するため，石炭の燃焼後の排気ガス中には大気汚染の原因となる物質が含まれる。酸素と結合することで大気汚染の原因となる物質の元素記号を2つ答えよ。
(2) 石炭化の過程で植物遺体の水素含有量が減少し，石炭は相対的に炭素含有量が多いことも，地球環境との関係で問題となる。この問題について1行で説明せよ。
(3) 生物の呼吸も，石炭を燃焼させることも，反応材料の由来に注目すると根本的には同じであるといえる。その共通性を1行で説明せよ。

解説

問1　ア～エ，キ：呼吸と燃焼の比較という話題であるが，設問としては呼吸反応の基本について問われている。簡単に言うと，有機物からの脱炭酸反応で二酸化炭素が生じ，有機物から奪われた水素が最後に酸素と反応して水ができるため，具体的な過程としては燃焼とはかなり異なる。

オ，カ：クエン酸回路の中間産物を全部記憶する必要はないが，この程度は知っておきたい。

問2　(ア)～(ウ)　ATPはエネルギー通貨とよばれるが，ATPを合成する反応は決して多くない。(イ)は呼吸と同様，電子伝達系が関係し，電子のエネルギーが水素イオンの濃度差のエネルギーに変換された後，ATPの化学エネルギーに変換される。この点において，呼吸の電子伝達系におけるATP合成である酸化的リン酸化と葉緑体のチラコイドの電子伝達系におけるATP合成である光リン酸化に違いはない。酸化的リン酸化では還元型補酵素に由来する高エネルギー電子が利用されているのに対し，光リン酸化では光エネルギーを受け取ったクロロフィルから飛び出した高エネルギー電子が利用される点が異なるだけである。

(エ)，(カ)～(ク)，(コ)　ATPの化学エネルギーがさまざまな形のエネルギーに変換される生命活動。(エ)は運動という力学的エネルギーへの変換，(カ)，(キ)は物質合成に伴う化学的エネルギーへの変換である。これらのエネルギー変換は多くの生物に見られるが，(ク)のホタルの発光ではルシフェリンという発光物質の酸化に伴うATP分解であり，光エネルギーへの変換である。(コ)のシビレエイは筋肉が変化した発電器官を備え，ATPの電気的エネルギーへの変換の例。

(オ)　有機物の加水分解反応は，通常放出されるエネルギーが小さく，すべて熱として放出される。

(ケ)　浸透圧が細胞内よりも外液の方が高いと細胞から水が出るが，細胞壁は全透性のため，細胞膜が細胞壁から分離する。ATPの合成・分解を伴う反応ではない。

問3　化学浸透説に基づくATP合成のしくみ。(a)→(b)では，還元型補酵素に由来する電子が電子伝達系を流れ，電子のエネルギーを用いた膜間腔（内膜と外膜の間）への水素イオンの能動輸送により，水素イオンの濃度勾配が形成される。電子のエネルギーを水素イオンの濃度差のエネルギーに変換する過程である。

　　(b)→化学エネルギーの過程では，まず，水素イオンは濃度差に従って膜間腔からマトリックスへ戻る。このエネルギーによってATP合成酵素が駆動し，ATPが合成される。水素イオンの濃度差のエネルギーが，ATPの化学エネルギーという，使いやすい形のエネルギーに変換されたのである。

問4　(1)　乳酸発酵では解糖系で生じたピルビン酸が水素を受け取って乳酸を生じる。なお，アルコール発酵では，ピルビン酸の脱炭酸で生じたアセトアルデヒドが水素

を受け取ってエタノールを生じる。
- (2) (ア) 解糖系の中のリン酸基転移反応（基質レベルのリン酸化）のみでATPが合成される。
  - (イ) 反応の結果生じるエタノールが燃料として利用できることからも明らかなように，酸素を用いればさらに多くのエネルギーが取り出せるのに，エタノール生成で反応が終了する。

問5 (1) 生物遺体起源なので，タンパク質に由来するNやSを含む。これが，燃焼によって窒素酸化物NOx，硫黄酸化物SOxなどの大気汚染物質が生じる原因である。（⇨ 参 p.170）
- (2) 炭素含有量が多いということは，燃焼によって大量の二酸化炭素を発生させるということである。二酸化炭素はメタンと共に代表的な温室効果ガスであり，太陽からの可視光線は吸収しないが，地表から逃げる赤外線を吸収するため，地球温暖化の原因物質と考えられている。（⇨ 参 p.169）
- (3) 動物の呼吸であれば光合成産物の間接的な利用，石炭の燃焼であれば地質時代の光合成産物の燃焼という違いはあるが，根本的に光合成によって生じた有機物の酸化反応である点は同じである。

◆ 解答

問1　ア－細胞質基質　　イ－脱水素　　ウ－マトリックス　　エ－脱炭酸
　　　オ－オキサロ酢酸　　カ－クエン酸　　キ－内膜（クリステ）

問2 (1) 高エネルギーリン酸
- (2) (ア) A　(イ) A　(ウ) A　(エ) B　(オ) C　(カ) B
  - (キ) B　(ク) B　(ケ) C　(コ) B

問3 (1) (a) (ア)　(b) (オ)
- (2) 前者では電子のエネルギーを用いて水素イオンがマトリックスから膜間腔へ能動輸送され，後者では水素イオンの受動輸送により，水素イオンの濃度差のエネルギーがATPの化学エネルギーに変換される。

問4 (1) ピルビン酸
- (2) (ア) 解糖系のみでATPが合成される。
  - (イ) エタノールなど，酸素を用いればエネルギーを取り出せる物質を生じて反応が終了する。（呼吸基質が二酸化炭素，水まで完全に分解されていない）

問5 (1) N, S
- (2) 燃焼で生じる二酸化炭素の温室効果による地球温暖化。
- (3) 植物の光合成産物である有機物の，光合成で生じた酸素を用いた分解。

6 高校生の愛さんと農業研修中の従兄の電話の会話を読み，下記の問いに答えよ。

愛：もしもし，敬兄さん。野菜送ってくれてありがとう。無農薬で育てたと手紙に書いてあったから，正直，青虫がいたらどうしようと思ってドキドキしながら洗ったよ。食べてびっくり。どれもいつも食べているのと味がぜんぜん違うの！

敬：ああ，愛ちゃん。俺が初めて一人で育てた野菜を喜んでくれてうれしいよ。

愛：どうしてこんなに 1)おいしいの。とれたてだから？無農薬だから？

敬：おいしさの秘密はたっぷり籠められた俺の野菜への愛。

愛：そういうことじゃなくて。

敬：今のは冗談だけれど，実は俺もその辺のところを知りたくて修行中なわけで……。俺が日々感じていることは，野菜は「2)土の恵み」ってことかな。

愛：土？おいしい野菜が育つ畑って土の何かが 3)一般的な畑とは違うの？教えて。

敬：今，たねまき作業中だから駄目。4)土壌動物や土壌微生物は習っただろう，それがヒントだ。寒くなる頃，とびきりのホウレンソウを送ってやるから。じゃあな。

問1　下線部1)について。我々が野菜などを通常よりもおいしく感じるのは，ほのかな甘味がするときであろう。甘味の主な原因物質は炭水化物であり，その合成には材料となる二酸化炭素と水に加え，光エネルギーを必要とする。

(1) 新鮮なトウモロコシは甘味が強いが，しばらく時間が経つとその甘味が徐々に弱くなる。この原因には，トウモロコシの中で，ある物質が別の物質に変化することが関係している。この変化について，2行以内で説明せよ。

(2) 植物の光合成は2つの反応系からなり，水と二酸化炭素は別々の反応系で利用される。下記の［語群］の中から4つずつの語を選び，以下の(ア)，(イ)のそれぞれにおける水または二酸化炭素の役割について2行以内で説明せよ。

　(ア) 水を用いる反応系　　(イ) 二酸化炭素を用いる反応系
　［語群］
　　カルビン・ベンソン回路　クエン酸回路　クロロフィル　フィトクロム
　　C_2化合物　C_3化合物　C_5化合物　電子　酸素　マトリックス
　　チラコイド　ストロマ　クリステ

問2　下線部2)について。17世紀の科学者ファン・ヘルモントは，鉢植えにしたヤナギの苗に5年間水だけを与えて育て，ヤナギの重量は70kg増加したにもかかわらず，土の量は100gしか減少していない事実を指摘し，植物は土ではなく水を材料として体をつくっていると主張した。この実験で減少した100gには，タンパク質の合成材料として必要な，アンモニウムイオン，硝酸イオンなどの無機窒素（N）イオンや各種無機塩類が含まれていたと考えられる。

(1) タンパク質，アミノ酸以外の窒素を含む生体物質の名称を3つ答えよ。

(2) 土壌中の窒素化合物は，タンパク質などの分解で生じたアンモニアに由来するが，土壌中の硝酸イオンは，2種類の細菌のはたらきで生じる。
　(ア) これらの細菌の名称を答えよ。
　(イ) アンモニアを硝酸に変える反応の，細菌にとっての意義を1行で説明せよ。
(3) 減少した100gに含まれていたC, H, O, N以外の元素について，次のそれぞれに該当するものを1つずつ，元素記号で答えよ。
　(ア) 陽イオンの形で多量に含まれ，細胞内のイオン濃度の維持に関係が深い。
　(イ) クロロフィルの成分となる。　　(ウ) ATPや核酸に含まれる。

問3　下線部3)について。作物に吸収された無機養分は，肥料として補われる。畑に施す肥料の量と作物への移行量の関係について，愛さんは次の実験例を見つけた。植物体内で合成され生成したタンパク質量（g）を求めよ。ただし，硝酸ナトリウムの窒素のうち，17％がタンパク質合成に利用され，原子量はNa = 23，N = 14，O = 16として小数第一位まで答えよ。
　実験：1) 窒素源として硝酸ナトリウム（NaNO₃）10gを含む培養液を入れた培養装置で，ある植物の芽生えを水耕栽培した。
　　　　2) 成長のある段階で，この植物体内で生成したタンパク質を分析した。
　結果：生成したタンパク質中には窒素が8％含まれていた。

問4　下線部4)について。愛さんは，敬君が植物の枯れ葉や動物の糞などの有機物から作った堆肥を畑の土に混ぜていることを言っていると考えた。植物の栄養に関して調べたところ，リービッヒは1840年，実験に基づき，植物は有機物でなく，無機物のみを栄養としていると主張し（無機栄養説），今日もそれが基本的に正しいと考えられていることを知った。そうだとすると，敬君が土に堆肥を混ぜていることにどのような意味があるのだろうか。わからなくなってしまった。
(1) 土に堆肥を混ぜることの意義は，堆肥に肥料成分が含まれること以上に，土の中に隙間ができることが大きいと考えられる。土壌中の隙間が植物の根の代謝に与える影響について1行で説明せよ。
(2) 敬君は後日，「堆肥だけでは肥料が不足することもあるが，土に堆肥を混ぜると，長期間肥料を与えなくてすむという面もある」と説明してくれた。この現象に関係の深い土壌動物や土壌微生物のはたらきを踏まえ，敬君の説明が成り立つ理由について2行以内で説明せよ。
(3) 実はリービッヒも間違いを犯している。コムギやカブの栽培の際に与えた窒素肥料と，そこで育った植物中の窒素の量を調べると，後者の方が多いため，リービッヒは空気中から気体状態のアンモニアを取り込むと考えたのである。リービッヒが見落としていた代謝と，乾燥して通気性の高い土壌中でそれを行っていた微生物として最も可能性の高いものの名称を答えよ。

解説

問1 (1) カルビン・ベンソン回路で合成された糖は,葉緑体内で一時的にデンプン(同化デンプン)に変化し,スクロース(ショ糖)の形で師管を通じて葉から運び出され,根や種子でデンプン(貯蔵デンプン)の形で貯蔵される。スクロースには強い甘味があるが,デンプンには甘味がないため,この問題の解答としてはスクロースがデンプンに合成されることを答えれば正解である。しかし,デンプン合成は収穫前から行われていたことを考えると,厳密にはもう少し複雑である。

　まず,種子の中ではデンプンが合成されている一方,種子にはスクロースが輸送されている。そのため,成長中の種子の中にはまだデンプンに合成されていないスクロースが存在し,これが甘さの原因である。収穫されて親植物から切り離されると,スクロースの種子への輸送は絶たれるが,スクロースからデンプンへの合成反応は継続する。その結果,種子に含まれるスクロースの量は急速に少なくなる。これが,甘さが失われる原因である。甘さを保つのに冷蔵庫での保存が有効なのは,低温により,デンプンを合成する酵素反応が抑制されるためである。

　同じ種類の野菜でも,厳寒期の方が甘味が強いと言われることがある。この理由は凍結防止のため,植物が細胞内の低分子の糖などの溶質の濃度を高めていることであると考えられている(化学の凝固点降下の原理)。

(2) (ア)はチラコイドで起こる反応系,(イ)はストロマで起こる反応系である。それぞれに関係の深い用語を選ぶと,(ア)クロロフィル,電子,酸素,チラコイド,(イ)カルビン・ベンソン回路,C_3化合物,C_5化合物,ストロマ　となる。

問2 (1) 窒素を含む有機物については,窒素以外の構成元素にも注意しておきたい。

(2) アンモニウムイオンNH_4^+を亜硝酸イオンNO_2^-に変える亜硝酸菌と,NO_2^-を硝酸イオンNO_3^-に変える硝酸菌は,硝化菌と総称され,無機物の酸化反応で生じる化学エネルギーを用いて炭酸同化を行う化学合成細菌である。

(3) (ア)　N, P, K は肥料の三要素とよばれ,特に多量に必要とされる。

(イ), (ウ)　これらは N を含む有機物としても有名。(1)で答えた物質について,窒素以外の構成元素も含めて理解していれば,まとめて解決する。(⇨ 参 p.2)

問3 計算問題を苦手とする人も多いようだが,その場合,下に示すように,比例式を用いてじっくり計算する方法もある。

　　$NaNO_3$の分子量は 85 であり,その中に分子量 14 の窒素 N が含まれる。

　　$10 g × 0.17 = 1.7 g$ の $NaNO_3$ の中に含まれる N を $x g$ と置くと,

　　$85 : 14 = 1.7 : x$ より,$x = 0.28$ (g)　　……(a)

　　他方,合成されたタンパク質を y (g) と置くと,題意より,

　　タンパク質中のNの量は $0.08y$ (g)　　　　　……(b)

　　(a)=(b) より,$y = 3.5$ (g)

この値は水栽培におけるものである。耕地では散布した肥料のかなりの部分が雨で流出するため，タンパク質に変わる割合は17%よりずっと低いであろう。

問4 (1) 土に隙間がなく，粘土で固められたような状態であったとしたら，根の細胞は呼吸に必要な酸素が得られず，細胞は死滅してしまうであろう。生命活動には呼吸によって得られるATPの化学エネルギーが必要であり，土の中の根も，無機塩類の能動輸送などにATPのエネルギーを用いている。

(2) 堆肥中には植物の遺体や動物の糞など，生物由来の有機物が含まれるため，それらを分解すれば，肥料となる無機物が生じる。

なお，発酵が進んでいない堆肥は微生物の呼吸によって活発に分解される。炭素を多く含み，窒素が少ない堆肥の場合，増殖した微生物が窒素栄養分を奪い，植物の窒素栄養分が不足する窒素飢餓に陥ることもある。十分発酵が進み，容易に分解できる物質が分解し尽くされた堆肥が好ましい。この状態であれば，分解は短時間では終わらず，肥料の効果は長続きする。とはいえ，作物の肥料をすべて堆肥でまかなうのは容易ではなく，土壌に堆肥を加えることの効果としては，土壌に隙間をつくり，根の呼吸を促進する効果が大きいと考えられている。

(3) 窒素固定細菌は，大気中の分子状窒素N_2をNH_4^+に変化させる。生物の遺体や排出物以外で，NH_4^+を供給する代表的な経路である。マメ科植物ではないので根粒菌ではなく，暗い土壌中では，シアノバクテリアは少ない。通気性が高いため，嫌気性のクロストリジウムではなく，好気性のアゾトバクターの可能性が高い。

■解答■

問1 (1) 新鮮なトウモロコシに多く含まれていたスクロースなどの甘味のある糖類が，甘味のないデンプンに合成される。

(2) (ア) チラコイドにおいて，光エネルギーによってクロロフィルが失った電子を水が供給し，水素イオンと酸素を生じる。

(イ) ストロマで起こるカルビン・ベンソン回路の反応で，C_5化合物と二酸化炭素が1分子ずつ結合し，2分子のC_3化合物を生じる。

問2 (1) 核酸（DNAまたはRNA），ATP，クロロフィル

(2) (ア) 亜硝酸菌，硝酸菌

(イ) 無機物の酸化反応で得られた化学エネルギーを用いて炭酸同化を行う。

(3) (ア) K (イ) Mg (ウ) P

問3 3.5 g

問4 (1) 土壌中で根が呼吸しやすくなる。

(2) 堆肥中の有機物が土壌微生物などのはたらきによって少しずつ分解され，植物の肥料となる無機塩類を継続的に生じるため。

(3) 代謝：窒素固定　微生物：アゾトバクター

7 受験生の優君が遠方に住む友人秀君に送ったメールを読み，下記の問いに答えよ。

用事のついでに立ち寄ってくれたんだって？不在でごめん。今日我が家は稲刈りだったんだ。今年は例年以上の豊作になったよ！今日は会えずに残念だったけれど，この田んぼが一面ゲンゲの花で覆われ，ピンク一色になる頃には合格を決めて，秀君と必ず再会を果たすぞと誓いを新たにしたよ。模試も近いし，生物の勉強，お互いにがんばろう。

優

優君は，イネなどの栽培植物や，関係する微生物の代謝について調べようと思った。

問1 農業の根本は，カルビン・ベンソン回路で合成された有機物を収穫することである。カルビンらは，二酸化炭素に ^{14}C の目印をつけたものを植物に取り込ませ，^{14}C を追跡した。光を照射しながら培養中のクロレラ（緑藻類）に ^{14}C で目印をつけた二酸化炭素を与え，クロレラを含む一定量の培養液を一定時間ごとに試料として採取し，その抽出物中の ^{14}C を含む物質を分析した。

(1) この実験で，最初に ^{14}C を含む物質として検出された物質の炭素の数を答えよ。

(2) この実験の途中，二酸化炭素の供給を停止すると，ある物質のみで ^{14}C が多量に検出されるようになった。この物質の炭素の数を答えよ。

問2 優君の家では，稲刈りを終えた後の田にマメ科植物の一種であるゲンゲを植えておき，田植え前に土壌中にすき込んでいる。そのねらいは，ある種の微生物を利用して田の中の窒素栄養分を増やすことである。窒素栄養分が増える原因となる反応を行う微生物とゲンゲの間の，窒素栄養分が乏しい環境における関係について，微生物の名称を挙げながら2行以内で説明せよ。

問3 窒素栄養分の量は，イネの成長に大きな影響を与える。植物体内における窒素栄養分の利用について説明した次の文中の ア ～ オ に適する語を答えよ。

[文]

土壌中の無機窒素イオンに由来するアンモニアは，グルタミン酸という ア の一種と反応し，グルタミンとなる。グルタミンがαケトグルタル酸に イ を移してできたグルタミン酸の イ は， イ 転移酵素によって各種 ウ に移され，各種 ア が合成される。栄養成長期には細胞分裂や光合成・呼吸が盛んに起こるため，細胞の成分や生体触媒の主成分として不可欠な有機窒素化合物である エ が盛んに合成される。 エ が呼吸基質として利用される場合，加水分解後に イ が外れて一旦 ウ になり，主に呼吸の オ の過程に取り込まれる。

問4 優君の家は古くからの農家で，昔は刈り取ったイネを田の周囲の稲架木（はさぎ）であるトネリコという木に干していた。今ではトネリコの周囲に他の木（X種とする）が繁茂している。優君はトネリコに種子はできるのに，芽生えはなく，X種の芽生えだけがあることに気づき，トネリコの種子をまき，X種とトネリコの芽生え

について，両種の葉の光−光合成曲線を作成してみた。その結果を下に示す。

(1) 光合成速度には光の強さ，温度，二酸化炭素濃度という3つの要因が影響を与えるが，これらの条件のうち，光合成速度を決めている要因が限定要因である。X種，トネリコのそれぞれについて，6キロルクスにおける光合成速度の限定要因は何であったと考えられるか。ただし，温度は適温であったとする。

(2) X種，トネリコのそれぞれについて，一日の葉の乾燥重量が変化しない光の強さを答えよ。ただし，昼夜の時間は12時間ずつで，日中の光の強さは一定と仮定し，葉と他の部位の間の転流はないものとする。

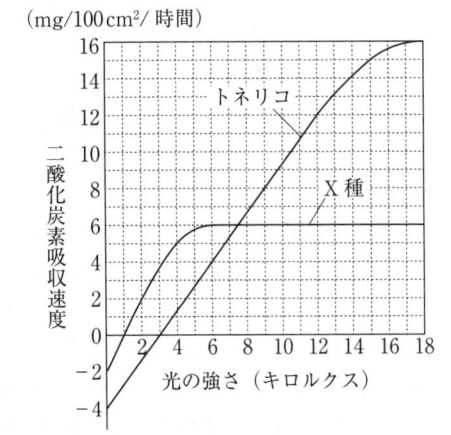

(3) X種とトネリコの一日の葉の乾燥重量の増加が等しくなる光の強さを答えよ。ただし，両種の葉面積は等しく，昼夜の時間は12時間ずつで，日中の光の強さは一定と仮定し，葉と他の部位の間の転流はないものとする。

(4) 昼間の光の強さが常時4キロルクス，昼夜の長さは12時間ずつであり，光合成産物はグルコースであると仮定して，X種の葉面積$100cm^2$，一日当たりの有機物増加量（mg）を求めよ。ただし，必要ならば以下の原子量を用い，小数点以下を四捨五入し，整数値で答えよ。

$H=1$, $C=12$, $O=16$

問5 優君は，サトウキビやトウモロコシも世界中の多くの地域で栽培されており，これらの植物の光合成の反応は，イネとは異なる点があることを知った。

(1) サトウキビやトウモロコシは，光合成の様式から何とよばれるか。

(2) サトウキビやトウモロコシ（Aとする）の光合成の様式と似た光合成の様式をもつ植物に，ベンケイソウやサボテン（Bとする）がある。以下の(ア)〜(オ)から下の(a)〜(c)にあてはまるものを1つずつ選び，記号で答えよ。

 (a) A，B両方 (b) Aのみ (c) Bのみ

 (ア) 葉肉細胞と維管束鞘細胞で異なる反応が起こっている。
 (イ) 昼間に気孔を閉じ，夜間に気孔を開いている。 (ウ) 乾燥に強い。
 (エ) 寒冷条件に強い。 (オ) 光呼吸が起こりやすい。

解説

問1　カルビン・ベンソン回路において二酸化炭素が回路に入る反応は，1分子の炭素数5のRuBP（リブロース二リン酸）に二酸化炭素が結合し，炭素数3のPGA（ホスホグリセリン酸）が2分子できる反応である。したがって，まず ^{14}C が検出される物質は，PGAであり，(1)は3が正解。実際，わずか3秒後，最初に目印つき炭素が取り込まれていたのはPGAであった。また，二酸化炭素の供給を止めると，回路中の他の反応は影響を受けないが，RuBPが二酸化炭素と結合する反応のみが抑制されるため，RuBPが蓄積する。したがって，(2)は5が正解。（⇨ 参 p.30）

問2　ゲンゲのようなマメ科植物が窒素成分に乏しい土地でも育つことや，根に根粒をもつことは古くから知られていた。根粒菌の共生のおかげで窒素含有量が増えたマメ科植物の植物体を土壌にすき込めば，天然の有機窒素肥料となる。なお，両者の関係が相互に利益を受け合う相利共生と言えるのは，窒素栄養分が乏しい環境での話である。土壌中に窒素栄養分が十分存在する場合，根粒菌との共生による利益は大きくなく，むしろ根粒菌に与えるエネルギーの出費の方が大きく，寄生関係に近くなる。（⇨ 参 p.33, 159）

問3　土壌中の NH_4^+ は硝化菌の作用で硝酸イオン NO_3^- となって根から吸収される。NO_3^- は植物体内で還元されて再び NH_4^+ になる。NH_4^+ はアミノ酸の一種であるグルタミン酸と結合してグルタミンを生じる。さらにこのグルタミンと炭酸同化の結果できる有機酸の一種であるケトグルタル酸とが結合して2分子のグルタミン酸ができる。この反応で生じたグルタミン酸と，各種の有機酸がアミノ基転移酵素の作用によって反応し，各種有機酸にアミノ基が結合し，さまざまなアミノ酸が生じる。植物体内でアミノ酸から合成される有機窒素化合物としては，タンパク質のほか，クロロフィル，核酸，ATPなどが挙げられる。（⇨ 参 p.31）

問4　(1) X種：6キロルクスの光条件では光飽和に達しているため，限定要因は光の強さではなく，温度または二酸化炭素濃度と考えられるが，文中に温度は適温と書かれているため，二酸化炭素濃度と考えられる。

トネリコ：同様にグラフから考えると，6キロルクスの光条件では，光をさらに強くすれば光合成速度は上昇しており，限定要因は光の強さと考えられる。

(2) 生きている生物の重量である湿重量（生重量）から，水の重量を除いたものが乾燥重量である。生物体の重量の70％程度は水なので，湿重量の変化については含水量の変化の割合が大きく，主に吸水と脱水によって変化する。乾燥重量の大半は有機物なので，乾燥重量は光合成による有機物の合成，呼吸による有機物の分解，および師管を通じた有機物の移動である転流によって変化する。

ここでは転流は無視してよいとされているので，乾燥重量が変化しないということは光合成量と呼吸量が等しいということである。したがって，夜間の呼吸量と昼

間の見かけの光合成量が等しくなる，または，1日の呼吸量が昼間の光合成量と等しくなる光の強さをグラフから読み取る。

(3) 夜間の呼吸速度がトネリコの方がX種よりも2（mg/100 cm²/時間）だけ大きいため，昼間の見かけの光合成速度がX種よりも2（mg/100 cm²/時間）だけ上回っていれば，両者の1日当たりの二酸化炭素吸収量は等しくなる。そのようになるときの光の強さをグラフから読み取る。1日の呼吸量の差である48（mg/100 cm²）だけ，日中12時間の光合成量がトネリコの方が大きくなる光の強さと考えて，X種よりもトネリコの方が光合成速度が4（mg/100 cm²/時間）大きくなる光の強さを読み取っても，同じ答えになる。

(4) まず，1日の二酸化炭素吸収量を求める。
　昼の二酸化炭素吸収量は5（mg/100 cm²/時間）×12時間＝60（mg/100 cm²）
　夜の二酸化炭素放出量は2（mg/100 cm²/時間）×12時間＝24（mg/100 cm²）
　したがって，差し引きの二酸化炭素吸収量は60−24＝36（mg/100 cm²）となる。
　次に，これをグルコース量に換算する。グルコース$C_6H_{12}O_6$ 1モル（180 g）の合成に，二酸化炭素6モル＝44×6＝264（g）を必要とするため，求めるグルコース量をx（mg）とすると，264：180＝36：x より，x＝24.5 → 25（mg）

問5　サトウキビやトウモロコシなどのC_4植物は，二酸化炭素ときわめて親和性の高い酵素をもち，ストロマの反応が高い速度で進行するため，高温・強光条件でも光呼吸が起こりにくく，容易に光飽和に達しない。その結果，熱帯地域で高い光合成速度になる。二酸化炭素との親和性が高いことは，あまり気孔を開かなくても必要な二酸化炭素が得られること，したがって気孔から水が逃げにくいことにつながり，乾燥地でも有利である。C_4植物の場合，葉肉細胞で有機酸を合成し，有機酸を維管束鞘細胞に運んで糖を合成するという空間的分業が見られるが，CAM植物の場合，夜間に有機酸を合成し，昼間に糖を合成するという時間的分業が見られ，昼間に気孔を開く必要がなく，C_4植物以上に乾燥に強い特徴がある。

● 解答

問1　(1) 3　　(2) 5
問2　ゲンゲは根粒菌に安全な生活場所と炭素栄養分を与え，根粒菌は窒素固定を行うことでゲンゲに窒素栄養分を与える相利共生。
問3　アーアミノ酸　　イーアミノ基　　ウー有機酸（ケト酸）　　エータンパク質
　　オークエン酸回路
問4　(1)　X種：二酸化炭素濃度　　トネリコ：光の強さ
　　(2)　X種：2（キロルクス）　　トネリコ：6（キロルクス）
　　(3)　9（キロルクス）　　(4) 25 mg
問5　(1) C_4植物　　(2) (a) (ウ)　(b) (ア)　(c) (イ)

29

8 高校生の稔実さんが生物部の先輩にあてたメールを読み，下記の問いに答えよ。

祖父の家に行ってきました。植物好きの祖父は珍しい植物の種子や球根をいつもおみやげにくれます。今回は，通常は茎がつる状になって伸びる植物の，つる（茎）が伸びなくなる可能性のある種子だそうです。祖父が言うには，昨年友人からもらった種子から同じ条件で育てていたところ，明らかに他と違ってつるが伸びず花芽だけは付けた株を2つ発見したそうです。友人に確認したところ，この植物は長年友人の家にある株同士の交配で育ててきたもので，友人の家の周辺にその植物はなく，友人の家で栽培しているその植物でつるが伸びないものはなかったとのことでした。祖父は不思議に思って，念のためその2株を温室に隔離し，1) それぞれの株の花から採集した花粉を，いくつかのつるが伸びる株の花の雌しべに付けて人工受粉して得たのが今回くれた種子だそうです。2) つるの伸びは栽培条件によるのか，それとも遺伝か…。祖父は，この2株のそれぞれで自家受精したり，3) 一方の花粉を他方の雌しべに付けたり，色々な組み合わせを作っているそうです。私も，もらった種子を早速蒔いてみようと思います。うまく育ったら経過をまたお知らせしますね。

問1 植物のつるには，葉が変形してできたものと，茎が変形してできたものがある。
  (1) 葉が変形したつると，茎が変形したつるのような器官の関係をあらわす語を答えよ。
  (2) 茎と，茎が変形してできたつるのような器官の関係をあらわす語を答えよ。
問2 つるが伸びるか伸びないかという形質が遺伝によるものであると仮定すると，つるが伸びない形質は，伸びる形質に対して遺伝的に優性，劣性のどちらと考えられるか。理由と共に2行以内で説明せよ。
問3 下線部1)について。稔実さんがこれらの種子を蒔いて育てたところ，種子を採取した株により，すべてつるが伸びる株になる場合と，a) つるが伸びる株と伸びない株が混じっている場合の2つがあった。a)について，b) つるが伸びる株，c) 伸びない株のそれぞれを自家受精させ，種子を得た。(1)～(4)の株の表現型とその分離比（理論比）を解答例のように答えよ。ただし，つるが伸びない形質は，1つの遺伝子の突然変異によって生じ，種子の発芽率や株の生存率に影響を与えないものとする。
  解答例：「伸びる：伸びない＝9：1」，「すべて伸びる」
  (1) a)の株。
  (2) b)を自家受精させた場合に得られる株。
  (3) c)を自家受精させた場合に得られる株。
  (4) (2)で得られた株のうち，つるが伸びた株だけを一カ所に集めておいたところ，昆虫がそれらの株の間で自由に受粉させ，多数の種子が得られたとする。これら

の種子をまいて得られる株。

問4　下線部2)について。稔実さんは，遺伝によるものである可能性が高いと考えた。その理由と最も関係が深い部分を問題文から10字程度で選び出せ。

問5　下線部3)の交配について。下線部1)の交配結果から，稔実さんはつるが伸びない形質は遺伝によるものと判断した。つるが伸びない原因はジベレリン合成に変異がある場合が多く，ジベレリン合成には複数の酵素が関係していることを学んでいたため，2つの株のつるが伸びない原因が同じ酵素遺伝子の変異であるとは断定できず，別々の酵素遺伝子の変異である可能性もあると考えた。
　(1)　稔実さんの考え方をあらわす学説と，その学説の提唱者2名の名前を答えよ。
　(2)　つるが伸びない2つの株が，異なる染色体上に存在する別々の遺伝子の異常によって生じた場合，下線部3)の交配で得られた種子に由来する株の表現型とその分離比を答えよ。ただし，2つの株の変異型遺伝子以外の遺伝子は，すべて野生型であると仮定する。
　(3)　(2)の場合，下線部3)の交配で得られた種子から育った株を自家受精させて得られる株の表現型とその分離比を答えよ。

問6　祖父に結果を聞いたところ，下線部3)の交配の結果は，問5で考えた可能性とは異なり，これらの2つの株は同じ遺伝子の変異によって，つるが伸びなくなっていることを示すものであった。下線部3)の交配の結果得られた株の表現型とその分離比を答えよ。

問7　稔実さんは祖父にもらった種子から育てた株を，いろいろな株と交配させてみたいと思った。問題は，つるが伸びるかどうかは，成長した後でしかわからないことである。つるが伸びない遺伝子をもつかどうかを種子を見るだけで知る方法がないか，考えながら種子をよく観察したところ，異なる色や形の種子が混じっていることに気づいた。遺伝学の本によると，これらの種子の形質は下記のような遺伝子によって生じているようである。
　(ア)　つるが伸びない遺伝子のすぐ近くに存在し，種皮の色素合成に関係する遺伝子。遺伝的に優性で，通常の種皮が無色透明であるのと異なり，種皮が黒くなる。
　(イ)　つるが伸びない遺伝子と別の染色体上に存在し，デンプン合成に関係する遺伝子。遺伝的に劣性で，ホモ接合体は種子にしわができる。
　(ウ)　つるが伸びない遺伝子のすぐ近くに存在し，子葉の色素合成に関する遺伝子。遺伝的に優性で，通常の種子のように緑色ではなく，黄色い種子になる。
　(1)　もらった種子のうち，どのような遺伝子をもつ種子を交配実験に用いるのがよいと考えられるか。(ア)～(ウ)の記号で1つ答えよ。
　(2)　(1)で選ばなかった遺伝子が，実験の目的から考えて不都合と考えられる理由をそれぞれ2行以内で説明せよ。

> 解説

問1 (2)の相同器官は発生的起源が共通で，共通の器官から変化してきたことを示唆しており，進化の証拠として重要。（⇨ 参 p.185）

問2 祖父の友人宅でのつるが伸びる個体間の交配でつるが伸びない個体が生じたことは，ヘテロ接合体同士の交配で劣性ホモ接合体が生じたことを示している。

問3 (1) 以下，遺伝子記号，表現型を下記のように表記する。

　　　　　伸びる：A，[A]　　伸びない：a，[a]

aa と AA の交配では Aa（[A]）のみが得られ，aa と Aa の交配では $Aa：aa=$ [A]：[a]$=1：1$ の分離比が得られる。

(2) b)の遺伝子型は Aa なので，$Aa × Aa$ の結果，分離の法則によって [A]：[a]$=3：1$ となる。

(3) c)の遺伝子型は aa なので，$aa × aa$ の結果，すべて [a] となる。

(4) (2)の自家受精で得られた [A] は $AA：Aa=1：2$ であり，この集団におけるランダム交配なので，まず，集団内の対立遺伝子の遺伝子頻度を求める。

確率 $\frac{1}{3}$ で AA，確率 $\frac{2}{3}$ で Aa であるが，AA のつくる配偶子は確率1で A をもち，Aa のつくる配偶子は確率 $\frac{1}{2}$ で A，確率 $\frac{1}{2}$ で遺伝子 a をもつ。したがって配偶子の遺伝子頻度は下図のように考え，次のように求められる。

遺伝子 $A：\frac{1}{3} × 1 + \frac{2}{3} × \frac{1}{2} = \frac{2}{3}$　　遺伝子 $a：\frac{2}{3} × \frac{1}{2} = \frac{1}{3}$

●：遺伝子 A　○：遺伝子 a　⦿など：複相（$2n$）の個体

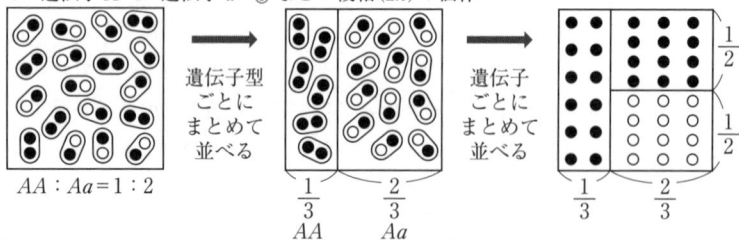

遺伝子型とその頻度　　　　　　　配偶子の遺伝子頻度

この集団でのランダム交配の結果は，次の式の展開項であらわされる。（⇨ 参 p.181）
$(\frac{2}{3}A + \frac{1}{3}a)^2 = \frac{4}{9}AA + \frac{4}{9}Aa + \frac{1}{9}aa →$ [A]：[a]$=\frac{8}{9}：\frac{1}{9}=8：1$

問4 均一な条件で育てたのにもかかわらず，つるの伸びに違いが生じた事実は，環境変異ではなく，遺伝的変異，突然変異であることを示している。

問5 (1) 遺伝子の突然変異によって特定の酵素合成に異常が生じ，形質に変化が生じるという考え方。

(2) ジベレリン合成系の2つの酵素A，Bの合成に関係する正常な遺伝子をそれぞれ A，B とし，それぞれに対する欠損遺伝子を a，b とする。A，B どちらかの遺伝子

産物（酵素）が合成できない場合につるが伸びないと仮定すると，題意より2つの株は $aaBB$ と $AAbb$ と推定される。交配結果は $AaBb$，すべて［AB］となり，すべてつるが伸びると考えられる。

(3) 独立に遺伝する異なる染色体上の遺伝子という仮定なので，$AaBb × AaBb$ の交配で生じる［AB］:［Ab］:［aB］:［ab］= 9：3：3：1のうち，［AB］のみが両方の酵素が揃い，つるが伸びる。

問6 突然変異はかなり確率の低いものなので，別の突然変異体が同時に得られるという偶然は考えにくい。問5の予想とは異なる結果が得られたということは，2つの株は同じ遺伝子に変異があり，共に aa と考えられる。$aa × aa$ の結果が答え。

問7 (ア) 種皮は胚珠の珠皮が発達したもので，雌しべの体細胞と同じ遺伝子をもち，種子の内部の胚の遺伝子を知る手掛かりとはならない。(⇨ 参 p.73)

(イ) 胚由来の子葉で発現する遺伝子であっても独立遺伝なので，茎の伸び方に関する遺伝子と無関係に遺伝し，茎の伸び方の遺伝子を知る手掛かりにならない。

(ウ) 茎の伸びない遺伝子を a，子葉が黄色になる遺伝子を C とすると，連鎖が完全であれば，遺伝子 a をもつ種子はすべて遺伝子 C をもつため，遺伝子 a の有無を遺伝子 C の有無で確認できる。このように，目的の遺伝子のすぐ近くに存在し，確認しやすい遺伝子は遺伝的マーカー（目印）となる。

「…の形の果物はおいしい」と言われることがある。通常デンプン合成酵素の活性が低いものは甘く，おいしい。デンプン合成酵素の近くに形を決める遺伝子が存在すれば，形をマーカーとしておいしいものを選べる可能性はある。(⇨ 参 p.69)

● 解答 ●

問1 (1) 相似器官　　(2) 相同器官

問2 つるが伸びる個体間の交配でつるが伸びない個体が生じたため，親個体では遺伝子が表現型に現れなかったと考えられ，劣性形質。

問3 (1) 伸びる：伸びない = 1：1　　(2) 伸びる：伸びない = 3：1
　　(3) すべて伸びない　　(4) 伸びる：伸びない = 8：1

問4 同じ条件で育てていた

問5 (1) 学説：一遺伝子一酵素説　　提唱者：ビードル，テータム
　　(2) すべて伸びる　　(3) 伸びる：伸びない = 9：7

問6 すべて伸びない

問7 (1) (ウ)
　　(2) (ア) 種皮の形質は親株の遺伝子が発現したものであり，種子から生じた個体の遺伝子型が発現したものではないから。
　　　　(イ) 異なる染色体上に存在し，独立に遺伝するため，つるが伸びない遺伝子と無関係に遺伝するから。

❾ 受験生の駿太君と大学生の兄の会話を読み，下記の問いに答えよ。

兄：がんばってるな。今日献血に行ってもらったミニタオル，お前にやるよ。

駿太：ありがとう。ついでにこの問題教えて。「数学が得意になる遺伝子」がもしあるなら，僕は劣性ホモに違いない。血液型だって兄弟で僕だけ親と違うし。

兄：ヒトの形質は単純に1)メンデル遺伝で説明がつくとは限らないぜ。それに能力や才能の遺伝なんてそう簡単なものじゃ……。

駿太：2)DNAレベルの解析が進めばこれから色々わかってくるんだろうね。……僕も今日DNAを見たよ。生物の実験の授業でレバーから抽出したんだ。

兄：ビーカーの中に白いもやもやとしたものが見えたんだろう。じゃあ聞くが，それがDNAだってどうしてわかった？

駿太：……それは……えーと。

兄：さては，先生が「これがDNAです」とおっしゃったから……か？

駿太：そうじゃないけど。……待った，兄貴流うんちくも聞くからこの問題教えて。

問1　下線部1)について。遺伝学の祖とされるメンデルの業績は，優性の法則，分離の法則，独立の法則としてまとめられているが，例外的な現象も知られている。
　(1)　三法則に対する例外現象のうち，遺伝子が一つの線（染色体）上に存在すると考えないと説明がつかない現象を，「A法則に対する例外のB」の形で答えよ。
　(2)　ABO式血液型において，A型，B型遺伝子産物は，赤血球膜の表面に存在する糖の鎖（糖鎖）に結合している同じ物質を別々の物質に変化させる酵素であることがわかっている。この事実をもとに，A型とB型に関して優性の法則が成立しない理由を2行以内で説明せよ。

問2　下線部2)について。遺伝子の本体がDNAであることは，肺炎双球菌を用いた研究によって明らかになってきた。
　(1)　肺炎を起こさせるS型菌を加熱して殺したものと，肺炎を起こさせないR型の生菌を混合してネズミに注射し，しばらく置いた後，ネズミを調べた。次の(ア)，(イ)について，ネズミ体内から検出できる菌の型（検出されない場合はそう答えよ）と，ネズミの生死を答えよ。
　　(ア)　形質転換が起こらなかったと仮定した場合（実際の実験結果とは反する）
　　(イ)　形質転換が起こった場合（実際の実験結果）
　(2)　加熱して殺したS型菌の成分を分画し，形質転換の原因となった物質の探索が行われた。分画中の成分を分解する酵素で処理する実験も行われ，DNAが形質転換の原因物質であることを示す結果が得られた。酵素処理の前後で結果が違ったのは，どの分画に対してどんな酵素を処理した場合か。得られた結果と共に2行以内で説明せよ。

問3 ハーシーとチェイスによる，ファージを用いた以下の〔実験〕について。
　(1)　〔実験〕において撹拌を行った目的を1行で説明せよ。
　(2)　〔結果1〕，〔結果2〕のいずれについても，撹拌を行わなかった場合と同様，沈殿中の大腸菌から多数の子ファージが出てきた。〔結果1〕，〔結果2〕で得られた子ファージにおける目印の有無について，合計2行以内で説明せよ。

〔実験〕　あらかじめファージのタンパク質またはDNAに目印を付け，大腸菌と混合して感染させた。数分後に大腸菌培養液をブレンダー（ミキサー）で激しく撹拌し，さらに遠心して上ずみと大腸菌を含む沈殿に分離した。

〔結果1〕　ファージの殻のタンパク質に目印をつけて感染させた場合，目印のほとんどは上ずみで検出された。

〔結果2〕　ファージのDNAに目印をつけて感染させた場合，上ずみからは目印がほとんど検出されなかった。

問4　メセルソンとスタールによるDNAの半保存的複製を証明した実験について。
　(1)　この実験について説明した次の文(ア)～(エ)の中で，下線部に誤りを含む文の記号をすべて記し，誤り部分を訂正せよ。
　　(ア)　DNAの複製方法が半保存的であることの確認には，親の2本鎖DNAの目印が複製後のDNAの2本の鎖の両方に存在することを示す必要がある。
　　(イ)　窒素は核酸に含まれるが，大腸菌はDNAの複製に重窒素^{15}Nを利用しない。
　　(ウ)　複製後できたDNAが2本とも重窒素^{15}N，窒素^{14}Nあるいは両者が混合しているかは，密度の違いを手掛かりに区別できる。
　　(エ)　抽出した大腸菌のDNAを密度勾配遠心法で分けてみると，窒素栄養分として長期間^{15}N化合物だけを含む培地で培養した後，^{14}Nだけを含む培地へ移した場合，移してから1回目の分裂直後の大腸菌では，遠心管内で重窒素のみの位置と窒素のみの位置の中間の位置にDNAの半量が集まる層ができた。
　(2)　半保存的複製が行われた場合，元のDNAの一方の鎖を受け継いでいるDNAが全体の1割以下になるのは，^{14}Nだけを含む培地へ移してから何回目の分裂か。

問5　ニーレンバーグらは試験管内で合成されたタンパク質を調べることにより，遺伝暗号を解明した。U（ウラシル）のみを含むRNAからはフェニルアラニンのみが結合したペプチド鎖が合成され，UとG（グアニン）をもつヌクレオチドが2：1の比でランダムに結合した合成RNAからは，フェニルアラニン：バリン：ロイシン：システイン：グリシン：トリプトファン＝8：6：4：4：3：2の比で含まれるタンパク質が合成された。この結果のみをもとに，下記の問いに答えよ。
　(1)　トリプトファンのコドンとして可能性のあるものをすべて挙げよ。
　(2)　複数のコドンによって指定されているアミノ酸の名称をすべて挙げよ。
　(3)　コドンGGGが指定するアミノ酸を答えよ。

> 解説

問1 (1) 分離の法則は減数分裂における染色体の挙動によっても説明できるが，一対の粒子状の因子の挙動だけでも説明がつく。しかし，連鎖は，染色体のような線上の構造に遺伝子が並んでいると考えないと説明がつかない。（⇨ 参 p.69）

(2) 優性の法則は遺伝子の機能に関係する法則である。ABO式血液型の凝集原のような膜成分の場合，同じ基質に作用する2種類の酵素によって2種類の膜成分ができるため，優性の法則は成立しない。（⇨ 参 p.38）

問2 (1) グリフィスの実験。(ア)のように形質転換が起こらなかったと仮定すると，R型菌は白血球の食作用によって処理されてしまい，菌は検出されない。

(イ)のように形質転換が起こった場合，R型菌は白血球の食作用を受けて検出されないため，検出されるのはS型菌のみとなる。

(2) 菌をネズミに注射する方法では，形質転換を起こさなかった菌はすべて白血球の食作用を受け，形質転換の起こる率はわからない。エイブリーは培養条件で実験を行い，DNA分画に高い形質転換活性があることを示した。しかし，当時の分画技術の精度は高くなく，DNA分画中の微量のタンパク質が原因物質ではないかという批判があった。その批判に応えるために行ったのが酵素によって微量の物質を完全に分解する実験である。DNA分画をタンパク質分解酵素で処理しても形質転換は同様に起こり，DNA分解酵素で処理すると形質転換が起こらなくなったことにより，DNAが形質転換の原因物質であることが確定した。

問3 (1) 撹拌を行わなかった場合，大腸菌表面に結合しているファージの殻であるタンパク質の目印も沈殿から検出されると考えられる。

(2) 〔結果1〕はタンパク質は大腸菌の中に入らないこと，〔結果2〕はDNAは大腸菌の中に入ることを示しているが，DNAが遺伝子の本体であることの証明としては，DNAが子ファージに伝わることも確認する必要がある。大腸菌の中にDNAのみが入り，しかもDNAが子ファージからも検出される事実により，遺伝子の本体がDNAであることが確定した。

なお，問題文に「撹拌を行わなかった場合と同様」と説明されているが，撹拌を行った場合と行わない場合のファージの感染率の比較も必要である。撹拌によって感染率が著しく低下した場合，撹拌によって取り除かれた成分の方にファージ形成に関与する遺伝子の本体が含まれていたという可能性が残るためである。

問4 (1) (ア) 2本の鎖が1本ずつに分かれ，それぞれの鎖を元に新たな鎖ができる。したがって，一方の鎖のみに目印が存在することを示せばよい。

(イ) ^{15}NをもつDNA鎖ができたことは，DNAの複製に^{15}Nも利用していることを示している。なお，同位体分別とよばれる同位元素の選別が起こることも知られており，全く同割合で利用されるかどうかは別問題である。

(ウ) ^{15}N は放射性同位元素でなく，安定同位元素であるため，放射能の検出によってでなく，密度の違いによって区別され，正しい。

(エ) 1回目の分裂の後ではすべての DNA が ^{15}N と ^{14}N 鎖からなる。したがって，半量でなく全量が中間の位置から検出される。

(2) 1分子の DNA が n 回分裂すると，合計 2^n 分子中2分子が中間 (^{15}N^{14}N)，残りが軽い (^{14}N^{14}N) 分子になる。したがって $\dfrac{2}{2^n} \leq 0.1$ より，$n \geq 5$

問5 遺伝現象を数量的に扱う場合，数字が比の形で与えられていることは珍しくないが，比の中の数字は単独では意味をもたず，意味をもつのは全体に対する割合だけである。全体を1にすると，計算途上小数や分数が出て来て繁雑さを感じるかも知れないが，意味を理解するうえでは，「全体を1とする割合に直して計算する」という考え方を身につけておいた方がよい。その考え方で解説する。

全塩基中 $\dfrac{2}{3}$ が U，$\dfrac{1}{3}$ が G であり，これらのランダムな組み合わせで8個のコドンができる。その種類と存在確率は下記のとおりである。

UUU：$\left(\dfrac{2}{3}\right)^3 = \dfrac{8}{27}$　　UUG, UGU, GUU：各 $\left(\dfrac{2}{3}\right)^2 \times \left(\dfrac{1}{3}\right) = \dfrac{4}{27}$

UGG, GUG, GGU：各 $\left(\dfrac{2}{3}\right) \times \left(\dfrac{1}{3}\right)^2 = \dfrac{2}{27}$　((1)の答)　　GGG：$\left(\dfrac{1}{3}\right)^3 = \dfrac{1}{27}$

各コドンの存在確率はすべて $\dfrac{2^n}{27}$ となり，$\dfrac{6}{27}$，$\dfrac{3}{27}$ などは複数のコドンの出現確率の合計以外にない。バリンは $\dfrac{4}{27} + \dfrac{2}{27}$，グリシンは $\dfrac{2}{27} + \dfrac{1}{27}$ と考えると，8個のコドンのうち，$\dfrac{4}{27}$，$\dfrac{2}{27}$ が各3個ずつという事実にも適合する ((2), (3)の答)。

解答

問1　(1)　独立の法則に対する例外の連鎖

　　　(2)　A型遺伝子とB型遺伝子の両方をもつと，同じ物質にどちらか一方の酵素が作用して生じた2種類の物質が赤血球膜表面にあらわれるため。

問2　(1)　(ア) 検出されない。生きている。　　(イ) S型。死亡する。

　　　(2)　DNA分画をDNA分解酵素で処理した場合，酵素処理前と異なり，形質転換が起こらなくなった。

問3　(1)　大腸菌の表面に存在し，菌体内に入らなかったものを大腸菌から分離する。

　　　(2)　〔結果1〕の子ファージには目印がついていなかったが，〔結果2〕の子ファージには目印がついていた。

問4　(1)　(ア) 両方→一方　　(イ) しない→する　　(エ) 半量→全量

　　　(2)　5回

問5　(1)　UGG, GUG, GGU　　(2)　バリン，グリシン　　(3)　グリシン

10 高校生のあきさんとその家族の，休日の朝の会話を読み，下記の問いに答えよ。

父　：（居間で新聞を見ながら）うーむ。ついにここまで来たか。
　　「10万円であなたの全遺伝情報調べます　遺伝子解析サービス　あなたは運命を知りたい？知りたくない？……。」

あき：ああ，その記事ね。1)DNAの塩基配列の一部が遺伝情報になっているんでしょう。遺伝子解析で未来の自分が見えてしまうなら私はちょっと知るのはこわいな。遺伝暗号の「暗号」というのも妙に秘密めいた感じの言葉だよね。

祖父：今日はひとつそのあたりのことを話してやろう。それでは……ほら，
　　5'- GCUAAGAUAAUGUACGAUGAAGCCCGUUUAAUUACUACACUGGAAUGAGGUAUUCGUCUA -3'
　　この暗号文を 2)遺伝暗号表を見ながらタンパク質合成のルールに従って読み解いてごらん。

母　：私にも見せて。あ，もしかして。（小声で）3)答えはこういうことですよね。

あき：母さんったらどうしてわかったの。

母　：簡単よ。……あきはこれから健康を守るのにも色々難しい選択をしなければならない時代を生きるんだから，遺伝子のこと，しっかり勉強しておかないとね。

遺伝暗号表

第一位(5'末端)	第二位				第三位(3'末端)
	U	C	A	G	
U	UUU Phe ⎫F⎬ UUC Phe ⎭ UUA Leu ⎫ UUG Leu ⎬L	UCU Ser ⎫ UCC Ser ⎬S UCA Ser ⎪ UCG Ser ⎭	UAU Tyr ⎫Y UAC Tyr ⎭ UAA 終止 UAG 終止	UGU Cys ⎫C UGC Cys ⎭ UGA 終止 UGG Trp W	U C A G
C	CUU Leu ⎫ CUC Leu ⎬L CUA Leu ⎪ CUG Leu ⎭	CCU Pro ⎫ CCC Pro ⎬P CCA Pro ⎪ CCG Pro ⎭	CAU His ⎫H CAC His ⎭ CAA Gln ⎫Q CAG Gln ⎭	CGU Arg ⎫ CGC Arg ⎬R CGA Arg ⎪ CGG Arg ⎭	U C A G
A	AUU Ile ⎫ AUC Ile ⎬I AUA Ile ⎭ AUG Met M	ACU Thr ⎫ ACC Thr ⎬T ACA Thr ⎪ ACG Thr ⎭	AAU Asn ⎫N AAC Asn ⎭ AAA Lys ⎫K AAG Lys ⎭	AGU Ser ⎫S AGC Ser ⎭ AGA Arg ⎫R AGG Arg ⎭	U C A G
G	GUU Val ⎫ GUC Val ⎬V GUA Val ⎪ GUG Val ⎭	GCU Ala ⎫ GCC Ala ⎬A GCA Ala ⎪ GCG Ala ⎭	GAU Asp ⎫D GAC Asp ⎭ GAA Glu ⎫E GAG Glu ⎭	GGU Gly ⎫ GGC Gly ⎬G GGA Gly ⎪ GGG Gly ⎭	U C A G

それぞれのアミノ酸を，3文字および1文字からなる慣習的な略号で示した。Mは開始コドンでもある。

問1　下線部1)のDNAとその合成について，次の(ア)〜(オ)から正しいものを1つ選べ。
　(ア)　デオキシリボースと塩基の結合により，多数のヌクレオチドが結合している。
　(イ)　2本のヌクレオチド鎖の塩基が水素結合で結びついた二重らせん構造である。
　(ウ)　2本のヌクレオチド鎖は同じ塩基配列をもち，逆向きに対をつくっている。
　(エ)　合成反応にはATPの化学エネルギーを必要とする。
　(オ)　合成反応において，一方の鎖では5'→3'，他方の鎖では3'→5'の方向へと酵素が移動し，両方の鎖とも，合成反応は連続的に進行する。

問2　下線部2)の遺伝暗号表について。その特徴を次の①～④にまとめた。 1 ～ 3 に適する漢字2文字と，ア，イ に適する数字を答えよ。
① mRNAの3個の 1 する塩基が1個のアミノ酸に対応している。
② ヒトと大腸菌の塩基とアミノ酸の対応は 2 している。
③ アミノ酸を指定するコドンは，メチオニンMとトリプトファンWを指定するものを除き，1つのアミノ酸に対して 3 個存在する。
④ 3つの塩基配列のうち，ア 番目の塩基が変化しても 2 のアミノ酸が指定される場合がかなりある。イ 種類のアミノ酸については，コドンの1番目の塩基が変化しても，同じアミノ酸を指定している。

問3　下線部3)の答えについて。あきさんの母は，遺伝暗号表の各コドンのアミノ酸をあらわすアルファベット1文字からなる略号を読むという解読のヒントをくれた。タンパク質合成の場合と同様のルールに従うものとすると，解読結果の和訳として正しいものを次の(ア)～(オ)から1つ選べ。
(ア) あき　　(イ) あき私の愛しい小さな女の子　　(ウ) あき私の愛しい
(エ) 私の愛しい小さな　　(オ) 私の愛しい小さな女の子

問4　下の説明文は，真核細胞のタンパク質合成の過程を順に説明したものである。
<説明文>
① RNAポリメラーゼがDNAに結合し，DNAの2本の鎖がほどける。
② RNAポリメラーゼの移動により，鋳型鎖と相補的な塩基配列のRNAが合成される。
③ ［あ］を除去し，［い］をつなぐスプライシングが起こることが多い。
④ mRNAが核膜孔を通って細胞質基質へ移動し，リボソームが結合する。
⑤ ［う］の位置から，④のmRNAのコドンと相補的な［え］をもち，特定のアミノ酸と結合したtRNAが結合する。
⑥ リボソームが塩基［お］個ずつ移動しながら，アミノ酸同士の［か］結合の形成とアミノ酸のtRNAとの分離により，ペプチド鎖の伸長が進む。
⑦ リボソームが［き］の位置に達すると，ペプチド鎖に結合するアミノ酸が存在しないため，そこでペプチド鎖の伸長が終了する。
⑧ 1本のmRNAには，1組の［う］と［き］しかないため，1本のmRNAの中で新たにタンパク質合成が開始されることはない。

(1) 空欄［あ］～［き］を補いながら，説明文を完成させよ。
(2) ①～⑧のうち，原核細胞には当てはまらないものを3つ選べ。
(3) あるタンパク質の分子量を72000とし，このタンパク質の情報となるDNAの長さ（nm）を求めよ。ただし，タンパク質中のアミノ酸の平均分子量は120，DNA分子の1らせん中の10塩基対の長さは3.4 nmであるとする。

解説

問1　㋐　糖とリン酸の結合で長い鎖になっており，誤り。

㋑　ワトソンとクリックはヌクレオチド鎖における分子の配置として，鎖の外側に向いた塩基を想定していた時期もあったようだが，水素結合によって塩基対をつくるというアイデアに到達した。正しい。

㋒　逆向きに対をつくっていることは正しいが，A（アデニン）に対してT（チミン），G（グアニン）に対してC（シトシン）が対をなしている。したがって，一方の鎖の塩基配列から他方の鎖の塩基配列は決定できるものの，同じ塩基配列ではなく，相補的な塩基配列なので，誤り。

㋓　DNAの合成材料は，それ自体ヌクレオシド三リン酸であり，自らのもつ高エネルギーリン酸結合を分解しながら相互に結合するため，誤り。なお，ATPはそれ自体RNAの合成材料であり，DNAの合成材料4種，RNAの合成材料4種は，いずれもよく似た構造の物質である。それにもかかわらず，ATPのみが核酸合成反応以外の多くの生命活動において，エネルギー代謝の主役として機能している理由はよくわかっていない。生命の起源に近い時期，たまたまATPがエネルギー代謝の主役となり，その機能を他のヌクレオシド三リン酸に変えても特に有利ではないため，多くの生物がそのまま受け継いでいると考えられる。すべての生物が単一の祖先に由来することの証拠とされることの多い事実である。

㋔　リーディング鎖，ラギング鎖のどちらについても，DNAポリメラーゼは鋳型鎖の3'側に結合し，鋳型鎖の3'→5'の方向に移動することで5'→3'の方向性の鎖が合成される。リーディング鎖では合成反応は連続的に進行するが，ラギング鎖では岡崎フラグメントとよばれる短いDNA鎖を5'→3'の方向に合成し，後からそれらをつなぎあわせているため，合成反応は連続的には進行せず，誤り。

問2　①　塩基3個の連続が1つのコドンとなっており，コドンは$4^3 = 64$種類存在する。そのうち，3種類は終止コドンで，アミノ酸指定コドンは61種類存在する。

②　遺伝暗号は基本的にすべての生物で共通であり，すべての生物が共通の祖先に由来することの証拠と考えられている。

③　アミノ酸は20種類，アミノ酸指定コドンは61種類なので，1つのアミノ酸に複数のコドンが対応している例が多い。

④　遺伝暗号表を見ると，3番目の塩基が変化しても，同じアミノ酸を指定する場合がかなりあり，ロイシンLとアルギニンRについては，1番目の塩基を変えても同じアミノ酸を指定している場合がある。

問3　開始コドンや終止コドンを無視して最初の塩基からそのまま読み取ると，Aki, my dear little girl（英語的には「あき，ぼくのかわいこちゃん」というような親しみを込めたよびかけ）となる。しかし，問題文中の解読のヒントに従ってmRNAの

場合と同様，与えられた塩基配列の中から開始コドンと終止コドンを探し，開始コドンから終止コドンの間を読み取る必要がある。その場合，この文の中のmyのmは，メチオニンAUGであり，これが開始コドンと考えられる。また，littleのeとgirlのgの間にあるコドンのUGAは終止コドンであるから，これ以降は読み取ってはならない。よって暗号文はmy dear littleとなり(エ)が正しい。なお，すべてのAUGコドンが開始コドンになるわけではなく，開始コドンの前には転写の開始を示す配列が存在する。この点からは，祖父の示したmRNA中のAUGが開始コドンであるとは言い難いが，その点は暗号文の作成の都合上，無視したのであろう。

問4 (1) ①，② 転写の過程に関する説明。RNAポリメラーゼがプロモーターとよばれる転写開始点に結合し，二本鎖DNAのうち，鋳型鎖のみが転写される。

③ 真核生物に特徴的に見られるスプライシングの過程についての説明。なお，問題とは直接関係ないが，原核細胞では合成されたRNAが一切の変化を起こさないというわけではない。tRNAやrRNAの合成の際には，転写後の変化は起こっているが，それは原核細胞，真核細胞に共通しているため，特に話題にすることは少ない。

⑤，⑥ 開始コドンから始まる，ペプチド鎖の伸長過程に関する説明である。

⑦，⑧ 終止コドンにはアミノ酸が対応せず，1つ前のコドンで翻訳が完了する。真核細胞の場合，1本のmRNAから複数の種類のペプチド鎖ができることはない。

(2) 原核細胞の場合，核膜が存在せず，転写終了後のmRNAでなく，転写している最中のmRNAに直ちにリボソームが結合し，翻訳も同時に進行する。真核細胞の核内で起こるスプライシングが起こらないこと，1つのオペロンに属する複数の遺伝子が1本のmRNAとして転写されるために1本のmRNAの中に複数の「開始コドン－終止コドン」のセットが存在する場合があることも，原核細胞の特徴である。

(3) 一度に答えを出すより，順を追って計算した方が答えやすいだろう。

まず，タンパク質を構成するアミノ酸の数は，72000÷120＝600

このアミノ酸を指定するのに必要な塩基の数は，600×3＝1800

3.4 nmに塩基対が10個存在するため，求める長さは(3.4÷10)×1800＝612 (nm)

解答

問1 (イ)

問2 1－連続　　2－共通　　3－複数　　ア－3　　イ－2

問3 (エ)

問4 (1) あ－イントロン　　い－エキソン　　う－開始コドン　　え－アンチコドン
　　　お－3　　か－ペプチド　　き－終止コドン

(2) ③, ④, ⑧　　(3) 612 nm

11 高校生の良介君とバイオテクノロジーを専攻している姉・真帆さんとの会話文を読み，下記の問いに答えよ。

良介：おかえり，遅かったね。ここのところ毎晩門限破りじゃない。
真帆：ただいま。培養と実験に追われて，まるで細胞さまのしもべなんだもの。
良介：今日学校で 1)大腸菌を使った遺伝子組換え実験をやったけどさ，あの手の実験になぜ熱心になれるのか，わからなかったな。実験の結果を調べるのに 2)寒天プレート上の点を数えるというのも，生き物の気配が全然感じられなくて。
真帆：想像力の問題かもよ。姿は確認できなくても生命現象は語られているはず。
良介：ふうん，そんなものかな。
真帆：バイオテクノロジーの実験では，ミクロな世界にいる「スター」を判別したり，そのお方だけ前へ出てきてもらい，わかる形にするのが実験の工夫ということ。
良介：今日は遺伝子とゲノムについて質問したいことがあって待っていたんだ。
真帆：今日は勘弁して。3)PCR の実習でミスして，明日は朝早くからやり直しだから。

問1　下線部1)に関して。
(1) この実験は，外来遺伝子が大腸菌でヒトと同じ機能をもつことが前提である。同じ機能を保証するヒトと大腸菌の共通性を，次の(ア)～(エ)から1つ選べ。
　(ア) 細胞内でのDNAの存在状態　　(イ) 使用している遺伝暗号
　(ウ) DNAの塩基配列　　　　　　　(エ) 同一タンパク質中のアミノ酸配列
(2) 必要な酵素に関する下記の説明文中の空欄 [1]，[2] に適語を答えよ。
　[1] 酵素：DNAの特定の塩基配列のみを認識して切断する酵素。
　[2]：DNAをつなぎあわせる反応に関与する酵素。

問2　表1はウイルスXの環状ゲノムDNAに問1(2)[1]の3種の酵素A～Cを単独あるいは組み合わせて作用させてできる断片の長さ（単位：kb = 1000塩基対），図は表1に基づくDNA切断地図の一部である。他の切断位置及び隣り合う切断位置間の距離を求め，図を完成させよ。

表1　酵素の種類とDNA断片の長さ

酵素	長さ	酵素	長さ
A	4.0	AとB	0.7 1.6 1.7
B	1.6 2.4	AとC	0.8 1.3 1.9
C	1.9 2.1	BとC	0.6 0.9 1.0 1.5

図　DNA切断地図

問3　下線部2)に関して。良介君のいう「点」はコロニーとよばれ，1個の細胞が分裂してできた細菌の集団である。良介君はアンピシリン耐性遺伝子（amp^r）とβ-ガラクトシダーゼ遺伝子（$LacZ$）が組込まれている市販のプラスミドベクターを用い，$LacZ$遺伝子の内部にDNA断片Yを組み込んだ。このプラスミドを，amp^r

と LacZ をもたない大腸菌に与えた。なお，アンピシリンを amp^r をもたない大腸菌に与えると，大腸菌は死滅する。LacZ が発現する状態では，酵素 LacZ の基質となる X-gal という物質は青色の物質に変化するが，LacZ の内部に DNA を組込んで LacZ が分断されていると，青色の物質ができず，白いコロニーができる。なお，プラスミドへの DNA 断片 Y の組み込みが成功し，かつ，プラスミドが大腸菌内で安定的に保持される確率は高くないが，目的の大腸菌が得られたものとする。

表2は実験内容の整理，(ア)～(エ)は表2を見て良介君が立てた予想である。下線部に誤りを含むものを選び，正しくなるように訂正せよ。ただし，LacZ が正常であれば必ず発現する状態であるとする。

(ア) ①の条件の寒天プレートにはコロニーは観察されない。

(イ) ②の条件の寒天プレートには白いコロニーのみ観察される。

表2 青白選択

	X-gal 添加	無添加
アンピシリン添加	①	②
アンピシリン無添加	③	④

(ウ) ①～④の中で，プラスミドが保持されている大腸菌だけがコロニーを形成しているのは①の条件のみである。

(エ) LacZ が分断されていないプラスミドが保持されている大腸菌と，LacZ が分断されているプラスミドが保持されている大腸菌を区別できる可能性が高いのは，①の条件のみである。

問4 下線部3)に関して。

(1) PCR 法による DNA の増幅と細胞内での DNA の複製を比較したとき，正しいと考えられる文を次の(ア)～(エ)の中からすべて選び，記号で答えよ。

(ア) PCR ではプライマーを必要とするが，細胞内の複製では必要としない。

(イ) PCR でも細胞内の複製でも，DNA プライマーを必要とする。

(ウ) PCR におけるプライマーは DNA であるが，細胞内の複製におけるプライマーは RNA である。

(エ) PCR では増幅を繰り返すことで目的とする塩基配列だけからなる鎖が多くなる。細胞内の複製では合成される鎖はわずかずつ短くなる。

(2) 下に示したのは，真帆さんが実習で増幅した 10^4 塩基対からなる試料の DNA の一方の鎖である。6塩基からなる2種類のプライマーを使用した場合のプライマーの塩基配列を，先頭に 5'−，末尾に −3' を付記して各々記せ。

5'− ACTAGGCCATG …… GGCCAATTACTGGTA −3'

(3) 真帆さんは，これ以外の DNA 鎖も合成されていることに気づいた。試料とプライマー以外の DNA の混入はなく，合成反応は正常だった場合，どのような鎖も合成されたと考えられるか。下の(ア)～(ウ)から1つ選べ。

(ア) 短い鎖　　(イ) 長い鎖　　(ウ) 長さは同じで塩基配列が異なる鎖

◆解説◆

問1　(1)　遺伝暗号が共通していることが，ある遺伝子から同じアミノ酸配列のタンパク質ができることを保証しており，(イ)を選ぶ。これは必要条件に過ぎず遺伝暗号が共通でも，真核生物であるヒトの遺伝子にはイントロンが含まれる場合が多く，原核生物ではスプライシングが起こらないため，ヒト染色体由来の遺伝子をそのまま大腸菌に導入しても，狙い通りの結果は得られないことが多い。

　　(ア)は原核細胞と真核細胞ではヒストンの有無などの違いがあり（⇨参p.59），(ウ)は保持している遺伝子が異なるため，誤り。(エ)は，たとえば多くの生物がもつシトクロムの場合，生物によって少しずつアミノ酸配列が異なるというように，アミノ酸配列が完全に一致しているとは言えず，誤り。

(2)　[1]　制限酵素は現在では多くの種類が市販されている。本来はウイルスなどの外来DNAを切断するために，細菌などがもつ酵素である。

　　[2]　DNAリガーゼという名称は，ligate（連結）する酵素という意味である。「のり」に例えられ，制限酵素によって生じた切れ目を「連結」する（＝つなぎ合わせる）酵素である。

問2　DNA切断地図中の2つの切断位置が大きなヒントになっている。まず，1つずつの酵素について見ると，Aは1つの断片，B，Cは2つの断片ができている。これは，Aが1箇所，B，Cが2箇所切断されていることを示している。

　　次に，BのみとAとBの組み合わせによる切断の結果を比較する。Bによる断片1.6はAによって切断されておらず，2.4がAによって0.7と1.7に切断されている。図にAの左0.7の位置にBによる切断位置が書き込まれているため，もう1つのBによる切断位置はAの右1.7にある。

　　同様にCのみとAとCの組み合わせによる切断の結果を比較する。1.9は切断されておらず，2.1が0.8と1.3に切断されている。Aの左が0.8とするとBとCの切断で0.1という断片ができるはずであるが，表1にないため，Aの左1.3の位置，したがってBによる切断位置からAと反対側0.6の位置にCの1つの切断位置が存在する。この位置から反時計回り1.9の位置に，もう1つのCの切断位置が存在する。

　　ここまでの結果は，BとCによる切断の結果とも一致するため，これが正解。

　　ネイサンスは，1960年代，SV40という動物細胞に腫瘍をつくらせるウイルスDNAに複数の制限酵素を作用させ，得られたDNA断片の種類や個数を調べた。それを元に作成されたのが「制限酵素地図（物理的地図）」である。1920年代にモーガンが3点交雑法によって染色体上の遺伝子の相対的な位置関係を表した染色体地図と異なり，ネイサンスが作成したのは，遺伝子を物理的に位置づけた地図である。

問3　③，④ではプラスミドが入っていない大腸菌もコロニーを形成しているが，①，②はプラスミドが入ったことで，アンピシリン抵抗性になった大腸菌のみがコロニー

を形成している（(ア), (ウ)は誤り）。これらの大腸菌中のプラスミドの中には，*LacZ* 遺伝子の中に目的の遺伝子が組み込まれたものと組み込まれていないものが存在すると考えられるが，どちらのプラスミドが入った大腸菌も②では X-gal がないためにすべて白いコロニーを形成し，両者を識別することはできない（(イ)は正しい）。

①で青いコロニーを形成するのは正常な *LacZ* をもつプラスミドが入った大腸菌，白いコロニーを形成するのは正常な *LacZ* をもたないプラスミドが入った大腸菌であり，両者は青色の発色の有無で区別できる（(エ)は正しい）。このような判別方法が青白選択であり，蛍光色素 GFP を用いた選択法の登場以降も活用されている。

問4 (1) (ア)〜(ウ) PCR も DNA の複製も DNA ポリメラーゼによる反応なので，プライマーを必要とする。PCR におけるプライマーは人工的に合成された DNA 鎖が利用されるが，細胞内での複製では RNA 鎖がプライマーとして用いられ，後に DNA 鎖に置き換えられる。よって，(ア)〜(ウ)の中では(ウ)が正しい。

(エ) PCR では DNA プライマーを用いて複製が行われるため，複製完了後の鎖の中にプライマーも含まれ，合成を繰り返すと，余分な鎖を含まず，目的の領域のみを含む鎖が多くなる。細胞内での DNA の複製では，RNA プライマーが除去された後，新たな DNA 鎖が合成されない領域が末端部に生じ，何回も複製を繰り返すと，少しずつ鎖が短くなる。これがテロメアの短縮であり，正しい。（⇒ 参 p.47）

(2) プライマーの 5′ 末端は，合成の鋳型となる鎖の 3′ 末端に結合する。図示されている鎖（ここでは鋳型鎖とよぶ）の 3′ 末端と相補的な塩基が，鋳型鎖と相補的な鎖（ここでは相補鎖とよぶ）の合成開始に用いるプライマーの 5′ 末端であり，ここから図の左方向へと相補的な塩基を並べた配列が 1 つの答えである。他方，鋳型鎖の合成開始に用いるプライマーは，相補鎖と相補的な鎖，つまり，鋳型鎖の 5′ 末端から 6 番目までの塩基そのものであり，これがもう 1 つの答えである。

(3) プライマーと相補的な塩基配列が増幅したい領域の内部に偶然あったとすると，目的のものよりも短い DNA 鎖もできると考えられる。プライマーに使用した 6 塩基と相補的な塩基配列が偶然出現する確率は $(\frac{1}{4})^6 = \frac{1}{4096}$ である。10^4 塩基対（2×10^4 塩基）中には，プライマーと相補的な塩基配列が 4〜5 個ずつ存在する可能性が高く，6 塩基ではプライマーとして短すぎたのである。

◆ 解答 ◆

問1 (1) (イ)
　　(2) 1 - 制限　　2 - DNA リガーゼ
問2
問3 (ア) される　　(ウ) ①と②の条件
問4 (1) (ウ), (エ)
　　(2) 5′- TACCAG - 3′　　(3) (ア)
　　　 5′- ACTAGG - 3′

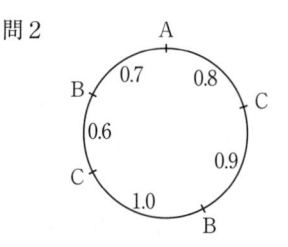

12 次の文を読み，下記の問いに答えよ。

「アブラカタブラ」

世界で最も有名な呪文である。Wikipedia によると，この呪文には2つの意味がある。一つは I will create as I speak（私が語るように造り出そう）という意味，もう一つは Disappear like this word（この言葉のごとく消え去れ）という意味である。前者は存在しないものを存在するようにする呪文，後者は存在するものを存在しないようにする呪文である。

他に有名な呪文に，アラビアンナイトで知られる「開けゴマ」がある。これは開いていない扉を開いている状態に変え，前者に相当する呪文である。「閉じろゴマ」という呪文は知られていない。呪文の効果が一定の時間に限られ，効力が失われると自動的に閉じるシステムであれば，閉じさせる呪文は必要ないのであろう。

デフォルト（呪文の効力のない初期状態）が OFF であれば ON にする呪文，デフォルトが ON であれば OFF にする呪文さえあればよい。呪文が何らかのシグナル，調節の指令であるとすれば，デフォルトとの関係で一つあれば十分なのである。

遺伝子発現の転写調節因子は，呪文のようなものである。例外は多いが，遺伝子発現調節は原核細胞ではデフォルトが a で，b にする呪文を用いた調節，真核細胞では，デフォルトが c で，d にする呪文が中心である。

大腸菌などの原核細胞における遺伝子発現の調節は，基本的にジャコブとモノーが提唱した 1)オペロン説によって説明できる。この調節の基本は，調節遺伝子産物であるタンパク質，または，そのタンパク質に何らかの物質が結合してできた ア を用いた調節である。ア が イ とよばれる転写調節領域に結合すると，RNA ポリメラーゼが転写開始点である ウ に結合できなくなり，転写が エ する。

ヒトやショウジョウバエなどの 2)真核細胞の遺伝子発現の調節機構は，原核細胞のものとはかなり異なる。まず，RNA ポリメラーゼは単独で ウ に結合することはできず，結合のために オ とよばれるタンパク質群の存在を必要とする。さらに，ウ よりもさらに上流のエンハンサーとよばれる転写調節領域に転写調節因子が結合することで，転写が カ されることが多い。

問1　文中の空欄 a ～ d には，ON または OFF のどちらかが入る。ON が入る記号をすべて答えよ。

問2　文中の空欄 ア ～ カ に適する語を答えよ。

問3　下線部1)のオペロン説について。オペロンにはラクトースオペロンとトリプトファンオペロンが知られている。これらの発現調節について，下記の問いに答えよ。ただし，ア，イ などは，文中の空欄 ア，イ などをさす。

(1) 次のA～Dの条件で成立しているものを下の(あ)～(か)から2つずつ選べ。ただ

し，培地にグルコースなどのラクトース以外の呼吸基質は存在せず，同じ記号を繰り返し選んでもよい。

　　A　ラクトースが存在しない条件のラクトースオペロン。
　　B　ラクトースが十分与えられた条件のラクトースオペロン。
　　C　トリプトファンが存在しない条件のトリプトファンオペロン。
　　D　トリプトファンが十分与えられた条件のトリプトファンオペロン。
　(あ)　調節遺伝子産物である活性のある ア が，活性を維持している。
　(い)　調節遺伝子産物である不活性な ア が，不活性状態のままで存在する。
　(う)　調節遺伝子産物は イ に結合できる形から結合できない形に変化している。
　(え)　調節遺伝子産物は イ に結合できない形から結合できる形に変化している。
　(お)　RNAポリメラーゼは ウ に結合していない。
　(か)　RNAポリメラーゼは ウ に結合している。

(2)　ラクトースオペロンにおける転写調節のしくみは，実は ア の イ への結合を介したものだけではない。グルコースが存在する場合，RNAポリメラーゼの ウ への結合を促進する物質Xのはたらきがあらわれず，RNAポリメラーゼは ウ に結合できない。この事実を踏まえ，ラクトースオペロンが発現する大腸菌の培地の条件を次の(あ)～(え)からすべて選び，記号で答えよ。

　(あ)　グルコース，ラクトースの両方が存在する。
　(い)　グルコースが存在し，ラクトースは存在しない。
　(う)　グルコースが存在せず，ラクトースが存在する。
　(え)　グルコース，ラクトースのどちらも存在しない。

(3)　ラクトースオペロンが(2)のように調節されている事実をもとに，大腸菌のラクトース利用の特徴について2行以内で説明せよ。

問4　下線部2)の真核細胞の遺伝子発現調節に関して。原核細胞の遺伝子発現調節では，一連の反応系の酵素などはひとつのオペロンとしてまとめて調節されているのに対し，真核細胞の場合，各遺伝子がそれぞれの調節領域を備えている。真核細胞の発生過程においてはステロイドホルモンが細胞内の受容体と結合し，転写調節因子となる場合があることが知られている。

(1)　1本のmRNAに存在する開始コドンと終止コドンのセット数という観点から，原核細胞と真核細胞のmRNAの違いを2行以内で説明せよ。

(2)　ステロイドホルモンの受容体が細胞内に存在するのは，ステロイドホルモンがどのような特徴をもつためか。1行で説明せよ。

(3)　真核細胞の場合，遺伝子一つ一つに，その遺伝子発現を調節する調節領域が存在する。それにもかかわらず，特定の転写調節因子の作用によって複数の遺伝子が発現することが多い。この理由を1行で説明せよ。

解説

問1　原核細胞の遺伝子発現は，基本的にリプレッサー（転写抑制因子）によって調節されており，デフォルトがONで，OFFにする指令によって調節されている。他方，真核細胞では基本転写因子がプロモーターに結合し，かつ，転写促進因子が調節領域に結合したときに転写が起こることが多い。デフォルトがOFFで，転写調節因子の作用によってONになるということである。

問2　ア～エ：repressは抑制する，抑圧するといった負の動作，promoteは推進する，促進するといった正の動作，operateは操作する，処理するなどの調節をあらわす。「原核細胞の転写調節はデフォルトがONで，OFFにする指令で調節している」という基本の理解と言葉の意味から，混乱は避けられよう。

オ，カ：真核細胞では，転写促進因子（1つとは限らない）はエンハンサーとよばれるDNA領域に結合して転写が促進される場合が多い。しかし，転写抑制因子がサイレンサーとよばれるDNA領域に結合して転写が抑制される場合もある。真核細胞は転写促進因子のみと考えるのは危険である。

問3　(1)　まず，ラクトースオペロンの場合，調節遺伝子産物はリプレッサーであり，単独でオペレーターに結合し，RNAポリメラーゼのプロモーターへの結合を阻害しているので，Aは(あ)と(お)を選ぶ。ラクトースはグルコースと同様に呼吸基質として利用できるが，グルコースほど普通に存在する物質ではないため，ラクトースが存在しない場合，ラクトースの利用系の遺伝子を含むラクトースオペロンは発現していないのである。

　ラクトースが十分与えられると，ラクトースを利用できることが有利なので，ラクトースオペロンが発現するようになる。このとき，リプレッサーはラクトース（正確には，ラクトースが細胞内で変化した物質）と結合してリプレッサーとしての機能を失い，オペレーターから分離する。その結果，RNAポリメラーゼはプロモーターに結合できるようになり，転写が開始されるので，Bは(う)，(か)を選ぶ。ラクトースオペロンは，ラクトースがある場合だけ，ラクトースを利用するために発現させるのである。

　トリプトファンオペロンの場合，調節遺伝子産物は単独ではリプレッサーとして機能できず，不活性型のリプレッサー（アポリプレッサー）である。トリプトファンが存在しない条件では，リプレッサーはオペレーターに結合しておらず，RNAポリメラーゼはプロモーターに結合し，転写が起こっているので，Cは(い)，(か)を選ぶ。トリプトファンは遺伝暗号によって指定される20種類のアミノ酸の中の一種なので，タンパク質合成に絶対に必要であり，通常は細胞内で常に合成されているのである。

　トリプトファンが十分与えられると，トリプトファンが不活性型リプレッサー

に結合して活性型に変えるため，リプレッサーとしての機能が現れる。その結果，RNAポリメラーゼはプロモーターから分離し，転写が停止するので，Dは(え)，(お)を選ぶ。トリプトファンが十分存在する場合，合成してエネルギーを消費するより，存在するものをそのまま使うことで合成のためのエネルギーが節約できる。このような場合，トリプトファンの合成を止めるのである。

(2), (3) オペロンは基本的にリプレッサーすなわち転写抑制シグナルによって調節されているが，実は転写促進シグナルもある。ここでXとされているのはCAP（カタボライト遺伝子活性化タンパク質）という物質で，グルコースの存在下ではCAPのDNAへの結合に必要なcAMPという物質の濃度が低いため，CAPの作用が現れず，ラクトースオペロンは転写されない。ラクトースがあってもグルコースがあればグルコースを先に利用しようというしくみであり，グルコースとラクトースの間に優先順位が付けられているのである。

問4 (1) 複数の構造遺伝子が一つのオペロンとしてまとめて調節されているのは，原核細胞の重要な特徴の1つである。これは，1本のmRNAの中に「開始コドン－終止コドン」のセットが複数存在することを意味する。

(2) ヒトの副腎皮質ホルモンや生殖腺ホルモン，昆虫の変態促進作用をもつエクジステロイドなどのステロイドホルモンは脂溶性のため細胞膜を通り，細胞内受容体と結合して転写促進因子になることが多い。細胞内に受容体が存在するホルモンには，甲状腺からのチロキシン（ヨウ素を含む芳香族アミノ酸）もある。

(3) 真核細胞の場合，原核細胞と異なり，1本のmRNAからは1種のタンパク質しか合成されない。他方，特定の組織の細胞への分化などの場合，複数の遺伝子が発現する必要がある。同じ調節領域をもてば，同じ転写調節因子が結合し，同時に調節することが可能であることに気づけば正解である。

解答

問1 a，d

問2 アーリプレッサー　イーオペレーター　ウープロモーター　エー停止
　　オー基本転写因子　カー促進

問3 (1) A－(あ)，(お)　　B－(う)，(か)　　C－(い)，(か)　　D－(え)，(お)
　　(2) (う)
　　(3) グルコースが存在するときはグルコースを優先的に利用し，グルコースが存在しない場合，ラクトースがあれば利用する。

問4 (1) 原核細胞のmRNAには複数の開始コドンと終止コドンのセット，真核細胞のmRNAには一組の開始コドンと終止コドンのセットが存在する。
　　(2) 脂質なので細胞膜を透過する。
　　(3) 一つの転写調節因子が複数の遺伝子の転写調節領域に結合できるため。

13 有理君の高校の生物の先生は，地元固有のキク科植物の種分化を研究している。先生の研究の手伝いをすることになった有理君との会話を読み，下記の問いに答えよ。

先生：早速だが，そこにある鉢植えの底の中央の孔を強く押して，鉢から土ごと植物を引き抜いて 1)根の先端を幾つか採取して鉢ごとに区別して固定してくれ。

有理：うわー，これ全部ですか。随分沢山あるなあ。

先生：だから君に手伝ってもらうことにしたんじゃないか。

有理：僕には同じ植物に見えるけど，先生の見立てでは，みな同属異種なんですよね。

先生：そうだ。くれぐれもまぜこぜにするなよ。授業でやった 2)体細胞分裂の観察法は覚えているな。復習のつもりで，全部一人でやって観察してごらん。

有理：覚えています，任せてください。……1番の鉢植えの根の細胞のプレパラートができました。今，視野の右下付近に 3)分裂期の細胞が見えています。

先生：ではそれを視野の中央に移して，詳しく観察してごらん。

有理：スライドガラスを少し動かして，4)対物レンズを10倍から40倍に換えます。……あ，これは中期だ，見てください。染色体数が数えられます。

先生：数えてごらん。こっちは10番の鉢植えから私が同じように作成したものだ。

有理：へえ，植物の外見はよく似ているけど染色体数は2倍か。同じ形の染色体が4本ずつありますね。何でこうなったんでしょうか。

先生：それは分からないけど，5)人工的に染色体数を倍加させることもできるよ。ところで，6)1番の植物と10番の植物の違いを，授業でやったゲノムという概念で説明すると，どうなる？

問1　下線部1)の根の先端について。右の図はこの植物の根の縦断面図である。設問の都合上，細胞は描いていない。
　(1)　実験の目的にかなう細胞が含まれると考えられる位置を図のa～dから1つ選べ。
　(2)　dの部位の名称を答えよ。
　(3)　次の(ア)～(エ)はa～dのいずれかの部分を説明したものである。a～dそれぞれの部位の特徴として該当するものを，(ア)～(エ)から1つずつ選べ。
　　(ア)　さまざまな大きさの細胞があるが，全体的に細胞は小さい。
　　(イ)　根の重力屈性に関係が深い。
　　(ウ)　細胞の形にかなりの多様性がある。
　　(エ)　根の先端に近い方ほど細胞が小さい傾向がある。

問2　下線部2)の体細胞分裂の観察について。染色体を観察するためのプレパラートの作成の際には通常「固定」と「染色」を行うが，観察材料によっては「解離」と「押しつぶし」は必要なく，染色液をかけて直ちに観察できる。

(1) 固定という操作の意味を1行で説明せよ。
(2) 解離や押しつぶしが不要な場合，固定液をかける必要がない理由について，細胞分裂の観察の際，よく用いる染色液の名称を1つ挙げながら1行で説明せよ。
(3) 解離や押しつぶしが必要のない観察材料で，体細胞分裂の観察に適したものを次からすべて選べ。
　　(ア) ユリの未熟な葯の中の細胞　　　(イ) ヒトの口腔上皮細胞
　　(ウ) ムラサキツユクサの若い雄しべの毛の細胞　(エ) ユスリカの唾液腺の細胞

問3　下線部3)の分裂期の細胞について。
(1) 次の(ア)～(カ)の記述の中で，下線部に誤りを含むものを3つ選び，選んだものについて，正しい記述になるように下線部の語を直せ。
　　(ア) 核膜が消失し，紡錘糸が出現するのが前期である。
　　(イ) 前期では染色体の凝縮は始まっていない。
　　(ウ) 相同染色体が対合して赤道面に並ぶのが体細胞分裂中期の特徴である。
　　(エ) 植物細胞なので中心体は分裂に関係しない。
　　(オ) 後期には2つの極付近で母細胞と同じ本数の染色体がそれぞれ認められる。
　　(カ) 細胞板ができ始めるのは後期以降である。
(2) 分裂期の細胞数を調べたところ，中期はきわめて少なかった。有理君は，中期の時間が短いためと考えたが，先生はそう判断するにはいくつか前提が必要だとおっしゃった。この点に関して正しく説明している文を次からすべて選べ。
　　(ア) 発生初期のウニの割球を固定して調べた場合でも，同様の判断が成立する。
　　(イ) このように判断するには，生きたままで各期の細胞数を調べる必要がある。
　　(ウ) 各時期の長さの比の推定には，多数の細胞を調べる必要がある。
(3) 観察した細胞の大半は分裂期ではなく，間期の細胞であった。間期は3つの時期に分けられるが，間期の細胞が3つの時期のどこに属するかを調べるためには，何を測定する必要があるか。(ア)～(オ)から一つ選べ。
　　(ア) 細胞の大きさ　(イ) 核の大きさ　(ウ) 細胞内の液胞の体積
　　(エ) 核内のDNA量　(オ) 細胞内のミトコンドリアの数

問4　下線部4)について。このとき，接眼レンズの中に入っていた接眼ミクロメーター1目盛りの長さは何倍になったと考えられるか。

問5　下線部5)について。具体的にはコルヒチンという薬品を用いる。ただし，この薬品で処理すると，必ず染色体数が倍加するとはいえず，中期で分裂が停止するだけのこともある。この点から考えて，コルヒチンという薬品が破壊する構造体の名称を答えよ。

問6　下線部6)について。有理君に代わって，先生の問いかけに1行で答えよ。

> 解説

問1　aでは根毛が見られ，細胞分化が起こっているが，bは伸長部，cは根端分裂組織((1)の答)，dは根冠((2)の答)である。
(3) (ア) cには，分裂直前の大きな細胞も分裂直後の小さな細胞もある。
　　(イ) dは帽子のように根の先端を覆って分裂組織を保護しており，根の正の重力屈性に関係することが知られている。(⇨ 参 p.82)
　　(ウ) aは細胞分化によって根毛や維管束が生じ，細胞の形に多様性が見られる。
　　(エ) bの細胞は，分裂終了後，成長している細胞であり，分裂組織から離れた位置の細胞ほど大きい傾向がある。

問2　(1) 観察したいのは生きているときに近い構造の細胞であるが，生物の細胞塊を放置すると，短時間で正常な形が維持されなくなる。その原因としては，細菌や菌類の繁殖などの外部要因のほか，細胞内に細胞の成分を分解する酵素が存在し，この酵素が無秩序にはたらいて細胞成分が分解されることが挙げられる。それを避けるため，観察したい試料を入手したら，まず固定する必要がある。
(2) 解離と押しつぶしを除くと固定と染色が残るが，カルノア液（エタノールと酢酸の混合液）などによる固定は不要で，直接染色液をかけてよい。酢酸カーミン（またはオルセイン）液とは，塩基性色素であるカーミン（オルセイン）を過剰な酢酸に溶かした溶液であり，酢酸には固定作用があるため，酢酸カーミン（オルセイン）液で固定と染色の両方を済ますことができるためである。
(3) 解離は細胞間の結び付きを緩める処理であり，押しつぶすのは，細胞の塊を一層に広げるためである。細胞の塊でなければ，押しつぶしは必要ない。この点で，(ア)～(エ)はすべて押しつぶしの必要はない。しかし，(ア)は花粉母細胞の減数分裂の観察に適した材料であり，体細胞分裂の観察には適さない。(イ), (エ)は細胞分裂が盛んな組織とは言えない。(イ)は動物細胞の観察に使いやすい材料，(エ)は巨大染色体の観察に用いられる材料である。(ウ)は分裂組織ではないが，未熟な段階では体細胞分裂が見られ，細胞が一列に並んでいるために観察しやすく，生きた状態で分裂の進行を観察することも可能である。また，原形質流動の観察にも用いられる。

問3　(1) (イ) 前期の間に染色体の凝縮，紡錘糸の出現などの変化は始まっている。紡錘体が完成し，染色体（動原体）が赤道面に並ぶまでが前期である。
　　(ウ) 相同染色体が対合するのは，減数分裂の第一分裂の特徴である。
　　(カ) 後期における染色体の移動の後，終期には核が前期と逆の変化をたどり，染色体が不明瞭になる。その一方で細胞質分裂に関係する変化が起こり始める。植物細胞では内側からの細胞板の形成，動物細胞では外からのくびれ込みが始まる。
(2) 細胞周期上のランダムな位置に細胞が分布しているとすれば，どの位置にいるかは全くの偶然であり，特定の位置に特に多いというような偏りはない。そのため，

多数の細胞の観察を行えば，ある時点（固定した時点）における細胞周期の各段階の細胞数の比は，各段階の経過に要する時間の比に一致すると考えてよい。

　(ア)　すべての細胞が同時に分裂する同調分裂が起こっているため，細胞周期のランダムな位置に細胞が存在するとは言えず，誤り。

　(イ)　固定していない生きている細胞で，ある瞬間に多数の細胞を同時に観察することは不可能であり，誤り。

(3)　間期は G_1 期，S 期，G_2 期に分けられ，G_1 期は DNA 合成前，S 期は DNA 合成中，G_2 期は DNA 合成後であるから，核内 DNA 量で時期を特定できる。細胞は主に G_1 期に成長するため，(ア)の細胞の大きさについては，多少は手掛かりとなり得るが，はっきりしたものではない。(イ)，(オ)も細胞周期中の時期と関係は薄く，(ウ)に関しては，分裂組織の細胞ではほとんど発達していない。

問4　対物レンズの倍率は大体の目安であって，必ずしも正確なものではない。しかし，倍率を上げれば，狭い範囲を拡大して見ていることになり，視野の中に常に見えている接眼ミクロメーターの1目盛りの長さは倍率とは反比例して短くなる。

問5　染色体数が倍加する原因は，複製された DNA を含む染色体が両極に分離しないまま染色体の移動以外の過程が先に進み，間期の状態に戻ることである。染色体が両極に移動せず，後期に進行せず，中期で停止することもある。染色体数の倍加，中期での停止という両方を説明できるのは，染色体の移動に関係する紡錘糸の破壊である。紡錘糸は鞭毛などと同様，チューブリンというタンパク質が集まったもの（重合体）であり，コルヒチンはチューブリンを脱重合させるはたらきがある。

問6　ある種の生物をつくるのに必要なすべての遺伝子のセットがゲノムであり，ゲノムは n 本の染色体に分かれて存在している。2n とは2組のゲノムセットをもつ状態，4n とは4組のゲノムセットをもつ状態である。

解答

問1　(1)　c　　(2)　根冠
　　　(3)　a −(ウ)　　b −(エ)　　c −(ア)　　d −(イ)

問2　(1)　生命活動を停止させ，細胞の構造を生きているときに近い状態に維持する。
　　　(2)　酢酸カーミン（または酢酸オルセイン）液中の酢酸が固定作用をもつため。
　　　(3)　(ウ)

問3　(1)　(イ)　いる　　(ウ)　せずに　　(カ)　終期
　　　(2)　(ウ)　　(3)　(エ)

問4　$\frac{1}{4}$ 倍

問5　紡錘糸

問6　1番の植物は2組のゲノムをもつが，10番の植物は4組のゲノムをもつ。

14 次の文を読み，下記の問いに答えよ。

　すべての生物の身体は，上体と下体とに分けられる。1)食物が入ってくる部分をわれわれは上体と呼ぶ。その下にあって，2)剰余が出て行くものを下体と言う。この事は植物においては動物とは反対である。すなわち動物のうち特に人間は，それが3)直立しているが故に，宇宙の上方に向けて上体を持つという特性を持っている。だが植物においてはそれが4)運動しないのだから，また地から食物をとるのだから，必然に，常にその上体を下に持っていなければならぬ。

　　　　　　　　　　　　　　（アリストテレス『自然学小論集』，副島民雄訳）

問1　下線部1)について。アリストテレスはヒトの口に相当する部分が植物の根であり，植物は「逆さ向きのヒト」ととらえていた。アリストテレスは植物の重要な生命活動を見落としていたと考えられる。

(1)　アリストテレスが見落としていた植物の生命活動について，その活動に必要なエネルギー源と，必要な2つの材料物質に触れながら1行で説明せよ。

(2)　(1)の生命活動に必要な2つの材料物質それぞれの取り入れ口の名称を答えよ。

(3)　(2)の2つの取り入れ口を形成する細胞は，同じ組織に属している。

　(ア)　その組織の名称を答えよ。

　(イ)　これらの細胞は，同じ組織に属する他の細胞とは異なる特徴をもつ。これらの細胞の名称と物質の取り込みに関係する特徴をそれぞれ2行以内で説明せよ。

(4)　栄養成長期における植物の体は根・茎・葉の3つの器官から構成されており，それらの器官は栄養器官と総称される。

　(ア)　根では各種の無機塩が取り込まれ，生命活動に必要な物質の合成に利用されている。(1)の生命活動に必要なエネルギーを獲得する過程で主要な役割を果たす物質もその1つである。

　　(a)　この物質の名称を答えよ。

　　(b)　この物質に特徴的に含まれ，タンパク質や核酸に含まれない元素を元素記号で答えよ。

　(イ)　茎には性質の異なる物質の通路が存在する。これらの通路の名称を2つ答え，それぞれの特徴を1行で答えよ。ただし，2つの通路のうち物質の上昇専用の通路については，シダ植物や裸子植物に存在しないものを答えよ。

　(ウ)　(a)裸子植物や被子植物の双子葉類，(b)被子植物の単子葉類について，茎の維管束を比較すると，両者の間には大きな違いが見られる。両者の違いが分かるように，(a)，(b)の茎の断面図を模式的に描け。ただし，それぞれの図中において，下記の語のうちの存在するものを引き出し線を用いて示せ。

　　　　木部，師部，形成層

問2 下線部2)について。アリストテレスのいう「剰余」には，排出物のほか，生殖細胞や新生児のような生殖系に由来するものも含まれる。ヒトでは排出器官，生殖器官は下半身にあるが，植物の生殖器官である花は植物体の最上部にあることが多い。しかし，生殖器官に関するヒトと植物の最大の違いは，ヒトでは生殖器官は常に存在するのに対し，植物では特定の時期になって初めて生殖器官を形成することである。この現象は，栄養成長の生殖成長への転換とよばれる。

(1) 栄養成長の生殖成長への転換は，新たに形成される芽によって確認できる。生殖成長期において形成される芽の名称を答えよ。

(2) 生殖成長への転換を行う季節の選択は，植物にとってきわめて重要である。この点に関して，植物の中には葉において季節に関する情報を受け取り，その情報に基づき，ある種の生理活性物質を合成し，その物質を全身に輸送することで転換の指令を与えている例が多く見られる。

　(ア) 葉で受け取っている季節の情報として最も重要なものを1つ答えよ。

　(イ) この情報に基づいて葉で合成され，全身に輸送される物質の名称を答えよ。

問3 下線部3)に関して。ここでアリストテレスは，ヒトが直立した体制を備えていることを事実として認めた上で議論を進めている。今日，直立二足歩行をすることは，ヒトとヒト以外の類人猿を区別する重要な特徴と考えられているが，ヒトが直立二足歩行をするに至った背景には，ヒトが樹上生活者であったことが関係していると考えられている。

(1) 樹上生活者であったことと関係の深いヒトの特徴を3つ挙げよ。

(2) 直立二足歩行をしていたかどうかは，化石によって確認することができる。直立二足歩行をしていたことを示す骨格の特徴を3つ挙げよ。

問4 下線部4)について。アリストテレスは植物は運動しないと述べている。他の書物（『霊魂論』）において，アリストテレスは生物の機能を植物にもある機能（栄養，生殖，成長）と，植物になく動物特有の機能（運動，感覚）に分けている。この区分は生理学において前者を植物性機能，後者および神経活動を動物性機能とよぶこと，発生学において消化器などを生じる部位を植物半球，神経，感覚器，筋肉などを生じる部位を動物半球とよぶことに受け継がれている。

(1) 発生学において，動物半球の頂端である動物極はどのように定義されているか。簡潔に答えよ。

(2) アリストテレスが考えていたこととは異なり，植物も運動をしている。次に挙げる2つの植物の運動について，それぞれの運動が起こるしくみと共に2行程度で説明せよ。

　(ア) カラスムギの幼葉鞘が光の方向に応じて起こす運動。

　(イ) オジギソウに触れたときに葉柄に起こる運動。

解説

問1 (1) アリストテレスが根を口に例えていることは，無機栄養分の吸収という意味で間違いではないが，有機栄養分の獲得という意味で重要なのは光合成である。

(2) 光合成に必要な物質は，二酸化炭素と水であり，二酸化炭素の取り入れ口は1対の孔辺細胞の間隙の気孔であり，水の取り入れ口は主に根の根毛である。

(3) 分裂組織以外の植物組織は表皮組織，柔組織，機械組織，通道組織に区分され，孔辺細胞と根毛細胞は，特殊化が進んだ表皮組織の細胞である。孔辺細胞には葉緑体が存在し，膨圧による変形が気孔の開閉の原因である。根毛細胞は表面に向かって突出しており，広い吸収面積を保持している。(⇨ 参 p.83)

(4) (ア) 植物は肥料の三要素とされるN，P，Kのほか，各種の必須元素，微量元素を根から吸収している。ここではタンパク質や核酸に含まれるNではなく，クロロフィルと，クロロフィルに特徴的に含まれるMgが問われている。(⇨ 参 p.2)

(イ) 通道組織としては道管，仮道管，師管が考えられるが，問題文の条件から，水分の上昇路としてはシダ植物や裸子植物にも存在する仮道管でなく，道管を答える。師管を構成する細胞は無核であるが原形質を含む。葉での光合成が活発な時期は葉から根などの貯蔵組織への光合成産物の輸送が中心であるが，春先に葉を展開する時期などは根に貯蔵していた有機栄養分の芽への輸送も起こっている。輸送の際の炭水化物の主な形態はスクロース（ショ糖）である。

　　道管と仮道管はどちらも原形質を欠く死細胞であるが，道管は縦に連なる細胞の間の隔壁も消失している点が異なる。

(ウ) 植物の組織系は表皮系，基本組織系，維管束系の3つに分けられる。表皮系と基本組織系はコケ植物にも見られるが，維管束系を備えているのはシダ植物以上に限られる。維管束系は通道組織である道管・仮道管，師管のほか，細胞壁が厚く機械的な支持に関係する機械組織，および細胞壁が薄く代謝が活発な柔組織からなる。根の中心柱における維管束の配置については，分類群ごとの違いが少ない。茎については，裸子植物・種子植物の双子葉類の形成層を備えた中心柱と，被子植物の単子葉類の中心柱の違いは理解しておきたい。

問2 花芽形成を行う時期は日長（正確には夜の長さ）によって決まっていることが多く，このような明暗周期に対する生物の応答が光周性である。植物の花芽形成の場合，連続暗期は葉で受容され，花成ホルモンは葉で合成され，師管を通じて全身に運ばれて花芽形成が起こる。(⇨ 参 p.80)

問3 人類の起源に関しては，樹上生活が直立二足歩行の準備となったと考えられている。しかし，他の類人猿と異なり，人類だけがナックル歩行でなく直立二足歩行をするようになった理由については不明な点が多い。(⇨ 参 p.177)

問4 (1) 脊椎動物のように第二分裂の中期に受精（精子の進入）が起こる場合，精子

進入の後に第二極体の放出が見られる。（⇨参 p.67）
 (2) (ア)は正の光屈性を示す成長運動，(イ)は接触傾性を示す膨圧運動である。（⇨参 p.78, 85）

◆ 解答 ◆

問1 (1) 光エネルギーを用い，二酸化炭素と水を材料として糖を合成する光合成。
 (2) 二酸化炭素：気孔　水：根毛（根）
 (3) (ア) 表皮組織
　　(イ) 孔辺細胞：気孔側の細胞壁が反対側より厚く，吸水・膨張すると一対の
　　　　　　　　細胞間の間隙である気孔が開く。
　　　　根毛細胞：外に向かって大きく突出しており，広い表面積で水分を吸収
　　　　　　　　しやすい構造を備えている。
 (4) (ア) (a) クロロフィル　　(b) Mg　　　(ウ) (a)
　　(イ) 師管：上下の細胞壁に師板を備えた
　　　　　　　生きた細胞からなり，同化産
　　　　　　　物の通路。
　　　　道管：上下の細胞間の隔壁が消失し
　　　　　　　た死細胞からなり，根からの
　　　　　　　水分の上昇路。

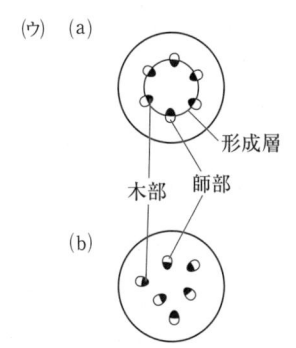

問2 (1) 花芽
 (2) (ア) 連続暗期（日長）
　　(イ) 花成ホルモン（フロリゲン）

問3 (1) 1．親指と他の指が対向し，物をつかめる。
　　　 2．肩の関節が自由に回転する。
　　　 3．眼が前面に存在し，見ている物体の距離がわかる。
 (2) 以下から3つ。
　　　 1．骨盤の幅が広い。
　　　 2．背骨がS字状である。
　　　 3．脊椎骨が頭骨を重心付近で支えている。
　　　 4．足の骨がアーチ状である（土踏まずがある）

問4 (1) 極体放出の位置
 (2) (ア) 幼葉鞘先端部でオーキシンが光と反対方向に移動した後に根の方向へと
　　　　下降し，光と反対側が大きく成長することで光の方向へ屈曲する。
　　(イ) 葉柄の付け根にある葉枕において下側の細胞から上側の細胞へと水が移
　　　　動し，下側の細胞の膨圧が低下することで，葉柄が垂れ下がる。

15 次の文を読み，下記の問いに答えよ。

　大岡殿両人の女に向かわれ，「さようならば致し方なし，その子を中に入れ置きて双方より左右の手を把(と)って引き合うべし。勝ちし方へその子を取らすべし」とあり。(中略)中なる娘左右の手の痛みに耐え兼ね，思わずワッと泣き出しければ，一人の女はハッと驚き手を離しけるが，引き勝ちし女は，「ソリャこそ我が子に違いなし」と申しけるを，越前守殿，「ヤレ待て女」と声を掛けられ，「おのれこそ偽り者なり。誠の母は中なる娘の痛みを悲しみ，思わず引き負けて手を放したり（以下略)」

（『大岡政談』）

　母であると名のり出た2人の女性に手を引っ張られた痛みに子供が泣き出し，手を放した方が本当の母親であると大岡越前が見破ったという話であるが，ソロモン王の逸話に由来する作話ともいわれる。王は「子を真っ二つに切って二人で分けろ」と命じたという。ヒトの場合，真っ二つに裂いても生きていられるのは，1) 初期胚を2つに分けたときだけであろう。

　細胞を2つに引き裂いた場合，核のない細胞の方を正常に生かすことはできないが，細胞はある程度成長すると分裂し，DNAを2つの細胞で均等に分配する細胞分裂のしくみを備えている。

　細胞分裂は核分裂と細胞質分裂からなり，核分裂には，2) 体細胞分裂と減数分裂がある。いずれもS期にDNAの ア な自己複製によって各染色体中のDNAが一度ずつ複製され，動物では，S期の終了と前後して紡錘糸形成の起点となる イ の複製が開始され，S期に続くG_2期を経て分裂期に入る。

　動物の体細胞分裂の前期には ウ や核小体が消失し，複製された イ が分離して両極に移動して紡錘糸を伸ばす。染色体は太く短い2つずつの姉妹染色体（染色分体）を含む構造になり，X字に近い形をしている。各姉妹染色体のX字の二本の線が交差する位置にある動原体に，両側から伸びてきた紡錘糸が結合する。中期に染色体が赤道面に並んだ後，姉妹染色体が分かれていく。しかし，その際の染色体の動きは，両方から手を引っ張られるのとは大きく異なり，むしろ，3) 芥川の蜘蛛の糸をよじ登るカンダタの動きに近い。

　紡錘糸は エ というタンパク質が重合した オ という繊維構造であり，紡錘糸の イ と反対の端は動原体の「くぼみ」の中に差し込まれた形になっている。動原体の「くぼみ」の中の エ が脱重合して紡錘糸を構成する オ が少しずつ短くなる一方，紡錘糸を「つかんでいる」分子が少しずつ イ に近づくように移動しているのである。

　減数分裂は，相同染色体が カ した二価染色体が形成される点が体細胞分裂と異なる。第一分裂で分離するのは各染色体を構成する姉妹染色体ではなく，一対の相同染色体であり，分裂の結果，染色体数が半減する。第二分裂は半数体（n）の細胞における

体細胞分裂と同様の過程であり，姉妹染色体が分離する。

問1 文中の空欄 ア ～ カ に適する語を答えよ。
問2 下線部1)について。
　(1) 2つに分けてもそれぞれが正常に発生する性質の卵をあらわす語を答えよ。
　(2) ヒトの卵が(1)で答えた性質をもつことを示す事実を答えよ。
問3 下線部2)について。次の(ア)～(ケ)ではA体細胞分裂，B減数分裂のどちらが起こるか。
　(ア) 卵原細胞の分裂　　(イ) 精母細胞の分裂　　(ウ) 卵割
　(エ) 花粉母細胞の分裂　(オ) 胚のう細胞から胚のうの形成
　(カ) コウボの出芽の際の分裂　(キ) アオミドロが接合後に行う分裂
　(ク) コケの胞子形成の際の分裂　(ケ) シダの前葉体での精子形成

問4 アカパンカビは A)単相（$n=7$）で，菌糸の接合によって一時的に複相（$2n$）の核が生じた後，減数分裂とそれに続く体細胞分裂によって子のう胞子が形成される。その際，分裂で生じた細胞は必ず隣り合う位置に並び，一列に配列する。

　対立遺伝子 A と a をもつ菌糸の接合で子のう胞子がつくられる場合，遺伝子 A をもつ胞子を●，遺伝子 a をもつ胞子を○であらわすと，子のうにおける胞子の配置は通常図1の(a)または(b)のようになる。

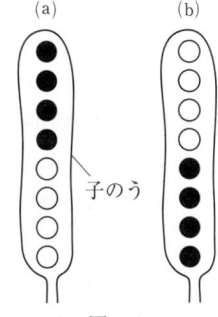

図　1

　(1) 下線部A)の核相と減数分裂の過程から考えて，次の子のう胞子には何通りの染色体構成が生じるか。ただし，乗換えは起こらないものとする。
　　(ア) 1つの子のうの中の子のう胞子
　　(イ) 多数の子のう中の子のう胞子
　(2) 減数分裂の第一分裂で染色体が図2のような乗換えを起こすことがある。第二分裂で A をもつ胞子，a をもつ胞子のどちらが上になるかは完全に偶然であるため，図2のような乗換えが起こった場合，その後の染色体の分離と減数分裂後の体細胞分裂により，B)4通りの胞子の配置が見られることになる。下線部B)の4通りの胞子の配列を図1にならってすべて描け。

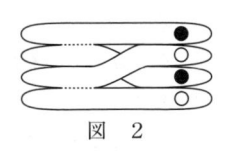

図　2

問5 下線部3)について。減数分裂の際，二価染色体を構成している一方の染色体に結合している紡錘糸が「蜘蛛の糸」のように切れることは，ある種の染色体突然変異につながる。この突然変異体をあらわす語を答えよ。

解説

問1　ア：S期における半保存的複製によって生じた一対のDNA分子が，一つの染色体を構成する一対の姉妹染色体に1分子ずつ含まれている。

　　イ：中心体は動物細胞などにおける紡錘糸形成の起点である。植物では中心体が存在せず，無構造に見える場所から紡錘糸が現れる。

　　ウ：前期には染色体が太く短い構造になり，核膜と核小体が消失する。前期には紡錘体の形成が始まり，中期には染色体が赤道面に並ぶ。

　　エ，オ：中心体は紡錘糸形成だけでなく，鞭毛形成の起点ともなる。一般に，微小管形成の起点である。（⇨参 p.100）

　　カ：相同染色体の分配に先立ち，相同染色体が対合して二価染色体が形成される。これは，減数分裂の最も重要な特徴の一つである。

問2　ウニ，イモリなどは割球の一部を除去しても正常に発生する調節卵であり，クシクラゲ，ホヤなどは失われた部分を補うことができず，モザイク卵である。ただし，調節卵であっても，分離する位置により，また分離する時期が遅いとモザイク卵の性質を示す。ヒトの一卵性双生児は何らかの原因で割球が分離して生じたと考えられ，ヒトの卵が調節卵であることを示している。（⇨参 p.92）

問3　(ア)，(イ)　動物における減数分裂は通常配偶子形成の過程における卵母細胞から卵細胞，精母細胞から精細胞ができる段階で起こる。卵原細胞や精原細胞は，減数分裂に先立つ体細胞分裂を行う細胞である。

　　(ウ)　受精後の卵割は割球の成長を伴わず，DNA合成と分裂を短い周期で同調的に繰り返す点で特殊であるが，核分裂の様式は体細胞分裂である。（⇨参 p.86）

　　(エ)，(オ)　植物の減数分裂は胚のう母細胞から胚のう細胞，花粉母細胞から花粉四分子ができる段階で起こる。生活環の観点からは，減数分裂で生じた細胞は胞子に相当する。胚のう細胞から胚のうができる際の分裂は，まず核分裂が3回起こって$2^3=8$個の核が生じ，その後に中央細胞の2個の核を残し，1個の卵細胞，2個の助細胞，3個の反足細胞を形成する。核分裂の後に細胞質分裂が起こる点でかなり特殊な分裂であるが，核分裂の様式は体細胞分裂である。（⇨参 p.70）

　　(カ)　ゾウリムシ，アメーバなどの分裂，コウボやヒドラなどの出芽，ヤマイモのムカゴによる栄養体生殖などの無性生殖の場合，体細胞分裂のみで個体を増やすため，生じる新個体は，完全に同じ遺伝子構成，クローンである。

　　(キ)　単相（n）のアオミドロは接合によって一時的に$2n$になった後，減数分裂によってnに戻る。

　　(ク)，(ケ)　コケやシダでは胞子形成の際に減数分裂が起こる。配偶子形成は，単相の配偶体での体細胞分裂によって起こる。そのため，例えば一つの前葉体に生じる卵細胞，精子の遺伝子構成はすべて等しい。（⇨参 p.71）

問4 (1) ここでテーマとなっているアカパンカビの子のう胞子の形成は，コケやシダなどの胞子形成と同様，減数分裂を伴う。なお，ここでは問題となっていないが，アカパンカビは体細胞分裂のみで胞子を形成することもあり，このようにして形成される胞子は分生胞子とよんで区別される。

(ア) 減数分裂の過程に関する理解が問われている。一つの母細胞の減数分裂に注目すれば，乗換えが起こらない場合，第一分裂で2通りの染色体構成に分かれる。第二分裂の過程は体細胞分裂と同じであるから，それ以上の多様性は生じない。

(イ) 多数の胞子に注目した場合，一対の相同染色体について，どちらの染色体を選ぶかで2通りの多様性が生じる。$2n=14$ から $n=7$ の細胞が生じる場合，どちらを選ぶかという選択を7回繰り返すことになり，$2^7=128$ 通りの多様性が生じる。しかし，この多様性は非常に小さく見積もったものであり，実際は染色体の乗換えに伴う遺伝子の組換えにより，無限ともいえる多様性が生じる。このような多様性を生み出すことが減数分裂の意義であると考えられる。

(2) 第一分裂が完了した時点で，上下共に●と○が1つずつ存在する。第二分裂でこれらのどちらが上になるかは各細胞の中での紡錘体のできかたにより，全くの偶然で決まり，4通りの配列が同確率でできる。その後，それぞれの細胞が，1回ずつ体細胞分裂を行うため，分裂終了時には●と○が2つずつ並ぶ。

問5 第一分裂でこの現象が起こった場合，分離すべき相同染色体の両方がどちらか一方の細胞に入ってしまう。その結果，染色体数が1本多い，あるいは1本少ない配偶子ができる。このような配偶子が受精に関与すると，染色体数が $2n±1$ のように変化した変異体が生じる。このような染色体突然変異体が異数性突然変異体（異数体）である。ヒトのダウン症候群は21番染色体が1本多いことで生じる。

　染色体突然変異には染色体の構造異常である重複，欠失，転座，逆位などの染色体異常と染色体数異常があり，染色体数異常には $2n$ が $4n$，$3n$ のように変化した倍数性のものと，$2n$ が $2n±1$ のように変化した異数性のものがある。倍数体のうち，奇数倍は正常な減数分裂が起こらないが，個体そのものとしては健全な場合が多い。遺伝子の発現量のバランスが正常なためである。（⇨ 参 p.99, 180）

解答

問1　ア―半保存的　イ―中心体　ウ―核膜　エ―チューブリン　オ―微小管
　　　カ―対合
問2　(1) 調節卵　(2) 一卵性双生児の存在　問4 (2)
問3　(ア) A　(イ) B　(ウ) A　(エ) B　(オ) A
　　　(カ) A　(キ) B　(ク) B　(ケ) A
問4　(1) (ア) 2通り　(イ) 128通り
問5　異数体

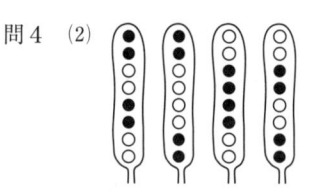

16 次の高校生の駿君への祖父からのメールを読み，下記の問いに答えよ。

Re. 進路の相談

　駿君，メール有難う。じいちゃんは何故農学者になったのかって？子供の時分，ひどい凶作に見舞われた年が何度かあったからだよ。そこで，「よーし，俺が生命力旺盛な強い作物を作り出して，世界中の人々を飢えから救うぞ」と大志を抱いたのさ。君が苦手だという遺伝学も，見方を変えればヒトが食べ物を得て命を保っていくための技術の基礎でもあるんだよ。……

　祖父からのメールでヒントをもらった駿君は，3大主要穀物であるイネ，コムギ，トウモロコシについて自分なりに勉強してみることにした。

問1　イネ，コムギ，トウモロコシの三者にはいくつかの違いがあることがわかった。
　(1)　トウモロコシはイネやコムギとは異なる様式の光合成を行っている。
　　(ア)　トウモロコシのような光合成様式の植物の名称を答えよ。
　　(イ)　トウモロコシの光合成様式は，どのような環境に適したものといえるか。1行で答えよ。
　(2)　光周性に注目したとき，(a)イネ，(b)コムギ，(c)トウモロコシはそれぞれ次の(ア)〜(ウ)のどれに該当するか。(ア)〜(ウ)の記号で答えよ。
　　(ア)　短日植物　　　(イ)　長日植物　　　(ウ)　中性植物
　(3)　コムギの秋まき品種を春にまくと，花を咲かせず，種子ができない。このようなコムギに花芽形成を開始させるのに必要な処理について，その処理をあらわす語とともに1行で説明せよ。

問2　イネ，コムギ，トウモロコシの三者は，植物分類上，近い関係にある。
　(1)　三者に共通している特徴を次の(ア)〜(エ)から2つ選び，記号で答えよ。
　　(ア)　子葉が2枚ある。　　　　　　　(イ)　葉脈は平行脈である。
　　(ウ)　茎や根に形成層が存在しない。　(エ)　主根と側根が明瞭に区別できる。
　(2)　(1)のような特徴を備えた植物をあらわす語を答えよ。

問3　駿君は，イネ，コムギ，トウモロコシなどのほか，ダイズなどのマメ類も穀物とよばれることが多いことを知った。これらはいずれも種子が食用となる。
　(1)　ダイズは問2(1)の(ア)〜(エ)の特徴に関して，イネなどとは異なる特徴を備えている。このような特徴の植物をあらわす語を答えよ。
　(2)　イネやダイズを含み，イチョウなどを含まない分類群の名称を答えよ。
　(3)　ダイズの種子は種子の構造上，イネなどの種子とは食用になる部分が異なる。
　　(a)　イネの主な可食部（大きく発達している部分）の名称を答えよ。
　　(b)　ダイズの主な可食部の名称を答えよ。
　　(c)　(a)が発達せず，(b)がよく発達した種子の名称を答えよ。

(d) (c)のような種子をもつ植物を次の(ア)～(ウ)からすべて選べ。
　　(ア) カキ　　(イ) クリ　　(ウ) アサガオ

問4　穀物や果物の可食部は，通常花の一部からできる。
　(1) 種子は，一般に花のどのような構造に由来するか。「Aとそれを包むBからなるC」という形で答えよ。
　(2) 果物の可食部は，花のどの構造に由来することが多いか答えよ。

問5　イチョウやソテツなどは，イネやダイズとは別の分類群に属する植物であり，イネなどのように穀物として利用されている植物は基本的に見られない。しかし，イチョウの種子（ギンナン）のように，食用に供されるものはある。
　(1) イチョウやソテツなどの植物が属する分類群を答えよ。
　(2) (1)の分類群の植物がイネなどと異なる(ア),(イ)の特徴について，簡潔に説明せよ。
　　(ア) 受精　　(イ) 花の構造
　(3) (2)(ア)のような特徴があるにもかかわらず，イチョウの種子（ギンナン）の可食部はイネの可食部と同じ名称でよばれる。しかし，両者の間には大きな違いがある。核相に注目し，両者の違いを1行で説明せよ。
　(4) (2)(イ)のような特徴があるにもかかわらず，イチョウの種子（ギンナン）の周囲には柔らかい構造が見られる。この部分はイチョウの花のどの部分に由来するか。花の構造の名称を答えよ。

問6　東京の小石川植物園には，平瀬作五郎が精子を発見したイチョウの木がある。この発見は，シダ植物とイチョウなどの植物の間の系統的な連続性を示す重要なものと考えられている。シダ植物は，ゼンマイやワラビが山菜として食される以外，食用となることはほとんどない。
　(1) イチョウの精子に相当する細胞を卵細胞に運ぶイネの構造体の名称を答えよ。
　(2) シダ植物において精子や卵などをつくる植物体について。
　　(ア) このような植物体は生活環の観点から何とよばれるか。
　　(イ) シダ植物において，(ア)は特に何とよばれるか。
　(3) イチョウには雌株と雄株が存在するが，イチョウの場合，受粉と受精の間に長い時間を要し，通常4月に受粉し，9月に受精することが知られている。
　　(ア) 平瀬作五郎が精子を発見したイチョウは，雌株，雄株のどちらか。
　　(イ) (ア)のように判断した理由を2行以内で説明せよ。
　(4) 古生代にはシダ植物の大森林が現出しているが，大型化したコケ植物は見られない。シダ植物とコケ植物でこのような違いが生じた理由を，生活環と受精に注目して3行以内で説明せよ。

> 解説

問1　(1)　トウモロコシ，サトウキビなどのC_4植物は，強光・高温条件で高い光合成速度を示す。このような特徴を示す原因としては，二酸化炭素の吸収効率が高いことが挙げられる。二酸化炭素の吸収効率が高いということは，大きく気孔を開く必要がなく，蒸散量が少ないことを意味し，乾燥にも強い。なお，CAM植物（ベンケイソウ，サボテンなど）は更に乾燥に強い。（⇨ 参 p.35）

(2)　例を数多く記憶する必要はないが，三大穀物であり，いずれも重要。（⇨ 参 p.80）

(3)　秋まきコムギは長日植物であるが，冬に相当する低温接触を経ないと花芽形成しない。低温接触する前は長日条件に対する応答性が抑制されていると考えられ，この抑制状態を解除するのが春化（バーナリゼーション）である。（⇨ 参 p.82）

問2　イネ，ユリなどの単子葉植物は(イ)，(ウ)の特徴のほか，子葉が1枚であり，多数のひげ根を生じる特徴を備えている。

問3　(1)，(2)　双子葉植物の葉脈は網状脈であり，裸子植物と同様，形成層が発達する。

(3)　イネのように胚乳が発達する種子が有胚乳種子，ダイズのように子葉が発達する種子が無胚乳種子である。無胚乳種子の形成の際にも重複受精は起こっており，一旦胚乳ができ，胚乳中の栄養分が子葉に移動した状態で種子が完成する。

問4　(1)　種皮は珠皮に由来し，珠皮とその内部の胚のう細胞や胚のうを合わせたものが胚珠である。胚珠は種皮を含む種子となる。

(2)　子房壁以外の部位が発達して果皮や果肉になる果実もかなりあるが，基本的に果皮や果肉は子房壁由来である。ダイズ，エンドウなどのマメ科植物の場合，「さや」の部分が子房壁に由来する。なお，子房壁や種皮は母株の体細胞が発達したものであるから，その形質は花粉親の影響を受けず，母株の遺伝子が発現してできる。このことは，果実の遺伝的特徴を考える上で重要である。

問5　(1)～(3)　イチョウ，ソテツ，各種針葉樹などの裸子植物は，胚珠が子房壁でおおわれず，裸出していることからその名がある。被子植物と異なり，重複受精が起こらず，裸子植物の胚乳は胚のう中の単相の細胞が単独で発生してできる。

(4)　秋にイチョウの木から落下しているギンナン（かぶれる危険があるため，素手で触れてはならない）には黄色く柔らかい部分があるが，イチョウは裸子植物なので子房壁は存在せず，胚のうを包む構造としては珠皮しかない。

問6　(1)　イチョウやソテツを除く種子植物では精子を生じることはなく，花粉管によって精細胞を運搬する。これは受精に雨水などを必要としないことを意味し，種子植物の陸上環境への適応のあらわれと見ることができる。

(2)　シダ植物の前葉体のように，配偶子をつくる植物体が配偶体である。

(3)　受粉とは雌しべに花粉が付くこと，受精とは卵細胞に精子や精細胞が入ることである。胚のうや花粉，花粉管は配偶子をつくる配偶体であるが，問題文に説明され

ているように，精子を生じるのは胚珠に到達してから5カ月後である。雄株は複相の胞子体であり，減数分裂によって生じた胞子に相当する花粉四分子ができ，花粉四分子が成熟して未熟な配偶体である花粉ができる。雄株で観察できるのはここまでである。花粉が成熟し，発達した配偶体として精子をつくるようになるのは，花粉が雌しべの胚珠に到達した後のことである。

(4) コケの本体は配偶体であり，胞子体は雌株の造卵器の中に精子が到達してできた受精卵が発達したものであり，雌株配偶体に寄生している。他方，シダの本体は胞子体であり，配偶体は小さいが胞子体とは独立した前葉体である。前葉体では，雨水によって精子が造卵器に到達して受精が起こるため，コケ植物と同様，受精の制約を受け，大きく発達することはない。他方，胞子体は減数分裂によって胞子をつくり，それを飛散させるだけであるから，胞子体の成長が受精の制約を受けることはない。コケ植物も表皮系を発達させている点で，陸上環境への適応のしくみは備えているが，シダ植物以上で維管束系が発達することは，大型の体制を維持することと関係があると考えられる。

解答

問1 (1) (ア) C_4植物　(イ) 高温・強光に適しており，乾燥にも適する。
　　 (2) (a) (ア)　(b) (イ)　(c) (ウ)
　　 (3) 長日条件に先立ち，一定期間低温条件に置く春化処理が必要である。

問2 (1) (イ), (ウ)　(2) 単子葉植物

問3 (1) 双子葉植物　(2) 被子植物
　　 (3) (a) 胚乳　(b) 子葉　(c) 無胚乳種子　(d) (イ), (ウ)

問4 (1) 胚のうとそれを包む珠皮からなる胚珠　(2) 子房壁

問5 (1) 裸子植物
　　 (2) (ア) 重複受精が起こらない。(胚の形成のみで受精が起こる)
　　　　 (イ) 胚珠が裸出している。(子房壁がない)
　　 (3) イネの胚乳の核相は$3n$であるが，イチョウの胚乳の核相はnである。
　　 (4) 珠皮

問6 (1) 花粉管
　　 (2) (ア) 配偶体　(イ) 前葉体
　　 (3) (ア) 雌株
　　　　 (イ) 雄株にある花粉は未熟な配偶体であり，雌株の胚珠に到達後に成熟し，精子を生じる。
　　 (4) コケ植物の本体は配偶体であり，本体で水を利用して精子が移動する受精が起こるため，この制約によって大型化できなかった。他方，シダ植物の本体は胞子体のため，受精は本体の大型化の制約にならなかった。

17 高校生の仁君が同級生の信君に宛てた次のメールを読み，下記の問いに答えよ。

　今日校庭のサクラの下のベンチで，返ってきた模試の結果を見た。花の時期を過ぎるとみんな通り過ぎてしまうけれど，サクラの木は葉を次々に大きく展開させ，やがて濃紫色の果実を実らせて鳥を呼び寄せていた。そして夏休みも明けた今は来年の花をつくるための花芽の準備も始まっているようだ。自分にはあっという間だったこの5ヶ月で，サクラはなんていろいろなことをやってのけたのだろう！

　ところで，あのベンチからよく見える，樹の下あたりで園芸部がコムギの種をまいたようだ。見せたいものがあるから部室に寄らないかと礼君に誘われた。信君も一緒にどう？コムギの種子を使って発芽の実験をしているらしいよ。

問1　レタスなどの光発芽種子の発芽には光条件が関係しており，短時間赤色光（R光）を照射すると，その後暗黒条件に置いても発芽が起こるが，R光照射直後の遠赤色光（FR光）照射でR光の効果は打ち消される。このことから，光発芽における光受容にはフィトクロムが関係していると考えられている。フィトクロムは図のように，R光によってP_{FR}に変化し，FR光を照射すると直ちにP_Rに変化する。なお，P_{FR}は暗黒条件で徐々にP_Rに変化する。

$$P_R \xrightleftharpoons[\text{FR光}]{\text{R光}} P_{FR}$$

図　フィトクロムの化学変化

　(1)　発芽に必要な基本条件について，その意義も含め，各1行で3つ答えよ。

　(2)　レタスの発芽とフィトクロムの関係について，正しいものを次の(ア)～(エ)から1つ選べ。

　　　(ア)　発芽促進効果をもつフィトクロムはP_Rである。
　　　(イ)　発芽促進効果をもつフィトクロムはP_{FR}である。
　　　(ウ)　R光とフィトクロムP_{FR}が十分長い時間共存することで発芽が起こる。
　　　(エ)　FR光とフィトクロムP_Rが十分長い時間共存することで発芽が起こる。

　(3)　レタスの種子にR光単独照射，またはR光とFR光照射を短時間で交互に繰り返し，その後種子を暗黒条件に置く実験を行った。次の(ア)～(オ)のうちで，発芽が起こると考えられるものをすべて選べ。

　　　(ア)　R光
　　　(イ)　R光→FR光
　　　(ウ)　R光→FR光→R光
　　　(エ)　R光→FR光→R光→FR光
　　　(オ)　R光→FR光→R光→FR光→R光

　(4)　レタスの種子をジベレリン溶液に浸しておいたところ，ずっと暗黒条件に置いた種子でも発芽が起こった。この事実を踏まえ，レタスの種子にR光を照射してから発芽に至る過程について，2行以内で説明せよ。

問2　礼君たちはコムギの種子を用いて，発芽において糊粉層が果たす役割を，ジベレリンとの関係で調べていた。以下は，その実験計画と予想される結果である。

[実験計画の概要]

デンプンを含む培養液と，デンプンを検出するための［　あ　］溶液を調製し，正常な種子，胚のみを除去した種子，糊粉層のみを除去した種子を用意する。用意した種子をデンプンを含む培養液に浸した3つの実験区（実験1～3）を設定する。

実験1：正常な種子をデンプンを含む培養液に浸したもの
実験2：胚のみを除去した種子をデンプンを含む培養液に浸したもの
実験3：糊粉層のみを除去した種子をデンプンを含む培養液に浸したもの

[予想される結果]

しばらく置いた後，培養液に［　あ　］溶液を滴下して反応を調べる。実験1～3の中で，［　あ　］溶液の滴下で青紫色にならないのは，実験［　い　］のみであると予想される。さらに，実験1～3のそれぞれにジベレリンも添加した実験を追加設定する。追加設定した実験区の中で，実験3にジベレリンを添加した実験区のみ，［　あ　］溶液の滴下で青紫色に［　う　］と予想される。

(1)　［　あ　］，［　う　］には適語を，［　い　］には番号を補え。
(2)　予想される結果から，胚，ジベレリン，糊粉層の関係を1行で推定せよ。
(3)　これらの実験では，デンプンの［　あ　］による呈色反応の有無によってデンプンを分解する酵素の有無を調べている。酵素反応産物量の測定でなく，この呈色反応の測定によって酵素量（酵素活性）が測定できる理由を2行以内で説明せよ。

問3　信君は，仁君からのメールに，サクラの花芽は秋にできると書かれているのは間違いだと思った。秋に花芽ができるのは光周性に関して短日植物と考えられ，短日植物は主に秋咲きと思っていたからである。仁君や園芸部員によると間違いではなく，信君はサクラが春に開花する原因について園芸部員に説明してもらった。

(1)　サクラが秋に開花しないのは，秋の間は芽の中に蓄積している植物ホルモンが原因であり，この植物ホルモンは気体ではないために容易に拡散せず，開花を抑制しているという。この植物ホルモンの名称を答えよ。
(2)　サクラが春に開花するのは，秋まきコムギを春にまくと花芽形成が起こらないのと似た現象であるという。秋→冬→春の環境条件の変化を踏まえ，下記の語をすべて用いて，サクラが春に開花に至るしくみについて，2行以内で説明せよ。

　　　　花芽形成　　休眠　　開花　　秋　　冬　　春

問4　サクラなどの植物は，成長過程で「AかBか」の選択を迫られる。この選択には，しばしば植物ホルモンの拮抗的な作用が関係している。次の(ア)～(ウ)の選択について，Aの方向に作用する植物ホルモンの名称を1つずつ答えよ。

(ア)　A　細胞分裂を促進するか，B　細胞の成長を促進するか。
(イ)　A　気孔を閉ざすか，B　気孔を開くか。
(ウ)　A　果実（サクランボ）を色づかせるか，B　若い状態を維持するか。

解説

問1 (1) 発芽の基本条件。種子の中には発芽に必要な栄養分が胚乳（有胚乳種子）や子葉（無胚乳種子）に蓄積しており，休眠していない種子は，呼吸などの酵素反応が進行可能になれば発芽を開始する。休眠状態の種子はアブシシン酸が休眠を維持しており，ジベレリンによって休眠が打破される。

(2) 基本三条件が与えられても発芽せず，発芽に光条件が関与する種子もある。その代表例がレタスなどの光発芽種子である。赤色光（R光）によって発芽が促進され，R光の効果が遠赤色光（FR光）によって打ち消されることは，(ア)や(エ)が誤りであることを示している。(イ)と(ウ)については，短時間のR光照射でP_{FR}ができれば，その後暗黒条件に置いても発芽が促進されることから，(ウ)は誤りで(イ)が正しい。

(3) 問題文の説明より，R光照射後FR光を照射していなければR光の発芽促進効果が現れると考えられ，最後にR光を照射した(ア)，(ウ)，(オ)が発芽する。

　P_{FR}型のフィトクロムは暗黒条件では少しずつP_Rに戻るが，P_{FR}が発芽促進効果をもつのは，P_{FR}が存在する時間の中でP_{FR}が細胞質から核内に移動して転写因子と結合し，発芽に必要な遺伝子の転写促進などが起こるためである。（⇨ 参 p.78）

(4) (2)で確認したように，P_{FR}が存在する時間がある程度続けば，その間のR光は不要なので，「R光→P_{FR}」の順序である。さらに，ジベレリンさえあれば，P_{FR}がなくても発芽することが問題文で説明されており，「P_{FR}→ジベレリン」である。全体として「R光→P_{FR}→ジベレリン→発芽」という過程と考えられる。

問2 (1) 実験1は糊粉層と胚がある正常な種子，実験2は糊粉層はあるが胚がない種子，実験3は胚はあるが糊粉層のない種子という条件を設定している。実験1と実験2，3を比較することで，それぞれ胚，胚乳の役割が確認できる。

あ：デンプンの検出にはヨウ素溶液を用いる。デンプンが分解されてヨウ素デンプン反応の青紫色が見られない実験区では，アミラーゼが合成されている。

い：デンプンの分解が起こって青紫色にならないのは3つのうち1つの実験区のみであり，実験2と実験3では，胚と糊粉層の片方ずつしか存在しない。アミラーゼ合成には，胚と糊粉層の両方が揃っている必要があると考えられる。

う：実験1はジベレリンを与えなくてもアミラーゼが合成されたのであるから，ジベレリンを与えると実験2でもアミラーゼが合成されるようになり，実験3のみが青紫色になったと考えられる。

(2) 実験1とジベレリンを与えたときの実験2の比較から，ジベレリンがあれば胚がなくてもアミラーゼが合成されることがわかり，発芽における胚の役割はジベレリンによって代用できると推定される。他方，実験1とジベレリンを与えたときの実験3の比較から，ジベレリンがあっても糊粉層がないとアミラーゼが合成されないことがわかり，ジベレリンの作用でアミラーゼを合成しているのは糊粉層であると

考えられる。以上の結果から，「胚→ジベレリン→糊粉層→アミラーゼ→（胚乳の）デンプン分解」という流れが確認できたことになる。
   (3) 酵素活性を調べる場合，生成物量の測定が容易であれば生成物量を測定するが，基質量の方が測定しやすい場合，基質の減少量によって酵素活性を測定する。
問3 (1) アブシシン酸は休眠の維持に関係の深い植物ホルモンである。台風の後などに狂い咲きが見られるのは，台風によって花芽に蓄積しているアブシシン酸が流出し，休眠が維持されなくなったことが原因と考えられる。
   (2) 問題文に説明されているように，サクラは秋に日長が短くなると花芽形成するため，短日植物と判断される。秋に花芽形成が起こっていながら春まで開花しない原因に関しては，(1)の内容（アブシシン酸の蓄積で休眠）と，問題文の「秋まきコムギを春にまくと花芽形成が起こらないのと似た現象」という表現がヒントになる。秋まきコムギは長日植物であるが，花芽形成に冬の低温接触（春化）が必要である。冬の低温接触が，サクラの花芽の休眠打破に必要なのである。（⇨ 参 p.82）
問4 (ア) オーキシンが細胞分裂を促進する場合もあるが，主にサイトカイニンが細胞分裂，芽の分化を促進し，オーキシンは細胞の成長，根の分化を促進している。
   (イ) アブシシン酸は乾燥時などに強力な気孔閉鎖作用を示す。サイトカイニンなど，他の植物ホルモンがアブシシン酸の気孔閉鎖作用を抑制する効果をあらわす場合がある。
   (ウ) エチレンが果実の成熟や離層形成を促進し，オーキシンはそれらを抑制する。

解答

問1 (1) 1．酵素反応が起こるために，水が必要。
         2．呼吸のために酸素が必要。
         3．酵素反応が起こりやすい適当な温度であることが必要。
   (2) (イ)   (3) (ア)，(ウ)，(オ)
   (4) R光照射によってフィトクロムが P_{FR} に変化し，その作用によってジベレリンが合成され，ジベレリンの作用によって発芽が起こる。
問2 (1) あ－ヨウ素（ヨウ素ヨウ化カリウム）　い－1　う－なる
   (2) 胚からのジベレリンの作用で糊粉層でのアミラーゼ合成が起こる。
   (3) アミラーゼが合成されていればデンプンが分解され，呈色反応の減少によって酵素活性を調べることができるため。
問3 (1) アブシシン酸
   (2) 短日条件によって秋に花芽形成した後に休眠し，冬の低温によって休眠が打破され，春の温度上昇によって開花する。
問4 (ア) サイトカイニン　(イ) アブシシン酸　(ウ) エチレン

18 次の文を読み，下記の問いに答えよ。

冬ごもり　春さり来れば　1)鳴かざりし　鳥も来鳴きぬ
咲かざりし　花も咲けれど
山を茂み　入りても取らず　2)草深み　取りても見ず
秋山の　木の葉を見ては　3)黄葉をば　取りてそしのふ
青きをば　置きてそ歎く　そこし恨めし　秋山そわれは　（『万葉集』巻1　額田王）
（口語訳）

冬が過ぎ春になると，鳴いていなかった鳥も来て鳴きます。咲いていなかった花も咲きます。でも，山の茂みが深くなり，入って取れません。草深くなり，手に取って見ることはできないのです。秋の山であれば，木の葉を見て，美しく色づいていれば手にとって称賛し，まだ青い葉であったら歎きながら放置したりできます。そのように一喜一憂できる秋の方が私は好きです。

天智天皇が藤原鎌足に命じ，春と秋のどちらが良いかを競わせたときに詠んだ歌である。額田は春を最大限持ち上げ，春と言うのではないかと思わせた後，結局は秋に軍配を上げている。宮廷歌人にとって春秋優劣論はただの遊びであろうが，生物にとって季節を知ることは生存にかかわる問題である。

問1　下線部1)について。春になると鳥類が繁殖期に入り，求愛のさえずりが始まることには，光周性と時間を計測するしくみが関係しており，動物の場合，脳内（哺乳類では視交叉上核，鳥類では松果体）に生物時計が存在する。
(1)　鳥類が繁殖期に入る際の生殖器官へのはたらきかけには，脳からのホルモンを介した指令が関与している。この指令に関与する部位の名称を2つ答えよ。
(2)　時計機構が植物にも存在することを示す運動を1つ挙げ，1行で説明せよ。

問2　下線部2)について。草が茂った下には，可視光線のうちの一部の波長の光はほとんど到達しない。
(1)　到達しない光は何色の光か答えよ。
(2)　植物の光受容分子のうち，この環境では可視光線に対して応答しない分子の名称を答えよ。
(3)　この環境でも可視光線に対して応答し，植物の光屈性や気孔の開閉に関係する光受容分子の名称を答えよ。

問3　下線部3)について。まだ青い葉が落葉することがある。これは，葉のクロロフィルが分解されて ア)別の光合成色素の色が見える状態になる前に， イ)ある植物ホルモン（気体）が ウ)葉が茎から分離しやすくする場合があるためである。下線部ア)～ウ)をあらわす語を答えよ。

問4　額田王は春に花が咲くと詠んでいるが，万葉集で最も多く詠まれている花は，秋に咲く萩（ハギ）の花である。日本のA市（北緯35度）で，ハギと同様に秋に咲くマメ科植物を用い，花芽形成に関する野外実験を行った。5月10日から6月10日までに種子をまくと，いつまいても9月10日頃に花芽が形成された。6月10日よりも遅くまくと，花芽形成の時期は少しずつ遅れた。表はA市の日長である。この植物の限界暗期は11時間，日長（連続暗期）以外の要因は花芽形成の時期に影響せず，表にない日の日長はその前後の日から直線的に変化すると見なしてよい。

表　A市の日長

6月20日	14：31	7月20日	14：12	8月19日	13：22	9月18日	12：19
6月30日	14：30	7月30日	13：58	8月29日	13：02	9月28日	11：58
7月10日	14：23	8月9日	13：41	9月8日	12：41	10月8日	11：36

(1) 光周性に関して，この植物はどのような植物か答えよ。

(2) 6月10日より早くまくと同時に花芽形成が起こるのは，光周刺激を感受できるようになった後に，連続暗期が花芽形成に適した条件を同時に与えられたことを示している。種子をまいてから光周刺激を感受できるようになるまでに要する日数に最も近いものを次の(ア)～(カ)から1つ選べ。

　(ア) 5日　　(イ) 10日　　(ウ) 30日　　(エ) 50日　　(オ) 80日　　(カ) 90日

(3) この植物が花芽形成に適した光周刺激を感受してから実際に花芽を形成するまでの日数に最も近いものを(2)の(ア)～(カ)から1つ選べ。

(4) (3)の期間において，植物に起こっている現象を説明した次の過程の空欄（ ア ）に適する植物の器官，（ イ ）に適する植物の組織を答えよ。

　（ ア ）で刺激を受容し，花成ホルモンを合成→（ イ ）を通じて全身に輸送→茎の先端が花成ホルモンを受容し，花芽形成

(5) 8月25日から30日間，深夜に短時間の赤色光照射を行った。

　(ア) このような操作をあらわす語を答えよ。

　(イ) この操作を行った場合，5月10日にまいた種子が花芽形成すると考えられるのはいつ頃か。「8月下旬」のように答えよ。

(6) この植物の種子をロシアのB市（北緯50度），インドのC市（北緯20度）の自然日長下で，5月10日から6月10日の間にまいた。次の条件に該当するのは，いつ，どの市でまいた種子か。日長以外はA市と同じ条件とし，いつまいても同じ日に花芽形成する期間が存在する場合，市の記号と種をまく期間を答えよ。なお，夏至の日長は北緯50度で約17時間，北緯20度で約13時間とする。

　(ア) 最も早く花芽形成が起こる。　　(イ) 最も遅く花芽形成が起こる。

(7) 温度も考慮したとき，野外でのマメの収穫が困難な市の記号をすべて答えよ。

> 解説

問1　(1)　光周性とは光周期によって起こる生物の応答であり，鳥の繁殖期もその一つである。春に日長が伸びることで視床下部からの放出ホルモンの刺激を介して，脳下垂体前葉からの生殖腺刺激ホルモンの作用によって起こる。(⇨ 参 p.148)

(2)　オジギソウなどのマメ科植物の昼夜運動は，一定温度，暗黒条件でも約24時間周期で起こり，植物に生物時計が備わっていることを示す例。(⇨ 参 p.85)

問2　(1), (2)　植物の葉の陰などでは，クロロフィルによって赤色光の大半が吸収されており，赤色光は届かない。したがって，このような環境ではフィトクロムは常にP_R型であり，フィトクロムの光変換によって光環境を知ることはできない。フィトクロムが最もよく機能するのは，直射日光が照射する条件か否かの識別である。光発芽種子の光刺激の受容にフィトクロムが関係しているのは，他の植物に光を遮られていたり土に埋まっている状態ではなく，直射日光が届き，発芽後に直ちに光合成を開始できる状態かどうかを感知するためと考えられる。

(3)　赤色光と異なり，青色光は陰になった場所にも比較的よく届く。光の乏しい環境にある植物が光の強い方に向かって成長する光屈性や，葉の裏に多く，直射日光があまり当たらない気孔の開閉調節に，青色光受容色素であるフォトトロピンが用いられているのはそのためと考えられる。なお，植物は青色光受容色素としてクリプトクロムももっているが，こちらは土壌中で著しく伸びた植物が，地表に顔を出したときに伸長が抑制されるような現象に関係する。

問3　ア)　「黄葉」はクロロフィルが分解された後に，黄色いキサントフィルや，オレンジ色のカロテンなどのカロテノイドの色が見えることが主な原因である。なお，「紅葉」の原因としては，液胞に赤い色素であるアントシアンが蓄積することの影響が大きい。(⇨ 参 p.30)

イ)，ウ)　落葉の原因となる離層形成は，気体の植物ホルモンであるエチレンによって促進される。(⇨ 参 p.74)

問4　(1)　まず，問題文にこの植物の限界暗期が11時間と書かれており，表から8月30日には連続暗期が限界暗期を超える。5月10日にまいた種子も，6月10日にまいた種子も同時に開花したのは，8月30日に短日条件（連続暗期11時間以上）を感知し，花芽形成を開始したためと考えられ，この植物は短日植物である。

(2)　6月10日より遅くまくと花芽形成が遅れるのは，8月30日にはまだ光周刺激を受容できなかったためで，6月10日にまいた種子はちょうど8月30日に受容できるようになり，直ちに花芽形成を開始したと考えられる。したがって，6月10日から8月30日までの81日間を要すると考えられ，(オ)を選ぶ。

(3)　連続暗期を8月30日に受容し，9月10日に花芽形成したので(イ)を選ぶ。

(4)　葉で連続暗期を感知して花成ホルモンが合成され，花成ホルモンは師管を通じて

全身に運ばれることは知っておきたい。
- (5) (ア) 連続暗期の感知にはフィトクロムが関与しており，連続暗期を赤色光によって中断する操作が光中断である。
  - (イ) 光中断が行われている9月24日までの間は連続暗期が11時間より短くなる。そのため，9月25日に短日条件を感知し，そこから約10日後の10月5日頃に花芽形成が起こると考えられる。本来秋に咲くキクの花芽形成を遅らせ，正月に開花させる電照菊と同じ原理である。
- (6) A～C市の日長変化は右図のようになる。
  - (ア) C市の日長は常に13時間以下，したがって連続暗期は限界暗期よりも長いため，いつまいても，A市の6月10日～9月10日と同様，約3ヵ月後に花芽形成が起こる。したがって，C市で5月10日に種子をまいた場合が最も早い。
  - (イ) B市は連続暗期が限界暗期に達するのが8月末よりも少し遅れる。そのため，A市と同様，5月10日から6月10日の間にまいた種子のすべてが光周刺激を受容できるようになった後に連続暗期が限界暗期に達する。その結果，すべての植物で9月10日以降に同時に花芽形成が開始される。
- (7) 温度条件も考えると，B市は低温のために発芽や春の成長が遅れ，花芽形成は更に遅れ，寒い時期に開花・結実しても，マメの収穫は期待できない。C市は温暖なため，さらに早い時期に種子をまくことができ，種子の収穫には支障はない。秋咲きの植物にとって，寒冷な環境は明らかに不利である。

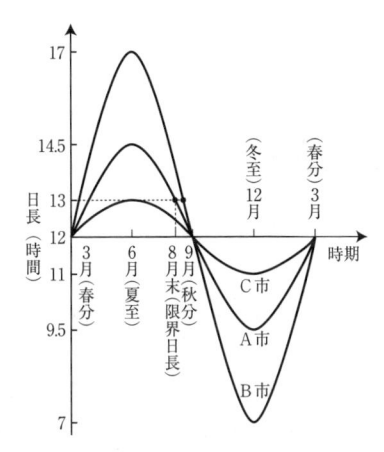

解答

問1 (1) 視床下部，脳下垂体前葉
　　(2) インゲンマメやオジギソウは，一定の温度の暗黒条件で就眠運動を起こす。

問2 (1) 赤色光　　(2) フィトクロム　　(3) フォトトロピン

問3 ア) カロテノイド（キサントフィルまたはカロテン）　　イ) エチレン
　　ウ) 離層形成

問4 (1) 短日植物　　(2) (オ)　　(3) (イ)　　(4) (ア) 葉　　(イ) 師管
　　(5) (ア) 光中断　　(イ) 10月上旬
　　(6) (ア) C市で5月10日　　(イ) B市で5月10日から6月10日
　　(7) B

19 次の文章は高校生の駿太君と植物研究者の叔母とのメールのやり取りである。これを読み，下記の問いに答えよ。

黒い葉っぱ

　理子おばさん，こんにちは。調べて欲しい葉っぱがあってメールしました。学校のグラウンドの周囲の生垣の葉は今，皆表面が黒い膜のようなものにおおわれています。生垣の向こうはものすごく交通量が多い国道です。排ガスにやられたんでしょうか。だとしたら，僕らの肺は大丈夫なんでしょうか。

Re；黒い葉っぱ

　駿太君，久しぶり。メールありがとう。画像，見ました。スス病菌というカビにやられた葉だと思う。このカビは通常健康なヒトの肺を侵すことは無いけれどアレルギー性鼻炎を起こす人はいるそうです。

まさかのカビ

　理子おばさん，ありがとう。びっくりしました！あのどう見ても黒い膜が生き物だなんて。スス病？葉は生きながら菌類にも侵されるのか。あんなに表面を覆い尽くされては光合成の邪魔だろうし，植物は散々だね。

問1　植物は，カビのような他の生物からの攻撃のほか，弱光，乾燥などの悪条件にも対応して生活している。その際，植物は成長の方向を変化させることがあり，植物が刺激に応じて成長の方向を変化させる現象を屈性とよぶ。

　(1)　植物の光屈性は，オーキシンの移動と，器官によるオーキシンの成長促進作用が現れる最適濃度の違いで説明できる場合が多い。この点について説明した次の文中の空欄に適する語を答えよ。

　　　光の方向は茎の［ ア ］部分で受容され，オーキシンは［ ア ］で光に対して［ イ ］側へ移動した後，茎から根へと移動する。その結果，光に対して［ イ ］側のオーキシン濃度が高くなる。他方，オーキシンの成長促進作用が現れる最適濃度は，茎では［ ウ ］いが，根では［ エ ］いため，茎では光と［ オ ］側，根では光と［ カ ］側の成長が大きくなる。

　(2)　茎から根へのオーキシンの輸送は，植物体の上下を逆にしても維持される。

　　(ア)　このような移動をあらわす語を答えよ。

　　(イ)　植物細胞には，さまざまな方向からオーキシンを取り込む能動輸送体が存在するが，オーキシンの移動方向はPINとよばれる受動輸送体が決定している。受動輸送体が輸送方向を決めるしくみを1行で説明せよ。

　(3)　高濃度のオーキシンが成長を阻害する原因の一つは，オーキシンの作用によってエチレン遺伝子の発現が促進されることと考えられている。エチレン濃度に対する植物の器官ごとの感受性に違いはなく，エチレン以外に成長阻害の原因はな

いと仮定すると，茎と根でエチレン遺伝子の発現が促進されるオーキシン濃度にどのような違いがあると考えられるか。1行で説明せよ。

(4) 根が正の重力屈性を示すのは，重力方向（下側）に成長抑制物質が作用することが原因であり，根冠を除去すると根は重力屈性を示さずに大きく成長することが知られている。この成長抑制物質は茎で合成されたオーキシンであり，茎から根へのオーキシンの輸送は，髄（中心部）を通ることが知られている。これらの事実から，根が重力屈性を示すしくみについて2行以内で説明せよ。

問2 駿太君は，病変した葉をルーペで観察しながら，開いた気孔を通ってカビが葉の内部に侵入するのではないかと考えた。

(1) 気孔の開閉運動は，オーキシンによる成長運動と異なり，可逆的な膨圧運動である。気孔が開いている状態では，孔辺細胞のカリウムイオン K^+ 濃度が周囲の表皮細胞よりも高くなっている。孔辺細胞の構造に触れながら，K^+ 濃度が上昇すると気孔が開くしくみを3行程度で説明せよ。

(2) 次の文は，気孔が青色光の照射によって開く理由を説明したものである。文中の空欄に適する語を答えよ。

＜文＞
　孔辺細胞のフォトトロピンが青色光を受容すると，ATPのエネルギーを用いた［ ア ］輸送により，水素イオン H^+ が細胞膜の［ イ ］へと輸送され，細胞内の電位が細胞外よりも［ ウ ］くなる。この電位差による電気的な力によって，K^+ は細胞内へと引き寄せられ，イオンチャネルを通って細胞内へと輸送される。

(3) 気孔は光合成に必要な二酸化炭素の取り入れ口であると共に，植物体からの蒸散路でもある。蒸散の意義を2つ答えよ。

問3 植物の病原菌の感染，組織の傷害などへの抵抗の際，エチレンが重要な役割を果たす。傷害応答に対しては，他の植物ホルモンも作用し，抗菌物質の合成，感染した細胞の周囲でのリグニン（木材に多く含まれる物質）の蓄積などが起こる。

(1) エチレンの物理的性質は，植物体全体の抵抗性を高めるうえで有利と考えられる。この理由を1行で説明せよ。

(2) リグニンの大量蓄積が起こると，物質の出入りが困難になり，細胞は死に至る。このことが防御としての意味を持つ理由を1行で説明せよ。

(3) エチレンは根が土の中に伸びる際，硬い場所に当たった場合などの物理的な傷害を受けたときにも分泌される。冬の農作業として行われていた「麦踏み」も，根のエチレン生成を高め，エチレンの作用によって根の成長方向を変化させることが主な意義である。具体的にどのような成長方向の変化を引き起こすと考えられるか。1行で説明せよ。

> 解説

問1 (1) 茎の正の光屈性は，植物が光の方へ成長することで光合成量を高める意義があり，重要な環境応答である。光の方向は茎の先端部で感受され，オーキシンは光と反対方向へと移動した後，茎の先端から根の方向へと極性移動する。マカラスムギの幼葉鞘を用いた実験で確認されたしくみは多くの植物で共通である。(⇨ 参 p.78)

(2) 植物の細胞にはオーキシンを細胞内に取り込む能動輸送体も備わっているが，オーキシンの受動輸送体であるPINタンパク質が根に近い側に多く分布しているため，オーキシンの茎の先端から根の方向への極性移動が起こる。オーキシンの極性移動の原因は能動輸送ではなく，受動輸送体の極性に沿った分布である。(⇨ 参 p.78)

(3) オーキシンの最適濃度が根＜芽＜茎の順であることを示す有名なグラフに関する問題。ここではなぜ高濃度では成長阻害が現れるか，推理することが求められている。成長阻害の原因がオーキシンによって誘導されたエチレンの作用であるとすると，根では低い濃度のオーキシンでもエチレン合成が促進されるため，低濃度のオーキシンで成長阻害が現れるというしくみが推定できるだろう。実際，エチレン遺伝子を破壊した植物では，高濃度のオーキシンによる成長阻害が現れにくくなることが知られている。(⇨ 参 p.78)

(4) 茎の負の重力屈性は光屈性と同様に説明できるが，根の重力屈性には根冠を介して根が独自に重力方向を感知していることの影響が大きい。根冠を除去すると根の重力屈性が失われ，成長が促進される。根の成長が起こるのは根端分裂組織より少し基部側の伸長部であるから，根冠から伸長部へと成長抑制物質が輸送されていると考えられる。問題文に茎から運ばれたオーキシンが根の中心付近を通ることが説明されており，オーキシンは根冠まで運ばれた後，重力方向へと下降し，根から茎方向へ輸送され，高濃度のオーキシンによって重力側の成長が抑制されるというしくみに気づくであろう。

問2 (1) 孔辺細胞には葉緑体が存在し，細胞壁の厚さが気孔側で厚く，反対側で薄くなっている点が他の表皮細胞とは異なる。孔辺細胞が吸水して膨張すると，気孔と反対側の細胞壁が外に向かって大きく伸びるため，気孔に面した厚い細胞壁も，そり返るように変形し，気孔が開く。

(2) K^+の流入が起こる事実と一致するように，H^+の移動方向を考える。H^+が細胞外に移動すれば，外が正，内側が負電荷を帯びる。その結果，陽電荷をもつK^+は電気的に細胞内へと引き寄せられるはずだと気が付けば，それが正解である。

　なお，「H^+が流出し，K^+が流入すればイオンの総量に影響はなく，K^+の増加が孔辺細胞の浸透圧を上昇させて気孔を開かせることはないのではないか」という疑

19 参考書編 ⇨ p.82～p.85

問を感じるかも知れない。H$^+$は細胞外に移動しても，移動した分は細胞内に多く存在する有機酸などの電離平衡の移動によって供給されてしまい，細胞内の正味のイオン量の変化はK$^+$の増加分だけになるのである。

(3) 蒸散の意義の一つは，蒸散による浸透圧，吸水力の上昇が，植物体内での水の上昇の原動力になっていることである。根から入った水分が上昇し，気孔から出て行く過程で，植物はN, P, Kなどの栄養塩類を獲得できる。水分の上昇には，根圧（根が水を押し上げる力）や水の分子間凝集力（水分子間の引き合う力により，水柱が切れないこと）も関係している。

蒸散のもう一つの意義は，水は蒸発の際に周囲から熱を奪うため，蒸散を続けていることで，真夏でも極端な葉の温度上昇を避けられることである。

問3 (1) 物理的性質という表現から，「拡散しやすい気体である」ことに気づけば解答できる。赤く色づいたリンゴと未熟なバナナをビニール袋の中に入れておくと，バナナが速やかに熟してしまうような現象である。

(2) 植物は動物のような特定の病原菌をターゲットとした免疫機構でなく，感染した部分を切り捨てることで個体を維持している。簡単に体の一部を捨て去ることができるのは，植物の防御上の強みといえよう。

(3) 麦踏みは霜柱によって根が浮き上がるのを防ぐ目的と考えられていたが，実際の効果はエチレンの作用を利用して太くしっかりした根をつくることだったのである。その結果，株全体が強固になり，多くの収穫が期待できる。

◆ 解答 ◆

問1 (1) ア－先端　イ－反対　ウ－高　エ－低　オ－反対　カ－同じ
　　(2) (ア) 極性移動　(イ) PINが輸送される側の細胞膜に局在する。
　　(3) 根では茎よりも低いオーキシン濃度でエチレン遺伝子の発現が促進される。
　　(4) 茎から根の髄を通って根冠に輸送されてきたオーキシンが根冠で重力方向に移動し，茎の方向へと輸送される。
問2 (1) K$^+$の流入によって孔辺細胞の吸水力が上昇して水が流入すると，孔辺細胞の細胞壁は気孔と反対側が薄いため，膨圧によって気孔と反対側の細胞壁が著しく伸ばされ，気孔に面した側の細胞壁も外へとそり返り，気孔が開く。
　　(2) ア－能動　イ－外　ウ－低
　　(3) 1．根からの水分の上昇を促進し，無機塩類の吸収を高める。
　　　　2．葉の温度の極端な上昇を防ぐ。
問3 (1) 気体のため速やかに拡散し，植物体全体の抵抗性を高めることができる。
　　(2) 感染した細胞の中に病原体を閉じ込め，病原体が全身に広がることを防ぐ。
　　(3) 伸長方向の成長を抑制し，肥大させる方向の成長を促進する。

20 次の文を読み，下記の問いに答えよ。

母豚が三匹の子を産みました。

一番目の豚が歩いていると，向こうから藁の束を持った人が来ました。

「どうかその藁を下さいな。それで小屋を建てますから」

次の豚は木を持った人に出会いました。

「どうかその木を下さいな。それで小屋を建てますから」

三匹目の豚が歩いていると，一人の男が煉瓦をかついで来ました。

「どうかその煉瓦を下さいな。私の小屋を建てますから」

(ジェイコブス編『イギリス昔話集』)

　小屋を建てる過程は，生物が固有の体制を作り上げていく過程とよく似ている。パンドリナ，プレオドリナなどの場合，2^n個（$n=3〜7$）の細胞が集まっており，細胞間の結合は緩やかで，細胞分化は見られない。このような同じ細胞の集まった体制は　1　とよばれ，藁の小屋のようなものである。

　動物の体制は，木材の小屋のようなものである。木材がさまざまに加工，変形されて釘や金具で結び付けられているように，動物の体は細胞分化の進んださまざまな細胞からなり，接着に二価の陽イオンを必要とする　2　などの接着タンパク質によって互いに結び付けられ，特有の形態ができていく。

　植物の体制は，煉瓦作りの小屋に似ている。煉瓦がセメントなどで接着させられるように，植物細胞は　3　を主成分とする細胞壁が，　4　という物質によって互いに結び付けられている。そのため，植物の発生過程では，動物の発生過程のような細胞の移動や変形は不可能であり，煉瓦を積むように細胞が積み重ねられていく。

問1　文中の空欄　1　〜　4　に適する語を答えよ。

問2　次の文は，「煉瓦作りの小屋」に例えられる植物の発生過程について具体的に説明したものである。文中の空欄　ア　〜　ケ　に適する語を答えよ。

　　　被子植物の場合，花粉管は誘引物質を放出する　ア　に入り，花粉管内の核の一つは　イ　の2つの核と受精して核相　ウ　の胚乳の核になり，もう一つの核は卵細胞と受精し，核相$2n$の受精卵の核になる。受精卵はまず大小の細胞に分かれ，大きい細胞はそのまま一定の方向に分裂を繰り返し，　エ　となり，小さい細胞は分裂と分裂方向の変更を繰り返し，球状の　オ　となる。　オ　はやがて将来根となる　カ　，茎となる　キ　，無胚乳種子をつくる植物で発達する1〜2枚の　ク　，　ク　が2枚の植物では一対の　ク　の間の小さな突起状に見える　ケ　を備えた胚となる。

　　　完成した種子では，胚への栄養分の通路となっていた　エ　は一度も分裂の方向

20 参考書編 ⇨ p.86〜p.91

を変化させず，大きく成長することなく退化する。胚の形態は種によってさまざまであるが，胚において立体的な構造ができたのは，さまざまな方向に分裂が起こり，分裂によって生じた細胞が成長し，積み重なった結果である。

問3 次の文は，「木の小屋」に例えられる動物の発生過程について，ウニを例に説明したものである。

　　精子がウニの卵のゼリー層と接触すると，精子頭部の ア が突起状に変形する ア 反応が開始される。ア 突起は卵細胞膜と結合し，受精波とよばれる 1)電気刺激が卵全体に伝わる。精子進入点からの受精膜の浮上も開始される。卵内に入った精子頭部は180°回転し，精子の中心体からの紡錘糸を介して核の合体が起こる。核の合体後，直ちにDNA合成，2)卵割の過程に入る。

　　ウニの卵はまず2回の イ 割の後，赤道面付近で ウ 割が起こり，その後，動物半球での エ 割によって生じた中割球 オ 個と，植物半球での不均等な カ 割によって生じた大割球 キ 個と小割球 ク 個からなる 3)16細胞期を経て，受精膜が消失し，内部の ケ が滑らかな胞胚腔となる胞胚期に至る。胞胚期には，植物極付近からは コ が分離しており，原腸胚期では，植物極付近から原腸になる部分が胞胚腔の内部へと移動する サ が起こり，原腸の先端部からは シ が分離する。この結果，胚は外層をおおう ス ， コ や シ など，胞胚腔内に遊離した セ ，原腸を形成する ソ という3つの部分からなる体制ができる。このように，ウニの発生は，4)細胞の分離や，細胞の移動を伴って進行する。

(1) 文中の空欄 ア 〜 ソ に適する語を答えよ。

(2) 下線部1)の電気刺激を人工的に打ち消すと，卵内に2個以上の精子が進入する。受精膜との関係で，電気刺激の役割について1行で説明せよ。

(3) 下線部2)の卵割について。初期の卵割では，割球（細胞）数が 2^n 的に増加する現象が見られる。

　(ア) このように細胞数が増加する原因となる卵割の特徴を1行で説明せよ。

　(イ) 卵割が一般的な体細胞分裂と異なる(ア)以外の特徴を1行で説明せよ。

問4 問3の下線部3)の16細胞期とこの時期の割球について。16細胞期胚を赤道面で分離すると，動物半球（中割球）は細胞の移動や変形が見られない永久胞胚となる。しかし同時期の胚の小割球を接触させて培養すると，正常な形態の胚になる。

(1) 正常な形態になった胚において，永久胞胚ではできなかった部域が，中割球と移植した小割球のどちらに由来するかを確認する方法を1行で説明せよ。

(2) (1)の結果，骨片は小割球に由来するが，原腸は中割球に由来することが明らかになった。小割球の他の割球に対する作用について，1行で説明せよ。

問5 問3の下線部4)の細胞の分離について。細胞の接着や分離が起こる理由を，細胞分化と接着タンパク質に触れながら，2行以内で説明せよ。

79

解説

問1　**1**：細胞群体では細胞間の結び付きが弱く，細胞分化が見られない。パンドリナの細胞数は 8, 16, 32 程度で，プレオドリナの細胞数は 32, 64, 128 程度と細胞数が 2^n になっているのは卵割を連想させ，興味深い。(⇨ 参 p.62)

2：接着タンパク質にはさまざまな種類があるが，発生において特に重要なのは，カドヘリンとよばれる一群の接着タンパク質である。カドヘリンはカルシウムイオン Ca^{2+} のような二価の陽イオンを接着に必要とし，同種のカドヘリン同士が接着する。初期胚を培養液からの Ca^{2+} の除去によってバラバラにできるのは，Ca^{2+} を介した同種のカドヘリン間の結合が分離するためである。(⇨ 参 p.100)

3, **4**：植物の細胞壁の主成分はグルコースの重合分子であるセルロースであるが，ある種の糖が集まったペクチンという糊状の物質がセルロース繊維を結び付けている。ペクチンは細胞壁の内部や細胞壁の間に存在し，細胞を結び付けている。なお，「木材の小屋」の材料となる樹木の細胞壁には，セルロースとペクチンのほか，リグニンという物質が大量に含まれている。

問2　**ア**～**ケ**：被子植物の重複受精と胚発生の過程。(⇨ 参 p.70, 73)

問3　(1)　**ア**：先体反応は，精子と卵の特異的な結合に関係する重要な反応である。ウニの先体反応では，卵の周囲の物質の作用によって先体胞が破れ，先体が突起状に変形し，卵表面の種特異的な結合（先体表面のバインディンという物質と，卵表面の受容体の結合）が起こる。

イ～**ク**：ウニの発生過程に関しては，発生のしくみとの関係で特に 16 細胞期までの初期の卵割が話題になることが多い。まず，最初の 2 回の卵割は，動物極と植物極を通る緯割であるが，第三卵割は動物極と植物極の間，赤道面で起こる。第四卵割は，動物半球では均等な経割によって中割球が 8 個，植物半球では不均等な緯割が起こり，大割球と小割球が 4 個ずつできる。

ケ：卵割期における経割と緯割の繰り返しと割球にかかる水圧によって，割球は球に近い形になり，内部に卵割腔ができる。胞胚期になると卵割腔はほぼ滑らかな球となる。このような形の卵割腔が胞胚腔である。

コ～**ソ**：胞胚期には植物極付近で 16 細胞期の小割球に由来する細胞が分離して胞胚腔の中に入り，一次間充織となる。原腸胚期に至ると，陥入した原腸の先端から二次間充織が分離してくる。一次間充織，二次間充織は共に分離した細胞群，中胚葉である。原腸胚期には，胚の外側表面を覆い表皮などになる外胚葉，胚の内側表面を覆い消化管内壁などになる内胚葉，その間に存在し，骨格，筋肉など体の支持構造をつくる中胚葉という 3 つの部域が区別できるようになる。

(2)　卵細胞には中心体はなく，2 個以上の精子進入（多精）に伴う 2 個以上の中心体からの紡錘糸形成は異常発生につながる。受精膜は多精拒否と胚を保護する役割を

もつが，受精膜の形成には少し時間がかかるため，それまでの間，受精電位が多精拒否の役割を果たす。

(3) (ア) 根端分裂組織の細胞は細胞周期上のランダムな位置にあるが，卵割では，すべての細胞が細胞周期上の同じ位置にある同調分裂が起こる。卵割において割球数が $1 \to 2 \to 4 \cdots 2^n$ という形に増加するのは，同調分裂の結果である。

(イ) 卵割の核分裂は体細胞分裂であるが，細胞周期は通常の体細胞分裂とかなり異なる。G_1 期と G_2 期を欠き，S 期における DNA 合成と M 期における分裂を繰り返すため，分裂のたびに割球は小さくなり，細胞周期も短い。

問4 (1) フォークトが原基分布図を作成する際，中性赤，ナイル青などの無害で拡散性の低い色素を用い，胚の表面を染め分けたことを思い出す。(⇨ 参 p.92)

(2) 中割球は単独では永久胞胚化し，原腸は形成されないが，小割球との接触で原腸を形成するようになる。これは，小割球が他の部域にはたらきかけてその発生運命を変化させる能力をもつことを示しており，このような作用が誘導，このような作用を行う能力をもつ部位が形成体（オーガナイザー）である。

問5 問1 2 で解答したカドヘリンにはさまざまな種類があり，細胞の移動を伴う形態形成運動において重要な役割を果たしている。例えば両生類の神経胚期では，初期原腸胚の原口背唇の誘導を受けた外胚葉領域は神経管となり，表皮外胚葉から分離する。この際，神経管になる外胚葉では誘導の結果，表皮外胚葉とは別種のカドヘリン遺伝子が発現している。その結果，表皮になる外胚葉との接着性が低下し，神経管になる外胚葉が互いに接着して管状の構造体として分離し，神経管が形成される。

解答

問1　1－細胞群体　　2－カドヘリン　　3－セルロース　　4－ペクチン

問2　ア－助細胞　　イ－中央細胞　　ウ－$3n$　　エ－胚柄　　オ－胚球
　　　カ－幼根　　キ－胚軸　　ク－子葉　　ケ－幼芽

問3 (1) ア－先体　　イ－経　　ウ－緯　　エ－経　　オ－8　　カ－緯
　　　キ－4　　ク－4　　ケ－卵割腔　　コ－一次間充織　　サ－陥入
　　　シ－二次間充織　　ス－外胚葉　　セ－中胚葉　　ソ－内胚葉

(2) 受精膜が形成される前に2個以上の精子が卵に進入するのを防ぐ。

(3) (ア) 分裂が同調的に起こる。
　　(イ) 細胞が成長せずに短い周期で分裂を繰り返す。

問4 (1) 中割球と小割球を色の異なる生体染色液で染め分けて発生させる。
　　(2) 接触した割球を原腸に誘導する。

問5　細胞分化の結果，異なる接着タンパク質が発現した部位は互いに接着せず，分離しやすいが，同じ接着タンパク質をもつ部位同士は互いに接着するため。

21 高校生の忠君が友人に宛てたメールを読み，下記の問いに答えよ。

昨日，出産のために姉が里帰りしてきた。数ヶ月でおなかがこんなに変化するとは…。姉は胎児の超音波検査（エコー）の画像を見せてくれた。結構リアルなので驚いた…。

ところで，生物室の前の池に，オタマジャクシがうじゃうじゃ泳ぎ，いつの間にかカエルが鳴いている。卵を探してオタマジャクシになっていく様子を観察してみたくなった。生物の先生に相談したら，ヒキガエルの卵を見つけるのは春休み中がチャンスとのこと。休み中，もし暇だったら一緒にやらないか。

その後忠君はヒキガエルの卵を採集し，次第に頭と尾，平らな背中とふくらんだ腹という区別が生じるのを興味深く感じた。どこが頭になり，どこが尾になるか決まっているのだろうか。以下はその点に関する友人の説明である。

[説明文]
頭尾軸は受精前に決定しているが，背腹軸は受精時に決定される。精子進入後，胚表面が回転し，精子進入点の反対側の胚表面がずり上がり，周囲と色の異なる あ が出現する。原腸胚期になると，この位置の植物極寄りに溝状の ［ A ］ が形成され，頭尾軸に関して，［ A ］ 側が背，精子進入点側が腹という背腹軸が確認できる。

1920年頃，ドイツの ［ B ］ は，［ C ］ 期のイモリ胚の表面に「目印をつけて追跡する」という発想で忠君と同じ疑問に答えようとした。彼は い という方法で う 図を作成した。同じ時代・同じドイツで，［ D ］ たちも，胚の色が異なる2種類の原腸胚初期のイモリ胚を用いて，交換移植実験に取り組んでいた。「ある領域」を別の胚の腹側領域に移植すると興味深い結果が得られることを発見し，「ある領域」のはたらきは え ，そのはたらきを行う部域は ［ E ］ と名付けられた。

問1　 あ ～ え に適語を補い，［ A ］ ～ ［ E ］ に適する語を語群から選べ。
　　［語群］
　　ア　動原体　　イ　卵割腔　　ウ　初期原腸胚　　エ　肛門　　オ　初期神経胚
　　カ　フォークト　キ　脊索　　ク　ヘッケル　　ケ　後期原腸胚　コ　原口
　　サ　原口背唇　シ　モーガン　ス　形成体　　セ　シュペーマン

問2　右の図は，［ B ］ が い によって作成した う 図である。
　(1)　図のア～カは何の予定域か。
　(2)　 い で用いる薬品の名称を2つ選べ。
　　(ア)　酢酸カーミン　　(イ)　塩酸
　　(ウ)　中性赤　　　　　(エ)　カルノア液
　　(オ)　ナイル青

問3　［ D ］ たちは同時期の胚の予定表皮域と予定神経域の交換移植実験も行い，あ

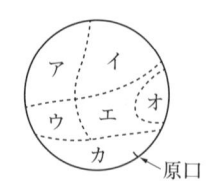

る時期の胚では「A：移植片は移植片がもとあった領域の組織になる」，別の時期の胚では「B：移植片は移植された領域の組織になる」という結果を得た。次のそれぞれの時期に得られると考えられる結果はA，Bのどちらか答えよ。
　(1)　胞胚　　(2)　初期原腸胚　　(3)　初期神経胚　　(4)　後期神経胚

問4　［説明文］中の「ある領域」について。
(1)　この領域は，発生と共に移動する。次の(ア)，(イ)の時期にはどの領域に存在するか。(ア)は部域の名称，(イ)はその部域の位置を短文で説明せよ。
　　(ア)　初期原腸胚　　(イ)　初期神経胚
(2)　移植によって得られた興味深い結果とはどのような結果か。1行で説明せよ。
(3)　この領域と同じ胚葉由来の成体の組織または器官を下記の中からすべて選べ。
　　ア　脳　　イ　肝臓　　ウ　心臓　　エ　水晶体　　オ　甲状腺　　カ　骨格筋
　　キ　腎臓　　ク　脊椎骨

問5　「ある領域」と同様のはたらきは，発生途上さまざまな場面で確認される。右の図は，イモリの眼の形成過程の最初の段階（A）と最後の段階（B）を示した断面図である。
(1)　図Bのaとbが形成される過程とそのしくみについて，それぞれ1行で説明せよ。
(2)　イモリの成体の表皮を切開して水晶体を摘出すると，約1ヶ月で水晶体が再生する。この過程において，摘出後約10日で水晶体を取り巻く虹彩の上側の色素上皮細胞が増殖しつつ黒い色素を失った。その細胞増殖に伴い，虹彩内部の腔所は狭まり，代わって水晶体繊維が充実していった。図の正常発生における水晶体の形成過程と，上記の摘出に伴う水晶体の再生の過程を踏まえて，次の文中の下線部ア）～ウ）から誤っているものを1つ選び，正しい内容に修正せよ。

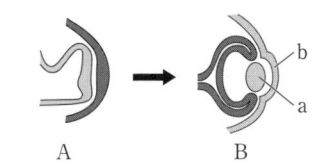

　　正常発生の場合と異なり，一旦虹彩に分化した細胞が水晶体の欠損をきっかけに水晶体の細胞に転換することで水晶体が再生しているように見える。ヒトでは分化転換という方法で水晶体が_{ア）}再生することはないが，ヒトの成人の体内にも_{イ）}あらゆる細胞に分化できるさまざまな種類の幹細胞があり，新たな細胞の供給を担っている。小腸上皮細胞は幹細胞によって絶えず供給されている細胞の一例と_{ウ）}いえる。

問6　哺乳類では，胞胚に相当する時期に子宮壁に着床し，胎盤が形成される。
(1)　哺乳類において，胞胚に相当する胚は特に何とよばれるか。
(2)　この時期の胚における次の部位の名称を答えよ。
　　(ア)　胎児の体をつくる部位　　(イ)　胎盤を形成する部位
(3)　(2)の(ア)，(イ)のうち，ES細胞が得られるのはどちらか。

> ◆解説

問1 あ ，[A]：両生類の体軸を考える際，原基分布図をもとに考えると理解しやすい。右側に原口背唇を描いた左半球の図において，真上に描く動物極は極体放出の位置であり，ここが神経管の先端で頭になるので，頭尾軸は受精前に決定している。
　背腹軸は精子進入と共に決定される。精子進入点の反対側に灰色三日月が形成され，この付近が初期原腸胚の原口背唇となる。球面上のどの位置が原基分布図における右側になるか，この時点で決定されるわけである。原基分布図の右側に神経管，脊索，背骨などの背側構造ができ，図の右側が背側，左側が腹側である。

問1 い ， う ，[B]，[C]，問2：フォークトが原基分布図の作成に用いた方法は局所生体染色法とよばれ，無害で拡散性の低い色素を胚の表面に点々と置き，色素の移動を追跡する方法である。酢酸カーミン液のような固定作用がある色素液は，発生を停止させてしまうため，利用できない。なお，[C]の原基分布図の作成時期は，選択肢にあれば胞胚期でもよいが，どの位置で陥入が起こるかは，原腸胚期に入った直後，実際に陥入が起こり始めた初期原腸胚期に確認できる。

問1 え ，[D]，問3：交換移植実験により，初期原腸胚の時点では外胚葉の発生運命が未決定であり，移植片は移植された場所の発生運命に従うことが明らかになった。後期原腸胚期に決定が進んでおり，初期神経胚の時点では移植片の発生運命はすでに決定しているため，交換移植を行うと，移植片は元々の発生運命に従う。外胚葉が表皮，神経のどちらになるかは，初期原腸胚と初期神経胚の間，後期原腸胚頃に決定されており，問3では(1)と(2)はB，(3)と(4)はAとなる。

問4 (1) シュペーマンの実験のうち，交換移植実験は発生運命の決定時期を調べるための実験であるが，初期原腸胚から取り出した原口背唇を同時期の胚に移植する実験は，決定のしくみを知るための実験である。初期原腸胚の原口背唇を移植した理由に関係するのが(イ)の答えとなる事実である。(ア)初期原腸胚の時点で原口背唇にあった部域は，(イ)初期神経胚になると陥入の結果予定神経域を裏打ちする位置に移動する。この部域と接触した外胚葉が神経管になり，接触しなかった外胚葉が表皮になると推定されるため，初期原腸胚の原口背唇の作用が疑われたのである。

(2) 交換移植実験の結果を踏まえ，初期原腸胚の原口背唇を移植したところ，移植片を中心に二次胚が形成され，形成体による誘導という概念が確立した。

(3) 解答として選ばなかったものの発生起源は次のとおり。
　　　ア－予定神経外胚葉　イ－内胚葉　エ－予定表皮外胚葉　オ－内胚葉
　なお，解答として選んだものは，中胚葉の特に次の部域に由来する。
　　　ウ－側板　カ－体節　キ－側板から派生する腎節　ク－体節

問5 (1) Aでは眼胞が表皮と接触し，表皮が膨らみ始めている。Bはほぼ眼の概形が完成している。この間に，眼杯の形成とその誘導による水晶体の形成，そして，水

21 　参考書編 ⇨ p.92〜p.95

晶体の誘導による角膜の形成が起こる。
(2) イ) 動物にも盛んに分裂する細胞は存在するが，それらの細胞はあらゆる種類の細胞に分化できるものではなく，造血幹細胞は血液の有形成分のどれかになるなど，分化の方向が決定した状態で盛んに分裂している。

　ヨーロッパではイモリを用いて器官誘導や水晶体再生に関する重要な実験が行われてきたが，今日では野外に生息するイモリの個体数が著しく減っており，生物資源の保護の観点から，積極的に実験に使用できる状況にない。イモリの水晶体の再生実験は18世紀末ごろから行われていたが，自然界でもイモリは寄生虫などによって水晶体を失うことがあり，冬眠している間に再生しているらしい。

　カエルも最近では好適な生息環境の減少やツボカビによる寄生の影響などで減少しつつある。今日発生の実験によく用いられるアフリカツメガエルはアフリカ原産で，日本では研究用に養殖されている。このカエルは両生類ながら一生水中生活するので，ヒキガエルやトノサマガエルなどと比べて実験室での飼育・管理が容易である。生殖腺刺激ホルモンを注射することでいつでも産卵を促すことができるのも，発生過程の観察や実験に都合がよい。胚はヒキガエルやトノサマガエル同様大型であり，胚への外科的な手術なども行いやすい。

問6　胞胚期に相当する哺乳類の胚盤胞の内部細胞塊に由来するES細胞は，移植に代わる医療への利用も意図して研究されてきたが，倫理上の問題が解決できず，移植への利用という面では，ES細胞に代わり，遺伝子の導入によってヒトの細胞に多分化能を与えた細胞であるiPS細胞が研究されている。iPS細胞の分化を自由に制御し，目的の組織・器官に分化させるには，まだ課題も多い。

◆解答

問1　あ－灰色三日月　　い－局所生体染色法　　う－原基分布　　え－誘導
　　　A－コ　　B－カ　　C－ウ　　D－セ　　E－ス
問2　(1)　ア－表皮　イ－神経　ウ－側板　エ－体節　オ－脊索　カ－内胚葉
　　　(2)　(ウ), (オ)
問3　(1)　B　　(2)　B　　(3)　A　　(4)　A
問4　(1)　(ア)　原口背唇　　(イ)　予定神経域の内側
　　　(2)　移植片を中心に二次胚が形成された。　　(3)　ウ, カ, キ, ク
問5　(1)　a．眼胞の中央部がくぼんだ眼杯の誘導を受け，表皮が水晶体となる。
　　　　　b．水晶体と接触した部域の表皮が水晶体の誘導を受けて角膜に変化する。
　　　(2)　イ)　限られた種類の細胞のみに分化できる
問6　(1)　胚盤胞　　(2)　(ア)　内部細胞塊　　(イ)　栄養芽層（栄養外胚葉）
　　　(3)　(ア)

22 次の文は，『堤中納言物語』の一部を口語訳したものである。この文に関する下記の問いに答えよ。

　蝶を愛でる姫君が住んでいらっしゃるご近所に，按察使の大納言の姫君のお屋敷がある。大納言の姫君は，「人々が花や蝶を愛でるのは，つまらなくおかしなことです。人には誠実な心があります。本来の姿を追求することこそ，正しいこころがけだと言えるのです」とおっしゃり，いろいろな虫の恐ろしげなのを採集して集め，「これが育ってゆく姿を観察しましょう」とおっしゃる。
(『堤中納言物語』)

　藤原宗輔（1077〜1162）の娘がモデルとされる大納言の姫君は，日本の物語史上最初に登場した生物学研究者である。観察を重視し，物事の本来の姿を追求する精神は，近代的な科学にも通じる部分がある。しかし，観察だけでは，しくみの解明は難しい。姫君の観察から900年近い年を経て，姫君がお好きであったチョウの幼虫ではなく，1)ショウジョウバエが主な研究材料となったのはやや残念であるが，実験の積み重ねにより，発生のしくみの全容が解き明かされつつある。
　発生の最初の段階で重要な役割を果たすのは，2)母性因子とよばれる卵内の細胞質因子である。母性因子とは，卵形成段階で卵内に蓄積されるタンパク質やRNAの総称で，ビコイドという遺伝子の ア 産物であるmRNAは，卵の前方に局在している。受精が起こると，ビコイドmRNAの イ が開始され，合成されたビコイドタンパク質の卵内での ウ により，前方ほど高濃度になる濃度勾配が形成される。他の物質の卵内の濃度勾配も作用し，部域ごとに特徴的な核内遺伝子の発現が起こり，新たな物質の合成と，その濃度勾配の形成が起こる。これらの物質は連鎖的に別の遺伝子の発現に影響を与え，ギャップ遺伝子をはじめとする分節遺伝子のはたらきにより，頭部，胸部，腹部と，それらの体節構造が形成される。そして，ついには3)各体節に特有の構造が形成されるに至る。

問1　文中の空欄 ア 〜 ウ に適する語を答えよ。
問2　下線部1)のショウジョウバエの遺伝と細胞分化について。
　(1)　ショウジョウバエは古くから遺伝の研究材料として用いられ，遺伝子が染色体上に並んでいることの証明も，ショウジョウバエを用いた研究によって行われた。
　　(ア)　この証明に重要な役割を果たした研究者の名前を答えよ。
　　(イ)　(ア)の研究者が詳しく研究し，遺伝子が染色体上に存在することを示唆する遺伝様式を2つ答えよ。
　(2)　ショウジョウバエの幼虫の唾液腺やマルピーギ管の細胞に存在する巨大染色体には，DNAがほどけたように見えるパフとよばれる部域が存在し，パフの位置は，時期により，また，同時期でも別の器官の細胞では違いがある。さらに，パフの位置は，幼虫の脱皮や変態に影響を与えるホルモンであるエクジステロイド（化

学的には，ステロイドとよばれる脂質）を注射することで変化する。

(ア) パフは遺伝子が発現している位置に相当すると考えられる。このことを放射性同位元素を含む物質を用いて確認する方法としては，どのような方法があるか。2行以内で説明せよ。

(イ) ある遺伝子の発現をエクジステロイドが促進する場合，どのようなしくみが考えられるか。「エクジステロイド，受容体」の語を用い，エクジステロイドの化学的特徴を踏まえ，2行以内で説明せよ。

(ウ) 細胞分化には，遺伝子発現の促進以外の面もある。このことを示す例として，ツメガエルやヒツジなどで成功している核移植実験の場合，分化の進んだ細胞の核を用いると，クローンの作出が成功しにくいことが挙げられる。このことと関連が深い事実として，DNAの塩基シトシンにメチル基が結合するメチル化修飾という現象がある。メチル化が起こった遺伝子は，転写されにくくなり，メチル化の起こる位置は細胞分裂が起こっても維持されるが，がん細胞では，メチル化修飾が失われている場合が多い。これらの事実をもとに，メチル化修飾が細胞分化に与える影響について2行以内で考察せよ。

問3　下線部2)の母性因子について。モノアラガイの貝の巻き方は，卵割期における卵割の方向によって決定されるが，遺伝的には受精卵の核の遺伝子型でなく，母親の遺伝子型に基づいて決定される。貝の巻き方が母親の遺伝子型によって決定される原因について，母性因子の語を用い，発生過程における遺伝子発現の一般的特徴を踏まえて3行程度で説明せよ。

問4　下線部3)について。この過程で発現する遺伝子が変化すると，本来翅の生えない位置に翅が生えるような変異が生じる。このような変異をあらわす語を答えよ。

問5　a)ショウジョウバエの初期発生と似たしくみによる形態形成は，アフリカツメガエルなどの脊椎動物でも重要な役割を果たしている。たとえば，胞胚期において胞胚腔の上を覆うドーム状の細胞層（アニマルキャップ）は，単独で培養すると エ になるが，アニマルキャップを切りだし，内胚葉と結合させた状態で培養すると中胚葉ができる。一般に，内胚葉は オ を多く含むために卵割が起こりにくいが，内胚葉におけるさまざまな物質の分布は一様ではなく，たとえば，b)将来原口背唇になる位置の直下に高濃度で存在し，将来側板になる位置の直下では低濃度で存在する遺伝子産物などが知られている。

(1) 文中の空欄 エ ， オ に適する語を答えよ。

(2) アニマルキャップの細胞は，ES細胞やiPS細胞と似た特徴を備えていると考えられる。この特徴をあらわす語を答えよ。

(3) 下線部b)の物質（物質Aとする）が体軸の形成や器官形成に重要な役割を果たしていると仮定して，下線部a)のように言える理由を3行以内で説明せよ。

> 解説

問1 ［ア］，［イ］：遺伝子発現の基本に関する復習。（⇨参 p.48）

［ウ］：昆虫の卵割様式は表割とよばれ，まず，卵の内部で核分裂が進行し，その後，核が表面に移動して細胞質分裂が起こる。胞胚期まで多核体なので，その間細胞内に細胞膜の仕切りが存在せず，物質の拡散と濃度勾配の形成に基づく形態形成が起こりやすい。（⇨参 p.86）

問2 (1) 遺伝子が染色体に一列に並んでいることを示したモーガンの業績と，その根拠になった遺伝現象を思い出す。（⇨参 p.40）

(2) (ア) 通常の細胞では，DNAの複製が起こると，その後細胞質分裂が起こり，DNAが分裂によって生じた細胞に分配されるが，巨大染色体は10回程度DNAの複製を繰り返した染色体であり，しかも，間期の体細胞でありながら明瞭な二価染色体として存在する。塩基性色素で染まりやすい一定の配列の横縞が存在し，染色体突然変異が起こると，横縞の位置や数が変化する。

パフとは，巨大染色体においてほどけたように見える膨大部のことであり，パフの位置の遺伝子が発現していることを示すということは，RNA合成が行われていることを示すということである。目印の付いたRNA合成材料を与え，パフの位置に集まることを確認すればよい。

チミジンはチミン＋デオキシリボース，ウリジンは，ウラシル＋リボースで，それぞれDNA，RNA合成の材料となる。RNA合成が起こっている部位は ^{3}H ウリジンで確認できるが，細胞周期の中でDNA合成が起こっているS期の細胞を標識するためには，^{3}H（放射性）チミジンを与えればよい。

(イ) エクジステロイドが脂質，すなわち細胞膜を透過する物質であることを踏まえて解答する。タンパク質ホルモンの受容体が細胞表面に存在するのと異なり，ステロイドホルモンの受容体は細胞内に存在する。したがって，細胞内受容体に結合してDNAの転写調節領域に結合する転写促進因子として機能することでパフの位置が変化すると推理できればよい。（⇨参 p.56）

(ウ) 核移植実験の成功は，核の等価性の原理，すなわち，分化の進んだ細胞の核でも，全身をつくるのに必要なゲノムセットが保持されていることを示している。ここで問題になっているのは，「分化の進んだ細胞から取り出した核を使うと，実験が成功しない率が高まるのはなぜか」ということである。その点を説明するのが，ここで取り上げたシトシンのメチル化修飾である。問題文に説明されているように，シトシンをメチル化しても塩基対の形成には影響しないが，転写されにくくなる。さらにメチル化修飾が外れることが，がん化に関係していることも説明されている。がん化とは，細胞が未分化状態に戻り，無制限に増殖することであり，脱メチル化→脱分化，したがって，メチル化→分化状態の維持という対比に気が

付けば正解である。

　哺乳類の場合，メチル化が盛んに起こり，容易に読み出せなくなっている遺伝子が多い。そのことが，両生類で比較的容易であったクローンの作出が，哺乳類では困難だった理由の一つである。

問3　初期発生は，卵形成段階で合成された母性因子の影響下で進行する。貝の巻き方は卵割軸によって決定され，卵割期では受精卵由来の核の遺伝子は発現しておらず，貝の巻き方を支配する遺伝子型は，雌親の体細胞のものと一致する。

問4　各体節の特徴が現れる過程で発現する遺伝子に突然変異が起こると，本来のものとは別の体節に翅が生えるようなホメオティック突然変異体になる。

問5　(1)　アニマルキャップは外胚葉予定域の動物極付近，内胚葉は卵黄の多い植物極付近に由来する。

(2)　外胚葉だけでなく，中胚葉にも分化可能なため，ES細胞やiPS細胞と同様，多分化能があるといえる。しかし，分化全能性までは確認されていない。

(3)　問題文に説明されているショウジョウバエの形態形成と，アフリカツメガエルの形態形成を対比させて表現する。なお，ここで題材となっている「物質A」は受精に伴う表層回転の結果，発現するようになった遺伝子産物である。

解答

問1　ア－転写　　イ－翻訳　　ウ－拡散

問2　(1)　(ア)　モーガン　　(イ)　連鎖，伴性遺伝

(2)　(ア)　^3Hウリジン（放射性のRNA合成材料）を与えると，パフの位置に放射能が検出されるようになる。

(イ)　エクジステロイドは細胞内の受容体と結合して転写促進因子となり，特定の遺伝子の転写調節領域に結合し，その発現を促進する。

(ウ)　分化した細胞に作用し，その組織では不要な遺伝子の発現を抑制し，分化した状態を維持させる。

問3　卵割期には，まだ受精卵の核の遺伝子は発現しておらず，減数分裂完了前に合成された母性因子の作用で発生が進行する。したがって，卵割の方向によって決定される貝の巻き方も，母親の遺伝子型によって決定される。

問4　ホメオティック突然変異

問5　(1)　エ－表皮　　オ－卵黄　　(2)　多分化能（多能性）

(3)　物質Aは背側に多く腹側に少ない濃度勾配を形成しており，この濃度勾配が背腹の方向を決定しているとすると，ショウジョウバエの発生過程でビコイドなどの物質の濃度勾配によって前後の方向が決定されているのと同じしくみと考えられるから。

23 次の文を読み，下記の問いに答えよ。

ポーシア　その商人の肉1ポンドはその方のものだ。法廷がこれを認め，国法がこれを許し，法廷がこれをあたえる。

シャイロック　いや，実に公平な判事様だて！

ポーシア　よってその方は肉片を彼の胸より切り取らねばならぬ。

シャイロック　いや，どうも学のあるお方！判決だ，さあ。覚悟しろ！

ポーシア　ちょっと待て，まだあとがある。この証文によれば，その方には血は一滴も与えておらぬが，それでよいか。文面にははっきりこう書いてある。「肉1ポンド」とな。証文通りやるのだ。肉1ポンドだけは取るがよい。だが，よいか。切り取る際にもし血を一滴たりとも流した場合は，その方の土地，財産，ことごとくベニスの国法に従って没収するが，それでよいか？

シャイロック　それが法律でございますか？

ポーシア　何をぐずぐずしておる。科料をとらぬのか？

シャイロック　元金だけ頂戴致しまして，引き取らせていただきます。

ポーシア　科料以外は，一切ならん。それもその方，命がけだが，よいか。

（シェイクスピア『ヴェニスの商人』，中野好夫訳）

　シャイロックが諦めたように，(A)血液の流出を引き起こすことなく，筋肉を取り出すことは不可能である。その理由を生物学的に考えてみよう。

　胸部の筋肉を取り出すためには，皮膚に刃を入れる必要がある。皮膚には最外層の角質層から順に，(B)表皮，　ア　があり，　ア　には，血管が密に分布するほか，(d)皮脂腺，(b)感覚神経，(c)汗腺，(d)毛とその運動に関係する　イ　などが存在する。その内側には(e)脂肪組織などの皮下組織があり，(f)肋骨周辺の(g)肋間筋などは，その内側にある。

　脊椎動物は閉鎖血管系をもつため，　1　。筋肉を切り取る際に血液が流れるのは，刃が筋肉にたどり着く前に皮膚の血管を切断せざるを得ないためである。

　シャイロックが突き付けられた難題は，生物学者が直面する問題でもある。ある器官のはたらきを知るためには，その器官のみを取り除いてみたい。しかし，血を流したり，他の組織を傷つけずに器官を取り出すことはできない。そこで生物学者は，判事ポーシアの判決に従う代わりに，2)「ある実験」を設定するのである。

問1　文中の空欄　ア　，　イ　に適する語を答えよ。

問2　動物の組織は4つに区分される。文中下線部(A)，(B)が属する組織の名称を答え，同じ組織に属するものを(a)〜(g)からすべて選べ。

問3　動物の器官はさまざまな形やはたらきの細胞の集まりであり，さまざまな形は細胞内の細胞骨格とよばれる繊維構造の存在によってつくられており，細胞の集合は，

細胞同士のさまざまな方法での接着によってつくられる。図1は小腸上皮細胞内に存在する細胞骨格，図2は細胞間の接着に関与する物質を表現したものである。

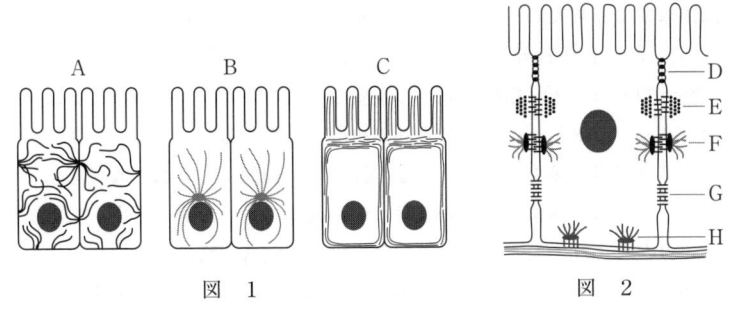

図 1

図 2

(1) 図1のA～Cの細胞骨格は，次の(ア)～(ウ)のいずれかの分布を示したものである。A～Cに該当する細胞骨格を(ア)～(ウ)から1つずつ選べ。

　(ア) アクチンフィラメント：球状タンパク質アクチンが多数集合した細い繊維で，動物細胞の細胞質分裂の際，分裂面に集まる収縮環の形成，仮足の形成，原形質流動などに関係する。

　(イ) 中間径フィラメント：神経細胞のニューロフィラメント，上皮細胞のケラチンフィラメントなど，各種の繊維状タンパク質からなり，ケラチンフィラメントはデスモソームやヘミデスモソームなどと結合している。

　(ウ) 微小管：球状タンパク質チューブリンの重合分子であり，鞭毛・繊毛の形成や核分裂時の紡錘体の形成に関係する。

(2) 図2のD～Hは，細胞間の接着に関係する分子の種類を示したものであり，次の(ア)～(オ)はそれらの名称またはその説明である。D～Hに該当する接着構造を(ア)～(オ)から1つずつ選び，記号で答えよ。

　(ア) デスモソーム

　(イ) ヘミデスモソーム

　(ウ) カドヘリンによる接着結合

　(エ) 管状の膜貫通タンパク質を介して細胞間の物質輸送に関係するギャップ結合

　(オ) 物質の移動を妨げるため，多数のタンパク質が並んだ密着結合

問4　下記の語を用い，文中の空欄　1　に当てはまる文を1行で答えよ。
　　　　動脈　毛細血管　血液

問5　下線部2)について。

　(1) 「ある実験」をあらわす用語を答えよ。

　(2) 動物の体内の「ある器官」を除去してそのはたらきを調べる場合，どのような処置を行った実験が「ある実験」となるか。実験手順について2行以内で説明せよ。

◆解説◆

問1　ア：真皮は表皮を裏打ちして支える役割をもつ結合組織であり，中胚葉の体節に由来する。真皮の中に埋め込まれるように，各種の組織が存在する。

イ：立毛筋は自律神経の支配下にある平滑筋の束であり，全身を体毛に覆われている哺乳類では，体温維持において重要な役割を果たす。寒冷条件では交感神経の指令によって収縮し，体表からの熱の放散を抑制する。（⇨ 参 p.152）

問2　(A)　結合組織は多くの場合，異なる性質の組織間に存在し，両者を結び付ける役割を担っている。繊維性結合組織のほか，軟骨，骨，皮膚の真皮，脂肪組織などの皮下組織が含まれ，血液も結合組織に属する。結合組織は基本細胞のほかに多量の細胞間物質を含み，血液の場合，血球が基本細胞，血しょうが細胞間物質である。発生的には，すべて中胚葉起源である。（⇨ 参 p.126）

(B)　上皮組織は各器官の内外の表面をおおう組織である。表皮のような保護上皮が代表的であり，爪や毛もその変形したものである。物質を分泌する腺上皮（分泌上皮），刺激を受容する感覚上皮，小腸柔突起（柔毛）などに存在する吸収上皮，生殖上皮など，さまざまな役割の組織があり，発生的起源を見ても，表皮などの外胚葉性上皮，消化管上皮などの内胚葉性上皮，腸間膜などの中胚葉性上皮がある。なお，解答として選ばなかった組織については，(b)は神経組織，(g)は筋組織に属する。

問3　(1)　図1について。Aは隣り合う細胞の間で両方向から伸びていること，消化管の反対側の基底膜側にも伸びていることに注目する。これらがFのデスモソーム，Hのヘミデスモソームと A の中間径フィラメントが結合している様子であろうと気づけば，Aと共に図2のF，Hも同時に解決できる。

Bは核の近くにある中心体から伸びている。中心体は紡錘糸形成の起点となり，紡錘糸はチューブリンが集まった構造なので，Bは(ウ)の微小管。

最後にCであるが，収縮環の形成，原形質流動など，細胞表面の運動や物質輸送に重要な関係があることが説明されており，細胞表面に分布している図と矛盾しない。したがって，Cは(ア)のアクチンフィラメント。

Cの図に関しては，小腸上皮の消化管に面する側の細かい突起（微柔毛）の中にアクチンフィラメントが入り込んでいることに注目したい。鞭毛・繊毛などの構造には微小管が関係するが，細胞内の細かい形態的特徴にはアクチンフィラメントが重要な役割を果たしている。

(2)　図2について。F，H以外の接着タンパク質に関しては，選択肢の説明が手がかりになる。物質の移動を妨げる密着結合は，最も物質が侵入しやすい消化管に近い場所にあってこそ有効に機能するはずであり，Dは(オ)の密着結合。

Eは両方の細胞から伸びている線が接している形で表現されており，Gは隣り合う細胞の間をつなぐ細い管の形で表現されていることに注目する。Eは二価イオン

を介して接着する(ウ)のカドヘリンによる接着結合，Gは細胞間の物質輸送に関与する(エ)のギャップ結合。

問4　軟体動物（頭足類を除く），節足動物などは動脈から出た血液が組織間を流れ，静脈に戻る血管系である開放血管系をもつ。環形動物や脊椎動物の閉鎖血管系では，動脈から出た血液が毛細血管を経て静脈に戻るため，血液は血管から出ない。脊椎動物の場合，血管から浸み出した血しょう成分は組織間を流れる組織液となる。組織液のかなりの部分は再び毛細血管に回収されるが，一部はリンパ管に入り，リンパ液となる。リンパ液は静脈を経て血液に戻る。（⇨参 p.126）

問5　(1)　対象に対して何らかの実験を行う場合，目的以外の処置も行わざるを得ないことが多い。そのため，目的以外の処置が結果に影響を与えないことを証明する必要がある。このような目的で設定する実験が対照実験である。

(2)　ある器官Aのはたらきを，器官Aを除去することで調べる場合，対照実験は何もしていない実験ではなく，偽手術を行った実験である。器官Aを除去するという目的を達成する前に，手術台に載せ，麻酔をかける，器官Aに至る途中の皮膚や筋肉その他の組織を傷つけ，血管も傷つけるなど，目的以外の処置も行っており，それらが処置を行った個体に何の影響も与えないとは言い切れない。器官Aの切除を行わないこと以外，麻酔をかける，皮膚や筋肉を切断するなど，目的以外の処置だけを行う手術が偽手術である。目的以外の処置だけを行った個体と，器官Aを除去する手術を行った個体の結果を比較することにより，器官Aの有無の影響が確認できる。

目的の処理を行った実験（処理実験）と対照実験の関係は，両者を連立方程式と見立て，処理実験から対照実験を引くと，目的の処理のみが残るというような関係と考えればよい。たとえば，ある物質Bを注射して効果を確認する場合，物質Bを含まない生理食塩水を注射することが対照実験となる。

解答

問1　ア－真皮　　イ－立毛筋

問2　(A)　結合組織－(e)，(f)
　　　(B)　上皮組織－(a)，(c)，(d)

問3　(1)　A－(イ)　　B－(ウ)　　C－(ア)
　　　(2)　D－(オ)　　E－(ウ)　　F－(ア)　　G－(エ)　　H－(イ)

問4　動脈と静脈が毛細血管によってつながっており，血液は血管から出ない。

問5　(1)　対照実験
　　　(2)　麻酔，皮膚や筋肉の切断など，全く同じ処置を行った後，器官の切除をせずに傷口をふさぐ。

24 次の文を読み，下記の問いに答えよ。

「ロゴージン！ナスターシャ・フィリッポヴナはどこにいるんだい？」と不意に公爵はささやくと，1)手足をぶるぶると震わせながら立ち上がった。ロゴージンも立ち上がった。「あそこにいるよ」と彼は，カーテンの方を顎でしゃくってささやいた。

「見ろよ」とロゴージンはつぶやいた。

「なんだかかすかに見えるよ……寝台だね」

「もっとそばに寄るんだよ」と静かにロゴージンはすすめた。

2)公爵は足を進めて，一歩，また一歩とさらにそばに寄って行った，そして歩みをとどめた。彼は立ったまま一二分の間じっと目を凝らして見詰めていた。その間ずっと二人とも，寝台のそばに立ったままひとことも口をきかなかった。公爵の3)心臓は激しく打ち，その鼓動が部屋の中で，この部屋の死のような沈黙の中で聞き取れるのではないかと思われるほどであった。だが，4)彼の目はもうすっかり闇になれて，寝台がすっかり見分けられるようになってきた。その上で誰かが，全く身動きもせずにぐっすりと眠っていた。

あたりには乱雑に，寝台の上や，足もとや，寝台のすぐそばの肘掛け椅子や，床の上にさえも，脱ぎ捨てられた衣裳が，豪華な白い絹の服や，花やリボンなどが散らばっていた。

（ドストエフスキー『白痴』，小沼文彦訳）

問1　下線部1)について。公爵の手足の震えは寒さによるものではなく，ある種の持病に起因するものである。この症状は，大脳皮質の脳の特定の部位におけるニューロンの興奮の反復によって発生する。この発作が始まった原因は不明であるが，「ただならぬ事態」が起こっている可能性を感じ取り，ある種の緊張・興奮状態になったことが，発作を誘発する原因の一部となっている可能性がある。

(1) 文中の空欄を補充し，この症状に関する説明文を完成させよ。

［説明文］

　　通常，受容器からの興奮は， ア 神経を通じて大脳などの イ 神経に伝えられ，その処理・統合を経て ウ 神経， エ 神経などの オ 神経を介して筋肉や物質を分泌する カ などの効果器に伝えられる。随意運動は， ウ 神経を介した筋肉への指令によって生じる。しかし，正常な情報伝達によらない病的な現象として，不随意的な筋肉運動が生じる場合もある。

(2) この症状の重篤なものに筋肉の強い硬直がある。震えと硬直の関係について，2行以内で説明せよ。

(3) 神経細胞の電気的興奮について，細胞膜に存在するイオンチャネルのはたらきと，その結果生じる電位変化に触れながら，2行以内で説明せよ。

(4) (3)の電気的興奮が軸索を伝わるしくみについて，2行以内で説明せよ。ただし，

有髄神経であることは考慮せずに説明すること。

問2　下線部2)について。右の図1は，ヒトの両眼とそこに連絡する視神経の関係を示したものである。公爵が寝台の一点を正面で見つめながら，その位置に向かって近づいていたとして，右眼の断面をより詳しく表現した図2も参考にしながら，下記の問いに答えよ。

(1)　公爵が寝台から十分離れていた場合，公爵が見ている点は，左右の眼の網膜のどの付近に結像すると考えられるか。次の(ア)～(ウ)から1つずつ選べ。

(ア)　ほぼ黄斑付近

(イ)　黄斑と盲斑の間

(ウ)　黄斑の位置から盲斑と反対側にずれた位置

(2)　公爵が寝台のすぐ近くに来た場合はどうか。(1)の(ア)～(ウ)から1つずつ選べ。

(3)　両眼の網膜で得られた像を大脳皮質で統合することで距離感が得られる。この点について正しく説明している文を次からすべて選び，記号で答えよ。

(ア)　正面の物体の情報は，距離と無関係に，左眼からの情報は右脳，右眼からの情報は左脳に伝わる。

(イ)　正面の物体の情報は，距離と無関係に，左眼からの情報は左脳，右眼からの情報は右脳に伝わる。

(ウ)　右45°の方向の遠方の物体に関する両眼からの情報は，共に右脳に伝わる。

(エ)　右方向に存在する物体の情報の一部は，盲斑の存在により，左眼のみを通じて左脳に伝わる場合がある。

問3　下線部3)について。公爵の激しい拍動は，大脳皮質の興奮が心臓の拍動を調節する神経に対しても影響を与えることを示している。次のそれぞれを答えよ。

(1)　心臓の拍動などの内臓の機能の調節に関する最高中枢

(2)　心臓に接続し，拍動を促進している末梢神経

(3)　(2)の神経の終末から放出される神経伝達物質

問4　下線部4)について。この現象は暗順応とよばれ，刺激の強さの変化に伴って，変化を感じ取れる刺激の強さ（閾値）が変化することを示している。

(1)　閾値が変化しても，一本のニューロンで発生する神経興奮の大きさは刺激の強さによって変化しない。このことを示す法則の名称を答えよ。

(2)　神経において(1)の法則が成立しているにもかかわらず，1本のニューロンによって刺激の強さを伝えることは可能である。この理由を1行で説明せよ。

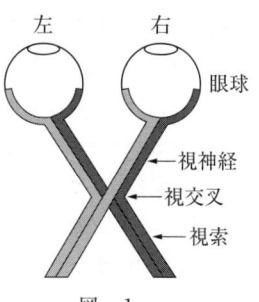

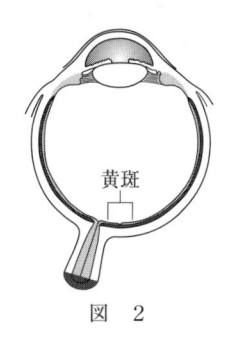

> 解説

問1 (1) 刺激と反応経路に関する一般的な理解。アは感覚（神経），求心性（神経）のいずれも正解であるが，運動神経は遠心性神経の一部であり，内臓の活動を調節する自律神経も遠心性神経に含まれることに注意。

(2) 収縮が一度だけ起こると，ごく小さな収縮が起こるが，収縮がやや低い頻度で繰り返されると，完全に弛緩する前に次の収縮が起こり，震えるような不完全強縮が起こる。収縮の頻度が更に高くなり，毎秒30回を超える程度になると，多数の収縮の山の重なりにより，強縮が起こる。

(3) ナトリウムチャネルが開き，活動電位が発生するしくみについて説明する。

(4) 興奮部で生じた活動電位が隣接する静止部に対する電気刺激となり，興奮が伝導していくことについて説明すればよい。不応期によって一旦方向が決まると逆方向には伝わらないことは，2行という制限からは触れなくてよいだろう。

問2 (1) 十分離れている場合，両眼の間の距離は相対的に無視できるため，前方の一点から両眼に届く光はほぼ平行であると考えられる。したがって，この場合は両眼とも，正面の物体の像は黄斑付近に結像すると考えられる。

(2) 鼻の前，10cm程度の位置に人差し指を立て，そこに焦点を合わせながら左右一方の眼をつぶって見ると，右眼をつぶったときには指はやや右側，左眼をつぶったときは指はやや左側に見えるはずである。ごく近くにある真正面の物体は，右眼の網膜の右側，左眼の網膜の左側に結像している。両眼とも，黄斑の位置から盲斑と反対側にずれた位置に結像しているわけである。

(3) (ア)，(イ) 盲斑は正面の物体が結像する黄斑よりも鼻に寄った位置に存在し，図から明らかなように，黄斑付近の網膜からの視神経は，右眼からは大脳の右半球に達している。したがって(ア)は誤りで，(イ)が正しい。

一般に，真正面の物体は遠くであれば黄斑，近くであれば距離に応じて黄斑の位置から盲斑と反対側にずれた位置に結像する。正面の物体は，大脳の左右半球に網膜から届いている情報を比較・統合することで距離感を生じている。

(ウ) この場合，両眼に平行光線が届き，両眼の対応する位置に同じ像が得られている。この位置は，両眼について盲斑の左側であるから，ともに大脳の左半球に届く。したがって，右脳は左脳の誤り。

(1)や(3)(ア)，(イ)の正面の遠方の場合は左右の脳，(ウ)のように斜め遠方の場合は同じ大脳半球の中であるが，いずれにせよ，遠方の物体については，両眼の網膜の対応する位置に同じ像ができている。両眼の網膜の対応する位置に同じ像ができている物体に対して，我々は遠いという感覚をもつのである。

(エ) 斜め右にある物体は極端に近い場合以外，両眼の網膜の左側に結像する。盲斑は黄斑の鼻側にあるため，右にある物体を見ているとき，左眼で盲斑の位置に結

像することはないが，右眼では盲斑の位置に結像する可能性はあるため，正しい。
　(ｱ), (ｲ)で考えた正面の物体は大脳の左右半球，(ｴ)で考えた斜めの物体は通常同一半球に届くという違いはあるが，近くの物体を見る場合，両眼への角度の違いにより，両眼の網膜の対応しない位置に結像している。このような場合，我々は近いと感じる。個々の感覚細胞は，刺激の強さに応じた頻度の興奮を中枢に伝えているが，多数の情報の統合により，中枢はさまざまな情報を得ているのである。(⇨ 参 p.111)

問3　延髄が拍動を調節するという面もあるが，内臓機能の調節に関する最高中枢は間脳視床下部であり，拍動は交感神経によって促進されている。(⇨ 参 p.146)

問4　その時点で受容している刺激をR，その時点で刺激の強さが変化したことを感じ取れる刺激の変化量をΔRと書くと，中程度の刺激の範囲内では，$\frac{\Delta R}{R}=k$（受容器ごとに一定の値）という式であらわされるウェーバーの法則が成立する。この法則は，強い刺激を与えられているときは，大きな刺激がないと変化を感じられず，刺激が小さい状態では，小さな刺激でも感じられることを示している。大歓声の中ではよほどの大声を上げない限り隣の人にも声が届かないのに，静かな部屋の中では蚊の羽音さえうるさく感じるのはそのためである。暗順応も光刺激が弱い状態では光に対して敏感になっているという意味で，ウェーバーの法則と関係が深い。

　このように，刺激に対する「感じ方」は，条件によって変化するが，神経興奮そのものの大きさは変化しない。それが(1)の全か無かの法則である。全か無かの法則が成り立つにもかかわらず，刺激の強さを感じられるのは，神経興奮の大きさは同じであっても頻度が変化するためである。それが(2)であり，一般に受容器とは，適刺激の強さを神経興奮の頻度に変換する器官である。

解答

問1　(1)　ア―感覚（求心性）　　イ―中枢　　ウ―運動　　エ―自律　　オ―遠心性
　　　　　カ―腺
　　(2)　収縮の頻度が低い場合は単収縮の繰り返しや不完全強縮による震えが起こるが，高い頻度の収縮による強縮が継続すると，硬直が起こる。
　　(3)　電気刺激によってナトリウムチャネルが開き，ニューロンにナトリウムイオンが流入することで膜電位が逆転し，細胞内が正の活動電位が発生する。
　　(4)　興奮部で生じた電位の逆転により，興奮部に隣接する静止部との間で活動電流が流れ，この電気刺激によって今度は静止部で活動電位が発生する。

問2　(1)　左右とも(ｱ)　　(2)　左右とも(ｳ)　　(3)　(ｲ), (ｴ)

問3　(1)　間脳視床下部　　(2)　交感神経　　(3)　ノルアドレナリン

問4　(1)　全か無かの法則
　　(2)　刺激の強さは，活動電位の発生頻度によって伝えられるため。

25 次の文を読み，下記の問いに答えよ。

　どこかでふしぎな声が，1)銀河ステーション，銀河ステーションという声がしたかと思うと，いきなり目の前がぱっと明るくなって，まるで億万のほたるいかの火を一ぺんに化石させて，そらじゅうに沈めたというぐあい，またダイアモンド会社で，ねだんがやすくならないために，わざと獲れないふりをして隠しておいた金剛石を，だれかがいきなりひっくりかえしてばらまいたというふうに，2)目の前がさあっと明るくなって，ジョバンニは思わず何べんも眼をこすってしまいました。

　気がついてみると，さっきから，ごとごとごとごと，ジョバンニの乗っている小さな列車が走りつづけていたのでした。ほんとうにジョバンニは，夜の軽便鉄道の，3)小さな黄いろの電燈のならんだ車室に，窓から外を見ながらすわっていたのです。車室の中は，青いびろうどを張った腰掛けが，まるでがらあきで，向うのねずみいろのワニスを塗った壁には，真鍮の大きなぼたんが二つ光っているのでした。

　すぐ前の席に，ぬれたようにまっ黒な上着を着たせいの高い子供が，窓から頭を出して外を見ているのに気がつきました。そしてそのこどもの肩のあたりが，どうも見たことのあるような気がして，そう思うと，もうどうしてもだれだかわかりたくってたまらなくなりました。

　いきなりこっちも窓から顔を出そうとしたとき，4)にわかにその子供が頭を引っ込めて，こっちを見ました。

　それはカムパネルラだったのです。

（宮沢賢治『銀河鉄道の夜』）

問1　下線部1)に関して。ジョバンニは，「銀河ステーション，銀河ステーション」という声で，自分が列車に乗っていることに気づいている。聴細胞の興奮は，[a]を介して大脳新皮質に伝えられる。大脳新皮質は，機能的に3つに区分されるが，大脳新皮質の[b]の位置にあり，機能的に[c]に区分される領域に[a]の興奮が入力することで聴覚を生じる。この音を言語として認識し，自分が列車に乗っていることに気づく過程では，[d]に区分される領域が機能している。

(1) 文中の空欄[a]～[d]に適する語を[語群]から1つずつ選べ。
(2) 耳において，音波はどのような部位を振動させ，聴細胞（有毛細胞）に達するか。振動が起こる順に[語群]から選べ。

　　　　[　] → [　] → [　] → [　] → [　] → 聴細胞

[語群]
(ア) 耳小骨　　(イ) 半規管　　(ウ) 感覚野　　(エ) 側頭葉
(オ) 聴神経　　(カ) 基底膜　　(キ) うずまき管内のリンパ液
(ク) 前頭葉　　(ケ) 鼓膜　　　(コ) 連合野　　(サ) 後頭葉
(シ) 卵円窓　　(ス) 頭頂葉　　(セ) 前庭　　　(ソ) 運動野

(3) 耳の聴覚，平衡感覚の受容器の細胞は，共通の特徴を備えている。
　(ア) 共通の特徴とはどのようなことか。1行で説明せよ。
　(イ) 平衡感覚の感覚細胞が存在する場所と，受容されている感覚を2組答えよ。

問2　下線部2)は，ジョバンニの眼で起こっているある応答を示している。
　(1) この応答をあらわす用語を答えよ。
　(2) ここで起こっている応答を，かん体細胞に含まれる感光物質の量の変化をもとに，2行以内で説明せよ。ただし，文中で感光物質の名称と大脳皮質の領域の名称，および「頻度」の語を用いること。
　(3) (1)とは逆に，明るいところから薄暗いところに移動した時に起こる現象について，「閾値」の語を用いて1行で説明せよ。

問3　下線部3)では，色に関するさまざまな表現がなされているが，これ以前には明るさの表現しか見られない。この理由は，光の強い条件で機能する錐体細胞のみが色の感覚に関与することである。この点に関して，下の図1はかん体細胞に含まれる感光物質，図2は3種類存在する錐体細胞（a～c）のそれぞれに含まれる感光物質の，光の波長と感光物質の光吸収量の関係を示したものである。

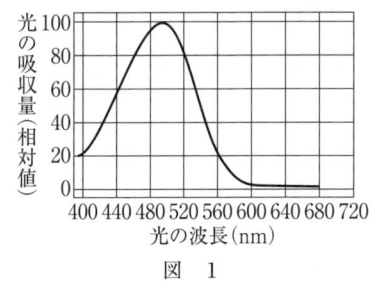

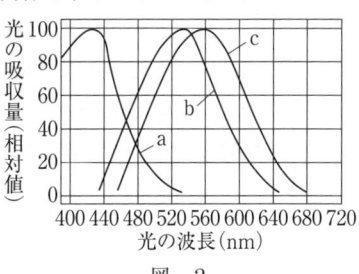

図　1　　　　　　図　2

　(1) かん体細胞では色を感知できない理由について，ある視細胞に波長520 nmの光が照射された場合を例に，2行以内で説明せよ。
　(2) 錐体細胞が色を感知できる理由について，波長480 nmと波長600 nmの光の視細胞bとcの光の吸収量の比に注目し，2行以内で説明せよ。

問4　下線部4)に関して。カムパネルラの眼で，ジョバンニを見るために起こっている調節に関して，次の語から必要なものを3つ用い，2行以内で説明せよ。
　　　チン小帯　網膜　毛様筋　角膜　水晶体　前房　瞳孔　ガラス体

問5　ヒトの体には，視覚や聴覚以外に関与する感覚細胞も備わっている。
　(1) 次のそれぞれの刺激を受容する感覚細胞の存在する部位の名称を答えよ。
　　　(ア) 水溶性の化学物質　　(イ) 揮発性の化学物質　　(ウ) 筋肉の伸張状態
　(2) 感覚細胞は特定の適刺激の受容に特化しているにもかかわらず，眼の周辺に強い物理的な衝撃が加わると，光を感じることがある。この理由を1行で説明せよ。

解説

問1 (1) 聴細胞の興奮は，聴神経を介して大脳新皮質（側頭葉）の聴覚中枢に伝えられる。大脳新皮質は，受容器からの感覚を支配する感覚野，感覚情報を処理・統合し，高次の精神活動に関係する連合野，効果器である筋肉運動を指令する運動野に分けられる。音が意味をもつ言語であることを認識し，その情報をもとに一定の判断を下すなどの精神活動は，連合野のはたらきによる。

(2) 音波は耳殻によって外耳道に集められ，鼓膜の振動を引き起こす。鼓膜の振動は耳小骨（つち骨，きぬた骨，あぶみ骨）によって増幅され，卵円窓の膜振動を引き起こす。卵円窓の振動によって生じるうずまき管内のリンパ液（外リンパ）の振動は，コルチ器を載せている基底膜の振動を引き起こす。この振動により，聴細胞の感覚毛がおおい膜に接触し，聴細胞が圧力刺激を受ける。基底膜の幅は，奥の方ほど広く，低い音は奥の方の基底膜を振動させるため，音の高低は振動している基底膜の位置の違いと対応している。

(3) 耳には聴覚に関係するうずまき管内のコルチ器，回転感覚に関係する半規管，傾き（重力刺激）の感覚に関係する前庭という3つの受容器が存在し，これらの感覚細胞は感覚毛を備え，感覚毛の屈曲を介して圧力刺激を受容し，興奮を起こすという共通性がある。聴覚の場合，感覚毛のおおい膜への接触で生じる圧力刺激が興奮を起こすが，回転感覚の場合，半規管の中のリンパ液が相対的に体の動きと逆方向に動き，感覚毛を介して感覚細胞に圧力刺激が加わる。傾きの感覚は，感覚細胞の上にある平衡石（聴砂）からの圧力刺激によって感覚毛が屈曲することで生じる。

問2 明るいところから薄暗いところに行くと，徐々にはっきり見えてくることが暗順応，暗いところから明るいところに行くと，始めはまぶしいが，やがて正常に見えてくることが明順応である。

明順応は短時間で急激に進行し，感光物質が強い光によって急激に分解されることでまぶしいという感覚が生じる。暗順応の場合，数分間で錐体細胞の感度上昇（閾値の低下）が起こるが，これによる閾値の低下は数十分の1にとどまる。以後，1時間近くの間に閾値は数千分の1程度に低下する。この過程では，かん体細胞に含まれるロドプシンの再合成が進行している。

問3 (1) 感光物質が1種類では波長の違いを識別できないことを説明すればよい。同じ強さの光が照射されたと仮定しても，波長の候補は2カ所あるし，光の強さが異なる可能性まで考えると，あらゆる波長の可能性がある。

(2) 複数の感光物質が存在すれば，それらの興奮の大きさの比として，波長の識別が可能になる。ヒトの場合，錐体細胞には，青，緑，赤のそれぞれの光を最もよく吸収する3種類の細胞が存在し，これら3種類の視細胞の興奮の度合いの違いを中枢で統合することによって色覚が生じる。

問4 眼からの距離が異なる物体を見る際，網膜に正しく像を結ぶように調節するのが遠近調節である。ヒトの眼とイカやタコの眼はよく似ているが，視細胞と視神経の位置関係のほか，遠近調節のしくみが異なっている。

　ヒトが近くを見る場合，毛様筋の収縮によってチン小帯が緩むため，水晶体（レンズ）が自身の弾力性により，球形に近づく。遠くを見る場合，毛様筋の弛緩によってチン小帯が緊張し，水晶体は引っ張られて薄くなる。タコの眼の場合，水晶体の厚さは変化しないため，水晶体と網膜の間の距離を変化させて調節している。

問5 (1) これらのほか，皮膚には機械的な刺激や温度を受容する感覚点が存在する。

(2) 特定の感覚器から派生する感覚神経の興奮は，特定の感覚として受容されることを示すミューラーの法則（あるいは特殊感覚勢力の法則）に関する問題。我々はよく「眼で物を見る」というが，あまり正しくない言い方といえる。感覚神経の興奮が視覚中枢に興奮を伝えれば，それは光と感じられてしまうのであり，正しくは「脳で物を見る」と言うべきであろう。（⇨ 参 p.104）

◆ 解答 ◆

問1　(1)　a －(オ)　　b －(エ)　　c －(ウ)　　d －(コ)

　　　(2)　(ケ)→(ア)→(シ)→(キ)→(カ)

　　　(3)　(ア)　細胞表面に感覚毛が存在し，その屈曲によって興奮を発生させる。

　　　　　(イ)　前庭－重力方向（体の傾き）　　半規管－回転（加速度）

問2　(1)　明順応

　　　(2)　かん体細胞に含まれるロドプシンが急激に分解され，視神経から大脳皮質の後頭葉の視覚中枢へ，高い頻度の興奮が伝えられている。

　　　(3)　視細胞での感光物質の合成が進み，光刺激に対する閾値が低下する暗順応。

問3　(1)　波長460 nmの光が同じ強さで照射された場合，波長520 nmの光と同じ強さの興奮が中枢に伝えられ，両者は識別できない。

　　　　　（別の考え方に基づく以下の解答も正解）

　　　　　波長500 nmで20％弱い光や，波長560 nmで4倍の強さの光が照射された場合，同じ大きさの興奮が発生し，波長520 nmの光と区別できない。

　　　(2)　細胞bと細胞cの光吸収量の比は波長480 nmで2：1程度，波長600 nmで1：2程度なので，これらの光は識別可能である。

問4　近くを見るために毛様筋が収縮し，チン小帯が緩み，水晶体が厚くなっている。

問5　(1)　(ア)　味覚芽（味蕾）　　(イ)　嗅上皮　　(ウ)　筋紡錘

　　　(2)　物理的衝撃であっても，視神経に生じた興奮は視覚中枢に伝えられるため，光の感覚が生じる。

26 次の文を読み，下記の問いに答えよ。

　木登り名人と言われている男が，ある男に高い木に登って小枝を切るように命令していた。危なく見える場所では何も言わず，軒先ほどの高さまで降りてから，「怪我をするな。注意して降りなさい」と声をかけていた。「このくらいの高さなら，飛び降りることもできるだろうに。なぜそう言うのか」と聞いたところ，「そこが大事なのです。めまいがするほど危ない枝にいるときは，自分で注意しているので何も言う必要はありません。安全な場所に来たと思ったときほど，怪我をしやすいのです」と言った。

　身分の低い者の言葉であるが，聖人の訓戒にたとえられるものである。蹴鞠(けまり)でも，難しい場所を蹴り出した後，安心すると必ず鞠を落とすという。

（吉田兼好『徒然草』の口語訳）

　普段は簡単にできることが緊張するとできなくなるというのは，よくある話である。木登り名人は逆に，安心すると失敗すると説いている。この言葉が生物学的に妥当と言えるかどうか，考えてみよう。

　木に登る，あるいは木から降りる際は手足の複雑な動きが繰り返される。このような随意運動の指令は(a)中枢に由来するが，無意識のうちに別の(b)中枢も機能しており，筋肉運動を調節している。体が傾けば姿勢を保つ(c)中枢が機能するであろうし，滑り落ちそうになれば，筋肉の収縮状態の急激な変化に対して反射的に応答する(d)中枢も機能し，無意識のうちにそれを回避するであろう。

　木登りの名人が言うことは，必ず起こるとはいえず，全く逆も起こり得る。いずれにせよ，安心した精神状態が筋肉運動を支配する(e)中枢の機能に影響を与え，緊張した状態とは異なる結果を引き起こすことがあるということである。

　別の(e)中枢が支配する自律神経が関係している可能性もある。交感神経の機能は(A)手が滑りやすくなる効果を引き起こす可能性もあるが，(B)外界の変化に気づきやすくし，(C)全身の細胞の活動に必要なエネルギー源の血中濃度を高めたり，呼吸運動などを支配する(f)中枢と共に血液循環にも影響を与え，(D)筋肉の活発な運動に必要な物質の運搬速度を高める機能があり，一般に危機に対応するのに向いている。他方，副交感神経は休息状態に対応し，逆の効果をあらわす。木から落ちる危険が残っているのに，体内が休息時に近い状態に変化するのは確かに危険である。

問1　文中の下線部(a)〜(f)は，脳の5つの部位と脊髄のうちのどれかを示している。それぞれの中枢の名称を答えよ。

問2　文中の下線部(A)〜(D)について。次に挙げた4つの部位は，(A)〜(D)のいずれか1つの効果と関係が深い。それぞれの効果に関係の深い部位と，その部位に対する交感神経の作用を挙げ，その作用が(A)〜(D)の効果を生じる理由について1〜2行で

説明せよ。
　　［部位］　肝臓　　心臓　　瞳孔　　汗腺
問3　木登りは，練習を繰り返して上手になる面がある。
　(1)　練習などの経験に基づく行動をあらわす語を答えよ。
　(2)　次に挙げる行動から(1)の特徴をもつものをすべて選べ。
　　(ア)　繁殖期のイトヨの雄は腹部の赤い魚を攻撃する。
　　(イ)　サケは自分の生まれた川に帰ってくる。
　　(ウ)　イヌに強い音を聞かせ続けると，応答しなくなる。
　　(エ)　多数のアリが同じ道を通って餌のある位置に達する。
　　(オ)　カイコガの雄は眼が見えなくとも雌にたどり着ける。
　(3)　経験と無関係に起こる応答の例に，単細胞生物の化学物質に対する応答がある。大腸菌は細胞表面の鞭毛をスクリューのように回転させて移動できる。図1のように，1ミリモル/Lのグルコース溶液の入ったガラス細管と細いガラスU字管をスライドガラス上に置き，カバーガラスとU字管で作られた狭い隙間に大腸菌の懸濁液を入れたところ，大腸菌はやがて(a)のように細管の周辺に集まり，1時間後には(b)のように細管の内部に移動した。図2は，細管に入れるグルコース濃度を変化させて，1時間後に細管の中にいる大腸菌の数を調べたものである。1時間の間に細管内から周囲へとグルコースが拡散することと，グルコースなどの物質は大腸菌表面の受容体に結合することに注目し，下記の問いに答えよ。

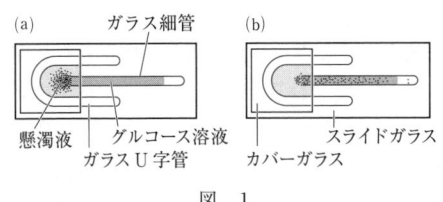

図　1

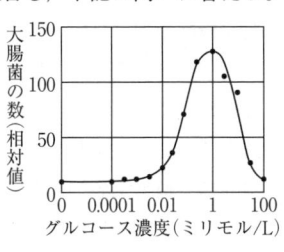

図　2

　　(ア)　グルコース濃度の高い方へと大腸菌が移動するような行動をあらわす語を答えよ。
　　(イ)　グルコース濃度が100ミリモル/Lでは細管に移動した大腸菌が少なかった理由について，グルコースと受容体の結合をもとに2行以内で考察せよ。ただし，(ア)の行動様式が変化する可能性は考慮しなくてよい。
　　(ウ)　グルコース100ミリモル/Lに加え，単独では大腸菌に図2と同じ応答を引き起こし，共にグルコースと似た物質であるA，Bのどちらか一方を1ミリモル/Lガラス細管に入れたところ，Aを入れた場合は1時間後に多数大腸菌が入っていたが，Bを入れた場合はほとんど入っていなかった。グルコース，A，Bの受容体の異同に注目し，この結果について4行以内で説明せよ。

> 解説

問1 (a) 意識活動の中枢である大脳は左右一対の大脳半球からなり，表面は層をなす大脳皮質，内部は白質からなる。ヒトでは脳の大半を占める。

(b) 小脳は中脳と延髄の間で背側に膨大した部分で，体の平衡の保持や随意運動の調節に関係している。意識活動を実行するためには複雑な筋肉運動が必要であり，小脳と大脳の密接な連携が行われている。

(c) 中脳は間脳に続く部位で，立位の姿勢の調節，眼球運動などの中枢が存在する。中脳の後部の橋（きょう）を介して小脳，延髄に接続しており，間脳，延髄と共に脳幹とよばれる。

(d) 脊髄は背側に伸び，末梢神経と脳を連絡するのが主な役目であるが，受容器からの興奮が脳を経由せずに効果器に伝えられるしつがい腱反射などの脊髄反射の中枢でもある。脊髄の外層（皮質）は白質とよばれ，神経繊維が多く存在するが，内部（髄質）には細胞体が多く存在し，灰白質とよばれる。大脳は皮質が灰白質，髄質が白質であり，構造が逆転している。

(e) 間脳の視床下部には自律神経系の最高中枢が存在し，体温調節，血糖調節など，恒常性を支配している。視床は嗅覚以外の各種の受容器から大脳皮質への中継や，痛覚などの統合に関係する。視床下部の下には，内分泌機能において重要な役割を果たす脳下垂体が存在する。

(f) 延髄は呼吸運動，心臓の拍動，発汗，飲み込み反射などの中枢で，生命維持の主要な機能を担っている。

問2 交感神経の機能は「闘争か，逃走か」と表現され，緊張・興奮した状態では，交感神経が優位であり，眼をカッと見開いて（瞳孔が拡大），息遣いが荒くなり（呼吸運動の活発化），胸はドキドキし（拍動の促進），鳥肌が立つ（立毛筋の収縮）。副交感神経は，通常交感神経とは拮抗的に作用する。交感神経の終末からは，ノルアドレナリン，副交感神経の終末からはアセチルコリンが分泌される。（⇨ 参 p.146）

(A) 汗が滑り止めの効果をもつか，汗のせいで滑りやすくなるかは，一概には言えない。皮膚には副交感神経は分布せず，交感神経のみが分布しており，体温調節（上昇）の場面では，汗腺に接続する交感神経の興奮は起こらない。しかし，「冷や汗が出る」と表現されるように，緊張した場面で交感神経の興奮が起こることもある。

(B) 感覚器からの情報量を増やすという意味では，瞳孔を広げ，眼に入る光刺激を強くし，視覚的情報の量を増やすと理解することができる。

(C) 細胞にとっての主なエネルギー源は血糖であり，活発な活動を保証するのは，肝臓に含まれるグリコーゲンの分解による血糖値の上昇である。

(D) 心臓の拍動促進は血液を通じた物質の運搬量を増やす効果がある。

問3 （⇨ 参 p.122）

26 参考書編 ⇨ p.116～p.119

(1) 経験に基づき，一定の行動様式を習得すること。
(2) (ア) イトヨの雄は繁殖期になると腹部が赤くなり，自分と同様に腹部が赤い魚がなわばりに侵入すると，攻撃行動を行う。「赤い色」を鍵刺激として解発される生得的な行動であり，経験によって習得する行動ではない。
　(イ) サケが川の水の匂いを記憶しており，同じ匂いの水が流れる川を遡上していく母川回帰のように，生まれた直後の経験によって書き込まれ，後の行動に大きな影響が現れるのが刷り込みによる行動である。経験以前に決定されているものではないため，学習行動の一種と見なすことができる。
　(ウ) 学習の中には行動の抑制も含まれ，「慣れ」により，大きな応答が抑制される。
　(エ), (オ) (エ)は道しるべフェロモン，(オ)は性フェロモンを手掛かりとした行動である。化学物質に対する行動様式そのものは，生まれつき決まっている。
(3) (ア) 走性は，刺激源に向かう方向を正，遠ざかる方向を負とし，正負の方向と刺激源の種類によって名付けられる。
　(イ) この結果のみからは，高濃度では負の化学走性に変わる可能性もあるが，「行動様式が変化する可能性」を考慮しないので，隙間や細管内のグルコース濃度が高すぎ，濃度差を感知できない状態を考える。グルコース濃度と受容体の関係について，基質濃度が高く，濃度を変えても反応速度が変化しなくなっている時の，基質と酵素の活性部位の関係と同様な関係であると推定できれば正解。
　(ウ) 「グルコースと似た物質」から，一方はグルコースと同じ受容体に結合する可能性を考える。

解答

問1　(a) 大脳　(b) 小脳　(c) 中脳　(d) 脊髄　(e) 間脳　(f) 延髄
問2　(A) 汗腺からの発汗を促進する。
　(B) 瞳孔を散大させて眼に入る光量を増やし，中枢に強い視覚的刺激を伝える。
　(C) 副腎髄質からのアドレナリンの分泌を高め，肝臓でのグリコーゲンの分解を促進し，血糖値を高める。
　(D) 心臓の拍動を促進し，筋肉など全身の組織に運ぶ酸素や呼吸基質を増やす。
問3　(1) 学習行動　(2) (イ), (ウ)
　(3) (ア) 正の化学走性
　　(イ) グルコースが高濃度のため，大腸菌のすべての受容体にグルコースが結合した状態になり，大腸菌はグルコースの濃度差を受容できなかった。
　　(ウ) Aはグルコースとは別の受容体に結合するため，グルコースとは無関係にAの濃度差を感知できた。Bはグルコースと同じ受容体に結合し，この受容体はグルコースによって飽和しているため，Bの濃度差を感知できなかった。

27 次の文を読み，下記の問いに答えよ。

　駿太郎君は中学の同窓会に出席し，談笑している智君と恵さんを見かけて話に加わった。2人は運動部で，智君は重量挙げ，恵さんは短距離の選手である。

駿太郎：智君の腕，なんて太いんだ。すごい力こぶだね！

智：毎日気合を入れて筋力強化に励んでいるからね。でもね，腕の力だけで持ち上げているわけではなくて，足の筋肉も重要だし，全身の筋肉のバランスとか，柔軟性とか，一流の選手になるためには，神経を中心に，色々な要素が関係してくるんだ。

駿太郎：ふーん，そうなんだ…。その点恵さんのような短距離走は単純だよね。素早くスタートして，速く，大きく足を動かすだけでしょう。

恵：それだけでも十分難しいのよ。いままで100m中心に走ってきたんだけど，先日コーチにアドバイスを受けてちょっと悩んでいるのよ。このまま100mでやっても，多分一流には届かないから，400m走中心にやってみたらどうかって言われて。練習を始めているんだけど，難しいのなんの。

駿太郎：長距離と短距離では使う筋肉が違うって聞いたことがあるけど，100mと400mは同じじゃないの？

恵：赤筋と白筋のことを言っているのね。筋肉とは別の問題があるの。

駿太郎：肺活量とか神経のはたらきとか？

恵：というより，体内で起こっている化学反応。コーチにレクチャーしていただいたけど，乳酸性機構とか有酸素機構とか，どうしたらいいのって感じ。トップアスリートは常に計算しながら戦っているんですって。

問1　駿太郎君が言うように，短距離走では素早くスタートすることが大事である。しかし，神経の興奮伝導，伝達や収縮の開始には絶対に必要な時間がある。この点に関して，右図のような神経筋標本を用いて実験を行った。

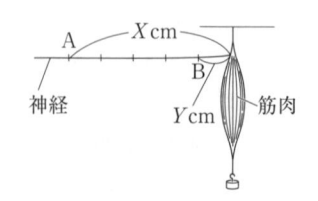

(1) 神経筋標本を用いて神経の伝導速度を求める場合，神経終末から X cm 離れたA点を刺激してから筋肉が収縮するまでの時間（p ミリ秒）と，Y cm 離れたB点を刺激してから収縮するまでの時間（q ミリ秒）を測定する。その理由について，文中の空欄　ア　～　イ　には適する文字式を，　ウ　には数値を答えよ。

　＜文＞　神経のある点を刺激してから筋肉が収縮するまでに要する時間には，興奮が「伝導」する過程，興奮が神経筋接合部で「伝達」される過程，伝達後に「筋肉が反応する」過程の所要時間が含まれる。神経筋接合部からの距離 X cm のA点を刺激した場合と Y cm のB点を刺激した場合で所要時間が異なるのは，「伝導」の過程だけで，他の2つの過程の所要時間は同じである。　ア　ミリ秒はA

〜B間の伝導の所要時間であり，伝導速度は イ (cm/ミリ秒) の式で求めることができる。

　ある実験結果では $X=5$ cm，$Y=1$ cm のとき，$p=7.5$ ミリ秒，$q=5.5$ ミリ秒であった。この場合，B点からの伝導に要する時間と，伝達と筋肉が反応する過程に要する時間の合計を比較すると，後者は前者の ウ 倍である。

(2)　伝達および筋肉の反応に要する時間に起こる過程について，次の語すべてと，その過程で重要な役割を担う物質の名称3つを挙げながら4行程度で説明せよ。
　　　神経終末　受容体　筋小胞体　ミオシン　滑り込み（または滑り込む）

(3)　A点とB点を同時に1回刺激した場合，筋肉には何回の収縮が観察されるか。「不応期」の語を用いて理由とともに2行以内で説明せよ。

問2　智君や駿太郎君が言うように，運動選手にとって神経のはたらきは重要であり，神経系トレーニングにより，同じ筋肉量でも収縮力が増加することが知られている。この原因について筋肉の特徴をもとに1行で説明せよ。

問3　智君の言うように，筋肉運動のバランスが重要であることの背景として，サルコメアで発生する張力は，サルコメアの長さによって変化することがある。右の図は，この関係を示したものである。

　　図のA点は，サルコメアを構成する1対のアクチンフィラメントの間に隙間も重なりもない状態である。この図に関して，下記の問いに答えよ。

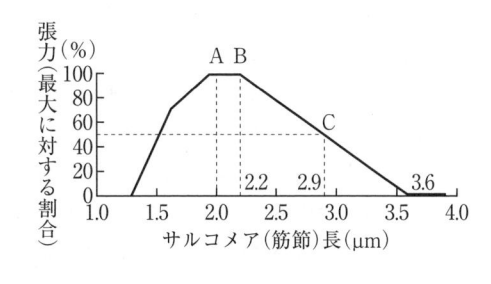

(1)　C点におけるサルコメアのアクチンフィラメントとミオシンフィラメントの重なりの状態を描き，図中に次の語を記入せよ。
　　　明帯　暗帯　サルコメア　ミオシンフィラメント　アクチンフィラメント

(2)　A点からB点の間で張力が変化していない理由について，張力が発生するしくみをもとに2行以内で説明せよ。

(3)　図の数値をもとに，1本のアクチンフィラメント，ミオシンフィラメントの長さを求めよ。

問4　恵さんの言うように，400m走には筋肉特有のATPの補給反応が素早く始まらないと速い走りを続けられないという難しさがある。このような反応について。

(1)　走り始めてすぐに開始されるATP補給反応を1行で説明せよ。

(2)　全力で走り続けると起こる反応と，その反応が起こる理由を1行で説明せよ。

(3)　100m走と異なり，400m走では走っている最中に開始すると考えられる反応について1行で説明せよ。

解説

問1 (1) p(ミリ秒) の内訳は，(X cm 伝導 + 伝達 + 伝達から収縮）に要する時間，q（ミリ秒）の内訳は，（Y cm 伝導 + 伝達 + 伝達から収縮）に要する時間である。両者の差によって（$X-Y$）cm の伝導に要する時間が得られ，伝導速度は

$$\frac{(5-1)\,\text{cm}}{(7.5-5.5)\,\text{ミリ秒}} = \frac{2\,\text{cm}}{1\,\text{ミリ秒}} = \frac{2 \times 10^{-2}\,\text{m}}{1 \times 10^{-3}\,\text{秒}} = \frac{20\,\text{m}}{1\,\text{秒}} \quad (2\,\text{cm/ミリ秒} = 20\,\text{m/秒})$$

ウ では時間の比が問われているため，cm/ミリ秒単位のままで計算する。B点からということなので，Y の方を用いて計算すると，下記のようになる。

1 cm に対する伝導時間は，$\dfrac{1\,\text{cm}}{2\,(\text{cm/ミリ秒})} = 0.5$ ミリ秒，伝達以降の時間は，5.5 - 0.5 = 5.0 ミリ秒となる。したがって，5.0 ÷ 0.5 = 10（倍）

(2) 問題文に挙げられている5つの語と，重要な物質3つを文中に含めることが指示されている。下線の語と（　）内の物質名を用い，「運動<u>神経終末</u>→（アセチルコリン）→筋細胞膜の<u>受容体</u>→<u>筋小胞体</u>→（カルシウムイオン）→<u>ミオシン</u>（ATP）アーゼ活性化→ミオシンフィラメントの間にアクチンフィラメントが<u>滑り込む</u>」という流れを説明すればよい。

(3) 神経の途中を刺激すると，興奮は両方向に伝導するため，B点からの興奮は筋肉に伝えられる。A点からの興奮については，「不応期」がヒントである。同時に刺激すると，両点からの興奮は中間でぶつかる。A点からの興奮は，B点からの興奮が伝導した直後の不応期にある部位にぶつかるため，そこを超えて興奮が伝わることはなく，結局B点からの興奮しか伝わらない。（⇨参 p.107）

問2 筋肉は多数の筋繊維からなり，筋繊維は多数の筋原繊維を含む。そして筋原繊維は多数のサルコメアからなる。全力を出しているつもりでも，実際に張力を発生させているのはこれらの一部のみである。俗に「火事場の馬鹿力」と言われるように，極度に興奮した状態では，自分でも思ってもいなかったほどの力が出ることがある。この原因は，通常は収縮しない筋繊維が収縮する状態になったためである。この点に注目して，収縮に関与する筋繊維の数を増やすことを目的とした神経系トレーニングという考え方に基づくトレーニング法も開発されている。

問3 (1) 張力の大きさは，アクチンフィラメントとミオシンフィラメントの重なった部分に存在する ATP アーゼの量に比例する。サルコメアの長さが 2.9 μm のC点での張力は，最大張力の半分であるから，半分重なった図を描けばよい。ミオシンフィラメントの中央付近の約 0.2 μm 程度には ATP アーゼが存在しないため，左右とも 0.35 μm 重なった状態である。

(2) 張力が増加しないのは，収縮時に活性化される ATP アーゼの量が増えていないことを示している。サルコメアの中央付近にミオシン頭部が存在しない領域があるため，この部分の重なりの有無は張力とは関係しないのである。

(3) 問題文に説明されているように，A点は1対のアクチンフィラメントが隙間なく近づいた位置であり，このときのサルコメアの長さはアクチンフィラメント2本分に等しく，アクチンフィラメントの長さは 2.0÷2＝1.0（μm）。また，張力が0になっているということは，ミオシンフィラメントとアクチンフィラメントの重なりがなくなったことを意味し，このときの長さ 3.6（μm）はアクチンフィラメント2本とミオシンフィラメント1本の長さである。したがって，ミオシンフィラメントの長さは 3.6－2.0＝1.6（μm）。

問4 (1) クレアチンリン酸からのリン酸基転移は，一段階の反応でATPを補給でき，素早いATP補給反応である。ただし，筋肉中のクレアチンリン酸の量はごく少ないため，短時間で消失する。

(2) 短距離走のような短時間の急激な運動の場合，呼吸によるATP合成は間に合わず，解糖によるATPの補給が行われる。短距離では，解糖反応が素早く起こり，筋肉の乳酸耐性が高いことが要求される。トレーニングは筋肉を鍛えるだけでなく，代謝系の能力を高めるという面も大きい。

(3) 乳酸を処理せずに400m全力疾走しようとしても，ゴール前に失速する。肝臓で有酸素機構によって乳酸を処理し，グルコースを再合成することで走り続けている。

◆解答◆

問1 (1) ア－$p-q$　　イ－$\dfrac{X-Y}{p-q}$　　ウ－10

(2) 運動神経の神経終末から放出されたアセチルコリンと筋細胞膜の受容体が結合し，電気的興奮が筋小胞体に伝わると，筋小胞体からカルシウムイオンが放出される。その結果生じるミオシンATPアーゼのATP分解に伴い，ミオシンフィラメントの間にアクチンフィラメントが滑り込み，収縮が起こる。

(3) A点からの興奮はB点からの興奮の不応期に遮られ，B点からの興奮のみが筋肉に伝わるため，1回。

問2 筋肉は多数の筋繊維の束であり，運動時に筋肉中で収縮している筋繊維はそのうちの一部のみだから。

問3 (1) アクチンフィラメント／ミオシンフィラメント／明帯－暗帯－明帯／サルコメア

(2) ミオシンフィラメントの中心付近にはミオシン頭部のATPアーゼが分布していないため，B点よりも重なりが増えても，活性化されて張力を発生させるATPアーゼの量は変わらないため。

(3) アクチンフィラメント：1.0μm　　ミオシンフィラメント：1.6μm

問4 (1) クレアチンリン酸からADPがリン酸基を受け取り，ATPになる反応。

(2) 呼吸によるATP合成が間に合わず，グリコーゲンの解糖で乳酸が生じる。

(3) 肝臓で乳酸を呼吸分解したエネルギーを用い，グルコースを再生する反応。

28

敏君と養護の先生との放課後の保健室での会話を読み，下記の問いに答えよ。

敏：ふう，暑い暑い。先生，怪我の手当てをお願いします。明日の体育祭のリレーの練習で，部活引退以来久々に本気で走ったら，ラスト一周で石につまずくし，ここまでダッシュして来ただけで息が上がって 1)胸もすごくドキドキいってる。なさけない。

先生：どれどれ。転びそうになってとっさに手をついたのね。化膿しないように 2)傷口を消毒しておきましょう。こちらへ。

問1　下線部1)について。敏君は，激しい運動に伴い，心臓の拍動が激しくなっていた。傷の治療の後，敏君は保健室にある聴診器で，自分の心音を聞いてみたいと思った。次の文は先生が心音について説明してくださった内容のまとめである。

<文1>
　　心音は，血圧によって弁が押されて閉じるときの音であり，ヒトの心臓は，左側にあるから，そこに聴診器を当てれば心音を聞くことができる。ヒトの心臓は a)2心房2心室で，弁は合計4つあり，特に b)左心室部分の筋肉が最も厚く，左右は等しくないが， c)左右同時に収縮するため，基本的に2つの音として聞こえる。第一音は収縮期の始めの d)心室の収縮に伴って房室弁が閉じるときの音。第二音は収縮期の終わりの e)半月弁（大動脈弁と肺動脈弁）が閉じるときの音である。

(1) 〈文1〉中の下線部a)について。

(a) (ア)魚類，(イ)両生類の心房，心室数を答えよ。

(b) 哺乳類の血液循環の特徴について説明した次の文中の空欄に適語を答えよ。
　　肺胞以外の体組織の毛細血管から出て（ア）を通って心臓の（イ）から（ウ）に入り，（エ）を経て肺胞に入る血液は暗赤色の（オ）であり，肺胞から（カ）を通って心臓の（キ）から（ク）に入り，（ケ）を通って肺胞以外の体組織に入る血液は鮮紅色の（コ）である。（オ）と（コ）は，心室が仕切られているため，混合しない。このことは，心臓から肺胞以外の体組織の毛細血管に入り，心臓に戻る血液循環である（サ）と，心臓から肺胞の毛細血管に入り，心臓に戻る血液循環である（シ）が分離していると見ることもできる。

(2) 〈文1〉中の下線部b)について。左心室が右心室よりも厚い筋肉をもつ必要があると考えられる理由を2行以内で説明せよ。

(3) 〈文1〉中の下線部c)の事実は，心臓に備わっているペースメーカーとも関係する。この点について説明した次の文中の空欄に適する語を答えよ。
　　心臓が自発的に拍動を継続する性質，すなわち　ア　を備えているのは，右心房の内面の静脈との境界付近の　イ　とよばれる位置にペースメーカーが存在す

るためである。この部分の自発的な興奮は ウ と総称される経路を通じて心臓全体に伝えられ，拍動を起こさせている。

(4) ＜文１＞中の下線部 d)，e)について。右の図は，イヌの心室圧と心室容積の関係を示した図であり，図の太線は安静時，点線はイヌに自律神経の神経伝達物質を投与したときのものである。

　(ア) 安静時のイヌにおいて，下線部 d)，e)は図中のどの時点に相当するか。A〜Dの記号で答えよ。

　(イ) イヌに投与した神経伝達物質の名称を答えよ。

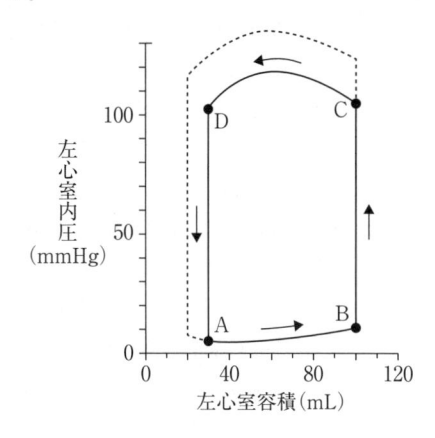

　(ウ) 神経伝達物質の心筋に対する作用をもとに，図の点線の結果について２行以内で説明せよ。

(5) 軟体動物の多くや節足動物は，脊椎動物や環形動物とは大きく異なる循環系を備えている。軟体動物の多くや節足動物の血管系をあらわす語を答えよ。

問２　次の文は，下線部2)について説明したものである。

＜文２＞

　傷口の赤い色の正体は内部に（ア）を含んだ（イ）である。（イ）は，直径およそ（ウ）μm ほどの円盤状で，哺乳類の成熟した（イ）は他の脊椎動物のものと異なり，内部に（エ）がない。血管の破れた箇所には血液中の有形成分の１つである（オ）が集まり，凝固因子を放出する。a)（オ）以外に由来する血液凝固因子もはたらき，b)血しょう中の成分のはたらきが活性化され，糸状構造がつくられて血球とからみあう。「かさぶた」とよんでいるのは，このからみあいの結果できた（カ）が乾燥したものである。

　傷口から侵入する細菌などは，血液中の（キ）が（ク）作用によって破壊し，撃退する。膿は細菌との戦いで死んだ（キ）の残骸である。

(1) ＜文２＞の空欄（ア）〜（ク）に適語を補え。
(2) ＜文２＞の下線部a)に相当する物質とそれぞれの由来を２つ，短文で答えよ。
(3) ＜文２＞中の下線部b)について。この過程における物質の変化を２行以内で説明せよ。

> 解説

問1　聴診器は19世紀にラエンネックという人が考案した医療器具で，現在も活躍している。心音はトーンの異なる2種類を聞き分けることができる。低く長い第一音は心室収縮の始めに左右の房室弁が閉じる音，やや高く短い第二音は心室収縮時の終わりに大動脈弁と肺動脈弁が閉じる音である。この2種類の音の間が心臓の収縮期であり，弁の開閉に異常があると雑音が入る。

(1)　ヒトの心臓は2心房2心室で，4つの領域は各々隔壁で明確に区切られている。この構造は体循環と肺循環の2系があることに対応している。魚類では心臓から出た血液がえらを通って全身に送られる1つの循環経路しかない。両生類の血液循環では，2心房1心室のため，肺循環の血液と体循環の血液が心室内で混合する。ただし，両生類の場合，肺のほか皮膚も呼吸器であり，体循環の血液は肺循環の血液と混合する前から混合血である。

(2)　心臓の筋肉層の厚さは拍出力と関係が深い。全身に向け，一日のべ約5トンもの血液を送り出さなければならない左心室では厚く，肺だけに血液を送り出す右心室と比べて4倍に達する厚さがある。

(3)　心臓は洞房結節のペースメーカーと刺激伝導系を備えているため，すべての神経を断ち切っても，「洞房結節が興奮する→心房が収縮する→房室結節が興奮する→心室が収縮する」という過程が繰り返され，拍動が継続する。

(4)　(ア)　心室圧が低く，心房からの血液の流入によって心臓の容積が増大している状態（A→B）では，房室弁が開き，心房から心室へと血液が流入している。この状態から心室の筋肉が収縮すると，心室内圧が心房内圧を上回るようになり，房室弁は閉じる。Bの時点では動脈弁（半月状の袋の形をしているため，特に半月弁ともよぶ）はまだ開いていないため，すぐには心臓の容積は減少せず，心室圧が上昇する（B→C）。心室内圧が動脈血圧を上回ると動脈弁が開き，心室から血液が押し出され，容積が減少する（C→D）。Dの時点で心室が血液を押し出さなくなると，動脈血圧によって動脈弁が閉じ，血液の逆流が防がれた状態で心室圧が低下する（D→A）。d)は心室の収縮が起こり始めるB，e)は弛緩が起こり始めるDである。

(イ)，(ウ)　最大心室圧の上昇，最小容積の低下は，心筋の収縮力の上昇を示す。この原因としては，交感神経の終末から分泌されるノルアドレナリンの影響が考えられる。なお，図には時間軸がなく，解答には含まれないが，ノルアドレナリンには拍動数を増加させる作用もある。

(5)　ヒトの血管系は毛細血管によって動脈と静脈がつながった閉鎖血管系であるが，心臓を出た血液が一旦血管外に出るのが開放血管系である。

問2　血液は赤血球・白血球と血小板という有形成分と，細胞間物質である液体の血しょ

うからなる結合組織の一種である。有形成分は骨髄の造血幹細胞から分化したものである。一方，血しょうにはグルコース，アミノ酸などの栄養分のほか，血液凝固に関連する成分，ホルモンなどさまざまな物質が含まれている。

ア～エ　赤血球は内部に色素タンパク質の一種であるヘモグロビンを充満させた特殊な細胞である。哺乳類の赤血球では血球が完成する過程で脱核が起こるため，細胞の平均的な大きさ（10μm）よりやや小さく8μm程度で，無核である。

オ，カ，(2)，(3)　血小板は血球芽細胞から分化した巨核球の破片であり，出血が起こると内部にある血液凝固に関連する因子を放出する。血しょう中の血液凝固に関連する重要な成分としてフィブリノーゲンがある。通常は血しょうに溶けた状態で保持されているが，血液凝固因子の作用で活性化した酵素トロンビンの作用で繊維状のフィブリンに変化する。フィブリンの「フィブ」(fib)とは英語のfiber（繊維）に由来する。血液凝固の結果できる血餅とは，繊維状のフィブリンが有形成分にからみついて固められたものである。

キ，ク　白血球による食作用は細菌などの侵入を水際でくいとめる第一次的な免疫反応といえる。血液検査で白血球の異常な多さが発見された場合には体のどこかでこうした反応が起きていることを示唆する。

解答

問1　(1)　(a)　(ア) 1心房1心室　　(イ) 2心房1心室
　　　　　(b)　ア－大静脈　　イ－右心房　　ウ－右心室　　エ－肺動脈
　　　　　　　オ－静脈血　　カ－肺静脈　　キ－左心房　　ク－左心室
　　　　　　　ケ－大動脈　　コ－動脈血　　サ－体循環（大循環）
　　　　　　　シ－肺循環（小循環）
　　　(2)　右心室は肺のみに血液を送り出すが，左心室は肺を除く全身に血液を送り出すので，より高い圧力をかける必要がある。
　　　(3)　ア－自動性　　イ－洞房結節（洞結節）　　ウ－刺激伝導系
　　　(4)　(ア) d－B　　e－D　　(イ) ノルアドレナリン
　　　　　(ウ) 心筋の収縮力を高めたため，収縮時の内圧が高まり，収縮時の心室容積も小さくなった。
　　　(5)　開放血管系

問2　(1)　ア－ヘモグロビン　　イ－赤血球　　ウ－8　　エ－核　　オ－血小板
　　　　　カ－血餅　　キ－白血球　　ク－食
　　　(2)　損傷した組織に由来するトロンボプラスチン，血しょう中のカルシウムイオン
　　　(3)　プロトロンビンが酵素トロンビンに変化し，トロンビンの作用によってフィブリノーゲンがフィブリンに変化する。

29 生物部の部室にいた駿一郎君を妹の緑さんが訪ねたときの次の会話文を読み，下記の問いに答えよ。

駿一郎：ちょっと見てみないか。ほら，もうプレパラートにしてある。

緑：あ，見えてきた。前に観察した被子植物の細胞より丸くて，1)細胞内には核以外目立つものは見えないのね。脊椎動物の細胞というのはそんなもの？

駿一郎：基本はそうだけど，形や2)大きさがかなり特徴的な細胞もある。多細胞生物では ア が起こり， ア した同じ細胞が集まって イ を構成しているということさ。

緑：ところで，この細胞は赤血球でしょう？何で核があるの？

駿一郎：これはニワトリの赤血球だよ。ヒトなどの哺乳類の赤血球だってはじめは核があるけど， ウ から出るときに脱核といって核が細胞から出るんだ。大体，はじめから核がなかったら3)ヘモグロビンを合成できないだろ？

緑：ヒトの赤血球に核がないと何かいいことがあるの？

駿一郎：あると思うよ。小さくなって毛細血管を通りやすくなったし，球形から円盤状になって4)体積に対する表面積が大きくなったし…。

問1　文中の空欄 ア ～ ウ に適する語を答えよ。

問2　下線部1)について。光学顕微鏡の分解能からみて，動物の一般的な細胞の内部では，核以外にどのような細胞内構造体が観察可能か。3つ挙げよ。

問3　下線部2)について。緑さんが接眼ミクロメーターを接眼レンズに，対物ミクロメーターをステージにセットして接眼・対物レンズともに10倍で検鏡したところ，右の図のように見えた。ステージにニワトリの赤血球のプレパラートを置き，対物レンズだけを40倍にしたところ，赤血球の大きさ（長径）は接眼ミクロメーターの3目盛分に一致した。ニワトリの卵細胞は直径約3.2cmであるとすると，これはニワトリの赤血球の長径と比べ約何倍になるか。a, b を整数値として，$a \times 10^{b}$（倍）の形で答えよ。ただし，対物ミクロメーター1目盛の大きさは10μmである。

問4　下線部3)のヘモグロビンについて。右の図は，一方は肺胞中，他方は組織中におけるヘモグロビンの酸素解離曲線である。酸素分圧は肺胞で100mmHg，組織で40mmHgである。この図をもとに，下記の問いに答えよ。ただし，(1)は小数第一位を四捨五入した整数値，(2)は問3と同様の形で答えよ。

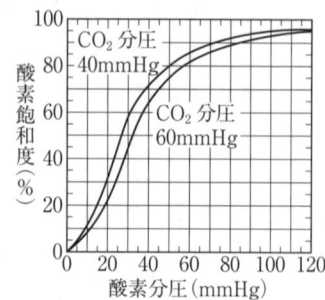

(1) ヘモグロビンが肺胞で結合していた酸素のうち組織で離す割合（%）を答えよ。

29 参考書編 ⇨ p.130〜p.133

(2) 心拍数を毎分70回，1回の心拍当たりに拍出する血液量を70 mL，血液1 L 中のヘモグロビン量は150 g，1 g のヘモグロビンが結合できる酸素量は最大1.34 mLとし，ヘモグロビンが1分間に組織に供給する酸素量（mL）を答えよ。

(3) ヘモグロビンの酸素解離曲線は，以下の(a)〜(c)によって変動する。

　　(a) 二酸化炭素分圧　　(b) 温度　　(c) pH

　(ア) 健康なヒトの体内で，安静時に比べ，酸素解離曲線が右に移動するのは，(a)〜(c)のそれぞれがどのように変動したときか。上昇または低下で答えよ。

　(イ) (ア)の酸素解離曲線の変化の組織にとっての意義を1行で答えよ。

(4) ヘモグロビンは，鉄イオンを含みヘムとよばれる色素と，グロビンとよばれるペプチド鎖をサブユニットとし，4つのサブユニットからなる四次構造タンパク質である。酸素解離曲線がS字状を示し，条件によって酸素解離曲線が右に移動する原因は，サブユニットに結合して，酸素との結合に影響を与えるBPGという物質である。右の図は，ヘモグロビンのサブユニット1個に相当し，BPGの影響を受けないミオグロビンと，ヘモグロビンの酸素解離曲線を示したものである。

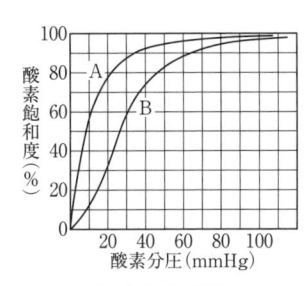

A：ミオグロビン
B：ヘモグロビン

　(ア) ミオグロビンは赤い色の筋肉に多く含まれる物質である。ミオグロビンを多く含む筋肉は，ミオグロビンをあまり含まない筋肉と比較して，どのような特徴をもつと考えられるか。1行以内で答えよ。

　(イ) ミオグロビンは複数のサブユニットをもたず，BPGの影響を受けない。この点とAとBの曲線の形状の違いから考えて，BPGはヘモグロビンと酸素の結合にどのような影響を与えると考えられるか。1行で答えよ。

(5) 右の図はヒトの胎児と成人（母体）の酸素解離曲線を示したものである。胎児期には成人とは異なるヘモグロビン遺伝子も発現し，出生後，胎児ヘモグロビンは徐々に成人のものに置き換わる。

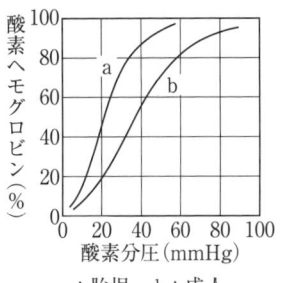

a：胎児　b：成人

　(ア) 胎児ヘモグロビンと成人のヘモグロビンの違いは，BPGに対する親和性の違いによるものである。BPGとの親和性の高いのはどちらのヘモグロビンか。

　(イ) 胎児の酸素解離曲線が成人のものと異なることの意義を1行で説明せよ。

問5　下線部4)について。赤血球の役割を踏まえ，この意義を1行で説明せよ。

115

▶解説◀

問1，2　分解能とは2点を2点として識別可能な最小距離のことである。肉眼の分解能は0.1 mm程度であるが，光学顕微鏡の分解能は約0.2 μm，電子顕微鏡の分解能は約0.2 nmである。染色など観察上の工夫を加えても光学顕微鏡では観察できず，電子顕微鏡を用いることで観察できるような大きさのもの（リボソームなど）や，屈折率の関係で見えないもの（小胞体）以外の細胞小器官を答える。

問3　検鏡に先立ち，まず対物ミクロメーターをステージに，接眼ミクロメーターは接眼レンズの中にそれぞれセットし，対物ミクロメーターと接眼ミクロメーターの目盛が重なっている所を探し，各々の目盛の数を読み取る。対物ミクロメーター1目盛の長さは10 μmであるから，対物ミクロメーターa目盛（＝$10a$ μm）が接眼ミクロメーターb目盛なので，接眼ミクロメーター1目盛の長さは，$\dfrac{10a}{b}$（μm）。

対物レンズの倍率だけを元の倍率のX倍に上げると，接眼ミクロメーターの見え方は変わらないが，1目盛に相当する長さは$\dfrac{1}{X}$倍となる。図から接眼ミクロメーターの1目盛に相当する長さは，$\dfrac{6 \times 10}{5} = 12$（μm）であるから，対物レンズを10倍から40倍にすると，その$\dfrac{1}{4}$の3 μm。ニワトリの赤血球はそのおよそ3目盛分なので，$3 \times 3 = 9$（μm），卵細胞と比較すると，$\dfrac{3.2 \times 10 \times 1000}{9} = 3555 \cdots \to 4 \times 10^3$（倍）。

なお，対物レンズの倍率の10倍，40倍という数字は大体の目安であって正確なものではない。本来は接眼ミクロメーター1目盛の長さは，各レンズの組み合わせごとに求めておくべきである。

問4　(1)　肺胞中で酸素と結合して酸素飽和度が96％になり，体組織の毛細血管中で酸素を離し，酸素飽和度が64％になったため，ヘモグロビン全体の96－64＝32％が酸素を離した。「肺胞で結合していた酸素のうち」すなわち96％のうちの酸素を離した割合が求められているので，$\dfrac{96-64}{96} \times 100 \fallingdotseq 33.3 \to 33$（％）が答えである。肺胞，体組織の酸素飽和度を，それぞれ95％，65％として計算した場合，$31.5 \to 32$（％）。安静時の酸素解離度はこの程度であり，だからこそ，活発な活動時には体組織での酸素解離曲線が大きく右に移動し，組織が受け取る酸素量はかなり増加する余地がある。

(2)　ここで注意すべきは，「1 gのヘモグロビンが結合できる酸素量は最大1.34 mL」ということであり，「最大」とは，100％飽和での値である。つまり，1 gのヘモグロビンは，$1.34 \times (0.96-0.64)$（mL）の酸素を離すということである。他方，1分間に流れる血液中のヘモグロビン量は，$\dfrac{150 \times 70 \times 70}{1000}$（g）である。したがって，整数値であれば答えは，$1.34 \times (0.96-0.64) \times \dfrac{150 \times 70 \times 70}{1000} \fallingdotseq 315.1 \to 315$（mL）。肺胞，

体組織の酸素分圧をそれぞれ 95%，65% として計算した場合，295.4 → 295 (mL)。
(3) 酸素解離曲線が右に移動するということは，同じ酸素分圧でみると，酸素と結合している割合が下がる，酸素を離しやすくなるということである。組織にとって酸素が必要な，活発な活動の結果，盛んな呼吸が行われているときに酸素解離曲線は右に移動する。呼吸が盛んになれば，二酸化炭素が大量に放出され，熱発生量も増える。pH については，呼吸で生じる二酸化炭素や解糖で生じる乳酸が pH を下げる。
(4) (ア) ミオグロビンは通常はほとんど酸素を離さず，酸素分圧が 0 に近づくと酸素を離す。極端な酸素不足に備えて酸素を蓄えているタンパク質である。ミオグロビンを多く含み赤く見える赤色筋は，筋原繊維が細く，瞬発力は弱いが持続的な運動に向いている。ミオグロビンをほとんど含まない白色筋は筋原繊維が太く，瞬発的な運動に向いているが，持続力は乏しい。
(イ) ミオグロビンの酸素解離曲線 A は，ヘモグロビンの酸素解離曲線 B よりも左に偏り，酸素親和性が高い。BPG の影響を受けないと酸素親和性が高くなるということは，BPG が酸素親和性を低下させていることを示している。曲線の形状については，特に酸素分圧 20 mmHg 以下のような低酸素条件での違いが大きい。
(5) (ア) BPG が酸素親和性を下げる原因であると考えると，胎児ヘモグロビンの方が BPG と結合しにくいため，酸素親和性が高いと考えられる。
(イ) 胎児は母体よりも酸素親和性の高いヘモグロビンをもつため，胎盤での母体から胎児への一方向の酸素のキャッチボールにより，酸素を受け取ることができる。

問 5 体積に対する表面積の比が大きくなれば，表面からの気体の出入りが容易になる。酸素の出入りに触れるだけでもよいが，赤血球中には二酸化炭素を血しょうに溶けやすくする酵素（炭酸脱水酵素）も存在するため，できればその点にも触れたい。

解答

問 1　アｰ分化　　イｰ組織　　ウｰ骨髄
問 2　ミトコンドリア，ゴルジ体，中心体，リソソームなどから 3 つ
問 3　4×10^3 倍
問 4　(1) 33 または 32 %　　(2) 3×10^2 mL
　　　(3) (ア) (a) 上昇　(b) 上昇　(c) 低下
　　　　　(イ) 活発な呼吸が行われている組織では，多くの酸素を受け取れる。
　　　(4) (ア) 酸素が不足するとミオグロビンが酸素を離すため，持続的な運動ができる。
　　　　　(イ) 特に酸素分圧が低い条件で，ヘモグロビンと酸素の結合を阻害する。
　　　(5) (ア) 成人
　　　　　(イ) 胎盤で母体ヘモグロビンが離した酸素と結合できる。
問 5　酸素（や二酸化炭素）が出入りしやすくなる。

30 次の文を読み，下記の問いに答えよ。

　(美しい御婦人は) 十二時の時が打つと逃げ出され，あまり慌(あわ)てなさったので，世にも美しい小さなガラスの靴の片方を落として行かれた，王子様はそれをお拾いになり，舞踏会が終わるまで，そればかり眺めていらした，きっとあの小さな靴の持主の美しいおかたにすっかり恋をしてしまわれたわ，と答えました。

　姉たちの話は本当でした。というのは，王子は，それからなん日も経たないうちに，あのガラスの靴にぴったり足の合う女性を妻に迎えると，ラッパを鳴らして触れ廻らせたからです。(中略) サンドリヨンを坐らせ，小さな足に靴を近づけてみると，難なくはけて，まるで蠟(ろう)で型をとったようにぴったりしていることがわかりました。

　　　　　　　　(『ペロー童話集』「サンドリヨン　または　小さなガラスの靴(くつ)」，新倉朗子訳)
(注) フランス語の「サンドリヨン」を英語読みしたのが「シンデレラ」。

　王子が靴を手掛かりにシンデレラを捜そうとしたのは，この靴がシンデレラ以外のだれにも合わず，シンデレラの足だけに「蠟で型をとったように」合うと確信していたためである。このように，特定のものの間だけに適合する関係を，生物学では，　ア　的な関係とよぶ。1)このような関係は，さまざまな生命現象において重要な役割を果たしており，免疫現象においても重要な意義をもつ。リンパ球のうち，　イ　とよばれる細胞は，活性化すると特定の抗原と　ア　的に結合する2)抗体を細胞外へ分泌するようになる。

　シンデレラという個人を，ガラスの靴と適合する足をもつことによって特定できるのと同様に，ある細胞が特定の個人(個体)の細胞であることは，細胞に存在するMHCとよばれる膜タンパク質によって特定できる。MHCの型はきわめて多様性に富み，3)他人が同じ型のMHCをもつ確率はごく低いためである。

　MHCは，免疫現象においてきわめて重要な役割をもち，2つのタイプが存在する。その一つは免疫系の細胞の情報伝達に関係するものであり，　ウ　などの抗原提示細胞は，細胞内に取り込んだ異物の断片をMHCの中から表面に出し，侵入した異物を　エ　に提示する。　エ　の指令によって　イ　は抗体産生細胞となり，4)抗原抗体反応によって異物が排除される。

　もう一つのタイプのMHCは，全身のあらゆる細胞に発現しているものである。ウイルスなどの感染を受けた細胞は，細胞内に侵入した異物の断片をMHCの中から表面に出し，これを認識し，結合した　オ　は，感染を受けた細胞を破壊する。なお，これらの免疫現象は，特定の細菌，ウイルスなどに対して高い　ア　性をもつが，5)自然免疫に関与する細胞は特定の細菌などと　ア　的に応答するわけではなく，多くの病原体などに広く応答する。しかし，これらも生体防御において重要な役割を果たしている。

問1 文中の空欄 ア ～ オ に適する語を答えよ。

問2 次の(1)～(4)は，文中の下線部1)のような場面の例である。それぞれの現象に見られる ア 的結合について，それぞれ1行程度で説明せよ。ただし，説明文中において， ア 的結合は単に結合と表現してよい。
(1) デンプンを分解するアミラーゼは，タンパク質は分解しない。
(2) 飢餓状態の大腸菌の培地にラクトースを加えると，リプレッサーのはたらきが変化し，ラクトースオペロンが発現するようになる。
(3) カイコガの雄は，視覚を失わせても，カイコガの雌に誘引される。
(4) 甲状腺刺激ホルモンは，全身に運ばれるが，甲状腺だけが応答する。

問3 下線部2)の抗体について。抗体分子の最も代表的なものであるIgGは，2本のL鎖と2本のH鎖からなり，可変部のアミノ酸配列は多様性に富む。
(1) IgGの模式図を描き，図中に次の部分を示せ。
    H鎖   L鎖   可変部   定常部   S-S結合
(2) 利根川進らの研究の結果，可変部は，V, D, Jとよばれる遺伝子群によってつくられることが明らかになった。リンパ球が成熟すると多様な可変部をもつ抗体をつくるようになるしくみについて2行以内で説明せよ。

問4 下線部3)のMHCについて。MHCの型が異なるA系統の純系マウスの皮膚をB系統の純系マウスに移植したところ，10日間で脱落した。
(1) このB系統マウスに再度A系統のマウスの皮膚を移植したところ，5日間で脱落した。脱落までの時間が短くなった理由を2行以内で説明せよ。
(2) B系統のマウスの体内に，胎児段階でA系統の胎児の細胞を移植した後，出生後にA系統の皮膚を移植すると，どのような結果が得られると考えられるか。理由とともに2行程度で説明せよ。

問5 下線部4)の抗原抗体反応について。抗原と抗体は一定の量比（適合比）のときに肉眼でも確認できる大きな凝集体を形成する。例えば，抗原Aと抗A抗体を寒天上の少し離れた位置に置くと，抗原，抗体の拡散により，適合比になる位置に明瞭な沈降線が確認できるようになる（図1）。

図2のような配置で，さまざまな抗体の混合物，抗原A，抗原Aと同じ抗原であることが疑われている抗原X，抗原Yを置いたところ，図のような沈降線が見られた。抗原Aと同一抗原と考えられるのは，X, Yのどちらか。

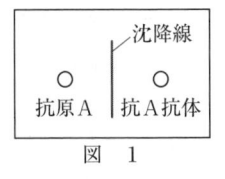

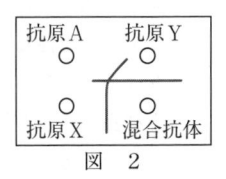

問6 下線部5)について。問1 ウ で答えた細胞以外で，このような機能に関係する細胞の名称を3つ挙げよ。

> 解説

問1　獲得免疫（適応免疫）のしくみに関する問題。抗原提示細胞からの抗原提示を受けたヘルパーT細胞はB細胞の抗体産生細胞への分化や，キラーT細胞（細胞障害性T細胞）の活性化を促進し，獲得免疫における指令センターの役割をしている。ヒト免疫不全ウイルス（HIV，エイズウイルス）はヘルパーT細胞に感染するため，エイズが発症すると，免疫能力が著しく低下し，通常は人体では増殖しないような菌類，細菌類，ウイルスなどの増殖（日和見感染）が引き起こされる。

問2　(1)　酵素の基質特異性。（⇨参 p.17）

(2)　ラクトースの作用により，ラクトースオペロンが特異的に発現するのは，ラクトースオペロンのリプレッサーにラクトース（に由来する物質）が結合し，リプレッサーがオペレーターに結合できなくなるためである。（⇨参 p.55）

(3)　性フェロモンは同種の異性個体を特異的に誘引する化学物質である。カイコガの雄は雌が腹端から放出した性フェロモンを触角で受容して方向を感知するため，視覚を失わせても雌のいる方向を受容できる。（⇨参 p.125）

(4)　ホルモンによる情報伝達は，ホルモンと受容体の間の特異的結合によって起こる。この特異性の結果，ホルモンは全身に運ばれても，特定の標的細胞のみに作用する。（⇨参 p.148）

問3　(1)　主要な抗体であるIgGの模式図は描けるようにしておきたい。可変部のうち，L鎖とH鎖が並んだ部分の先端が抗原結合部位であり，この部分の多様性によって多様な抗原と結合できる。抗原結合部位が2カ所あるため，ちょうど両手で抗原同士を結び付ける形になる。

(2)　利根川進が発見した，多様な可変部遺伝子をつくるしくみ。スプライシングのようなRNAの切断ではなく，DNAを切断するため，細胞が保持している遺伝子そのものが変化する。発生と細胞分化に関する「保持している遺伝子は同じだが，発現する遺伝子が変化する」という原則に対する数少ない例外である。

問4　(1)　細胞性免疫の例であるが，二次応答であることを説明すればよい。

　　もともと免疫という語は，二次応答の原因である免疫記憶現象，すなわち，一度罹った疫病の感染を免れることに由来する。ジェンナーは，フィップスという牧童に牛痘を接種し，2カ月後に天然痘そのものを接種したという。現在では決して許されそうにない人体実験であるが，かくして種痘法が確立された。予防接種に用いる材料をワクチンとよぶのは，牛痘（ワクシニア）にちなんでパスツールが命名したものである。牛痘ウイルスは天然痘ウイルスと同じ抗原決定基（エピトープ）をもち，かつ，ヒトに対する病原性はほとんどないため，牛痘によってつくられた免疫記憶が天然痘に対しても有効で，ワクチンとして利用できた。パスツールはその後，ニワトリに感染するコレラ菌を長期間培養し，弱毒化した菌を得た。突然変異

によって病原性が消失しても，抗原性に関係する部分が同じであれば，ワクチンとして利用できる。
　(2)　免疫寛容とよばれ，自己の細胞を攻撃するリンパ球が不活性化される現象。
問5　寒天上で抗原と抗体が拡散して濃度勾配が形成され，抗原と抗体が適合比になる位置に沈降線が形成される。図2を見ると，抗原Aと抗原Xの間の沈降線は交わることなく，つながっているのに対し，この沈降線と，抗原Yの周辺の沈降線は交差している。抗原Aと抗原Xは同じ抗原のため，2カ所から拡散している同じ抗原の合計の濃度と，抗体の濃度比の関係で沈降線ができたと考えられる。他方，抗原Aと抗原Yは別の抗原のため，別々に沈降線ができたと考えられる。
問6　自然免疫には白血球などのリンパ系細胞だけでなく，炎症反応，インターフェロン，補体なども関係している。3種の細胞という要求であるから，単球，顆粒球（好中球，好酸球，好塩基球）などを答えても正解ではあるが，問1の ウ で答えたもの以外から，可能な限り性格の異なる細胞を答えておきたい。

解答

問1　ア－特異　　イ－B細胞(Bリンパ球)　　ウ－樹状細胞(またはマクロファージ)
　　　エ－ヘルパーT細胞　　オ－キラーT細胞（細胞障害性T細胞）
問2　(1)　アミラーゼは活性部位でデンプンと結合し，タンパク質とは結合しない。
　　　(2)　ラクトース（に由来する物質）がリプレッサーに結合すると，リプレッサーはオペレーターに結合できなくなる。
　　　(3)　カイコガの雄の触角には，雌の分泌する性フェロモンと結合する受容体が存在する。
　　　(4)　甲状腺の細胞表面のみに甲状腺刺激ホルモンと結合する受容体が存在する。
問3　(1)

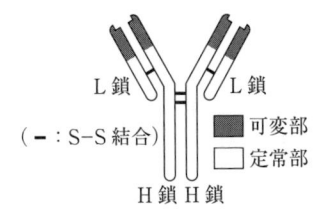

L鎖　L鎖
（－：S-S結合）
■可変部
□定常部
H鎖　H鎖

　　　(2)　B細胞の成熟過程で，V，D，Jそれぞれの遺伝子断片群の中から細胞ごとにランダムに特定の遺伝子断片が1つずつ選ばれ，その細胞の可変部遺伝子となる。選ばれなかった遺伝子断片は切断・除去される。
問4　(1)　最初の移植時は一次応答によって脱落に10日を要したが，次の移植時にはA系統マウスに対する免疫記憶の成立による二次応答で早く脱落した。
　　　(2)　B系統のマウスの免疫系が成熟する前の段階でA系統の細胞が体内に存在したため，A系統を攻撃するリンパ球は禁止クローンとなり，A系統の皮膚は脱落しない。
問5　X
問6　顆粒球などの白血球，NK細胞，マクロファージ（または樹状細胞）

31 高校生の駿一君の叔父が突然苦しみだし，救急車で病院へ運ばれた。その後の会話である。この文を読み，下記の問いに答えよ。

駿一：叔父さん。痛みは少し治まった？

叔父：すまんなあ。驚かせてしまって。尿道結石だったらしい。心配かけて本当に悪かったな。おかげさまで石は体外へ出たからもう大丈夫だ。石が出るときに血尿が出ていたので念のために検査を受けたよ。

駿一：血尿って，尿に赤血球が出たってことでしょう。赤血球は本来尿には全く含まれないはずだから 1)腎臓のろ過機能が悪くなっているんだね，きっと。

叔父：いや，石が移動するときに尿管を傷つけて出血した可能性もあるだろう。健康なヒトの尿中にはない成分が尿中に検出される原因は腎臓であるとは限らないが，医者は 2)腎臓の機能が正常か，あるいは，3)機能は正常だがその処理能力を越えた状況にあるのかなど，あれこれ疑って検査してみるものさ。

駿一：4)肝腎要（かんじんかなめ）というくらいだから，腎臓は大事だよね。お大事に…。

問1　下線部1)について。
　(1)　腎臓の機能単位をあらわす語を答えよ。
　(2)　(1)の中のろ過に関係する部位の名称を「AとBを含むC」の形で答えよ。

問2　下線部2)について。
　(1)　図A〜Dは問1(1)で答えた構造の中での血中成分の移動を矢印で表した模式図である。腎臓の機能が正常な場合，次のア〜エの血中成分がたどるルートは図A〜Dのどれに該当するか。図の記号で答えよ。ただし，図B〜Dについてはろ過された分のみを表現しており，図C・Dの分岐は，多い方を実線で表現している。必要ならば(2)の計算結果も考慮せよ。

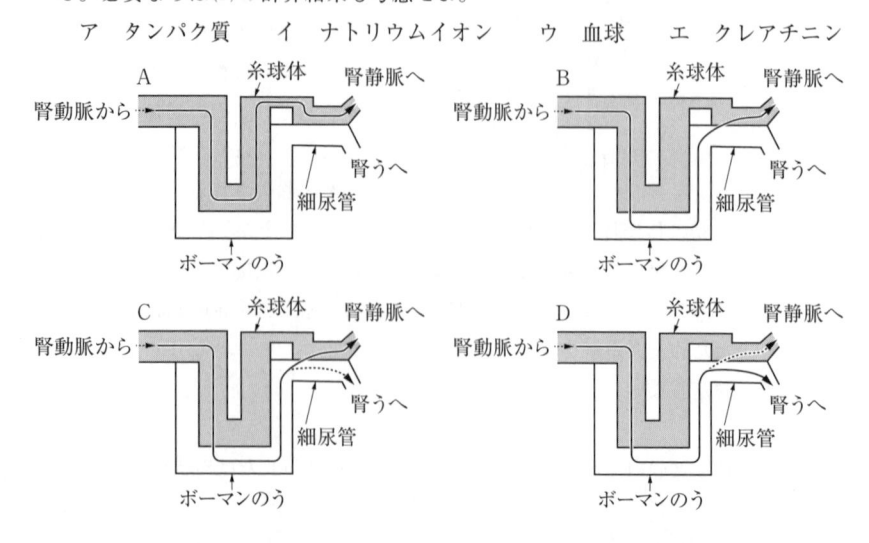

　　ア　タンパク質　　イ　ナトリウムイオン　　ウ　血球　　エ　クレアチニン

(2) 右の表は，腎臓が正常な機能を維持している状態での血しょう，原尿，尿中における3つの窒素化合物と，検査のために注射したイヌリンの濃度を示したものである。表を参考に，[1]～[8]に適する語や数値（四捨五入して小数第1位まで）を答えよ。

表

	血しょう	原尿	尿
クレアチニン	0.010	0.010	0.75
尿酸	0.040	0.040	0.50
尿素	0.30	0.30	20.0
イヌリン	0.10	0.10	12.0

（単位は mg/mL）

腎臓の機能が正常かどうかの判断の際，クリアランス値（C，清掃率，浄化値）が指標として用いられることがある。

この値は，Uをある物質の尿中濃度，Pをある物質の血しょう中濃度，Vを単位時間あたりの尿量として，$C=\dfrac{UV}{P}$で与えられる。ろ過されるが全く再吸収されない物質のクリアランス値は，単位時間当たりに生成する原尿の量（ろ過量）に等しく，尿量は1mL/分とすると，表中の[1]の値をもとに[2]mL/分と求められる。

表中の物質のうち，クリアランス値が最も高い窒素化合物は[3]で，クリアランス値は約[4]mL/分である。表中で最も再吸収率が高い窒素化合物は[5]で，約[6]％である。水は99％以上が再吸収されており，水の再吸収は[7]から分泌される[8]によって促進されている。

問3　下線部3)について。右のグラフは健康なヒトの血中グルコース濃度とグルコースのろ過量，排出量の関係を示したものである。
　(1) グルコース濃度とグルコースの再吸収量の関係をあらわす曲線を図中に描け。
　(2) 血糖値が健康なヒトの何倍に上昇すると尿中に糖が出るか。整数値で答えよ。

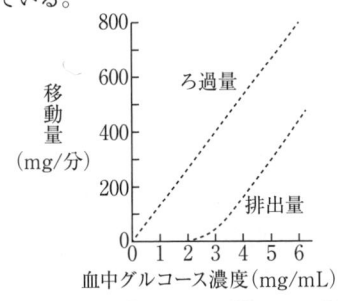

問4　下線部4)について。「肝腎要」は「肝心要」と書くことが多いが，肝臓には，腎臓と関係の深いもののほか，さまざまな機能がある。
　(1) 主な窒素排出物の生成に関係する反応経路の名称を答えよ。
　(2) 血中グルコース濃度と関係の深い肝臓の機能を1つ挙げよ。
　(3) (1),(2)で挙げた以外の肝臓の機能を3つ挙げよ。

問5　ヒトの場合，腎臓は老廃物の排出とともに体液濃度の調節に重要な役割を果たしているが，魚類の中には腎臓の機能はあまり発達せず，別の器官が体液濃度の調節に重要な役割を果たしている場合がある。
　(1) このような魚類とは，海産硬骨魚，淡水産硬骨魚のうちのどちらか。
　(2) (1)の魚類における「別の器官」の名称とはたらきについて1行で説明せよ。

解説

問1　腎臓の機能単位であるネフロン（腎単位）は，腎小体（マルピーギ小体）と，それに引き続く細尿管（尿細管，腎細管）からなる。腎小体は，毛細血管が糸玉状になっている糸球体とそれを取り囲む袋状のボーマンのうからなる。ネフロンは1対の腎臓の片方だけで約100万もあるが，そのうち6〜10％程度の機能だけで十分という大きな予備能をもつ。事故などで片方の腎臓を失ったり，移植への提供などで一方を除去すると，機能しているネフロンの割合が増加し，残った腎臓が肥大する。

問2　(1)　ネフロンに流入した血液は，「ろ過」と「再吸収」という2つの過程を経て老廃物が除去される。「糸球体からボーマンのうまで」については，タンパク質と血球は大きいのでろ過されず，腎静脈を経て再び体内を循環するルートに戻る。他方，ナトリウムイオンやクレアチニンは分子が小さいため糸球体からボーマンのうへとろ過される。血液中の成分のうち，ろ過された成分を含むのが原尿である。

次に「ボーマンのうから細尿管を経て腎うへ」については，原尿中のナトリウムイオンは通常水と同じ割合（約99％）で再吸収される。クレアチニンはクレアチンリン酸の分解産物としての排出物であり，(2)の計算結果（再吸収率37.5％）から，排出される割合の方が大きいことがわかる。なお，グルコースは健康なヒトではすべて細尿管でエネルギーを用いて再吸収され，尿中には排出されない。

(2)　[1]，[2]：イヌリンはろ過されるが全く再吸収されないため，

原尿量×原尿中（＝血しょう中）イヌリン濃度＝尿量×尿中イヌリン濃度

という関係が成り立つ。この式の両辺を原尿中（＝血しょう中）イヌリン濃度で割れば，左辺は原尿量，右辺はイヌリンのクリアランス値となり，表中の値と，尿量1mL/分から原尿量が求められる。

[3]，[4]：一部再吸収が起こる物質Xについては，次の式が成り立つ。

原尿量×原尿中（＝血しょう中）X濃度＝Xの再吸収量＋尿量×尿中X濃度 …＊

この式の両辺を原尿中（血しょう中）X濃度で割ると，次の式が得られる。

$$原尿量 = \frac{Xの再吸収量}{原尿中（血しょう中）X濃度} + Xのクリアランス値$$

上の式の中の分数式は，Xの再吸収量に対応する原尿量であり，クリアランス値はXの排出量に対応する原尿量である。クリアランス値は，物質Xに関して，腎臓がどのくらいの量の原尿（血しょう）を「清掃」したかを示す値であり，腎臓の機能状況を知るのに利用できる。与えられた式と数値をもとにクリアランス値を計算すると，クレアチニン75.0が最大で，以下，尿素66.7，尿酸12.5となる。

腎臓の機能を調べる生化学検査の1つとしてクレアチニン・クリアランスがあり，これが一定値以下であると，体外に排出すべき老廃物が過剰に体内に残ってしまうことで発症する尿毒症などの可能性が疑われる。

31 参考書編 ⇨ p.140〜p.145

5 , 6 ：再吸収率とは，原尿量（ろ過量）に占める再吸収量の割合であり，クリアランス値，濃縮率が最も小さい尿酸の再吸収率が高いと考えられる（ 5 ）。再吸収率は原尿量とクリアランス値から求められるが，式*に戻って計算するのが確実だろう。原尿量はイヌリンから求めた値を用いる。尿酸に関する式*は，次の通り。

$$120(mL/分) \times 0.04(mg/mL) = 尿酸の再吸収量 + 1(mL/分) \times 0.50(mg/mL)$$

尿酸は 4.8(mg/分) 中，4.8 − 0.5 = 4.3(mg/分) 再吸収されており，再吸収率は 89.6 %（ 6 ）。他の物質の再吸収率も同様に計算すると，クレアチニン 37.5 %，尿素 44.4 % となる。ヒトの腎臓は尿酸を捨てるのが得意でないようである。

7 , 8 ：体液の浸透圧は，主にバソプレシン（抗利尿ホルモン）によって調節されている。例えば大量に汗をかいて体内の水分量が減少した場合，バソプレシンの分泌量は増加し，尿量は減少する。

問3 (1) 再吸収されなかった分は尿中に排出され，2つの曲線の差が再吸収量。
(2) 排出が起こり始める血しょう中のグルコース濃度は 2 mg/mL であるが，健常者の血糖値は 1 mg/mL 程度である。

問4 肝臓の機能は多岐にわたるが，「肝臓は三大栄養素のすべての代謝に関係する」という原則から導き出すことができる。

問5 (1) 魚類の窒素排出物であるアンモニアは主にえらから拡散する。海産硬骨魚の尿の浸透圧は体液と同程度なので，腎臓の排出における重要性は小さい。淡水魚の腎臓は薄い尿を多量に排出し，体液の浸透圧を維持している。
(2) 海産硬骨魚の体液浸透圧の調節には，えらからの塩分排出が重要。

◆ 解答 ◆

問1 (1) ネフロン（腎単位）
(2) 糸球体とボーマンのうを含む腎小体（マルピーギ小体）

問2 (1) ア：A　イ：C　ウ：A　エ：D
(2) 1 − イヌリン　2 − 120.0　3 − クレアチニン　4 − 75.0
5 − 尿酸　6 − 89.6　7 − 脳下垂体後葉　8 − バソプレシン

問3 (1)

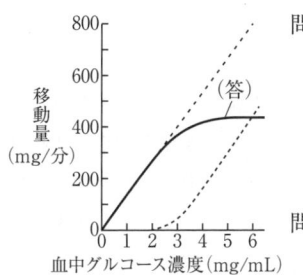

問4 (1) 尿素回路（オルニチン回路）
(2) グリコーゲンの合成・貯蔵・分解
(3) 解毒作用，タンパク質合成，胆汁合成，赤血球の破壊，脂溶性ビタミンの貯蔵，発熱，血液の貯蔵などから3つ。

問5 (1) 海産硬骨魚
(2) えらから塩分を積極的に排出する。

(2) 2倍

32 次の文を読み，下記の問いに答えよ。

　ぼくは，いつものように，小川の流れの中を，はだしになって歩いた。水音をたてないように，静かに進んでいくと，川がまがって，その先に段々岩が明るくぽっかりと見えてくる。そこまできたとき，ぼくは，思わずぎょっとして立ち止まった。
　ひとりの女の子が，岩の上にすわって人形のようにじっと動かずにいた。
　ぼくは，二，三歩，もとへもどりかけたが，すぐに思いかえした。
　あんなやつに，小山にはいられてたまるもんか。そう考えて，こんどは口ぶえをふき，水音をわざと高くあげながら，近づいていった。
　女の子は，気がついて，岩の上にぼう立ちになった。そして，1)目をまるくして，ぼくの顔を見つめた。
　「きみ，だれときたの。」「どっちからきたの。」
　かさねて聞くと，だまって手をあげて指さした。
　そのとき，それまで一ことも口をきかなかった女の子は，足もとを見て，おどろいたようにつぶやいた。
　「くつがない。片っぽしかない。」
　そして，一つだけ岩の上にのこっていた赤い運動ぐつをひろいあげ，あわてたようにあたりをさがしはじめた。
　「なくんじゃないよ。きっとさっき立ったときに，落っこって流されたんだ。ぼくがさがしてきてやるから待っているんだよ。」（中略）「あった，あった。」
　水しぶきをあげて，くつにかけより，手をのばした。そして，2)思わずその手をひっこめた。小さい赤い運動ぐつの中には，虫のようなものが，ぴくぴくと動いているのに気がついたからだ。
　しかし，それは虫ではなかった。3)小指ほどしかない小さな人が，二，三人のっていて，ぼくに向かって，かわいい手をふっているのを見たのだ。

（佐藤さとる『だれも知らない小さな国』）

問1　下線部1)について，女の子は，「ぼく」の存在に気づき，自律神経の機能により，眼球に変化があらわれたと考えられる。
　(1)　自律神経の機能と関連させながら，女の子の眼球に起こった変化を1行で説明せよ。
　(2)　この自律神経の末端から分泌される主要な神経伝達物質の名称を答えよ。
　(3)　この自律神経によって起こると考えられる他の変化を次からすべて選べ。
　　(ア)　心臓の拍動の促進　　(イ)　消化液の分泌の促進　　(ウ)　血圧の低下
　　(エ)　血糖値の低下　　(オ)　気管支の拡張　　(カ)　皮膚の血管収縮
　　(キ)　立毛筋の収縮　　(ク)　発汗の促進

問2　下線部2)の応答は，熱いものに触れたときに思わず手を引き込める応答とはか

なり異なる。これらの応答の違いについて説明した次の文中の空欄 ア ～ エ に当てはまる語（ ウ は，括弧内の用語から選べ）を答えよ。

　熱いやかんに触れた場合，指の温度受容器の興奮は，感覚神経の通路である ア から脊髄に入り，脳を経由せずに イ を通って脊髄から出る運動神経に伝わって腕の筋肉の収縮が引き起こされる。そのため，熱いと感じる前に手が引っ込む。

　他方，「ぼく」の眼からの情報は，まず，視神経を介して大脳皮質の ウ （前頭葉，頭頂葉，側頭葉，後頭葉）に存在する視覚中枢へと伝わる。大脳皮質は，機能上，感覚野， エ 野，運動野に分けられるが，視覚中枢に生じた像は エ 野に伝えられ，虫のようなものがいるという判断を引き起こした。そのことによる驚きや危険の予知に基づく神経興奮が，大脳から脊髄を経て運動神経に伝わったため，筋肉の収縮が起こり，手を引っ込めたのである。

問3　下線部3)の小さな人は，北海道の伝説に登場するコロボックルである。コロボックルがヒトと同じ生理作用を備えていると仮定すると，体温調節に関して大きな困難が存在すると考えられる。
　(1) 体温調節機構の一つは，放熱量の調節機構である。皮膚からの放熱量を減少させる機構と関連の深い応答を，問1(3)の(ア)〜(ク)から2つ選び，その記号とともに，その応答が放熱量の減少に関係する理由をそれぞれ1行で説明せよ。ただし，ヒトでは有効に機能していないものも含めること。
　(2) 体温調節機構のもう一つは，体内での発熱量の調節である。体内での発熱量の上昇と関係のある応答を，問1(3)の(ア)〜(ク)から2つ選び，その記号とともに，その応答が発熱量の上昇に関係する理由をそれぞれ1行で説明せよ。
　(3) 発熱量の調節には，各種の内分泌腺からのホルモンも重要である。特に，甲状腺から分泌されるホルモンと，副腎から分泌される2種のホルモン（糖質コルチコイド，アドレナリン）は，体温調節に関係が深い。
　　(ア) 甲状腺ホルモンについて，その名称を挙げ，このホルモンの体温調節に関係の深いはたらきについて簡潔に説明せよ。
　　(イ) 甲状腺ホルモンの分泌調節について，「甲状腺ホルモンの分泌が低下すると」に続く3行以内の文を答えよ。
　　(ウ) 糖質コルチコイドとアドレナリンを比較すると，標的細胞における受容体の存在する位置や応答が異なる。これらの違いについて，3行以内で説明せよ。
　(4) コロボックルの形はヒトと完全な相似形で，身長が約50分の1とする。コロボックルの体表面積を体積で割った値（体積表面積比）はヒトの何倍になるか。
　(5) コロボックルの体温調節の困難さとは，どのようなことか。(4)で求めた値をもとに，2行以内で説明せよ。

● 解説

問1　下線部の「目をまるくして」とは，瞳孔が散大した状態と考えられる。これは虹彩に放射状に存在する筋肉が収縮し，内部の孔である瞳孔を開かせる反応であり，交感神経の興奮によって起こる。交感神経の神経伝達物質は一般にノルアドレナリンである。交感神経が優勢な状態は，エネルギーを使って活発に活動している状態に対応し，(3)の正解以外の選択肢(イ)，(ウ)，(エ)は副交感神経の興奮で起こるが，(ウ)は脳下垂体後葉からのバソプレシンの分泌低下でも起こる。(ク)の発汗の促進は，通常交感神経は体温を上昇させる場面で興奮が高まるため，逆のように感じられるかもしれない。皮膚への副交感神経の分布は確認されておらず，副交感神経的な作用をもつ交感神経によるものである。

問2　熱いやかんにうっかり触れた場合，「熱い」と感じる以前に手が引っ込む。大脳皮質を経由せず，脊髄を中枢とする反射である。(⇨ 参 p.119)

　「ぼく」が「思わずその手をひっこめた」のは，このような脊髄反射とは異なる。眼の網膜の多数の視細胞の興奮によって大脳皮質の後頭葉にある視覚野で外界の像ができ，今まで見たことのない小さなヒトであることが連合野によって認識され，驚き，危険を察知して手を引っ込めたのである。この点が理解されていれば，ウ，エ は解決できるはずである。(⇨ 参 p.117)

問3　(1)　低温刺激が皮膚の温度受容器（冷点）や血液温度の低下を介して視床下部に伝えられ，交感神経を介した皮膚の血管収縮，立毛筋の収縮などが起こる。

(2)　熱発生量の増加とは，肝臓，筋肉などでの代謝の促進が中心である。(ア)による血液循環の促進や，(オ)によるガス交換の促進は，共に代謝，特に呼吸促進に関係が深い。もちろん，選択肢にあれば，呼吸基質である血糖を増加させることや，チロキシンによる代謝促進も正解となる。発熱量の増加には交感神経のほか，甲状腺からのチロキシン，副腎皮質からの糖質コルチコイド，副腎髄質からのアドレナリンも重要。

(3)　(ア)　甲状腺から分泌されるホルモンであるチロキシンは，ヨウ素を含む芳香族アミノ酸であり，機能的には代謝の促進，カエルのオタマジャクシの変態，鳥の換羽など，さまざまな作用をもつ。

(イ)　ホルモンの分泌調節のしくみである。負のフィードバックに関する理解が問われている。なお，チロキシンは視床下部のみでなく，脳下垂体前葉でも感知され，直接甲状腺刺激ホルモンの分泌量が変化する場合もあるが，ここでは調節経路の全体に触れる意味で，視床下部へのフィードバックについて触れておきたい。

(ウ)　ホルモンは，化学的にチロキシン，アドレナリンなどはアミノ酸ないしその誘導体，副腎皮質ホルモンや性ホルモンなどはステロイド（脂質）であるが，それら以外はペプチド（タンパク質）からなる。ペプチドホルモンを経口投与した場合，

消化酵素によって分解され，アミノ酸として吸収されるため，効果はない。細胞膜を透過するチロキシンやステロイドホルモンは，経口投与で効果がある。

チロキシンやステロイドホルモンの受容体は細胞内に存在し，受容体とともに遺伝子発現の調節因子となる場合が多い。アドレナリンやペプチドホルモンの受容体は細胞表面に存在する。受容体にホルモンが結合した情報は細胞内に伝達される。この際，細胞内でできる情報伝達物質がセカンドメッセンジャーである。

(4) 長さが $\frac{1}{50}$ で相似形であれば，表面積は $\left(\frac{1}{50}\right)^2 = \frac{1}{2500}$，体積は $\left(\frac{1}{50}\right)^3 = \frac{1}{125000}$ である。したがって，$\frac{1}{2500}$ を $\frac{1}{125000}$ で割った 50（倍）が解答となる。

(5) (4)の計算は，この問題を考えるための準備である。熱の放散は表面で，熱の発生は体内で起こるのであるから，(4)で求めた比は，熱発生量に対する，熱放散量の比と見なせる。コロボックルのようなヒトが存在した場合，ヒトの50倍も熱が逃げやすく，体温調節が困難であることが想定される。北海道の伝説としては，小さなコロボックルより，巨大な雪男の方が現実味はあるかもしれない。コロボックルが変温動物で，冬は冬眠してしまうのであれば話は別であろうが。

◆ 解答

問1 (1) 交感神経のはたらきにより，瞳孔が散大した。
    (2) ノルアドレナリン
    (3) (ア)，(オ)，(カ)，(キ)，(ク)

問2 ア－背根（後根）　イ－腹根（前根）　ウ－後頭葉　エ－連合

問3 (1) (カ) 皮膚の血液温度の低下による全身の体温低下を防ぐ。
        (キ) 毛の断熱層を厚くし，皮膚からの放熱を防ぐ。
    (2) (ア) 血流を速め，酸素や呼吸基質の運搬を促進する。
        (オ) 肺胞でのガス交換量を増やし，呼吸を促進する。
    (3) (ア) チロキシン，代謝を促進する。
        (イ) 間脳視床下部が感知し，間脳視床下部からの甲状腺刺激ホルモン放出ホルモンの指令によって脳下垂体前葉から甲状腺刺激ホルモンの分泌が促進され，甲状腺ホルモンの分泌が促進される。
        (ウ) 糖質コルチコイドは細胞膜を透過して細胞内の受容体に結合して作用するが，アドレナリンは細胞膜の受容体に結合し，（Gタンパク質を介して）細胞内のセカンドメッセンジャーの作用を引き起こす。
    (4) 50倍
    (5) 体内で発生する熱量に対して，体表から放散する熱量がヒトの50倍大きいため，体温の維持に体内での大量の熱発生が必要となる。

33
高校生のまおさんは祖母に付き添って病院へ行った。まおさん・祖母・医師の3人の会話を読み，下記の問いに答えよ。

祖母：やれやれ，私は朝ご飯抜きだから 1)おなかがすいて倒れそうですよ。
まお：おばあちゃんったら。もうすぐだから……ね。
医師：おまたせしました。検査の結果が出ました。糖尿病の疑いがありますね。
祖母・まお：え，まさか……。
まお：先生，祖母は最近喉が渇いてついお水をたくさん飲んでしまうと言っていました。腎臓が悪いのではないのですか。
医師：腎機能は正常範囲内でしたから心配ないでしょう。喉が渇く理由をご説明しますと　A　。次回に 2)詳しい検査をして，今後の治療方針をお示ししましょう。
まお：血糖調節のしくみは生物で勉強しましたが，糖尿病については高血糖状態が持続すること以外全く知りません。実際，どのような病気なのでしょうか。
医師：健康な人の場合，高血糖状態の解消は次のような順序で進行します。
　　1．インスリンが分泌され血流に乗って運ばれる。
　　2．インスリンが標的細胞膜の受容体と結合する。
　　3．2がきっかけとなって，グルコース輸送体が標的細胞膜に移動し，細胞内にグルコースが取り込まれる。
　　4．3の取り込みの結果，血中のグルコースは減少する。
糖尿病の場合，この過程が進行しないことが問題です。つまり，高血糖状態が標的細胞へのグルコースの　B　を招くどころか，標的細胞での　C　が起こっていることが問題なのです。

問1　下線部1)について。空腹時にはすい臓ランゲルハンス島から別のホルモン（ホルモンa）が分泌され，インスリンの分泌は低下するが，停止はしない。
　(1)　ホルモンaと，ランゲルハンス島におけるその分泌細胞の名称を答えよ。
　(2)　ホルモンaが血糖値を上昇させるしくみについて，1行で説明せよ。
　(3)　ホルモンaと同様の作用で血糖値を上昇させるホルモン（ホルモンb）と，その分泌部位の名称を答えよ。
　(4)　ホルモンbの分泌部位の近くには，別のしくみで血糖値を上昇させる機能をもつホルモンcを分泌する部位が存在する。
　　(ア)　ホルモンcとその分泌部位の名称を答えよ。
　　(イ)　ホルモンcが血糖値を上昇させるしくみについて，1行で説明せよ。
　　(ウ)　ホルモンbとホルモンcの分泌調節の違いについて，2行以内で説明せよ。
　(5)　医師の説明を参考に，血糖値が低下している空腹時でもインスリンの分泌が停止しないことの意義を1行で説明せよ。

問2　下線部2)について。検査の一つである糖負荷試験では，被験者は通常14時間程度の絶食後，最初の採血を受ける。次に75gのグルコース溶液を飲み，その後30分ごとに2～3時間後までの数回の採血により，グルコース濃度とインスリン濃度の測定が行われる。糖尿病にはインスリンの分泌量が少ないⅠ型と，インスリンの効力が低いⅡ型がある。医師が糖負荷試験の結果から，Ⅱ型の可能性が高いと判断するのはどのような場合か。次のA～Cの中で最も当てはまるものを1つ選んで記号で答えよ。

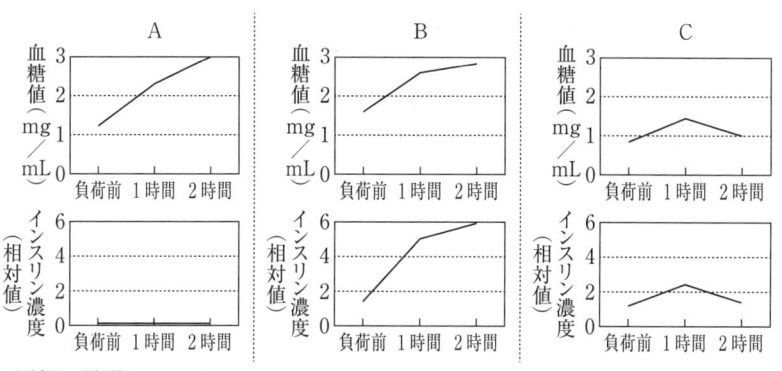

問3　医師の説明について。
(1) 次の文中の空欄 ア ～ エ に腎臓の部位とはたらきを含む短文を補い，糖尿病が喉の渇きにつながることに関する医師の説明 A を完成させよ。
［説明 A ］
　　グルコースは血しょうタンパク質と異なり，ネフロンを構成する ア される物質であり，尿素，無機塩類などと異なり， イ される物質である。しかし，高血糖状態では， イ することができなくなり，原尿中に糖が残る。そのため，副腎皮質からの鉱質コルチコイドの作用によって ウ が起こった後の集合管内液の浸透圧は，健常者よりもかなり高くなる。他方， エ は，脳下垂体後葉から分泌されるバソプレシンの作用によって集合管壁の細胞の水の透過性が上昇することで起こるが，集合管内の浸透圧が高いと，集合管内外の浸透圧差が小さいため，水が集合管外へ透過しにくく，尿量は多くなる。その結果，脱水状態が中枢に感知され，喉の渇きの感覚を引き起こす。

(2) B と C について。医師の説明中にあった1～4を参考に，適する語を次の(ア)～(エ)の中から各々1つ選んで記号で答えよ。
　　(ア) 生産不足　　(イ) 過剰消費　　(ウ) 消費不足　　(エ) 過剰供給

(3) 医師が高血糖状態の解消のしくみとして説明したものは，インスリンの作用の一部であり，インスリンが高血糖状態を解消する作用にはもう一つ重要なものが存在する。このしくみについて，1行で説明せよ。

> 解説

問1 (1)はすい臓のランゲルハンス島（膵島）のA細胞から分泌されるグルカゴンであり，グルカゴンは(2)のグリコーゲンの分解を促進することを通じて血糖値を上昇させる。(3)のアドレナリンも同じしくみで血糖値を上昇させる。

(4) 糖質コルチコイドは，タンパク質からの糖新生の促進という別のしくみで血糖値を上昇させる。食事の合間の低血糖などではほとんど分泌量が変化せず，より長期的な絶食に応答するためのホルモンという面が強い。

(5) インスリンが血糖値を低下させるホルモンであるということだけに注目すると，血糖値を上げることが必要な場面でもインスリンが分泌され続けていることは奇妙に感じられるかも知れない。医師の説明にあるように，インスリンはグルコース輸送体の細胞膜上への移動に関係しており，インスリンがないとグルコースが細胞に入らず，細胞がグルコースを利用できなくなってしまうのである。

問2 糖尿病の疑いが極めて低い（非糖尿病患者）場合，Cのように血糖値の上昇はインスリン濃度の上昇によって抑えられ，血糖値が極端に上昇することはない。それに対して糖尿病の疑いがある場合には，AとBのように血糖値は容易に低下しない。Ⅰ型ではAのように血中インスリン濃度は常時低い。一方，Ⅱ型ではBのように血中インスリン濃度が増加しても，受容体と結合できないなどの理由で，血糖値を下げる効果は発揮されない。

ちなみに健康な人の血糖値は空腹時に約1.3 mg/mLを超えることはなく，グルコース服用後2時間経っても血糖値が2.0 mg/mL以上であれば，糖負荷試験の結果としては糖尿病と判定される。余談であるが，Ⅰ型の原因は主に自己免疫などによるランゲルハンス島B細胞の破壊によるとされ，患者は子どもや若者にも多い。一般的な治療としては食事の前に自分でインスリンを注射することである。注射用インスリンは，現在遺伝子工学的に生産されている。注射により，患者の血糖値はインスリンが体内で正常に分泌されている場合と同等まで速やかに下がる。一方，Ⅱ型の原因は素質（遺伝など先天的な要因）と生活習慣（嗜好など後天的な要因）とが複合したものと考えられ，患者は主に中高年に多いが，近年は若者にも増えている。一般的な治療としては食事療法・運動療法と服薬である。食事療法は，体内に入ってくるエネルギーや糖質の量を減らすことで，インスリンが少量しかなくても血糖値の上昇を抑える作戦である。Ⅰ型糖尿病については，正常なB細胞の移植などの方法も試みられている。

問3 (1) 糖尿病患者は血糖値が高く，腎臓での能動輸送の限界を超える。腎臓での水の再吸収のしくみを理解していれば，これが多尿につながることは理解できるだろう。（⇨ 参 p.143）

糖尿病を発症すると，尿中に糖が出るだけでなく，合併症とよばれる他の症状も現れることがある。糖尿病の合併症の代表的なものに，血管障害が挙げられる。糖

尿病によって血管障害が起こる過程については不明な点も多いが，以下のようなしくみが有力である。まず，グルコース濃度が高い血液が体内を循環していると，血管壁を構成する細胞が高い濃度の糖に浸された状態になる。高濃度の糖の作用により，血管表面で糖化最終産物（AGEs）という物質が生じる。更に，この物質の作用で生じる活性酸素の害などによって血管に障害が起こりやすくなると考えられている。眼の網膜や腎臓の糸球体は一層の上皮細胞からなり，毛細血管が密に分布しているので，高血糖状態のまま放置すると特にダメージを受けやすい。糖尿病が原因で腎機能（腎小体のろ過効率）が低下する場合には，糖尿病の症状と同時に尿中にタンパク質が検出されるなどの兆候が現れる。

　余談であるが，糖尿病の合併症として他に手足の末梢神経が侵される場合もあり，これを放置すると痛みを感じにくくなる。その結果，壊死が起こるほど傷が悪化しているのに本人は気がつかないこともある。いずれの合併症も日常生活を送る上で深刻な困難をもたらす点が糖尿病の恐れられるゆえんである。

(2), (3) インスリンはグルコースを細胞内にとりこみ，その利用を促進するほか，グルコースをグリコーゲンに変えて貯蔵する反応を促進する。グルコースの利用には，グルコースの細胞内への輸送を必要とし，糖尿病とは細胞がグルコースを利用（消費）できなくなる病気なのである。

解答

問1　(1)　グルカゴン，A細胞
　　(2)　肝臓に作用し，グリコーゲンを分解してグルコースを生じる反応を促進する。
　　(3)　アドレナリン，副腎髄質
　　(4)　(ア)　糖質コルチコイド，副腎皮質
　　　　(イ)　体組織のタンパク質の分解を経てグルコースを生じる反応を促進する。
　　　　(ウ)　ホルモンbは交感神経の作用，ホルモンcは脳下垂体前葉からの副腎皮質刺激ホルモンの作用によって分泌が促進される。
　　(5)　インスリンの作用により，グルコースを細胞内に取り込むことが可能になる。
問2　B
問3　(1)　ア－腎小体（糸球体）でろ過
　　　　イ－細尿管ですべて再吸収
　　　　ウ－細尿管でのナトリウムイオンの再吸収
　　　　エ－集合管での水の再吸収
　　(2)　B－(エ)　　C－(ウ)
　　(3)　肝臓（や筋肉）でのグルコースからのグリコーゲンの合成を促進する。

34 稲作体験を終えた高校生の感想文を読み，個体群と生態系に関する下記の問いに答えよ。

　総合学習の時間，僕ら「稲作班」は稲作の体験をした。春の田植えでは，フナや水生昆虫などと小学生の時以来の再会をした。初夏から盛夏にかけては 1)イネ以外の植物の除草と，2)イネを食害する昆虫たちとの戦いに奮闘した。初夏にはカエルの大合唱に，盛夏には水田一面の 3)ウキクサにたくましい生命力を感じた。農薬を使わない農業体験であったため，収穫に至るまでの他の生物との戦いは苛烈をきわめた。そして秋。無事に収穫できたときには本当にうれしかった。今回の体験によって水田はイネだけの生活の場ではなく，ひとつの生態系であることを実感した。

問1　下線部1)のイネ以外の植物とイネの関係に関連して。以下の文章中の｜1｜～｜4｜には適切な生物用語を，｜a｜には適切な短文を補え。

　イネと下線部1)との種間関係は「競争」である。同じ｜1｜を占める2種の生物を実験的に同一空間で飼育すると競争が起こり，通常｜a｜。しかし野外では，2種に共通する｜2｜の存在による競争の緩和が生じたり，生活場所が変わる｜3｜や餌が変わる｜4｜などが起こっている場合がある。

問2　下線部2)のイネを食害する昆虫の代表的なものにウンカが挙げられる。ウンカは高密度になると翅が長い個体が生じる。

(1)　このような変化をあらわす語を答えよ。

(2)　このような変化が起こることは，ウンカにとってどのような意義があると考えられるか。2行以内で説明せよ。

問3　下線部3)のウキクサに関して。水田のウキクサを持ち帰り，ちょうど100 mLビーカーほどの大きさのガラスコップ3個に，液体肥料を水で1000倍に希釈した液（以下，培養液）を一定量入れ，葉状体を10個体ずつ浮かべた。それらをよく日光が差し込む窓辺に置き（室温は平均約24℃），葉状体の数を2日ごとにカウントした。表は培養日数と葉状体数（ガラスコップ3個分の平均値）の関係をまとめたものである。なお，培養液は2日ごとに更新した。

培養日数	0	2	4	6	8	10	12	14	16	18	20	22	24	26
葉状体数	10	13	17	22	28	35	41	46	50	53	56	58	61	61

(1)　この実験結果に関連して正しい説明と考えられるものを以下の(ア)～(カ)の中から3つ選べ。

　(ア)　葉状体数が多くなって各々が培養液から得ることができる無機養分が不足しても，ウキクサは独立栄養生物なので増殖にその影響は受けない。

　(イ)　増殖が鈍る原因の1つに葉状体数が多くなると1個体あたりが占有できる水面の面積が減少することが挙げられる。

(ウ)　葉状体数と培養日数の関係を示すグラフは，ほぼS字曲線になる。
　　　(エ)　1日あたりの葉状体の増加率が最大となるのは8日から10日の間である。
　　　(オ)　理想的な培養条件下では葉状体数は5日ごとに2倍に増え続けると仮定すると，最初10個であったものが，30日で$(2×10^6)$個になるはずである。
　　　(カ)　葉状体が重なり合うほど増殖すると，被陰による照度不足で枯死が増える。
　(2)　(a)　イネとウキクサが共通に要求する資源とイネ科植物の生産構造から推定されるイネが十分繁茂した水田におけるウキクサの状態を，以下のA～Cから一つ選べ。
　　　A：完全に消滅する。
　　　B：減少するが，完全に消滅することはない。
　　　C：イネがない場合と同様に増殖する。
　　(b)　(a)のように判断した理由を2行以内で説明せよ。ただし，ウキクサの増殖に必要な水や肥料の不足は起こらないものとする。
　(3)　水中にイネは食べずにウキクサを食べる動物が存在する場合，イネの成長は動物の存在によって高まる可能性が高い。この理由を1行で説明せよ。

問4　田植え後の雨が降り続いた翌日，稲作班のメンバーの一人が沢山のフナの幼魚が泳いでいるのを発見し，標識再捕法でフナの個体数を推定することを思いつき，以下の手順で個体数を推定した。
　1)　調査区域内の特定の位置から，目的の種の個体の一部（A匹）を捕獲し，捕獲したすべての個体に標識（目印）を付けてもとの場所に放す。
　2)　一定時間経過後，同じ位置から1)と同様の方法で捕獲（B匹）を行う。
　3)　2)で得られた個体のうち，標識の付いた個体数（C匹）を調べ，それを基に調査区域内に生息する目的の種の全個体数を推定する。
　(1)　この方法による水田中のフナの個体数の推定値をA～Cを用いてあらわせ。
　(2)　この方法ではフナの個体数を正確に推定できない可能性がある場合を下記の(ア)～(オ)の中からすべて選び記号で答えよ。ただし，1)と2)の調査時の間で，水田にいるフナの幼魚の個体数に差はないものとする。
　　　(ア)　フナが水田中に数ヵ所ある狭い範囲ごとに分かれて泳いでいる場合。
　　　(イ)　隣接する田や小川との間をフナが自由に行き来する場合。
　　　(ウ)　標識としてフナの背びれに切込みを入れた個体が，切込みの入っていない個体と同確率で捕獲される場合。
　　　(エ)　調査期間中に新たに多くのフナの幼魚が生まれ，標識した幼魚が死滅した場合。
　　　(オ)　捕獲した標識個体を非標識個体と見誤る可能性がかなり高い場合。
　(3)　(2)で選んだもののうち，個体数の推定値が実際の個体数よりも小さくなると考えられるものをすべて選び，記号で答えよ。

解説

問1　1：ある個体群の時間的，空間的な位置および食物連鎖上の位置をあらわし，生態系においてある個体群が占める位置を全体的に表現する語である。

　a：ガウゼがゾウリムシの実験個体群の研究によって発見した「競争排除則（ガウゼの法則）」である。ニッチが完全に等しい個体群の間では，食物，生活場所などの資源をめぐる常に取り合いが生じ，一方が消滅する可能性が高い。

　2：共通の天敵の存在により，競争関係にある2種の密度が低く保たれ，結果として，2種間の資源を巡る競争が緩和され，共存可能になる可能性がある。

　3，4：競争は食物，生活場所という二大資源を巡って起こることが多い。食物，生活場所のどちらか一方が変われば競争関係ではなくなり，共存可能になる。

問2　(1)　ウンカなどの昆虫は，多産早死型の生存曲線を持つ場合が多い。このような生物の中には，極端に高密度になったとき，特徴的な形態や行動様式をもつようになるものがあり，このような環境変異を相変異とよぶ。

　(2)　相変異の中には，群生相の個体がアブラムシ（アリマキ）のように有翅型になる場合や，ウンカ，バッタなどのように長翅型になる場合がある。群生相は長距離の移動に適した形，孤独相は産卵，産子数が多く，定着して多くの子を残すのに適した形である。高密度条件で移動力の高い個体を生じるということは，個体の分散により，密度を下げ，生息範囲を広げるという意義が考えられる。

問3　(1)　(ア)　独立栄養とは炭酸同化によって有機物を合成できるということであり，N，P，Kなどの無機化合物は必要である。無機塩類の不足が増殖を制限する原因になることは，ないとは言えず，誤り。

　(イ)，(カ)　葉状体が重なり合うほど増殖すれば，光合成に必要な光条件が悪化し，死滅するものが出てくる可能性があり，ともに正しい。

　(ウ)　一般に，高密度になると密度効果によって増殖速度は減少するため，個体数と培養日数の関係はS字型（ロジスティック）曲線を描く。実際に表をもとにグラフを作成すると，そのような形が得られ，正しい。

　(エ)　増殖速度 $\left(\dfrac{\text{今回計数時の平均葉状体増加数}}{\text{前回計数時からの経過日数}}\right)$ であれば，8〜10日が最大になるが，増加率は一定期間内での $\dfrac{\text{今回計数時の平均葉状体増加数}}{\text{前回計数時の平均葉状体数}}$ であり，初期が最も高く，誤り。

　(オ)　「理想的…」とは指数関数的な増加（この場合，5日ごとに葉状体数が2倍になる状態）である。10個体から始め，この増加が30日連続すると，$30 \div 5 = 6$（回）の分裂によって (10×2^6) 個になるはずであり，誤り。

　(2)　イネ科植物の葉は斜めにつき，生産構造図（⇨参 p.167）における相対照度の低

下は緩やかである。ウキクサがある水面での相対照度が0になるとは考えにくい。
(3) ウキクサを動物が摂食し，糞として不消化物を排出していれば，動物が糞由来の物質を，肥料としてイネに供給する形になる。このように，動物なども含む生態系全体を農業に利用する方法も提唱されている。

問4 標識再捕法による調査の前提条件としては，次のようなものが挙げられる。
1．標識個体と非標識個体との生存率に差が生じることがない。
2．標識の脱落がない。
3．標識の有無による捕獲効率に差がない。
4．調査地の範囲内だけを自由に移動するとみなせる。
5．同種個体の調査地内への移入や外への移出がない。

簡単に言うと，外部の個体とは無関係に，2回の調査の間で標識をもつ個体も，もたない個体も生き残り，調査地内を自由に動き回り，同確率で捕獲されるということである。この条件であれば，標識個体と非標識個体がランダムに入り混じっていると見なせる。そのため，推定個体数をx匹とすると，最初の調査でx匹中，A匹に標識を付けたのだから，次の調査ではB匹中C匹に標識が付いていた，つまり，$x:A=B:C$の比例式が成り立つ（→(1)の答）。

(2), (3) (ア) 2回の調査は同じ位置から捕獲を行っているため，特定の限られた空間だけにいる個体の数を推定していることになり，過小な推定値となる。
(イ) 調査地からの移出により，標識が付いた個体も少なくなる。移出がない場合よりも小さい値のCをもとに推定していることになり，過大な推定値となる。
(エ), (オ) 標識個体の死滅，誤認や脱落により，Cの値は本来の値よりも小さくなり，過大な推定値となる。

解答

問1　1−生態的地位（ニッチ）　2−捕食者（天敵）　3−すみ分け　4−食い分け
　　　a−一方の種しか生き残れない（一方の種は絶滅する，共存できない）
問2　(1) 相変異
　　　(2) 高密度になると移動力の高い個体を生じることにより，個体を分散させて密度効果を小さくしたり，分布を広げることが可能になる。
問3　(1) (イ), (ウ), (カ)
　　　(2) (a) B
　　　　　(b) イネは葉が斜めにつき，イネ科型生産構造をとるため，相対照度の低下は緩やかで，下層に光が届かなくなることはない。
　　　(3) ウキクサを食べた動物の糞を通じ，イネに無機塩類が供給されるため。
問4　(1) $\dfrac{AB}{C}$　　(2) (ア), (イ), (エ), (オ)　　(3) (ア)

35 次の文を読み，下記の問いに答えよ。

　私は今，小諸の城址に近いところの学校で，君の同年位な学生を教えている。君はこういう山の上への春がいかに待たれて，そしていかに短いものであると思う。四月の二十日頃に成らなければ，花が咲かない。梅も桜も李も殆ど同時に開く。城址の懐古園には二十五日に祭りがあるが，その頃が花の盛りだ。すると，毎年きまりのように風雨がやって来て，一時にすべての花を淺（さら）って行って了（しま）う。

（島崎藤村『千曲川のスケッチ』）

　藤村が情景を描いている小諸周辺は，本州中部の標高 700 m 付近に位置している。近くにはたびたび噴火を繰り返した浅間山が存在し，古くから開けた町並みが存在する。標高からは，小諸周辺のバイオームは，温暖な A と，冷涼な B の境界付近のはずだが，小諸周辺に A はない。この理由について考えてみよう。

　まず，バイオームとは，生物群集を植生の a によって区分したものであり，主に年平均気温と b によって決定づけられる。1)世界のバイオームには，b が少なく森林が成立しない地域の草原や荒原も見られるが，日本の場合，全土を通じて b は森林の成立に十分なほど多く，バイオームは主として年平均気温によって決定される。したがって，標高によるバイオームの変化を示す c と，緯度によるバイオームの変化を示す d では，同一のバイオームが同じ順序で出現する。

　しかし，年平均気温のみでその地域の温度条件を十分表現できているとは言えない。最寒月の平均気温がマイナス2℃の場所とプラス3℃の場所を比較した場合，前者の方が年平均気温は低く計算されるが，植物にとっては，どちらの月もほとんど成長できないという点においては違いはない。吉良竜夫（1949）は，「暖かさの指数」とよばれる値を考案した。暖かさの指数とは，毎月の月平均気温が5℃以上の月について，月平均気温から5℃を引いたものを一年間積算したものである。暖かさの指数はバイオームの境界線をよく説明しており，暖かさの指数 45 付近が亜寒帯 C と冷温帯 B の境界線，85 付近が冷温帯 B と暖温帯 A の境界線，180 付近が暖温帯 A と亜熱帯多雨林の境界線とほぼ一致している。

　さらに詳細に調べてみると，本州中部や東北南部の内陸部などで，暖かさの指数が 85 以上でも，冬の寒冷条件のため， A が成立しない場所がある。このような場所は暖温帯落葉樹林または中間温帯林とよばれ，コナラ，アベマキなどの森林が成立している。小諸周辺はこのような気候条件の場所なのである。

　小諸周辺は，古くから多くの人が生活していた場所であるがゆえに，森林の人為的破壊も継続して行われており，極相に達した森林が少ないという面もある。浅間山周辺では，活発な火山活動の結果，遷移の比較的初期の段階に位置する植生も見られる。

　コナラ，クリ，クヌギなどの多い雑木林を主とする環境は，里山とよばれ，比較的最

近まで，本州中部の低地の集落周辺などによく見られた。しかし，近年，このような森林は徐々に減少しつつある。その原因としては，開発などにより，森林自体が消失した場合もあるが，2)それとは異なる原因で衰退している場合が多い。後者の場合，これらの雑木林は，その地域の神社周辺などに見られる鬱蒼とした森林の様相に近づきつつあるのである。第二次大戦以前から大戦中にかけて，3)雑木林がアカマツなどの森林，さらには樹木のまばらな草原や裸地に変化していくことが大きな問題とされていたが，今日では当時とは逆の力がはたらき，これらの森林は衰退しつつあると考えられる。里山は微妙な力のバランスの上で成立していたのである。里山の衰退は，同時に 4)林内で生育していた多くの植物の衰退ももたらしている。

問1 文中の空欄 a ～ d に適する語を答えよ。

問2 文中の空欄 A ～ C に適するバイオームの名称を答え，それぞれに特徴的にみられる植物名を(ア)～(コ)から2つずつ選べ。

(ア) ブナ (イ) アラカシ (ウ) ハイマツ (エ) シラビソ
(オ) ミズナラ (カ) オリーブ (キ) コメツガ (ク) ビロウ
(ケ) タブ (コ) ソテツ

問3 下記の説明文は，下線部1)のバイオームについて説明したものである。
(1) それぞれの説明文に相当するバイオームの名称を答えよ。
  (ア) 乾燥が厳しく，一年生草本や多肉植物が散在する。
  (イ) 一面のイネ科草本の草原であるが，耕地や放牧地としての利用に適しているため，現在では自然の植生としてはごくまれである。
  (ウ) 低木がまばらに生える草原であり，動物群集が豊富である。
(2) 世界のバイオームの中には，日本にはない乾燥条件で成立する森林がある。このようなバイオームを2つ取り上げ，その名称と共に，そのバイオームの特徴を(1)の説明文にならって1～2行で説明せよ。

問4 下線部2)の衰退の原因に関して。雑木林の特徴やそれが維持されていた原因を踏まえ，2行以内で考察せよ。

問5 下線部3)のような現象が起こった原因について，2行以内で考察せよ。

問6 下線部4)の本州中部の林の中の植物に関して。
(1) 特に衰退した植物は下記のどの特性をもつ植物と考えられるか。1つ選べ。
  (ア) 一年中成長する陽生植物
  (イ) 春から初夏にかけて成長する陽生植物
  (ウ) 一年中成長する陰生植物
  (エ) 春から初夏にかけて成長する陰生植物
(2) (1)の記号を選んだ理由について，2行以内で考察せよ。

解説

問1 　a ， b ：植生の相観によって生物群集を区分したものがバイオームである。相観とは，優占種(最上層で最大面積を占有している種)によって決定される森林の様相，概観である。バイオームは年間降水量と年平均気温と関連が深く，世界のバイオームは年平均気温，年間降水量を横軸，縦軸にして表現されることが多い。

　c ， d ：日本の年間降水量はほぼ全土を通じ年間1500mmを超え，寒冷地を除き森林が成立する。100m標高が高くなると平均0.6℃程度気温が低下するため，高緯度に向かっても，高標高に向かっても，同じバイオームが出現する。

　暖かさの指数のみでバイオームが決定されるとは言い切れず，冬の低温で照葉樹林が成立しない場所もあることが問題文に説明されている(この点を補正するために，平均気温が5℃よりも低い月について，5℃から月平均気温を引いたものを積算した「寒さの指数」も考案されている)。なぜ常緑広葉樹は冬の寒さに耐えられず，落葉広葉樹は耐えられるのか，夏緑樹林よりも寒冷な地域には常緑性の針葉樹林が成立している理由は何だろう，といった疑問を感じる人もいるだろう。この点について若干説明しておく。

① まず，0℃以下の低温は，液体の水が得にくいという意味では乾燥でもある。この意味で，常緑で表面積の広い葉は寒冷地では不利である。

② 低温に耐えるためには，細胞内を過冷却(0℃より低温でも，凍結の核になる物質がないため，凍結しない)状態にする方法，細胞や組織の外を凍結させ，細胞を脱水状態にして凍結を防ぐ方法などがある。これらの対策は茎や根では比較的立てやすいが，葉では難しく，常緑性の植物は寒冷地では不利である。

③ 針葉樹が常緑性であるのは，物質生産上の必要性が関係している。光合成を盛んに行える時期が短かく，葉をつくるエネルギーの損失を，一年で賄うことはできない。落葉広葉樹のような薄い葉でなく，②のような低温に備えるしくみを備えた厚い葉をつくり，何年も大事に使っているのである。

問2 　日本に見られるバイオームの名称と代表的な植物名を問う問題。選択肢に挙げているものは重要なものばかりなので，これだけでも確実に記憶しておきたい。解答として選ばなかった植物の属するバイオームは次のとおり。

　(ウ)ハイマツ：コケモモなどとともに，高山草原に見られる。

　(カ)オリーブ：コルクガシと共に，硬葉樹林の樹木。地中海沿岸などに見られる。

　(ク)ビロウ，(コ)ソテツ：亜熱帯多雨林の代表的樹種。ソテツはイチョウと共に精子を生じる原始的な裸子植物としても有名。

問3 　世界のバイオームについての設問。図表集などを手掛かりに確認しておきたい。

問4 　コナラなどは，遷移の途中に成立する陽樹林の代表である。植生が破壊されることなく残っていることが多い神社林は，極相を知る重要な手掛かりとなる。ここでい

35 参考書編 ⇨ p.160〜p.163

う雑木林の衰退とは「遷移の進行（二次遷移）」であり，森林の人為的な破壊，利用などの遷移の進行を妨げる力が作用しなくなったのである。

問5 こちらは「遷移の逆行」である。「一次遷移の初期において，裸地→草原→低木林と変化する主な原因は，土壌形成の進行である」ということを理解していれば，高い頻度の伐採，草刈りなど，森林からの栄養分の収奪を繰り返すと，土壌栄養分の不足をもたらし，遷移が逆に進行する可能性があることに気づくだろう。

問6 夏緑樹林の林内には，「春植物」とよばれる特徴的な植物が多く存在する。人為的な影響で雑木林が維持されてきた森林の中にも，このような植物がかなり分布を広げていたのである。

　(ア) このような植物は林の中では見られない。道端や林縁の雑草などである。
　(ウ) このような植物は薄暗い常緑樹の林内に見られる。むしろ勢力を広げている。
　(エ) このような植物はあまり存在しないと考えられる。陰生植物であれば林内でも一年中成長でき，春から初夏のみに成長期間を限る理由は考えにくい。

　里山とは，クマなどの野生生物の生活の場である奥山と，ヒトの生活の場である人里の間の緩衝地帯と言うべきものであり，薪炭材，堆肥などとして山村の人々によって利用・維持されてきた環境である。クヌギ，コナラなどの陽樹林や草地，水辺などを含むが，絶滅危惧種とされる種の中には，主として里山環境に生息するものがかなり多い。里山を放置すると二次遷移が進行し，極相林になってしまう。里山の保護とは，適度に森林を破壊することにほかならず，里山の衰退は，人とそれを取り巻く自然とのかかわりが希薄になっていることのあらわれである。(⇨ 参 p.169)

● 解答 ●

問1　a－相観　　b－年間降水量　　c－垂直分布　　d－水平分布
問2　A－照葉樹林（イ），（ケ）　B－夏緑樹林（ア），（オ）　C－針葉樹林（エ），（キ）
問3　(1) (ア) 砂漠　　(イ) ステップ　　(ウ) サバンナ
　　(2) 1．雨緑樹林：降水量がやや乏しく，雨季と乾季の交代があるため，乾季に落葉する樹木からなる森林。
　　　 2．硬葉樹林：冬に降水量が多く夏に乾燥する地域に見られ，クチクラ層が発達したコルクガシなどの樹木からなる森林。
問4　定期的な伐採などの森林の利用により遷移の進行が妨げられていたが，このような森林の利用が減って放置され，遷移が進行したために陽樹林が衰退した。
問5　森林の過度の利用により，土壌に供給される有機物が減少し，徐々に土壌が薄くなり，森林が成立するのに不適当な条件になったこと。
問6　(1) (イ)
　　(2) 林の内部が冬から初夏まで明るい落葉広葉樹林が，内部が一年中暗い常緑樹林に変化したため。

141

36 次の文を読み，下記の問いに答えよ。

祇園精舎の鐘の声，1)諸行無常の響あり。沙羅双樹の花の色，2)盛者必衰の理(ことわり)をあらはす。おごれる人も久しからず，唯春の夜の夢のごとし。たけき者も遂にはほろびぬ，偏(ひとへ)に風の前の塵に同じ。　　　　　　　　　　　　　　　　　　（『平家物語』）

あまりにも有名な，平家物語の一節である。諸行無常とは，この世に存在するすべての物は常に変化の中にあり，一瞬たりとも同じものではないこと，盛者必衰とは，栄華を極めているように見えても，長続きするものではなく，いずれは衰えるということである。平家の栄華とその滅亡を踏まえ，人間社会のありようについて語っているのは言うまでもないが，この言葉は，実は生命現象，特に生態系の平衡を端的に表現したものと見ることもできる。

問1　下線部1)について。
(1) 体液中のあるホルモンの濃度が一定に保たれている場合であっても，諸行無常の中にあるといえる。この点について，1行で説明せよ。
(2) 好適条件の容器内でゾウリムシを飼育した場合，やがて一定の密度で安定するが，この状態の中にも諸行無常が存在する。
　(ア) 少数の個体から始めて，安定した密度になるまでの密度の変動をあらわす曲線の名称を答えよ。
　(イ) 一定の割合で増加している状態から徐々に増殖率が低下し，一定の密度で安定するまでの間にどのような作用がはたらき，どのようなことが起こって安定化すると考えられるか。2行以内で説明せよ。
(3) 近年，大気中の二酸化炭素濃度が徐々に増加し，その影響が懸念されている。
　(a) 近代文明以前は大気中の二酸化炭素濃度は長期間にわたって安定していたと考えられ，その原因は，地球生態系において生物群集が吸収する二酸化炭素の量と，放出する二酸化炭素の量がほぼ釣り合っていたことである。この点について説明した次の文中の空欄　ア　～　オ　に適する語を答えよ。
　　［文］
　　　生態系において，植物などの独立栄養生物は生産者とよばれ，無機物を吸収して有機物を合成している。この物質量を　ア　量とよぶ。　ア　量のうちのかなりの部分は，生産者自身の　イ　量となり，残りが　ウ　量である。　ウ　量の一部は生産者自身の　エ　量となるが，他の部分は一次消費者による被食量，枯葉・枯れ枝などの遺体（枯死）量となる。一次消費者の摂食量のうち，　オ　量を引いたものは一次消費者の同化量となる。このようにして物質・エネルギーがエネルギーピラミッドを移動する過程で，エネルギーは呼吸によっ

て消費され，オ量や遺体量は分解者によって分解され，結局生物群集全体のエ量を除いた部分は，すべてイによって消費される。安定した生態系では，エ量はほぼ0と見なせるため，結局光合成によって吸収された二酸化炭素は，イ量として放出される量とほぼ一致している。

(b) (a)の文中の被食量と遺体（枯死）量について。生産者のウ量に占めるこれらの量の割合は，生態系によって大きな違いが見られる。以下の(ア)～(ウ)の生態系のうちで，遺体(枯死)量の割合が最も高いと考えられる生態系はどれか。

(ア) 海洋生態系　　(イ) 草原生態系　　(ウ) 森林生態系

問2　下線部2)について。生物群集の中でも，特定の個体群が急激に増加して大きな勢力をもったように見えても，個体群が急激に減少し，絶滅に瀕するような，個体数の変動が見られる場合がある。

(1) このような極端な増減を繰り返しやすい個体群の場合，その生存曲線に一定の特徴が見られることが多い。生存曲線を以下のA～Cの生物のものに区分したとき，このような大きな増減が起こりやすい個体群の生存曲線は，A～Cのどれと考えられるか。A～Cの記号で答えよ。

A：バッタ，ウンカなどの生存曲線

B：シジュウカラ，ヒドラなどの生存曲線

C：ライオン，ヒトなどの生存曲線

(2) 個体数の極端な増減が起こる原因は，個体群の生存曲線だけではなく，その個体群が属する生態系における食物連鎖の形の影響も大きい。以下のA，Bの食物連鎖について，下記の問いに答えよ。

A：多様な種が，複雑な食物網を形成している生態系

B：直鎖状の食物連鎖を主とする生態系

(ア) Bのような生態系が見られる例を1つ挙げよ。ただし，自然の生態系に限定して考える必要はない。

(イ) 個体数の極端な増減が起こりやすいのはA，Bのどちらか。そのように考えた理由と共に2行以内で説明せよ。

(ウ) 特定の種の大発生や絶滅は，外来種の侵入をきっかけに起こることも多い。外来種の侵入によって絶滅する危険が高いと考えられる種は，侵入した外来種とどのような関係にある種と考えられるか。1行で答えよ。

(エ) 生態系の中における特定の個体群の重要性は，すべて同じではない。ある個体群は，何らかの原因で消滅しても大きな影響が見られないが，別の種（X種）個体群は，現存量は少ないにもかかわらず，その個体群が失われると，生態系の平衡に大きな影響が現れる。X種のような種をあらわす語を答えよ。

> 解説

問1 (1) 「諸行無常」を科学的な言葉で言い換えると，「動的平衡」という概念になる。動的平衡とは，ある系に入ってくる量と出ていく量が等しいため，見かけ上変化していない状態のことである。生体内では，多くの物質が動的平衡の状態にある。ホルモンの場合であれば，あるホルモンの体液中の濃度が一定であることは，決して合成も分解も起こっていない状態ではない。多くの生体物質は常に少しずつ分解されているため，合成が止まると，短時間で消失してしまう。一定の濃度で存在するのは，合成量（分泌量）と分解量が釣り合っている状態である。

　なお，設問とは関係しないが，沙羅双樹（サラソウジュ）とは，本来インドから東南アジアに分布する常緑高木で，ラワン材とよばれる合板などに利用されるフタバガキ科の植物である。サラソウジュは寒さに弱く，日本のほとんどの地域では育たないため，多くの日本の寺院では，サラソウジュと同様に白い花を咲かせるツバキ科の落葉樹であるナツツバキで代用している。フタバガキ科の植物は，熱帯多雨林に多く，近年，熱帯林の乱伐により，著しく減少している。熱帯多雨林など，熱帯地域では高温のため，土壌微生物のはたらきが活発であり，土壌有機物が蓄積しにくく，土壌が薄い。そのため，一旦破壊すると森林が回復しない危険がある。土壌が厚く，伐採してもやがて遷移の進行によって森林が回復しやすい寒冷な地域より脆弱な面があり，熱帯林の保護が特に強調されるゆえんである。

(2) 低密度状態では死亡率が低く，一定の割合で増殖するが，やがて食物の不足，生活空間の不足，老廃物の蓄積などの生活空間の質的な悪化などにより，死亡率が上昇し，出生率が低下する。このような影響が密度効果である。密度効果により，出生率と死亡率が等しくなってしまえば，個体数は変動しなくなる。(⇨ 参 p.155)

(3) (a) 生産者の炭酸同化によって生物群集に入る炭素量と，生物群集全体の呼吸によって出ていく炭素量が等しければ，物質は形を変えて循環していることになる。エネルギーの観点からは，太陽の光エネルギーは，生産者によって有機物の化学エネルギーに変化するが，結局すべて呼吸に伴い，熱エネルギーとして出ていく。まさに諸行無常である。入ったものがすべて出ていってしまうなら，結局何もやっていないのと同じでないか，という印象をもつかも知れない。しかし，それが重要なのである。入ってくる量と出ていく量が等しくなかったら，エネルギーの蓄積や減少により，大きな気候変動などの環境変化が引き起こされる危険がある。そのようなことが起こらない安定した状態が，動的平衡の状態である。

(b) それぞれの生態系における主な生産者は，海洋では植物プランクトン，草原では草本植物，森林では樹木である。植物プランクトンは，生体量がそのまま光合成を行っている量であるが，草本植物，さらに樹木では，光合成を行っていない部分の割合が増える。そのため，草原，さらに森林では，生体量当たりの生産量

は小さくなる。一次消費者から見ると，植物プランクトンの生産量はすべて動物プランクトンなどの食物となり得る量であるが，草本，さらに樹木では，生産量のうちかなりの割合が摂食しにくい組織に変えられてしまう。そのため，純生産量に占める被食量の割合は，森林が最も小さくなる。その結果，森林における純生産量のほとんどが遺体（枯死）量となる。

問2 (1) 多産早死型の生存曲線になる生物の場合，死亡原因の大きさがわずかに変化するだけで個体数が大きく変動する可能性がある。Aの例として挙げられているバッタやウンカは相変異を起こす動物の例でもあり，相変異はこのような大きな密度変化に対応するためのしくみであるという面もある。(⇨ 参 p.156)

(2) (ア), (イ) 耕地や植林地では少数の種の植物のみが生産者となり，複雑な食物網が形成されず，直鎖状の食物連鎖になりやすい。この状態で特定の種がいなくなると，その捕食を受けていた種が大発生するような現象が起こりやすい。

(ウ) 外来種は必ずしも新たな場所に定着できるとは限らないが，気候条件が生育に適し，好適な餌がある，有効な天敵がいないなどの条件が揃うと，大発生することもある。この場合，最も大きな影響を受けると考えられるのは，食物や生活場所が共通な，生態的同位種，ニッチ（生態的地位）が等しい種である。外来種の捕食を受ける種も大きな影響を受ける可能性があるが，餌が減れば外来種自身も減ると考えられ，その影響は生態的同位種ほど大きくないと考えられる。

(エ) 食物連鎖の頂点に位置する種や環境を変える生活様式をもつ種は，その量は少なくても，その種が存在するかどうかにより，生物群集全体に大きな影響を与える場合がある。(⇨ 参 p.159)

解答

問1 (1) 合成・分泌量と分解量が等しいため，一定量が存在する。
 (2) (ア) 成長曲線
  (イ) 食物の不足，生活空間の不足や悪化などの密度効果により，出生率の低下と死亡率の上昇が起こり，やがて個体数が変化しなくなる。
 (3) (a) アー総生産　イー呼吸　ウー純生産　エー成長　オー不消化排出
  (b) (ウ)

問2 (1) A
 (2) (ア) 耕地または植林地
  (イ) 何らかの原因である種がいなくなると，その種に捕食されていた種の大発生が起こりやすいため，B。
  (ウ) ニッチ（生態的地位）が等しく，競争関係にある種（生態的同位種）。
  (エ) キーストーン種

37 高校生の翔太君と留学生のミヒャエル君の会話文を読み，下記の問いに答えよ。

ミヒャエル：見て，日本での毎日の食事を写真つきでブログで紹介しているんだ。僕の国には海がないから日本の海産物は珍しい。美味しく大好きになったよ。日本人は陸上の草だけでなく 1) 海中の草も乾燥保存して食べてきたんだね。

翔太：人間は滋養があって食えれば何でも食う。2) 微細藻類のクロレラやユレモの仲間やミドリムシ由来の成分もサプリメントとして市販されているよ。

ミヒャエル：ほーお。食いしん坊な僕としては，栄養バランス抜群でも，サプリメントが主食などという時代が来ない事を祈って止まないね。

翔太：そのためにも豊かに海藻が育つ 3) 沿岸海域の環境保全が重要なんだ。君が将来再来日した時に新鮮な魚介類をご馳走できるよう，僕らの世代が頑張らないとね。

問1　下線部1)について。ミヒャエル君はコンブ，ワカメなどの藻類を「海中の草」と表現しているが，水中で生活する被子植物も存在する。

(1) 翔太君は次の2点に注目してミヒャエル君に説明することにした。(ア)，(イ)に該当する名称を指示された個数だけ記せ。

(ア) 藻類にはなく被子植物には存在する栄養器官（3つ）。

(イ) 藻類にはなく，植物が陸上進出と陸上での体制の維持に関係して発達させたと考えられる組織系（2つ）。

(2) 被子植物は陸上環境によく適応した体制を備えており，陸上における生活場所はさまざまな環境に広がっている一方，水中にも生活場所を広げている。

(ア) 進化の過程では，共通の基本的な体制を備えた生物が，さまざまな場所に生活場所を広げる現象が見られる。このような現象をあらわす語を答えよ。

(イ) 大型藻類の多くは，付着器や仮根によって岩場に定着していることが多いが，海産の被子植物であるアマモは砂地に多く見られ，このような場所では大型藻類は少ない。陸上に進出した植物は，競争の激しい水中から競争のない陸上へと生活の場所を移したと言われるが，アマモは逆に競争の激しい陸上から競争のない海中へと生活場所を移したのである。それが可能であった理由について，藻類になく植物に存在する器官の名称と「ニッチ，競争」の語を用いて2行以内で説明せよ。ただし，大型藻類が海底に固着する方法としては付着器や仮根を用いる以外にないものとする。

(3) 陸上植物の祖先は，アオサなどの緑藻類と近縁の車軸藻（シャジクモ）類と考えられている。コンブ，ワカメなどの褐藻類は緑藻類よりも深い水中でも生育できるが，この理由を水中の光環境と光合成色素の種類をもとに3行で説明せよ。

問2　下線部2)について。水界の生態系においてクロレラやユレモは植物プランクトンとよばれ，生産者の中心的な存在である。

(1) 主な生産者が大型藻類でなく植物プランクトンである場合，生産者の現存量は小さいが，総生産量はかなり多い。その理由について，次の2つの観点から，それぞれ2行程度で説明せよ。

　(ア) 体の大きさの違いによる，体積と表面積の関係
　(イ) 捕食者との関係

(2) 次の文は，植物プランクトンが主な生産者となる湖などの水界の生態系と，大型の樹木が主な生産者となる陸上生態系の炭素循環について説明したものである。これらのうち，誤っていると考えられるものを1つ選び，記号で答えよ。

　(ア) 陸上の森林生態系に属するさまざまなバイオームにおける生産者の総生産量の違いは，温度の影響が大きいのに対し，海洋など，水界の生態系では栄養塩類の供給量の影響が大きい。
　(イ) 中緯度付近の生態系における生産者の総生産量は，陸上生態系，水界の生態系ともに，早春から初夏にかけて増加を続け，初秋からゆるやかに低下する。
　(ウ) 陸上の森林生態系における生産者の純生産量の大半は，分解者に供給されるが，水界の生態系における純生産量の大半は，消費者に供給される。

(3) 水界および陸上の生態系の窒素循環には生物群集を介したものと，窒素肥料の工業的生産を介したものがある。近年，工業的生産の量は非常に大きくなり，大気中の窒素からの無機窒素化合物の生成量に注目すると，窒素固定細菌によるものを工業的生産が上回っていると推定されている。

　(ア) 生産者が合成したアミノ酸などの有機窒素化合物は，生物群集を通じて最終的に硝酸イオン NO_3^- の形に変化し，再び植物に吸収される。アミノ酸が NO_3^- に変化する過程に関与する生物と物質について，3行程度で説明せよ。
　(イ) 窒素固定細菌とは逆に，無機窒素化合物を分子状窒素 N_2 に変えている生物の名称と，この反応のその生物にとっての意味について，簡潔に説明せよ。
　(ウ) (イ)で答えた生物のはたらきは，窒素肥料の大量散布も一つの原因となる環境問題に対する解決手段の一つとして注目されている。
　　(a) この環境問題をあらわす語を答えよ。
　　(b) 窒素肥料の大量散布のほか，どのようなことがこの環境問題の原因となるか。簡潔に答えよ。
　　(c) この環境問題は，生物多様性を小さくする原因になり得る。その理由について3行程度で説明せよ。

問3　下線部3)について。ミヒャエル君は，海藻が繁る環境（藻場）を維持すれば植食性魚類の漁獲量が確保されると考えた。藻場には植食性魚類への餌の供給以外にも重要な意味がある。どのような意味か。2点指摘せよ。

> 解説

問1 (1) 植物の体制に関する復習。(⇨ 参 p.64)
　(ア) 栄養器官ではないが，生殖器官である花を形成するという違いも大きい。
　(イ) 基本組織系，表皮系，維管束系という組織系をつくることも，植物の体制の特徴であり，コケ植物は表皮系，シダ植物や種子植物では更に維管束も備える。

(2)(ア) 基本的な体制が共通な生物が，さまざまな環境へと適応した結果，多様な形質を備えるようになる現象。オーストラリア大陸で有袋類の適応放散が見られるのは，胎盤を備えた哺乳類が進入する以前に，オーストラリア大陸が他の地域と分離したことと関係する。なお，適応放散とは逆に，似た生活様式の生物が似た形態になる現象が収束進化（収斂）である。(⇨ 参 p.185)

(2)(イ), (3) 緑藻の光合成色素であるクロロフィルa，bは植物と共通で，赤色の光を効率よく吸収できる。赤色光は水中の深い所までは到達しにくく，緑藻は深い場所では十分光合成できない。褐藻などはクロロフィルa，cをもち，やや深い場所での光合成が可能である。「クロロフィルa，bをもつ藻類の一部は，クロロフィルa，cをもつ藻類との水中での競争に敗れ，陸に逃げた」という見方もできるが，アマモは新たな武器を携えて海に戻ってきたのである。砂地は藻類にとっては定着困難であるが，被子植物にとっては根や地下茎を這わすことで容易に定着できるため，ニッチを得ることができたのである。(⇨ 参 p.30)

問2 (1) 純生産量を現存量で割った値は回転率と呼ばれ，生態系の特徴をよくあらわす指標となる。回転率が大きいということは，現存量が短期間で入れ換わっていることを示している。このような回転率の違いは，海洋生態系と陸上の森林生態系の比較においてより顕著にあらわれる。(⇨ 参 p.166)
　(ア) エネルギーの入口である生産量からの説明である。単細胞生物などの植物プランクトンは小型なため，体積当たりの表面積は大きい。体積当たり広い表面から多くの材料物質を取り込めるため，現存量当たりの物質生産量が大きい。
　(イ) エネルギーの出口である，一次消費者に奪われる量からの説明である。大型藻類を捕食する動物は多くないが，植物プランクトンは動物プランクトンによる盛んな捕食を受けるため，寿命が短い。これは，現存量が短い期間の成長量の蓄積でしかないことを意味し，現存量は小さくなる。

(2)(ア) 森林が成立する比較的の降水量の多い場所では，バイオームは年平均気温によって変化し，この変化は物質生産量の違いとして現れる。海洋で物質生産量が多い場所は，沿岸など，栄養塩類が得やすい環境に限られている。正しい。
　(イ) 陸上生態系については正しい。しかし，湖などの水界生態系については様相が異なる。水は4℃付近で密度が最大になるため，水の上下循環が大きい冬の間は水面や水中の栄養塩類が多く，春の温度上昇と共に植物プランクトンの大量発生

が起こる。更に温度が上昇すると，水の循環が止まり，栄養塩が枯渇してプランクトンの発生も止まる。その後秋にもプランクトンは一時的に増加する。誤り。

(ウ) 水中では純生産量の多くが被食量になるが，森林生態系の生産者である樹木の被食量は少なく，純生産量の大半は枯死量（遺体量）となる。正しい。

(3) (ア) タンパク質を従属栄養の細菌などの分解者が分解することでアンモニア NH_3 が生じた後，NH_3 は硝化菌のはたらきで硝酸塩に変化する。(⇨ 参 p.31)

(イ), (ウ) 脱窒菌（脱窒素細菌）は，硝酸イオン中の酸素を用いた特殊な呼吸（硝酸呼吸）を行う。富栄養化による赤潮，アオコなどの原因となる無機窒素イオンを取り除く有力な手段の一つと考えられている。(⇨ 参 p.33)

問3 食物やエネルギー獲得，生活場所（安全），繁殖に関係する資源。

解答

問1 (1) (ア) 根，茎，葉　(イ) 表皮系，維管束系

(2) (ア) 適応放散

(イ) 付着器や仮根で定着しやすい岩場は種間競争が激しいが，アマモは地下茎や根を用いて藻類が定着困難な砂地に定着し，ニッチを獲得した。

(3) クロロフィル a，b をもつ緑藻が主に光合成に利用する赤色光は深い場所まで届かないが，褐藻はクロロフィル a，c をもち，深い場所まで届きやすい，赤より波長の短い光を利用して十分光合成を行うことができるため。

問2 (1) (ア) 小型な植物プランクトンは体積に対する表面積の比が大きく，表面から二酸化炭素や栄養塩類を盛んに吸収し，物質生産を行える。

(イ) 大型の藻類と異なり，植物プランクトンは動物プランクトンの盛んな捕食を受けるために短命で，現存量の蓄積期間が短い。

(2) (イ)

(3) (ア) 植物によってアミノ酸から合成されたタンパク質，およびそれを摂食した消費者の遺体や排出物中の窒素化合物は分解者によってアンモニウムイオンに分解され，硝化菌の化学合成にともなって硝酸イオンにまで酸化される。

(イ) 脱窒菌とよばれ，硝酸イオンに含まれる酸素を用いて呼吸を行う。

(ウ) (a) 富栄養化

(b) 生活排水や工場排水の河川への流入。

(c) 特定の藻類の大発生により，競争力に劣る藻類が死滅し，藻類の種類数が減少することのほか，大量に発生した藻類の夜間の呼吸によって水中の溶存酸素量が減少し，魚介類の死滅を招く危険がある。

問3 以下の3つのうち2つ。

1．呼吸に必要な酸素の供給　　2．天敵から身を隠す場所　　3．産卵場所

38 次の文を読み，下記の問いに答えよ。

　真っ暗な夜，この部屋だけはとても簡単でした。この小さな明かりのおかげで，サンタは素早く，プレゼントを間違えずに取り出すことができたのです。

　その時，サンタは素晴らしいことを思いつきました。ルドルフの所に戻ってやさしく揺り起こし，信じられないという顔で見ているルドルフに向かって，サンタは言いました。

　「助けてくれないか？私の引くそりを先導してほしいんだ」

　　　　　　　　　　　　（ロバート　L．メイ『ルドルフ　赤い鼻のトナカイ』）

　クリスマスソングで有名な赤い鼻のルドルフの話は，生物進化の話とよく似ている。鼻が赤いという形質は，トナカイの集団内では異質とされ，集団から排除される原因となる不利な形質であった。しかし，照明としての役割を果たすことで，ルドルフはそれまで8頭だったそりの先頭に立つという栄誉を得る。漆黒の闇夜という環境変化により，不利な形質が有利な形質へと変化したのである。

　具体的に考えてみよう。恐竜などのハ虫類が大繁栄した中生代最後の時代， ア 紀の末期，巨大隕石の衝突が原因ともいわれる大きな環境変化により，恐竜，中生代の イ 化石であるアンモナイトなどが絶滅する。次の時代である温暖な古第三紀には，中生代に栄えた ウ 植物に代わって エ 植物の大森林が成立し， 1)樹上生活者として霊長類も進化を遂げる。徐々に乾燥が進む新第三紀には，森林の退行・草原化が進み，人類の祖先は地上へ降り，直立二足歩行を始める。

　他の類人猿が樹上生活をしている中，人類の祖先だけが地上に降りた理由は不明であり，森林が狭まる中，他の類人猿との競争に敗れ，地表に降りざるを得なかった可能性もある。人類の祖先は他の類人猿よりも樹上生活に不利な形質を備えていたとすると，その形質ゆえに地上で二本の足を使って歩き，空いた前足（腕）を用いて道具を使い，文明を築き上げ，第四紀の主役となることができたのである。

　ところで，ルドルフの鼻が赤い理由は何であろうか。単に赤いだけならば鼻の表皮が透明で，表皮直下の結合組織である オ の中に，動脈と静脈をつなぐ カ が密に分布しているということで説明できるが，ルドルフの場合は発光している。ホタルが キ の化学エネルギーを用いながら酵素 ク を用いて ケ を酸化して発光するように，自発的に発光する生物もいるが，深海魚を除き，脊椎動物にそのような例は少なく，ましてや哺乳類では例を聞かない。あるいは，チョウチンアンコウの頭部の突起の先端のように，発光バクテリアが 2)共生しているのかもしれない。仮にそうだとすると，通常はルドルフに不利益を与えているため， コ と呼ぶべきだろう。相手に不利益を与える コ から相互に利益を与える共生へ。これも進化に多く見られるモチーフの一つである。

問1 文中の空欄 ア ～ コ に適する語を答えよ。
問2 下線部1)の樹上生活に関して。人類の祖先が経験した，樹上生活から地表生活への変化は，大きな変化と言えるが，生物の進化の過程を考えたとき，生活環境の最大の変化と言えるのは，水中から陸上への進出であろう。
　(1) 生物が陸上進出するかなり前，ある生物の活動によって地表に到達する光（可視，不可視）条件が変化し，生物の陸上進出が可能な条件がつくられた。
　　(ア) この生物群の名称を答えよ。
　　(イ) この生物の大繁殖を示す構造物は，現在もオーストラリア大陸西部などで成長を続けている。この構造物の名称を答えよ。
　　(ウ) 光条件の変化と，その原因について2行程度で説明せよ。
　(2) 大型の体制を備えた生物が陸上で生活するためには，水中とは異なる陸上環境のいくつかの特徴に適応する必要がある。このような陸上環境の特徴を3つ，簡潔に答えよ。
　(3) 植物が陸上に進出したのは，約4億年前と考えられている。
　　(ア) 陸上植物として最古の化石が発見されている植物の名称を答えよ。
　　(イ) この植物が登場した時代をA代B紀の形で答えよ。
問3 下線部2)の共生に関して。
　(1) 生物進化における最も重要な共生としては，古細菌の細胞内に，ある種の細菌が共生して起こったと考えられる真核細胞の登場が挙げられる。この共生に関して，共生に関係した2種類の細菌が地球上に登場した順序と，それらの共生が起こった順序とは，逆の可能性が高いと考えられている。そう考えられる理由を5行程度で説明せよ。ただし，古細菌の細胞内への共生という現象が起こる確率はきわめて低く，その確率はどちらの共生についても確率pで起こると仮定して説明せよ。
　(2) 植物の陸上進出には，菌根菌とよばれる菌類と植物の間の共生関係が関係していると考えられている。これは，菌類が植物の根よりも細かい菌糸を這わせることができるためである。この共生関係において(ア)菌類，(イ)植物はどのような利益を得ていると考えられるか。それぞれ簡潔に答えよ。
　(3) アブラムシ（アリマキ）はアリとの共生関係で有名であるが，アブラムシの体内には，大腸菌と似たブフネラという細菌が共生している細胞があることも知られている。アブラムシの餌となる師管液が，アミノ酸組成において著しく偏っているという事実をもとに，ブフネラとの共生関係においてアブラムシが得ている利益を3行以内で推論せよ。

解説

問1　イ：特定の時代に広範かつ多量に出土し、時代区分を知る手掛かりとなる化石。古生代の示準化石としては三葉虫、中生代の示準化石としてはアンモナイトが有名。なお、その地層の環境を示す化石を示相化石とよぶ。例えば、サンゴは温暖な浅い海であることを示す示相化石である。

ウ、エ：古生代には石炭紀を中心にシダ植物が大森林を形成し、中生代には裸子植物、新生代、特に古第三紀には被子植物の大森林が見られた。

オ、カ：動物の組織や血管系に関する復習。赤い色は血液の赤い色が透けて見えるとか、表面に赤色の色素が存在することで説明がつく。（⇨参 p.102, 126）

キ〜ケ：生物発光はATPの化学エネルギーを光エネルギーに変換する例として有名。ホタルの発光が有名であるが、共生微生物が関与している例も多い。

問2　ここでは設問としていないが（p.55ですでに問うている）、人類の定義である直立二足歩行を示す特徴、さらに、直立二足歩行の前提となる、樹上生活者としての特徴も理解しておきたい。

(1) 生活環境の最大の変化である陸上進出の前提は、オゾン層形成による地表に到達する紫外線量の減少である。紫外線はDNAの塩基チミン同士を結合させ、アデニンとチミンの塩基対の形成を阻害するなどの作用によって、突然変異を引き起こす。光合成によって発生した酸素は成層圏でオゾン層を形成し、オゾンによる紫外線吸収によってこのような現象が起こりにくくなったことで、生物の陸上進出が可能になった。この前提条件を形成したのがシアノバクテリアであり、先カンブリア時代におけるシアノバクテリアの大繁殖は、各地に残るストロマトライトによって伺い知ることができる。

(2) 陸上環境は水中と異なり、乾燥や温度変化が大きい。陸上では浮力がはたらかないため、落下などに伴う衝撃も大きいし、体をしっかり支える構造をもたずに、ただ浮かんでいるという訳にはいかない。

(3) クックソニアは維管束をもたず、根や葉の分化も見られない。

問3　(1) 共生説（⇨参 p.11）における共生の順序に関する仮説。証明とは言えないが、まず好気性細菌が共生してミトコンドリアになる方がはるかに確率が高い。

(2) 根毛は細胞が外に向かって突出し、広い表面積を保持しているが、菌類は岩の間などの狭い場所に菌糸を伸ばし、水分、無機塩類を吸収するのに更に有利である。そのため、菌類がリン酸塩などの無機塩類を吸収して植物に与え、植物は光合成産物である炭素化合物を菌類に与える共生が成立したと考えられる。

(3) 動物は無機窒素化合物からの窒素同化ができない（正確には、合成できない必須アミノ酸がある）のに対し、動物以外の生物は無機窒素の同化によってすべてのアミノ酸をつくり出すことができる。細菌が動物には合成できないアミノ酸を供給し

てくれれば，通常では栄養分として利用しにくい師管液も利用価値の高い栄養分に変わる。

問題文の「コ」（＝寄生）から相互に利益を与える共生」が，進化の重要なモチーフであるとされる理由は以下の通りである。相手の体内で生活するなど，密接に関係しながら生活する二種の場合，互いの利害関係は重なりやすい。仮に相手を殺してしまうと新たな宿主を探さねばならず，自らも死ぬ危険が高い。逆に利益を与えてやれば，宿主共々自らも勢力を伸ばせる可能性が高まる。その意味で，ここで取り上げた菌根菌と植物，アブラムシと共生菌の関係はかつては寄生関係で，後に利益を与え合う関係に移行した可能性がある。進化の歴史は必ずしも血みどろの生存競争の歴史ではなく，敵対関係の，より友好的な種間関係への変化も重要であることが近年明らかになりつつある。（⇨参 p.159）

解答

問1　ア－白亜　　イ－示準　　ウ－裸子　　エ－被子　　オ－真皮　　カ－毛細血管
　　キ－ATP　　ク－ルシフェラーゼ　　ケ－ルシフェリン　　コ－寄生

問2　(1)　(ア) シアノバクテリア　　(イ) ストロマトライト
　　　　　(ウ) 光合成によって発生した酸素からオゾン層が形成されて紫外線を吸収したため，地表に到達する紫外線量が減少した。
　　(2)　1．乾燥の危険がある。　　2．温度変化が大きい。
　　　　　3．体を支持するしくみが必要となる。（浮力がはたらかない，落下時などの機械的な衝撃が大きい）
　　(3)　(ア) クックソニア　　(イ) 古生代シルル紀

問3　(1)　すべての真核生物がミトコンドリアを備えており，真核生物の一部のみが葉緑体を備えているため，まず好気性細菌の共生が起こってミトコンドリアが生じ，次いでその一部にシアノバクテリアの共生が起こって葉緑体が生じたと考えれば，2度の偶然，確率 p^2 によって説明できる。しかし，まず葉緑体を生じる共生が起こり，この共生が起こったものと起こらなかったものの両方にミトコンドリアが生じる共生が起こったと考えると，3回の偶然，確率 p^3 の現象であり，明らかに後者の確率の方が低い。
　　(2)　(ア) 植物の光合成産物である有機物を得る。
　　　　　(イ) 水や，リン酸などの無機塩類を得る。
　　(3)　細菌は動物と異なり，無機窒素からすべてのアミノ酸を合成できるため，師管液中のアミノ酸をアブラムシが合成できないアミノ酸などに変換し，アブラムシのタンパク質合成を可能にしている。

39　次の文を読み、下記の問いに答えよ。

シャボン玉飛んだ／屋根まで飛んだ／屋根まで飛んで／こわれて消えた
シャボン玉消えた／飛ばずに消えた／うまれてすぐに／こわれて消えた
風，風，吹くな／シャボン玉飛ばそ　　　　　　　　　（野口雨情「シャボン玉」）

　ある日詩人はシャボン玉を飛ばして遊んでいる少女たちを見た。生後一週間で亡くなった長女みどりが生きていれば，この子たちと遊んでいたのではと思い，その死を悼んでこの詩を書いたという。他にも多様な解釈が存在するが，「シャボン玉」が命の象徴であり，「こわれて消え」ることが死の象徴であることは共通している。そして，死の原因となる「風」の存在を嘆いているのである。

　しかし，生物の死は「風」で象徴されるような，生物の外部に存在する原因によって「こわれて消え」るものばかりではない。生物自身の中に，つまり，1)生物のもつ遺伝子の中に，死の原因が存在する場合もある。2)個体が発生・成長する過程で，ある種の細胞が死ぬことが必要な場合もある。死は，生物の外部だけに原因があるわけでもなければ，嘆き悲しむべきこととも言えない。「生命の連続性」は細胞や個体の死を包摂しているのである。

問1　下線部1)について。このような遺伝子は致死遺伝子とよばれ，ハツカネズミの黄色毛遺伝子が有名である。次の[説明文]は，ハツカネズミの致死遺伝子について説明したものである。文中の空欄 ア ～ オ に当てはまる語を答えよ。

[説明文]
　遺伝子 Y と野生型遺伝子 y の両方をもつヘテロ接合体（Yy）は黄色毛になるが，遺伝子 Y をホモにもつ個体（YY）は胎児段階で死亡する。遺伝子 Y は，正しくは同一染色体上で隣接して存在する $aguti$ 遺伝子と，$Merc$ 遺伝子にまたがる変異が生じたものであると考えられている。

　$aguti$ 遺伝子は，メラニン色素の合成量を調節している。一対の ア 染色体上の $aguti$ 遺伝子の一方でも機能を失うと，毛の色は黄色になる。したがって，ヘテロ接合体は黄色毛になり，毛色については，遺伝子 Y は遺伝的に イ である。他方，$Merc$ 遺伝子は，タンパク質合成に必要な遺伝子である。この遺伝子が，一対の ア 染色体の少なくとも一方に存在すれば，個体は生存できる。つまり，致死作用に関しては，遺伝子 Y は遺伝的に ウ である。$aguti$ 遺伝子と $Merc$ 遺伝子の エ が事実上完全で，染色体の乗換えによる遺伝子の オ が起こらないため，これらの遺伝子は単一の遺伝子とみなせるのである。

問2　ハツカネズミの遺伝子 Y については，問1の[説明文]のような理由により，ヘテロ接合体であることが毛色によって確認できるが，ヘテロ接合体であること

が表現型によって確認できない致死遺伝子も多く存在する。ヒトの場合，どのような機能に関与する遺伝子が，致死遺伝子に対する対立遺伝子となりうるか。次の(ア)〜(オ)からすべて選べ。ただし，全く同じ機能をもつ別の遺伝子は存在せず，対立遺伝子の一方でも正常であれば，正常な機能が遂行できるものとする。
　(ア)　視細胞中の色素合成　　(イ)　神経の興奮伝導　　(ウ)　髪の毛の色素合成
　(エ)　呼吸反応の酵素合成　　(オ)　ある化学物質に対する味覚

問3　ハツカネズミの遺伝子 Y のような遺伝子をもつことは，明らかに生存上不利であり，環境によく適したものとは言い難い。
　(1)　環境によく適した個体が生き残ることが進化の原因であることを説いた進化学説と，その提唱者の名称を答えよ。
　(2)　突然変異によって生じた DNA の塩基配列，タンパク質のアミノ酸配列の変化の大部分は生存上有利でも不利でもなく，(1)の効果がはたらかない。
　　(ア)　この点を主張した分子進化に関する学説の名称を答えよ。
　　(イ)　小さな集団の場合，生存上の有利・不利の有無とは無関係に，世代によって遺伝子頻度が大きく変化したり，ある集団では対立遺伝子の一方が消失する場合がある。このような偶然による遺伝子頻度の変化をあらわす語を答えよ。

問4　黄色毛のハツカネズミのみを，隔離した状態で多数飼育した。その結果，次世代（F_1 とよぶ）では黄色毛のハツカネズミと野生型のハツカネズミが多数生まれた。その後も自由に交配させて，次世代（F_2）以降を得た。飼育の際，ハツカネズミは毛色と無関係に交配し，飼育過程で新たな突然変異は起こっていない。
　(1)　このハツカネズミの飼育実験は，ハーディ・ワインベルグの法則の5つの成立条件のうち，4つを満たしているが，1つは満たしていない。
　　(ア)　満たしていない成立条件を短文で答えよ。
　　(イ)　問4の問題文を参考に，満たしている成立条件を4つ答えよ。
　(2)　F_1 集団の毛色の比（黄色：野生色）と遺伝子 Y の遺伝子頻度を答えよ。
　(3)　F_2 集団の毛色の比（黄色：野生色）と遺伝子 Y の遺伝子頻度を答えよ。
　　ただし，遺伝子頻度は小数第三位を四捨五入し第二位まで答えよ。

問5　下線部2)について。カエルの変態におけるオタマジャクシの尾の細胞はこのような細胞の例であり，ヒトの手の形ができる際も同様なしくみが存在する。
　(1)　発生運命に従って起こるプログラム細胞死の多くは，核の凝縮，DNA の断片化など，一定の順序に従って起こる。このような細胞死をあらわす語を答えよ。
　(2)　ヒトの手の場合，どのような細胞が死んでいくか。簡潔に説明せよ。
　(3)　細胞周期の中でこのような細胞死が起こることもある。どのような細胞が細胞死を起こすか。その意義と共に2行以内で説明せよ。

> **解説**

問1　ア：一対の相同染色体に対立遺伝子が存在する。
　　イ，ウ：毛の色に関しては，Yy が黄色になるため，優性形質である。しかし，致死作用は YY のみで現れる。致死作用はホモ接合体のみで発現し，ヘテロ接合体では発現しないということは，致死作用については劣性形質である。(⇨ 参 p.38)
　　エ，オ：遺伝子の組換えが起こらない原因は染色体の乗換えが起こらないことであり，このような遺伝子は完全連鎖の関係にある。(⇨ 参 p.40)

問2　問題文に，YY はタンパク質合成に必須な遺伝子（$Merc$ 遺伝子）が全く欠けている状態であることが説明されている。細胞分化などに新たなタンパク質の合成は必要であるから，このような欠損をもっていては生きられるはずがない。生存上必須な遺伝子に対する対立遺伝子は，劣性致死遺伝子となりうる。
　　(ア)や(ウ)の色素合成，(オ)の味覚異常は，単独では個体の死につながらないが，(イ)の異常は神経を介した刺激の受容や筋肉運動などの応答だけでなく，自律神経を介した内臓機能の調節も不可能にする。(エ)の異常が起これば，呼吸によるエネルギーの獲得ができず，生存不可能である。

問3　(1)　進化論において最も重要な学説・人名と言える。突然変異によって生み出された遺伝的変異のうち（突然変異を進化の原因と説いたのはド・フリース），環境によく適したものが生き残り（ダーウィンの自然選択説），地理的な隔離などが加わって（ワグナーの隔離説），生殖的に隔離された集団である新しい種が形成される。これが主流的な進化説の描く筋道である。
　　(2)　(ア)　木村資生が提唱した，分子進化の中立説。提唱された当初はダーウィンの自然選択説と対立するようにも見なされたが，今日では進化的に中立な変異もあるが，中立でない変異もあるという形で考えられている。実際 DNA の塩基配列の変化やタンパク質のアミノ酸配列の変化の中には生存上の有利不利以前に形質の変化として確認できないものも多く，確認可能な形質の変化も，生存上不利なものが多い。しかし，生存上有利な変化は進化の原因になり得る。
　　(イ)　大集団の場合，生存上の有利不利がない限り，遺伝子頻度は変化しないが，小さな集団では，生存上の有利不利とは無関係に，全くの偶然で対立遺伝子の一方が集団から失われるなどの大きな遺伝的な変化が起こる。その結果，大きな集団から分かれた小集団は，元の集団と遺伝的特徴が大きく異なる場合が出てくる。このこと自体は種の内部の地理的変異（亜種）のレベルの違いであるが，異なる環境条件で異なる方向への自然選択が起これば，種分化にもつながる。

問4　(1)　5条件を何も見ずに言えるようになるのは容易ではないが，「確率論的な数値処理が可能な条件のもとで，進化の起こる原因の逆」という理解ができていれば，問題文のヒントから5つの条件を探し出すことは可能であろう。

(2) 出発点となる集団はすべて遺伝子型 Yy であるから，この集団での遺伝子頻度は $Y=y=0.5$ である。したがって，この集団でのランダム交配の結果は

$$(0.5Y + 0.5y)^2 = 0.25YY + 0.5Yy + 0.25yy \quad \cdots ①$$

①の集団のうち YY は胎児段階で死亡するため，生き残った F_1 個体は

$Yy:yy=0.5:0.25=2:1=\dfrac{2}{3}:\dfrac{1}{3}$ （生き残った個体全数＝割合1の中での割合）。

この集団における遺伝子 Y の遺伝子頻度は $\dfrac{2}{3} \times \dfrac{1}{2} = \dfrac{1}{3} = 0.333$。

(3) F_1 のランダム交配による F_2 は，$\left(\dfrac{1}{3}Y + \dfrac{2}{3}y\right)^2 = \dfrac{1}{9}YY + \dfrac{4}{9}Yy + \dfrac{4}{9}yy \quad \cdots ②$

②の集団のうち，遺伝子型 YY の個体はすべて死亡するため，生き残った個体は

$Yy:yy=\dfrac{4}{9}:\dfrac{4}{9}=1:1=\dfrac{1}{2}:\dfrac{1}{2}$

この集団における遺伝子 Y の遺伝子頻度は，$\dfrac{1}{2} \times \dfrac{1}{2} = \dfrac{1}{4} = 0.25$。

問5　プログラム細胞死はその細胞が生きていると何らかの理由で不都合である場合，一定のプログラムに従って死に至る場合を広く指す。アポトーシスとは，細胞の遺伝子発現の結果，死に至る，言わば細胞の自殺システムがはたらくということであり，プログラム細胞死の中にもアポトーシスとは異なる様式での細胞死（ネクローシス，他殺に相当する）も含まれる。オタマジャクシの尾の細胞，ヒトの指間細胞の死などは，アポトーシスの様式で起こるプログラム細胞死であり，そのほか，細胞周期のチェックポイントの中で修復不能な損傷が発見された場合，アポトーシスのシステムが駆動し，がんの発症を防ぐ。免疫系において，自己攻撃性のリンパ球が死に至る場合などもアポトーシスが起こる例である。（⇨ 参 p.61, 135）

解答

問1　ア－相同　　イ－優性　　ウ－劣性　　エ－連鎖　　オ－組換え

問2　(イ), (エ)

問3　(1) 自然選択説，ダーウィン　　(2) (ア) 中立説　(イ) 遺伝的浮動

問4　(1) (ア) 対立遺伝子間に生存上の優劣はない。
　　　　　(イ) 1．外部との遺伝的交流がない。
　　　　　　　 2．大集団である。
　　　　　　　 3．交配は対立遺伝子とは無関係に，ランダムに起こる。
　　　　　　　 4．突然変異は起こらない。
　　　(2) 黄色：野生色＝2：1　遺伝子頻度：0.33
　　　(3) 黄色：野生色＝1：1　遺伝子頻度：0.25

問5　(1) アポトーシス　　(2) 指と指の間の細胞。
　　　(3) がん細胞として増殖する危険を防ぐため，修復不可能な遺伝的損傷を起こした細胞が細胞死を起こす。

40 右の図は，ヘッケルが描いたランの絵である。この絵に関して，下記の問いに答えよ。

ヘッケルは「個体発生は系統発生を繰り返す」という言葉で知られる発生反復説に基づき，進化の道筋を示す 1)系統樹を作成したことで知られる。ヘッケルは生物画家としても有名で，『生物の驚異的な形』という画集を残し，ランのほかにもさまざまな生物を描いている。

ランとよばれるのは，2)被子植物門単子葉 a ラン b ラン科に属する植物である。鑑賞価値が高い花をつける植物が多いが，ランの種子を通常の植物と同様に播種しても，ほとんど発芽が期待できない。その理由としては，通常被子植物では ア によって胚と共に生じる胚乳がなく，無胚乳種子の場合の栄養分の貯蔵場所である イ さえも退化しており，胚自体もきわめて小さいことが挙げられる。

しかし，ランは巧みに菌類を利用することで発芽・成長している。

ランの種子が湿った環境で吸水し，ある種の菌類（ラン菌とよばれる）が菌糸を伸ばしてくると，菌糸は種子に容易に侵入する。菌糸がランの胚の細胞に侵入すると，胚は菌糸を分解し，その栄養分を吸収する。胚は菌糸をまるで植物の根毛のように利用して，菌糸からの栄養分を吸収して成長し，幼植物となるのである。

3)ランの受粉戦略もきわめて特徴的である。昆虫が受粉に関与することの報酬として，昆虫に蜜を与えている植物が多いが，ランは芳香を発する目立つ花をつける場合が多いにもかかわらず，ランの花には蜜が存在しない場合が多い。花粉も粉の状態で散布されるのではなく，花粉塊として散布され，単に芳香や花の色で昆虫を引き寄せるだけでなく，昆虫に受粉を行わせるための特殊な「策略」を備えている場合が多い。有名な例として，ハンマーオーキッドとよばれるオーストラリア産のランがある。

ある種のハチは，雌に羽がなく，通常地中にいるが，繁殖期には地上に出て草の茎の先端などに静止している。雄はそれを発見すると，雌を抱き抱えて飛び，空中で交尾する。ハンマーオーキッドの花びらはこの雌とよく似た形，匂いをもち，雄バチは花びらを抱えて飛び立とうとする。花びらにはバネのような仕掛けがあり，雄バチが飛び立とうとすると，花弁は柱頭や花粉塊のある方向に向かって倒れる。その結果，雄バチは花粉塊をつけられたり，背中につけられていた花粉塊を柱頭に付着させられる。そのほか，雌バチに似た形をしており，花と交尾をしようとした雄バチに受粉させる，なわばりをもつハチに似ており，花を攻撃させて受粉させるなど，その策略には枚挙のいとまがない。

ランは被子植物の中では，最も遅く進化してきたグループと考えられ，新生代に入って急速に種分化を遂げている。化石がほとんど発見されないこと，4)岩や他の樹木に付着するなど，特殊な環境で生活するものが多く，乾燥などのストレスや環境変化にかなり強いことも，ランの進化的な新しさと関係していると考えられる。

問1　文中の空欄 ア ， イ に適する語を答えよ。

問2　下線部1)について。今日では，形態や発生過程の比較でなく，共通にもつ遺伝子の塩基配列や，遺伝子産物であるタンパク質のアミノ酸配列をもとに系統樹を作成する場合があり，このような系統樹が分子系統樹である。次の(ア)～(オ)の中から，分子系統樹について正しく説明している文をすべて選び，記号で答えよ。
　(ア)　酵素タンパク質の活性部位のように，機能上重要な部位で系統間の違いが小さいのは，そのような部位では突然変異が起こりにくいためである。
　(イ)　分子系統樹の作成の際，分析の対象とする部位における違いの大小と，その部位が機能上重要であるかどうかは無関係である。
　(ウ)　イントロンの内部は，近縁な種間の分子系統樹の作成において利用しやすい。
　(エ)　一般にDNAの塩基配列は，タンパク質のアミノ酸配列よりも違いが大きい。
　(オ)　原核生物と真核生物など，大きく離れた生物の系統関係は論じられない。

問3　下線部2)について。空欄 a ， b に該当する分類階級を次から1つずつ選べ。
　　　界　　目　　綱　　属　　種

問4　下線部3)について。小型の鳥類などを受粉者とする例もあるが，ランではそのような例は知られておらず，もっぱら昆虫を介した他家受粉による。
　(1)　受粉者が2回以上同種の花を訪れることで受粉が成立することを踏まえ，鳥は花粉媒介者として利用できない理由を2行以内で説明せよ。
　(2)　毒チョウに似せた毒をもたないチョウが毒チョウに似るベーツ擬態は，(1)で答えた鳥類の特徴を利用したものといえる。ベーツ擬態によって毒チョウに似たチョウが利益を得られる理由を2行以内で説明せよ。

問5　昆虫と花の間には，形態，時間などさまざまな観点から，進化の過程で相互に適応的に変化してきたと見られる場合がある。
　(1)　このような現象をあらわす語を答えよ。
　(2)　ランと昆虫の関係に関しては，ランの側が特定の昆虫に合わせるように進化してきたと見なせる例はあっても，昆虫の側がランに合わせるように進化したと見られる例は，ほとんど見られない。その理由を2行以内で考察せよ。

問6　下線部4)の理由について，ランが進化的に新しいことを前提に2行以内で考察せよ。ただし，説明文中に生態的地位（ニッチ）の語を用いること。

> 解説

　特殊な生活様式で知られるランを題材として，植物の一般的生活史，生態，進化に関する基本的な概念に関する理解を問う問題である。ランの生活様式は，多くの植物とかなり異なっている。栄養分をほとんどもたない種子をつくり，菌類からの略奪によって成長する。花を咲かせても昆虫に蜜は与えず，策略を巡らして昆虫に受粉を強制的に手伝わせている。受粉を手伝わせた以上，お駄賃として餌を与えるのが仁義であるという，暗黙のルールなど知ったことではないといった傍若無人のふるまいである。この原因に，ランが多くの生物の後に生まれた新参者であることが関係しているようである。新参者のランは，ニッチの隙間を見つけるべく，なりふりかまわずに生き残りをかけて戦っているのであろう。

　今日，ランの愛好者は日本だけでなく，世界中にきわめて多く，愛好家の乱獲により，野外ではほとんど見られなくなった種も多い。ランは高値で売れるがゆえに，発芽困難なランの種子を発芽させるための培地の調整や，組織培養技術を用いて増殖する技術が盛んに研究されてきた。ランは美しい花をもつことにより，人間をも策略にはめ，自らの増殖を手助けさせているのであろうか？野外では絶滅寸前とされる種が，高級な鉢に植えられ，山中の岩場や木の上などの不安定な環境でなく，最高の環境を与えられて妖艶な花を咲かせているのを見ると，そんなことも考えてしまう。妄想であろうか。

問1　植物の生殖に関する復習である。（⇒参 p.70）

　ア：被子植物の特徴である重複受精による胚乳の形成に関する理解。

　イ：無胚乳種子をもつ被子植物の種子は，重複受精を行わないために胚乳をもたないのではなく，胚乳の栄養分が子葉に移動して胚乳が退化したものである。

問2　分子系統樹に関する基礎的な理解を問う。

　(ア)～(ウ)　酵素タンパク質の活性部位のアミノ酸配列など，機能上重要な部位のアミノ酸配列やその遺伝子の塩基配列は，系統的に離れた種でも違いが小さい。突然変異そのものはランダムに起こる（(ア)は誤り）が，生存上不可欠な部位に変異が起こった場合，その個体は生き残れず，結果としてそのような変化は確認できなくなってしまうためである（(イ)は誤り）。イントロンの内部などはタンパク質のアミノ酸配列には反映されないため，生存上の優劣とは無関係である。その結果変異個体が淘汰されることがなく，変異がそのまま子孫に伝わる。このような位置の塩基配列は，近縁な種間でも違いが大きく，分子系統樹の作成に利用しやすい（(ウ)は正しい）。

　(エ)　塩基3個の配列（コドン）によってアミノ酸配列が決定されるが，タンパク質を構成するアミノ酸は20種類，コドンは64種類存在し，コドンの3番目の塩基については変化しても同一アミノ酸が指定される例がかなりある。このような突然変異は，DNAの違いではあっても，アミノ酸配列の違いには反映されないため，正しい。

　(オ)　形態的特徴では比較できない種間でも，呼吸酵素など，共通に備えているタンパ

ク質，遺伝子を用いれば系統関係や分岐年代を論じることができ，誤り。
問3 大きい階層から順に，界（植物界など）－門－綱－目－科－属－種の順である。なお，生物の学名（種名）は属名と種小名で構成されている。たとえばコチョウランとは，コチョウラン属 Phalaenopsis に属する種の総称である。
問4 (1) 多くの植物でも受粉の主役となる動物は昆虫であるが，一部，鳥，コウモリなどの脊椎動物が受粉する場合もある。ランにその例がない理由が問われている。文中に，ハンマーオーキッドの「策略」によって昆虫が受粉させられる例などが説明されている。この「策略」に一度だけかかり，二度とかからないとしたら，その昆虫に付けた花粉は全く無駄になってしまう。もう一度同じ「策略」にかかることで，受粉が成立する。ランの「策略」は学習されてしまっては成立しないのである。「昆虫は学習しないやつだから利用してやれ」というわけである。
(2) 鳥が毒チョウなどを捕食して学習し，似た個体は捕食しないことを利用する擬態である。鳥は学習能力が高いがゆえに，餌を得る機会を失い，毒をもたないチョウが利益を得ている。「鳥は学習するやつだから利用してやれ」もあるわけである。
問5 蜜を与え，受粉を手伝わせるなど，相互に利益のある種の間では，共進化が見られることもあるが，ランと昆虫の関係の場合，ランの花には多くの場合蜜は存在せず，昆虫がランに合わせても利益はない。
問6 生態的地位（ニッチ）とは，ある種個体群が占有する時間的・空間的位置，食物連鎖上の位置のことであり，「いつどこで，何を用いて生活するか」ということである。「ランは最も遅く進化してきた」という事実を前提にすると，しっかりと根を張れる場所，十分な光が得られる場所などは競争が激しく，後発のランがそのようなニッチを占有できる可能性は低いと考えられる。（⇨ 参 p.157）

◆ 解答 ◆

問1 ア－重複受精　イ－子葉
問2 (ウ), (エ)
問3 a－綱　b－目
問4 (1) 鳥は学習に基づく行動が発達しているため，鳥がランの「策略」に繰り返しかかることで他家受粉が成立する可能性はきわめて低いため。
(2) 毒チョウを食べ，毒の害を受けると，鳥はそれを学習してそれ以降毒チョウと似た昆虫も食べなくなるため。
問5 (1) 共進化
(2) ランは，昆虫にうまく合わせて受粉確率を高める遺伝形質をもつことで繁殖上の利益が得られるが，昆虫にはランに合わせることによる利益はないため。
問6 好適な環境ではすでに多くの種の間の競争が存在し，ランが入り込むことは困難だったため，ランは空いているニッチを求めて定着したと考えられる。

— MEMO —

— MEMO —

— MEMO —

駿台受験シリーズ

参考書 × 問題集

生物総合40題

FORTY STORYS OF BIOLOGY

中島丈治・大森智子　共著

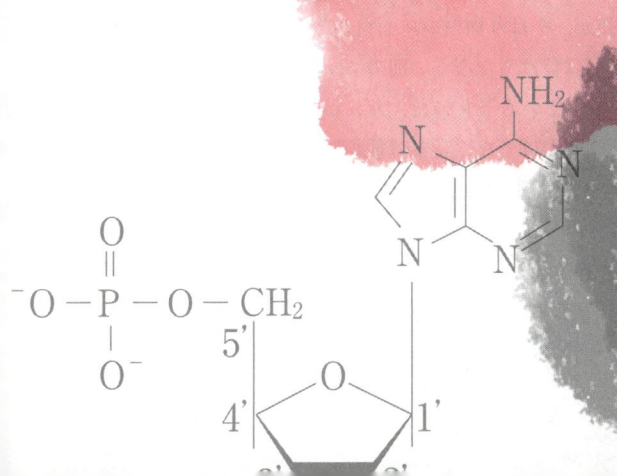

駿台文庫

は じ め に

　受験参考書，問題集に長々とした前書きは大袈裟と思われるかも知れない。よくある問題を集めた問題集・テキストの類いなら，今後もいくらでもつくれるであろうが，こういう本はもう無理だと思う。だから少し長めの前書きを許していただきたい。

　収録した問題の大半は，過去20年間の駿台全国判定模試の問題である。特に学校採用が多く，他の模試とは別の面を意識する模試である。ある日教室に突然入り込んでくる模試。何より意識するのは，先生方の努力を無にしない，学生諸君に誤ったメッセージを与えないようにしたいということである。将来生物学に無関係な進路を選ぶ受験者が多いことも意識する。試験という形で向き合う機会はあと何度もないとすれば，問う価値のあることを問いたい。模試である以上，受験対策として有益であることは当然であるが。

　一般に受験業界に長くいる者は，多少とも「解き方を知っているかどうかで差が付く問題」を良問と勘違いする職業病に罹っている。こういう問題の解き方を知ることもある程度必要ではあるが，それがずらりと並んだ模試を出題すると，本質的な理解よりも問題の解き方が大事だという，誤ったメッセージを与えかねない。

　幸い，駿台全国判定模試の出題スタッフは，病状が軽く，問題を通じて何らかの思いを伝えたいという意識のある者ばかりである。しかし，そういう意識が強く現れた問題を模試の問題として仕上げるにはかなりの労苦を要する。

　そんな中，大森智子が会話文を使った問題を作ってきた。生物学は机上で終わるものではなく，その知識は日常生活の中でも生きるというメッセージにつながり，学校採用模試として好ましい形に思えた。

　「今後，毎回この形で作って下さい」
会議後のその言葉を，福音として聞いたのか，死刑宣告として聞いたのかはわからない。かくてこの問題集に収録された形式の問題が始まった。約20年前のことである。

　何年かその形で出題してもらったが，やはり面白い。面白いと思うと，自分もやりたくなる。しかし，同じ路線をとれば私は負けるだろう。別のニッチを探さねばならない。文学作品を使う形を思いついた。やっているうちにだんだん欲が出てくる。18歳として読んでおくべき名作を使いたい，文学だけでなく音楽（歌詞）や絵画も使いたいなど，色々楽しませてもらった。人文科学や日常生活の中に，生物学で説明できる内容，生物学の理解の手助けとなる内容がかなりある。それを導きの糸として，生物学の総合的，立体的な理解を目指しつつ，教科の枠を超えた様々なつながりに気づいてほしい。そういう方針で少しずつ作成した問題をまとめたのがこの問題集である。

　模試には詳細な解説が付属する。当初は，模試の解説を少し手直しすれば，問題集に

対応する参考書になると楽観していた。しかし，近年の入試傾向の変化は著しく，改めて読み直して見ると古い模試の解説は不十分な点が多く，結局全面的に書き下ろすことになった。その際，上記の生物学から人文科学へのつながりという視点とは逆に，自然科学，数学や理科などの理系教科から生物学へのつながりを意識した。自然科学的に真っ当な説明をしてみたいと考えたのである。

　ところで，日本の成人の平均的教養は中学2年生程度だそうだ。それを聞いたとき，そんなものだろうと思った。私自身，例えばフランス革命に関係する代表的人物は，と問われたら，マリーアントワネットの前に，実在しない人物を，顔や時代背景が異なる服装と一緒に思い浮かべる。確かにこれは高校で学んだ知識ではない。

　しかし，よく考えると，これは大変なことではなかろうか。私は年に数回，駿台教育研究所が主催する高校の先生方対象のセミナーを担当する機会があり，セミナーに参加される先生方は皆熱心で，いつも活力をいただいている。中学2年程度の教養しか残らないということは，高校で学んだことは何も覚えていないということである。元気な盛りの高校生諸君を机に縛り付けた揚げ句，入試が終わればすべてが忘却の彼方に消える。熱心な先生方の苦労も，すべてが水の泡になっていると言うのである。

　先生方はあまりにまじめに熱心に，生物学，そして毎時間扱うテーマに集中し過ぎているのではあるまいか。一つ一つの事柄をしっかり理解するためにこそ，もっとよそ見をしたほうがよいのかも知れない。孤立した点の記憶は，容易に消え去る。点をつなげて線にする，面にすることで点の記憶を残す行き方もあるはずである。

　この本のやり方は，寄り道を繰り返し，さまざまな線，面を示すことで，点の記憶も残すことを意図したものである。日本人の平均的な教養を高めたいなどという大それたことは言わない。しかし，「すべてが水の泡」という現状をよしとせずに日々努力されている先生方にとって，多少ともヒントになることがあるかも知れない。

　セミナーでお会いする熱心な先生方を意識した書き方をし過ぎてしまったようだ。言うまでもなく，本書が想定する読者は受験生諸君であり，読者が生物の得点を上げることによって，志望校に合格してもらうことが，この問題集，参考書に課せられた唯一の目的である。しかし，首尾よく大学に合格した後，諸君の心の中に一題でも残すことができたか，著者としてはそれも気になる。10年後，受験時代に使ったあの問題集をもう一度見たいと思う人が一人でも出てくれれば，本書の目的は達せられたと言えるかも知れない。まずは合格を祈る。

目 次

I 生体のつくりと基本的生命活動
1 生体元素と生体物質……………………………… 2（問題編 ⇒ p. 2～ 5）
2 細 胞……………………………………………… 8（問題編 ⇒ p. 6～ 9）
3 生体膜と物質輸送………………………………… 12（問題編 ⇒ p.10～13）

II 代謝とエネルギー代謝
4 代謝とエネルギー代謝…………………………… 16（問題編 ⇒ p.14～17）
5 呼 吸……………………………………………… 22（問題編 ⇒ p.18～21）
6 同化作用…………………………………………… 28（問題編 ⇒ p.22～25）
7 光合成と反応速度………………………………… 34（問題編 ⇒ p.26～29）

III 遺伝子
8 遺伝子解明前史…………………………………… 38（問題編 ⇒ p.30～33）
9 遺伝子の実体，構造の解明……………………… 42（問題編 ⇒ p.34～37）
10 遺伝子のはたらき………………………………… 46（問題編 ⇒ p.38～41）
11 遺伝子研究と遺伝子操作………………………… 50（問題編 ⇒ p.42～45）
12 遺伝子発現の調節………………………………… 54（問題編 ⇒ p.46～49）

IV 細胞分裂と生殖
13 細胞分裂と染色体………………………………… 58（問題編 ⇒ p.50～53）
14 多細胞化と植物の体制…………………………… 62（問題編 ⇒ p.54～57）
15 減数分裂と染色体………………………………… 66（問題編 ⇒ p.58～61）
16 植物の生殖と生活環……………………………… 70（問題編 ⇒ p.62～65）

V 植物ホルモンと植物の一生
17 植物の一生と植物ホルモン……………………… 74（問題編 ⇒ p.66～69）
18 植物の光刺激の受容と応答……………………… 78（問題編 ⇒ p.70～73）
19 植物の刺激応答と形態形成……………………… 82（問題編 ⇒ p.74～77）

VI 動物の発生と形態形成
20 受精と発生の過程………………………………… 86（問題編 ⇒ p.78～81）

21	発生運命の決定と誘導 ……………………	92(問題編 ⇨ p. 82〜	85)
22	細胞分化のしくみ …………………………	96(問題編 ⇨ p. 86〜	89)
23	動物の体制 …………………………………	100(問題編 ⇨ p. 90〜	93)

Ⅶ 刺激と反応

24	刺激と反応 …………………………………	104(問題編 ⇨ p. 94〜	97)
25	さまざまな感覚 ……………………………	110(問題編 ⇨ p. 98〜101)	
26	神経系と反射 ………………………………	116(問題編 ⇨ p.102〜105)	
27	筋収縮と動物の行動 ………………………	120(問題編 ⇨ p.106〜109)	

Ⅷ 体液と恒常性

28	体液と循環系 ………………………………	126(問題編 ⇨ p.110〜113)
29	ガス交換と酸素運搬 ………………………	130(問題編 ⇨ p.114〜117)
30	生体防御と免疫 ……………………………	134(問題編 ⇨ p.118〜121)
31	排出と体液の浸透圧調節 …………………	140(問題編 ⇨ p.122〜125)
32	恒常性 ………………………………………	146(問題編 ⇨ p.126〜129)
33	血糖調節と体温調節 ………………………	150(問題編 ⇨ p.130〜133)

Ⅸ 個体群と生態系

34	個体群と生態系 ……………………………	154(問題編 ⇨ p.134〜137)
35	作用・反作用・相互作用と植生 …………	160(問題編 ⇨ p.138〜141)
36	物質生産と生態ピラミッド ………………	164(問題編 ⇨ p.142〜145)
37	生態系の物質循環と地球環境の保全 ……	168(問題編 ⇨ p.146〜149)

Ⅹ 進化と系統

38	生命の起源と地質時代の生物進化 ………	172(問題編 ⇨ p.150〜153)
39	進化のしくみと集団遺伝 …………………	178(問題編 ⇨ p.154〜157)
40	生物の系統 …………………………………	184(問題編 ⇨ p.158〜161)

この参考書の使い方

1．参考書と言うよりも「読み物」としても楽しめるよう，可能な限り読みやすく表現しました．しかし，説明のレベルはかなり高く，初めて学ぶ人が一読してすべてを理解するのは難しいでしょう．問題を解いた後，じっくり読んで下さい．

2．限られたスペースの中で可能な限り詳しく説明するため，どの教科書・図表集にも載っている図表類は省きました．20種類のアミノ酸，ペプチド結合などの赤マーカー部分は，そのことに関する図表を見ながら読んだ方が分かりやすいことを示すサインです．該当する図を教科書などから探して読むと，理解が深まると思います．

3．教科書を踏まえていますが，教科書準拠というより，入試問題に準拠しています．日本で出題された過去数年間の入試問題のほぼ全部に目を通した上で，教科書で太字になっていても，知識として問われることが稀な物質名，遺伝子名などは，意図的に省きました．難関大学の入試で細かい知識が問われることはほとんどありませんが，あまり難関ではない大学の入試問題には，細かい知識を問う問題も散見されます．このような大学を受験される場合，特に入試直前には，細かい知識を記憶するような勉強もしてみて下さい．

4．教科書に記載されていなくても，知っておいたほうがよいと思われる話題は積極的に取り上げています．入試問題のリード文によく利用される内容です．「ああ，あの話か」と気づけば，落ち着いて問題に取り組めるでしょう．

5．事実のみの記載は可能な限り避け，意味を説明しました．その際，定説とはいえなくても，ある程度妥当性がある説明は，積極的に取り入れました．
　意味を考えることは，事実より重要と感じる人も多いでしょう．本当は逆で，本当に重要なのは確固たる事実です．意味付けは人間の勝手な理屈に過ぎません．語呂合わせよりちょっとだけ高級な覚え方と考えて構いません．

6．数学などの理論科学と，生物学のような実験科学とは違います．数学で「一般に…という関係が成り立つ」と言えば，常に成り立つという意味ですが，生物学では「大体そうだ」という程度の意味です．生物学のほとんどの一般原則には例外があります．入試問題には，一般原則に反する実験結果を示して考えさせる問題もあります．常識にこだわらず，論理的に判断する力を見たいのです．実験結果がこの本の説明と矛盾する場合，無条件に実験結果に従って答えて下さい．

生物総合40題

FORTY STORYS OF BIOLOGY

参考書編

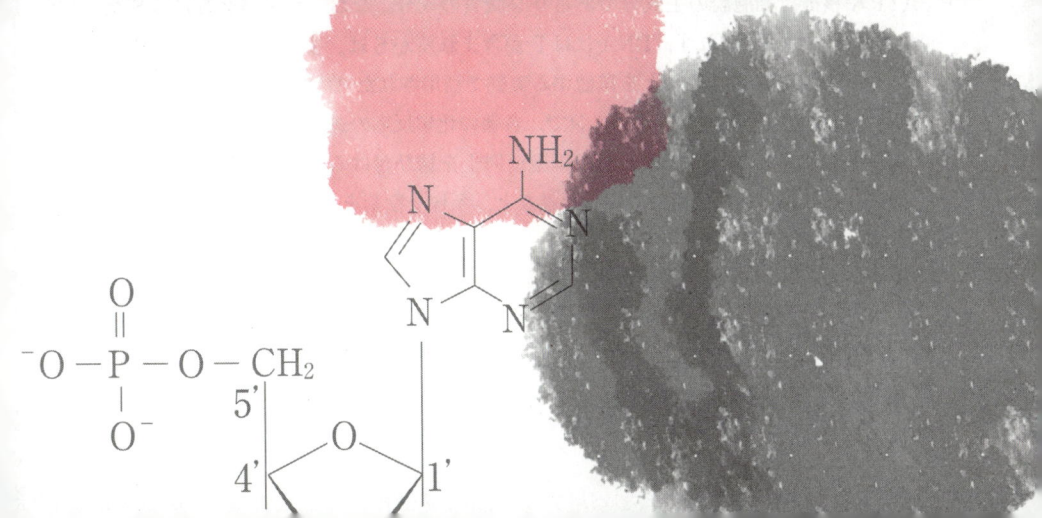

1 生体元素と生体物質

1．生体元素

1 必須元素と微量元素

　動物の場合，食物から不要な元素が取り込まれていることもあり，生存に必要不可欠な必須元素を調べるのは容易ではありません。植物の場合，二酸化炭素以外の物質はすべて根から吸収されるため，特定の元素（イオン）の有無のみを変えた培養液による水耕法での生育状態を比較することにより，必須元素を確定させることができます。

　植物では，C（炭素），H（水素），O（酸素），N（窒素），S（硫黄），P（リン），K（カリウム），Ca（カルシウム），Mg（マグネシウム）の9種類が多量に必要で，やや微量ですむFe（鉄）も含めた10種を必須十大元素とよぶことがあります。

　これらのほか，Mn（マンガン），Zn（亜鉛），Cu（銅），B（ホウ素），Mo（モリブテン）などの微量元素も必要で，微量元素の多くは酵素など，タンパク質の機能に必要な成分となっています。これらのうち，C，H，Oは水や各種の有機物に多量に含まれますが，他の成分は合計5％程度で，肥料としてやや多量に与える必要があるのは，肥料の三要素とされるN，P，Kの3種類だけです。

　なお，動物の構成元素も植物と大きな違いはなく，体液の成分としてNa（ナトリウム），Cl（塩素）が多く含まれること，甲状腺ホルモン（チロキシンなど）の成分として，I（ヨウ素）が必要であることなどが主な違いです。

2 十大元素の役割

　C，H，O以外の必須元素の役割は，次の通りです。

N：タンパク質，ATPや核酸，クロロフィルなどの成分。

S：アミノ酸の中にはシステイン，メチオニンなどのSを含むものがあり，タンパク質の成分。

P：ATPや核酸，細胞膜の主成分であるリン脂質の成分。なお，タンパク質にはSが含まれるがPは含まれず，DNAにはPが含まれるがSは含まれないことは，遺伝子の本体がDNAであることを確認する実験で利用された（⇨ p.43）。

K：細胞内に最も多く含まれる陽イオンで，各種の化学反応の進行に必要。

Ca：細胞壁のペクチン質の成分として細胞壁同士を結び付ける役割。動物では，細胞接着，筋収縮の調節，血液凝固の促進など，多様な役割を果たす。

Mg：クロロフィルの成分。

Fe：クロロフィルと似たポルフィリン環構造中のヘム鉄の形で存在することが多く，シトクロムの成分。Fe^{2+}とFe^{3+}の二つのイオン状態が存在するため，光合成や呼吸の電子伝達系における電子の受け渡しに関与する。動物ではヘモグロビンの成分として，酸素運搬に関与する。

2．主な生体物質

1 水（H₂O）

　分子量がわずか18であるのに常温で液体なのは，分子内の水素原子と，別の水分子の酸素原子の間の水素結合により，集合体（クラスター）を形成しているためです。生体成分の70％程度と多量に存在する意義としては，次のようなことが考えられます。

① **熱容量が大きく，体温維持に役立つ**
　　生物は多量の水を含むために温度変化が起こりにくく，外界の温度が急激に変化しても，温度変化に対応するための「時間稼ぎ」ができます。

② **さまざまな物質の溶媒となり，物質運搬に役立つ**
　　さまざまな物質の溶媒として，溶液中の物質の保持や運搬に役立っています。

③ **酵素反応の場となる**
　　水が存在せず，酵素と基質が自由に動けない状態では化学反応は起こりません。乾燥させた食物が長く保存できるのはそのためです。

④ **光合成など，化学反応の基質となる**
　　植物の光合成は，水と二酸化炭素から糖を合成する反応です。

⑤ **高分子物質の構造安定化**
　　水のような極性溶媒の中では，脂質などの**無極性分子は疎水性相互作用（疎水結合）によって引き合う**形になります。球状タンパク質の多くは，球の内部で疎水基をもつアミノ酸同士が引き合って立体構造を維持しており，有機溶媒がタンパク質を変性させたり，筋肉の細胞膜がグリセリン溶液中で壊れたりするのは，疎水基が有機溶媒とも親和するため，アミノ酸の疎水基同士の結合が相対的に弱まるためです。

2 タンパク質（C, H, O, N, S）

A．タンパク質の構造

(a) 一次構造

　　アミノ酸配列のことです。タンパク質は **20種類のアミノ酸** がアミノ基と別のアミノ酸のカルボキシ基の間で**ペプチド結合**した重合分子で，細胞の生命活動を行う場である原形質成分の15％程度を占めています。アミノ酸は**炭素原子にアミノ基－NH₂，カルボキシ基－COOH，水素H，側鎖とよばれる特定の官能基の4つが結合した分子**であり，側鎖の種類によって，原理的には無限の種類のアミノ酸ができます。しかし，**遺伝暗号によって指定されるアミノ酸（側鎖）の種類は 20種類**に限られており，この数は全生物で共通しています。その理由は不明であり，全生物が共通の祖先に由来することの根拠の一つとされます。多様なタンパク質が，わずか20種類のアミノ酸というパーツのみからできているということは，驚くべきことです。

　　アミノ酸はCを中心とした四面体構造のため，側鎖がHのグリシンを除き，鏡で写した関係の異性体（光学異性体）が存在します。ところが，生体に含まれるアミノ

酸はL型とよばれる一方の異性体だけです。これも生物の不思議な共通性ですが，ある種の物理現象が原因で生じた偏りとも言われます。

　タンパク質の一次構造が決定された後の立体構造の形成には，分子シャペロンとよばれる特殊なタンパク質が関与しています。シャペロンは，蓋（ふた）が着脱する「樽（たる）」のような構造をしており，「樽」にタンパク質を閉じ込めて正常な立体構造を形成させています。なお，「シャペロン」とは，宮廷にデビューする前の若い女性の教育係となる年上の女性のことです（ルノワールの『ムーラン・ド・ラ・ギャレット』に描かれている黒い服の女性と考えても構いませんが，本当はあの女性は，妹とダンスホールに来た姉のようです）。新しく合成されたタンパク質が，生命活動の主役としてのデビューにふさわしい立体構造になるのを助けるのが分子シャペロンというわけです。

(b)　二次構造

　ペプチド結合が関係するペプチド鎖の部分構造です。あるアミノ酸のアミノ基の水素と，4個離れた位置のアミノ酸のカルボキシ基の酸素の間で周期的に水素結合が形成されるらせん状のαヘリックス，平行に並んだペプチド鎖のアミノ基の水素とカルボキシ基の酸素の間の水素結合によるジグザグ状のβシートがあります。

　側鎖の種類により，どちらの構造ができやすいかは変化しますが，一次構造が同じでも複数の二次構造をとる場合があります。脳内に存在し，ウシの海綿状脳症やヒトのクロイツフェルト・ヤコブ病の原因物質であるプリオンがその例です。正常なプリオンタンパク質はαヘリックス構造を多くもつ柔軟な構造ですが，異常プリオンはβシートを多く含み，アミロイドとよばれる塊を形成します。異常プリオンは酵素による分解や熱変性が起こりにくく，しかも，異常プリオンは正常プリオンを異常プリオンに変化させます。異常プリオンの塊がどんどん増えていく危険があるわけです。

(c)　三次構造

　ポリペプチド鎖の全体的な立体構造です。全体として直線状でも，細かく見ると規則的なαヘリックスもあればランダムコイルとよばれる不規則な構造もあります。

　タンパク質の立体構造は，疎水性相互作用や水素結合のほか，酸塩基間のイオン結合，2つのシステインの側鎖中の−SH基から水素が分離して生じたS−S結合（ジスルフィド結合）など，さまざまな結合によって形成されています。これらの多くは決して強くなく，高温やpHの変化で分離しやすいため，タンパク質の立体構造は，変性とよばれる回復困難な変化が起こりやすいのです。

(d)　四次構造

　複数のペプチド鎖（サブユニット）からなるタンパク質の構造全体のことです。**低分子物質の結合や離脱などによって四次構造が変化し，タンパク質の機能が変化する**こともあります。この変化は，低分子物質がタンパク質の機能を調節していると見ることができ，生物のさまざまな調節機構に関係しています。

B．タンパク質の機能

事実上ありとあらゆる生命活動に関係しており、タンパク質が関係しない生命活動を探すことの方が難しいといえます。ここで例として挙げた物質はいずれも重要なもので、再度取り上げる機会があります。

(a) **酵素として，化学反応を進める触媒となる**

生体内のさまざまな化学反応に関係しており、酵素以外の機能をもつタンパク質が、酵素としての機能を備えている場合も多くあります。たとえば、筋収縮に関係するミオシンは、筋原繊維の太いフィラメントの成分になる一方、ATP分解酵素としての機能をもち、ATP分解に伴うアクチンとの相互作用により、筋収縮が起こります。

(b) **運動に関与する**

筋収縮に関係するアクチンとミオシン、鞭毛・繊毛運動や、紡錘糸による染色体の移動などに関与するチューブリンとダイニンやキネシンなどがあります。

(c) **刺激の受容や情報伝達**

網膜の桿体細胞に入った光刺激は、色素タンパク質であるロドプシンの分解で受容され、ホルモンはタンパク質からなる受容体との結合で作用をあらわします。受容体だけでなく、インスリンなど、ホルモンがタンパク質である例も多くあります。

(d) **物質輸送**

細胞膜での能動輸送に関係するイオンポンプ、受動輸送に関係するチャネルや担体（キャリア）、酸素運搬に関与するヘモグロビンなどがあります。

(e) **生体防御，細胞の識別・接着**

抗体の主成分となる免疫グロブリン、細胞表面で自己の細胞であることを示す主要組織適合性抗原複合体（MHC）、同種細胞の接着に関与するカドヘリンなどの接着タンパク質などがあります。

3 脂質

C，H，Oからなり、三価のアルコールであるグリセリンと、三分子の脂肪酸がエステル結合した油脂（脂肪）は貯蔵性のエネルギー源となり、保温にも関係しますが、原形質の成分や生理活性物質としては、リン酸基などを含み、**細胞膜の主成分であるリン脂質のほか，副腎皮質ホルモン**（糖質コルチコイド，鉱質コルチコイド）**や生殖腺ホルモン**（ろ胞ホルモンであるエストロゲン、黄体ホルモンであるプロゲステロンなど）**となるステロイド**など、油脂と多少化学構造が異なる脂溶性の分子が重要です。

4 核酸（C, H, O, N, P）

A．核酸とヌクレオチド

核酸とはDNA（デオキシリボ核酸）とRNA（リボ核酸）の総称で、**リン酸・五炭糖・塩基からなるヌクレオチドの重合分子**です。

核酸の五炭糖の炭素には，右図のように番号をつける習慣があります。塩基と結合している炭素が1'，リン酸と結合している炭素が5'です。生体内における核酸合成の際には3'の炭素に結合している水酸基-OHと，次のヌクレオチドの5'の糖に結合しているリン酸が脱水縮合するため，この点に注目すると逆のように感じるかも知れませんが，この結合の方向性を，5'→3'とよびます。この点に関しては，5'を「左手」，3'を「右手」と言い換え，左から右に手を繋いで並ぶ場合を考えると理解しやすいと思います。

　この場合，先頭の人の左手と最後の人の右手は空いています。この点に注目したのが左手から右手，5'→3'の方向という表現です。この場合，塩基と結合している1'は「腹」に当たります。ヌクレオチド鎖は，腹に塩基を結合させて突き出しながら，左から右へ手をつないでいる形の分子なのです。

　DNAとRNAのヌクレオチドを比較すると，**糖がRNAではリボース $C_5H_{10}O_5$，DNAではデオキシリボース $C_5H_{10}O_4$** であり，デオキシリボースは酸素原子が1個少ない（デオキシ＝酸素オキシゲンを欠く）ため，糖の一般式 $C_m(H_2O)_n$ に一致していません。これは核酸の構造上大きな意味があり，リボースをもつと，デオキシリボースにはない2'の酸素原子が障害となり，DNAのような安定した二重らせん構造が形成できないとされています。

　塩基は，DNAにはアデニン（A），チミン（T），グアニン（G），シトシン（C）の4種類，RNAはTの代わりにウラシル（U）が含まれます。この点も，次のような意味があると考えられています。

　C，TはUを起点に合成され，Uにアミノ基-NH_2を結合させてC，Uにメチル基-CH_3を結合させてTがつくられます。逆に言うと，C，Tは突然変異によってUに戻りやすいのです。Uをもっていなければ，Uが生じれば異常なものとして取り除くことができますが，Uをもっていると，突然変異で生じたUと区別できず，取り除けません。Uをもつと突然変異率が高くなり過ぎ，遺伝子の本体として不都合なのです。

　生命誕生後，RNAワールドからDNAワールドへ切り換わったと考えるRNAワールド説（⇨p.172）を元に考えると，リボースからデオキシリボース，ウラシルからチミンへの変化は，この切り換えの際に行われた進化的な改良とみることができます。

B．DNAの二重らせん構造

　DNAの糖とリン酸の鎖から突き出した形の塩基は，互いに逆向きになって水素結合を形成し，**二本の鎖が水素結合によって結び付いた二重らせん構造が形成されます**。水

素結合はAとTの間では二ヶ所，GとCの間では三ヶ所形成されます（右図）。そのため，複製開始点など，二本鎖が開いてほしい場所ではA-T対が多く，転写終了位置など，開いてほしくない場所ではG-C対が多くなっています。

　DNAはタンパク質と異なり，熱に強いと言われますが，水素結合が分離しないわけではありません。高温で水素結合を分離させても，緩やかに冷却すると水素結合が回復し，元の構造に戻るのです。

　DNAの構造は，一方の鎖の異常を他方をもとに修復できることや，二本の鎖の一本ずつをもとに複製することができることを示唆しており，遺伝子にふさわしい構造です。

DNAの塩基対と水素結合

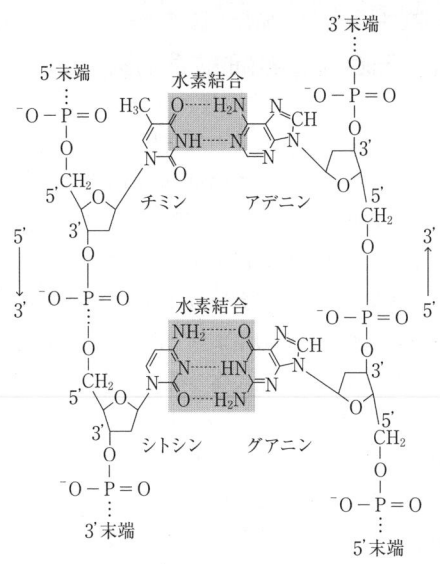

小さい塩基（ピリミジン塩基）と大きい塩基（プリン塩基）が結合していることに注意。

5　炭水化物

　一般式 $C_m(H_2O)_n$ であらわされ，$m=n$ となる単糖類としては，$m=n=6$ の六単糖 $C_6H_{12}O_6$ が最も重要です。六単糖には，**動物の血糖成分であるグルコース（ブドウ糖）**のほか，**フルクトース（果糖）**，**ガラクトース**などがあります。

　単糖類の場合，通常 $m=n$ となるのは，$-\underset{OH}{\overset{H}{C}}-$ を骨格とする繰り返し構造が中心であることが関係しています。

　六単糖二分子が脱水結合したのが二糖類 $C_{12}H_{22}O_{11}$ です。**グルコースが二分子結合したマルトース（麦芽糖）**，**植物体での糖の輸送形態で，グルコースとフルクトースが結合したスクロース（ショ糖）**，**ラクトースオペロンで有名な，グルコースとガラクトースが結合したラクトース（乳糖）**などが含まれます。

　グルコースが多数結合したものが多糖類 $(C_6H_{10}O_5)_n$ で，**植物の根や種子などに多く含まれるデンプン（アミロース）**，**動物の肝臓や筋肉で貯蔵されているグリコーゲン**など，主に**貯蔵性エネルギー源**の役割を果たしています。しかし，**セルロースの役割はそれとは異なり，細胞壁の主成分**となっています。これは，グルコース間が分解しにくい結合になっていることが関係しています。

2 細胞

1. 細胞説と基本的生命活動

　細胞(cell)という名称は，ロバート・フック(1665)が自作の顕微鏡でコルク片を観察し，細かい部屋に分かれていることを見いだし，cellula（ラテン語）と名付けたことに由来します。この語は，内部が空洞の小部屋，すなわち，蜂の巣の穴とか，表の中のます目などを意味し，もともとは中身をあらわす語ではありません。レーウェンフックはその数年後，さまざまな微生物の生きた細胞を観察しています。

　植物学者シュライデン(1838)，**動物学者シュワン(1839)** が，それぞれ植物，動物の体が多数の細胞の集まりであることを発見しました。発見当初は細胞の機能は分かっていませんので，生命体の構造的単位としての細胞の発見と言ってよいでしょう。その後，細胞のはたらきについて研究が進められ，病理学者フィルヒョウ(1858)は，「細胞は細胞から生じる」と主張しています。

　今日では**細胞は生命体の構造的単位であると共に，機能的単位**，すなわち基本的生命活動のすべてを行う最小単位であると考えられています。

　それでは，基本的生命活動のすべてとは何でしょうか。多くの生物学者は，以下の3つと考えています。

　第一は，**自己複製の機能**。細胞が分裂して2個の細胞をつくること，親が自分と似た子を残すことなどです。

　第二は，**代謝の機能**。物質を取り込んで自らの成分を合成したり，自らの成分を分解して外に出したりすることです。

　第三は，**刺激を受容して応答する機能**。ホルモンの指令によって細胞の活動状態が変化すること，危険を察知した動物が逃げることなどです。

2. 真核細胞の特徴

■1 細胞説と区画化

　細胞分化によって生じた多細胞生物の細胞は，単細胞生物の細胞とは異なり，特定のはたらきだけを行っていると考えがちですが，この考え方は正しくなく，**分化の進んだ多細胞生物の細胞も，すべての基本的生命活動を行いながら，個体の中で特定の役割を担っている**と考えるのが正しいのです。真核細胞について，その点を確認しましょう。

　<u>電子顕微鏡で見た真核細胞の模式図</u>をみるとわかるように，真核細胞は膜によって区画化されており，細胞は膜によって閉じられた空間である細胞小器官の集まりです。細胞に三大機能のすべてに対応する部位が備わっていれば，細胞説が正しいことが確認できたと言えます。生命活動の場である原形質に，三大機能すべての活動の場が含まれているか，確認してみましょう。

第一の機能である自己複製。これに関係する部分は何といっても核です。真核細胞の核内には，遺伝物質であるDNAがヒストンという塩基性タンパク質に巻き付いた状態で存在し，細胞はDNAの塩基配列の形で遺伝情報を保持しています。そして，細胞分裂の際，DNAの情報は複製され，2つの細胞に均等に分配されます。哺乳類の赤血球に核がないなどのわずかな例外を除き，すべての真核細胞に核が存在することは，細胞が自己複製の機能をもつことを示しています。

　第二の機能である代謝。代謝は物質を合成する同化と，物質を分解する異化に区分されます。同化に関係する細胞小器官には，葉緑体があります。植物細胞には，二酸化炭素と水から有機物を合成する炭酸同化や，アンモニウム塩などの無機窒素化合物を材料にアミノ酸を合成する窒素同化を行う葉緑体が存在し，植物細胞は確かに同化を行っています。

　動物細胞には葉緑体は存在しませんが，同化を行っていないわけではなく，方法が違うだけです。リボソームで起こるタンパク質合成，リボソームの結合していない小胞体である滑面小胞体を構成している酵素による脂質合成などは，低分子有機物を材料とした同化反応です。動物細胞は無機物から有機物を合成する同化はできませんが，低分子の有機物から高分子の有機物を合成する同化はできるのです。小胞体には，リボソームで合成されたタンパク質の輸送路や，有機酸の沈殿を防ぐためにカルシウムイオンを貯める場所という役割もありますが，同化の場という役割もあります。

　異化作用の場としては，まず，最も代表的な異化作用である，呼吸を行っているミトコンドリアがあります。タンパク質をアミノ酸に分解するタンパク質分解酵素などの加水分解酵素が含まれるリソソームも，呼吸とは別の形の異化の場です。

　第三の機能である刺激を受容し，応答する機能。刺激の受容には細胞膜が主要な役割を果たしています。細胞膜にはペプチドホルモンや神経伝達物質の受容体が存在し，その指令を受け取ることで細胞のはたらきが変化します。

　刺激に対する応答としては，運動と物質の分泌が代表的です。細胞自体が動く運動が見られない場合でも，細胞内では各種の細胞骨格の上をモータータンパク質が動いています。原形質流動の際には，細胞質中のアクチンフィラメントのレールの上をミオシンと結合した細胞小器官が動いており，チューブリンを主成分とする微小管上を動くダイニンやキネシンも，細胞内の各種の物質輸送を行っています。分泌については，分泌物質の合成に関与するゴルジ体や，分泌物質を含み，分泌の際に細胞膜と融合し，エキソサイトーシス（開口分泌）を起こす分泌小胞などが存在します。

　このように考えると，分化の進んだ細胞でも，すべての基本的生命活動を行っていることがわかります。なお，後で触れるように，細胞内のミトコンドリアや葉緑体も，それ自体で基本的生命活動のかなり多くを行っているため，真核細胞が本当に「最小」単位と言ってよいかという点については少し議論の余地があります。

2　細胞分画法

　1930年代には電子顕微鏡が開発され，光学顕微鏡による観察では確認できなかったリボソーム，小胞体なども確認されるようになりました。識別できる2点間の距離をあらわす分解能は，光学顕微鏡では0.2 μm程度です。リボソームはそれよりずっと小さく，小胞体は細かく折りたたまれている薄い膜なので，光学顕微鏡では確認できなかったのです。リボソームや小胞体の発見と前後して，細胞小器官の機能を知る前提として，細胞小器官を分ける方法である細胞分画法が開発されました。

　細胞分画法は組織の「破砕」と「遠心分離」の2つが柱となります。まず，組織をホモジェナイザーによってすりつぶし，低い遠心から高い遠心へと遠心力を変え，沈降してくる構造体を順次集めます。液体中の物体は，(半径)^2×(液体との密度差)に比例して沈降します。断面積が広ければ広い面に圧力がかかるため，沈降速度は半径の二乗に比例するわけです。そのため，細胞小器官は通常大きさの順に，**核→（植物細胞の場合）葉緑体→ミトコンドリアの順で沈降**します。他の構造体は，この方法できれいに分けることはできません。

　細胞分画における破砕や遠心操作の際は，**低温に保ち，スクロースなどの溶液中で処理**することが必要です。低温にしないとホモジェナイザーや遠心分離機が発生させる熱でタンパク質が変性したり，リソソーム由来の加水分解酵素による分画成分の分解が起こりますし，蒸留水中で行うと細胞小器官の吸水による破裂などが起こるためです。

　植物細胞の場合，細胞壁が存在する状態で破砕すると，細胞壁の破片がさまざまな分画に混入して細胞小器官を破損させる危険があるため，通常破砕に先立ってセルラーゼなどの細胞壁分解酵素で処理します。また，液胞が大きく発達した細胞では，液胞中の有機酸によって破砕の際にpHが急激に変化する可能性もあり，炭酸水素ナトリウム$NaHCO_3$などの緩衝溶液（pHの変化を妨げる溶液）を加えた方が安全でしょう。

3　細胞小器官の機能と細胞内物質輸送

　細胞小器官は生体膜に包まれた袋ですが，それぞれの袋が特有の機能をもつ理由として最も重要なのは，**細胞小器官ごとに，その膜に組み込まれていたり，膜内の空間に存在する酵素が異なる**という事実です。これを可能にしているのは，核内で合成されたタンパク質が，合成直後はその輸送場所を示す「荷札」のようなアミノ酸配列をもつことです。そのような配列としては，核局在化シグナル，ミトコンドリア輸送シグナルなど，さまざまなものが発見されており，そこに特異的に結合する輸送タンパク質の作用により，目的の場所に運ばれていくのです。

　細胞膜や液胞に輸送されるタンパク質の場合，分泌タンパク質の合成の場合と同様，読み始めのペプチド鎖のシグナル配列に従ってまず小胞体の内部に入り，次にゴルジ体へと運ばれていきます。これらはゴルジ体という「配送センター」で仕分けされ，目的の場所へと運ばれていくのです。

3．原核細胞と真核細胞

1 原核細胞の特徴

原核細胞には，**核膜や膜で包まれた細胞小器官がありません**。また，真核細胞のDNAがヒストンと結合した直鎖状二本鎖DNAであるのと異なり，細菌のDNAは**ヒストンと結合していない環状二本鎖DNA**です。鞭毛運動が見られる細菌も多く存在しますが，真核細胞の鞭毛がチューブリンからなるのと異なり，原核細胞の鞭毛はフラジェリンというタンパク質からなり，運動のしくみや運動におけるエネルギー獲得のしくみも大きく異なっています。

2 真核生物の起源と共生説

進化のある段階で，原核細胞から真核細胞が誕生したと考えられますが，このしくみについては，リン・マーギュリスが提唱した共生説が有力な考え方とされています。共生説によると，真核細胞は次のように出現したと考えられます（下図）。

まず，**真核細胞の祖先細胞の中に好気性細菌が入り込み，ミトコンドリアになった**と考えられます。進化に関連して後に触れる機会がありますが，祖先細胞は普通の細菌，すなわち真正細菌の細胞ではなく，古細菌であろうと考えられています。この段階で真核細胞が誕生したと言えますが，その後**植物の祖先の細胞となった真核細胞にシアノバクテリアが入り込み，葉緑体になった**と考えられます。

この説が正しいと考えられる根拠は，ミトコンドリアや葉緑体に以下のような特徴があることです。全くの偶然からこのような特徴があらわれる確率は，あまりにも低いと考えられます。

1．固有の環状DNAをもち，半自律的に分裂・増殖する。
2．内膜の化学的組成が，外膜や他の生体膜と異なり，細菌のものに近い。
3．内部に存在するリボソームは，原核細胞のものに近く，真核細胞の小胞体表面や細胞質基質に存在するものと比べ，ひと回り小さい。

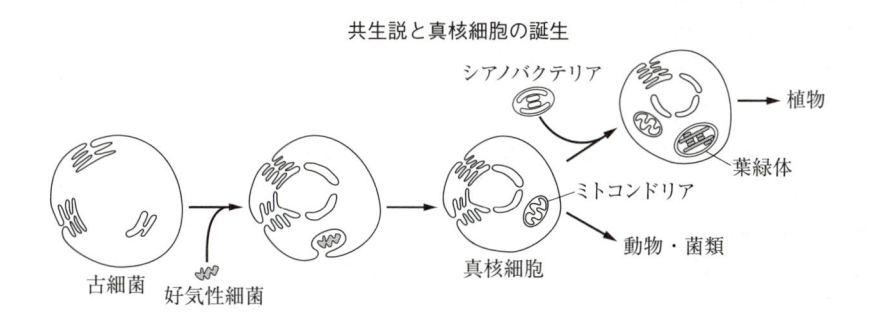

共生説と真核細胞の誕生

3　生体膜と物質輸送

1．生体膜の構造

　細胞膜や各種細胞小器官の膜である生体膜は，リン脂質二分子層とタンパク質が基本成分であり，脂質の海にタンパク質が浮かんでいる状態に例えられます。リン脂質分子は下図(a)の模式図で表現され，二分子層を形成する理由は下記のとおりです。

　脂肪は三価のアルコールであるグリセリンのアルコール性水酸基と，3つの脂肪酸（カルボン酸）が，脱水縮合によってエステル結合を形成しており，3本の炭化水素基がグリセリンによってつながれた(b)のような構造の物質です。リン脂質は(c)のように3本のうち1本がリン酸などを含む親水基である点が異なります。

脂肪とリン脂質分子の構造

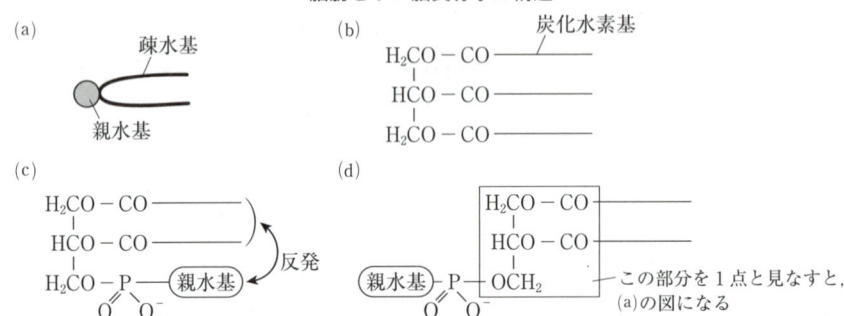

(a) 疎水基／親水基

(b) 炭化水素基
$H_2CO - CO -$
$HCO - CO -$
$H_2CO - CO -$

(c)
$H_2CO - CO -$
$HCO - CO -$
$H_2CO - P -$ 親水基　反発
　　　　$\|\ |$
　　　　$O\ O^-$

(d) 親水基 $-P-OCH_2$
　　　　$\|\ |$
　　　　$O\ O^-$
$H_2CO - CO -$
$HCO - CO -$

この部分を1点と見なすと，(a)の図になる

　疎水基である2本の炭化水素基と親水基は，水溶液中では分子内で反発し，疎水基と親水基が逆向きに存在する(d)の形になります。(d)でグリセリンを構成する3個の炭素原子付近を1点と見なすと，最初の模式図になります。

　この形のリン脂質分子の疎水性の部分が互いに引き合った形が脂質二分子層です。

2．生体膜のはたらき

■1　生体膜の物質輸送とさまざまなはたらき

　脂溶性分子や小さな気体分子以外は，リン脂質二分子層でなく，膜タンパク質を通って運ばれます。細胞膜には物質の出入りのほか，情報分子の受容（⇨ p.109, 148），他の細胞との接着・識別（⇨ p.87, 101）など，さまざまな機能がありますが，ここでは物質輸送について考えます。

■2　拡散と浸透

　まず，物質の透過や輸送の背景となる拡散や浸透について確認しましょう。図(a)のように蒸留水中に溶質の塊を沈めると，溶質は拡散し，やがて一様な溶液になります。拡散が起こるのは，分子が常に動き回っているためです。この動きの結果，溶質が一ヶ所に固まっている状態が解消され，均一な溶液になります。

3 生体膜と物質輸送

拡散と浸透のしくみ

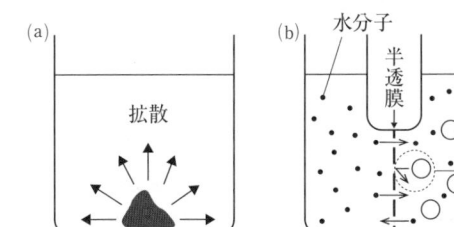

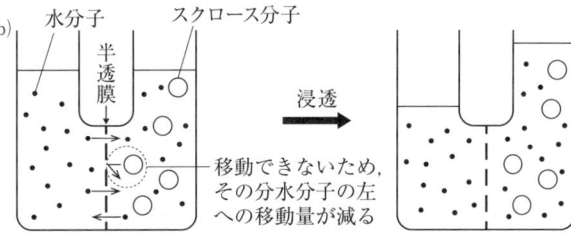

　図(b)のようにスクロース溶液と蒸留水の間に，水分子のみ通す半透膜を置くと，水が蒸留水から溶液へと半透膜を通って移動する浸透が見られます。浸透も，分子が常に動いていることから説明できます。両側から同数の分子が小孔に近づいた場合，水分子はすべて孔を通り抜けますが，溶質分子は，孔を通り抜けられません。膜に衝突した溶質分子の分だけ，溶液から蒸留水に移動する水分子の数は少なくなり，差し引きで水分子が蒸留水から溶液へと移動します。

　以上は溶質の挙動に基づいて水の移動を説明したものです。もっと簡単な考え方もあります。水の移動を考えるのだから，水以外の物質は無視するのです。

　上の図(b)から，溶質分子を消してみて下さい。溶液中には溶質分子が存在するため，その分だけ水分子の濃度が低いのです。**水分子は，水分子の濃度が高い方から低い方へと移動しているわけであり，拡散と同じです。**

　溶媒分子も溶質分子も自由に移動できる状態での物質移動が図(a)の拡散です。水しか移動できない半透膜を通って水分子が拡散する現象が図(b)の浸透です。

3 ポテンシャルの高低と自然現象

　化学反応，物理現象も含め，自然現象をきちんと理解するためには，ポテンシャルという概念を理解する必要があります。結論から言うと，**自然に起こる現象とは，ポテンシャルが高い状態が低い状態になる現象**であり，逆方向の現象が起こるのは，何らかの形でエネルギーを供給された場合だけです。

　ポテンシャルとは，物体がもつエネルギーの大きさをあらわす概念で，代表的なものに，物体の位置によるポテンシャル，位置エネルギーがあります。地球に存在する質量 m の物体が，基準の高さより h だけ高い位置にあれば，重力加速度を g として，mgh だけポテンシャルエネルギーが高い状態にあります（p.15 図の①）。

　溶液中の粒子の濃度が高いと，粒子がもつエネルギーの総和が大きくなります。高い位置の物体が手を放すと落下するように，溶質や水分子も，ポテンシャルの勾配に従い，濃度が高い場所から濃度の低い場所へと移動するのです（p.15 図の②）。

13

4 水ポテンシャルと浸透ポテンシャル

A．浸透ポテンシャルと重力のポテンシャル

さまざまな水溶液を比較したとき，最も水分子の濃度が高いのは蒸留水です。高濃度の溶質を含む溶液は，水分子の濃度が低いため，水のポテンシャルは低い状態です。つまり，蒸留水のポテンシャルを基準(0)にすると，溶液中の水のポテンシャルは負の値(マイナスの値)になります。これが浸透ポテンシャルです(p.15 図の③)。浸透ポテンシャルの符号を変えて正の値にしたものが浸透圧です。**水が半透膜を通って浸透圧の高い溶液へと移動するのは，浸透ポテンシャルが低い方に向かって移動する現象，ポテンシャルの勾配に従った水の動き**です。

位置の高低も濃度の高低もポテンシャルであり，ある物体のポテンシャルは，さまざまな種類のポテンシャルの総和です。この点を理解するために，植物体において根で吸収した水が茎を上昇する現象を考えてみましょう。

上の方の葉にある水は，重力のポテンシャルについては根にある水より mgh だけ大きくなっていますが，上の方に存在するのは高濃度の溶液なので，浸透ポテンシャルは上の方が低く，負の値になります。根の位置では蒸留水，葉の位置では濃度 C の溶液とすると，葉の位置の水の浸透ポテンシャルは，体積当たり $-RCT$（R：気体定数，C：溶質濃度，T：絶対温度）で近似されます。**水が根から葉に向かって上昇するのは，重力のポテンシャルと浸透ポテンシャルの合計が，葉の方が根より低い場合**です。

B．浸透ポテンシャルと圧ポテンシャル

動物細胞をさまざまな濃度の溶液に浸した場合の水の移動は，水の浸透ポテンシャルが低い高濃度の溶液（高張液）への移動によって説明がつきます。しかし，植物細胞ではそのほかに圧力によるポテンシャルが加わることがあります（p.15 図の④）。

植物細胞を高張液に浸した場合，水は浸透ポテンシャルが低い細胞の外へと移動し，細胞膜に覆われた部分の体積だけが小さくなります。細胞膜の外側に存在する細胞壁は，水も溶質も自由に通すため，細胞壁に覆われた部分の体積が変化することはありません。その結果，細胞膜と細胞壁が分離する原形質分離が起こりますが，この場合，細胞膜と細胞壁の間に特に圧力ははたらきません。

低張液に浸すと，水は浸透ポテンシャルの低い細胞膜の内部へと移動しようとします。その結果，細胞膜におおわれた部分は細胞壁を押す形になります。この力，すなわち膨圧によって細胞壁は多少とも膨張します。細胞膜は反作用的に細胞壁から圧力を受け，この圧力が細胞内の水のポテンシャルを押し上げます。このポテンシャルの増加によって水は細胞に入りにくくなり，ある程度膨張すると吸水が停止します。

細胞内の水ポテンシャルは，マイナスのポテンシャルである浸透ポテンシャルと正のポテンシャルである細胞壁からの圧力によるポテンシャル増加の合計ですが，外液には細胞壁による圧力はかからず，**外液の水ポテンシャルは浸透ポテンシャルそのもの**です。

両者のポテンシャルを比較したとき，ポテンシャルが低い方へと水は移動し，ポテンシャルの差がなくなるとそこで吸水が止まります。これが，**細胞の浸透圧－膨圧が外液の浸透圧と等しくなると水の移動が停止する**ということです。

教科書では浸透圧という言葉が使われていますので，この本でも，他の場所では浸透圧という言葉で説明します。浸透圧は浸透ポテンシャルの符号を変えたもので，**浸透圧が高い方への水の移動とは，水ポテンシャルの低い方への移動と同じです**。

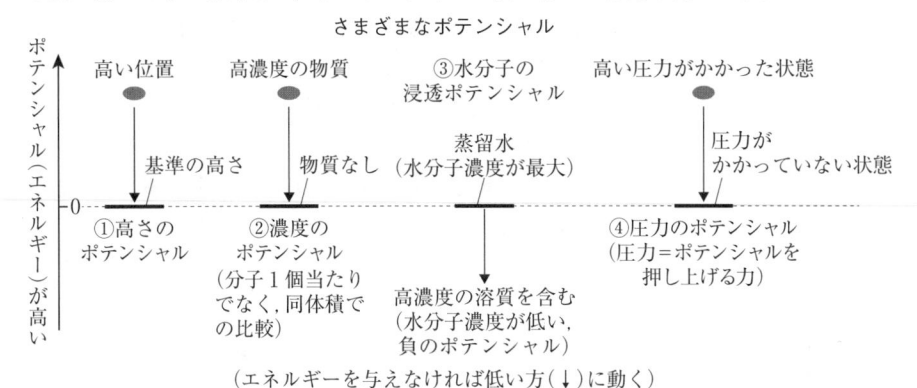

さまざまなポテンシャル

ポテンシャル（エネルギー）が高い

①高さのポテンシャル	②濃度のポテンシャル（分子1個当たりでなく，同体積での比較）	③水分子の浸透ポテンシャル	④圧力のポテンシャル（圧力＝ポテンシャルを押し上げる力）
高い位置 / 基準の高さ	高濃度の物質 / 物質なし	蒸留水（水分子濃度が最大）/ 高濃度の溶質を含む（水分子濃度が低い，負のポテンシャル）	高い圧力がかかった状態 / 圧力がかかっていない状態

（エネルギーを与えなければ低い方（↓）に動く）

5　受動輸送と能動輸送

細胞膜はセロハンのように細孔のある半透膜とは異なり，水は水分子専用の通路であるアクアポリン（水チャネル）を通ります。アクアポリンが存在し，他の溶質の移動が無視できる場合，細胞膜は半透膜に見えるのです。実際は細胞膜は物質の種類によって透過性が異なる選択的透過性の膜です。

イオンなどの輸送に関与するチャネル（水路，運河の意）は，電気刺激や神経伝達物質，ホルモンなどの化学物質の結合によって開閉するものが多く，チャネルが開いていれば，特定の物質がその物質の濃度勾配に従って受動輸送されます。

細胞膜には，特定の物質と結合してその移動を促進する担体（キャリア）も存在します。担体は，膜の一方の側で特定の物質と結合し，反対側でその物質を離す形で，濃度勾配に従う輸送を行います。

これらの受動輸送と異なり，**能動輸送は濃度差に逆らう輸送が可能**です。ATPなどのエネルギーを用いることで，ポテンシャル勾配に逆らっているのです。

6　膜透過以外の物質輸送

膜の物質輸送には，膜の変形を伴うものもあります。神経終末から神経伝達物質が放出される場合，神経伝達物質が入っているシナプス小胞の膜と終末の細胞膜が融合し，シナプス小胞の内容物はシナプス間隙へと放出されます（エキソサイトーシス）。細胞の外の物質を，細胞膜の変形によって小胞の中に取り込むこともあります（エンドサイトーシス）。これらの輸送は，大きな物質の大量輸送を可能にしています。

4 代謝とエネルギー代謝

1．代謝とエネルギー代謝

　生物は，**体外から取り込んだ物質から体内の物質を合成する同化**と，**体内の物質を分解する異化**を行い，体内の物質を少しずつ新しいものに取り替えています。植物などの独立栄養生物は無機物からの同化ができますが，動物は低分子有機物を材料として，高分子有機物を合成しています。異化の代表は，酸素を用いて有機物を二酸化炭素，水などに分解する呼吸です。発酵や解糖は酸素を用いないため，無機物まで完全に分解することはできず，乳酸，エタノールなどの低分子有機物で分解が終了します。

　化学反応式が反応する物質の量的な関係を表現し，熱化学方程式が反応に伴うエネルギーの出入りを表現するように，代謝も反応とエネルギーの両面で理解する必要があります。**反応面である代謝の主役は酵素，エネルギー面であるエネルギー代謝の主役はATP**です。

2．ATPとエネルギー代謝

1　ATPと高エネルギーリン酸結合

　ATPとは，アデノシン三リン酸の略称で，アデニンとリボースの結合したアデノシンに3個のリン酸基が結合した物質です。右図のように電離して負電荷をもつ酸素原子が3つ並んでいるために，電荷の間に電気的な反発が存在し，無理に縮められたバネのような状態になっています。そのため，リン酸基の間の結合は容易に切断され，リン酸基が分離します。高エネルギー結合と言う意味は，容易に分解できる，ポテンシャルが高い結合という意味です。

ATPの構造

3個のリン酸基

塩基（アデニン）

〜：高エネルギー
　　リン酸結合

五炭糖（リボース）

　ATPの合成・分解は，加水分解と脱水縮合の形で表現されますが，実際はATPから切り出されたリン酸基によって何らかの物質が活性化される形が多く，加水分解の式は半反応式と理解してよいでしょう。

2　ATPと生命活動

　ATPは同化（物質合成）以外にも，さまざまな生命活動にエネルギーを供給しています。**生物は呼吸によってATPを合成する一方，ATPを分解してさまざまな生命活動を営んでいる**のです。この様子は仕事でお金を稼ぎながら，さまざまな活動にお金を支出するのに似ているため，ATPはエネルギー通貨とよばれています。

4　代謝とエネルギー代謝

　お金を必要とする場面は色々あっても，お金を安定的に得る方法は，仕事をする以外にないのと同様，ATPが合成される場面は多くありません。呼吸や光合成の電子伝達系に伴うATP合成以外では，解糖系やクレアチンリン酸の分解などで，高エネルギーリン酸化合物からADPへのリン酸基転移反応がある程度です。

代表的なエネルギーの流れ

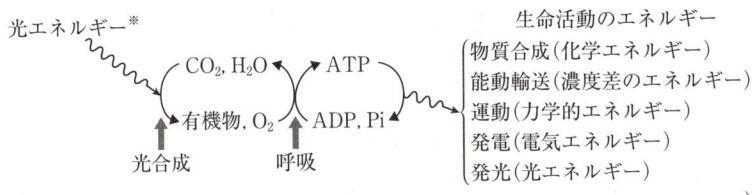

光エネルギー※　　CO_2, H_2O　⇄　ATP　　生命活動のエネルギー
　　　　　　　　　有機物, O_2　　ADP, Pi　　・物質合成(化学エネルギー)
　　　　　　　　　　光合成　　　呼吸　　　　　・能動輸送(濃度差のエネルギー)
　　　　　　　　　　　　　　　　　　　　　　・運動(力学的エネルギー)
　　　　　　　　　　　　　　　　　　　　　　・発電(電気エネルギー)
　　　　　　　　　　　　　　　　　　　　　　・発光(光エネルギー)

※（光エネルギーは，一旦ATPやNADPHなどの化学エネルギーに変えられた後，糖などの有機物の化学エネルギーに変化する。）

3．酵素のはたらき

1　触媒としての酵素

　触媒は反応前後で変化せずに活性化エネルギーを低下させ，反応速度を高める物質です。過酸化水素H_2O_2は右図のようにポテンシャルの高い物質ですが，自動的に水H_2Oと酸素O_2に分解することは稀であり，分解にはエネルギーが必要です。このエネルギー障壁が活性化エネルギーです。

触媒と活性化エネルギー

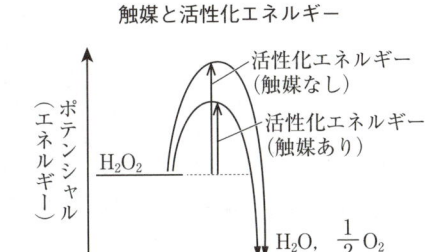

（ポテンシャル(エネルギー)）
H_2O_2 → $H_2O, \frac{1}{2}O_2$
活性化エネルギー(触媒なし)
活性化エネルギー(触媒あり)

　酸化マンガン(Ⅳ)MnO_2は過酸化水素分子同士の接触を助け，活性化エネルギーを小さくしています（触媒＝接触媒体）。カタラーゼという酵素も，MnO_2と同様，活性化エネルギーを小さくしますが，そのやり方は無機触媒とはかなり異なるものです。

2　酵素反応のしくみ

　酵素は活性部位で特定の基質と結合する基質特異性をもち，酵素と基質の関係は，鍵と鍵穴の関係に例えられます。では，結合するとなぜ反応が起こるのでしょうか。

　鍵を開ける場合でも，鍵を鍵穴に入れる，鍵を回すという2つの段階があります。酵素タンパク質は立体構造を変化させて，酵素が基質と結合した状態と，酵素が生成物と結合した状態の間を行き来しているのです。

　陶器を木の箱に収めるとき，無理に押し込むと陶器は割れてしまいます。酵素のはたらきはもっと積極的であり，無理に押し込むと変形し，陶器を壊す動きをすることが明らかになっています。

　酵素が基質と結合すると，酵素の立体構造がわずかに変化します。この変化によって

基質分子内の化学結合にある種の「ひずみ」が生じ，切断されます。この酵素と生成物が結合した状態から両者が分離し，生成物が生じます。

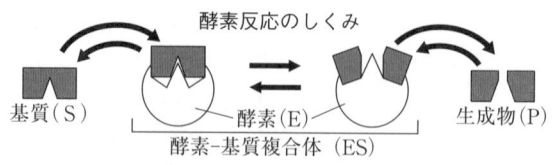

酵素反応のしくみ

基質(S) ／ 酵素(E) ／ 酵素-基質複合体 (ES) ／ 生成物(P)

3 酵素と反応速度

基質濃度［S］と酵素反応速度vの関係は，簡単には下図のように表現されます。大前提は，式②のように，反応速度は酵素-基質複合体の濃度［ES］に比例することです。基質濃度が低い状態では，基質濃度の上昇に伴って酵素と基質が結合する機会が増え，［ES］が増えるため，反応速度は上昇します。基質濃度が高くなると，一瞬酵素が基質と離れても，すぐに次の基質と結合するため，すべての酵素が基質と結合した状態になり，それ以上［ES］は増えないため，反応速度は一定になります。

基質濃度[S]と酵素反応速度vの関係（概形）

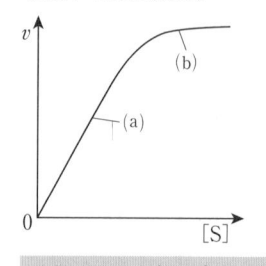

$k_1 \sim k_3$ を平衡定数として，酵素反応は①で表現される。

$$E + S \underset{k_2}{\overset{k_1}{\rightleftarrows}} ES \overset{k_3}{\rightarrow} E + P \quad \cdots ①$$

あらゆる基質濃度で下記の②，③の関係が成り立つ。③は酵素は単独で存在するか，基質と結合しているかのどちらかであることを示している。
(E：酵素，S：基質，ES：酵素-基質複合体，P：生成物
反応開始直後は逆反応 ES ← E + P が無視できるため，反応速度は反応開始直後に測定する)

反応速度 $v = k_3[ES] \cdots ②$ ［E］+［ES］=一定 $\cdots ③$

(a) ES のできる速度 $= k_1[E][S]$ より，基質濃度が低い(a)では基質濃度［E］の上昇と共に［ES］が増加するため，基質濃度の上昇と共に反応速度vは上昇する。

(b) 基質濃度が十分高いと，すべての酵素がESの形で存在するため（③の［E］= 0），［ES］は増加しなくなる。そのため，(b)では速度が一定になる。

実際は，基質濃度をx，反応速度をyとして，x，yの関係は $y = b$ と，$x = -a$ を二本の漸近線とする直角双曲線 $y = \dfrac{bx}{x+a} \cdots ④$ の一部であることが理論的に証明されています。

式④は，反比例型の双曲線 $xy = A$ の漸近線である両軸をx方向に$-a$，y方向にb移動させ，原点 (0, 0) を通るように比例定数Aを決定した式④'と全く同じです。④'を変形すると④になることを是非確認してみて下さい。

$$(x + a)(y - b) = -ab \quad (a, b > 0) \quad \cdots ④'$$

双曲線 $y = \dfrac{bx}{x+a}$ と漸近線

($y = \dfrac{1}{2}b$ のときのxの値)

a は数学的には y 軸に平行な漸近線の x 切片の長さですが，x 軸は基質濃度で負の値はとらないため，できれば a を第一象限の中で表現したいところです。やや思いつきにくい方法ですが，式④を $y=f(x)$ として $x=a$ を代入すると，$f(a)=\frac{1}{2}b$。つまり，a は反応速度 y が $\frac{1}{2}b$ になるときの x の値でもあることがわかります。

ここまでの数学的な準備を踏まえ，この式の生物学的意味を考えてみましょう。x は本来基質濃度 [S]，y は反応速度 v です。a, b の生物学的な意味は何でしょうか。

まず，b は基質濃度を無限に増加させたときの極限値です。「最大」という言い方は数学的にはおかしいのですが，ここでは最大反応速度 V とよんでおきます。

次に a ですが，式④を x で微分した導関数 $f'(x)=\frac{ab}{(x+a)^2}$ について，$x=0$ に対する微分係数 $f'(0)=\frac{b}{a}$ であり，a が小さいと，原点付近での曲線の傾きが大きくなります。

a は酵素反応速度に関する研究においてミカエリス定数とよばれており，酵素の基質との親和性の指標となる値として重視され，Km という記号で表現されます。V は酵素濃度に比例しますが，Km は酵素濃度とは無関係に決まる値であり，**Km が小さいほど原点付近における傾きが大きく，酵素の基質に対する親和性が高い**ことを示しています。

酵素反応において，酵素はまず基質と結合して酵素–基質複合体を形成した後，酵素と生成物が分離しますが，Km は酵素と基質の結合しやすさ，V は酵素と生成物の分離速度と関係する数字と言ってよいでしょう。

以上のように記号を置き換えたものが次のミカエリス・メンテン式です。

ミカエリス・メンテン式 $v=\dfrac{V[\mathrm{S}]}{\mathrm{Km}+[\mathrm{S}]}$ と，V, Km の意味

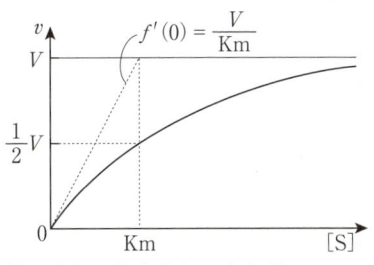

> Km が小さいと，[S]=0 に対する曲線の傾き $\dfrac{V}{\mathrm{Km}}$ は大きくなり，基質濃度 [S] の上昇に対する反応速度 v の上昇が大きくなる。これは，Km が小さい酵素ほど，基質に対する親和性が大きいことを示している。

4 酵素反応速度と反応条件

酵素の主成分であるタンパク質の立体構造は，酸塩基，熱などによって変化しやすいため，酵素は 最適pH，最適温度 をもつことが知られています。

タンパク質を構成するアミノ酸の側鎖の中には，アミノ基 $-\mathrm{NH}_2$，カルボキシ基 $-\mathrm{COOH}$ のように電荷をもちうるものがあり，その電離状態は pH によって大きく変化し，正負の電荷をもつ側鎖が電気的に引き合う力も変化します。この変化が活性部位の立体構造の変化，酵素活性の変化を引き起こします。極端に高温になると，タンパク質

の立体構造を支えているさまざまな結合が切れ，タンパク質の熱変性が進むことが最適温度をもつ原因です。

酵素の名称は，基質と，その基質に対する作用で表現されますが，生成物で名前が付いているように見えることがあります。例えば，アルコール発酵の最後の段階で作用する酵素であるアルコール脱水素酵素は，アルコール発酵の中では，アセトアルデヒドに水素を付加し，アルコールを生じる反応を触媒しています（下式）。

$$CH_3CHO + NADH + H^+ \longrightarrow C_2H_5OH + NAD^+$$

この反応は可逆反応であり，平衡状態によっては基質と生成物は逆になります。

5 補酵素

酵素の中には活性をもつためにタンパク質以外の因子を必要とするものがあります。このような因子のうち，**タンパク質部分と容易に着脱する低分子有機物が補酵素**です。補酵素を必要とする代表的な酵素に，基質から水素，電子を奪って基質を酸化する反応を触媒する脱水素酵素があります。反応で生じた電子・水素を補酵素が受け取るため，**脱水素酵素の補酵素は，電子・水素受容体でもあります。**

呼吸の解糖系やクエン酸回路の脱水素反応に伴い，補酵素 NAD^+ は電子を受け取って $NADH$ になり，$NADH$ の電子は電子伝達系に渡されて NAD^+ に戻ります。補酵素は解糖系やクエン酸回路と電子伝達系の間の電子の受け渡しを行っているのです。

6 競争阻害（競合阻害，拮抗阻害）

基質と立体構造が似ているが基質とはならない物質が，基質同様に酵素の活性部位に可逆的に結合し，酵素活性を低下させることがあります。いす取りゲームで言えば，基質が座るべき活性部位という椅子に競争阻害剤が座ってしまうため，基質が座れなくなり，反応速度が低下してしまうのです。この場合，競争阻害剤に対する**基質濃度の量を増やすと，阻害効果はほとんど見られなくなります**。大量に基質が存在する条件では競争阻害剤が結合する確率が下がり，影響が小さくなるのです。ミカエリス・メンテン式との関係でいえば，競争阻害剤は V を変えずに，Km を大きくする，酵素と基質の親和性を下げる作用があります。

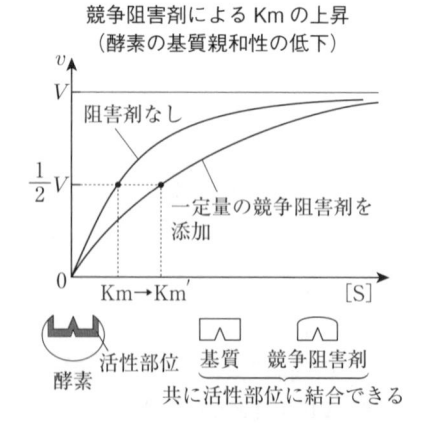

競争阻害剤による Km の上昇
（酵素の基質親和性の低下）

酵素　活性部位　基質　競争阻害剤
共に活性部位に結合できる

7 非競争阻害（非競合阻害，非拮抗阻害）

非競争阻害剤は，基質とは無関係に酵素と可逆的に結合し，酵素のはたらきを失わせるはたらきがあります。p.18の上の方にある「酵素反応のしくみ」の図との関係で言えば，酵素の活性部位以外の場所に結合することにより，酵素分子の「動き」を阻害すること

で酵素反応が起こらなくすると考えればよいでしょう。そのため，**酵素量を減らすのと同じ効果**を生じます。酵素量は通常基質量に対して圧倒的に少ないため，反応速度は常に酵素濃度に比例します。同様に，非競争阻害剤を加えると，基質濃度に関係なく，**常に反応速度が低下**します。ミカエリス・メンテン式との関係では，非競争阻害剤は基質濃度に比例する値であるVを下げ，Kmは変化させません。

非競争阻害剤によるVの低下

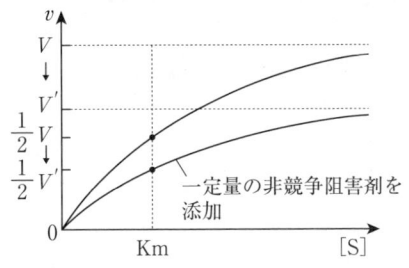

（基質濃度と無関係に反応速度を低下させ，酵素濃度の低下と同じ効果）

8 アロステリック効果

酵素の活性部位以外の部位（アロステリック部位）に可逆的に結合し，酵素の基質親和性を変化させるものに，アロステリック因子があります。アロステリックな抑制因子は活性部位以外の場所に結合する点で非競争阻害剤と似ていますが，競争阻害的な性格もあり，基質濃度が低いとアロステリック阻害剤が結合しやすく，酵素の基質親和性が低くなります。基質濃度が高くなると，アロステリック阻害剤がアロステリック部位に結合しにくくなり，酵素の基質親和性の上昇と共に曲線の傾きが上昇し，**基質濃度と反応速度の関係をあらわす曲線は，S字曲線**になります。

アロステリック阻害剤がこのような性格をもつ原因には，アロステリック酵素が通常四次構造タンパク質であることも関係しています。この点は，ヘモグロビンの酸素解離曲線がS字状になる理由（⇨ p.132）との関連で，改めて説明します。

アロステリック因子の例としては，一連の反応系の最終産物が，初期段階の酵素の活性を抑制するフィードバック阻害（調節）が有名です。**最終産物が過剰に存在する場合，初期段階の酵素に結合して基質親和性を低下させ，不必要な反応を避ける**という調節的な意味があります。なお，アロステリック因子のすべてが阻害剤ではなく，アロステリックな促進因子もあります。

アロステリック阻害剤の効果

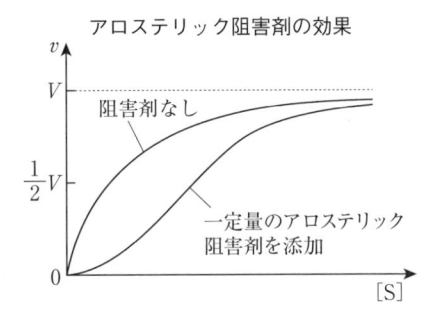

フィードバック阻害（調節）のしくみ

A → B → C → D → → P

基質　　　　　　　　　最終産物
　　　　　　　　　　　（アロステリック
　　　　　　　　　　　阻害剤となる）

アロステリック部位
（基質濃度が高いと，アロステリック阻害剤は結合しにくい）

基質との親和性が低下した活性部位
（基質濃度が低いと，この状態になりやすい）

5 呼 吸

1. 呼吸の意義と種類

1 呼吸と燃焼

　呼吸は根本的に燃焼とよく似た反応であり，有機物と酸素が結合して二酸化炭素，水などを発生させ，エネルギーが放出されます。

　燃焼で有機物と酸素が直接結合するのと異なり，呼吸では有機物が直接酸素と結合することはなく，脱水素反応で切り出された水素が最後に酸素と結合します。燃焼では発生するエネルギーのすべてが熱エネルギーになるのに対し，呼吸で発生するエネルギーの一部はATPの化学エネルギーに変換されます。**有機物の化学エネルギーを用いてATPを合成することが呼吸の意義・目的**です。

2 解糖系

　生物の呼吸反応は驚くほど共通しており，酸素を用いる呼吸と用いない発酵についても，解糖系の段階までは共通です。①は解糖系を1本の式にまとめたものです。

$$C_6H_{12}O_6 + 2NAD^+ \longrightarrow 2C_3H_4O_3 + 2(NADH+H^+) \{+(-2+2\times2)ATP\} \quad \cdots ①$$

　式①のATPの数の中の-2は，基質の活性化のために消費されるATPです。まず，リン酸化反応と分解反応により，グルコース1分子から，炭素数3でリン酸基を1個もつ物質が2分子できます。その後，無機リン酸との結合反応も起こり，炭素数3でリン酸基を2個もつ，1,3-ビスホスホグリセリン酸というきわめて反応性の高い物質が2分子できます。この物質がピルビン酸$C_3H_4O_3$になる過程で，式②のようなリン酸基転移反応が1分子当たり2回起こり，差し引き2分子のATPが合成されます。

$$X\sim ℗ + ADP \longrightarrow X + ATP \quad \cdots ②$$

　リン酸基転移反応は，基質レベルのリン酸化ともよばれ，クエン酸回路の中や，筋収縮の際のクレアチンリン酸の分解反応などで見られるATP合成の様式です。リン酸基を2個もつ物質からの基質レベルのリン酸化をまとめた式が下の式②'であり，グルコース1分子から式②'の反応が2回起こるのが式①の｛　｝の数の中の2×2です。

$$℗\sim X\sim ℗ + 2ADP \longrightarrow X + 2ATP \quad \cdots ②'$$

　式①の左辺の$2NAD^+$と右辺の$2(NADH+H^+)$は，脱水素反応が起こっていることを示しています。NAD^+は補酵素であるニコチンアミドジヌクレオチドの略称で，この物質の中に，本来3本の「結合の手」をもつ窒素原子が，電子を失って4個の結合の手をもつ形で入っているため，正電荷を帯びています。NAD^+は脱水素酵素が切り出した電子と水素イオンを受け取ると，還元されて$NADH$になります。**呼吸の脱水素反応では，基質が電子・水素を奪われて酸化される反応と，補酵素が電子・水素を受け取って還元される反応が起こっています。**

3 嫌気呼吸（発酵や解糖，無気呼吸）

細胞内に存在するNAD$^+$の量はごく少なく，何らかの方法でNADHをNAD$^+$に戻さない限り，脱水素反応は停止してしまいます。酸素を用いる場合も含め，グルコースを起点とした呼吸反応は，すべて次の式で表現されます。

呼吸・発酵の一般式
解糖系（ATP合成）＋ NADH を NAD$^+$ に戻す反応（補酵素の再酸化反応） …③

発酵・解糖では，有機物に電子・水素を渡すことで補酵素を再酸化します。乳酸発酵・解糖では式④によってピルビン酸に渡しています。アルコール発酵では，式⑤の脱炭酸反応でアセトアルデヒドをつくり，式⑥でアセトアルデヒドに渡しています。

$C_3H_4O_3 + NADH + H^+ \longrightarrow C_3H_6O_3$（乳酸）$+ NAD^+$ 　　　　…④

$C_3H_4O_3 \longrightarrow CH_3CHO$（アセトアルデヒド）$+ CO_2$ 　　　　…⑤

$CH_3CHO + NADH + H^+ \longrightarrow C_2H_5OH$（エタノール）$+ NAD^+$ 　　　　…⑥

解糖系の式①に，式④，⑤と⑥を2倍して補酵素を消去したものが，それぞれ乳酸発酵・解糖，アルコール発酵の式であり，ATPは式①の解糖系だけで合成されます。

乳酸発酵・解糖：$C_6H_{12}O_6 \longrightarrow 2C_3H_6O_3$（$+ 2ATP$）

アルコール発酵：$C_6H_{12}O_6 \longrightarrow 2CO_2 + 2C_2H_5OH$（$+ 2ATP$）

4 呼吸（好気呼吸，酸素呼吸）の過程

A．クエン酸回路

細胞質基質での解糖系で生じたピルビン酸は，ミトコンドリアのマトリックス（基質部分）に入り，脱水素・脱炭酸と補酵素コエンザイムAとの結合が起こり，アセチルCoAに変化します。アセチルCoAはその後オキサロ酢酸と結合してクエン酸となり，クエン酸は脱水素，脱炭酸などの反応を受け，オキサロ酢酸に戻ります。これらの反応を1本の式でまとめると，下記のようになります。

$C_3H_4O_3 + 5X + 3H_2O \longrightarrow 3CO_2 + 5X[2H]$（$+ 1ATP$） 　　　　…⑦

全体として5回の脱水素反応，3回の脱炭酸反応と1回のATP合成反応が起こっています。式⑦で5Xと表現したのは4個のNAD$^+$と1個のFADです。FADとはフラビンアデニンジヌクレオチドという物質で，コハク酸脱水素酵素の電子の受け渡しに関係しています。コハク酸脱水素酵素の補酵素がNAD$^+$でなく，FADである理由には脱水素反応に伴うエネルギー放出量も関係しており，FADH$_2$をつくる反応は，NADHをつくる反応よりも少ないエネルギーでも進行します。

B．電子伝達系

式⑦を式③と比較すると，クエン酸回路では補酵素の再酸化でなく，逆に補酵素の還元が起こっています。しかし，呼吸反応全体では，確かに③の式が成立しています。発酵とは逆に，クエン酸回路でさらに補酵素を還元しているのは，有機物でなく，最後に

酸素が電子・水素を受け取るためです。**電子・水素が酸素に渡り，水が生じる過程で発生する大量のエネルギーを用い，多量の ATP が合成されるのが呼吸の特徴です。**

C．電子伝達系と ATP 合成のエネルギー

還元型補酵素は，NAD^+ のような酸化型補酵素よりも高いエネルギーをもっています。還元されたということは，電子の形でエネルギーを受け取ったということであり，高いエネルギーをもった状態，ポテンシャルの高い状態になっているのです。**位置，濃度，圧力の高低だけでなく**（⇨ p.15），**還元力の高低もポテンシャルの高低なのです。**

脱水素酵素のはたらきによって還元された補酵素 NADH は，NAD^+ よりも高い位置に持ち上げられた状態です。そこで右の図のように，一番上に書いてみます。NADH は還元力の勾配に従って電子受容体 Q に電子を渡し，NAD^+ に戻ります。NADH と Q の間にエネルギーの落差があるため，このエネルギーを用いて ATP が 1 分子合成できます。$FADH_2$ と Q の間のエネルギーの差は小さく，$FADH_2$ からはこの 1 分子の ATP の合成は起こりません。

電子伝達とエネルギー

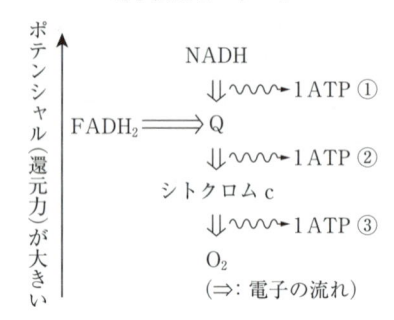

$$\begin{array}{c} \text{NADH} \\ \Downarrow \rightsquigarrow 1\text{ATP ①} \\ FADH_2 \Longrightarrow Q \\ \Downarrow \rightsquigarrow 1\text{ATP ②} \\ \text{シトクロム c} \\ \Downarrow \rightsquigarrow 1\text{ATP ③} \\ O_2 \\ (\Rightarrow：電子の流れ) \end{array}$$

（縦軸：ポテンシャル（還元力）が大きい）

NADH の還元力のエネルギーにより，3 分子（①＋②＋③），$FADH_2$ の還元力のエネルギーにより，2 分子（②＋③）の ATP 合成が可能なエネルギーが放出される。

電子受容体は引き続き，シトクロムとよばれる色素タンパク質に電子を渡します。シトクロムは鉄イオンを含む複数の色素タンパク質の総称で，電子伝達系では，あるシトクロムの二価の鉄イオン Fe^{2+} が電子 e^- を放して三価の鉄イオン Fe^{3+} に変化する際，別のシトクロムの三価の鉄イオンが電子受け取って二価の鉄イオンに変化するという電子の受け渡しが繰り返されます。この電子の受け渡しの中に大きなエネルギーの落差のある箇所が存在し，このエネルギーを用いて 1 分子の ATP が合成されます。

電子を受け取ったシトクロムは，最後に酸素に電子を渡し，水素イオンと共に水ができます。この間のエネルギーの落差を利用して，1 分子の ATP が合成されます。

NADH のようにきわめて還元力の強い物質から，酸素というきわめて還元力の弱い（＝酸化力の強い）物質へと電子が渡ったのです。このエネルギーの落差を用い，**NADH 1 分子からは 3 分子，$FADH_2$ 1 分子からは 2 分子の ATP が合成できます。**

2．呼吸とエネルギー

1 呼吸と ATP 合成量

以上の説明をもとに，呼吸で合成できる ATP 量を計算しましょう。グルコース 1 分子を出発点とし，まず，基質レベルのリン酸化により，p.22 の式①から解糖系で差し引

き2分子できます。グルコース1分子からピルビン酸は2分子できるため，クエン酸回路ではp.23の式⑦より，1×2=2分子できています。

電子伝達系でのATP合成量を求めるためには，まず，還元型補酵素の量を求める必要があります。NADHは解糖系で2分子，クエン酸回路で4分子×2 = 8分子の合計10分子，$FADH_2$はクエン酸回路で1分子×2 = 2分子できています。NADH 1分子から3分子，$FADH_2$ 1分子からは2分子のATPが合成されることから，電子伝達系では3×10+2×2 = 34分子のATP，全部で38分子のATPが合成できます。

2 化学浸透説と回転触媒説によるATP合成のしくみ

■1で求めたATP合成量は，ポテンシャルの差から考えて合成可能なはずだという数値，エネルギーの観点からの最大値です。反応のしくみについては，ミッチェルの提唱した化学浸透説が広く支持されており，そのしくみは水車に例えることができます。

水の流れのエネルギーによって水車が回転し，水車の回転力を利用して脱穀機などの機械を動かす場合，重力のポテンシャルに従った水の流れのエネルギーが水車の運動エネルギーに変換され，そのエネルギーを使って機械が動いています。

呼吸の場合のエネルギー源は，ポテンシャルの勾配に従った電子伝達系における電子の流れです。この電子が，水素イオンを能動輸送するポンプ（プロトンポンプ）を動かし，プロトンポンプの動きによって，水素イオンはミトコンドリアの内膜（クリステ）と外膜の間（膜間腔）に運び込まれます。**これが第一段階のエネルギー変換であり，電子の流れ，還元力の高さに基づくポテンシャルエネルギーが，膜間腔とマトリックスの間の水素イオンの濃度の高低という，別のポテンシャルエネルギーに変換されています。**

水素イオンは濃度差のポテンシャルに従って，膜間腔からマトリックスに戻ろうとしますが，ATP合成酵素であるF_1ATPアーゼという膜タンパク質の内部を除き，内膜は水素イオンを通しません。**F_1ATPアーゼの内部を通り水素イオンが濃度差に従ってマトリックスに流入する際，この水素イオンのエネルギーによってATPが合成されます。これが第二段階のエネルギー変換です。**

ミトコンドリアにおけるH^+の移動

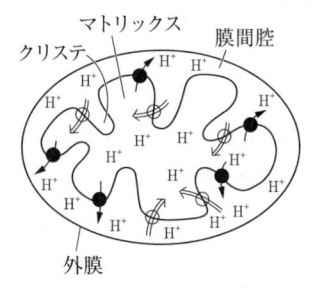

・第一段階のエネルギー変換
電子のエネルギーによって駆動するH^+ポンプ（●）の作用により，H^+が膜間腔に輸送される（→）
（電子のエネルギーをH^+の濃度差のエネルギーに変換）

・第二段階のエネルギー変換
F_1ATPアーゼ（○）の中を，H^+が濃度差に従って移動する（⇒）際，ATPが合成される
（H^+の濃度差のエネルギーをATPの化学エネルギーに変換）

※H^+がF_1ATPアーゼを通る以外の形でH^+の濃度差が解消されるとATPは合成されないため，電子伝達系での34分子はあくまでもエネルギーの面からみた最大値。

F_1ATPアーゼは，ATP合成に関与するF_1モーターと，水素イオンの移動によって回転するF_0モーターという2つのモーターを，軸でつないだ形をしており，下記のような回転触媒説が正しいことが証明されつつあります。

　まず，F_1モーターには，以下のA，B，Cの状態にある3つの「ポケット」が存在し，水素イオンの流れに伴うF_0モーターの回転により，F_1モーターが120°ずつ回転し，それぞれのポケットがA→B→C→A…の順に変化します。B→Cで合成されたATPが，C→Aで放出されているのです。

A：ポケットに何も入っていない開いた状態。
B：ポケットにADPが入った閉じた状態。
C：ポケットの中のADPがリン酸と結合し，閉じた状態。

　F_1ATPアーゼには，ATPを用いて水素イオンを能動輸送するポンプとしてのはたらきもあり，その逆反応として，水素イオンの受動輸送に伴うATP合成が起こっています。そのため，合成酵素でありながらアーゼ（＝分解酵素）という名称がついています。

3．呼吸反応の調節

1　呼吸と発酵の調節

　酸素は電子・水素イオンの最後の受け取り手であり，電子伝達系からの電子と，マトリックスに流入した水素イオンを受け取り，水になります。酸素が不足すると電子伝達系だけでなくクエン酸回路も止まり，発酵や解糖が起こるようになります。

　この原因の一つは，酸素の有無による補酵素の酸化還元状態の変化です。

電子の受け取り手である酸素が不足するとNADHが電子を離してNAD$^+$に戻ることができなくなり，NADHが多くNAD$^+$が少なくなります。その結果，ピルビン酸をNAD$^+$によって酸化するクエン酸回路の反応（p.23 式⑦）よりもピルビン酸をNADHによって還元する解糖の反応（p.23 式④）が起こりやすくなります。

2　ATP量による調節

　酵母など，呼吸と発酵の両方ができる生物の場合，酸素が不足すると解糖系の反応速度が速まり，グルコースの消費量が増加するパスツール効果が見られます。

　パスツール効果の意義は，発酵ではATPが不足しやすいため，解糖系を盛んに行ってATPを調達することと考えられますが，そのしくみには，解糖系の初期段階の酵素のアロステリック効果が関係しています。**ATPが十分存在すると，ATPが酵素のアロステリック部位に結合して酵素活性を低下させ，解糖系の反応を抑制するのです。**

　ATPにはさまざまな反応の調節因子という面があり，クエン酸回路もATPによって調節されています。ATPが多すぎると，通常とは逆に，クエン酸をアセチルCoA経由で脂肪に合成する反応が進みやすくなります。食べる量が多すぎて運動しないと脂肪が多く合成されて太る原因には，このような経路も関係しています。

4．さまざまな呼吸基質と呼吸量

1　さまざまな呼吸基質の利用

呼吸反応の一面は，古くなった体内の物質を分解し，新しい物質に取り換えるということであり，グルコース以外の物質も呼吸基質として利用されています。

タンパク質は，アミノ酸に加水分解された後，脱アミノ反応によって各種の有機酸に変化し，クエン酸回路の中間産物などの形で反応系に入ります。

脂肪は加水分解によって各種脂肪酸（カルボン酸）とグリセリンに変化します。グリセリンはその後解糖系の中間産物に変化する一方，脂肪酸は炭素2個ずつに分解する反応経路（β酸化）によってアセチルCoAに変化します。生体内に存在する脂肪酸の多くの炭素数が偶数個であるのは，炭素2個ずつに分解した後に，炭素が1個で有害なギ酸（HCOOH）が生じるのを防ぐためと考えられています。

2　呼吸商

呼吸商RQとは，呼吸に伴って吸収する酸素に対する，発生する二酸化炭素の分子数の比，**気体体積比**のことで，酸素を用いる呼吸のみの場合，呼吸基質の種類によって呼吸商の値は変化します。

炭水化物の場合，多糖類から単糖類を生じる加水分解では気体の出入りがないため，気体の出入りはグルコースの呼吸分解によるものだけです。グルコース1モルの分解に伴う酸素吸収，二酸化炭素発生は6モルずつなので，呼吸商は **1.0** です。

タンパク質の場合，アミノ酸の脱アミノ反応までは気体の出入りはなく，有機酸は引き続き二酸化炭素と水に分解されます。呼吸商は通常 **0.8** 程度になります。

脂肪は最終的に二酸化炭素と水にまで分解され，脂肪酸の二重結合の数によって呼吸商は変化しますが，呼吸商は通常 **0.7** 程度になります。

呼吸商は呼吸に伴う気体の変化量の測定によって容易に求められますが，動物の食性や栄養状態を知る手掛かりとなります。植物食の場合，炭水化物の利用が多いため，呼吸商の値は1.0付近，動物食の場合，タンパク質や脂肪の利用が多く，小さな値になるのが普通です。しかし，植物食の動物でも，絶食状態では皮下脂肪や組織のタンパク質が呼吸基質として利用されるようになり，呼吸商は小さくなります。

酵母や発芽種子などの酸素が不足した条件での呼吸商は，呼吸にアルコール発酵による二酸化炭素の放出が加わり，呼吸商はかなり大きな値になることがあります。

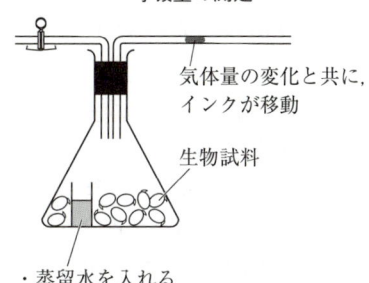

呼吸量の測定

気体量の変化と共に，インクが移動

生物試料

・蒸留水を入れる
　→O_2吸収量とCO_2放出量の差だけ気体量が変化　　　…①
・KOH溶液を入れる
　→KOHがCO_2を吸収するため，O_2吸収量の分だけ気体が減少　…②

①，②を連立することで，O_2吸収量，CO_2放出量が求められる。

6 同化作用

1．同化作用と栄養法

生物が外から取り込んだ物質から体を構成する物質を合成する作用である同化の概略は，下図のようになります。

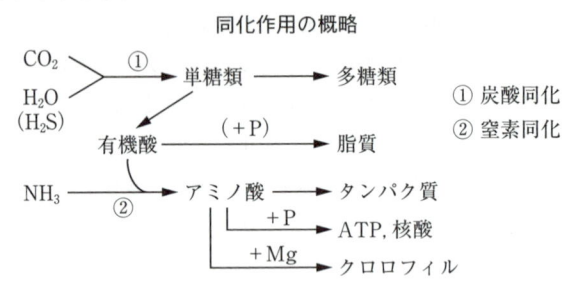

同化作用の概略

CO_2
H_2O
(H_2S) → ① → 単糖類 → 多糖類
　　　　　↓
　　　　　有機酸 → (+P) → 脂質
NH_3 → ② → アミノ酸 → タンパク質
　　　　　　　　　└ +P → ATP，核酸
　　　　　　　　　└ +Mg → クロロフィル

① 炭酸同化
② 窒素同化

炭酸同化により，二酸化炭素と水（または硫化水素など）を用いてグルコースなどの単糖類が合成されます。単糖類を多数結合させると多糖類ができ，単糖類から生じた有機酸からは脂質が合成できます。

炭水化物と脂質以外の有機物の合成にはアンモニウムイオン NH_4^+ が必要であり，植物などは有機酸に NH_4^+ を結合させる窒素同化によってアミノ酸を合成し，アミノ酸はタンパク質，ATPや核酸に含まれる有機塩基，クロロフィルなどの合成材料になります。

植物や一部の細菌はこれらすべての反応，特に炭酸同化を行うことができるため，**無機物のみを材料として必要な物質のすべてが合成できる独立栄養生物**です。細菌の大部分やカビなどの菌類は炭酸同化ができず，動物は無機窒素の同化に必要な酵素も一部欠くため，合成できないアミノ酸があります。これらの生物は，**直接**または**間接的に独立栄養生物が合成した有機物に依存している従属栄養生物**です。

2．炭酸同化

1 炭酸同化の種類

二酸化炭素を材料として糖などの有機物を合成する炭酸同化は多くのエネルギーを必要とし，**光エネルギーを用いる光合成**と，**無機物の酸化反応で得られる化学エネルギーを用いる化学合成**に分けられます。化学合成は，硝化菌（亜硝酸菌，硝酸菌），硫黄細菌などが行う反応です。

光合成の最も代表的な反応は，二酸化炭素と水を利用して酸素を発生させる，植物やシアノバクテリアが行う反応です。**紅色硫黄細菌などの光合成細菌は，水でなく硫化水素を用い，硫黄が析出する光合成**を行います。

6 同化作用

炭酸同化の種類

光合成（光エネルギーを利用）
- 植物型（シアノバクテリアを含む）
  $$6CO_2 + 12H_2O \xrightarrow[クロロフィル]{光エネルギー} C_6H_{12}O_6 + 6H_2O + 6O_2$$
- 光合成細菌型（紅色硫黄細菌など）
  $$6CO_2 + 12H_2S \xrightarrow[バクテリオクロロフィル]{光エネルギー} C_6H_{12}O_6 + 6H_2O + 12S$$

化学合成（無機物の酸化反応による化学エネルギーを利用）
- 例：亜硝酸菌
  $$2NH_3 + 3O_2 \longrightarrow 2HNO_2 + 2H_2O + 化学エネルギー$$
  $$6CO_2 + 12H_2O \longrightarrow C_6H_{12}O_6 + 6H_2O + 6O_2$$

地球上で最初に登場した光合成生物は，硫化水素などを利用していたと考えられます。水はどこでも得られるため，水を利用することは明らかに改良ですが，炭酸同化に水や硫化水素が必要な理由は下記の通りです。

光合成では，まず，クロロフィルなどの光合成色素が光エネルギーを受け取って高いエネルギーをもつ電子を放出します。電子のエネルギーはその後使いやすいエネルギーに変換され，そのエネルギーを用いて二酸化炭素から有機物が合成されます。

この反応を続けるためには，光合成色素は電子を放出し続けなくてはならず，そのためには，どこかから電子を補給しなくてはなりません。**光が当たったときに電子を放出できるように，光合成色素に電子を補給するのが水や硫化水素の役割**です。

光合成色素に電子を渡すことができるの

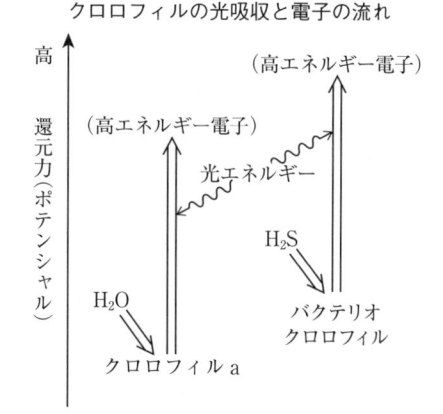

クロロフィルの光吸収と電子の流れ

（縦軸：還元力〈ポテンシャル〉高）

H_2O → クロロフィルa → （高エネルギー電子）
H_2S → バクテリオクロロフィル → （高エネルギー電子）
（光エネルギー）

⇒：電子の流れ
（下から上へ流れるのは，エネルギーを与えられた場合のみ）

は，光合成色素よりも還元力の高い物質だけです。還元力の高い物質である硫化水素から電子を受け取ることは難しくありませんが，**クロロフィルが水から電子を受け取れるようになったのは，水よりも還元力の低い光合成色素を獲得したため**です。

2 植物の光合成

A．チラコイドの反応

(a) 光化学系Ⅱとそれに伴う反応

光化学系Ⅱのクロロフィルが光エネルギーを吸収すると，高いエネルギーをもつ電子が放出され，水はクロロフィルに電子を奪われて水素イオンと酸素になります。クロロフィルから飛び出した電子は電子伝達系に入り，電子のエネルギーを用いて水素

イオンのチラコイド内への輸送が行われます。そして，チラコイド内外の水素イオンの濃度差のエネルギーを用いて ATP 合成が行われます。呼吸の電子伝達系における ATP 合成と基本的に同じしくみであり，**高エネルギー電子が NADH のような還元型補酵素に由来するのが呼吸**，光エネルギーによってクロロフィルから飛び出した**電子に由来するのが光合成**という違いがあるだけです。

(b) 光化学系 I とそれに伴う反応

　光化学系 I でも，クロロフィルが光エネルギーを吸収し，高いエネルギーをもった電子が放出されます。このエネルギーによって補酵素 $NADP^+$ が還元され，還元型補酵素 NADPH が生じます。光化学系 I のクロロフィルは，光化学系 II から電子伝達系を通って来た電子を受け取り，反応を継続させています。

光化学系と電子の流れ

(c) クロロフィルの種類と光吸収

　光の波長と光合成速度の関係（作用スペクトル）および，光の波長と光合成色素の光吸収量の関係（吸収スペクトル）を調べると，作用スペクトルのピークは，クロロフィル a の吸収スペクトルのピークとほぼ一致していますが，クロロフィル a が吸収できない波長の光でも，かなりの速度で光合成が起こっています。

　藻類のもつ補助色素は，藻類の種類によって異なっており，緑藻や車軸藻（シャジクモ）などは植物と同様，クロロフィル b やカロテノイドをもっていますが，褐藻などはクロロフィル c，紅藻やシアノバクテリアはフィコビリンをもっています。クロロフィル a は赤い光をよく吸収しますが，赤い光は深い水の中までは届きません。緑藻よりも褐藻，さらに紅藻などのもつ補助色素は，主色素クロロフィル a が吸収できない波長の光も効率よく吸収でき，クロロフィル a にエネルギーを伝達するため，これらの藻類はかなり深い水の中でも生活できます。

B．ストロマの反応

　ストロマで起こる反応全体は，次の式であらわされます。

$$6CO_2 + 12(NADPH + H^+) + 18ATP \longrightarrow C_6H_{12}O_6 + 12NADP^+ + 18(ADP + ⓟ)$$

6　同化作用

　この式は概略式であり，反応系から取り出される物質は本当はグルコースではなく，三炭糖リン酸化合物（グリセロアルデヒドリン酸）です。三炭糖リン酸がリン酸基を外して相互に結合し，グルコースなどができます。重要なのは以下の点です。

① **全体として，チラコイドの反応で得られた ATP と還元力（NADPH）のエネルギーを用い，二酸化炭素を還元する反応系である。**
② **左辺を 6 で割ったカルビン・ベンソン回路 1 回転当たりでは，2 回の還元反応と，3 回の ATP 消費が起こる。**
③ **6 回転分の反応産物を結合させることで，はじめて 1 分子の糖が生じる。**

　カルビン・ベンソン回路はきわめて複雑な反応であり，まず，**C_5 化合物であるリブロース 1,5-ビスリン酸 RuBP が CO_2 と反応し，2 分子の C_3 化合物ホスホグリセリン酸 PGA ができます**。PGA は NADPH による還元と ATP のエネルギー供給を受け，再び RuBP に戻りますが，一部は回路から出て，糖に合成されます。

3．窒素代謝

◢1 硝　化

　亜硝酸菌がアンモニウムイオン NH_4^+ を亜硝酸イオン NO_2^- に変化させ，次いで硝酸菌が NO_2^- を硝酸イオン NO_3^- に変える反応です。これらの無機物の酸化反応は，化学合成細菌が炭酸同化に必要なエネルギーを獲得するために行っている反応です。

　　　亜硝酸菌：$2NH_3 + 3O_2 \longrightarrow 2HNO_2 + 2H_2O +$ 化学エネルギー
　　　硝酸菌　：$2HNO_2 + O_2 \longrightarrow 2HNO_3 +$ 化学エネルギー

◢2 窒素同化

A．窒素同化の概略

　植物や菌類，細菌などが行う反応系で，最終的にクエン酸回路の中間産物などの有機酸（ケト酸，R－C－COOH の形の物質）のケト基 －C－ 中の酸素を，アミノ基
　　　　　　　　　　　　‖　　　　　　　　　　　　　　　　‖
　　　　　　　　　　　　O　　　　　　　　　　　　　　　　O
－NH_2 と水素－H に置き換えて還元し，各種のアミノ酸を合成する反応です。

B．窒素同化の反応段階

(a) 硝酸還元

　根から吸収される無機窒素イオンは，硝化菌の作用で生じた NO_3^- が多いですが，窒素同化で必要なのはアミノ基をつくるための NH_4^+ です。そのため，まず，NADPH や NADH を用いて，NO_3^- を NH_4^+ まで還元します。

(b) アミノ酸合成

① 葉緑体のストロマで，NH_4^+ はグルタミン酸と結合し，アミノ基－NH_2 を 2 個もつグルタミンが合成されます。
② グルタミンから有機酸の α ケトグルタル酸に－NH_2 が移ることで，グルタミン

とαケトグルタル酸が共にグルタミン酸になります。
③ 最後にアミノ基転移酵素（トランスアミナーゼ）の作用により，グルタミン酸のアミノ基が各種有機酸に移され，各種アミノ酸が合成されます。

窒素代謝の概略

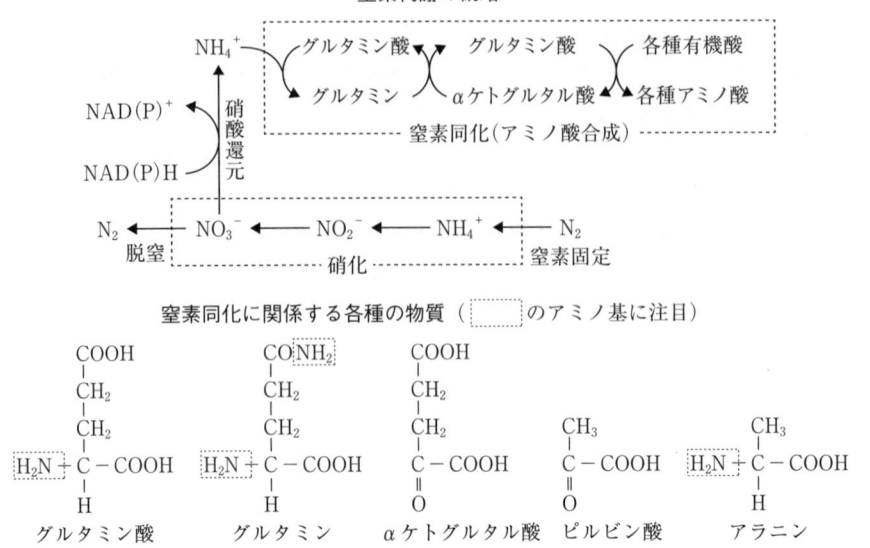

窒素同化に関係する各種の物質（□のアミノ基に注目）

グルタミン酸　　グルタミン　　αケトグルタル酸　　ピルビン酸　　アラニン

　このような段階を経るのは，無機物であるNH_4^+を各種の有機酸に直接結合させることができないためです。そのため，まず，NH_4^+と結合しやすい性質をもつグルタミン酸に結合させ，グルタミンを合成します。その後，グルタミンがもっている余分なアミノ基をαケトグルタル酸に移してグルタミン酸を合成し，最後にグルタミン酸がアミノ基を各種有機酸に移して各種のアミノ酸を合成しているわけです。
　グルタミン酸がNH_4^+と結合しやすいのは，側鎖の中にペプチド結合をしていないカルボキシ基−COOHがあるためです。ここにNH_4^+が結合し，ペプチド結合と同様の化学結合がつくられたのがグルタミンです。なお，グルタミン酸とNH_4^+からグルタミンを生じる反応は動物の体内でも起こっており，有害なNH_4^+をグルタミンの形で肝臓に運ぶのに利用されています。
　細かく見ると，グルタミンの側鎖中のアミノ基−NH_2を，水素−Hと共にαケトグルタル酸中のケト基 −C− の二重結合しているOと置き換えれば，αケトグルタ
　　　　　　　　　　　　　∥
　　　　　　　　　　　　　O
ル酸はグルタミン酸に変わります。他方，グルタミンの側鎖中の−NH_2を水酸基−OHに置き換えれば，グルタミンはグルタミン酸に戻ります。全体としてOを外し，−Hと−OHを使っており，グルタミンとαケトグルタル酸から2分子のグルタミン酸が生じる反応には，NADPHの還元力が利用されています。このようにしてアミノ

基を1個ずつもつグルタミン酸が2分子できた後は，アミノ基転移酵素のはたらきにより，いろいろな有機酸のケト基とグルタミン酸のアミノ基・水素を交換することで各種アミノ酸ができます。

「各種有機酸」の例として，呼吸と発酵の分岐点の物質であるピルビン酸を挙げておきます（前頁の下図）。ピルビン酸はアラニンの合成材料ともなるのです。

3 窒素固定

大気中には窒素ガスが約8割も含まれていますが，ほとんどの生物はこれを有機窒素化合物の合成材料としては利用できません。しかし，ある種の細菌は，ニトロゲナーゼという酵素をもち，フェレドキシンという光化学系にも関係する還元力の高い物質や，ATPのエネルギーを用いることで大気中の**窒素ガスを還元し，NH_4^+ をつくる窒素固定**を行うことができます。

根粒菌はマメ科植物の根内部に侵入して窒素固定を行い，そこで増殖しながら宿主植物に NH_4^+ などの無機窒素化合物を提供し，宿主植物から炭水化物を受けとっています。単独で生活をする窒素固定細菌としては，**好気性細菌であるアゾトバクター**，**嫌気性細菌であるクロストリジウム**，**光合成を行うシアノバクテリア**などが挙げられます。

窒素固定は分子状窒素 N_2 を還元するという極端な還元反応で，工業的には高温・高圧条件を作り，ハーバー・ボッシュ法によって実現できる反応です。生物がこのような反応を常温常圧条件で行えることは驚くべきことですが，特に窒素固定に関与するニトロゲナーゼは酸素のある条件では機能しないはずなのに，好気性生物や光合成による酸素発生を行う生物が窒素固定を行えることは謎とされていました。この点に関して，次のようなことが明らかになっています。

マメ科植物の根粒の細胞の中にはレグヘモグロビンという酸素と親和性がきわめて高い物質が存在し，酸素を吸い取ることで酸素のない場を作り出していました。アゾトバクターは呼吸系の酵素が細胞膜に結合し，そこで酸素を消費することで菌体内に酸素のない場所を作り出していました。シアノバクテリアは異質細胞（ヘテロシスト）という窒素固定専門の細胞をもつことや，光合成と窒素固定を行う時間を変えるなどの方法で，光合成の場から窒素固定の場を隔離し，ニトロゲナーゼを酸素から守っていました。

ハーバー・ボッシュ法などの人工的な窒素固定の量は，生物の行う窒素固定の量を越えたと言われ，窒素肥料の過剰投与が問題視されることもありますが，この人工的な窒素固定こそが近年の人口増を支える食糧生産の基礎であるとも言われます。

4 硝酸還元と脱窒

硝酸還元菌による NO_3^- 中の酸素を用いる呼吸は，酸素の乏しい条件で起こりやすく，硝酸還元作用によって生じる窒素化合物には，NO_2^- や NH_4^+ もありますが，脱窒素作用では分子状窒素 N_2 が生じます。この反応を利用して，富栄養化した湖沼などの窒素塩を減らし，水質を浄化させることが試みられています。（⇨ p.171）

7　光合成と反応速度

1．光合成と反応条件

　光の強さと光合成速度の関係をあらわすグラフにおいて，光が弱い状態では，光合成速度は温度や二酸化炭素濃度を変えてもあまり違いがありません。しかし，ある程度光が強い状態では，温度や二酸化炭素濃度の違いによって大きな差が出ます。光の強さ，温度，二酸化炭素濃度という3つの条件は，同じように光合成速度に影響を与えているわけではなく，光が弱いときは光の強さ，光が強いときは温度や二酸化炭素濃度が光合成速度に最も強く影響を与えているわけです。

　チラコイドの反応には酵素も関係するため，温度も全く無関係ではありませんが，光化学系が獲得する光エネルギーによって進行するため，主に光の強さによって決まります。ストロマのカルビン・ベンソン回路は，二酸化炭素を基質とする酵素反応なので，二酸化炭素濃度と温度の影響を受けます。

　光が弱い状態では，チラコイドの反応産物が不足しているため，チラコイド産物の量が反応速度を決めていることになり，反応系の速度を決めている要因である限定要因は，光の強さということになります。光が強いと，ストロマにおける処理速度が反応速度を決めることになり，この速度は，温度や二酸化炭素濃度の影響を受けるため，温度や二酸化炭素濃度が限定要因になります。

　なお，植物の二酸化炭素吸収速度は，光が強すぎると下がってくる場合があり，特に日陰を好む植物では，強光障害によって枯れてしまうことさえあります。チラコイドの反応とストロマの反応の一方だけが進みやすく，他方が進みにくいという状態は，植物にとって好ましいものではなく，特に，光が極端に強く，チラコイド産物が過剰にできる状態では，活性酸素の害によって植物体が損傷を受けることもあります。後で触れる光呼吸という特殊な呼吸は，この現象に関係しています。

2．光合成と見かけの光合成

　呼吸と光合成は全体として逆反応で，植物も生命活動を行っている以上，呼吸を行っています。したがって，植物の光合成量を測定するために二酸化炭素吸収量を測定しても，それは光合成量そのものではなく，光合成量と呼吸量の差である見かけの光合成量を測定していることになります。**呼吸量が光の強さと無関係と仮定すると，光合成量は，見かけの光合成量と光がないときの呼吸量の合計**になります。暗黒条件から，徐々に光を強くすると，やがて呼吸量と光合成量が等しくなり，気体の出入りがなくなる光補償点に達し，さらに光を強くすると，見かけの光合成量が上昇しなくなる光の強さである光飽和点に達します。

　光補償点，光飽和点や，光飽和の時の見かけの光合成速度である最大二酸化炭素吸収

速度は，一本の植物の中でも葉の位置によって違う場合があります。光のよく当たる位置にある**陽葉**は，光のあまり当たらない位置にある**陰葉**と比較して，柵状組織がよく発達した厚く，小さい葉であり，光補償点，光飽和点，最大二酸化炭素吸収速度のすべてが陰葉よりも大きな値になります。

葉の表面にある柵状組織の方が海綿状組織よりも強い光が当たりますが，柵状組織の光合成量は決して海綿状組織よりも多いというわけではありません。葉の裏側には二酸化炭素の吸収に関与する気孔が多く存在し，二酸化炭素吸収については細胞間隙の多い海綿状組織の方が柵状組織よりも有利です。光の当たる量は柵状組織よりも少ないですが，海綿状組織は細胞がさまざまな方向を向いて並んでいるため，光を繰り返し反射し，効率よく光を利用することができます。光が強すぎる条件では植物は厚い柵状組織をつくり，海綿状組織に届く光を適当な強さまで弱めているようです。そのため，柵状組織の厚さは光の強さによって大きく変化しますが，海綿状組織の厚さはあまり変化しません。

光強度−二酸化炭素吸収曲線の陽葉と陰葉の違いと同様の違いは植物の種の間でも見られ，陰葉，陽葉に近い特性をもつ植物がそれぞれ陰生植物，陽生植物です。両者の違いは植物群集の構造や遷移とも密接に関係しています。

3．C_4植物とCAM植物の光合成

1　C_3植物と光呼吸

C_4植物などの光合成を理解するためには，まず，カルビン・ベンソン回路のみで二酸化炭素を固定する植物であるC_3植物の光合成に重大な欠陥があることを知る必要があります。欠陥とは，RuBPカルボキシラーゼ／オキシゲナーゼ（RubisCO，ルビスコ）です。この酵素は炭素数5のRuBPに二酸化炭素を結合させて炭素数3のPGAを2分子つくる反応を触媒していますが，その反応速度はきわめて遅く，毎秒3分子程度の二酸化炭素しか処理できません。全酵素中最速と言われるカタラーゼが，過酸化水素を毎秒4千万分子処理するのと比較すると，その遅さが分かります。この欠陥に，植物は大量のルビスコをもつことで対応しています。葉緑体の中はルビスコであふれており，ルビスコは地球上で最も大量に存在する酵素といわれています。

反応速度が遅いこと以上に重大なのは，ルビスコは「裏切る」ことがある点です。**ルビスコは，酸素濃度が高い，温度が高い，光が強いなどの条件のもとでは，RuBPに二酸化炭素でなく酸素を結合させる反応を進めてしまいます。基質特異性に少し甘さがあり，二酸化炭素CO_2と酸素O_2を間違えてしまうということです。**

この反応の結果，RuBPからはホスホグリコール酸という物質を経てCO_2が放出されます。O_2が入りCO_2が出るという気体の出入りから，この反応系は光呼吸とよばれます（次頁の図）。

ルビスコの行う反応と光呼吸

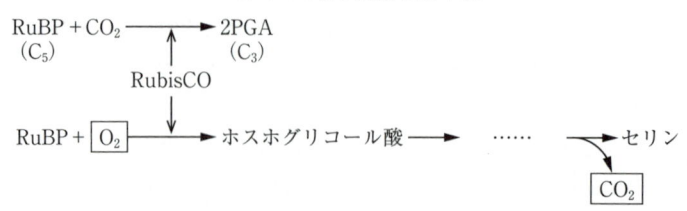

$$RuBP + CO_2 \xrightarrow{RubisCO} 2PGA$$
$$(C_5) \qquad\qquad\quad (C_3)$$

$$RuBP + \boxed{O_2} \longrightarrow ホスホグリコール酸 \longrightarrow \cdots\cdots \longrightarrow セリン$$
$$\qquad\qquad\qquad\qquad\qquad\qquad\qquad\qquad\qquad\qquad\qquad\searrow CO_2$$

　本来，RuBPを二酸化炭素CO_2と結合させる段階を担当している酵素がRuBPをO_2と結合させ，CO_2の放出に関係してしまっているわけです。C_3植物の場合，光が強くなると光呼吸がかなり多く起こっており，光が強すぎると光合成速度が下がるように見える場合があるのは，この反応によるものです。

　光呼吸がCO_2の損失であることは確かですが，必ずしも悪いことばかりではありません。それは光呼吸が活性酸素の消去に関係しているということです。

　チラコイドの反応において，クロロフィルから放出された電子は，本来$NADP^+$に渡ります。しかし，光が強すぎる場合，ストロマからの$NADP^+$の供給が間に合わず，電子が$NADP^+$でなくO_2に渡ってしまうことがあります。この結果生じるスーパーオキシド（O_2^-）は代表的な活性酸素で，各種の有機物と結合してはたらきを失わせる毒物です。

　活性酸素には多くの生物が手を焼いており，スーパーオキシドに由来する物質を，過酸化水素H_2O_2とO_2に変える酵素スーパーオキシドジスムターゼ（SOD）や，SODのはたらきでできたH_2O_2を水H_2OとO_2に変える酵素カタラーゼをもつことで対応しています。植物は光合成によってO_2を発生させているため，活性酸素の害を特に受けやすいのです。そのため，発生したO_2をRuBPと結合させて減らし，活性酸素ができるのを防いでいるとみることができます。

　活性酸素が生じる原因は，カルビン・ベンソン回路の反応速度が遅く，チラコイドへの$NADP^+$の供給が間に合わないことです。言い換えると，**カルビン・ベンソン回路の反応速度さえ速ければ，光呼吸に頼らずに活性酸素の害を防ぐことができ，強い光条件でも高い光合成速度を得ることができます。**このためのしくみがC_4植物などの光合成です。

❷　C_4植物の光合成

　サトウキビ，トウモロコシなどの**C_4植物のCO_2固定反応**では，まず，葉肉細胞においてホスホエノールピルビン酸（PEP）をCO_2と結合させ，炭素数が4の物質であるオキサロ酢酸（OAA）をつくります。この反応に関与する酵素PEPカルボキシラーゼのCO_2親和性はルビスコとは比較にならないほど高く（＝Kmが小さく），大気中のCO_2濃度でほぼ飽和状態になっています。OAAはリンゴ酸などの有機酸の形で維管束鞘細胞に入ります。有機酸は脱炭酸反応によって容易にCO_2を放出しますが，前述の

ようにルビスコの CO_2 との結合速度は遅いため，有機酸の CO_2 放出反応とルビスコの CO_2 固定反応の速度差によってルビスコが機能している維管束鞘細胞での CO_2 濃度は高く保たれています。光呼吸は，本来 RuBP と CO_2 を結合させる役割のルビスコが，RuBP と O_2 を結合させることで起こる反応です。CO_2 濃度が高く保たれた条件では，光呼吸は起こらず，ルビスコは RuBP と CO_2 を結合させる反応のみを触媒します。

C_4 植物は，カルビン・ベンソン回路の前に C_4 経路という「CO_2 の濃縮ポンプ」を取り付けることで，カルビン・ベンソン回路が進みやすい条件を作り出したのです。**CO_2 の吸収による有機酸の合成を葉肉細胞で行い，有機酸の糖への合成と師管への搬出を維管束鞘細胞で行うこと**は，原料の調達・部品集めと製品の完成・輸送を別の細胞で行うということであり，細胞間の分業体制を作り出して効率を高めているとも言えます。

高温・強光条件で起こりやすい光呼吸のため，熱帯地域での C_3 植物の光合成速度は，あまり高いものではありませんが，C_4 植物はこのような条件でも光呼吸による CO_2 の損失がなく，**熱帯地域で高い光合成速度**が得られます。

C_4 植物の CO_2 固定酵素である PEP カルボキシラーゼの CO_2 親和性が高いということは，あまり気孔を開かずに十分な CO_2 を得ることができることを意味します。これは気孔からの蒸散量が少ないことを意味し，**乾燥地域でも有利**です。

3 CAM 植物の光合成

C_4 植物のように，細胞間の空間的な分業が可能なら，同じ細胞内での時間的分業も可能なはずです。それを成し遂げたのがベンケイソウ，サボテンなどの CAM 植物です。

CAM 植物の場合，**夜間に気孔を開いて CO_2 を吸収し，リンゴ酸などの有機酸の合成を行います。そして，昼間は気孔を閉じ，有機酸を分解して CO_2 を取り出し，糖を合成しています**。したがって，CAM 植物は昼間に気孔を開ける必要がなく，大変乾燥に強い特徴をそなえています。

この場合，昼夜で異なる反応が起こるのは，光を介した酵素活性の調節の結果ですが，昼夜の気孔開閉の調節の方は，特に調節機構を必要とせず，CO_2 が気孔閉鎖作用をもつことで実現されています。

夜間，C_4 経路の酵素系が活性化されると，CO_2 は盛んに有機酸に取り込まれ，葉の中の CO_2 濃度は著しく低くなります。この条件では，CO_2 の気孔閉鎖作用があらわれず，気孔は開きます。他方，昼間は有機酸分解酵素による CO_2 の発生が盛んに起こり，ルビスコによる CO_2 の固定は前述のように速くないため，葉の内部は CO_2 が充満した状態になります。この状態では都合の良いことに，気孔は自動的に閉じてしまうのです。

8 遺伝子解明前史

1. メンデルの遺伝法則

1 メンデル以前の考え方とメンデルの方法

メンデル以前は，遺伝現象は2種類の絵の具を混ぜるような現象と考えられていました。メンデルは全く逆に，**一対の粒子状の遺伝因子の挙動によって説明できると考えた**のです。全く異なる結論に達した背景には，メンデルの方法があります。

メンデルはどちらか一方が現れる**対立形質に注目**しました。マメの形に注目する際は子葉の色などは無視し，「丸いか，しわがあるか」だけに注目したのです。そして，**多数の交配を行い，その結果を確率論的発想で分析**しました。

特定の因子だけに注目して結果を比較するのは，今日の自然科学では一般的な方法です。遺伝現象が多数の配偶子のランダムな組み合わせで生じる以上，確率論的な処理は当然の扱いです。メンデルは19世紀の修道院の司祭ですが，ウィーン大学でドップラー効果で有名なドップラーの指導のもと，物理学，数学，化学を学んでいたのです。

2 メンデルの法則

メンデルの研究の重要性は長く理解されず，1900年，コレンス，チェルマク，ド・フリースによって再発見され，コレンスによって三つの法則にまとめられました。これらの法則を「遺伝子」の語を使って説明すると，下のようになります。

1. **優性の法則**：対立形質を備えた純系（P）間の雑種第一代（F_1）では一方の形質のみが現れる。F_1で現れる形質が優性形質，現れない形質が劣性形質。
2. **分離の法則**：一対の遺伝子は，分離して別々の配偶子に入る。
3. **独立の法則**：二対以上の遺伝子は，互いに無関係に遺伝する。

F_1で優性形質のみが現れることは，2種類の絵の具の色の一方の色が強く現れると考えても説明できますが，F_1同士の交配による雑種第二代（F_2）で，確率$\frac{1}{4}$で劣性形質の個体が現れる事実は説明できません。次世代に雌雄の両親が同等に影響を与えると仮定すると，$\frac{1}{4}$とは，$\frac{1}{2} \times \frac{1}{2}$，つまり，雌雄の配偶子が共に確率$\frac{1}{2}$で劣性遺伝子をもち，それらが出会うことによって劣性形質の個体が生じることを示しています。

遺伝子が絵の具のように混じり合わずに分離する事実は，記号化が可能であることを意味します。**遺伝子記号を用いること自体，メンデルの業績を前提としているのです。**

F_2で表現型が優性になる個体の出現確率は，$1 - \frac{1}{4} = \frac{3}{4}$ですが，優性遺伝子，劣性遺伝子をそれぞれ$A$，$a$とすると，両親から受け取った遺伝子の組み合わせは，以下の3通りがあり，これらが同様に確からしいと考えれば，この割合も説明がつきます。

①両親からA　②母親からA，父親からa　③母親からa，父親からA

表現型Aを［A］のように表記すると，F_2の［A］の個体の中には優性ホモ接合体AAとヘテロ接合体Aaが含まれ，両者は劣性ホモ接合体aaとの交配である検定交雑に

よって識別できます。AA に対する検定交雑では，[A] のみが生じるのに対し，Aa に対する検定交雑では，確率 $\frac{1}{2}$ ずつで Aa [A] と aa [a] が生じるためです。

3 メンデルの法則が成立する理由とその例外

メンデルの法則のうち，分離の法則と独立の法則は減数分裂における染色体の挙動によって説明できますが，優性の法則は遺伝子発現との関係で説明できます。

分離の法則は，減数分裂の第一分裂における相同染色体の分離と対応しています。一対の相同染色体の一方に遺伝子 A，他方に遺伝子 a が存在すれば，減数分裂によって生じる配偶子は，$\frac{1}{2}$ ずつの確率で遺伝子 A，a をもちます。ミトコンドリアや葉緑体の遺伝子では成立しませんが，核内遺伝子については例外なく成立する法則です。

独立の法則は二対の遺伝子の関係に関する法則で，対立遺伝子が異なる染色体に存在する場合に成立します。異なる二価染色体の挙動は，互いに無関係に起こる独立事象であり，P：$AABB \times aabb$ の F_1 である $AaBb$ 間の交配による F_2 は，$Aa \times Aa$ かつ，$Bb \times Bb$ なので，一対の対立形質のみに注目すれば，各表現型は次の確率で存在します。

[A]：$\frac{3}{4}$，[a]：$\frac{1}{4}$ かつ，[B]：$\frac{3}{4}$，[b]：$\frac{1}{4}$

独立事象に関する確率の積の法則より，4種類の表現型は次の確率で出現します。

[AB]：$\frac{3}{4} \times \frac{3}{4} = \frac{9}{16}$　[Ab]：$\frac{3}{4} \times \frac{1}{4} = \frac{3}{16}$　[aB]：$\frac{1}{4} \times \frac{3}{4} = \frac{3}{16}$　[ab]：$\frac{1}{4} \times \frac{1}{4} = \frac{1}{16}$

注目した二対の遺伝子が同一染色体に存在する場合，減数分裂の際に対立遺伝子は基本的に一緒に移動するため，それらの分離は独立事象ではなく，従属事象ないし相関性の高い事象です。独立の法則が成立しない場合の連鎖現象は，減数分裂のしくみとの関係で改めて詳しく説明します（⇨ p.69）。

最後に**優性の法則は遺伝子発現，特に一遺伝子一酵素説と深く関係**しています。まず，優性遺伝子は活性のある酵素，劣性遺伝子は活性のない酵素の情報をもつことが多く，表現型については優性の法則が成立していても，その表現型の原因となる酵素量で比較すると，ヘテロ接合体ではホモ接合体の半分程度になるのが普通です。

色素などの合成過程には通常複数の遺伝子産物である複数の酵素が関係しています。それらの酵素の中には，カルビン・ベンソン回路におけるルビスコのように，反応速度の遅い酵素が含まれていることもあり，このような酵素が関与する反応が全体の反応速度を決めています。皆で一緒に歩くのは，一番遅い人に合わせるのと同じです。一連の反応系の中で，最も遅い段階が律速段階，その段階の酵素が律速酵素です。律速酵素以外の酵素の場合，酵素量が半分であっても，律速酵素の反応より速いことが多く，反応系の速度が律速酵素によって決められている状態に違いはないので最終産物の合成速度は変化しません。この場合，優性の法則が成立します。

律速酵素以外の酵素でも，優性の法則が成立しないことがあります。あるタンパク質を構成する4つのサブユニットが1つの遺伝子によって指定されており，ヘテロ接合体

では正常なサブユニットと異常なサブユニットが同程度に合成され，それらのランダムな組み合わせによって四次構造のタンパク質が生じると仮定します。4つのサブユニットのすべてが正常な場合にのみ，正常な機能をもつ酵素タンパク質ができると仮定すると，正常な酵素が合成される確率は $(\frac{1}{2})^4 = \frac{1}{16}$ となります。律速酵素でなくても，ここまで酵素量が減少すると，それが表現型に現れる場合が出てきます。

酵素以外のタンパク質，例えば膜タンパク質の遺伝子の場合，共優性となり，優性の法則は成立しません。ABO式血液型の A 遺伝子と B 遺伝子のように，対立遺伝子として両方の遺伝子を保持していれば，赤血球表面には両方の凝集原が現れるためです。そのほか，ゲノム刷り込みとよばれる現象（⇨ p.99）も例外現象となります。

2．モーガンの遺伝子説

メンデルの再発見から2年後，サットンは減数分裂の研究により，メンデルが仮定した遺伝因子の挙動と減数分裂と受精における遺伝子の挙動が一致することを発見し，遺伝子が染色体に存在すると主張する染色体説を提唱しました。

モーガンが発見したショウジョウバエの白眼遺伝子は，赤眼遺伝子に対する劣性形質ですが，優性の法則に従う分離比を示すのは雌の子だけであり，雄の子の分離比は，常に雌親に対する検定交雑の結果と一致します。例えば，Pとして，雌親を白眼系統，雄親を赤眼系統にすると，F_1 の雌はすべて赤眼，雄はすべて白眼になります。

雌の子は，両親から一本ずつX染色体を受け取りますが，雄の子は母親からしかX染色体を受け取りません。このような**伴性遺伝は，遺伝子がX染色体に存在すると仮定すると説明でき，染色体説を遺伝学的に裏付ける結果**です。

モーガンは，ショウジョウバエの多数の対立遺伝子の組み合わせについて，メンデルの独立の法則に従わず，両親と同じ遺伝子の組み合わせの個体が多くなることを発見しました。**同一染色体上の遺伝子が伴って行動する連鎖現象**です。連鎖している遺伝子についても，連鎖関係が完全なことは稀で，減数分裂の際に染色体の乗換えによって遺伝子の組換えが起こると，両親のどちらとも異なる遺伝子の組み合わせになります。

連鎖している3対の対立遺伝子について，2つずつの対立遺伝子に関して，全部の配偶子に対する組換え型配偶子の割合（F_1 に対する検定交雑を行うことによって求められる）である組換え価を求めると，

　　　（a～b間の組換え価）＋（b～c間の組換え価）＝（a～c間の組換え価）

のような関係がほぼ成立します。$f(x) + f(y) = f(x+y)$ のような関係は，数学では線形性（リニア）とよばれ，直線を描く比例関数 $y = ax$ などで成立する関係です。3対の対立遺伝子の間でほぼ線形性が成立する事実は，これらの遺伝子が「一本の線」の中に並んでいるような関係にあることを示しています。

遺伝子 A，B，C がこの順で染色体上に並んでいると仮定すると，遺伝子 $A-C$ 間で

乗換えが起こるのは遺伝子 $A-B$ 間，$B-C$ 間のどちらかで乗換えが起こった場合であり，組換え価に関して線形性が成立する理由が説明できます。

これらの現象の発見を通じ，メンデルが発見した**遺伝因子**という「**粒**」が，**染色体という線上に数珠つなぎに並んでいる**ということが明らかになったわけです。

1920年代，モーガンは遺伝子は染色体上に並んでいると考える遺伝子説を提唱しましたが，1871年にはミーシャが核内に存在する酸性物質を発見していました。メンデルの実験とほぼ同時期に，DNAも発見されていたのです。今日考えると，モーガン以降は，核内に存在するタンパク質，DNAのどちらがモーガンの発見した「一本の線」の実体なのかを解明するのが自然な流れにも思えます。しかし，モーガン研究室の卒業生たちは必ずしもその方向には進みませんでした。その代表がビードルです。

3. 一遺伝子一酵素説

ビードルはモーガンが発見したショウジョウバエの眼色変異が生じる原因を解明しようと考えました。しかし，研究は容易に進まず，共同研究者のテータムと共に，実験材料をアカパンカビに変えました。ショウジョウバエのような二倍体の生物の場合，ヘテロ接合体 Aa では劣性形質が表現型として現れません。突然変異は稀にしか起こらず，変異遺伝子の大半は酵素機能を喪失した劣性遺伝子なので，この点は実験上大きな障害となります。アカパンカビが半数体であることは，実験上有利でした。

アカパンカビの胞子にX線を照射すると，野生株の生育に必要最低限の栄養素だけを含む最少培地では育たない栄養要求性突然変異株が得られます。これらのうち，アルギニン要求株を調べたところ，①アルギニン　②シトルリンまたはアルギニン　③オルニチン，シトルリン，アルギニンのどれか一つ　の添加で生育する株が存在しました。

アルギニンはグルタミン酸を材料として，オルニチン→シトルリン→アルギニンの順で合成されます。例えば株②は，オルニチンからシトルリンを合成する過程の酵素が欠損していると考えられます。この変異株と野生型の接合と減数分裂によって得られた胞子中，変異遺伝子をもつものの割合が $\frac{1}{2}$ であれば，変異体のアルギニン合成系における変異遺伝子は1個のみであると確認され，**一つの遺伝子は特定の酵素合成を通じて形質発現を支配する**という一遺伝子一酵素説が成立することを示しています。

今日の知識をもとに考えると，タンパク質の最も重要な機能が酵素であるとはいえ，タンパク質のすべてが酵素とは言えず，「一遺伝子一酵素」の例外は多数あります。「一遺伝子一ペプチド」に変更しても，複数の遺伝子によって免疫グロブリンのペプチド鎖ができる場合などは例外になります。

モーガンによって，**遺伝子は染色体上に一列に並んでいる**という実体面の基礎が確認され，ビードルとテータムによって**遺伝子は酵素の情報を担っている**という機能面の基礎が確認されたのです。これ以降，遺伝子そのものを研究対象とする時代に突入します。

9 遺伝子の実体，構造の解明

1．遺伝子の実体の解明

1 形質転換

A．形質転換の発見（1928）

　肺炎双球菌の野生型は外側に殻（莢膜）を持ち，寒天培地上で表面がなめらかな（= smooth）コロニーを形成するS型菌ですが，突然変異系統に，莢膜を持たず，非病原性で，表面がざらざらした（= rough）コロニーを形成するR型菌があります。S型菌が病原性をもつのは，莢膜によって白血球の食作用を免れるためで，ネズミにS型菌を注射するとネズミは死亡しますが，R型菌を注射しても死亡しません。

　肺炎予防の研究を行っていたグリフィスは，**R型菌を，加熱して殺したS型菌と混ぜて注射するとネズミが死亡し，体内からS型の生菌が検出される**ことを見いだしました。R型菌の遺伝形質がS型菌に変化する，形質転換という現象の発見です。

B．エイブリーの実験（1944）

　ネズミに注射する方法では，形質転換を起こさなかったR型菌は白血球に食べられてしまい，形質転換が起こる率を確認することができません。エイブリーは培地でS型菌の出現率を調べる方法をとりました。その結果，**R型菌の培地にS型菌のDNA分画を添加すると，突然変異率よりもはるかに高率でS型菌が出現する**ことを確認しました。

　当時の分画技術の制約から，DNA分画に混在するタンパク質が原因である可能性が残ります。そこで，DNA分画を酵素処理し，培地に添加しました。DNA分画をタンパク質分解酵素で処理しても形質転換能は維持され，**DNA分解酵素で処理すると形質転換能が失われる**ことが明らかになりました。DNAが形質転換の原因物質だったのです。

　この結果は，DNAが形質発現を支配する物質，遺伝子の本体であることを示唆しています。しかし，当時はタンパク質が遺伝子の本体であるという考え方も根強く，4種類のヌクレオチドからなる物質が，20種類のアミノ酸を指定できるはずがないという主張や，DNAが細胞に入ったことの証明がなく，形質転換のしくみが不明であることも批判の根拠とされました。

　今日では，形質転換は下図のような特殊な組換え現象であることが明らかになっています。細胞内に侵入したDNA断片が肺炎双球菌のDNAの塩基配列が似た部分に接近し，ある種のDNA修復系酵素の誤作動により，外来DNA断片が取り込まれ，元のDNAの一部が追い出されてしまう現象なのです。

形質転換のしくみ

外来DNA断片 → 外来DNA断片が，塩基配列が似た位置に接近 → 元のDNAと外来DNAが置き換わる → 元のDNAは追い出され，分解される

2 ハーシーとチェイスの実験（1952）

　DNAが細胞に入ることを示し，遺伝子の本体がDNAであることを証明したのが，バクテリオファージ（ファージ）を用いたハーシーとチェイスの実験です。

　ファージは細菌に感染するウイルスで，ほぼタンパク質とDNAだけからできているため，タンパク質とDNAのどちらが遺伝子の本体であるか，決着を付けるのに最適な材料でした。タンパク質には硫黄（S）が含まれますが，リン（P）は含まれません。他方，DNAにはPが含まれますが，Sは含まれません。**タンパク質に^{35}S，DNAに^{32}Pという放射性同位元素で目印をつけ，追跡したのです。**

　ファージに放射性同位元素の目印をつけることは容易ではありません。ファージは菌体外では生命活動を行わないため，「ファージに放射性同位元素の目印が付いた餌を与える」ことはできません。そこで，まず，放射性同位元素を含む硫酸塩やリン酸塩などを大腸菌の培地に添加して大腸菌を培養します。その結果，大腸菌の成分に^{35}Sや^{32}Pが入ります。この大腸菌にファージを感染させることで，構成成分に^{35}Sや^{32}Pを含むファージを得ることができます。

　標識ファージを大腸菌に感染させた後，よく撹拌します。撹拌は，大腸菌の内部に入らずに大腸菌の表面に付着しているものを取り除くためです。その後，緩やかな遠心で大腸菌を沈殿させて放射能を調べると，**ファージを^{32}Pで標識すると沈殿から，^{35}Sで標識すると上ずみから放射能が検出されました。しかも，^{32}Pの放射能は，大腸菌から溶出した子ファージにも伝わっていました。**

　この実験により，DNAは確かに細胞に入り，DNAのみをもとにファージの複製が起こること，したがって遺伝子の本体がDNAであることが確定しました。

3 二重らせん構造の解明

　遺伝子の本体であるDNAの構造の解明において，シャルガフの規則（1950）が大きなヒントになりました。アデニン（A）とチミン（T），グアニン（G）とシトシン（C）は各々等しい割合で存在すること，その構成比は種によって異なるということです。シャルガフ以前は，DNAの塩基はA，T，G，Cの単純繰り返しであり，すべての塩基の割合は等しいと考えられていましたが，この発見はDNAの塩基配列が何らかの情報を担っていることを示唆しています。ワトソンとクリックは1952年にシャルガフに会い，この事実についての説明を受けています。

　生物物理学者のウィルキンスとフランクリンはDNAが結晶化する物質であることから，X線回折によるDNAの結晶構造の解析に取り組んでいました。1953年に**ワトソンとクリックは，シャルガフの規則と矛盾せず，ウィルキンスとフランクリンの解析結果とも適合するモデルとして，二重らせんモデルを完成しました。**遺伝子の本体であるDNAの構造面に関する，基本的な骨格が明らかになったのです。

2．遺伝子のはたらきの解明

1　遺伝子のはたらきとは

「遺伝子の本体は DNA である」といわれます。ある物質が遺伝子の本体と言えるために必要な機能は，次の2つと考えられています。

第一は，**自己複製能**です。生物は，死んでも同じ種の子孫を残します。遺伝子の本体は，複製されて親から子へ，細胞から細胞へと伝わるはずです。

第二は，**形質発現を支配する**ことです。親から子へと受け渡されても，機能のない物質は遺伝子とは言えません。さまざまな形やはたらきに関係する情報が書き込まれていなくてはならないのです。遺伝子のはたらきの解明とは，第一の機能である DNA の複製様式の解明と，第二の機能である遺伝暗号の解明ということです。

2　半保存的複製の証明

A．メセルソンとスタールの実験

ワトソンとクリックが DNA の二重らせんモデルを発表した時点ですでに，半保存的複製が予想されていました。塩基対によって結び付いた二本鎖は，一方の鎖の塩基配列によって他方の鎖の塩基配列が決まるということを示し，一本ずつの鎖から全く同じ塩基配列の DNA を2分子つくることが可能です。問題はその証明です。

メセルソンとスタール（1957）は，大腸菌を用い，DNA 鎖の区別に比重の違いを利用することを思いつきました。^{14}N 化合物と ^{15}N 化合物が共存すると，大腸菌は主に ^{14}N 化合物を利用してしまうため，まず，大腸菌に窒素源として窒素の安定同位元素 ^{15}N のみを含む窒素塩を与えて長期間培養し，大腸菌の窒素がすべて ^{15}N であるとみなせる状態にします。この大腸菌を普通の ^{14}N 塩のみを含む培地に移し，1回，2回…n 回分裂後の大腸菌の DNA を抽出し，DNA を塩化セシウム密度勾配遠心法によって分析しました。その結果，n 回分裂後の DNA は $(^{14}N^{15}N):(^{14}N^{14}N) = 2:2^n-2$ となり，半保存的複製から予想される結果と一致しました。

B．仮説検証

この結果が半保存的複製の証明になる理由を理解するためには，**仮説検証の一般的原理**を知る必要があります。ある仮説の証明には，以下の2つが必要です。

1. 知られている限りのすべての実験結果が，その仮説によって**説明できる**こと。
2. すべての実験結果を説明できる仮説が，**他にない**こと。

第1点について。メセルソンとスタールの得た結果は，任意の n について，半保存的複製の場合の予測と一致しているため，この点はよいのです。問題は第2点です。「他の仮説を否定すること」が必要なのです。負けると分かっていて無理やり引っ張り出される対抗馬のようですが，**仮説検証の必要上**，設定される他の仮説が「**帰無仮説**」です。DNA の複製様式に関して設定された帰無仮説が，保存的複製と分散的複製という2つの仮説です。

保存的複製とは，元の DNA 分子はそのまま保存され，それとは別に，新しくつくられた鎖どうしが2本鎖 DNA を形成するという様式です。保存的複製であるとすると，^{14}N 培地に移してから1回目の分裂後にできる鎖は ^{14}N^{14}N 鎖と ^{15}N^{15}N 鎖の2種類であり，遠心分離すると，2箇所に DNA の層ができるはずです。実際は，中間の位置に1つしか層はできませんでした。保存的複製はあっさり棄却されました。

分散的複製とは，古い鎖の中に部分的に新しいヌクレオチド鎖が付け加わり，古い鎖と新しい鎖が入り交じるようにして2組の DNA 鎖が合成されるという様式です。この様式の場合，1回目の複製後にできる鎖は中間の密度になるため，1回目の結果のみからはこの仮説は否定できません。しかし，そこまでです。同様の複製が続くと，元の ^{15}N 鎖の間に入り込む ^{14}N 鎖が少しずつ増えてくるため，密度は少しずつ低くなり，2つの層に分かれることはありません。2回目の複製以降の結果は，この複製様式と矛盾します。二回戦以降は敗退。半保存的複製が正しいことが証明されたのです。

この実験結果は，しばしば生物学の実験中，最も美しい結果とされます。しかし，当時としてはかなり非常識な実験であったと思われます。N 原子はヌクレオチドの塩基中にわずかしか存在せず，N の原子量が14から15になっても DNA の密度は大して変わりません。重い，中間，軽い鎖の密度は順に 1.724，1.717，1.710 で，密度差は千分の一程度です。彼らは密度 1.700 の塩化セシウム溶液を調整し，当時最新の高速遠心機によって試験管内に塩化セシウムの密度勾配を作り，見事な結果を得ました。ベテランの研究者であれば，たとえ思いついても分けられるはずがないと考えてやらないような実験，メセルソン28歳，スタール29歳の若さの勝利と言えるでしょう。

3 遺伝暗号の解明

DNA が遺伝子の本体であるなら，DNA 分子中にタンパク質のアミノ酸配列の情報が書き込まれているはずです。物理学者ガモフは，**アミノ酸が20種類，核酸の塩基は4種類であることから，4種類の塩基のうち2個以下では20種類のアミノ酸を指定できず，3個以上であれば指定できる**（$4^3 = 64$ 種類）ことを指摘し，塩基3個がアミノ酸1個を指定すると予想しました。この予想は正しく，1964年までにすべてのコドンの解読が完了しました。その大半はニーレンバーグのグループが解明したものです。ニーレンバーグ（1961）は，合成 RNA とタンパク質合成に必要な物質を試験管に入れ，合成されてくるタンパク質のアミノ酸配列を調べました。

遺伝暗号の解明によって遺伝子が形質発現を支配することが証明されたといえる理由には，一遺伝子一酵素説が関係しています。遺伝子が直接決めているのはタンパク質のアミノ酸配列だけですが，合成されたタンパク質が酵素として機能することで，タンパク質以外の物質も合成できます。つまり，**タンパク質合成を支配している物質は，タンパク質以外の物質の合成も間接的に支配している**ことになります。遺伝子である DNA は，タンパク質合成を通じて，すべての物質合成を支配しているのです。

10　遺伝子のはたらき

1．DNA の自己複製

1　DNA の複製反応の過程
DNA の自己複製は，次の過程を経て進行します。
① 複製起点であることを示す塩基配列に複製の開始に関係するタンパク質が結合し，二本鎖を分離し，酵素ヘリカーゼがらせんをほどく。
② 各ヌクレオチド鎖の塩基と相補的な塩基をもつヌクレオシド三リン酸（dATP, dTTP, dGTP, dCTP）が並び，DNA ポリメラーゼが二リン酸（Ⓟ～Ⓟ）を外しながらヌクレオチド鎖を伸長させる。

　他の物質合成と同様，核酸合成反応にもエネルギーが必要ですが，核酸合成材料となるヌクレオシド三リン酸は ATP と同様，高エネルギーリン酸結合をもつため（⇨ p.16），その1番目と2番目のリン酸基の間のエネルギーが合成を進めるエネルギーとなります。

2　複製反応と DNA ポリメラーゼの特徴
次のような特徴があります。
① ヌクレオチド鎖の伸長は3'の炭素に結合している水酸基と，次のヌクレオチドのリン酸基の間の脱水縮合であり，**鋳型鎖の3'→5'の方向に沿って，5'→3'の方向で新たな鎖が合成され**，逆方向には進まない。
② DNA ポリメラーゼは合成の起点となるヌクレオチド鎖の3'端に結合し，そこにつなげる形でヌクレオチド鎖を伸長させる。鎖がない状態からヌクレオチド鎖を新しく合成することはできないため，まず，**酵素プライマーゼが複製起点となる RNA の短い鎖（RNA プライマー）を合成し，そこに DNA ポリメラーゼが結合し，鎖を伸ばす反応が起こる**。RNA プライマーはその後取り除かれ，DNA に置き換えられる。

3　ラギング鎖の合成と岡崎フラグメント
　次頁の図において，複製が起こっている位置である左右の複製フォークに注目すると，複製起点から見て左側の上の鎖と右側の下の鎖では，**合成の方向である5'→3'が，複製フォークの進行方向と一致**しています。これらの鎖の複製の進行には，途中で新たなプライマーを必要としません。これが**リーディング鎖**です。
　他方，左側の下の鎖と右側の上の鎖では，複製フォークが合成された鎖の5'方向へ移動しており，**複製フォークの移動と鎖の伸びる方向が逆**です。これが**ラギング鎖**です。
　ラギング鎖の複製方法は，1960年代に岡崎令治によって解明されました。複製フォークの移動に伴い，新たに開いた複製フォーク付近から，「RNA プライマーに DNA ポリメラーゼが結合して数百から数千ヌクレオチドからなる短い DNA 鎖を合成する→プライマーを除去して DNA リガーゼが DNA 鎖を連結させる」という反応を繰り返して進行していたのです。この短い DNA 鎖は，岡崎フラグメントと名付けられました。

複製起点からのDNA合成反応の進行

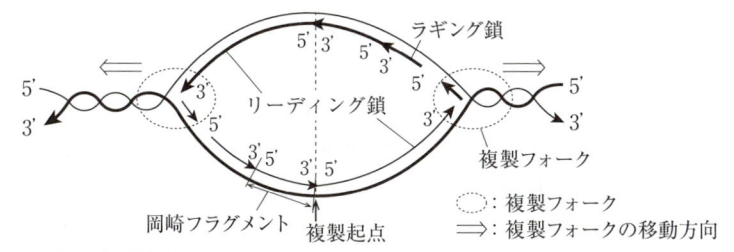

図中ラベル: ラギング鎖、リーディング鎖、複製フォーク、岡崎フラグメント、複製起点、○：複製フォーク、⇒：複製フォークの移動方向

4 真核細胞の末端複製問題とテロメア・寿命

　真核細胞のDNAは直鎖状なので，ラギング鎖の最後にできた岡崎フラグメントの5'側にDNA鎖が伸びてくることはありません。その結果，真核細胞では，一回の複製ごとに，この末端が大体100塩基程度短くなることが知られています。原核細胞のDNAは環状なので反対側からDNA鎖が伸びてくるため，このような問題はありません。

　DNA鎖の短縮により生存上不可欠な遺伝子が欠けることは致命的であり，それを防いでいるのが，テロメアとよばれる末端にある単純な繰り返しの塩基配列です。1960年代に，ヒトの細胞では約50回というような，細胞分裂回数の限界が発見されましたが，その主因はテロメアの短縮だったのです。

　テロメアは決まった塩基配列の鎖なので，短縮していない方の鎖を利用してテロメアをつくることが可能です。このような反応を行う酵素がテロメラーゼであり，ヒトでは生殖細胞のほか，特に分裂が盛んな一部の細胞やがん細胞で発現しています。

2．タンパク質合成

1 3種類のRNAの特徴

　タンパク質合成の過程では，3種類のRNAが重要な役割を果たしています。いずれもDNAからの転写で合成されますが，転写後に翻訳されるのはmRNAだけです。

mRNA（伝令RNA）：**タンパク質のアミノ酸配列の情報を含む**。

tRNA（転移RNA，運搬RNA）：**特定のアミノ酸と結合し，リボソームへ運ぶ**。mRNAのコドンと相補的に結合するアンチコドンと，アミノ酸結合部位をもつ。tRNAはアミノ酸と結合してアミノアシルtRNAになる。

rRNA（リボソームRNA）：**タンパク質と共に，リボソームの構成成分**。

　ところで，なぜ遺伝暗号UUUはフェニルアラニンであってグルタミン酸etcではないのでしょうか。このこと自体は未解決の謎ですが，UUUをフェニルアラニンと読むことを保証しているのは，特定のtRNAと特定のアミノ酸を結合させる酵素である，アミノアシルtRNA合成酵素の基質特異性です。この酵素は複数存在し，それぞれが特定のアミノ酸をATPと結合させ，ATP分解に伴ってそのアミノ酸を特定のtRNAに結合させる特異性を備えています。アンチコドンAAAをもつtRNAに対しては，

それをフェニルアラニンと結合させるアミノアシルtRNA合成酵素が存在するため，UUUはフェニルアラニンを指定するコドンになります。

　遺伝暗号のような情報は，最初は偶然であっても，一旦決まると変更は困難です。変えるとその生物の合成するすべてのタンパク質に影響が出る可能性が高く，死につながる可能性が高いのです。このような情報が基本的に全生物に共通している事実は，すべての生物が共通の祖先に由来することを示唆しています。

2 タンパク質合成の過程

A．転　写

(a)　転写の概略

　真核細胞の場合，次のように進行します。

① 転写開始点であるプロモーターに，RNAポリメラーゼが結合する。
② DNAの二重らせんがほどけ，DNAの鋳型鎖の塩基に，相補的な塩基をもつRNAのヌクレオチド（ヌクレオシド三リン酸，ATP，UTP，GTP，CTPのどれか）が結合する。
③ RNAポリメラーゼが鋳型鎖上を進み，RNAのヌクレオチド鎖を伸長させる。
④ ターミネーターとよばれる配列で転写終結因子が作用し，転写が終了する。

(b)　RNAポリメラーゼと転写反応の特徴

　鋳型鎖の3'側に結合し，5'→3'の方向で合成を進める点と，ヌクレオシド三リン酸から二リン酸を分離させ，そのエネルギーによってヌクレオチド鎖を伸長させる点で，RNAポリメラーゼとDNAポリメラーゼは共通しています。両者の違いは合成材料のヌクレオチドのほか，DNAポリメラーゼは二本鎖の両方を複製するのに対し，RNAポリメラーゼはDNA鎖の一部，それも片方の鎖（鋳型鎖）のみを転写することです。**DNAポリメラーゼは反応の開始にプライマーを必要とし，RNAポリメラーゼはプライマーを必要としない**点も異なっています。

　鋳型鎖にはプロモーターが3'側に存在し，5'側にターミネーターが存在します。相補鎖にはそれらが存在しないため，二本鎖の両方が転写されることはないのです。

B．スプライシング

(a)　スプライシングの過程

　真核細胞のmRNA合成では**イントロンを除去し，エキソンをつなぎあわせるスプライシング**が見られます。mRNA前駆体において，タンパク質の情報をもつエキソンが，情報をもたない複数のイントロンによって分断されていることが多いのです。

(b)　選択的スプライシングとその意義

　スプライシングは，多数のRNAとタンパク質が集まったスプライオソームとよばれる巨大な構造体によって進行し，イントロンの両端には，イントロンであることを示す配列が存在します。この配列には複数の種類があり，スプライオソームも複数の

種類があります。切断される配列と、細胞ごとに発現しているスプライオソームの組み合わせにより、細胞によってスプライシングの位置が変化することがあり、**同じmRNA前駆体から異なる種類のmRNAが生じる選択的スプライシング**が起こります。

　ヒトの遺伝子数は2万程度ですが、mRNAの種類は10万種に及びます。mRNA数が遺伝子数より多い原因に、選択的スプライシングが関係していると考えられます。選択的スプライシングにより、一つの遺伝子から、雌雄、発生時期、組織などの違いにより、異なるmRNA、したがって異なるタンパク質を合成することができます。

C. 翻訳

　リボソームは2つのサブユニットからなり、アミノアシルtRNAが入る「ポケット」のような構造を2カ所備えています。リボソームはペプチド鎖を伸長させながら、mRNAに沿って移動し、次のように翻訳が進行します。

① mRNAの5'端付近に存在する開始シグナルという塩基配列に、開始因子となるタンパク質とリボソームの小さいサブユニットが結合し、リボソームに存在する2つの「ポケット」のうち、前の方がmRNAの開始コドンAUGの位置になる。このポケットの中にtRNAとメチオニンが結合したアミノアシルtRNAが入り、リボソームの大きなサブユニットがそこに結合する。

……**AUGならばすべて開始コドンになるのではなく、開始因子やリボソームと結合しやすい塩基配列の近くにあるAUGが開始コドンになります。**

② 後ろのポケットの位置に、2番目のコドンと対応したアンチコドンをもつアミノアシルtRNAが入り、メチオニンとtRNAの結合が切断され、2つのアミノ酸のペプチド結合が形成される。

……**2番目のtRNAに2個のアミノ酸が結合した形ができます。**

③ リボソームが3'方向に塩基3個分移動し、メチオニンと分離したtRNAはリボソームから離れ、2番目のアミノアシルtRNAが前のポケットに入る。後ろのポケットに入った3番目のアミノアシルtRNAとの間で②と同様の反応が起こり、3番目のtRNAに3個のアミノ酸が結合した分子が生じる。

……**以下、同様のしくみで、終止コドンの一つ手前までペプチド鎖が伸長します。**

④ 終止コドンの位置が後ろのポケットの位置に来ると、このポケットにアミノアシルtRNAでなく、解放因子とよばれるタンパク質が入り込む。解放因子は前のポケットに入っているtRNAとペプチド鎖を分離し、tRNAをポケットから分離させ、タンパク質合成が完了する。

　真核細胞ではmRNAが核膜孔から細胞質に移動し、細胞質で翻訳が起こりますが、原核細胞では転写途中のmRNAにリボソームが結合し、翻訳も同時に進行します。

11 遺伝子研究と遺伝子操作

1. 遺伝子研究・遺伝子操作のための技術

1 PCR法

　遺伝子の研究や遺伝子操作で用いられる技術は，DNAの複製や，遺伝子発現のしくみの応用です。目的とする遺伝子を大量に得るために用いられるPCR法は，DNAの複製のしくみを利用し，以下の手順でDNAの特定領域を増幅する方法です。

① 増幅したい遺伝子を含むDNAを95℃程度に**加熱し**，**二本鎖を一本鎖に分離**する。
② 溶液を60℃に**冷却する**。溶液中には，二本鎖DNAの目的とする領域の両端に結合するDNAプライマー（人工的に合成された短いDNA断片）が大量に加えられているため，目的領域の両端に**プライマーが結合**する。
③ プライマーが分離せず，DNAポリメラーゼが最大活性で反応を進める温度である60℃よりやや高い温度に設定し，**合成反応を進行させる**。

　以下，①〜③のサイクルを繰り返す。

　生体内のDNA合成反応では，DNAポリメラーゼはRNAプライマーを起点として合成反応を開始しますが，DNAプライマーも利用できます。操作①〜③を繰り返す場合，普通の酵素では①の高温で失活してしまい，2サイクル目以降は使えません。**高温でも変性しない**，**熱水泉の中などで生育する好熱菌の**DNA**ポリメラーゼを使えば**，繰り返し利用できるため，温度を上げ下げしてこのサイクルを繰り返すことで，短時間で自動的な合成が可能です。なお，目的の遺伝子の両端付近に結合させるDNAプライマーは，人工的に合成する方法が確立しています。

　PCR法は，遺伝子組換え技術で用いるDNAの増幅以外に，遺伝子を調べることにも利用できます。塩基1個の置換で生じる一塩基多型SNPは，ヒトゲノム約30億塩基対の中に，百万の単位（約0.1％）で存在し，別種の生物間での塩基配列の違いはさらに大きくなります。**特定の組み合わせのプライマーを用いた**PCR**法によって増幅できるかどうかを確認することにより，プライマーに対応する同じ塩基配列をもつかどうかが確認できます**。

2 制限酵素とDNAリガーゼ

　DNA分析において，PCR法と並んで重要な「道具」が制限酵素とDNAリガーゼです。制限酵素は一般に同じペプチド鎖が二本組み合わさった四次構造タンパク質であり，下図のような特定の**回文構造**（上下の鎖について，5'方向から読むと同じ配列になる）の**塩基配列を認識・切断**します。

　制限酵素の切断例（実線の位置の糖ーリン酸結合を切断）

```
5'-G|A A T T C-3'         5'-G              A A T T C-3'
3'-C T T A A|G-5'    →    3'-C T T A A    +         G-5'
```

制限酵素が前頁の図の実線の位置の糖-リン酸結合を切断すると，点線の塩基間の水素結合も分離します。その結果，切断部には AATT-3' という突出末端ができます。**突出末端は DNA を結合させる際に糊代（のりしろ）の役割，接着末端となります。**

制限酵素というやや変わった名前は，ウイルスが特定の宿主にしか感染できない「宿主制限」という現象から名付けられたものです。あるウイルスの DNA を切断できる酵素をもつ細菌にはそのウイルスが感染できないことが宿主制限の原因とわかり，宿主制限の原因となる酵素は制限酵素と名付けられました。本来，ウイルス感染からの防御のために細菌が保持している酵素であり，数百種が知られています。

DNA リガーゼは，本来 DNA 合成反応や DNA の修復過程で機能し，多くの生物がもつ酵素です。同じ制限酵素で切断された DNA 断片だけでなく，**突出末端さえ共通であれば，別の制限酵素が切断した DNA 断片でも結合させることができます。**

3 ゲル電気泳動

固めた寒天（ゲル）の一端に負，他端に正電荷を置き，負電荷の位置から核酸溶液を流します。核酸は，リン酸基に由来する負電荷をもつため，正電荷に向かって流れていきますが，その流速は分子の大きさに反比例するため，小さな断片ほど速く移動します。DNA 断片など，高分子物質を大きさによって分ける「はかり」のようなものです。さまざまな利用法がありますが，同じ制限酵素で DNA を切断しても，**他人であれば同じ位置で切断されず，断片の長さが違う場合が出てきます。**親子関係があれば，部分的に共通する形になります。PCR 法と同様，犯罪捜査，親子関係の確認などの際の DNA 鑑定に利用できます。

4 逆転写酵素と cDNA の作成

転写とは逆に RNA から DNA を複製するのが逆転写酵素です。逆転写酵素はレトロウイルスがもつ酵素で，進化との関係でも興味深い酵素です（⇨ p.172）。

遺伝子組換え技術によってヒトの有用遺伝子を大腸菌に組み込み，有用なタンパク質を得ようとしても，目的のタンパク質は稀にしか得られません。この原因は，真核細胞では転写後にスプライシングが起こることが多いのに対し，原核細胞ではスプライシングが起こらないことです。真核細胞の遺伝子を原核細胞に導入して転写を行わせても，イントロンも含む mRNA が合成されてしまい，翻訳産物は最初のエキソン以外は全く異なるアミノ酸配列のタンパク質になってしまうのです。

これを避けるためには，スプライシングが終了した後の mRNA を使います。逆転写酵素によって mRNA から鋳型鎖 DNA をつくり，さらに，PCR 法により，**イントロンの塩基配列をもたない DNA を多量に得ることができます。**このようにして得た DNA が cDNA です。

cDNA を遺伝子組換えに利用すれば，目的どおりのアミノ酸配列をもったタンパク質の合成が期待できます。それが可能であることの大前提は，**原核生物も真核生物も同**

じ遺伝暗号を用いているため，同じ塩基配列のDNAからは同じアミノ酸配列のタンパク質が翻訳されるという事実です。

5 ベクター

　細胞の中に単にDNA断片を注入しても，DNA断片は細胞内の酵素によって分解されてしまい，遺伝子を発現させることはできません。**ベクターは遺伝子の運搬役**であり，プラスミド，ウイルスなどがベクターとして利用できます。

　プラスミドとは，細菌の染色体DNAとは別に存在する小さな環状DNAで，細菌の細胞内で安定的に保持されます。細菌の増殖と共に増殖するため，単に遺伝子を増幅する目的でベクターを用いることもありますが，組み込んだ遺伝子を細菌の中で発現させる目的でも利用されます。細胞内での遺伝子発現を目的とする場合，転写開始点となるプロモーター配列の後に制限酵素で切断できる配列があれば，そこに目的の遺伝子を組み込み，発現させることができるでしょう。しかし，このように都合のよい塩基配列をもつプラスミドは，自然状態では滅多に存在しません。最近ではベクターとして使いやすいように改変されたプラスミドが市販され，遺伝子組換え実験に利用されています。

　ウイルスは単独で生命活動を行うことはありませんが，各種の生物の細胞内に入り込むと，ウイルスの遺伝子の情報に基づき，宿主細胞内の酵素やリボソームなどを利用して代謝・増殖などの生命活動が起こります。細菌に感染するウイルスはバクテリオファージ，あるいは単にファージとよばれ，ハーシーとチェイスがDNAが遺伝子の本体であることの証明で用いたT_2ファージが有名です。しかし，T_2ファージのように，入り込んだ細菌を溶かすファージ（溶菌ファージ）ばかりではなく，細菌が健全に増殖している間は細菌の中で安定的に保持され，細菌が死にそうになると細菌を溶かして脱出するλファージなどの溶原ファージも知られており，このようなウイルスはベクターとして利用することができます。

　合成されたタンパク質を精製する過程にも，多くの時間と労力を必要とします。DNAの複製がPCR法を用いて短時間で効率よく行われるのと異なり，タンパク質の合成・精製の効率は決してよいとは言えません。近年は，大腸菌などの細胞を用いず，遺伝暗号の解読の際に行われたような無細胞の状態でタンパク質合成を効率よく行わせる研究も進められています。

2．遺伝子組換え技術

　ヒトにとって有用な物質の情報をもつDNAを大腸菌のような原核生物に組み込み，大腸菌を有用物質の「生産工場」にする手順は下記の通りです。

① 制限酵素によるDNAの切断

　1種類の制限酵素のみを用いる場合，導入したい遺伝子の両端付近とプラスミドなどのベクターDNAの1カ所を，その制限酵素で切断します。切断したい部位に同じ

制限酵素で切断できる塩基配列が存在しない場合、突出末端が共通であれば、別の制限酵素でも使えます。導入したい遺伝子の両端を、異なる突出末端をつくる制限酵素で切断し、ベクターの方も 2 カ所で切断する場合もあります。

② **DNA リガーゼによる DNA の連結**

導入したい遺伝子とベクターを混合し、DNA リガーゼによって連結させます。

制限酵素とリガーゼを用いた有用遺伝子の組み込み

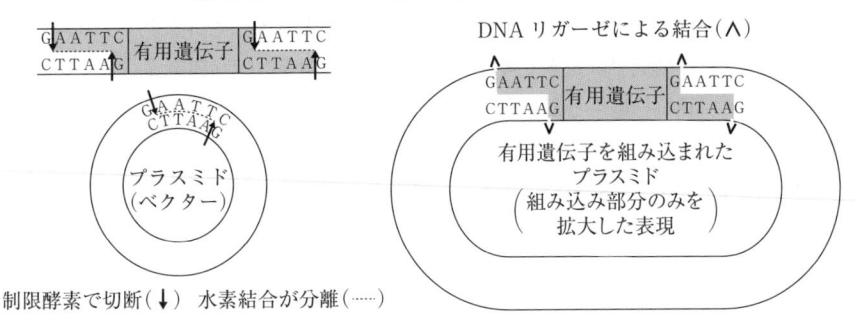

制限酵素で切断（↓）　水素結合が分離（……）

③ **組換えが起こった細菌の選抜**

目的どおりに遺伝子が組み込まれ、目的の遺伝子産物が得られる確率は決して高くありません。目的の遺伝子が組み込まれていない状態でベクターの切断部が再結合したもの、ベクターが細菌の中に定着しなかったものも出現するためです。目的の遺伝子が組み込まれ、遺伝子が発現するものを探し出す目的でよく用いられるのが、抗生物質に対する抵抗性と、遺伝子産物による発色を利用する方法です。

目的の遺伝子が組み込まれたベクターが入った菌の選抜法

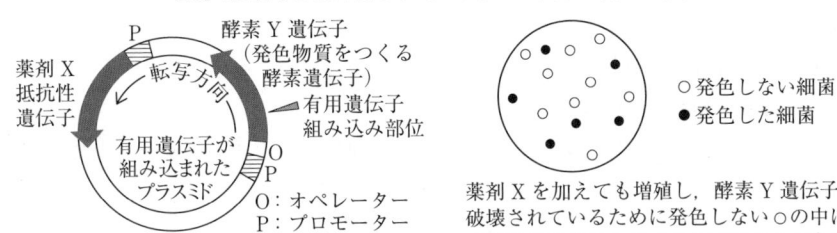

P は遺伝子発現、O は発現調節に必要な塩基配列

プラスミドに薬品 X に対する抵抗性遺伝子 x と、酵素反応によって発色する物質を生じる酵素 Y の情報をもつ遺伝子 y が存在し、遺伝子 y の塩基配列の中に制限酵素による切断部位が存在すると仮定します。培地に薬品 X を加えて培養すると、プラスミドが感染していない細菌は死滅し、プラスミドが入った細菌のみが残ります。発色反応の基質を与えると、目的の遺伝子を組み込まれていれば酵素 Y の遺伝子が破壊されているため、発色が起こりません。薬品 X の存在下で生存でき、かつ、発色できない細菌の中に目的のものが含まれている可能性が高いと考えられます。

12 遺伝子発現の調節

1. 原核細胞の転写調節

　遺伝子発現の調節には翻訳段階以降の調節もありますが，最も重要なのは転写量の調節であり，通常，遺伝子発現の調節とは，転写調節のことです。転写はプロモーターへのRNAポリメラーゼの結合によって開始されるため，**プロモーターへのRNAポリメラーゼの結合を促進する因子や抑制する因子によって調節されています**。この調節様式は原核細胞と真核細胞では大きく異なっており，原核細胞の転写調節は，基本的にジャコブとモノー（1961）によって提唱されたオペロン説で説明できます。

1 基本型

　一連の反応に関与する酵素の情報を含む遺伝子群などは一つの調節機構によってまとめて調節されており，このような遺伝子群が一つのオペロンです。調節遺伝子はオペロンの少し上流に存在し，リプレッサーとよばれる転写抑制因子の情報を担っています。ただし，調節遺伝子産物が単独でリプレッサーとして機能できるとは限らず，リプレッサーが活性型，不活性型のどちらで合成されているかはオペロンごとに異なり，この違いによってオペロンは2つの型に分けられます。

　オペロンについて，まず理解すべきことは，**活性型のリプレッサーが存在しない場合，RNAポリメラーゼはプロモーターに結合し，自動的に転写が起こる**ということです。この状態は「ブレーキしかない車」に例えられます。ブレーキをかけていない限り，全速力で走る車でも，ベテランのドライバーであればブレーキを器用に操って調節できるでしょう。それがオペロンの転写調節です。

　活性型のリプレッサーが存在すると，リプレッサーはプロモーターとオペロンの間のオペレーター領域に結合します。その結果，RNAポリメラーゼはプロモーターに結合できなくなり，転写は停止します。

　リプレッサーが不活性型であれば転写は自動的に進行し，リプレッサーが活性型のときは転写は停止する。これがオペロンの調節の基本です。

オペロンの調節の基本型

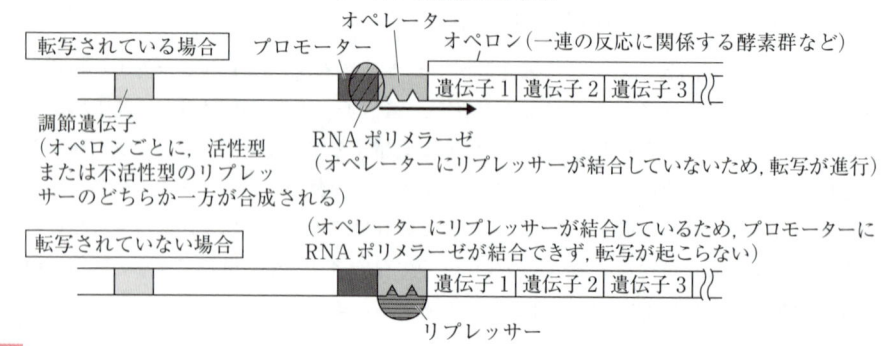

転写されている場合
プロモーター　オペレーター　オペロン（一連の反応に関係する酵素群など）
調節遺伝子　　　　　　　　　　　遺伝子1　遺伝子2　遺伝子3
（オペロンごとに，活性型　　RNAポリメラーゼ
または不活性型のリプレッ　　（オペレーターにリプレッサーが結合していないため，転写が進行）
サーのどちらか一方が合成される）

転写されていない場合
　　　　　　　　　　　　　（オペレーターにリプレッサーが結合しているため，プロモーターに
　　　　　　　　　　　　　RNAポリメラーゼが結合できず，転写が起こらない）
　　　　　　　　　　　　　遺伝子1　遺伝子2　遺伝子3
　　　　　　　　リプレッサー

遺伝子発現の調節

2 ラクトースオペロン

ラクトースオペロンには，ラクトース（乳糖）の取り込みに関係するタンパク質や分解に関与する酵素の遺伝子が属しています。**調節遺伝子からは，活性型のリプレッサーが発現**しており，ラクトースがない場合，リプレッサーがオペレーターに結合しているため，ラクトースオペロンは発現していません。しかし，十分な量のラクトースが存在すると，細胞内に取り込まれたラクトース（正確には，ラクトースが少し化学変化を起こした物質）がリプレッサーに結合し，リプレッサーはオペレーターと結合できなくなります。その結果，RNAポリメラーゼがプロモーターに結合できるようになり，転写が開始されます。

ラクトースとリプレッサー

ラクトースがなければオペレーターに結合しており，オペロンの転写は起こっていない。

ラクトースが変化した物質

ラクトースとの結合の結果，オペレーターに結合できなくなり，オペロンの転写が開始する。

調節遺伝子産物＝活性のあるリプレッサー

ラクトースはグルコースとガラクトースが結合した二糖類であり，グルコース同様，呼吸基質となります。しかし，ラクトースはグルコースほど普通に存在する物質ではないため，通常ラクトースの利用に関与する遺伝子を発現させる必要はありません。しかし，牛乳の中など，**ラクトースが大量に存在する場所では，ラクトースを利用できると有利であり，リプレッサーが不活性化し，ラクトースオペロンが発現します。**

3 トリプトファンオペロン

トリプトファンオペロンは，**トリプトファンの合成に関与する酵素遺伝子**などを含みます。**調節遺伝子からは，不活性型のリプレッサーが発現**しているため，トリプトファンが少ない条件ではリプレッサーはオペレーターに結合しておらず，トリプトファンオペロンは発現しています。しかし，十分な量のトリプトファンが存在すると，細胞内に取り込まれたトリプトファンが不活性型のリプレッサーと結合し，活性型のリプレッサーとなってオペレーターに結合します。その結果，RNAポリメラーゼはプロモーターと結合できなくなり，トリプトファンオペロンの転写は停止します。

トリプトファンオペロンとリプレッサー

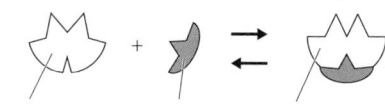

トリプトファンがないとオペレーターに結合できないため，オペロンの転写が起こっている。

トリプトファン

トリプトファンとの結合の結果，オペレーターに結合できるようになり，オペロンの転写が停止する。

調節遺伝子産物＝不活性なリプレッサー

トリプトファンはタンパク質合成に必要な20種類のアミノ酸中の一つです。20種類のアミノ酸は一つでも欠けると，あらゆるタンパク質の合成が停止するため，通常はリプレッサーは活性化されておらず，トリプトファンは常に合成されています。

しかし，トリプトファンが十分存在する条件でトリプトファンを合成することはエネルギーの無駄なので，トリプトファンの合成を止めるわけです。

4 転写促進作用をもつ転写調節因子の存在

ラクトースオペロンが発現するための条件は，ラクトースが存在することだけではなく，**グルコースが存在しないことも条件**です。後者の条件に関しては，リプレッサーとは別の物質（CAPとよばれる代謝促進因子）が関与しています。

CAPはリプレッサーとは逆に，転写促進作用をもち，ラクトースオペロンのプロモーターの，オペレーターとは反対側（p.54の図のプロモーターの左側）に結合し，RNAポリメラーゼのプロモーターへの結合を促進します。CAPは細胞内に常に存在しますが，CAPの転写促進作用が現れるためには，cAMPという物質が必要です。そして，cAMPの量はグルコース量と反比例して変動します。したがって，グルコースが十分存在すると，CAPの転写促進作用に必要なcAMPが不足するため，CAPの転写促進作用は現れず，ラクトースオペロンの転写は起こりません。

つまり，ラクトースオペロンが転写されるのは，ラクトースが存在し，かつ，グルコースが少ないときであり，ラクトースがあってもグルコースもあれば，大腸菌はラクトースオペロンを発現させず，グルコースを優先して使っているのです。

2．真核細胞の転写調節

真核細胞のRNAポリメラーゼは単独ではDNAのプロモーター領域に結合できず，**プロモーターへの結合に数種の基本転写因子が必要**です。しかし，基本転写因子がプロモーターに結合し，そこにRNAポリメラーゼが結合しても，転写は起こりません。

プロモーターのさらに上流に存在する**転写調節領域**（転写促進に関与する領域が多い）**に，調節タンパク質**（特異的な転写促進因子が多い）**が結合した場合のみ，転写が促進されます**。転写調節領域に調節タンパク質が結合すると，DNAがループ状に変形し，調節タンパク質が基本転写因子と結合します。ちょうどRNAポリメラーゼの「背中を押す」形になり，転写が開始されます。

真核細胞の転写調節

転写調節領域　アミノ酸配列の情報
プロモーター
基本転写因子　RNAポリメラーゼ
転写促進因子

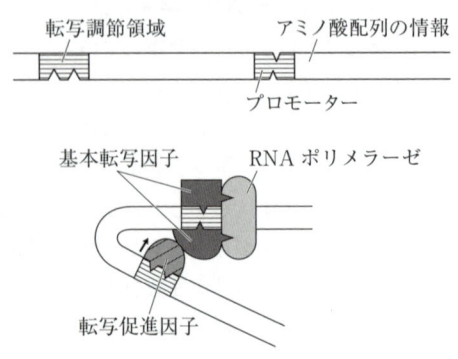

真核細胞の場合，原核細胞と異なり，プロモーターとオペロンの間にオペレーターに相当する領域はありません。そして，**原核細胞のリプレッサーのような転写を抑制する調節タンパク質は少なく，調節タンパク質は主として転写促進因子**です。原核細胞が主

にブレーキを用いた調節を行っているのに対し，真核細胞の調節は，主にアクセルを用いた調節と言えます。ただし，調節タンパク質が活性型であったり不活性型であったりすることは原核細胞のリプレッサーの場合と同様で，ステロイドホルモンに対する受容体は，しばしばホルモンと結合することで活性型の転写促進因子となります。

原核細胞では複数の遺伝子が１つのオペロンを形成しており，１本のmRNAの中に，複数の遺伝子の情報，すなわち，複数の「開始コドン－終止コドン」が存在しますが，真核細胞では，一つ一つの遺伝子の上流にプロモーターと転写調節領域が存在し，mRNAには１組の「開始コドン－終止コドン」しか存在しません。真核細胞において１つの転写促進因子の作用で複数の遺伝子が発現するのは，１つの転写促進因子が複数の遺伝子の転写調節領域に結合するためです。

原核細胞のRNAポリメラーゼは高性能で，リプレッサーという「邪魔」が入らない限り，単独で転写を実行できるのに対し，真核細胞のRNAポリメラーゼはプロモーターへの結合自体に基本転写因子が必要であり，さらに，上流の調節領域に結合した調節タンパク質の手助けが必要です。さまざまな手助けがないと転写を進められない形であり，RNAポリメラーゼの性能はかなり低いと言ってよいでしょう。

真核細胞は原核細胞から進化してきたはずなのに，なぜRNAポリメラーゼの性能の著しい低下が起こってしまったのか，不思議ではありますが，以下の理由により，積極的にRNAポリメラーゼの性能を落としたと考えられています。

まず，真核細胞のDNA量は原核細胞の千倍程度大きく，目的以外の場所に調節タンパク質が結合するエラーの起こる可能性は，原核細胞よりもずっと高くなります。エラーも想定すると，リプレッサーというブレーキを使った調節は大変危険です。生存上絶対に必要な遺伝子の発現を，間違って停止させてしまう危険があるからです。促進因子によるエラーは不要な遺伝子を発現させるという無駄が起こることを意味しますが，死ぬよりも多少の無駄の方がまし，というわけです。

もう一つの理由として，複数の転写調節因子がそろったときにのみ調節が起こるケースがあります。転写抑制因子を用いる場合，転写抑制因子Ａ，Ｂ…がそろった場合のみ，ある遺伝子の発現を抑制することになり，因子の数が多ければ多いほど，抑制される遺伝子の数が減り，大半の遺伝子は自動的に発現することになります。しかし，転写促進因子を使って調節した場合，転写促進因子Ａ，Ｂ…がそろった場合のみ，ある遺伝子の発現を促進することになり，発現に必要な因子の数が多ければ多いほど促進される遺伝子の数が減り，大半の遺伝子は発現しないことになります。

多数の遺伝子をもち，条件に応じてそれらのうちの少数の遺伝子だけを発現させる調節には，促進因子を用いた調節の方が適しているのです。このような調節様式が重要な意味をもつ場面としては，発生において，特定の細胞質因子がそろった細胞のみで特定の遺伝子を発現させる細胞分化の過程などがあります。

13 細胞分裂と染色体

1. 体細胞分裂の意義と無性生殖

　細胞は何のために分裂するのかと問われたら，成長のためと答える人も多いでしょう。しかし，分裂せずに単に細胞が巨大化することで成長することも原理的には可能であり，これは間違いです。成長しても，1個の細胞の大きさは変化させたくない事情があり，それが細胞が分裂する理由です。

　第一の意義は，**体積当たりの表面積を大きくすること**です。細胞の形が球形と仮定すると，体積 V は半径の三乗，表面積 S は半径の二乗に比例するため，$\frac{S}{V}$ の値は半径に反比例し，細胞が小さいほど大きな値になります。

　細胞の体積とは生命活動が行われる空間の広さであり，細胞の表面積とは生命活動に必要な物質の出入りや情報伝達が行われる面の広さです。体積当たりの表面積が広ければ，生命活動に必要な物質の取り込みや機能の調節がしやすくなります。

　第二の意義は，**細胞分化の前提**です。個体ごとに異なる遺伝子を発現させ，さまざまな形や役割の細胞を生み出すためには，細胞の数を増やす必要があります。

　これらの意義は，卵割によく現れています。卵割は分裂のたびに細胞が小さくなる特殊な体細胞分裂ですが，卵細胞は巨大な細胞であり，内部にRNA，タンパク質などの遺伝子発現に影響を与える細胞質因子（母性因子）を大量に含んでいます。分裂によって正常な生命活動を営むのに適した大きさまで小さくなり，細胞ごとに異なる母性因子を分配することで，細胞ごとに異なる遺伝子を発現することが可能になるのです。

　第三の意義は，**体細胞分裂それ自体が子孫を残す過程，生殖**であるということです。同型同大の2個の細胞に分かれる分裂，大小の細胞が生じる出芽，植物の栄養器官（根・茎・葉）の一部から新個体が生じる栄養生殖は，いずれも体細胞分裂による無性生殖であり，生まれた個体は，親個体と全く同じ遺伝子をもつクローンです。

2. 体細胞分裂の過程

　細胞分裂は核分裂と細胞質分裂からなり，核分裂が起こる分裂期は4つの時期に分けられ，それらの特徴は下記の通りです。

前期：核膜，核小体が消失し，縦裂面をもつ染色体が明瞭に見えてくる。両極付近（動物細胞では両極に移動した中心体）から紡錘糸が出現する。比較的長い時期。

中期：染色体（正確には，染色体の紡錘糸結合位置である動原体）が将来の分裂面（赤道面）付近に並ぶ。染色体と紡錘糸を含む構造体である紡錘体が完成する。

後期：染色体が縦裂面で両極に分かれていく。

終期：前期とは逆に，核膜，核小体が出現し，染色体が不明瞭になる。

　終期の完了と前後して細胞質分裂が起こり，動物細胞では，アクチンが集合した収縮

環の半径が徐々に小さくなり，細胞質が外からくびれ込みます。植物細胞では，細胞板とよばれる細胞壁の構成成分が細胞の内側から外側へと広がります。

3．プレパラートの作成法

　タマネギなどの植物の根端分裂組織を試料とした体細胞分裂の観察では，通常押しつぶし法によってプレパラートを作成します。この方法は，「試料の採取→固定→解離→（スライドガラスに移した後）染色→押しつぶし」という手順からなり，各手順の意味は下記の通りです。

固定：酢酸溶液や，酢酸とエタノール混液であるカルノア液などに浸し，細胞の活動を停止させ，生きていたときの構造を保持する。
解離：試料を60℃に温めた希塩酸中に短時間浸し，細胞間の結合をゆるめる。
染色：酢酸オルセイン（酢酸カーミン）液によって核・染色体を着色する。
押しつぶし：細胞どうしの重なりをなくし，一層に広げる。

　組織片を放置すると細菌などの繁殖や，細胞内の各種酵素の無秩序なはたらきによって細胞が破壊されてしまいます。酵素のはたらきを失わせ，いつでも観察できる状態にするのが固定です。固定の後，細胞間の結合に関与する物質を部分的に分解しておくと，後の処理が容易になります。酢酸オルセイン液などの染色液は，色素成分であるオルセイン，カーミンなどの塩基性物質を，過剰の酢酸溶液で溶かしたものです。オルセイン，カーミンなどは塩基による正電荷をもつため，核内でDNAと結合している塩基性タンパク質であるヒストンと競合する形でリン酸の負電荷をもつ核酸（DNA）に電気的に引き寄せられ，染色が起こります。すでに解離を行っているため，ろ紙の上から指の腹で押しつぶせば細胞が一層に広がり，観察しやすくなります。

　未熟な雄しべの中の細胞の減数分裂の観察など，**遊離した細胞の場合，染色液をかけるだけですぐに観察**できます。解離や押しつぶしは不要で，染色液中の酢酸に固定作用があるため，酢酸オルセインだけで固定と染色が完了するためです。

4．遺伝子・DNAと染色体・ゲノム

　ヒトという生物をつくるために必要な1セットの遺伝子である**ヒトゲノム**（核ゲノム）は約2万個の遺伝子からなり，これらの遺伝子は約30億塩基対，全長約1mのDNA分子の中に並んでいます。

　これらの遺伝子は22本の常染色体と，X染色体またはY染色体とよばれる性染色体の合計23本に分かれて存在し，**ゲノムを構成する染色体数を通常nと表現**します。

　卵・精子などの配偶子はn（単相），体細胞は$2n$（複相）です。ヒトの体細胞には，両親に由来する一対の同型同大の相同染色体と，2本の性染色体が存在し，X染色体とY染色体の間にも，部分的に相同性があります。

相同染色体に含まれる DNA の塩基配列は少しずつ異なりますが，同じ酵素などの情報を含む遺伝子座が，同じ順序で並んでいます。生存上不可欠な酵素遺伝子について，相同染色体の一方にしか活性のある酵素の情報が存在しない場合，通常酵素量は半分になりますが生存は可能です。

$2n$ であるヒトの体細胞の核内には 46 分子，合計 2m 程の長さの DNA が存在し，この DNA を複製し，2つの細胞に均等に分配する体細胞分裂の過程には，核タンパク質であるヒストンが関係しています。ヒストンは真核細胞に特有の塩基性タンパク質で，**ヒストンという軸に DNA という糸がまきついたようなヌクレオソームは，規則正しく折りたたまれたクロマチン構造を形成し**，核内に広がっています。分裂期で見えてくる太く短い染色体は，クロマチン構造がさらに規則正しく折り畳まれたものです。この時期に見える染色体の縦裂面の両側には，間期に複製された全く同じ塩基配列の DNA 分子が存在します。

5．細胞周期
1 細胞周期の区分

分裂によって生じた細胞が次の分裂をするまでの時期である細胞周期は，**分裂期（M 期）と間期からなり，大半の時間が間期です。間期は細胞の成長が起こる G_1 期，DNA の複製が起こる S 期，細胞質分裂に必要な物質の合成などが起こる G_2 期という 3 つの時期に分けられます**。

植物の根端分裂組織では，分裂して生じた細胞の一方は分裂組織に留まり，他方は細胞分化の道を辿ります。分化した細胞の多くは分裂能力を失い，細胞周期から離脱したと見られるため，分化した細胞は G_1 期とは別の G_0 期に存在すると考えることがあります。

細胞分化による細胞周期からの離脱は不可逆的なものではなく，植物の場合，分化した組織に植物ホルモンのオーキシンとサイトカイニンを適当な濃度で与えると分裂が再開し，**脱分化により，カルスとよばれる未分化細胞の塊**ができます。カルスは植物ホルモンの濃度を調整することで**再分化させ，完全な植物体にすることができます**（⇨ p.74）。

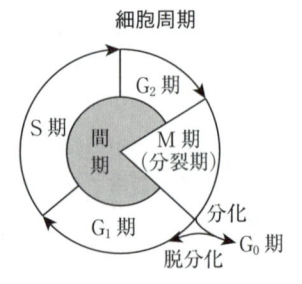

根端分裂組織のプレパラートを観察すると，大半の細胞は間期に属し，分裂期の中期や後期の細胞はわずかしか見つかりません。各細胞が細胞周期上のランダムな位置に存在する非同調分裂を行っているため，長い時間を要する時期の細胞ほど多く観察されます。多数の細胞が完全にランダムな位置にあれば，**各時期に属する細胞の数はその時期の経過に要する時間に比例すると考えられ，細胞数の比によって各時期の長さの比を推定できます**。なお，卵割では，すべての細胞が一斉に分裂する同調分裂が見られます。

細胞分裂と染色体

2 細胞周期と DNA 量の変動（図は p.66）

間期の細胞を光学顕微鏡で観察しても，その細胞が間期の中のどの時期に属するかはわかりませんが，DNA を染色し，フローサイトメーターによって染色の強度を分析する方法により，DNA 量を推定できます。S 期の細胞は DNA の複製中なので，さまざまな DNA 量の細胞があり，G_2 期の細胞はすべての染色体が 1 回ずつ複製を終えた後なので，M 期と同様，G_1 期の細胞の二倍の DNA 量があります。

3 細胞周期の制御と調節因子

G_1 期での成長が進むまで S 期に入らないこと，S 期における DNA の複製はすべての染色体で一度ずつ行われ，すべての染色体が赤道面に並んでから染色体が縦裂面で分離することなどは，サイクリンなどの細胞周期を制御するタンパク質のはたらきによるものです。

これらのタンパク質は，チェックポイントとよばれる特定の時期において，細胞が一定の条件を満たしているかどうかを監視しており，条件を満たした細胞は，次の段階に進みます。条件が満たされなかった場合，細胞はその段階に留まり，先の段階に入ることはありません。チェックポイントで DNA 分子の異常が発見されると，細胞周期の進行は停止し，DNA の修復が始まります。修復が完了すれば次の段階に入りますが，**修復不可能なほどの損傷が存在する場合，アポトーシスとよばれる細胞の自殺システムが起動し，その細胞は自ら死んでいきます。**

このしくみが正常に機能せず，DNA が損傷しているにもかかわらず細胞周期が進行してしまうと，がん細胞が生じる可能性があります。

がん細胞は，DNA の異常である突然変異によって生じますが，盛んに増殖し，他の細胞との接着性が低下しています。がん細胞は，周囲の細胞にはお構いなしに，G_0 期から細胞周期に復帰してしまった細胞，分化した細胞が未分化状態に戻ってしまった細胞であり，**がん細胞の挙動の多くは，細胞周期の異常によって説明できます。**

がん細胞の多くでは，DNA の損傷の修復やアポトーシスに関与する遺伝子である *p53* 遺伝子が機能を失っています。*p53* 遺伝子は細胞周期のチェック機能に関係する代表的ながん抑制遺伝子であり，その機能の消失は，がん発生の原因となります。

4 細胞周期と成長因子

組織が損傷すると，損傷部位の周辺の細胞が分裂を再開することも，細胞周期の調節によるものです。この調節には，血小板から放出される成長因子などが関係しています。血小板は血液凝固に関係するだけでなく，損傷箇所に集合し，組織の再生を助けているのです。成長因子は損傷組織の再生に重要ですが，成長因子に関係する情報伝達が過剰に起こると，細胞の異常増殖の原因となります。**がんは成長因子に関係する遺伝子が過剰発現したがん遺伝子の出現と，がん抑制遺伝子の機能消失が重なって発生する病気であり，細胞周期の病気という面があります。**

14 多細胞化と植物の体制

1．多細胞生物とは

1 単細胞生物と多細胞生物

　大腸菌などの原核生物は，一つの細胞だけで生存に必要な生命活動のすべてを行っており，シアノバクテリアにおいて光合成を行う細胞の他に窒素固定を行う異質細胞が見られることなどが数少ない例外です。真核生物であっても，原生生物（プロティスタ）は，細胞単独で，あるいは，同じ特徴の細胞が集まって生活しています。

　同じ細胞が多数集まっているのは細胞群体（連結生体）であって，多細胞生物ではありません。多細胞の「多」とは細胞の数のことではなく，細胞数が4個しかなくても，シアワセモは細胞間の連絡のしくみを備えているため，最小の多細胞生物とされます。

　発達した体制の**多細胞生物は，形や機能の異なる細胞の集まりです**。多細胞生物の「多」とは，細胞の数ではなく，細胞の種類数と考えてよいでしょう。

2 細胞性粘菌の生活史

　パンドリナなどの細胞群体は単細胞と多細胞の中間的な存在と言えますが，それとは別の意味で単細胞と多細胞の中間的存在が，タマホコリカビなどの細胞性粘菌です。

　細胞性粘菌は，好適な条件ではアメーバ状の単細胞生物として生活しています。しかし，環境が悪化すると化学物質のシグナルによって細胞が集合し，偽変形体という構造体を形成します。「偽」というのは，細胞膜の隔壁が消失した多核体であるムラサキホコリカビなどの変形体と区別するためです。

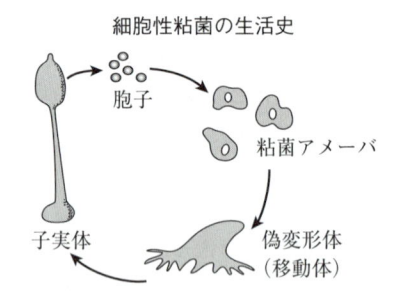

　偽変形体はやがてキノコ状の構造体である子実体を形成し，各細胞は胞子，傘，柄などになります。これは明らかに多細胞体です。胞子は乾燥などの悪条件によく耐え，条件が好転すると再びアメーバ状細胞になります。**細胞性粘菌は，外部環境の変化に応じて単細胞と多細胞を切り替えている**のです。

　細胞性粘菌が単細胞から多細胞に変化する際，細胞は cAMP という化学物質に対する正の化学走性を示し，その発生源に向かって移動しながら自らも cAMP を放出します。その結果，cAMP を介した連鎖的な集合が起こり，広い範囲からアメーバ状細胞が集まります。cAMP は原核生物では遺伝子発現の調節にも関係しますが（⇨ p.56），動物の細胞膜の受容体に情報伝達物質が結合したことを細胞内に伝えるセカンドメッセンジャーの1つです（⇨ p.147）。細胞内と細胞外という違いはありますが，細胞性粘菌が動物と同じ化学物質を使って情報伝達をしているのは興味深い事実です。

2．多細胞生物の体制

動物の体制に関しては発生の後に詳しく扱います（⇨ p.101）。ここでは動物と植物の体制の違いについて確認しておきましょう。

1 細胞・組織・器官

発達した体制をもつ多細胞生物では，形や機能が共通な細胞が集まって組織を形成しています。**器官とは，個体の中で一定の役割を果たすまとまりのことで，多くの場合，複数の組織の細胞が集まっています**。植物の葉という器官には光合成を営む柵状組織，海綿状組織のほか，表面の表皮組織，物質の移動に関与する通道組織が存在し，複数の器官の役割分担を通じ，個体が維持されています。細胞が組織，器官というまとまりを作っている点で動物と植物に違いはありませんが，植物と動物の器官分化の程度は大きく異なっています。

2 植物の組織系と動物の器官系

花という生殖器官がない時期の植物の器官は，栄養器官である根・茎・葉のわずか3種類しかありません。そのため，それぞれの器官における組織の集まりを組織系としてまとめて考えることが多く，最も**一般的な組織系の区分法は，表皮系・維管束系・基本組織系の3つに分ける**やり方です。

動物の場合，大きく事情が異なります。動物の体には，さまざまな器官が存在し，それらが互いに関連し合っています。

例えば，胃という器官は，塩酸（胃酸）と強い酸性条件で機能するペプシンを含む胃液を分泌し，食物と混合させています。胃壁を守る粘液の分泌量と胃液の分泌量のバランスが少し崩れただけで，胃壁が損傷する胃潰瘍という病気が発症する危険があるのに，なぜ胃は強力な消化液を分泌しているのでしょうか。胃だけを見ていても，この疑問に答えることはできませんが，胃は口から取り込んだ食物がまず入る場所であり，胃の先には，長い小腸が接続しているという器官の関係を意識すると見えてくるものがあります。

胃の役割には消化のほかに殺菌もあり，強い酸とタンパク質分解酵素を作用させ，有害な微生物の侵入を防いでいるのです。野生動物の場合，飢えをしのぐためには，危険な細菌などが多数付着しているものも口にせざるを得ません。まず，食物と共に侵入する微生物を殺すことが必要です。それが済んではじめて，長い小腸でじっくり消化し，栄養分を吸収することができるのです。

このように，複数の器官のつながりによって見えてくるはたらきも多いため，**動物の体制を考える際は，消化系，呼吸系，神経系，生殖系など，複数の器官を一つの器官系としてまとめて扱うことが多い**のです。

3．植物の体制
1 植物の組織
A．分裂組織
　未分化状態で分裂を繰り返す分裂組織が存在することは，植物組織の特徴の一つです。動物でも，哺乳類の胚盤胞（胞胚に相当）から得られるES細胞（胚性幹細胞）や，人工的に複数の遺伝子を組み込み，多分化能（多能性）をもつように改変したiPS細胞（人工多能性幹細胞）など，さまざまな細胞に分化できる多能性をもちながら分裂する細胞もないわけではありませんが，動物の体内では皮膚の表皮直下の細胞は表皮になる，骨髄の幹細胞は血液の有形成分になるなど，分化の方向が決まった状態で分裂を繰り返しています。

　植物の茎の先端，根の先端には，それぞれ茎頂分裂組織，根端分裂組織とよばれる頂端分裂組織が存在します。頂端分裂組織の細胞が盛んに分裂しているのに，分裂組織がどんどん増えてしまうことがないのは，分裂組織の中心に静止中心という分裂能力の低い細胞が存在し，周囲の細胞の分裂を調節しているためです。

　分裂によって生じた細胞は，やがて成長をはじめ，さまざまな組織へと分化します。根の場合，分裂組織周辺の細胞は小さく，少し離れた伸長帯の細胞は大きく，さらに離れた位置に，さまざまな組織に分化した細胞が見られます。

　裸子植物や被子植物の双子葉類では，頂端分裂組織の他，茎や根の木部と師部の間に形成層が存在し，形成層の分裂で生じた細胞が成長し，肥大成長が起こります。

B．分裂組織以外の組織
　分裂組織以外の組織は，表面を覆う表皮組織，細胞壁が薄く，光合成や物質の貯蔵などの代謝が盛んに起こる柔組織，細胞壁が厚く，体の支持に関係する機械組織，物質運搬に関係する通道組織の4つの組織に区分されます。

　表皮組織は通常一層の細胞からなり，保護の役割を担っています。根の根毛細胞は外に向かって突出し，広い表面積で水分を吸収しており，葉の孔辺細胞は葉緑体を備え，気孔の開閉に関係していますが，これらを除き，表皮組織は特徴の乏しい細胞集団です。葉や茎の表皮組織の外側には，ろう状の物質からなるクチクラ層が存在し，乾燥を防いでいます。

　柔組織は細胞壁が薄く物質が出入りしやすいため，盛んな代謝が起こります。葉の同化組織である柵状組織や海綿状組織，根に発達する貯蔵組織など，植物の生命活動の主役です。

　機械組織は柔組織とは逆に細胞壁が厚く，植物体の機械的な支持に役立っています。

　通道組織のうち，道管と仮道管は水分の上昇に関与しています。道管は縦に連なる細胞の隔壁が消失しており，仮道管は残存しているという違いはありますが，共に死細胞からなります。師管は葉からの光合成産物の輸送や，貯蔵組織中の物質の運び出しなど

の有機物の移動に関係します。本来は篩管とよばれ，縦に連なる細胞間に「ふるい」のような孔をもつ仕切り（師板）があることからその名があります。

2 植物の組織系と中心柱
A．植物の組織系
　表皮系は表皮細胞およびその変形した細胞とクチクラ層を含み，基本組織系は柔組織と柔組織を支える機械組織を含みます。維管束は道管（被子植物のみ）や仮道管（シダ植物や裸子植物にもある）を含む木部と，師管を含む師部からなり，通道組織のほか，機械組織や柔組織も含まれています。

　表皮系はコケ植物を含むすべての植物に見られ，植物が陸上に進出した際，陸上環境の乾燥への適応の必要から生じたと考えられます。維管束はシダ植物，種子植物に見られ，受光競争に有利なように，茎を伸ばすことに関係すると考えられます。

B．植物の中心柱と葉の構造
　茎や根には，維管束が一定の配置で配列した中心柱が見られます。

　根の中心柱の構造は，分類群ごとの違いが少なく，道管を含む木部と，師管を含む師部が交互に並ぶ構造が一般的です。茎の中心柱には，裸子植物と被子植物の双子葉類の真正中心柱，被子植物の単子葉類の不斉中心柱など，分類群ごとに違いが見られます。肥大成長に関係する形成層は真正中心柱に存在し，不斉中心柱には存在しませんが，師部が外側，木部が内側になっている点は共通しています。師管は生きた細胞からなるため，呼吸のしやすさから表面に位置する必要があるのに対し，道管や仮道管は死細胞からなるため，内部であっても機能に支障はないと考えてよいでしょう。

　葉の断面図を見ると，茎の維管束を外に向かって倒したように，維管束の下側に師部，上側に木部が存在します。葉の主に下側の表皮に多く存在する孔辺細胞は気孔を取り囲む一対の細胞で，葉での蒸散や二酸化炭素の取り込みと関係しています。

3 植物の器官
　植物の器官とは，**栄養器官である根・茎・葉**と，**生殖器官である花**のことで，花の中のがく，花弁，雄しべ，雌しべを特に花器官とよぶこともあります。

　発芽後，植物はしばらくの間栄養器官を発達させます。根は無機栄養分の吸収や光合成産物の貯蔵，茎は栄養分の運搬，葉は有機物を合成する光合成が主な役割です。すべて栄養に関係しているため，栄養器官と総称されるのです。栄養器官のみをつくる成長段階が栄養成長期であり，十分栄養成長を行って条件が揃うと，植物は花をつくり始めます。この時期が生殖成長期です。栄養成長の生殖成長への転換は，芽によって確認できます。栄養成長期にできる芽は葉や茎になる葉芽ですが，生殖成長期には花になる花芽ができます。どの時期（季節）に花芽を形成するか，つまりどの時期に栄養成長を生殖成長に転換するかということは，植物が子孫を残す上できわめて重要であり，この点については，光周性（⇨ p.79）を中心にあらためて扱います。

15 減数分裂と染色体

1．減数分裂

1 減数分裂の意義

　減数分裂は，真核生物が**核相を半減させ，多様な遺伝子の組み合わせをつくるための**しくみです。アオミドロなど，単相（n）の生物が接合して複相（$2n$）になった後，減数分裂によって単相に戻る場合もありますが，多くの場合，複相の生物が単相の生殖細胞を形成する過程で起こります。動物では配偶子形成，植物では胞子や胞子に相当する構造体の形成過程で起こり，有性生殖と密接な関係があります。

2 減数分裂の特徴

　減数分裂は第一分裂と第二分裂という2回の核分裂からなり，最大の特徴は，**第一分裂の前期に相同染色体が対合し，二価染色体を形成すること**で，二価染色体を構成する相同染色体は第一分裂で別々の細胞に分配され，核相が半減します。

　第二分裂では，第一分裂後の各染色体が縦裂面で分離するため，単相の細胞が体細胞分裂を行うのと全く同じであり，分裂前後で核相は変化しません。

減数分裂の過程

　体細胞分裂の場合，分裂の前に必ずDNA合成が起こりますが，減数分裂では，**第一分裂と第二分裂の間にはDNA合成が起こりません**。そのため，体細胞分裂を2回行う場合と減数分裂を行う場合では，DNA量の変動の様子が異なっています。

細胞周期・細胞分裂とDNA量の変動

体細胞分裂2回

受精と卵割
（卵割では，S期とM期が繰り返される）

減数分裂

3　動物の配偶子形成

　動物の配偶子形成は発生初期から始まっており，まず，始原生殖細胞が種特有の方法で生殖巣（卵巣あるいは精巣）予定域に移動します。始原生殖細胞は卵巣または精巣に定着し，それぞれ卵原細胞，精原細胞として盛んな体細胞分裂を繰り返します。その後分裂を停止し，成長を始めた細胞が一次卵母細胞，一次精母細胞です。

　一次卵母細胞，一次精母細胞は減数分裂の第一分裂を行う細胞であり，ヒトなどの哺乳類の場合，胎児段階で卵原細胞の体細胞分裂は完了し，一次卵母細胞は第一分裂の前期に達して著しく成長し，分裂を休止した状態で出生を迎えます。そのため，出生時には一次卵母細胞しかなく，その一部が思春期以降に減数分裂を再開します。他方，精原細胞の体細胞分裂は生涯続きます。

　一次卵母細胞と一次精母細胞の細胞質分裂には大きな違いが見られ，一次卵母細胞は極端な不等分裂によって大きな二次卵母細胞と，細胞質をほとんどもたない第一極体になりますが，一次精母細胞の細胞質は均等に分かれ，2個の二次精母細胞になります。二次卵母細胞，二次精母細胞の分裂である第二分裂の細胞質分裂の際も，二次卵母細胞は著しい不等分裂によって卵細胞と小さな第二極体となり，二次精母細胞は同形同大の2個の精細胞になります。結果として，**卵形成では1個の一次卵母細胞から1個の卵細胞が生じ，精子形成では1個の一次精母細胞から4個の精細胞が生じます**。

　配偶子としての成熟時期にも雌雄で大きな違いがあり，脊椎動物などの多くの場合，雌では二次卵母細胞の段階である第二分裂の中期に受精が起こり，受精の刺激によって第二分裂が再開します。雄では，減数分裂によって生じた精細胞はまだ受精能力をもたず，精細胞は細胞質の大半を捨て，大きく変形する精子変態の過程を経て，運動性に富む精子になった後に受精が可能になります。

4　受精と性決定

　性はハ虫類のように発生途上の温度条件で決まる例やクマノミのように群れの中の一番大きな個体が雌になる例もありますが，多くの場合，配偶子のもつ性染色体によって決定されます。**性染色体による性決定様式には雄ヘテロ型のＸＹ型とＸＯ型，雌ヘテロ型のＺＷ型とＺＯ型があり**，性染色体以外の，雌雄で差がない常染色体全体は，しばしば半数体（n）当たりAと表記されます。この表記を用いると，ヒトやショウジョウバエのようなＸＹ型性決定生物の染色体構成は，雌は2A＋ＸＸ，雄は2A＋ＸＹなので，卵はA＋Ｘ，精子はA＋ＸまたはA＋Ｙです。A＋Ｘの精子が受精すると2A＋ＸＸの雌になり，A＋Ｙの精子が受精すると2A＋ＸＹの雄になります。ＸＹ型の場合，精子が性を決めていることになります。カイコやニワトリのようなＺＷ型の場合，精子はA＋Ｚのみ，卵はA＋ＺまたはA＋Ｗの染色体をもつため，卵が性を決定しています。一般に，**雄ヘテロ型では精子，雌ヘテロ型では卵がどちらの性染色体をもつかで性が決定されます**。

2．独立と連鎖
1 染色体と遺伝子

　遺伝子は DNA 分子中の特定の領域を占めており，染色体は，多数の遺伝子が数珠玉のように連なった構造です。ここでは，3 対の相同染色体をもつ，$2n=6$ の仮想の生物の減数分裂を例として，減数分裂における染色体の挙動と遺伝子の分配について考えてみることにしましょう。性染色体も相同染色体として扱い，2 で触れる乗換えはここでは起こらないと仮定します。

　この生物の 6 本の染色体は，3 本ずつ母親（卵），父親（精子）に由来するものです。まず，下図のように 3 本の染色体のそれぞれに存在する一つずつの遺伝子に注目し，母親由来の遺伝子を A，B，C，同じ遺伝子座に存在する父親由来の遺伝子を a，b，cとして，その遺伝子が存在する染色体を，染色体 A のように表現してみましょう。第一分裂中期，第二分裂中期，分裂で生じた 4 つの細胞に存在する染色体には，下記のように遺伝子が存在します。

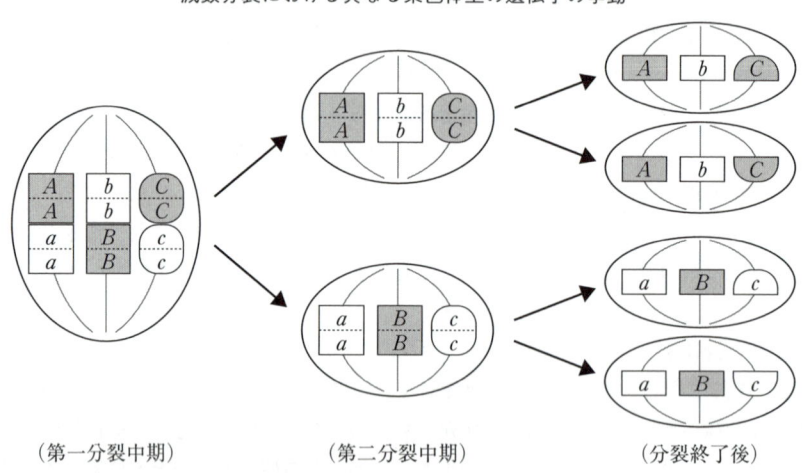

減数分裂における異なる染色体上の遺伝子の挙動

（第一分裂中期）　　　（第二分裂中期）　　　（分裂終了後）

　この図はあくまでも一例に過ぎません。**1 つの母細胞の減数分裂の結果生じる 4 つの細胞は，2 つずつ同じ染色体構成**ですが，多数の母細胞の減数分裂の結果生じる細胞については，染色体 A をもつか，a をもつかで 2 通りの可能性があり，そのそれぞれについて，B をもつか b をもつかで 2 通り，そのそれぞれについて C をもつか c をもつかで 2 通りの可能性があります。つまり，$AaBbCc$ の多数の細胞の減数分裂によって，$(A+a)(B+b)(C+c)$ の展開項に相当する染色体構成の細胞が生じることになり，$2\times2\times2=8$ 通りあるわけです。

　一般に $2n$ の細胞の減数分裂で生じる細胞の染色体構成は，**相同染色体のどちらを選ぶかという選択を n 回行うことにより，2^n 通りの多様性**が生じます。

2 連鎖と組換え

次に，遺伝子 $A(a)$, $B(b)$, $C(c)$ が一本の染色体に存在する場合を考えてみましょう。$AaBbCc$ の遺伝子が乗換えを起こさずに分離した場合，遺伝子型 ABC の配偶子と遺伝子型 abc の配偶子のみが生じます（以下の上の図）。キイロショウジョウバエの精子形成の減数分裂では，このような分配しか起こらず，完全連鎖になりますが，多くの生物では，乗換えの結果，両親から受け取ったものとは異なる遺伝子の組み合わせをもつ染色体も生じます。下の図の例では，遺伝子型 ABc の配偶子と，遺伝子型 abC の配偶子も生じています。このような仕方の分離も起こる場合が不完全連鎖です。

減数分裂における同一染色体上の遺伝子の挙動

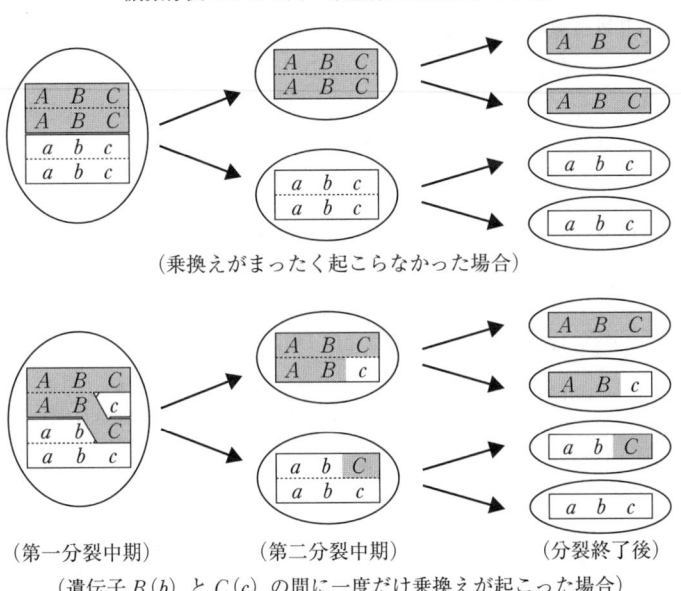

（乗換えがまったく起こらなかった場合）

（第一分裂中期）　（第二分裂中期）　（分裂終了後）
（遺伝子 $B(b)$ と $C(c)$ の間に一度だけ乗換えが起こった場合）

遺伝子が図のように配列している場合，遺伝子 $A(a)$ と $C(c)$ の間で乗換えが起こる確率は，遺伝子 $A(a)$ と遺伝子 $B(b)$ の間で起こる確率よりも高くなります。組換え価とは，通常ヘテロ接合体 $AaBb$ に対して劣性ホモ $aabb$ を交配する検定交雑を行い，生まれた子の総数に対する，$AaBb$ の両親と異なる表現型の個体の割合のことです。つまり，$AaBb$ の両親が $AABB × aabb$ であれば［Ab］と［aB］の合計が占める割合，$AaBb$ の両親が $AAbb × aaBB$ であれば［AB］と［ab］の合計が占める割合が組換え価です。これは $AaBb$ のつくるすべての配偶子に対する，組換えが起こった配偶子の割合と同じです。組換え価（％）の大小は，遺伝子間の実際の距離に比例するわけではありませんが，$AaBbCc$ について，2つずつの遺伝子の組換え価を比較すると，**最も離れた位置にある遺伝子間の組換え価は，より近い遺伝子間の組換え価よりも大きくなるため，組換え価を利用して，遺伝子の位置関係を推定できます。**

16 植物の生殖と生活環

1. 被子植物の生殖細胞の形成と重複受精

1 種子植物の分類

　種子植物は胚珠に由来する種子を形成し，イチョウ，ソテツや針葉樹などの裸子植物と，サクラ，イネなどの被子植物が含まれます。被子植物の雌しべは胚珠を包む子房壁と，子房から柱頭につながる花柱を備えていますが，**裸子植物は子房壁をもたず，胚珠が裸出**しており，例えばギンナンとよばれるイチョウの種子の外側の柔らかい部分は，子房壁に由来する果肉ではなく，種皮が変化したものです。

　被子植物の胚乳は重複受精を経てつくられる $3n$ の胚乳ですが，裸子植物の胚乳は胚のうを構成する n の細胞が単独で発達したものです。

　被子植物はさらに，サクラ，マメなどの双子葉植物と，イネ，ユリなどの単子葉植物に分けられ，双子葉植物は子葉が2枚で網状脈をもつ葉と主根の発達した根を備えているのに対し，単子葉植物は子葉が1枚で平行脈をもつ葉とひげ根を備えていることや，単子葉植物には形成層がなく，双子葉植物とは中心柱の構造も違っています。

種子植物の分類

被子植物 胚珠が子房壁でおおわれる。 重複受精により$3n$の胚乳形成	単子葉植物…イネ，トウモロコシ，ユリ （子葉は1枚，ひげ根，葉脈は平行脈）	形成層なし
	双子葉植物…サクラ，オナモミ，ダイズ （子葉は2枚，主根と側根，葉脈は網状脈）	形成層を備えた中心柱
裸子植物 胚珠は裸出 胚乳はn シダ植物同様道管はなく仮道管のみ	発達した体制をもつグループ 　マツ，スギ，コメツガ，トウヒなどの針葉樹類	
	原始的なグループ 　イチョウ，ソテツ 　精細胞でなく，精子を生じる	

2 被子植物の生殖細胞の形成と重複受精

　被子植物の減数分裂は胚珠と葯の中で起こり，それぞれ胚のう母細胞から胚のう細胞，花粉母細胞から花粉四分子がつくられます。

　胚のう細胞の核はさらに3回，体細胞分裂の様式の核分裂を経て胚のうができます。合計8個の核のうちの3個ずつは両極に移動して細胞質分裂が起こり，3個の反足細胞と，卵細胞とその両脇に存在する一対の助細胞になり，残る2個の核は中央細胞の核になります。花粉四分子は花粉管細胞の中に雄原細胞が生じる特殊な体細胞分裂によって雄原細胞と花粉管核をもつ成熟花粉となり，風や昆虫などによって柱頭に運ばれて受粉し，花柱の中で花粉管を伸長させ，雄原細胞は2個の精細胞に分裂します。

　花粉管は，助細胞から分泌される化学物質に向かう正の化学屈性を示して伸長し，助

細胞に入ります。花粉管中の2個の精細胞のうちの1個は**卵細胞**，もう1個は**中央細胞と受精する**という，2つの受精が同時に起こる**重複受精**が見られます。

　胚乳をつくるのに受精が起こる理由に関しては，次のような考え方が有力です。

　裸子植物の卵細胞は胚乳になる胚のうの組織に包まれており，受精前に胚乳が発達します。裸子植物の場合，受粉から受精までの間に半年近くの長い時間を要することも多く，受精が成立しないと胚乳に蓄積した栄養分のすべてが無駄になります。被子植物は重複受精を行うため，受精が成立したときだけに胚乳を発達させます。中央細胞に送られる精細胞は，受精が成立したことを伝えるシグナルであり，受精が成立していないのに胚乳を形成することによる栄養分の損失を防いでいるのです。

　動物では，減数分裂後の細胞は分裂せずに配偶子になるのに対し，種子植物では，減数分裂の後，何回かの体細胞分裂を行ってから配偶子ができます。このような過程を経る理由には，シダ植物から種子植物の進化が関係しているようです。

2．植物の生活環

1 単相複相型生活環の一般式とコケ植物，シダ植物の生活環

　藻類などの中には，動物同様，一生の大半を複相で過ごし，配偶子形成時のみに単相になるものや，一生の大半を単相で過ごし，接合の後，減数分裂によって単相に戻るものもいますが，多細胞の藻類や，陸上で生活する植物の多くは，複相と単相の時期を交互に繰り返しており，その一般式は下記のようになります。

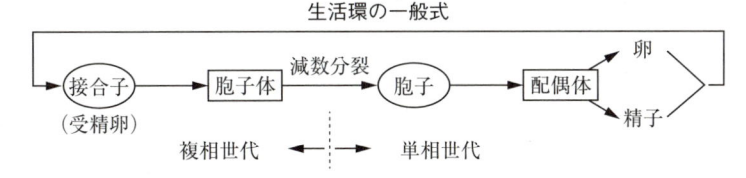

生活環の一般式

→ 接合子（受精卵）→ 胞子体 →(減数分裂)→ 胞子 → 配偶体 → 卵／精子 →

複相世代 ←→ 単相世代

　どちらが胞子体，配偶体か，迷いやすいですが，多くの生物の命名の一般的傾向を知っていれば間違うことはないでしょう。

　外見的にはっきりした特徴があれば，通常それで命名します。外見的特徴が不明瞭な場合，その生物がつくる物質で名付けられることが多くなります。亜硝酸菌といえばアンモニアから亜硝酸をつくる細菌のことであって亜硝酸から硝酸をつくる菌ではないというように，物質Aを材料として物質Bをつくる生物は，産物である物質Bで名前が付くことが多くなります。その生物が発見された直後は通常原料は不明であり，その生物がいると物質Bができるということが特徴として意識されるためです。胞子をつくる植物体を胞子体，配偶子をつくる植物体を配偶体とよぶのも同じことです。

　これはあくまで傾向であって，ルールではありません。たとえば，酵素は，産物ではなく，反応材料である基質と，その基質に対する反応で名付けられます。

この一般式と関係させて陸上植物の生活環を見ると，まず，**コケ植物の主な生活体（本体）は，体細胞分裂によって卵や精子をつくる単相の配偶体**であり，造精器から放出された精子は雨水によって造卵器中の卵細胞に到達し，受精卵は雌株配偶体からの栄養供給を受ける寄生的な生活を経て胞子体になります。その後，胞子体の胞子のうの中で減数分裂が起こり，胞子が形成されます。

　シダ植物の場合，通常目にするのは複相の胞子体であり，葉裏にできる胞子のう中の減数分裂によって胞子ができます。胞子が好適な場所で発芽すると，やがて前葉体とよばれる配偶体になります。前葉体は小さいながらも自ら光合成を行い，配偶子をつくります。造卵器に精子が到達して受精卵が生じ，受精卵が成長したものがシダの本体です。

　コケ植物のように，本体である配偶体で受精が起こる場合，本体が地表面から離れることは困難ですが，シダのように本体が胞子体であれば，本体は受精の制約を受けません。コケが大型化できなかった原因には，受精の制約が関係するようです。

2 種子植物の生殖細胞形成と一般式への対応

　古生代の石炭紀にはシダ植物が大繁栄していますが，種子植物は石炭紀の前のデボン紀頃にシダ植物の一部から分かれたと考えられており，原始的な種子植物であるイチョウやソテツがシダ植物のように精子をつくることは，シダ植物と種子植物の系統的連続性を示す根拠とされています。そして，種子植物の生活環についても，生活環の一般式との対応性を見いだすことができます。

　まず，植物の本体は複相であり，胞子体と考えられます。胞子は減数分裂によってつくられますので，胚のう母細胞から生じる胚のう細胞，花粉母細胞から生じる花粉四分子は，胞子に相当するとみていいでしょう。

　花粉四分子はともかく，胚のう細胞が胞子に相当すると考えるのは，やや強引に感じられるでしょうが，胞子に相当する胚のう細胞，花粉四分子が分裂・成長してできた胚のうや成熟花粉・花粉管は配偶体と考えることは文句なく正しいと言ってよいでしょう。胚のうの中には卵細胞があり，花粉管の中には精細胞があります。胚のうや花粉管は，配偶子をつくる植物体という，配偶体の定義と完全に一致しているのです。

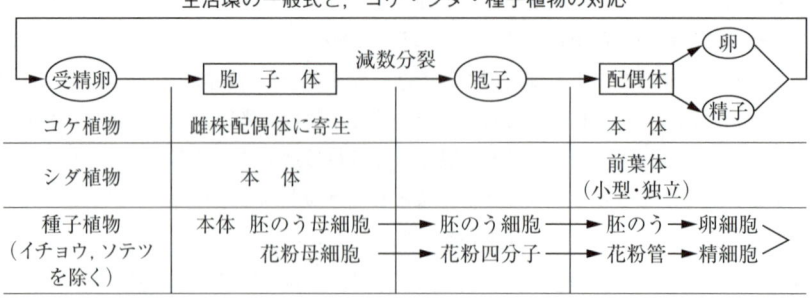

生活環の一般式と，コケ・シダ・種子植物の対応

	受精卵→	胞子体	→（減数分裂）胞子→	配偶体	→卵／精子
コケ植物		雌株配偶体に寄生		本体	
シダ植物		本体		前葉体（小型・独立）	
種子植物（イチョウ，ソテツを除く）		本体　胚のう母細胞／花粉母細胞	→胚のう細胞／花粉四分子	→胚のう／花粉管	→卵細胞／精細胞

16　植物の生殖と生活環

3　種子形成の過程

　受精卵は分裂・成長し，やがて未熟な胞子体を含む種子ができます。種子は乾燥，低温などの悪条件によく耐え，好適な条件になると発芽します。種子形成は，乾燥や温度変化の大きい陸上環境への適応のあらわれと見られます。

　ナズナの胚発生の過程では，受精卵は成長後に分裂して大小の細胞に分かれます。大きい方の細胞はその後も最初の分裂と同じ方向の分裂を繰り返し，細長い胚柄を形成し，胚柄は胚に栄養分を運ぶ通路となり，やがて退化します。小さい方の細胞は最初の分裂と異なる方向にも分裂し，子葉・幼芽，胚軸，幼根を備えた胚になります。

　動物の発生過程では，器官形成の際に細胞の移動や変形を伴う形態形成運動が起こります。しかし，細胞壁で覆われた細胞からなる**植物の場合，動物のような細胞の移動や変形は不可能であり，細胞が積み木のように重なっていく形で発生が起こります。**そのため，形態形成には分裂の方向が重要な意味をもちます。

　胚柄の形成のように，途中で分裂の方向を全く変えることなく，一定の方向の分裂のみを行いながら成長すれば，糸状の形態（糸状体）ができるでしょう。一度だけ元と垂直な方向に分裂の方向を変え，両方向に分裂・成長すれば，平面的に広がる形態（葉状体）になるでしょう。立体的な茎葉体（維管束植物）になるためには，最低でももう一回分裂方向を変える必要があります。

藻類や植物の形態形成

一定方向のみに分裂 → 糸状体
1回分裂方向が変化 → 葉状体
2回以上分裂方向が変化 → 維管束植物（茎葉体）

　カキ，イネなど，発達した胚乳を備えた有胚乳種子と異なり，ダイズ，クリなどの無胚乳種子では，胚乳の栄養分が子葉に輸送され，胚乳の代わりに子葉が大きく発達しています。

　種子の外側に存在する**種皮は胚珠を構成していた珠皮に由来し，雌株の組織に由来する点では子房壁に由来する果皮や果肉と同様で，種皮や果皮の遺伝形質は，雌株の遺伝子型によって決定されます。**

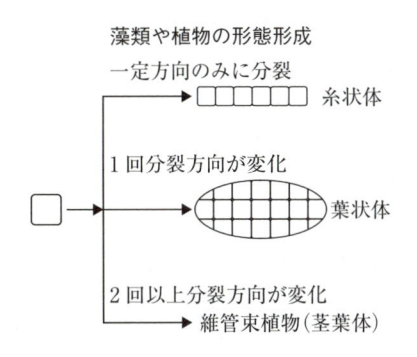

雌しべと有胚乳種子の遺伝子型の関係

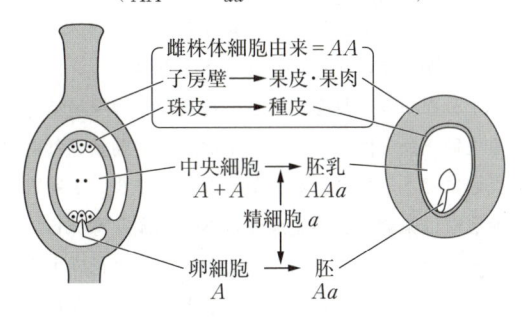

$\begin{pmatrix} 雌株 \\ AA \end{pmatrix} \times \begin{pmatrix} 花粉親 \\ aa \end{pmatrix}$ と仮定した場合

雌株体細胞由来 = AA
子房壁 → 果皮・果肉
珠皮 → 種皮
中央細胞 → 胚乳
$A + A$　AAa
精細胞 a
卵細胞 → 胚
A　Aa

73

17　植物の一生と植物ホルモン

1．植物の一生と主な植物ホルモン

　植物の一生の中には，周囲の環境条件を読み取りながら成長状態を切り換えることが必要な場面があり，その際，植物ホルモンが重要な役割を果たしています。

　市販の草花の種子は一斉に発芽しますが，野生の植物の種子は，ばらばらに発芽します。休眠維持機能をもつ植物ホルモンであるアブシシン酸の種子内の蓄積量にばらつきがあり，全滅の危険につながる一斉発芽を避けていると考えられます。

　発芽が開始した種子では，アブシシン酸が消失し，ジベレリンが合成されています。**発芽は，休眠の維持に関与するアブシシン酸に代わり，休眠の打破に関与するジベレリンがはたらくことで起こります。**

　発芽した植物は，まず，胚乳や子葉に蓄積されていた栄養分を利用し，その後自ら光合成を行って根・茎・葉を成長させます。この期間が，栄養器官である根・茎・葉の成長を進める栄養成長期です。栄養成長を進める上では，オーキシンとサイトカイニンが重要な機能を果たしています。

　オーキシンはカラスムギの幼葉鞘先端部など，植物体の上部で合成され，根の方向に下降します。サイトカイニンはさまざまな部位で合成されますが，特に根で多く合成され，茎の方へと上昇します。**オーキシンは根の分化を促進し，サイトカイニンは芽の分化を促進します。**挿し木で茎の切り口から根が出るのはオーキシンの作用，根だけの植物から芽が出るのはサイトカイニンの作用と見られます。植物の組織培養の際，脱分化によって生じたカルスにオーキシンを多く与えると根が分化し，サイトカイニンを多く与えると芽が出るのも同じしくみによる現象です。

　オーキシンには細胞の成長を促進する作用，サイトカイニンには細胞分裂を促進する作用もあります。根を分化させるか，芽を分化させるか。細胞を成長させるか，分裂させるか。栄養成長にはジベレリン，ブラシノステロイドなど，他の植物ホルモンも関係しますが，主にオーキシンとサイトカイニンによって調節されています。

　十分な栄養成長を完了し，日長などの環境条件が整うと，植物は花をつくる成長である生殖成長を開始します。生殖成長が開始されたことは，芽を見れば確認でき，栄養成長期にできる葉芽は葉や茎になりますが，生殖成長期にできる花芽は花になります。**花芽形成は栄養成長の生殖成長への転換を意味し，発芽と並ぶ，植物の成長における重要な分岐点です。**成長した葉で合成された花成ホルモン（フロリゲン）は師管を通じて芽の近くに運ばれ，花芽形成を促進します。シロイヌナズナを用いた研究により，近年花成ホルモンの化学的実体はタンパク質であることが明らかにされました。

　花芽形成に続き，花の形成，受粉，受精，種子の形成が完了すると，緑色であった果実が赤，黄色など，さまざまに色づいてきます。この際，気体の植物ホルモンであるエ

チレンがはたらいており，この変化は，エチレンがクロロフィルの分解酵素や，カロテノイドなどの色素合成酵素の遺伝子発現を促進し，さらに細胞壁成分に作用して果実を軟化させる酵素遺伝子の発現を促進することで起こります。ビニール袋の中に，よく熟した果実と未熟な果実を入れておくと，未熟な果実も熟してくるのは，気体であるエチレンが袋の中で作用するためです。

エチレンにはオーキシンと拮抗して成長を抑制するはたらきや，落葉を促進するはたらきもあり，冬が近づくと古い葉が容易に脱落するようになるのは，**エチレンの作用がオーキシンの作用を上回り，葉と茎の接続部にコルク化した物質の層である離層の形成を促進する**ためです。細胞壁の主成分であるセルロース分子を結び付けているペクチンを分解する酵素遺伝子も発現し，落葉が起こるのです。

主要な植物ホルモンと植物の一生

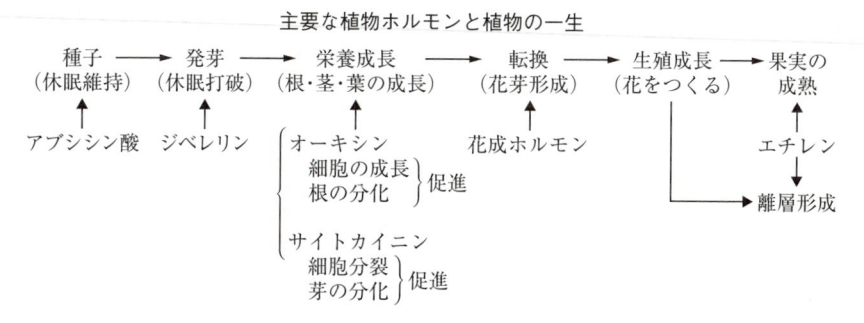

種子（休眠維持）→ 発芽（休眠打破）→ 栄養成長（根・茎・葉の成長）→ 転換（花芽形成）→ 生殖成長（花をつくる）→ 果実の成熟

- アブシシン酸
- ジベレリン
- オーキシン：細胞の成長，根の分化を促進
- サイトカイニン：細胞分裂，芽の分化を促進
- 花成ホルモン
- エチレン → 離層形成

2. 発芽

1 発芽の基本3条件

種子の発芽には，以下の3つの条件が必要となります。①**水（湿り気）の存在**。②**適当な温度であること**。③**酸素の存在**。

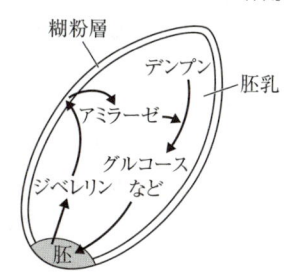

①，②は発芽の際にさまざまな酵素がはたらくこと，③は発芽のエネルギーの獲得に必要な呼吸と関係しています。これらの3つの条件や，他の条件も必要な種子であれば他の条件も揃うと，発芽が開始されます。イネ科植物の種子では，胚で合成されたジベレリンは糊粉層の細胞表面の受容体に結合し，アミラーゼ遺伝子のプロモーターの活性化を通じ，アミラーゼ合成を促進することが知られています。アミラーゼは，胚乳のデンプンを加水分解し，デンプンの分解によって生じたマルトース（麦芽糖），グルコース（ブドウ糖）などの低分子の糖は，呼吸基質としてATP合成に使われるほか，細胞壁の主成分であるセルロースの合成材料になったり，アミノ酸の合成に必要な有機酸に変化して，発芽種子の成長に利用されます。

発芽種子のジベレリンの作用（糊粉層，デンプン，胚乳，アミラーゼ，グルコース など，ジベレリン，胚）

3．栄養成長と植物ホルモン
1 茎の伸長成長と植物ホルモン
　植物の栄養成長には，オーキシンとサイトカイニン以外の植物ホルモンもはたらいています。ジベレリンやブラシノステロイドは茎を伸ばす作用，エチレンは茎の伸長を抑制し，茎を太くする作用があります。オーキシンは細胞膜の水素イオンポンプを活性化し，細胞の外を酸性条件に変化させます。細胞壁の周辺には酸性条件で活性化する酵素が存在し，この酵素が細胞壁の主成分であるセルロースの結び付きを弱めるため，細胞に水が入りやすくなり，成長が起こります。ジベレリンやブラシノステロイドは細胞膜の表面に存在する細胞骨格の微小管繊維の方向を変化させ，肥大する方向よりも伸長する方向に成長しやすくするという方法で成長を促進します。エチレンは微小管繊維の方向を逆方向に変化させ，細胞の伸長を抑えます。

　古くから知られる「麦踏み」という農作業は，霜柱などによって根が浮き上がるのを防ぐためのものと理解されていましたが，本当の意味はエチレンの分泌を促進することでした。植物体が踏まれたりして圧力を感受すると，エチレンの分泌が高まり，根が太くなるため，春になって丈夫に育ち，収量も多くなります。

　植物は，茎の成長を促進する複数の手段を備えており，そのはたらきをいくつもの植物ホルモンが調節しています。このことは，陸上での受光競争に勝つ上で，茎を伸ばすことがいかに重要であるかをあらわしています。

2 頂芽優勢と植物ホルモン
　頂芽優勢とは，先端の芽である頂芽が成長しているときは下の方に存在する側芽の成長が抑制される現象であり，先端付近を除去すると側芽の成長が促進されます。植物の形に大きな影響を与えており，高く伸びる植物，多くの枝や葉を低い位置で広げる植物というような植物の形を決める要因の一つは，種によって頂芽優勢の現れ方が異なることです。頂芽優勢については，2つの説が対立していましたが，近年そのしくみが明らかになりました。

　対立していた説のうちの1つは，オーキシンの最適濃度の違いが原因であるとするものです。オーキシンが成長を促進する最適濃度は部位によって異なり，根は最もオーキシン感受性が高いため，低濃度で成長が促進され，高濃度では成長が阻害されます。芽の最適濃度はそれに次ぎ，茎は最も鈍感で，高濃度で成長が促進されます。

　茎の先端で合成されるオーキシンは，下降しながら濃度を低下させていきますが，根や芽にとっては十分高濃度のため，茎の先端からのオーキシンが輸送されている場合，オーキシンによって成長は抑制されています。側芽と頂芽の関係は，ちょうど芽と茎の関係に等しく，頂芽が存在する場合，頂芽付近からの高濃度のオーキシンによって側芽の成長は抑制されていますが，頂芽が除去されると，側芽に届くオーキシンの濃度が低下し，側芽が成長するという説明です。

もう1つの説は，サイトカイニン吸引説とよばれ，根で合成されるサイトカイニンの輸送が原因とするものです。頂芽はサイトカイニンを取り込む性質が強く，頂芽が存在すると，サイトカイニンは側芽を素通りし，頂芽のみに運ばれます。頂芽が除かれると側芽にもサイトカイニンが行き渡り，側芽の細胞分裂が促進されるという説明です。

　結論はどちらの説も部分的に正しく，部分的に正しくないというものでした。

　側芽の成長を促進していたのは，直接はサイトカイニンでしたが，側芽に運ばれるサイトカイニンは根で合成されたものではなく，側芽の近くの茎で合成され，側芽に運ばれていたものでした。そして，頂芽からのオーキシンが側芽の成長を抑制していたのは事実でしたが，オーキシンの作用は間接的なものであり，頂芽からの高濃度のオーキシンの作用により，茎でのサイトカイニンの合成が抑制されることが直接の原因でした。**頂芽が除去されると頂芽からのオーキシンによる茎でのサイトカイニンの合成に対する抑制がなくなり，茎で合成されたサイトカイニンが側芽の成長を促進する**ということが，頂芽を除去すると側芽が成長する原因だったのです。

4．生殖成長とABCモデル

　花成ホルモンによって花芽形成が決定された後，がく片，花弁，雄しべ，雌しべという花器官が形成されるしくみは，ABCモデルによって説明されます。

　花器官の形成過程にはA，B，Cとよばれ，特定の部域のみで発現する3つの調節遺伝子が関係しています。右の図は，花の表面を左側，花の中心を右側として表現したもので，実際の花の構造の中では，これらの遺伝子は，右端を軸に回転させたような位置で発現します。つまり，遺伝子Cは円の内部で円盤状に，他の遺伝子はドーナツ状に発現します。その結果，最外層では遺伝子Aによってがく片，その内側では遺伝子Aと遺伝子Bによって花弁，その内側では遺伝子Bと遺伝子Cによって雄しべ，最内層では遺伝子Cによって雌しべができます。

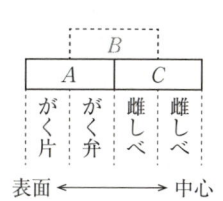

　遺伝子Bが欠損すると，「がく片－がく片－雌しべ－雌しべ」ができ，遺伝子Cが欠損すると，「がく片－花弁－花弁－がく片」ができます。これは，遺伝子Cがないと代わりに遺伝子Aが発現するという，遺伝子Aと遺伝子Cの排他的関係を示しています。なお，遺伝子Aが中心部で発現しないのは，遺伝子C産物の作用によるものですが，遺伝子Bが中心部で発現しないのは，Sup（スーパーマン）遺伝子と名付けられた遺伝子産物が，中心部で遺伝子Bの発現を抑制しているためです。遺伝子C欠損体は八重咲きの花に近く，八重咲きの花はしばしば雄しべや雌しべを欠き，実がなりません。

18　植物の光刺激の受容と応答

1．発芽と光

　植物の種子の中には，発芽の基本三条件のほか，光条件が関係するものもあり，暗所で発芽する暗発芽種子もありますが，光照射で発芽するレタスなどの光発芽種子がよく知られています。日本では雑草とよばれる道端の植物に普通に見られる性質です。

　レタスの種子の発芽に最も有効な光は，波長が 660 nm 付近の赤色光であり，赤色光照射直後に 730 nm 付近の遠赤色光（近赤外光）を照射すると，赤色光照射の効果が失われます。**赤色光と遠赤色光を短時間の間に交互に照射すると，最後に照射した光のみによって発芽の有無が決定されます**。これらの結果は，光発芽種子の光受容に，フィトクロムという感光色素タンパク質が関係していることを示しています。

　フィトクロムの 2 つの型のうち，P_R は安定で，暗所ではすべて P_R になっています。P_R は赤色（red）光を吸収すると直ちに P_{FR} に変化し，P_{FR}

フィトクロムの変化と照射光

$$P_R \underset{遠赤色光}{\overset{赤色光}{\rightleftarrows}} P_{FR}$$

$\begin{pmatrix}赤色光吸収型\\不活性型\end{pmatrix}$　　$\begin{pmatrix}遠赤色光吸収型\\活性型\end{pmatrix}$

は遠赤色（far red）光を吸収すると直ちに P_R に戻り，暗所では徐々に P_R に戻ります。

　レタスでは，P_{FR} がジベレリン合成系遺伝子の発現を促進し，発芽を引き起こします。赤色光を照射した直後に遠赤色光を照射すると発芽が起こらないのは，P_{FR} の効果が現れる前に P_R に変化してしまい，P_{FR} がないのと同じ状態になるためです。

　種子が地中にいたり，他の植物に光を遮られていれば，フィトクロムは常に P_R ですが，地表で太陽からの光が直接当たる場合，昼は P_{FR}，夜は P_R です。植物はフィトクロムという「眼」をもつことで，自分が置かれている環境の情報を得ているのです。

　光発芽は，湿潤な環境に分布する植物の，小さな種子に多く見られ，地中で発芽して貯蔵栄養分が尽きて死ぬ危険を回避するためのしくみと考えられます。

　フィトクロムは発芽後のクロロフィル合成にも影響を与えます。マメ類の多くは暗い環境で発芽する暗発芽種子で，赤色光を照射しないと緑色にならず，長く伸びます。赤色光がなければクロロフィルを合成せず，伸長成長のみにエネルギーを使うのです。暗発芽は，乾燥した環境に分布する植物の，大きな種子に多く見られる性質です。

2．栄養成長と光屈性

　刺激に応答して起こる成長運動には，刺激の方向（刺激源に向かう方向が正，遠ざかる方向が負）に対応した屈性成長運動と，刺激の有無のみに対応し，方向とは無関係な傾性成長運動があります。屈性成長運動は，茎の伸長方向に重要な役割を果たしており，**茎が正の光屈性，根が負の光屈性を示すのは，オーキシンの分布と，オーキシンの茎と根の成長に対する最適濃度の違いによるものです**。カラスムギ幼葉鞘の先端部など，植

物体の先端部に光が照射されると，**オーキシンは先端部で光と反対方向に輸送された後，茎の先端から根の方向に向かう極性移動が起こります**。その結果，光と反対側のオーキシン濃度が高くなり，最適濃度は茎で高く，根では低いため，茎では濃度の高い光と反対側の成長が促進されて光の方向に屈曲し，根では濃度の高い光と反対側の成長が抑制され，濃度が低い光側の方が大きく成長し，光と反対方向に屈曲します。

オーキシンの先端部での光と反対方向への移動には，細胞膜に存在するフォトトロピンという青色光受容タンパク質が関係しています。光屈性に赤色光受容分子でなく，青色光受容分子がはたらく理由は，以下のように考えられます。

赤色光は直進性が高く，他の植物の葉の陰にある芽生えには，赤色光は届きません。青色光は散乱性が高く，さまざまな物体，小さな粒子などによって散乱し，芽生えに届きます。空が青く見えるのは，空気中で青色光が散乱し，目に届くためです。そのため，**赤色光は直射光，青色光は間接光の指標となります**。

正の光屈性は，弱い光しか当たらない条件で，光の強い方に成長するはたらきなので，直射光を受容する分子は使えないことが多いのです。葉の裏面に多い気孔を開かせる作用にフォトトロピンが関係することも，同じ合理性があります。

なお，青色光受容タンパク質にはフォトトロピンのほかにクリプトクロムも知られており，クリプトクロムは，地中をもやしのように伸びてきた芽の成長を抑制する作用があります。青色光の受容に，フォトトロピンの他にクリプトクロムも関与している理由はよく分かっていませんが，クリプトクロムは動物にもあることから，古い起源の分子と考えられ，フィトクロムと共に光周性にも関係しています。

茎の細胞の細胞膜には，さまざまな方向に存在し，オーキシンを積極的に取り込む能動輸送タンパク質と，根に近い側だけに存在し，細胞外へとオーキシンを受動輸送するPINというタンパク質が存在します。オーキシンの茎の先端から根への極性移動にはPINが重要であり，この遺伝子が欠損するとオーキシンの極性移動が起こらず，茎がピンのように真っすぐになってしまうことがPINという名称の由来です。

3．花芽形成と光周性

1 光周性

花芽形成の時期は開花・結実時期と直結する場合が多く，その季節の選択は，植物の繁殖においてきわめて重要です。植物は日の長さ（正確には夜の長さ）を用いて特定の季節に花芽形成を行うものが多く見られます。光周期（明暗周期）によって起こる生物の応答である**光周性は，植物の花芽形成の決定のほか，昆虫の蛹の休眠決定，魚類や鳥類の繁殖期の決定など，さまざまな場面に関係**しています。生物の季節応答に光周性が関与している場合が多いのは，年による変動の大きい温度や降水量と異なり，日長は最も安定した季節の情報であるためと考えられます。

2 光周性と花芽形成

植物は光周性に基づき，下記のように分類されます。限界暗期とは，花芽形成の有無の境目となる連続暗期，夜の長さです。

長日植物：連続暗期が一定以下で花芽形成を行う。アブラナ，コムギなど。
短日植物：連続暗期が一定以上で花芽形成を行う。イネ，オナモミ，キクなど。
中性植物：連続暗期は花芽形成と無関係。ナス，トマト，トウモロコシなど。

長日植物は高緯度地方に分布し春咲き，短日植物はやや低緯度に分布し秋咲き，中性植物は四季咲きという傾向は，一年生草本にはほぼ当てはまります。長日植物は日長が最も長く，連続暗期が最も短い夏至の前までに必ず花芽形成が起こり，通常初夏までに開花します。春に栄養成長を生殖成長に転換する性質は，遅い時期に開花すると果実の成熟などの期間がとれなくなる寒冷な高緯度地域に分布する植物にとって有利な性質です。逆に夏至よりも後の時期まで栄養成長の期間を伸ばす秋咲きの性質は，暖かい，低緯度地域に分布する植物にとって有利な性質だと言えます。しかし，多年生植物も含めて考えると，短日植物は秋咲きとは言い切れません。

多年生草本や木本植物の場合，花芽形成と開花は直接結び付きません。秋に花芽形成を済ませて休眠し，冬の寒さによってアブシシン酸の減少とジベレリンの増加が起こって休眠が打破され，春の温度上昇によって開花する植物が多く見られます。日本の春の象徴とされるサクラも，このような短日植物であり，台風の後などに見られる狂い咲きは，台風などによって花芽の休眠を維持していたアブシシン酸が失われ，温度の上昇によって開花が起こる現象です。

中性植物は，原産地でも四季咲きとは限りません。乾燥が厳しく，ごく短い期間しか降水が期待できないような地域では，連続暗期とは無関係に，ある程度栄養成長を済ませたら自動的に生殖成長に切り換える必要があるのです。

3 連続暗期が重要であることを確認する実験

日の長さに相当する連続明期でなく，夜の長さに相当する**連続暗期によって植物が花芽形成時期を決定している**ことは，下の図の実験によって明らかになりました。

短日植物，長日植物それぞれの限界暗期よりも短い連続暗期を与えたことを表現したのが一番上の実験，長い連続暗期を与えたのが二番目の実験です。24時間周期なので，これらの実験のみでは，連続暗期，連続明期のどちらが重要かを

花芽形成と連続暗期

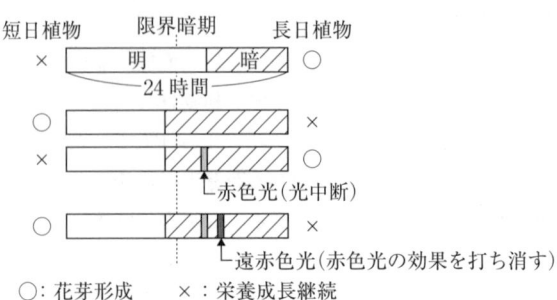

短日植物	限界暗期	長日植物
×	明 ／／暗／／	○
	24時間	
○	／／／／／／	×
×	／／／▲／／	○
	赤色光(光中断)	
○	／／▲▌／／	×
	遠赤色光(赤色光の効果を打ち消す)	

○：花芽形成　　×：栄養成長継続

決定することはできません。そこで，二番目と同じ長さの暗期の途中に，光中断とよばれる短時間の赤色光の照射を行い，連続暗期を中断したのが三番目の実験です。連続明期は二番目，連続暗期（長い方）は一番目と同じになります。この条件では長日植物は花芽形成し，短日植物は花芽形成しません。植物は連続暗期を計測していたのです。

一番下の実験は，赤色光の光中断を行った直後，短時間遠赤色光を与えた実験です。この結果，光発芽種子の場合と同様，赤色光の光中断の効果は打ち消され，長日植物は花芽形成せずに短日植物が花芽形成するようになり，**連続暗期の計測にフィトクロムが関与している**ことが明らかになりました。ただし，フィトクロム以外の感光色素は無関係というわけではなく，クリプトクロムも関与していることが知られています。

4 花成ホルモンのはたらき

成長した葉を除去すると連続暗期を感受できなくなること，形成層から外側を除去する環状除皮を行うと情報が除皮部から先に伝わらず，情報の伝わる速度は師管の流速と同じであるなどの事実は古くから知られており，**連続暗期の情報に基づいて葉で合成された花成ホルモンが師管を通じて輸送され，花芽の分化を促進する**と考えられていました。しかし，花成ホルモンの実体が明らかになったのは，2007年のことです。

5 連続暗期を計測するしくみ

フィトクロムと連続暗期の計測については，夜間にP_{FR}が少しずつP_Rに変化し，連続暗期が短ければP_{FR}は一部しかP_Rになれず，連続暗期が長ければすべてP_Rになることを利用しているという説が古くからありました。砂時計の砂が落ちるように，P_{FR}がP_Rに変化することを用いて時間を計測しているという考え方です。しかし，フィトクロムP_{FR}のP_Rへの変化は分単位で完了してしまうため，連続暗期をフィトクロムのみで計測することは不可能であり，この説は完全に否定されています。

今日正しいと考えられている考え方は，**生物時計とフィトクロムの組み合わせ**を考えるものです。まず，植物は時計を備えており，約24時間周期の好明期（起きている時間）と好暗期（眠っている時間）のサイクルが存在すると考えます。限界暗期は，植物の睡眠時間と考えればよいでしょう。短日条件とは，光によって睡眠を妨げられることのない状態，長日条件とは，本来眠っている時間に光を当てられる状態と考えられます。連続暗期を限界暗期よりも短くするような光中断は，ちょうど目覚まし時計で植物を無理やり起こしたのと同じ効果をもち，長日条件と同じ応答が起こったのです。赤色光照射の直後，遠赤色光を照射すると赤色光の効果が打ち消されたのは，目覚まし時計が鳴ってもすぐに止めてしまったため，目覚まし時計が鳴ったことに気づかなかった状態に例えられます。寝坊して遅刻した人の言い訳のようなものです。

短日植物は必要な睡眠時間をとった場合に，長日植物は無理やり起こされた場合に花成ホルモンの遺伝子の転写を促進する物質が合成され，花成ホルモンの合成が促進されて花芽形成が起こるというイメージでよいでしょう。

19　植物の刺激応答と形態形成

1．低温刺激と春化

　連続暗期は重要な季節情報ですが，年に2回，同じ連続暗期になることが欠点になる可能性があります。春でなく秋に花芽形成をしてしまって開花・結実できなくなる危険を回避するために，低温刺激を利用するシステムがあり，コムギなどの長日植物には，**花芽形成能の獲得に低温刺激による春化**（バーナリゼーション）**が必要なものが多く見られます**。温度という情報は年による変動が大きいとはいえ，寒冷な時期の後の短い暗期は春を示しており，季節を知る補助的な手段として温度という情報も利用しているわけです。種子の中にも，秋は休眠状態で発芽せず，低温刺激によって休眠から覚醒し，春の温度上昇を待ってはじめて発芽するものがあります。

2．重力屈性と重力刺激の受容

■ 重力屈性とオーキシン

　茎が重力と反対方向に向かって成長する重力屈性のしくみは，光屈性と同様にオーキシンが先端で重力方向に移動し，茎の先端から根の方向に向かって輸送されることと，茎と根に対するオーキシンの最適濃度の違いで説明できる場合もあります。しかし，根は自ら重力刺激を受容し，正の重力屈性を示すことが明らかになっています。

　トウモロコシの正常な根を暗所で横たえると，重力方向に向かって屈曲しますが，根の根端分裂組織を包む根冠を除去すると，根は重力屈性を示さず，真っすぐ，大きく伸長するようになります。この実験は，**根の成長を抑制する物質が根冠で重力方向へ移動し，茎に向かって移動することを示**しています。

トウモロコシの根の成長と根冠
根冠
根冠除去 { ・重力屈性を示さない　・大きく伸長 }

根でのオーキシンの移動
根の内部を通り根冠へ
根冠内で重力方向へ
表層で根冠から伸長部へ
（伸長部の成長抑制）

　この成長抑制物質の実体は，オーキシンであると考えられています。オーキシンは根の内部で先端方向に向かって輸送された後，根冠で折り返し，根の先端から茎の方向へと輸送されていたのです。この輸送の結果，下側でのオーキシン濃度が高くなり，下側よりも上側の方がよく成長するため，根は下の方へと屈曲しながら成長します。

　このような移動を可能にしているのは，茎での輸送（⇨ p.79）と同様，オーキシンの受動輸送体であるPINタンパク質です。PINタンパク質は，根では内部と表面で異な

る位置に分布し，根の内部の細胞では根の先端に近い側，表面では茎に近い側に分布しています。その結果，オーキシンは茎の内部を通って根の先端へと輸送され，根冠で下降して反転し，表面で茎の方へと輸送されていたのです。

2　重力刺激の受容

　根冠でオーキシンが下降するのであれば，どちらが下であるか，つまり，重力の方向を知るためのしくみが根冠に存在しなくてはなりません。この点に関しては，ヒトの耳の重力受容器である前庭と似たしくみが存在することが明らかになっています。

　根冠を構成する細胞の中には，色素体の一種である白色体（アミロプラスト）が存在し，アミロプラストには多量のデンプン粒が存在するため，密度が高くなっています。そのため，**根冠のアミロプラストは細胞内で重力方向に下降し，この刺激によって重力方向が受容され，オーキシンが重力方向に輸送される**と考えられています。

3．乾燥と膨圧運動
1　植物体の水分輸送

　根毛細胞は外に向かう長い突起を備え，広い表面積で水分を吸収している細胞です。根毛が水分を吸収できるのは，根毛の吸水力が外液の浸透圧よりも高い場合であり，根毛はカリウムイオンK^+の能動輸送によって浸透圧・吸水力を高く維持しています。

　根毛に入った水分は吸水力の勾配に従って根の内部へと入り，この結果生じる水圧は根が水分を押し上げる根圧となり，水分は道管や仮道管を上昇していきます。

　植物が水分を上昇させる原動力として根圧と並んで重要なものに，葉からの蒸散作用と水分子間の水素結合に基づく分子間凝集力があります。葉からの蒸散は葉の吸水力を大きくし，吸い上げポンプのように水を上昇させます。吸い上げポンプのみでは大気圧に相当する10 mより水を上昇させることはできませんが，水分子の間の水素結合による分子間凝集力により，上昇している水柱が途中で切れて真空が生じることはありません。**蒸散によって吸い上げる力のほか，根圧，水分子間の凝集力の作用により，10 mより高い木でも上部まで水を運ぶことができる**のです。

2　気孔の開閉と孔辺細胞

　根から吸収された水分は，気孔やクチクラ層からの蒸散によって植物体から出て行きます。水を根から吸い上げて，葉からの蒸散で外に出すことには重要な意味があり，その1つは，**水の移動に伴って無機塩類が吸収されている**ことです。もう1つは，真夏の炎天下でも葉の温度はそれほど高くならないことから明らかなように，**蒸散に伴って熱が奪われ，葉面の温度上昇を防いでいる**ことです。

　植物体にとって重要なのは，根から入ってくる水と，葉の気孔などから出て行く水の量がほぼ等しいことです。出て行く水の量の方が多い状態が続くと，乾燥により枯死する危険があるため，植物は気孔を閉じて水が失われるのを防ぎます。

一対の孔辺細胞の間の隙間である**気孔**は，植物体から水が出て行く場所であると共に**光合成に必要な二酸化炭素 CO_2 の取り入れ口**です。表皮細胞のうち，孔辺細胞のみに葉緑体が存在することは，葉緑体が光センサーとして利用されていることと関係しています。CO_2 は気孔を閉じさせる作用があるため，光合成が盛んに起こると葉緑体での CO_2 の吸収によって孔辺細胞内の CO_2 濃度が低くなり，気孔は開くのです。CAM植物で昼間に気孔が閉じるのは（⇨ p.37），日中に有機酸が分解されて CO_2 が放出され，葉の内部の CO_2 濃度が高くなることが関係しています。

気孔が開いている状態では，孔辺細胞は吸水によって大きく膨張しています。孔辺細胞の細胞壁は気孔に面する内側が厚く，伸びにくいのに対し，気孔と反対側の細胞壁は薄く，伸びやすくなっています。そのため，**吸水すると膨圧によって外側が著しく伸び，内側も外に向かってそり返るように変形し，気孔が開くのです。**

孔辺細胞の膨圧が高くなる原因は，孔辺細胞の浸透圧の上昇による吸水力の上昇が関係しています。**孔辺細胞の浸透圧上昇の主な原因は K^+ の取り込み**です。気孔の開閉に影響を与える光の波長は光合成に有効な波長とは一致しておらず，特に青色光が気孔を開かせる効果が高いことが知られています。これは，すでに見たように（⇨ p.79），気孔の開閉に青色光の受容色素であるフォトトロピンが重要な役割を果たしているためです。フォトトロピンが青色光を受容すると，水素イオン H^+ の積極的な細胞外への排出が起こり，その結果生じる電気的な力によって孔辺細胞の中に K^+ が取り込まれます。これが，孔辺細胞の浸透圧上昇の主な原因です。

葉に多くの光が当たり，光合成が盛んに起こる条件であっても，蒸散による水不足の危険がある場合，気孔は閉じてしまいます。これは，アブシシン酸の作用によって孔辺細胞からの K^+ の放出が促進され，孔辺細胞内外の K^+ の濃度差が消失するためです。好天であっても乾燥したり風が強い場合など，水不足になりやすい条件で光合成速度が低くなる現象には，アブシシン酸の気孔閉鎖作用が関係しています。

気孔の開閉とその原因

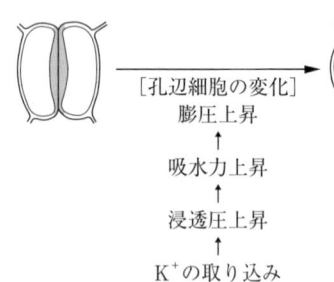

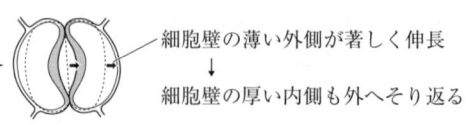

［孔辺細胞の変化］
膨圧上昇
↑
吸水力上昇
↑
浸透圧上昇
↑
K^+ の取り込み

細胞壁の薄い外側が著しく伸長
↓
細胞壁の厚い内側も外へそり返る

気孔を開かせる要因
・フォトトロピンの青色光吸収による H^+ の排出
・葉緑体の光合成による孔辺細胞内 CO_2 濃度低下

気孔を閉じさせる要因
・通常夜間(CAM植物では有機酸分解が起こる日中)の CO_2 濃度上昇
・乾燥時のアブシシン酸合成の活性化

19　植物の刺激応答と形態形成

3　成長運動と膨圧運動

　気孔の開閉の際の孔辺細胞の変形は，膨圧変化による可逆的な現象であり，オーキシンやジベレリンの作用に基づく成長運動とは違います。膨圧運動の例としてはオジギソウやマメ科植物で，夜間に葉が閉じて垂れ下がる就眠運動も知られています。就眠運動は完全な暗黒条件でも起こり，植物の生物時計の存在を示す例でもあります。

4．物理的刺激，傷害に対する応答

1　接触刺激とエチレン

　光，重力などの方向を受容して一定の方向に成長しようとしても，障害物がある場合もあります。茎を太くすれば突破できる程度の障害物である場合もあるでしょうが，無理な場合，他の枝を伸ばす必要が出るでしょう。このような調節には，エチレンが重要な役割を果たしています。

　エチレンはジベレリンとは逆に植物の伸びる方向の成長を抑え，太る方向の成長を高めます。**植物の「巻きひげ」が支柱に巻き付く現象には，接触面の成長がエチレンによって抑えられることが関係しています**。

2　傷害応答とジャスモン酸など

　動物，菌類などの従属栄養生物は，直接・間接的に植物の合成した有機物に依存しています。植物の側から見ると，常に他の生物に狙われているのです。植物はさまざまな防御機構を発達させており，**ジャスモン酸による傷害応答**などがその例です。

　動物の捕食などによって傷つけられると，傷つけられた部位で合成された低分子ペプチドを介して全身の細胞でジャスモン酸が合成され，そのシグナルによって，タンパク質分解酵素の阻害剤が合成されます。動物の側からすると，食べても消化できなくなってしまうのです。

　病原体が侵入した部位の細胞壁を厚くしたりコルク化させたりして内部に病原体を閉じ込める方法や，**毒物を合成する方法**があります。植物の場合，体の一部を切り捨てても個体の死にはつながらないため，病原体を閉じ込め，感染した細胞もろともに殺すという作戦が有効になるのです。

　植物が成長の方向を変えたり，障害を受けた部分を切り捨てるという形で傷害に応答するのは，動物が刺激に応じて移動したり，免疫など，さまざまな防御機構を発達させているのと対照的です。このような違いの原因として，植物は，根によって固着しているため移動できないという面もありますが，個体としての形態のつくり方が大きく異なることも関係します。すでに見たように，動物の発生過程では細胞の移動や変形を伴う形態形成運動が起こるのと異なり，植物の発生過程は，積み木のように細胞を積み上げて進行します（⇨ p.73）。一旦形が決まったら変化しない動物と異なり，植物は死ぬ直前まで分裂組織が活動を続けており，形の自由度が大きいのです。

20　受精と発生の過程

1．ウニの受精

　ウニの卵表面に精子が到達すると，精子頭部の先体が突起状に変形し，バインディンとよばれる卵結合タンパク質と卵表面の受容体が結合します。この結合は種特異的であり，精子と卵の細胞膜が融合すると，受精電位とよばれる電気的な興奮が精子進入点から卵表面全体に広がります。受精電位は継続時間がきわめて長い特殊な活動電位であり，受精電位によって卵表面の受容体の立体構造が変化し，精子が結合できなくなって2番目以降の精子は卵に入れなくなります。やがて精子進入点から受精膜が浮上して卵の保護と多精拒否の役割を担うため，**受精電位は受精膜が完成するまでの間の多精拒否を受け持っている**と見ることができます。

　精子の核と中心体以外は分解され，精子由来の核である雄性前核は約180度回転して中心体が前面に出ます。そして，中心体からの紡錘糸によって，雌性前核が雄性前核に引き寄せられ，核が合体します。ミトコンドリアゲノムは進化の筋道を辿る際にしばしば用いられますが，これは，**雄親由来のミトコンドリアは分解され，ミトコンドリアは雌親のみから子に伝わる**ので，分析しやすいためです。

2．卵の種類と卵割

1 卵割の様式

　卵割様式を決めるのは卵黄の量と分布状態であり，卵黄が少ない領域ほど卵割は起こりやすく，割球は小さくなります。ウニなど，卵黄がほぼ均等に少量分布する等黄卵では，ほぼ均等な分割である等割，両生類のように，植物半球にやや高密度に卵黄が分布する端黄卵では，動物半球の割球が小さい不等割が起こります。

　ウニや両生類では卵全体で卵割が起こる全割が見られるのに対し，卵黄が更に多量に詰まった卵では，卵割は卵黄の少ない部位で局所的に起こる部分割になり，鳥類やハ虫類の端黄卵では，動物極周辺で碁盤目のように分裂する盤割，昆虫の卵では，卵黄が内部に高密度に存在するため，卵の内部で核分裂が起こった後に核が表面に移動し，表面で細胞質分裂が起こる表割が見られます。

2 卵割の特徴

　卵割の核分裂は体細胞分裂ですが，下記のような特徴があります。
1．細胞質の成長を伴わずに分裂を繰り返すため，分裂のたびに割球は小さくなる。
2．G_1期とG_2期を欠き，S期とM期のみを交互に繰り返すため，細胞周期が短い。
3．初期にはすべての割球で分裂は同調的に起こり，割球は2^n的に増加していく。

　極体放出の位置が動物極，反対側が植物極，両極を結ぶ線に垂直な中心面が赤道面です。両極を通る経割，赤道面に平行な緯割と同様，卵を地球に見立てた表現です。

3．ウニの発生過程と胚葉形成

1 ウニの発生過程

ウニの卵は透明で内部が観察しやすいのですが，管状神経系の形成など，脊椎動物特有の現象は見られません。原腸胚までの初期の発生過程が特に重要です。

ウニの第三卵割までの卵割面は互いに直交し，経割，経割，緯割の順で起こります。卵を第一卵割面または第二卵割面で分離すると，各割球は正常に発生し，卵の一部だけで正常発生が起こる調節卵の性質を示します。調節能力が発揮されるかどうかには分割面も関係し，第三卵割面で割球を分離すると，動物半球は陥入が起こらない永久胞胚となります。第三卵割面での分割に関しては，失われた部分を補うことのできないモザイク的な性質を示すわけです。

分割面によって調節的，モザイク的という違いが生じる原因は，赤道面の分割では，動物半球，植物半球のどちらか一方の因子しか含まれないため，正常に発生しないとも考えられます。しかし，第三卵割面で分割しても，植物半球は正常に近い発生をすることから，原因は別にあるようです。

第四卵割では，動物半球では経割が起こり，同じ大きさの割球（中割球）が8個生じるのに対し，植物半球では不均等な緯割が起こり，赤道面側に4個の大割球，植物極側に4個の小割球が生じます。実はこの小割球が重要な意味をもっていたのです。

正常発生の場合，中割球は外胚葉に，大割球は原腸に由来する内胚葉や中胚葉に，小割球は骨片の中胚葉になります。動物極に小割球を移植したり，大割球を除去して小割球と中割球を接触させて培養すると，中割球の一部から原腸ができます。これらの事実から，**小割球は原腸を誘導する形成体としての機能をもつ**ことが明らかになりました。両生類の場合，桑実胚から胞胚の時期に内胚葉による中胚葉の誘導が起こりますが，ウニの場合，それとは逆に中胚葉による内胚葉の誘導が起こるのです。

表面がでこぼこした桑実胚を経て，内部に滑らかな胞胚腔をもつ胞胚期は孵化の時期でもあり，受精膜が消失し，繊毛によって泳ぎ出します。

原腸胚期には，植物極付近から陥入し，原腸が形成されます。原腸の先端付近から胞胚腔の内部へと遊離する中胚葉，外側表面の外胚葉，内側表面の原腸を覆う内胚葉という三層構造ができあがります。後に外胚葉は表皮，中胚葉は骨や筋肉，内胚葉は消化管などになり，**植物極付近の原腸の入り口である原口は，将来肛門になります。**ウニなどの棘皮動物が，脊椎動物などと共に新口動物とよばれるのはこのためで，節足動物，軟体動物，環形動物などの旧口動物では，原口は将来口になります。

2 胚葉形成とカドヘリン・形態形成運動

ウニの初期胚は，カルシウムイオン Ca^{2+} の除去や，タンパク質分解酵素処理により，細胞（割球）をバラバラにすることができます。Ca^{2+} の存在下で機能する接着タンパク質のカドヘリンによって細胞が接着しているためです。カドヘリンにはさまざまな種

類が存在し，**表面に同じ種類のカドヘリンをもつ細胞は互いに接着**します。中胚葉になる細胞が原腸壁から分離して胞胚腔の内部に入ったのは，これらの細胞で内胚葉になる細胞とは異なる種類のカドヘリン遺伝子が発現したためです。

　胞胚期あたりから細胞ごとに異なる遺伝子が発現し，細胞ごとの「個性」があらわれてきます。個性の一つは，異なる膜タンパク質を合成することです。原腸胚期は，細胞が表面に存在する膜タンパク質によって互いに接着や識別し，互いの個性の違いに基づいて移動する形態形成運動が始まる時期なのです。

　三胚葉の個性とは，比喩的に言えば次のようなものです。

　外胚葉と内胚葉は表面に位置しようとする性質があります。人間の性格で言うと，「目立ちたがり屋」と言ってよいでしょう。そして，この性質は外胚葉の方が内胚葉よりも強く，しかも，外胚葉と内胚葉はほとんど接着しません。仲が悪いのです。その結果，両者が共存すると，別々に集合します。外胚葉は最も目立つ位置，外側表面に位置するようになります。内胚葉はやむを得ず内側に空間をつくり，内側表面に位置するようになります。内胚葉は自分の世界に入って妥協するわけです。

　中胚葉は外胚葉や内胚葉とは異なり，表面でなく，狭い隙間に潜り込む性質があります。しかも，外胚葉や内胚葉ともある程度結合でき，外胚葉と内胚葉だけでは不安定な構造が，間に中胚葉が入ることで安定します。人間で言うと，陰の立役者，まとめ役という感じです。原腸形成，三胚葉の分化は，発生で生じた細胞群が3種のグループに分かれ，互いにとって安定な構造を作る作業，個性の違いに基づく「席変え」のようなものです。

　三胚葉の分化の後，細胞をバラバラにしてゆるやかに震盪（しんとう）させながら培養すると，外胚葉が外側，内胚葉が内側で球状に集合し，両者の間に中胚葉が集まり，正常発生と似た形ができます。外胚葉または内胚葉と，中胚葉の組み合わせで培養すると，外胚葉または内胚葉によって作られた球の内部に中胚葉が集まる構造ができます。これらの事実は，原腸胚期の形態形成運動は，三胚葉の細胞表面の接着タンパク質の違いにより，ほぼ自動的に起こることを示しています。

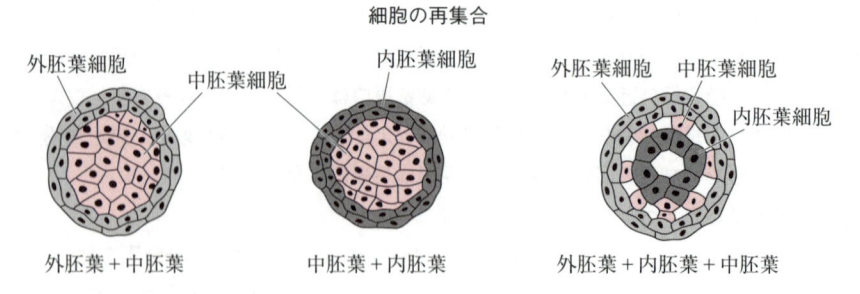

細胞の再集合

外胚葉+中胚葉　　　中胚葉+内胚葉　　　外胚葉+内胚葉+中胚葉

4．両生類の発生と器官形成

1 中期胞胚遷移まで

カエル卵の原腸陥入は，赤道面寄りで起こりますが，陥入の位置は未受精卵では決定していません。受精後，精子進入点から表面が約30°植物極方向に回転し，精子進入点と反対側に色素の薄い灰色三日月が生じ，この付近で将来陥入が起こります。

原基分布図を見ると明らかなように，動物極は神経管の先端，脳になる位置であり，**動物極を先端とした頭尾軸は，受精以前に決定**されています。灰色三日月と動物極の間に神経，脊索，脊椎骨になる体節などの背側構造ができるため，**灰色三日月側が背側，精子進入点側が腹側**です。受精の位置により，胚の背腹軸が決定されたのです。

胞胚期の途中までの12回の卵割は同調的に起こり，約4000の割球が生じます。その後，分裂の同調性が失われ，細胞周期にG_1期とG_2期が出現し，一般的な体細胞分裂と同じ性格の体細胞分裂が始まります。この時期は中期胞胚遷移とよばれ，右図のように，核酸合成に関してもこの前後で重要な変化が見られます。

発生と核酸合成

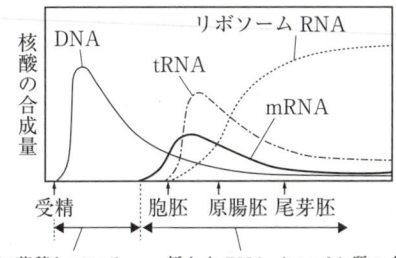

卵内に蓄積している母性因子（タンパク質，RNA）の作用によって卵割が進行（雌親の遺伝子発現）

新たなRNA，タンパク質の合成に基づく形質発現，細胞分化の進行（受精卵の核の遺伝子発現）
※tRNA，rRNA合成は，細胞数の増加に伴う不足分の補充

受精後の卵割期に見られる高いDNA合成速度は，盛んな卵割に対応したものです。この時期は転写が起こっていませんが，翻訳を阻害する薬剤を添加すると，卵割は直ちに停止します。**卵形成の段階で大量に蓄積されているmRNAから翻訳された酵素などを用いてDNAの複製や膜の成分の合成が行われ，卵割が起こっている**のです。

真核細胞のmRNA鎖には，前方と後方にmRNAであることを示す特別な配列が存在し，この配列の長さが十分でなかったり，そこに特別なタンパク質が結合していると，転写されたmRNAは翻訳されません。成熟した卵細胞の中には，卵黄のほか，母性因子とよばれるタンパク質やmRNAが多量に含まれていますが，mRNAが翻訳されることはありません。受精と共にmRNA鎖の前方と後方に変化が生じ，翻訳可能な状態に変化します。その結果，各種の酵素が合成され，卵割が進行していくのです。

卵形成過程では卵内に多くの物質が蓄積され，**蓄積されたタンパク質やRNAは，減数分裂完了前に合成されているため，母親の体細胞と同じ遺伝子が発現した**ものです。卵割期は母親の遺伝子が発現する時期であり，軟体動物特有の卵割様式によって決定される巻き貝の巻き方の遺伝様式が母性遺伝（遅滞遺伝）するのはそのためです。

中期胞胚遷移以降，受精卵の核の遺伝子に基づくmRNA合成が始まります。

2 神経管の形成

陥入により，将来外胚葉になる領域以外はすべて原口から胚の内部に入っていきます。胞胚腔は徐々に狭められ，胚の内部には原腸が広がります。胚の内部に入った部域が内部を移動し，**陥入直後に原口の背面の部域（原口背唇）にあった細胞群は，背側外胚葉の裏側に移動します。**この細胞群は接触する外胚葉を神経管に誘導する作用があり，シュペーマンの発見した神経誘導（⇨ p.93）が起こります。

予定脊索域の誘導を受けた外胚葉は，やがて神経板とよばれる平らな構造を経て神経管とよばれる管状の構造となり，他の外胚葉と分離します。この分離も，誘導を受けた領域で予定表皮域とは別のカドヘリン遺伝子が発現し，予定表皮域との接着性が失われることが関係しています。

3 器官形成

神経胚期において，中胚葉は脊索と脊索以外の中胚葉に分離しますが，尾芽胚に至ると，脊索以外の中胚葉はさらに体節と側板になり，その後側板の体節に近い部域から腎節が分離します。

原腸胚期の説明に背中の線（正中線）に沿った縦断面図を用いることが多いのは，原腸の広がりを表現するのに適しているためです。神経胚以降は体を輪切りにした横断面図で説明することが多くなります。縦断面図では，体の左右に存在する各種の臓器を表現できず，これらを表現するのに横断面図が適しているためです。

主要な器官の配置に，両生類とヒトで大きな違いはありません。尾芽胚の横断面図をヒトの横断面図と見なしてしまえば，大半の器官の発生的由来は理解できます。

表皮外胚葉は皮膚の表皮，神経管外胚葉からは脳や脊髄ができます。眼の形成過程（⇨ p.95）から，**表皮と神経管から各種の感覚器ができる**ことは理解できるでしょう。

中胚葉のうち，神経誘導に関係した**脊索**は，特定の器官に分化せずに退化・消失してしまいます。**中枢神経を保護する骨格は，体節からつくるしかないのです。**体節を頭尾軸に平行に見ると，文字通り多数の節の繰り返し構造をしています。この繰り返し構造は，背椎骨の構造に対応すると考えてよいでしょう。

魚のおなかを裂くと，「はらわた」が入っている場所があります。内臓を収める腔所である体腔です。胞胚腔に由来する原始的な体腔が偽体腔ですが，体腔壁が中胚葉に由来するのが真体腔です。**ウニも，ヒトや両生類を含む脊椎動物と同様真体腔を備えており，体腔の壁面をつくる体腔上皮は，中胚葉に由来します。**

体腔上皮が中胚葉からなるということは，中胚葉が外胚葉を支える中胚葉と，内臓を包む中胚葉に分かれているということとも関係します。体節は基本的に外胚葉を支え，体を支える中胚葉であり，**表皮直下に存在し，外胚葉を支持している真皮や，体全体の支持に関係する骨や骨格筋は体節に由来します。**

側板は，基本的に消化管などの体の内側表面の内胚葉を支える中胚葉です。**消化管上**

皮の外側や血管に存在する平滑筋，平滑筋が二次的に横紋化した心筋，そして内臓が入っている腔所を包む体腔上皮は側板に由来します。

側板の体節に近い位置で腎節が分かれることは，我々の体で腎臓がやや背中側にあることと対応しており，排出系と生殖系の発生的共通性から，輸卵管，輸精管が腎節に由来することも納得がいくはずです。

内胚葉は，原口に由来する肛門から，原腸の反対の端に由来する口をつないでいます。**消化管上皮ないしそれに派生する肝臓，すい臓などの消化系の器官，さらにはそこから寄り道した肺胞など**が内胚葉由来であることは理解できるでしょう。

5．哺乳類の発生とＥＳ細胞

１　哺乳類の発生過程

哺乳類の卵は等黄卵ですが，発生経過はウニとはかなり異なっています。輸卵管の膨大部で受精した卵は，卵割を繰り返しながら子宮に達し，子宮壁に着床する直前に，胞胚に相当する胚盤胞に達します。胚盤胞は，両生類の胚の上下を逆向きにした形，鳥類などの**盤割を行う胚**から，**卵黄を取り除いた形**をしています。胚盤胞において，**胎児の体となる部分が内部細胞塊，その外側を包み，胎盤となる部分が栄養芽層**です。

短期間ですが，哺乳類の内部細胞塊の細胞には，生殖細胞を含む胎児の体のすべての細胞に分化できる時期があり，その後の各細胞の分化は細胞相互の位置関係によって決まります。内部細胞塊の細胞を別の胚の内部細胞塊に混ぜて着床させると，2個体に由来する細胞が入り交じったキメラ個体を作出できます。この時期の内部細胞塊から取り出した，**さまざまな細胞に分化できる細胞が胚性幹細胞（ES細胞）**です。

２　ES細胞とノックアウト動物

ES細胞は，臓器移植に代わる治療の手段として研究されてきましたが，本来ヒトになりうる細胞であるES細胞を，人体の壊れた部分を補う「パーツ」として扱うことの倫理的な問題があります。しかし，ヒト以外の哺乳類のES細胞は，病気の遺伝的解析を行う上で，重要な意義をもっています。

マウスなどの実験動物において，ヒトの遺伝病の原因遺伝子であると疑われる遺伝子と相同な遺伝子を破壊し，遺伝子をノックアウトしたES細胞を作出します。このES細胞をマウス胚の内部細胞塊に混入させると，ノックアウト細胞と正常な細胞が入り混じったキメラ個体が生じますが，特に重要な意味があるのは，**ノックアウトES細胞が生殖細胞に分化した場合**です。この生殖細胞を受け継いだ個体を選別・交配すると，ノックアウトされた遺伝子のホモ接合体が得られます。この個体がヒトの遺伝病と同じ症状を示せば，この遺伝子の欠損がこの遺伝病の原因である可能性が高くなります。原因の解明は，治療手段の手掛かりともなります。

21 発生運命の決定と誘導

1. モザイク卵と調節卵

1 前成説と後成説

　無構造に見える卵細胞から，その種に特有な形態ができてゆく発生の過程は，古くから多くの人の関心を引きました。中世までの間，卵あるいは精子の中に小さな個体が存在し，やがて見えるようになるという，古典的な前成説が正しいと考えられていましたが，近代科学の勃興と共に迷信として強く否定され，後から形ができるとする後成説が主流になります。この地盤の上で，発生に関する実験的研究が始まりました。

　今日では，発生の遺伝子レベルの研究により，まず，卵の特定の位置に局在する細胞質因子である**母性因子が特定の遺伝子を発現させ，特定の組織へ分化させる**ことが明らかになっています。何になるかを決める因子が卵内の特定の部域に局在するという事実は，前成説と似ている面もあり，「発生学の研究の歴史は，葬り去られた前成説の亡霊の復活の歴史である」と言われることもあります。

2 モザイク卵と調節卵

　19世紀に至り，ルーにより，胚に対する実験を通じて発生現象を解明する実験発生学が提唱されました。ルーは，2細胞期の一方の割球を焼き殺した胚では，体の半分だけの形態ができることを示した半胚実験で知られ，実験発生学における最初の対立点は，卵は分割すると失われた部分を補うことはできないモザイク卵なのか，分割しても失われた部分を補って正常に発生できる調節卵なのか，ということでした。ルーはモザイク卵論者でしたが，モザイク卵の典型とされるクシクラゲやホヤであっても，早い時期の分割では調節卵の性質を示す場合があること，調節卵の典型とされるウニやイモリでも，分割の時期や分割面によってはモザイク卵の特徴を示すことが明らかになりました。モザイク卵と調節卵はどちらが正しいというものではなく，**発生運命の決定の時期が早い卵はモザイク卵，遅い卵は調節卵**という程度の違いであり，**発生運命がいつ，どのように決定されるかが重要である**ことが意識されるようになったのです。

2. フォークトの原基分布図

　この問題を考える上では，正常発生において胚の各部が将来何になるかを示す原基分布図が必要になります。実験操作によって生じた器官が，発生運命がすでに決まっていたのか，まだ決まっていなかったのかは，原基分布図と照らし合わせることによって明らかになり，判断の前提としての「地図」が必要なのです。フォークトは局所生体染色法という巧妙な方法により，詳細な原基分布図を作成しました。局所生体染色法とは，**無害で拡散性が低い中性赤，ナイル青などの色素を初期原腸胚の表面に点々と置き，色素がどこに移動するかを追跡する方法**です。

発生運命の決定と誘導

　なお，問題編 p.82 の図はあくまでも概略であって，フォークトが原基分布図を示した論文は，科学論文の鑑ともいわれるきわめて緻密で論理的なものであり，この概略図程度であれば，下図の原腸胚期の陥入の過程と，陥入が完了した後の結果を示す尾芽胚の横断面図をもとに，各部の移動の様子を推定することにより，自ずと明らかであるといえます。

　まず大前提として，通常目にする原基分布図は，陥入が起こり始めた時期の左半球の表面を平面上に表現したものです。

　右図のように，予定外胚葉領域以外の部域は，原口に向かって吸い込まれるように，すべて内部に入ります。原腸は胚の内部で大きく広がるため，吸い込まれた部分は内部で反転し，表面を移動します。その結果，**初期原腸胚の時点で原口背唇の位置にあった部域は，予定神経域を裏打ちする位置に移動**します。尾芽胚の横断面図において，神経の真下に脊索が位置する形です。予定体節域は脊索の左右の側面に，その下に側板が位置するようになります。原口と卵の中心に関して対称な位置にある予定表皮域は，原口の下側の内胚葉が内部に入った後の領域を埋めるように移動し，胚の表面で広がります。

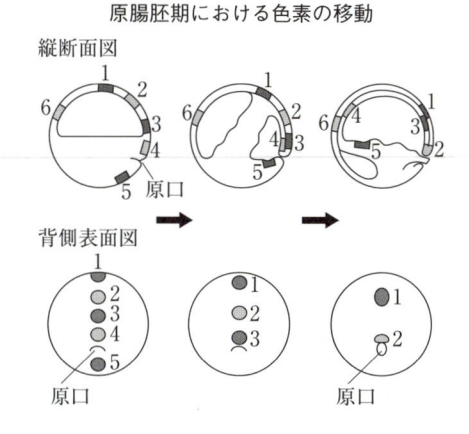

原腸胚期における色素の移動
縦断面図
背側表面図

3．シュペーマンの研究

1 神経誘導

A．発生運命の決定とシュペーマンの実験

　歴史的な事実としては，シュペーマンはフォークトとほぼ同時期に，胚の表面に色の違うイモリ胚の組織を埋め込む方法で原基分布図を作成しようとしていたとも言われています。その場合，予定表皮域には予定表皮域など，対応する領域を埋め込む必要がありますが，当時シュペーマンの研究室に所属していたマンゴルド女史がさまざまな位置に移植してしまい，形成体を偶然「発見してしまった」というのです。仮にそうだとしても，その結果から重要な原理を見出した功績は大きく，以下では**シュペーマンはフォークトの原基分布図を踏まえ，外胚葉が表皮と神経に分かれる現象に注目し，発生運命がいつ，いかにして決まるかを研究した**という流れに沿って説明します。

B．交換移植実験ーいつ決まるか

　色の違う二種類のイモリ胚における，予定表皮域と予定神経域の交換移植実験です。初期原腸胚で実験すると，予定表皮域に移植された予定神経域の組織片は表皮になり，

93

予定神経域に移植された予定表皮域の組織片は神経になること，初期神経胚で実験すると，予定表皮域に移植された予定神経域の組織片は神経になり，予定神経域に移植された予定表皮域の組織片は表皮になることが確認されました。初期原腸胚の時点では外胚葉が表皮になるか，神経になるか決定していなかったため，周囲と同様に分化し，初期神経胚では，すでに決定していたため，周囲とは無関係に分化したのです。**外胚葉の表皮，神経の分化は，初期原腸胚と初期神経胚の間に決定するのです。**

C．初期原腸胚の原口背唇移植―いかに決まるか

この結果を，前頁の原腸胚の縦断面図と原基分布図を踏まえて考えてみましょう。初期原腸胚の時点で原口背唇にあった領域（色素3，4）は胚の内側から外胚葉に接触するように移動します。後期原腸胚頃までに，この領域が接触した外胚葉が神経となり，接触しなかった外胚葉が表皮になっています。**初期原腸胚で原口背唇にあった予定脊索域が，外胚葉の発生運命を表皮から神経に変更させたと考えると，説明できる現象です。**

これを証明するためには，初期原腸胚の胞胚腔の中に，同時期胚から採取した原口背唇を移植すればよいでしょう。移植片は胞胚腔の狭まりと共に，予定表皮域の外胚葉に押し付けられ，神経を誘導するはずです。

結果は予想どおりであり，移植片を中心に二次胚が形成され，二次胚の神経などは移植を受けた胚の外胚葉に由来するものでした。誘導能力をもつ部域である形成体（オーガナイザー）からの誘導により，発生運命が決定されるというしくみが発見されたのです。

D．神経誘導のその後の研究

シュペーマン以降，誘導作用の実体をなす物質について研究が続けられましたが，研究は容易に進まず，原口背唇以外のさまざまなものに神経誘導能があり，外胚葉は比較的容易に神経になることが明らかになりました。この原因は，近年，下記のような実験によって明らかになりました。

初期原腸胚の予定表皮細胞の集団を単独で培養すると表皮になりますが，細胞を1個ずつバラバラにして培養したところ，各細胞が神経になったのです。

この実験は次のようなことを意味しています。まず，外胚葉の細胞は，単独で神経になる能力をもっています。しかし，各細胞は神経への分化を抑制する物質を分泌しているため，外胚葉細胞の集団は，この物質の作用によって神経への分化を互いに抑制しあう形になり，表皮になるのです。**細胞をバラバラにすると，各細胞が放出する神経への分化を抑制する物質が拡散して作用しないため，すべての細胞が神経に分化することができるようになるのです。**全員が神経になる能力があるのに，お互いに足を引っ張り合い，結局誰も神経になれない。まるでどこかの国の社会構造のような話です。

初期原腸胚の原口背唇は，外胚葉に由来する神経への分化を抑制する物質の作用を抑制する物質を出していたのです。外胚葉が分泌する物質の作用を抑制しさえすれば外胚葉は神経になるため，外胚葉は容易に神経になったのです。

❷ 眼の形成

シュペーマンは同じ頃，眼の形成過程も研究し，同様のしくみを見いだしています。神経管の前方から生じた脳胞の一部が左右に突出して眼胞ができ，眼胞が表皮に接してその先端が杯状にくびれた眼杯になります。眼杯は表皮外胚葉を水晶体に誘導し，水晶体はさらに表皮外胚葉を角膜に誘導します。

この結果は，**神経誘導で生じた脳胞由来の眼杯が形成体となって水晶体を誘導し，水晶体が今度は角膜を誘導する**という形で，誘導の連鎖とよばれる連鎖反応的な誘導が起こっていることを示しています。

4. 中胚葉誘導

シュペーマン以降，後期原腸胚頃に起こる予定脊索域による神経誘導が両生類の発生における最初の誘導であると考えられていましたが，ニューコープ（1969）により，桑実胚から胞胚の時点で既に誘導が起こっていることが示されました。ニューコープは将来中胚葉になる赤道面付近の領域を取り除き，胚の中で帽子のような位置に存在する動物極付近の外胚葉領域（アニマルキャップ）を切り出し，内胚葉と接触させて培養すると，アニマルキャップが中胚葉になることを確認しました。アニマルキャップは予定外胚葉なので，単独では表皮に分化します。この結果は**内胚葉には中胚葉を誘導する形成体としてのはたらきがある**ことを示しており，背側内胚葉は脊索や体節などの背側中胚葉を誘導するというような，背腹の方向性の存在も確認されました。

さまざまな実験結果に基づき，両生類の発生過程と発生運命の決定は，次のように進行すると考えられています。まず精子進入点を中心とした表層回転（⇨ p.89）に伴い，精子中心体からの微小管が細胞表面を伸び，微小管とモータータンパク質の作用によって，**植物極周辺の特別な細胞質因子が精子進入点の反対側へと輸送されます**。この表層の細胞質因子が背側と腹側の物質分布を変化させ，内部の内胚葉の部域ごとの性格の違いが形成されます。特にニューコープセンターとよばれる原口背唇の直下の背側内胚葉からは，誘導作用に関与する各種の遺伝子産物が発見されています。

背腹の方向性の違いにより，背側内胚葉は背側中胚葉，腹側内胚葉は腹側中胚葉を誘導する能力をもつようになります。その結果，将来原口背唇になる中胚葉は，コーディンなどの物質を分泌するようになり，この物質が，外胚葉が分泌し神経化を阻害している物質（BMP）の機能を失わせることで，神経誘導が起こります。このように誘導された神経管の一部に由来する眼杯が水晶体を誘導し，水晶体が角膜を誘導する形で誘導の連鎖が進行することも，すでに見た通りです。

誘導の出発点は卵内に含まれる母性因子と，受精に伴う表層回転によって形成された母性因子の分布の偏りですが，卵割に伴って特定の母性因子が特定の細胞に入り，細胞特有の遺伝子発現を引き起こし，細胞分化・形態形成が進行していくのです。

22 細胞分化のしくみ

1．細胞分化のしくみの基本原理

1 核移植実験とその意義

　ガードンは核を破壊したツメガエルの未受精卵に小腸上皮細胞由来の核を移植し，一部ながら正常に発生することを確認しました。近年はヒツジの乳腺上皮細胞由来の核でも同様の実験が成功し，細胞分化に関する以下の2つの原理が確立しました。

　第一は，一部でも正常発生する個体が出現したことは，**分化の進んだ核でも全身をつくるのに必要な遺伝子群，ゲノムセットを保持しているという，核の等価性の原理**です。細胞分化の原因は，核の保持している遺伝子が変化することではありません。

　第二は，**細胞分化の原因は，細胞質因子のはたらきにより，発現する遺伝子が変化するということ，選択的遺伝子発現の原理**です。進んだ段階の核を使うと完全個体になる割合が著しく下がることは，分化が進んだ細胞の核は，特定の遺伝子以外の発現が困難になっており，未分化状態に戻りにくくなっていることを示しています。核を未受精卵の細胞質環境に移すと，完全個体をつくるのに必要な遺伝子が発現する場合もあることも，核の遺伝子発現に対する細胞質の影響を示しています。

2 選択的遺伝子発現の具体例－巨大染色体とパフ

　時期や組織によって遺伝子発現が変化する現象は，ユスリカ，ショウジョウバエなどのカやハエの類（ハエ目＝双翅目）の昆虫の幼虫に見られる巨大染色体の観察によって確認できます。巨大染色体とは，DNA合成を繰り返し，二価染色体の形で存在する特殊な染色体で，唾液腺，中腸腺，マルピーギ管などに存在します。酢酸カーミン，酢酸オルセインなどの塩基性色素で染色すると，DNA密度の高い部位がよく染まってバーコードのような一定の配列の横縞が見られます。

　巨大染色体には，パフとよばれる膨大部が見られ，^{3}H-ウリジン（放射性の水素をもつウラシル＋リボースで，RNAの合成材料）を与えると，パフの位置から放射能が検出されるようになります。**パフは転写されている遺伝子の位置**なのです。

　時期によって，また，同じ時期でも組織が異なるとパフの位置は変化します。脱皮・変態を促進するホルモンであるエクジステロイドの注射でも，パフの位置は変化します。**時期や部位，ホルモンの作用で遺伝子発現が変化する**ことがわかります。

2．選択的遺伝子発現の原因

1 他の部域からの誘導－両生類を中心に

　誘導は，選択的遺伝子発現を引き起こす有力な原因の一つです。予定脊索域からの誘導によって外胚葉が神経になる現象は，予定脊索域の作用によって引き起こされる遺伝子発現の変化であり，誘導作用の結果，新たな型のカドヘリン遺伝子が発現し，予定神

経域は予定表皮域との接着性を失って分離します。

特定の時期，特定の組織の間だけに誘導が見られる現象は，**特定の時期・組織のみで分化誘導物質が放出されたり，特定の時期の特定の種類の細胞だけでその物質の指令が受容されたりする**ことを示しています。眼の形成に見られる連鎖的な誘導現象は，誘導を受けて分化した細胞で，新たに別の分化誘導物質の合成が起こることを示しています。

誘導は確かに細胞分化の重要な原因ではありますが，最初の原因ではありません。最初の原因は，卵内に蓄積している物質，母性因子です。

2 母性因子と遺伝子発現

A．母性因子と位置情報

母性因子とは，卵形成段階で合成され，卵内に蓄積しているタンパク質，RNAなどの総称で，細胞分化という観点からは，卵内に不均一に分布し，特定の遺伝子発現を促進する転写因子が重要です。卵割によって異なる母性因子を受け取った細胞では異なる遺伝子が発現することで，細胞分化が進行します。特定の母性因子を受け取ることで細胞分化が起こる顕著な例に生殖細胞の分化があり，生殖質とよばれる特殊な細胞質因子を受け取った細胞が始原生殖細胞になる現象が，多くの動物で確認されています。

異なる種類の物質が分配される場合のほか，同じ物質が異なる濃度で分配される例も多くあります。**同じ物質の濃度の違いにより，異なる遺伝子が発現する濃度依存的分化**とよばれる現象が知られています。物質の濃度がどのようなしくみで特定の遺伝子の発現の有無を決定するのかという点に関しては不明な点も多いのですが，次のようなモデルが考えられています。

濃度依存的分化の原因となる物質はさまざまな遺伝子の転写調節領域に結合できます。転写調節領域の物質に対する親和性に，遺伝子ごとの違いがあるとすると，ごく低濃度では最も親和性の高い遺伝子Aの転写調節領域のみ，濃度が高くなると親和性の低い遺伝子B, C…の転写調節領域にも結合することで，濃度が上昇すると発現する遺伝子の数が増えていきます。しかも，母性因子の種類は1種類ではなく，作用を受ける遺伝子の側についても，例えば，因子A，B，Cの3つが調節領域に結合した場合にのみ発現するとか，因子AとBが調節領域に結合し，かつ，Cが結合しない場合にのみ発現するなど，転写調節因子との間に多様な関係が考えられます。複数の物質の濃度分布の組み合わせと，複数の転写調節領域への物質の結合状態と，遺伝子発現の間の多様な関係により，部域ごとに発現する遺伝子をさまざまに変えることは可能です。

細胞の側からみると，卵内の各種の物質の濃度を感知することにより，自分は頭に近い方の腹側にいるなど，自らの位置を「知る」ことができます。これらの物質は細胞に位置情報を与えているという面もあるわけです。

B．体軸の決定と濃度依存的分化－ショウジョウバエを中心に

　濃度依存的分化は脊椎動物でも重要な役割を果たしており，両生類の内胚葉による中胚葉誘導に関係する物質であるアクチビンの濃度を変えると，アニマルキャップが異なる中胚葉に分化することが知られています。

　物質の濃度と遺伝子発現の関係については，ショウジョウバエでよく研究されています。ショウジョウバエのような昆虫の卵割様式は表割で，胞胚期の途中まで細胞質分裂が起こらないため，物質の拡散による濃度勾配を形成しやすく，濃度依存的形態形成が起こりやすいのです。

　ショウジョウバエの卵は細長い形をしており，前方にビコイドとよばれる遺伝子のmRNAが固定されています。受精と共にビコイドmRNAの翻訳が開始され，卵内での拡散により，ビコイドタンパク質の濃度勾配が形成されます。ビコイドとは逆に，尾側に多いナノス，腹側に多いドーサル…といった遺伝子産物も卵内で濃度勾配を形成します。これらの遺伝子産物の作用によって，新たに合成された別の物質の作用も加わります。ビコイド遺伝子産物の濃度勾配に従ってギャップ遺伝子群，次いでペア・ルール遺伝子群，更にセグメントポラリティー遺伝子群といった分節遺伝子群が発現し，まず胚を7つの区画に分け，次いで各区画ごとに特徴的な遺伝子発現が起こり，結局，頭部3体節，胸部3体節，腹部8体節がつくられます。

　空き地を区画に分け，最後に各区画に建物を建てるように進行するわけです。形成された**各体節の特徴をつくるのが，ホメオティック遺伝子とよばれる遺伝子群**です。

　ホメオティック遺伝子群はホメオボックスとよばれる共通の塩基配列をもつことからホックス遺伝子群ともよばれ，ホメオボックスが指定するアミノ酸配列である**ホメオドメインは，各体節に特徴的な構造の形成に関与する遺伝子の調節領域に結合し，各部の特徴をつくり出します**。各部の特徴を与える実行役であるホメオティック遺伝子に異常が生じると，本来翅が生えないはずの位置に翅が生えて，翅が4枚あるショウジョウバエのような，ホメオティック突然変異体が生じます。

　ホメオティック遺伝子はショウジョウバエだけでなく，多くの動物，そして植物にも存在し，多くの生物の形態形成に関係しています。

3．細胞分化のもう一つの側面－遺伝子発現の抑制
1　ヒストンの化学的修飾とDNAのメチル化

　細胞分化において特定の遺伝子の発現を促進させること以上に重要なのは，不要な遺伝子の発現を抑制することです。**DNAの塩基配列の変化でなく，DNAの発現しやすさの変化はエピジェネティックな変化とよばれ，エピジェネティックな変化によって分化した組織は特定の遺伝子だけを発現するようになり，分化した状態が維持されます**。核移植実験において，分化した細胞の核ではクローンができにくいのは，エピジェネティッ

クな変化が起こる前の核に戻すのが困難なためです。

エピジェネティックな変化には，発現する遺伝子を含む染色体の領域でヒストンにアセチル基（-COCH$_3$）が結合し，**DNAとヒストンの結合を緩めて遺伝子が発現しやすくすることや，発現しない遺伝子中の塩基シトシンCにメチル基（-CH$_3$）が結合し，発現できなくするメチル化修飾**が関係しています。哺乳類での核移植実験がなかなか成功しなかった理由には，シトシンのメチル化修飾による遺伝子不活性化が哺乳類では特に発達していることが関係しています。

がんは，細胞周期の異常という面がありますが（⇨ p.61），分化した状態からの離脱という意味では，エピジェネティックな変化の破綻も関係しています。

2 遺伝子量効果とX染色体の不活性化

1本の染色体が丸ごと不活性化する例も知られています。ヒトのようなXY型性決定様式の哺乳類の細胞の場合，X染色体は雌に2本，雄に1本ありますが，雌のX染色体中の1本は，胚発生の早い段階で不活性化され，遺伝子発現が起こらなくなります。

この現象の背景には，遺伝子量効果という原理が関係しています。**正常発生のためには，遺伝子の有無だけでなく，発現量のバランスが極端に偏っていないことが必要である**ということです。染色体の不分離で生じた，染色体が1本多い，あるいは1本少ないなどの異数体で正常発生が困難な場合が多いのも，遺伝子量効果のあらわれです。

遺伝子量効果という観点からは，X染色体のように大きく，多数の遺伝子を含む染色体が雌雄で本数が異なる状態を放置すると，どちらか一方の性の個体が死亡しても不思議はありません。それを防ぐため，**雌のX染色体の1本を不活性化し，雌雄のX染色体の発現量を1本分に揃えている**のです。

不活性化したX染色体は，ヘテロクロマチンとよばれる強く凝縮した状態になっており，高頻度でシトシンのメチル化修飾が起こっています。一対の相同染色体のどちらが不活性化するかは細胞ごとにランダムに決まり，雌ではほぼ半数ずつの細胞で母親由来，父親由来のどちらかのX染色体が発現しています。三毛猫はX染色体の対立遺伝子である茶毛遺伝子と黒毛遺伝子の両方をもち，かつ，常染色体に白斑遺伝子があります。三毛猫は一般に雌しかいないのは，雄にはX染色体が1本しかないためです。

3 メチル化とゲノム刷り込み

メチル化修飾が関係する興味深い例として，ゲノム刷り込み（ゲノムインプリンティング）という現象が知られています。**一部の遺伝子は，発生のある時期に，一方が不活性化され，精子由来または卵由来の遺伝子しか発現しなくなります**。どちらに由来する遺伝子が活性を維持するかは，遺伝子ごとに異なります。例えば精子由来の遺伝子だけが発現する例では，卵由来の遺伝子が優性遺伝子，精子由来の遺伝子が劣性遺伝子のヘテロ接合体の場合，優性遺伝子をもっていても表現型は劣性形質になります。哺乳類に見られ，**メンデルの優性の法則が全く成り立たない例**です。

23　動物の体制

1．細胞の形と細胞骨格

　動物の細胞の基本的な形は丸い形です。細胞は体液などの溶液の中に存在し，表面全体にほぼ均等な水圧がかかるためです。しかし，現実に丸に近い形の細胞は多くありません。細長い横紋筋，長い軸索や多数の樹状突起を備えた神経細胞（ニューロン）など，さまざまな形の細胞が存在します。周囲の細胞との接触による圧力のほか，細胞内に存在する**細胞骨格**とよばれる**繊維状タンパク質によって細胞の形が維持されており**，細胞骨格には3つのタイプが知られています。

　最も細い細胞骨格は，細胞表面などを走るアクチンフィラメントです。アクチン，ミオシンというタンパク質は筋収縮に関係していますが，筋繊維以外の細胞にも存在し，**アクチンフィラメントは，主に細胞の内表面で細胞の形を維持しています**。細胞分裂の際の細胞膜のくびれ込みは，アクチンフィラメントの分裂面への集合による収縮環の形成で起こり，原形質流動は，細胞膜の内側に存在するアクチンフィラメントのレール上を，細胞小器官と結合したモータータンパク質であるミオシンが移動する現象です。

　細胞骨格の中で最も太いのが微小管です。微小管はチューブリンというタンパク質が重合した構造で，鞭毛や繊毛の主要素となっていますが，**細胞内は微小管繊維が太いロープのように張り巡らされています**。ロープがあれば，ロープウェイもあります。微小管のロープには，上りと下り，互いに逆方向の輸送に関与するダイニン，キネシンというモータータンパク質が取り付けられており，これらのモータータンパク質は小胞と結合し，物質を小胞に入れて輸送しています。

　アクチンフィラメントと微小管の中間程度の太さの中間径フィラメントも存在し，中間径フィラメントを形成する物質は，一般に分解されにくい安定した，強く弾力性のある物質で，髪の毛や爪の主成分であるケラチンなど，さまざまな種類があります。**中間径フィラメントは細胞内の各種の細胞小器官や物質をつなぐ網の目のような構造を形成しており，細胞の形を維持しています**。

2．細胞接着

　細胞骨格は，細胞の構造を維持しているだけでなく，細胞間の接着にも関係しています。発生初期の細胞接着や，表皮からの神経管の分離に関係する**カドヘリン**（⇨ p.87）**などの膜タンパク質は，細胞内のアクチンフィラメントなどに固定されています**。

　細胞接着に関係する特別な装置の例に，デスモソームがあります。デスモソームは2枚の布をボタンを使って結び付けたような構造であり，細胞膜の内側に存在するボタンのような円盤状の構造と，そこから外に突き出した多数のカドヘリンからなり，2つのボタンはカドヘリンによって強く結合しており，円盤は細胞内の中間径フィラメントと

動物の体制

結合しています。

　細胞接着に関係する接着タンパク質には，カドヘリンのほか，さまざまな種類があります。インテグリンというタンパク質は，互いに接着するのでなく，細胞間物質に結合します。同じインテグリンをもつ細胞は，同じ細胞間物質に結合するため，細胞間物質を介して互いに結合できるのです。

3．動物の組織と器官

1 動物の組織

　動物の細胞は，細胞骨格によって固有の形を維持し，同種の接着タンパク質をもつことによって同種細胞が集まり，組織を形成しています。**動物の組織は，上皮組織，結合組織，筋肉組織，神経組織の4つに大別され**，盛んな分裂を行う幹細胞などとよばれる細胞もありますが，植物のように，未分化状態で分裂を繰り返す分裂組織は存在しません。

A．上皮組織

　上皮組織という名称からは，皮膚の表皮組織のように，表面をおおう薄い細胞の集まりが想像されます。実際，一層の細胞からなるものもありますが，皮膚は複数の細胞の層からなり，肝臓は多数の上皮細胞の塊です。上皮細胞は互いに強く密着して集合しており，体の表面，消化管内などの内表面，体腔などの空間や，これらの空間につながる部分に接しています。機能的にも**体の保護，刺激の受容，物質分泌，物質の吸収，生殖細胞の形成**など，さまざまな役割の組織があり，多くの器官において，その器官の主要な役割を担っています。

　上皮組織は発生的起源もさまざまで，表皮や網膜などの外胚葉性上皮，消化管上皮などの内胚葉性上皮，体腔の表面をおおう腹膜上皮などの中胚葉性上皮があります。

　上皮組織に属する細胞は，機能に応じてさまざまな形のものがありますが，例としヒトの小腸上皮細胞（→問題編 p.91）を挙げてみます。

　まず，消化管に面する細胞膜は，細かくくびれ込む微絨毛を形成しています。広い表面積で効率よく物質を吸収するためです。このような構造は，アクチンフィラメントなどの細胞骨格によって維持されています。

　細胞同士の接着部を見ると，カドヘリンとアクチンフィラメントの結合や，デスモソームを介したカドヘリンと中間径フィラメントの結合では足りず，鉄アレイのような構造のタンパク質が隣り合う細胞間に存在し，文字通り水も漏らさぬ密着結合が見られます。消化管の中を通る食物にはウイルスや有害物質が含まれる場合が多く，それらが細胞間の隙間から体内に侵入するのを防いでいると考えられます。

　一列に並んだ細胞の間には，細胞間の物質の通路となる管状のタンパク質によるギャップ結合も存在し，低分子物質の移動が可能になっています。そのことが，細胞が

バラバラでなく，まとまって機能することを可能にしています。

　小腸上皮細胞の体液側は，コラーゲンなどの結合組織性の物質の集まった基底膜に固定されていますが，上皮細胞と基底膜の間には，ヘミデスモソームとよばれ，上皮細胞の側だけにボタンがあるような接着装置が見られます。

　微絨毛はタンパク質分解の最終段階を担っており，短いペプチド鎖をアミノ酸１個ずつに分解するペプチダーゼなどの消化酵素が細胞膜に埋め込まれています。また，グルコースとナトリウムイオン Na^+ の両方を輸送する共輸送体が存在し，基底膜側にはナトリウムポンプとして機能する Na, K-ATP アーゼや，グルコースを濃度差にしたがって輸送するグルコース輸送体が存在します。

　Na, K-ATP アーゼの作用により，小腸上皮細胞は他の細胞と同様，細胞内の Na^+ 濃度が低く保たれています。消化管内を食物が通過している場合，食物の中に存在する Na^+ との間の濃度差に従い，Na^+ は細胞内に入って来ます。この Na^+ の濃度差のエネルギーがグルコースを運び込む原動力となり，グルコースは共輸送体を通り，上皮細胞に取り込まれます。その結果，小腸上皮細胞内のグルコース濃度が高くなると，グルコース輸送体の作用により，グルコースは濃度差に従って体液中へと運ばれます。グルコースはちょうど Na^+ の助手席に乗せてもらったというように，運賃（ATP）を払うことなく，濃度差に逆らって輸送されているのです。

小腸上皮のグルコース輸送

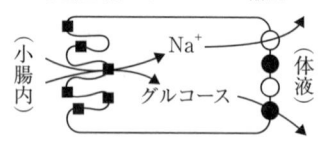

（小腸内）　　　（体液）

① ○　Na, K-ATP アーゼによる Na^+ の排出
（上皮細胞内の Na^+ 濃度低下）
② ■　Na^+－グルコース共輸送体による輸送
（Na^+ の濃度差のエネルギーを利用したグルコースの輸送）
③ ●　グルコース輸送体による輸送
（②の作用によってグルコースの上皮細胞内の濃度は高くなっているため，グルコースは濃度差に従って上皮細胞から出る）

B．結合組織

　多数の細胞が密に集合した上皮組織とは異なり，**細胞がまばらに存在し，細胞間に多量の細胞間物質が存在する組織**です。発生的にはすべて**中胚葉に由来し**，ウニの発生では，原腸から分離し，中胚葉の細胞は外胚葉と内胚葉の間に移動していましたが（⇨ p.87），隙間を埋めて構造を支えるのが中胚葉の基本的性格です。

　上皮組織がさまざまな器官において主役となっていることが多いのに対し，結合組織は生理的作用を活発に行う組織を物理的に支えるような役割，その意味で脇役が多くなります。たとえば，皮膚の表皮を内側で支える真皮，骨格筋と共に体を物理的に支える骨，骨格筋と骨をつなぐ腱，さまざまな器官に分布し，コラーゲン繊維を多く含み，異なる組織の間を結び付ける繊維性結合組織，血管内を流れる血液などがその例です。

　一見変化に富む多様な組織の集まりですが，**その多様性は，主に細胞と細胞の間に存**

在する多量の細胞間物質の多様性によるものです。骨はリン酸カルシウムを多く含む骨質が大半を占め，その内部には，神経と血管が通るハーバース管を取り巻くように骨細胞が分布しています。血液は各種の有形成分と共に多量の血しょうを含み，有形成分が結合組織の細胞，血しょうが細胞間物質です。

C．筋肉組織

アクチンフィラメントとミオシンフィラメントを多量に含み，体全体の移動や，各器官の運動に関係する組織で，発生的にはすべて中胚葉に由来します。**骨格筋は中胚葉の体節，平滑筋は中胚葉の側板に由来し，心筋は構造的には横紋筋ですが発生的には血管と同様，中胚葉の側板に由来します。**心筋は平滑筋のフィラメント構造が変化し，二次的に横紋化したものなので，骨格筋のような多数の細胞の融合で生じた多核細胞ではなく，細胞当たり1個の核をもつ点でも平滑筋との共通性が見られます。

D．神経組織

神経組織の主要素であるニューロン（神経単位）と，ニューロンのはたらきを助けるグリア細胞からなる組織です。ニューロンは細胞体と長い軸索，多数の短い樹状突起からなり，興奮の伝導・伝達に関係します。発生的には主に外胚葉の神経管由来です。

2 器官と器官系

A．組織と器官の関係

肝臓，心臓など，一定の機能的なまとまりが器官です。多くの器官は複数の組織を含み，たとえば，皮膚という器官は上皮組織に属する表皮や汗腺，結合組織に属する真皮，筋肉組織に属する立毛筋，神経組織に属する交感神経などの組織を含みます。小腸も一つの器官ですが，最も主要な機能に関係する小腸上皮のほか，消化管の運動に関係する平滑筋，小腸上皮と平滑筋を結び付ける結合組織，消化産物の輸送に関係する血管など，複数の組織の組み合わせによって小腸としての機能を実現しています。

B．器官と器官系

脊椎動物などの発達した体制を備えた動物は，多数の器官からなり，これらの器官は循環系，消化系，呼吸系，神経系，内分泌系などの器官系に分類されています。それは，複数の器官が互いに連携することで個体の中での一定の役割を果たしているためです。

たとえば，循環系は血液の流れる血管系，血液を循環させるポンプとなる心臓，リンパ管，リンパ節を含みますが，これらの器官が協調して活動することにより，全身に栄養分や情報伝達物質を運び，生体防御，老廃物の搬出などの役割を果たすことが可能になっています。同様に，消化器系に属する各器官は，食物に由来する栄養分の消化・吸収過程のうち，特定の段階を担っています。

24　刺激と反応

1．刺激-反応の経路

　外界の刺激を受け取って応答する過程において，まず，**受容器（感覚器）**が適刺激を受け取り，求心性の感覚神経に伝えます。感覚神経は興奮を中枢神経に伝え，中枢神経からの指令は運動神経，自律神経などの遠心性神経を通じ，筋肉，腺などの効果器（作動体）の応答を引き起こします。受容器の受け取る刺激は外界の刺激のみではなく，筋肉の中には，伸縮状態を受容する自己受容器の筋紡錘が備わっており，効果器の応答の中には，ホタルの発光，シビレエイの発電なども含まれます。血糖調節などの恒常性システムも，間脳の視床下部などの受け取った刺激に対する応答と見ることができます。

刺激-反応の経路

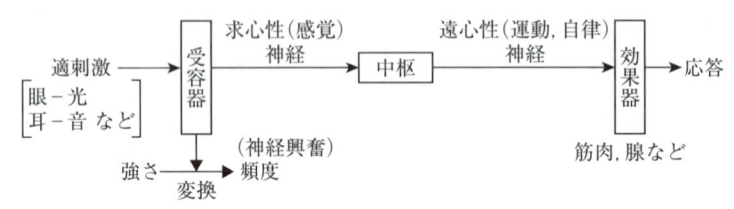

適刺激　→　受容器　→　求心性（感覚）神経　→　中枢　→　遠心性（運動，自律）神経　→　効果器　→　応答

[眼-光，耳-音 など]

強さ　→　変換　→　（神経興奮）頻度

筋肉, 腺など

　単細胞生物でも，外界の刺激に応答する経路は備わっています。ゾウリムシが前進しているときに障害物に接触すると，細胞の前方表面にある圧力受容体が刺激を受容し，膜電位の反転により繊毛運動が反転し，ゾウリムシは後退します。やがて繊毛運動は元に戻りますが，繊毛はらせん状に動くため，正確に元の方向には戻らず，少し違う方向へ直進します。小さな障害物であれば一度の方向転換，大きければ数回の方向転換を繰り返し，障害物を避けて行きます。後方に圧力刺激を加えると，膜電位が上昇してゾウリムシの繊毛運動は速くなり，逃げるような行動が起こります。

2．刺激・反応の法則

1　ミューラーの法則

　感覚器官は特定の適刺激のみを受容し，感覚の種類の違いは感覚器に接続する感覚神経の違いによるという法則です。眼は光の受容器ですが，眼や視神経に強い力が加わると，「眼から火花が出た」と感じるのはこのためです。

　ある裁判で被害者が「暗闇の中で殴られたとき，眼から火花が出て相手の顔が見えた」と主張し，ミューラーはこの発言の正否の検証をきっかけにこの法則にたどり着いたそうです。殴られて光の感覚を生じたことは事実にしても，現実の光ではないので，人の顔が見えることはないでしょう。

2　ウェーバーの法則

　受容器に与えられている適刺激の強度を R，刺激の強さの変化を感じ取れる最小の刺

激の強さ（閾値）をΔRとすると，感覚器ごとに$\frac{\Delta R}{R}$＝一定の関係があります。中程度の刺激の強さのもとで成立し，次のようなしくみと考えられます。

　視覚の場合，視細胞の中には光によって分解されて暗所で再合成される感光物質が存在します。光が弱い状態では，多量の感光物質が「スタンバイ」の状態になっているため，わずかな光でもかなりの量の感光物質が分解され，変化を感じられますが，強い刺激を受けている状態では，感光物質が少ししかないため，よほど強い光刺激でない限り変化を感じられません。しんと寝静まった中では蚊の羽音さえうるさく感じますが，大きな騒音の中では，かなり大声を出しても聞こえないのは，このためです。

3 全か無かの法則

　一本の筋繊維，神経繊維などで成立し，閾値よりも小さな刺激に対しては全く興奮が起こらず，**閾値以上の強さの刺激に対しては一定の大きさの興奮が起こることを示します**。刺激に対する受容・応答には閾値以上の刺激で開閉状態が変化するチャネルが関係し，チャネルは閉じているか開いているかのどちらかであって中間はないことが，この法則が成立する原因です。

　刺激の強さを伝えたり，応答の強さを変えたりする場合，興奮の頻度が重要です。

　受容器は適刺激の強さを活動電位の頻度に変換し，**強い刺激に対しては高い頻度の活動電位が発生します**。筋繊維に対して短い間隔で刺激を与えると，1回の刺激を与えたときに起こる興奮である<mark>単収縮（れん縮）</mark>の山が重なり，毎秒30回程度を超える刺激に対しては滑らかな<mark>強縮</mark>が起こります。

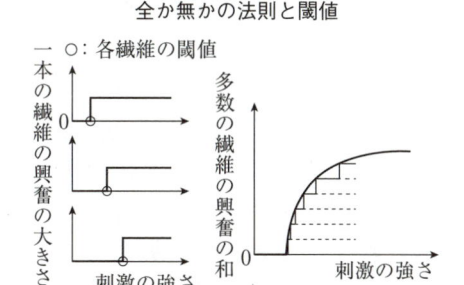

全か無かの法則と閾値

　神経，筋肉には閾値の異なる多数の繊維が集まっており，強い刺激を与えると強い応答が起こるのは，閾値が大きい繊維も興奮するためです。全力を出しているつもりでも，実際は一部の筋繊維しか収縮していません。

　「火事場の馬鹿力」という例えは，極度の興奮状態で多数の筋肉が興奮すると，自分では思ってもいないほどの力が出るということを表現しています。

3．神経の構造と機能

1 膜電位と興奮伝導

A．静止電位

　電気現象は荷電粒子の移動によって起こりますが，生物における電気現象は，電線を通る電流のような金属の自由電子の移動ではなく，イオンの移動によって起こります。

神経細胞（ニューロン）は，細胞質に富む細胞体と，興奮の入力を担当する多数の樹状突起，出力を担当する長い軸索からなり，情報伝達に特化した特徴を備えています。

　ニューロンには，他の多くの細胞と同様，ATPのエネルギーを用いてナトリウムイオンNa^+とカリウムイオンK^+の交換輸送を行うナトリウムポンプとなるNa, K-ATPアーゼが存在し，ATP1分子の分解に伴って3個のNa^+を外に，2個のK^+を細胞内に輸送しており，このイオンの数の差は膜電位の発生原因の一部になっています。しかし，最も重要なのは，K^+専用の移動路であるK^+リーク（漏洩）チャネルです。

　K^+リークチャネルは常に濃度差に従ってK^+を輸送しており，ナトリウムポンプの作用によって細胞内のK^+濃度は細胞外よりも高い状態に保たれているため，K^+はリークチャネルから常に細胞外へと流出しています。静止状態ではNa^+の透過性はないため，K^+の流出によって，細胞外は正，細胞内は負の電荷を帯びています。

　K^+は濃度差が完全に消失するまで外に出るわけではなく，ある程度K^+が外に出ると，陽イオンであるK^+は負電荷を帯びた細胞内へと電気的に引き寄せられ，外に出ることが困難になります。この状態では，濃度差に基づくK^+を外に輸送する力と，K^+を電気的に引き戻す力が釣り合っており，この状態の膜電位が静止電位です。

B．活動電位

　イオンチャネルには，電気刺激によって開閉状態が変化する電位依存性イオンチャネルや，情報伝達物質（リガンド）の結合の有無によって開閉状態が変化するリガンド依存性イオンチャネルがあります。**軸索に電気刺激を与えると，電位依存性ナトリウムチャネルが開き，Na^+の透過性が著しく上昇します。その結果，刺激を与えた位置では急激なNa^+の流入によって電位差が消失する脱分極，さらに電位の逆転が起こります。**活動電位とは，静止電位を基準とした興奮時の電位変化量のことであり，静止電位は細胞外に対して$-60\sim-70$mV程度，活動電位の大きさは100mV程度なので，活動電位発生時の膜電位は細胞外に対して$+30\sim+40$mV程度です。

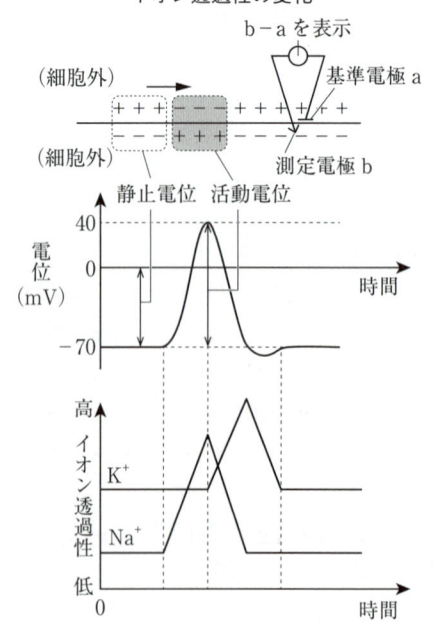

　ナトリウムチャネルが開いた後，膜電位の逆転による電気刺激により，今度はカリウムチャネルが開きます。ナトリウムチャネルは1ミリ秒程度の時間で閉じ始め，今度は

電位依存性カリウムチャネルからのK^+の流出が起こるため、活動電位は速やかに収束し、静止電位の状態に戻ります。ナトリウムチャネルが完全に閉じた後も電位依存性カリウムチャネルは完全には閉じていないため、一時的に静止電位より電位差が大きい状態（過分極）が短時間続きます。

活動電位が発生した後、元の静止電位の状態に戻るまでに約3ミリ秒程度かかり、全体として、**活動電位はNa^+の流入によって発生し、K^+の流出によって収束します。**

C．活動電流と不応期

軸索の途中に電気刺激を与えて活動電位を発生させると、活動電位が発生している興奮部と、活動電位が発生していない静止部の間の電位は逆になっているため、両者の間に電流が流れます。電流の向きは正から負と決められているため、細胞膜の外側では静止部から興奮部、細胞膜の内側では興奮部から静止部へと活動電流が流れます。活動電流によって、静止部は電気刺激を与えられたのと同じ状態になります。

最初の興奮部は静止状態に戻っても、そこに隣接していた静止部が今度は興奮します。このようにして、興奮は両側に伝わっていきます。

興奮は最初に刺激を与えた位置から両方向に伝わっていきますが、新たに興奮した位置からも、両方向に興奮が伝導するわけではありません。新たな興奮部に隣接する元の興奮部は、直前に興奮したため、一時的に電気刺激が与えられても興奮できない不応期になっているのです。**不応期の存在により、一旦方向が決まった後は、興奮は逆戻りすることなく、一方向に伝わっていきます。**

活動電流と興奮伝導

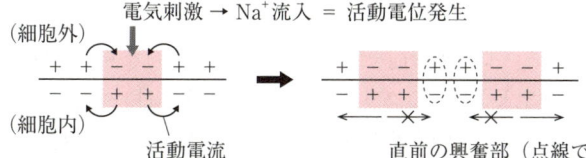

電気刺激 → Na^+流入 ＝ 活動電位発生

（細胞外）
（細胞内）
活動電流

直前の興奮部（点線で囲まれた部分）は一時的な不応期にあり、逆方向へは伝導しない

神経興奮に伴う膜電位の変化を測定する場合、電極を軸索内外に置く場合と、両方の電極を神経の表面に置く場合があり、両者の波形は全く異なっています。

電極を同じ位置の軸索内外に置くと、1本のニューロンの膜電位が測定され、興奮がどちらの方向から来ても同じ波形が記録されます（前頁の中央の図）。2つの電極を少し離れた位置の神経の表面に置くと、活動電流に伴う2点間の電位差が測定され、まず興奮が最初に到達した電極の電位が下がり、次いで他方の電位が下がるため、二相性の電位変化が記録されます（次頁の図）。興奮が来る方向や基準電極を逆にすると、曲線の形状は正負が逆になります。神経は多数のニューロンの束なので、後者の測定法は多数のニューロンのイオンの移動による電位変化を測定していることになります。

表面電極による活動電流の測定

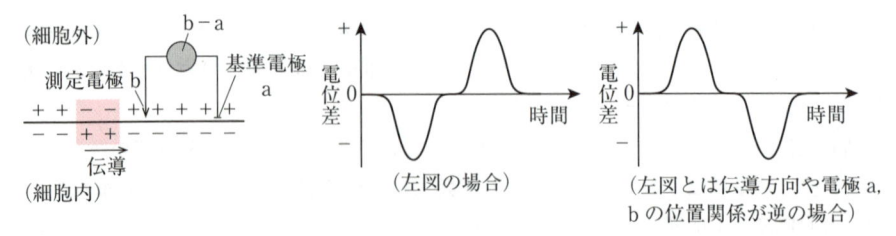

（左図の場合）　　　（左図とは伝導方向や電極a，bの位置関係が逆の場合）

D．伝導速度
伝導速度は次の3つの条件の影響を受けます。

(a) **常温内では温度が高いほど速い**

　変温動物の体温は外気温とほぼ等しく，恒温動物（鳥類，哺乳類）の体温は，通常外気温よりも高いため，恒温動物の方が速くなります。温度によって伝導速度が影響を受けるのは，温度が高いほどイオンの動きが速いことと，伝導の主役となる各種イオンチャネルが酵素と同様，タンパク質からなることが関係しています。

(b) **太い軸索ほど速い**

　原因は単純ではなく，神経は電流を通す電線のようなものなので，細いと抵抗が大きくなると考えて構いません。活動電位は円形の軸索断面に沿って同心円状に進行し，細い軸索では，円上で向かい合う細胞膜間の距離が近く，向かい合う膜の間の電気的な反発が強くなるため，電位変化が起こりにくくなるためと考えられています。伝導速度は，おおむね軸索の太さの平方根に比例します。

(c) **無髄神経よりも有髄神経の方が速い**

　神経組織はニューロンとニューロンの機能を助けるグリア細胞からなり，無髄神経でもニューロンにシュワン細胞とよばれるグリア細胞がゆるく巻き付いていますが，これはほとんど伝導の妨げにならず，軸索の細胞膜は連続的に興奮していきます。有髄神経の場合，シュワン細胞の細胞膜は軸索を繰り返し取り巻き，原形質に富む神経鞘の内部に多数の細胞膜の層からなる髄鞘を形成しています。細胞膜の主成分はミエリンなどのリン脂質なので，髄鞘は絶縁体となり，1～2mm間隔に存在する髄鞘の切れ目であるランビエ絞輪の間を飛び飛びに伝わる跳躍伝導が起こります。その結果，有髄神経の伝導速度はきわめて速く，無髄神経の10倍，100m/秒にも達します。

2 興奮の伝達

A．伝達の特徴

　興奮伝導がニューロンの中で電気的，両方向的に起こるのに対し，神経の接続部であるシナプスや，神経と筋肉の接続部である神経筋接合部で起こる興奮伝達は，神経終末から他のニューロンの樹状突起や細胞体，筋細胞膜の方向のみに起こる化学的，一方向的な興奮の伝わり方です。**伝達が一方向的であるのは，シナプス前細胞のみから神経伝**

達物質の放出が起こることと，シナプス後細胞のみに神経伝達物質を受容するしくみが備わっていることが関係しています。

B．神経伝達物質とその放出

神経終末まで興奮が伝導すると，電気刺激によって神経終末に存在する電位依存性カルシウムチャネルが開きます。神経伝達物質は神経終末付近のシナプス小胞に蓄えられていますが，カルシウムイオン Ca^{2+} が細胞内に流入し，Ca^{2+} がシナプス小胞の表面に存在するある種のタンパク質と結合すると，Ca^{2+} とこのタンパク質の作用により，シナプス小胞の膜が終末細胞膜と膜融合を起こします。神経伝達物質の放出は，膜融合によってシナプス小胞の内容物が放出されるエキソサイトーシスの形で起こります。

神経伝達物質としては，**運動神経や副交感神経の終末から放出されるアセチルコリン，交感神経の終末から放出されるノルアドレナリンが最も代表的**ですが，中枢神経ではグルタミン酸，ドーパミンなどもはたらいており，γ-アミノ酪酸のように興奮伝達を抑制する抑制性伝達物質も知られています。変わったところでは一酸化窒素も神経伝達物質として扱われることがあり，心臓病の治療にニトログリセリンが有効な理由は，ニトログリセリンが変化した一酸化窒素が血管の平滑筋の収縮を抑制し，血管を広げる作用があるためです。

神経終末から放出された神経伝達物質は，シナプス前細胞に再び取り込まれたり，コリンエステラーゼなどの酵素作用によって直ちに不活性化されます。これは，新たな興奮を受け取る準備とみることができます。

C．神経伝達物質の受容

神経伝達物質は，シナプス後細胞の受容体と結合します。**神経伝達物質に対する受容体は，一般に神経伝達物質というリガンドとの結合で開閉状態が変化するリガンド依存性イオンチャネル**であり，たとえば，アセチルコリンが受容体に結合すると，受容体でもある陽イオンチャネルが開き，Na^+ などの流入による脱分極が起こります。単一受容体へのアセチルコリンの結合による脱分極の大きさはごく微弱ですが，**多数のアセチルコリンが多数の受容体に結合し，その結果生じる電位変化の合計が電位依存性ナトリウムチャネルを開かせる閾値を超えると，シナプス後細胞に活動電位が発生し，引き続き興奮の伝導が起こります**。シナプス前細胞のわずかな興奮はシナプス後細胞に活動電位を発生させることはなく，多数のシナプス前細胞の興奮が同時にシナプス後細胞に伝えられた場合にだけ，活動電位が発生します。シナプスでは，ノイズ的なわずかな興奮は伝えないという，情報の選別がなされているとみることができます。

抑制性神経伝達物質は，塩化物イオン（Cl^-）の流入などによる過分極を引き起こします。多くの興奮性神経伝達物質が放出されても，抑制性神経伝達物質の作用によって脱分極の大きさが小さくなり，興奮が伝達されない場合もあるわけです。

25　さまざまな感覚

1．視　覚

1　さまざまな動物の視覚器と，視覚の段階

　視覚というと物の形を見ることを想像しますが，実際はいくつもの段階があります。ミミズの光受容細胞は全身に散在しているため，**物の形や光源の方向はわかりませんが，光の有無や強さはわかります。これが明暗視です。**

　光の方向を知るためには，光をさえぎる構造が必要になります。プラナリアの眼では，色素層が光を部分的に遮っており，光源が前方にあれば後方の色素層に面する視細胞に強い光が届きます。**前後の視細胞の興奮を比較することで，方向視が可能です。**

　プラナリアは，かご状神経系という原始的な集中神経系を備えており，中枢で複数の視細胞の興奮を比較・統合できることも，方向視を可能にしています。しかし，光の入り口が広すぎ，1つの視細胞にさまざまな方向からの光が当たるため，形はわかりません。

　形態視のための一つの方法は，光の入り口を極端に狭めることです。こうすれば，特定の視細胞は特定の方向からの光のみを受容していることになり，すべての視細胞の興奮を統合すれば，全体として外界の像が得られます。

　この方法では，眼に入ってくる光は極端に少なくなり，感度の高い（閾値の小さい）感光物質をもち，強い光が当たった場合しか見えないと思われます。このような眼をもつ動物の例にオウムガイがあります。

　特定の方向からの光を特定の視細胞に集める方法は，他にもあります。それは，**凸レンズを置き，像をつくる**ことです。像ができれば，特定の位置からの光が特定の位置に集まります。ただし，一つ問題があります。レンズと物体の距離が変わると結像する位置が変わるため，「ピント合わせ」に相当する**遠近調節**が必要になります。

　カメラと同じ方法で遠近調節するなら，水晶体（レンズ）と結像位置である網膜の間の距離を変えます。近い位置にある物体を見る場合は水晶体と網膜の距離を長くすればよく，これがイカやタコなどの軟体動物の方法です。

　ヒトなどの脊椎動物の場合，水晶体と網膜の間の距離を変えるのでなく，水晶体の厚さを変える方法をとっています。近くを見るときには焦点距離を短くするために水晶体を厚くすることで，同じ位置にある網膜に結像させることができます。

　球の表面に多数の視細胞を配置し，個々の視細胞が特定の方向の光のみを担当して形態視を実現する方法もあります。これが昆虫の眼の方法であり，軟体動物や脊椎動物の眼では倒立像ができるのと異なり，昆虫の複眼では正立像ができます。

2 ヒトの眼の構造と遠近調節，両眼視

A．遠近調節

図1は，ヒトの眼の基本構造を示したものです。**近くを見る場合，毛様筋が収縮することでチン小帯が緩み，水晶体が厚くなる**のですが，この図のみを見て，毛様筋が収縮して縮むと，水晶体は逆に引っ張られて薄くなるのではないかと不思議に思っている人が少なからずいるようです。

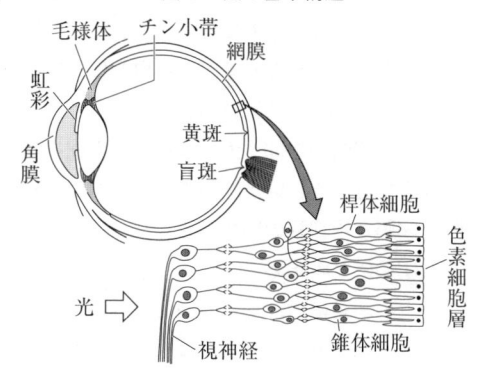

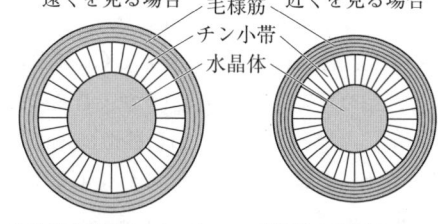

図1は眼を地面に平行な面で切断した図であり，真上から見下ろしたとすると，右眼の模式図です。両眼からの視神経は問題編 p.95 の図にあったように，鼻の裏側の位置で交差して，左右の大脳半球に入るため，網膜の視細胞，連絡神経細胞（双極細胞）に接続する視神経が眼から出る位置である盲斑は，水晶体正面の黄斑より鼻側に寄った位置にあります。

図1の断面図は，水晶体の厚みの変化を説明するのに適当とは言えません。図2は顔を正面から見た方向で，毛様筋，チン小帯，水晶体の位置関係を示したものです。毛様筋は水晶体をドーナツ状に取り巻いているのがわかると思います。

毛様筋が弛緩した状態では，ドーナツの半径が大きいため，水晶体はチン小帯によって引っ張られて薄くなっています。毛様筋が収縮すると，ドーナツの半径が小さくなり，チン小帯は緩みます。水晶体が弾力性を保っていれば，球に戻るように変形し，水晶体は厚くなります。

高齢になると，水晶体に含まれるクリスタリンというタンパク質が弾力性を失う場合が多くなります。その結果，毛様筋が収縮してチン小帯が緩んでも，水晶体が厚くならなくなり，近い場所が見にくくなります。

B．両眼視と距離感

両眼の網膜から派生する視神経は左右の脳に分かれており，両眼からの情報により距離感が形成されます。見ている物体が遠方にある場合，物体から両眼に届く光はほぼ平行なので，両眼の網膜の対応する位置にほぼ同じ像ができます。近くの物体を見ている

場合，物体から両眼に届く光は平行ではないため，両眼の網膜の対応する位置にできる像はかなり違ったものになります。**左右の眼からの情報に差がない場合に「遠い」という感覚を生じ，かなり差がある場合に「近い」という感覚を生じるのです。**

左方向からの光は網膜の右側で受容され，大脳の右半球に届く形になっています。**感覚神経，運動神経は，大脳皮質までの間に延髄または脊髄で交差し，大脳の右半球は左半身を担当するという関係になっており，視覚についても同じ関係があるわけです。**

3 網膜と視細胞のはたらき

A．明順応と暗順応

ヒトの網膜には，黄斑の周辺付近に多く分布し，弱光条件での明暗覚に関与する桿体細胞と，光が最も強く当たる場所である黄斑付近に多く分布し，強光条件での色覚と明暗覚に関係する錐体細胞が存在します。桿体細胞には，ロドプシンとよばれる感光物質が含まれ，ビタミンAが不足するとロドプシンが合成されなくなり，弱光条件で物が見えなくなります。これが夜盲症です。**明るい所から薄暗い所に行くと，始めは何も見えないのに，徐々にはっきり見えてくる現象は暗順応，暗いところから明るいところに行くと，始めはまぶしいのに，やがて普通に見えてくる現象は明順応**とよばれます。

暗順応の場合，暗いところに移動した直後，まず，数分間で錐体細胞の感度の上昇（閾値の低下）が起こりますが，これによる感度の上昇は数十倍にとどまります。以後，一時間近くの間に感度はその数千倍に上昇します。後者の過程では，桿体細胞に含まれるロドプシンの再合成が進行しています。

明順応が起こる際，まぶしいという感覚が生じます。暗所では，視細胞の内部にロドプシンなどの感光物質が多量に存在するため，感光物質が強い光によって急激に分解されることが原因です。

B．色覚のしくみ

桿体細胞は明暗覚，錐体細胞は明暗覚と色覚を担当するとよく言われます。しかし，内部に感光物質が含まれ，光が当たると感光物質が分解されてイオンチャネルの開閉状態が変化するという根本に関しては，これらの視細胞に何の違いもありません。問題編 p.99 の図のように，**錐体細胞には赤，緑，青のそれぞれを最もよく吸収する3種類の細胞が存在するのに対し，桿体細胞には1種類の細胞しかない点が違いです。**

たとえば，我々が紫と感じる波長では，青を担当する錐体細胞のみが興奮し，中枢に興奮を伝えています。この波長では，近くにある緑錐体や赤錐体は興奮しません。波長が少し長くなると，青錐体だけでなく，緑錐体も興奮するようになります。さらに波長が長くなると，青錐体は興奮しなくなり，代わりに赤錐体が興奮するようになります。**中枢はこれら3種類の視細胞の興奮の度合いの違いを比較・統合することで，波長を認識しており，それが色の感覚の正体です。**桿体細胞は1種類しか感光物質をもたないため，比較対象がなく，色覚を生じることはないのです。

錐体細胞に含まれる感光物質（ロドプシンと同様，タンパク質オプシンを含む物質）はかなり強い光が当たらないと分解されないため，錐体細胞は日中の強光条件で機能していますが，桿体細胞に含まれるロドプシンはごく弱い光で分解してしまうため，桿体細胞は弱光条件での視覚のみに関係します。**錐体細胞は黄斑に集中**しており，黄斑以外の部分の視細胞の大半は桿体細胞です。

錐体細胞，桿体細胞の一方だけが発達している動物もおり，錐体細胞の発達した昼光性動物の中には錐体細胞が4種類ある動物もいます。イヌやネコは本来夜行性のため，桿体細胞が多く，錐体細胞は2種類しかありません。

4 視細胞と視神経，色素細胞層の関係

ヒトなどの脊椎動物の網膜の構造を見ると，**視細胞の水晶体側に連絡神経細胞，視神経があり，視神経は盲斑から出ていきます**。イカなどの眼では視細胞の網膜側に視神経を派生させるため，盲斑はありません。視細胞の前面の神経は多少とも視細胞の邪魔になり，イカの眼の方が優れているとも言えます。表皮の変形で眼をつくる軟体動物と異なり，脊椎動物の眼は眼杯の内面から網膜，外面から色素層ができるという発生上の理由から，このような構造になっているようです。

なお，ヒトなどの眼では，視細胞は水晶体の方向から来た光を受容し，視細胞に吸収されなかった光は色素層に吸収されますが，夜行性の動物では，色素層の位置にタペータムという光を反射する構造があり，タペータムから反射した光も利用しています。夜行性の動物の眼が光るのは，タペータムが存在するためです。

2．耳の感覚器

1 耳の感覚細胞

耳に存在する感覚細胞は有毛細胞とよばれ，**感覚細胞の表面に長い感覚毛が存在し，圧力刺激によって感覚毛が屈曲すると，その圧力に応じてイオンチャネルの開閉状態が変化して細胞内のイオン流が変化し，感覚細胞の興奮が発生**します。このしくみを利用して，うずまき管による音波の受容（聴覚），前庭による重力方向の受容（傾きの感覚），半規管による加速度の受容（回転覚）という，3つの感覚（後の2つをあわせて平衡感覚）を実現しています。

2 聴 覚

音波は耳殻によって外耳道に集められ，鼓膜が振動します。鼓膜の振動は耳小骨（つち骨，きぬた骨，あぶみ骨）によって増幅され，卵円窓が振動し，卵円窓の振動がうずまき管内のリンパ液（外リンパ）の振動を引き起こします。このリンパ液の振動により，コルチ器を載せている基底膜が振動し，基底膜の振動によって，聴細胞の感覚毛がおおい膜に接触し，聴細胞が圧力刺激を受け，この結果生じる聴細胞の興奮が大脳皮質（側頭葉の聴覚中枢）に伝えられ，聴覚が生じます。

基底膜はうずまき管の奥の方から振動するというのは誤解です。これでは，波長の短い（振動数の大きい）高音で基底膜の正円窓に近い位置だけが振動する事実が説明できません。うずまき管の外殻は強固で，うずまき管の前庭階と鼓室階は外リンパで満たされ，コルチ器やおおい膜などを含むうずまき細管は内リンパで満たされており，圧力をかけてもリンパ液で満たされた部分の体積は全く変化しません。全体の体積変化につながるのは，耳小骨と接続する卵円窓と，鼓室階の入り口に当たる正円窓の変形だけです。つまり，**耳小骨の振動により，卵円窓が内側にへこむと，正円窓は同じ体積だけ，外に向かって膨らんでいます**（図1，2）。内リンパを含むうずまき細管の中のリンパ液も体積は変化しませんが，形は変化するため，**卵円窓が押されると，うずまき細管に圧力がかかり，若干下に向かって変形します。この変形により，おおい膜と有毛細胞の感覚毛が接触し，有毛細胞が圧力刺激を受けて興奮を起こすのです**（図3）。

　うずまき細管は弾力性があるため，下に向かって押された後は上に戻っていきます。この揺り戻しにより，うずまき細管の奥の方へと振動が伝わっていくのです。

　タオル，ベルトなどの一端を持って，振ってみて下さい。他端へと振動が伝わっていきますが，うずまき細管の動きは，原理的にはこれと同じです。高音に対応する細かい動きは奥まで伝わりませんが，低音に対応するゆっくりした動きは奥まで伝わります。しかも，うずまき管全体は奥ほど細いのに，基底膜の幅は，うずまき管の幅とは逆に，奥ほど広くなっています。打楽器や弦楽器と同様，低い音ほど，うずまき管の奥の方の基底膜が振動しやすい構造になっているのです（図4）。

　音の高低はうずまき管内のどの部分が最も大きく振動しているかによって識別できます（図5）。大脳皮質の聴覚中枢はどの部分の有毛細胞が最も興奮しているかを識別し，音の高低の感覚を生み出しています。

聴覚のしくみ

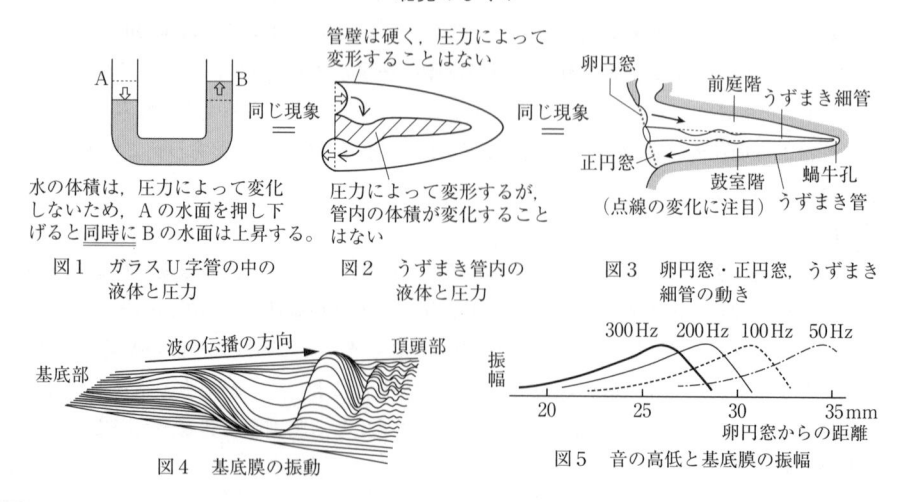

図1　ガラスU字管の中の液体と圧力
水の体積は，圧力によって変化しないため，Aの水面を押し下げると同時にBの水面は上昇する。

図2　うずまき管内の液体と圧力
管壁は硬く，圧力によって変形することはない
圧力によって変形するが，管内の体積が変化することはない

図3　卵円窓・正円窓，うずまき細管の動き
卵円窓　前庭階　うずまき細管
正円窓　鼓室階　蝸牛孔
（点線の変化に注目）うずまき管

図4　基底膜の振動
波の伝播の方向　頂頭部
基底部

図5　音の高低と基底膜の振幅
300Hz　200Hz　100Hz　50Hz
振幅
20　　25　　30　　35mm
卵円窓からの距離

3 重力覚

前庭では，有毛細胞上に炭酸カルシウムの結晶である平衡石（耳石）が載っており，体が傾くと，平衡石からの重力刺激によって有毛細胞の感覚毛が屈曲します。多数の有毛細胞にかかる圧力を中枢が比較・統合し，重力方向が認識されます。

4 回転覚

半規管は互いに直交し，リンパ液に満たされた3本の円弧（3分の2円程度）を描く管であり，半規管の膨大部に有毛細胞が分布しています。急に体が回転すると，リンパ液は半規管の回転と逆方向に流れ，この流れが有毛細胞の感覚毛の屈曲を引き起こし，その圧力刺激による有毛細胞の興奮が回転の感覚を生じさせています。

3．さまざまな感覚器

1 機械受容器

皮膚や皮下組織にも圧力，振動，変形に対応して興奮する受容器が存在し，接触，圧迫などの感覚を引き起こします。毛根付近を包むように神経や受容細胞が取り巻いていることは，皮膚表面の毛も受容器としての役割をもつことを示しています。

体の内部にも機械的刺激に対する受容器は存在し，その例として，骨格筋の筋繊維内部に存在する自己受容器である筋紡錘が挙げられます。**筋紡錘は筋肉の伸長によって興奮し，筋肉の伸長状態を中枢に伝えています。**心臓の出口付近など，血管の中にも圧力受容器が存在し，血圧の変化を監視しています。

2 温度受容器

皮膚や口腔内などさまざまな場所に分布し，温度変化で開閉するイオンチャネルが関与しています。トウガラシの主成分カプサイシンが熱さの感覚，メントールなどのミント成分が冷涼感をもたらすのは，これらの物質が温度受容体分子に影響を与えることが関係しています。温度受容器は中枢神経にも存在し，間脳視床下部の温度受容細胞は皮膚の温度受容器と共に血液温度の変化を受容し，体温調節の応答を引き起こします。

3 化学受容器

においの感覚を生じる嗅覚，味の感覚に関与する味覚の他にも，化学的刺激の受容器はかなり多く，舌の味蕾を構成する味細胞などの受容体タンパク質に化学物質が結合した場合の応答には，ホルモンによる情報伝達と似たしくみが見られます。

皮膚や体内の組織の損傷は痛みの感覚を引き起こしますが，この感覚は，損傷を受けた組織が放出するセロトニン，ヒスタミンなどの化学物質の受容が原因で起こります。受容器は外界や体表の状態だけでなく，体内の状態の受容に関与しており，恒常性（ホメオスタシス）とも密接に関係しています。

26 神経系と反射

1．中枢神経と神経系

1 さまざまな神経系

　最も原始的な神経系は，クラゲ，ヒドラなどの刺胞動物の散在神経系で，多数の神経が網の目のように結び付いています。イソギンチャクに強く触れると全身で収縮しますが，中枢神経がないため，どこを触られたか分かっていないと思われます。

　中枢神経を備えた集中神経系では，複数の情報を処理・統合することができます。プラナリアなどの扁形動物のかご状神経系は，頭部の中枢神経から一対の末梢神経が出る単純な構造ですが，より発達した神経系の例に環形動物，節足動物などのはしご状神経系や脊椎動物の管状神経系があります。**はしご状神経系では，各体節に中枢神経の集まった神経節が存在し，管状神経系では，脳と脊髄が連なって存在します。**昆虫などでは各体節の独立性が強く，地方分権的，脊椎動物の神経系は中央集権的といえます。

2 脊椎動物の管状神経系

　脊椎動物の神経系の中枢神経は脳と脊髄からなり，末梢神経には中枢に興奮を伝える求心性神経の感覚神経と，遠心性神経の運動神経と自律神経があります。末梢神経は脳から派生する12対の脳神経と，脊髄から派生する31対の脊髄神経からなります。

　脊髄はヒトの膝蓋腱反射のような反射的な運動を支配している以外は，末梢神経の脳への中継路としての役割が中心です。

ヒトの神経系

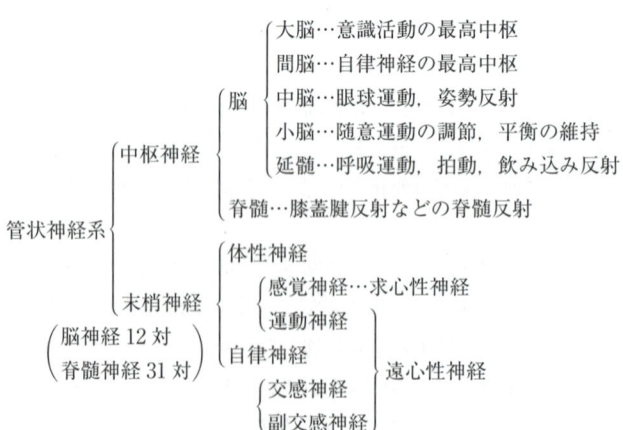

```
                    ┌ 大脳…意識活動の最高中枢
                    │ 間脳…自律神経の最高中枢
              ┌ 脳 ┤ 中脳…眼球運動，姿勢反射
              │    │ 小脳…随意運動の調節，平衡の維持
       中枢神経┤    └ 延髄…呼吸運動，拍動，飲み込み反射
              │
              └ 脊髄…膝蓋腱反射などの脊髄反射
管状神経系┤
              ┌ 体性神経
              │    ┌ 感覚神経…求心性神経
              │    │ 運動神経
       末梢神経┤    │                    ┐
(脳神経12対) │ 自律神経                  ├ 遠心性神経
(脊髄神経31対)│    ┌ 交感神経             ┘
              └    └ 副交感神経
```

　脳は発生途上，まず前脳，中脳，後脳の3つの部分に分かれ，後に前脳は大脳と間脳，後脳は小脳と延髄に分かれます。脳の各部の機能は，脊椎動物で共通とはいえず，哺乳類では多くの機能が大脳に集中していますが，下等な脊椎動物では，大脳以外の脳に機能が分散しています。

例えば，魚類の脳では脳の大半が後脳で占められており，特に小脳がよく発達しています。小脳は筋肉からの感覚情報を統合し，複雑な筋肉運動の調節に関係しており，魚類のほか，鳥類，哺乳類で小脳が発達しています。魚類は水中，鳥類は空中でバランスをとるために複雑な調節を行っており，哺乳類では細かい随意運動を行っていることと関係すると考えられます。両生類やハ虫類は動きが単純・緩慢な場合が多いのは，小脳があまり発達しないことと関係があるようです。

3 脳幹のはたらきと死戦呼吸

脳のうち，主に随意運動に関係する大脳と小脳以外の部分，**間脳，中脳，延髄は脳幹とよばれ，生命維持に重要な役割を担っています**。死の三兆候として，1．自発呼吸の停止，2．心拍の停止，3．瞳孔の散大が挙げられますが，いずれも脳幹部の機能停止を示すものです。一般的には延髄の機能低下によって自発呼吸が停止し，その後延髄の支配下にある心臓の拍動も停止し，酸素・血液の供給が停止して脳全体の機能が停止します。脳の機能が停止した状態で呼吸や拍動を人工的に維持しているのが，臓器移植などで問題になる脳死状態です。

心臓は自動性（⇨ p.127）があるため，通常は自発呼吸の停止の後，心拍が停止します。呼吸をしていれば心臓はまだ動いていると考えがちですが，実は，心臓がすでに停止しているのに，呼吸をしているように見えることがあります。

延髄の指令に基づく正常な呼吸とは異なり，機能が残存している部分のはたらきを総動員したような，あえぐような呼吸がみられることがあり，死戦呼吸とよばれます。専門家の目からは，正常な呼吸とは異なることは明らかですが，一般の人にとっては違いは決して明瞭ではありません。

公共の場所の多くにＡＥＤが備えられていますが，手遅れになることは稀ではありません。その原因の一つが，死戦呼吸を正常な呼吸と見誤り，ＡＥＤを使用せずに手遅れになることです。死戦呼吸が起こっている時期は，ＡＥＤによる救命の確率が最も高い時期と一致しています。呼吸をしているからまだ心臓は動いている，そう決めつけないことが必要です。

4 ヒトの大脳皮質

大脳に関する研究の歴史は古く，中でもニューロンの細胞体が密集した表面（皮質）についての研究が重ねられてきました。

大脳皮質は旧皮質・古皮質と新皮質に大別され，古皮質・旧皮質と大脳基底核を含む大脳辺縁系は大脳の内側のへりに位置し，間脳の外側を取り巻いています。これらの部分は，哺乳類誕生の段階で情動行動を支配する部分として脳幹から分かれ，新たに付け加わったと考えられています。新皮質は進化の過程でより後の時代に，知能行動を支配する部分としてさらにつけ加わったと考えられています。新皮質は部位別に頭頂葉・前頭葉・側頭葉・後頭葉の４つに区分され，ヒトでは特に前頭葉が占める割合が大きく，

大脳全体の30％に達します。

脳に障害のある患者の治療や死後の解剖結果などを通じ，新皮質には領域ごとに特有の機能があることが明らかになってきました。近年は画像診断装置が開発され，生きている人の大脳の活動状態を観察することも有力な研究手段となっています。

大脳新皮質は機能をもとに，感覚野・運動野・連合野の3つに分けられます。感覚野のうち，**視覚を支配する部分は後頭葉にあり**，頭の後ろを強打すると一瞬目の前がまっくらになるのは，視覚野の一時的な変調によるものです。**聴覚野は側頭葉にありますが**，聴覚野に近接して言語に関係する連合野が存在します。

脳の**中心溝の背側には皮膚感覚などの体性感覚野，腹側には随意運動に関係する体性運動野が存在します**。背側が感覚，腹側が運動という配置は脊髄と共通です。体性感覚野，運動野は，頭頂付近が下半身や胴体，側面が腕，顔を支配しており，全体としてヒトが「ブリッジ」をしているような配置になっています。特に顔や手などに関係する部分が広いのが特徴です。

大脳皮質の機能分担

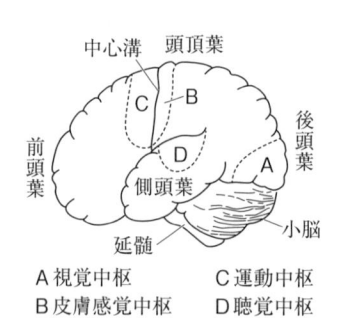

A 視覚中枢
B 皮膚感覚中枢
C 運動中枢
D 聴覚中枢

（左半球側面図）

体性感覚野

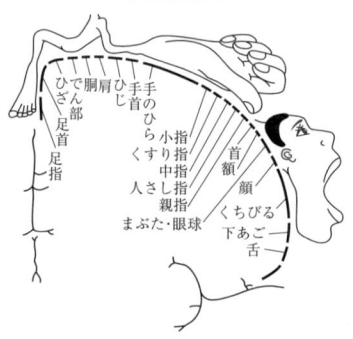

（大脳左半球の中心溝断面からBの表面を見た図）

5 反射

A．さまざまな反射

反射とは大脳皮質が関与しない無意識の応答，刺激に対して起こる局所的応答のことで，脊椎動物以外の動物，原生生物に多く見られます。ヒトの場合，大脳皮質の支配下で，経験や洞察に基づく学習行動，知能行動が優勢ですが，反射的応答もなくなったわけではありません。

歩いているとき，体が少しずつ上下左右に揺れ動いていますが，視野が揺れ動くことはなく，歩きながら一カ所を見続けることが可能です。これは，無意識のうちに眼球が体の動きと逆方向に動く眼球の反射運動が起こっていることを示しています。立ち止まった状態で体がほぼ地面に対して垂直になっているのは姿勢反射であり，これらは共に中脳反射です。

空腹時に好物の食べ物を口に入れたら，口の中は唾液であふれるでしょうし，食べた

後や飲み込む際にも食道の筋肉がかなり複雑な収縮と弛緩を繰り返しています。唾液の分泌や嚥下（食べ物の飲み込み）などは延髄反射です。

B．脊髄の構造と脊髄反射
(a) 脊髄の構造

脊髄の断面は内部（髄質）がやや灰色を帯びた灰白質，表面近く（皮質）が白い白質となっており，**大脳とは**構造的に逆になっています。灰白質は細胞体を多く含む部分で，細胞体は光を吸収する物質を含む原形質に富むため，灰色に見えます。白質は灰白質に入る神経繊維が多く存在し，有髄神経ではリン脂質を主成分とするシュワン細胞の細胞膜が軸索を取り巻いているため，脂肪の塊と同様，白く見えます。

脊髄には左右に枝状の構造が出ており，背側にある背根（後根）には途中に膨大部がありますが，腹側にある腹根（前根）の途中に膨大部はありません。

背根は感覚神経の入力路であり，脊髄に入力する感覚神経の場合，一般に感覚器の近くには細胞体がありません。シナプスにおいて，細胞体は，そこに接続する神経終末から，興奮の伝達を受けます。しかし，感覚神経の役割は他の神経から興奮の伝達を受けることではなく，中枢神経などに興奮を伝えることである以上，感覚神経の細胞体は，脊髄の内部で他の神経とシナプスを形成するわけにはいかないのです。**脊髄に入る前の位置に存在する感覚神経の細胞体の集まりが，背根の途中の膨大部，脊髄神経節**です。

(b) 脊髄反射の経路

感覚神経は，通常脊髄の内部で何本かの介在神経とシナプスを形成した後，運動神経と接続しています。受容器に接続する感覚神経が脊髄などの反射中枢を通り，運動神経を経て効果器につながる経路は，反射弓とよばれます。熱いものに触ったとき，熱いと感じる前に指が引っ込んでいるのは，このような反射弓のはたらきによるものです。感覚神経は脳に向かう神経との間でもシナプスを形成しており，熱いという感覚は，大脳皮質の中心溝の背中側にある感覚野に興奮が伝わった後に生じるものです。そのため，脊髄を経由する反射弓による指が引っ込む応答より後に熱いという感覚が生じるのが普通です。

有名な脊髄反射に膝蓋腱反射があります。膝蓋腱反射は，膝の少し下を叩くと足が反射的に上がることで確認でき，引き伸ばされた筋肉が反射的に収縮する伸張反射の一種です。反射の起点となる受容器は骨格筋の内部に存在する筋紡錘で，**膝蓋腱反射の場合，筋紡錘から出た感覚神経は介在神経を経ずに運動神経と直接シナプスを形成している**ため，大変反応が速いのが特徴です。伸張反射はほぼすべての筋肉に見られ，姿勢の維持や手足を動かしたり，歩いているときに，無意識のうちに繰り返されている反射です。

119

27 筋収縮と動物の行動

1．筋肉の構造と筋収縮

1 筋肉の種類

　筋肉の収縮は代表的な効果器の応答であり，筋肉は筋繊維（筋細胞）の構造から横紋筋と平滑筋に区分されます。**横紋筋は骨格筋と心臓を構成する心筋，平滑筋は消化管，血管などの内臓を含み，心筋は平滑筋に近い特徴も備えています。**

　発生的には，骨格筋は中胚葉の体節に由来し，心筋は血管などの平滑筋と同様，中胚葉の側板に由来します。骨格筋は多数の細胞が融合した多核細胞で，運動神経の指令によって随意的に動かせるのに対し，心筋は平滑筋同様，細胞1個に核は1つしかなく，自律神経によって不随意的に調節されています。

　骨格筋を支配する運動神経，消化管の平滑筋を支配する副交感神経は，共に終末からアセチルコリンを分泌し，収縮を促進しますが，心筋は副交感神経からのアセチルコリンによって収縮が抑制されます。骨格筋と心筋では異なるタイプの受容体が存在し，アセチルコリンの結合が逆の結果を引き起こしているのです。

　骨格筋と平滑筋の収縮過程には本質的な違いはなく，骨格筋では筋原繊維を構成するフィラメントが規則正しく配列しているため，しくみが理解しやすくなっています。

2 骨格筋の収縮

A．筋原繊維の構造と筋収縮のしくみ

　筋繊維には多数の筋原繊維が存在し，筋原繊維の構成単位である**サルコメア（筋節）**は，両端をZ膜とよばれる円盤状のタンパク質に結合させた1対のアクチンフィラメント（細いフィラメント）と，その中心付近に存在するミオシンフィラメントから構成されています。ミオシンフィラメントが存在しない部位は明帯，ミオシンフィラメントが存在する部位は暗帯とよばれ，アクチンフィラメントは球状タンパク質アクチンの集まり，ミオシンフィラメントは繊維状タンパク質ミオシンの集まりです。

　運動神経の神経筋接合部への興奮伝達によって筋細胞膜に活動電位が発生し，**筋小胞体へと興奮が伝わります。**電気刺激によって筋小胞体の電位依存性カルシウムチャネルが開き，カルシウムポンプによって溜め込まれていた**カルシウムイオン Ca^{2+} が放出**されます。

　Ca^{2+} が放出されていない状態では，ミオシン頭部のATPアーゼはトロポミオシンによって頭を押さえられており，アクチンと結合できず，張力は発生しませんが，Ca^{2+} が放出されると，Ca^{2+} はトロポニンと結合し，トロポニンと結合していたトロポミオシンがアクチンから分離します。その結果，ミオシン頭部はアクチンと接触してATPアーゼとしての活性をあらわし，ATP分解に伴ってミオシン頭部がアクチンと結合してアクチンフィラメントを引き込み，収縮が起こります。

収縮が起こると，アクチンフィラメントがミオシンフィラメントの間に滑り込み，明帯の幅が狭まることでサルコメアの幅が狭くなりますが，暗帯の幅は変化しません。Ca^{2+} が再び筋小胞体に取り込まれると，ミオシンフィラメントとアクチンフィラメントが分離して張力が消失し，自然長に戻ります。

死後硬直とよばれる筋肉の硬直は，死後にはATP合成が起こらず，ミオシン頭部がアクチンと結合したまま分離しないために起こる現象です。

B．筋収縮とエネルギー

グリセリンに浸して細胞膜を破壊したグリセリン筋にATPを与えると，グリセリン筋の収縮が確認できることから，筋収縮のエネルギー源がATPであることは明らかなことに見えますが，生きた筋肉でATPが用いられていることは長く証明されませんでした。**収縮前後で筋肉中のATPが減少していないためです。**この原因は，収縮で用いられた**ATPが直ちに再生されること**であることがわかっています。

筋肉中には通常の細胞よりも大きなミトコンドリアが存在し，呼吸によるATP合成が起こっています。しかし，呼吸反応は段階が多すぎ，赤血球が運搬する酸素量の制約も受けるため，呼吸のみでは急激な筋収縮に必要なATPを供給できません。**最も素早いATPの補給反応は，クレアチンリン酸からのリン酸基転移反応**です。クレアチンリン酸の筋肉中の量は多くはありませんが，クレアチンリン酸1分子から一段階の反応で，1分子のADPを1分子のATPに戻すことができる点は有利です。

酸素の供給が間に合わない場合，**グリコーゲンの解糖**も起こります。グリコーゲンはデンプンと似たグルコースの重合分子で，通常筋肉重量の1～2％程度貯蔵されています。グリコーゲンホスホリラーゼの作用による加リン酸分解（加水分解と似た反応）に続き，乳酸発酵と同じ反応が起こります。

筋肉に多量のATPを溜めておけばよいではないか，と思うかも知れません。しかし，それは無理です。多量のATPの貯蔵には多量のリン酸が必要であるという問題のほか，ATPそのものが代謝系の中のいくつもの酵素に対する調節因子となっているため，ATPが大量に存在すると，さらにATPを合成することは不可能になるという問題もあります。少量のATPの合成・分解を繰り返すしかないのです。

短距離走のような激しい運動を開始すると，スタート後間もなくクレアチンリン酸が枯渇します。呼吸によるATP合成も間に合わないため，グリコーゲンの解糖によってATPを合成し，収縮を続けることになります。

問題は，筋肉中に多量の乳酸が蓄積すると，その酸性によって筋肉の収縮が不可能になることです。乳酸は分子量が小さく，筋肉から容易に血液中に拡散します。乳酸の5分の1程度は肝臓での呼吸によって二酸化炭素と水に分解されてATP合成に利用され，そのATPを用いて残りの乳酸がグルコースやグリコーゲンに再合成されます。我々が肉体的に「疲れた」と感じるのは，乳酸受容器が興奮している状態であり，肝臓が疲労

原物質である乳酸を処理することで疲労が回復していきます。

　400m走は，生化学的な観点から，きわめて苛酷な競技と言われています。100m走の場合，筋肉中に乳酸を溜め込んだ状態でも走り切ることは可能ですが，400m走で蓄積する量の乳酸を処理せずに走り切ることは不可能です。トップランナーは，40秒程度の間にクレアチンリン酸の分解，解糖の開始だけでなく，肝臓での乳酸の処理も起こるという形で化学反応を切り換え，疾走しているのです。

2．動物の行動
1 行動の種類
A．行動とは
　神経を刺激することで筋肉が収縮するといった単純な反射と異なり，餌を取る，敵から逃げる，子孫を残すなど，**一定の目的に沿った一連の活動**が行動です。行動は「一応」生得的（先天的）行動と，習得的（後天的）行動に区別されます。「一応」と言ったのは，一つの行動の中に生得的要素と習得的要素が不可分な形で存在し，どちらか一方に区分することができない場合が多いためです。

　典型的な例として，鳥のさえずりパターンの習得を挙げてみましょう。鳥はその種に特有のさえずりソングをもつものが多く，幼鳥の聴覚を破壊したり，生まれてから一度も同種のさえずりを聞かせないと，成鳥になって特有のパターンによるさえずりができなくなります。この限りでは，生まれた後に身につける学習行動です。

　しかし，幼鳥に別種の鳥のさえずりを聞かせても，影響は現れず，さまざまな鳥のさえずりを聞かせ，その中に同種のさえずりも混ぜておくと，その種特有のさえずりができるようになります。つまり，習得できるさえずりパターンは生まれつき決まっており，この意味では生得的行動です。習得できるさえずりソングが生得的に決まっているという行動を，習得的か生得的かと議論しても無意味でしょう。

B．生得的行動
　(a)　走性

　　光，化学物質など，さまざまな刺激に対して一定の方向に移動する行動が走性で，刺激源に向かう方向を正，遠ざかる方向を負と表現します。例えば，メダカが流れに逆らって泳ぐ行動は，水源に向かう行動なので，正の流れ走性です。

　　走性は単独で現れるだけでなく，他の行動の要素として含まれる場合もあります。例えば，アメリカシロヒトリなどのガの雄は，雌が腹端から放出する化学物質（性フェロモン）の方向を触角で受容し，雌に接近します。これ自体は性フェロモンに対する正の化学走性です。雄はある程度の距離まで接近すると，今度は白い物体を視覚的に認識して接近し，その際化学物質の有無は無視されます。つまり，交尾に至る一連の行動の中の要素として，性フェロモンに対する正の化学走性が含まれているのです。

(b) 生得的解発機構

　本能行動とよばれていたものとほぼ等しく，**遺伝的なプログラムに従って一連の行動が起こること**です．配偶行動（交尾行動），摂食行動などに多く見られます．

　この行動が起こるためには，2つの条件が必要であり，一つは，その個体がある行動を開始するのに必要な生理的条件などの内的条件を満たしていることです．例えば，性的に未成熟な個体が配偶行動をとることはありませんし，満腹な個体が摂食行動をとることもありません．性的な成熟，空腹が，それぞれ配偶行動，摂食行動を行う上で必要な内的条件です．

　このような条件を満たした個体は，言わば弓をしならせ，引き絞った状態にたとえられます．このような状態の個体がもう一つの条件である外界から行動開始の「合図」を受け取ると，ちょうど矢を解き放つ（リリースする）ように，行動を開始します．**この行動開始の合図となる刺激が鍵刺激（信号刺激），鍵刺激を含む対象がリリーサー（解発因）**です．例えば，イトヨの雄は繁殖期には腹部が赤くなり，自分と同様に赤い色を含む物体に対してはなわばり防衛の攻撃行動を示します．イトヨとよく似た模型を見せても赤い色がなければ攻撃行動はしませんし，イトヨと形が違っていても，赤い色があれば攻撃が起こります．この例では，赤い色の付いたさまざまな模型は，すべて赤い色という鍵刺激を含むため，攻撃行動のリリーサーとなります．

C．習得的行動

(a) 学習行動

　一定の行動様式の習得で起こる行動であり，典型的な学習行動としては，迷路学習のような試行錯誤学習があります．この場合，実験を繰り返すと失敗の回数は減り，実験をやめるとやがて記憶は消失します．しかし，一度定着すると記憶が消失しない例もあり，刷込みとよばれる行動がその例です．ガンカモ類の鳥が，生まれた直後に見た動くものの後を追従するようになることや，サケが生まれた川の水の匂いを記憶し，その川に戻ってくる母川回帰などは刷込みによる行動です．

　学習行動の中には，ある行動を「するようになる」ものだけでなく，「しなくなる」ものもあります．イヌに突然大きな音を聞かせると，始めは逃避行動をしますが，同じ音を繰り返し聞かせると，逃げなくなります．このような「慣れ」による行動には，同じ刺激の繰り返しによる神経の興奮性の低下が関与していると考えられます．

(b) 知能行動

　同じ条件に対して一定の行動様式を習得する学習行動に対し，未経験の状況に対して「こうすればこうなるはずだ」というような洞察に基づいて行動する行動様式が知能行動です．知能行動の背景には，何らかの学習行動が関係し，それに基づく判断，推理に基づいて行動していると考えられ，大脳皮質の連合野の発達が不可欠となります．

2 行動と情報伝達
A．一定の行動様式による情報伝達

ホタルが光の明滅パターンによって同種と異種を識別していたり，セミやスズムシなどでは音が同種の異性個体間の情報伝達手段になっているように，生得的な行動様式は遺伝的なプログラムに従った行動であるため，**同種個体間のコミュニケーション手段となる場合があります**。後で触れるフェロモンによる情報伝達も，同種間のコミュニケーション手段です。

行動様式によるコミュニケーションの例に，繁殖期のイトヨの雌雄間の行動があります。繁殖期の雄は腹部が赤く，巣を中心としたなわばりを形成しますが，繁殖期のイトヨの雌は腹部が大きく膨れています。イトヨの雌が雄の巣に接近すると，雄は雌の前でジグザグ状に動き，雌は腹を見せるように頭を上げ，雄は雌を巣に誘導します。雌が巣に入ると，雄は雌の尾をつつくようにして産卵を促し，雌が産卵を終えると，雄は精子をかけて受精させます。これらの行動は「相手がこうしたら自分はこうする」という，遺伝的なプログラムの連続によって形成されており，かりにイトヨの雌とよく似た別種の魚が雄のなわばりに入っても，行動によるコミュニケーションが完結することはなく，異種間の交配は起こりません。

B．ミツバチの収穫ダンス

行動による情報伝達の顕著な例として，ミツバチの収穫ダンスがあります。ミツバチが仲間に餌場の位置を知らせる収穫ダンスには2種類あり，一つは円形ダンスです。これは，単にぐるぐる回るダンスで，餌場の位置が巣から近く，餌場が巣から出れば容易にわかる程度の距離にある場合のダンスです。

餌場が巣からある程度離れている場合，ミツバチは8の字ダンスを行います。このダンスには**餌場への距離**（正確には，餌場に向かうのに必要とするエネルギー）と，**餌場の方向**という，2つの情報が含まれています。餌場への距離はダンスの回転速度によって表現され，餌場が近いとダンスは速くなります。当然ながら，近い餌場の方が情報価値が高く，高い価値をもつ情報を持ち帰ったミツバチほど活発な運動をする形になっています。高低差や風向きの関係で餌場に向かうのに要するエネルギーが少なくて済む場合，距離は同じでも，ダンスの速度はやや速くなります。

餌場の方向は，8の字の中の中心線によって表現されています。ダンスの意味の解読には，数学的には「ベクトルのなす角」の理解が必要となります。

地面に水平な面で行うダンスであれば，餌場の方向を直接示すことができますが，通常話題になるのは，地面に垂直な面で行うダンスです。この場合，**地表から鉛直上方に引いたベクトルに対する，ダンスの直進方向をあらわすベクトルのなす角**が情報となります。

右頁の左図は，この情報が右回り（時計回り）45度であることを示しています（本

を立てて図を見て下さい)。このとき，右図のように，**巣から太陽の正射影に引いたベクトルを基準**として，右回り45度の方向に餌場があることを示しています(本を机に広げて図を見て下さい)。太陽が南西の方向にあるとすると，餌場は西の方向にあるということになります。

ミツバチの8の字ダンス

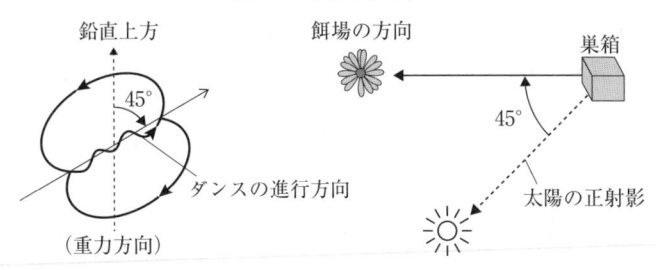

鉛直上方　　餌場の方向　　巣箱
45°　　　　　　　　　　45°
ダンスの進行方向　　　　太陽の正射影
(重力方向)

地面に垂直な面の図　　地表面における位置関係を示す図

C. フェロモンによる情報伝達

　生物の細胞間に分化誘導物質，神経伝達物質，ホルモンなどの化学的コミュニケーションが存在するように，同種個体の間にもフェロモンとよばれる化学物質を介したコミュニケーションが存在します。フェロモンには，**同種個体の行動に影響を与えるリリーサーフェロモン**と同種個体の**生理状態に影響を与えるプライマーフェロモン**があり，リリーサーフェロモンの例としては，ゴキブリが集まる際に用いる集合フェロモン，アリが仲間に餌場の位置を知らせる道しるべフェロモン，ガの雌が雄を誘引する性フェロモンなどがあり，プライマーフェロモンの例としては，ミツバチの女王物質(階級維持フェロモン)などがあります。

　道しるべフェロモンは腹端から出る揮発性物質で，多くのアリが繰り返し通ると，さらに多くのアリがそこを通って餌に達するようになります。餌がなくなり，通るアリが少なくなると，道しるべフェロモンも消失し，他のアリも通らなくなります。

　ミツバチは，受精卵から生まれた複相($2n$)の個体はすべて雌，未受精卵から生まれた単相(n)の個体は雄になりますが，雌のうち，生育途上でロイヤルゼリーを与えられた個体のみが女王バチになります。巣から女王バチを取り除くと，ハタラキバチの卵巣の発育が見られるようになる事実は，女王バチがハタラキバチの卵巣の発育を抑制するフェロモンを常に放出していることを示しています。

　生物の化学的コミュニケーションには同種個体間のみではなく，異種間のものも知られています。ある種のマメ科植物は，葉をハダニに食害されると，葉から化学物質を放出し，ハダニの天敵となる肉食性のダニを誘引します。肉食動物は植物に餌の存在を教えてもらいながら，植物のボディーガードの役割を果たしているのです。

28 体液と循環系

1. 循環系
1 さまざまな循環系
A. 体液と外液

　海中で生活する単細胞生物や細胞層の薄い多細胞生物の場合，細胞は常に外液と接しており，物質は容易に細胞表面から出入りできます。厚みがある多細胞生物の場合，外部の水環境と接する細胞は一部のみとなり，体内に外液と似た条件をつくり，物質の出入りを円滑化させる必要が出てきます。体内に導入された疑似的な外液が体液の起源であり，それを循環させて新鮮に保つ装置が循環系の始まりです。クラゲなどの刺胞動物は，胃水管系という管で海水を循環させて消化，呼吸，排出を行っており，ウニ，ヒトデなどの棘皮動物は，消化管だけは独立させ，水管系で海水を循環させています。体液の塩分組成が海水と似ているのは偶然ではないのです。

　胃水管系や水管系は外液（海水）と連絡しており，外界と独立した循環系ではありません。**外界と隔離すれば，体液に物質の交換以外の機能をもたせることが可能になります。**ホルモンなどの情報伝達物質の通路としての機能，細胞の活動を脅かす者を排除する防御システムも，体液の重要な機能です。

B. 循環系の種類

　循環系（血管系）は開放血管系と閉鎖血管系に区分され，開放血管系は軟体動物や節足動物に見られる循環系です。開放血管系では，心臓に相当するポンプがしばしば複数存在し，ポンプからの血液を送り出す動脈とポンプに血液を送り込む静脈を備えています。しかし，動脈と静脈の両端は開いているため，血液を全身に素早く，むらなく循環させることは難しく，大型で活発に活動する動物には向きません。**環形動物や脊椎動物は動脈と静脈が毛細血管で連絡した閉鎖血管系を備えています。**閉鎖血管系の場合，心臓の力が血液全体に伝わり，血液循環の速度は高められます。

C. 脊椎動物の血管系

　閉鎖血管系の場合，血液がそのまま細胞に届くことはなく，細胞や組織の間を満たす内部環境として機能するのは，血しょうが毛細血管の壁から浸み出した組織液だけです。

　血液は有形成分（赤血球，白血球，血小板）と，液状成分である血しょうからなり，組織液の組成は血しょう成分と大体同じですが，組織の防御にかかわる白血球は血管内皮細胞に由来するケモカインという物質（リンパ系の情報伝達物質である，サイトカインの一種）の作用により，血管の壁をすり抜けます。

　血しょう成分のうち，水のほか，酸素，二酸化炭素などの気体分子，NaClなどの無機塩類，細胞のエネルギー源となるグルコース（血糖）などは血管から浸み出します。ホルモンはタンパク質からなるものも多いですが，分子量は小さく，血管をすり抜ける

ことができます。

　血しょう成分のうち，タンパク質であるアルブミンなどは血管からは出られないため，その分だけ血液の浸透圧は組織液よりも高くなり，この浸透圧差を利用して，血管から押し出された血しょう成分の多くが血管に戻ります。**血管に戻らなかった組織液はリンパ管に取り込まれた後，血液と合流します。**リンパ管の末端（毛細リンパ管）は，容易に物質が通る構造になっています。

2 脊椎動物の心臓と循環系

　魚類の心臓は1心房1心室で，静脈から心房に入った血液は心室から押し出され，まずえらの毛細血管に入り，体組織にはその後に入ります。えらでの酸素獲得を優先し，組織での酸素利用を抑えている循環系といえます。

　両生類の心臓は2心房1心室で，大静脈からの血液と肺静脈からの血液は，多少とも心室の中で混合した後，大動脈，肺動脈から出ます。両生類の皮膚は肺と同程度に呼吸器の役割があり，大静脈からの血液は皮膚からの血液と他の組織からの血液が混じったものですから，心臓で肺静脈からの血液との混合を避ける意味は薄いといえます。

　ハ虫類の心臓には心室に不完全な隔壁が存在し，隔壁が不完全であることを利用して，潜水時には肺へ送る血液量を減らすなどの調節を行っている場合があります。

　鳥類と哺乳類の心臓は2心房2心室で，大静脈から右心房に入った血液は酸素の少ない静脈血であり，静脈血は右心室で加圧され，肺動脈から肺胞に入ります。静脈血は肺胞で酸素を受け取って酸素の多い動脈血となり，肺静脈から左心房に入り，左心室で加圧されて肺以外の全身に入っていきます。

　2心房2心室の血液循環の場合，左心室から体組織に入って右心房に入る体循環（大循環）と，右心室から肺胞に入って左心房に戻る肺循環（小循環）は隔離されており，肺胞から出て体組織に入るまでの動脈血と，体組織から出て肺胞に入るまでの静脈血は混合しません。右心室は肺胞のみに血液を送り，左心室は肺を除く全身に血液を送るため，右心室よりも左心室の方が筋肉の厚みが厚くなっています。

　心臓の拍動は自律神経の調節を受けていますが，心臓だけでも拍動は継続します。これは右心房の入り口近くの洞房結節に存在する自動的な興奮装置であるペースメーカーからの興奮が刺激伝導系を通じて心臓全体に伝わり，拍動を起こさせるためです。

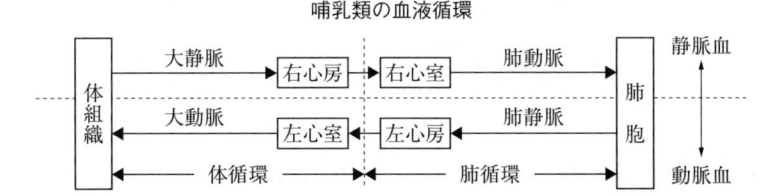

哺乳類の血液循環

2．血液の組成と血液検査

　血液は骨髄の幹細胞に由来する有形成分の赤血球，白血球，血小板と，液状成分の血しょうからなり，血液中の物質量の測定は，健康状態や体の異常を知る手掛かりとなります。血液検査の項目との関連で，血液成分のはたらきを確認してみましょう。

☆**赤血球数，ヘマトクリット，ヘモグロビン量**…赤血球は $1\,mm^3$ 当たり 450 万から 500 万程度存在し，ヘマトクリットは血液全体に占める有形成分の割合で，平均 40〜45％程度です。有形成分の大半は赤血球なので，ヘマトクリットはほぼ赤血球量を示し，ヘモグロビン量は赤血球中に含まれる酸素運搬タンパク質の量です。すべての数値が小さければ，酸素運搬能力の低下した貧血傾向を示し，赤血球数が正常でもヘモグロビン量が少ない場合，ヘモグロビン合成に必要な鉄の欠乏などの疑いがあります。

☆**白血球数，免疫グロブリン量**…白血球数は変動しやすい数値ですが，$1\,mm^3$ 当たり 7 千前後が普通です。生体防御の主役である白血球数や抗体である免疫グロブリン量の値が極端に大きい場合，感染症の疑いが高くなります。逆に極端に値が小さい場合，何らかの理由で防御機能が低下している可能性があります。白血球にはさまざまな種類が存在するため，どれが特に増減しているかを調べることも，数値変化の原因を知る手掛かりとなります。

☆**血小板数**…血小板は $1\,mm^3$ 当たり 25 万程度存在し，血液凝固において重要な役割を果たしています。血液凝固には血小板以外に各種の凝固因子も関係し，血液凝固が異常な場合，各種凝固因子の量や凝固に要する時間の測定も行われます。

　血液の有形成分はすべて骨髄の幹細胞に由来するため，血小板だけでなく，赤血球や白血球も減っている場合，骨髄の異常が疑われます。

☆**グルコース濃度**…血糖値は 0.1％（$1\,mg/mL$）程度に維持されており，血糖値を低下させる唯一のホルモンであるインスリンの異常は高血糖につながります。

☆**アルブミン，ALT（GPT）**…アルブミンは肝臓でつくられる血しょうタンパク質，ALT は主に肝臓に存在する酵素です。これらはいずれも肝臓の機能の指標となります。アルブミン量の低下は肝臓の機能低下，ALT の上昇は，肝臓の細胞が破壊され，酵素が流出している可能性を示唆します。

☆**クレアチニン濃度**…筋収縮において ATP の補給に関係するクレアチンリン酸の分解産物です。筋肉の異常の可能性のほか，クレアチニンは腎臓で効率よく排出されるため，クレアチニン濃度の増加は，腎臓の機能の異常の可能性を示唆します。

3．血液凝固のしくみ

　血管が破れると，まず，血管の内部で傷口に血小板が集合し，傷口をふさぎます。次いで血管の外で各種の酵素の連続的な活性化を含む複雑な反応が起こり，凝固塊である

血餅が形成されます。試験管内で血液を常温放置すると，血液は血餅と上ずみである血清に分離します。**血清は血しょうと異なりフィブリノーゲンが含まれておらず，血餅は有形成分にフィブリンの繊維が巻き付いて塊になったものです。**

凝固した血液では，可溶性の血しょうタンパク質であるフィブリノーゲンが酵素トロンビンの作用によって部分的に分解され，フィブリンになっています。フィブリン分子が多数集合して繊維状になり，繊維の網の目に有形成分がからめ取られて血餅ができます。フィブリノーゲンには繊維形成に必要な部分を覆い隠すペプチド鎖があり，それを切断するのが酵素トロンビンの役割です。

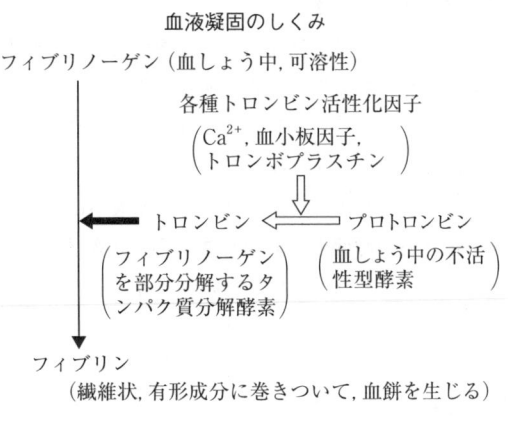

血液凝固のしくみ

フィブリノーゲン（血しょう中，可溶性）

各種トロンビン活性化因子
$\begin{pmatrix} Ca^{2+},\ 血小板因子,\\ トロンボプラスチン \end{pmatrix}$

トロンビン ⇐ プロトロンビン

$\begin{pmatrix} フィブリノーゲン\\ を部分分解するタ\\ ンパク質分解酵素 \end{pmatrix}$ $\begin{pmatrix} 血しょう中の不活\\ 性型酵素 \end{pmatrix}$

フィブリン
（繊維状，有形成分に巻きついて，血餅を生じる）

トロンビンは血液中では不活性型のプロトロンビンという形で存在し，プロトロンビンの活性化には血しょう中のカルシウムイオン Ca^{2+}，血小板が放出する血小板因子，損傷した組織が放出するトロンボプラスチンなどの因子が関係しています。血液凝固の阻止には，低温に保ち酵素活性を低下させる，クエン酸ナトリウムを添加して Ca^{2+} を除く，ガラス棒でフィブリンを除去するなどの方法があります。

凝固反応の開始には，閉鎖血管系であることが関係しています。「血管が破れ，組織が損傷した」状態とは，正常では組織間にないはずの血液成分が組織間に存在する状態です。この状態では，通常では出会うはずのないものが出会い，各種の活性化反応が進行します。しかし，このような血管内外の「出会い」は，決して珍しいことではなく，体内では頻繁に起こっています。血餅が血管内に詰まると血流を妨げる血栓となり，組織に重大な障害を生じる危険があります。そのため，血液中には肝臓で合成され，トロンビンの不活性化に関与するヘパリン，凝固反応の後，フィブリンを溶解する酵素であるプラスミンなどが存在します。

凝固反応は，多数の酵素が連続的に活性化されるカスケード系であり，経路中の酵素のうち1つでも機能が失われると血液凝固は起こりにくくなるため，凝固反応の遅れは遺伝性疾患の中でも多いものの一つです。凝固反応がカスケード系を形成している理由は，短時間で速やかに応答するためと考えられます。仮に1分子の酵素Aが一定の時間内で100分子の活性型酵素Bを合成するとすると，情報分子が100倍に増幅したことになり，n 段階を経れば 100^n 倍に増幅されます。出血は生死にかかわる緊急事態なので，素早く対応するための情報の増幅システムになっているようです。

29 ガス交換と酸素運搬

1. さまざまな呼吸器

1 呼吸器と循環系

　呼吸器の多くは，循環系と共に機能していますが，昆虫の気管呼吸のように循環系とは無関係なガス交換の方式もあります。昆虫の体表には空気の入り口である気門が存在し，気門から細長い空気を通す管である気管が全身に張り巡らされています。全身の細胞が直接外界とガス交換をしているわけです。

　最も一般的なガス交換の様式は，**血液中に酸素と結合しやすい呼吸色素を備え，広い表面積をもつ呼吸器で呼吸色素に多くの酸素を結合させ，組織で酸素を放す方式**です。呼吸色素としては，脊椎動物の赤血球中のヘモグロビン，環形動物の血しょう中のエリスロクルオリンなどの二価鉄イオンを含むものや，軟体動物や，水生節足動物である甲殻類の血しょう中のヘモシアニンなどの銅イオンを含むものがあります。

2 呼吸器の構造と対向流

　多くの呼吸器は，広い表面積を備え，酸素を取り込みやすい構造になっています。水中に溶け込んでいる酸素の量は少ないため，えらは以下に示す対向流を備えています。対向流は腎臓において体液よりも浸透圧の高い尿をつくる際にも重要な役割を果たしています（⇨ p.144）。

　対向流とは，液体を含む2本の管が逆向きに流れている状態のことで，2本の管の中を平行に流れる平行流とは逆の流れです。えらの中を水が流れる際，狭い間隔で存在する鰓葉の間を流れて行くため，細い管を流れるのと似た状態になっています。そして，えらにおける水流と血管の中の血液の流れは必ず対向流を形成する形で配列しています。

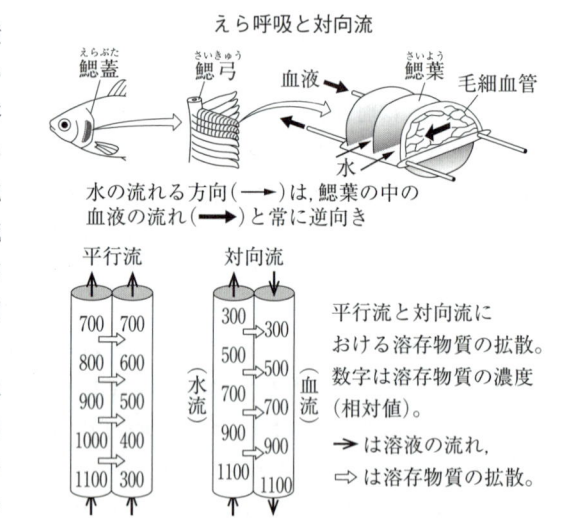

　平行流を形成している2本の管の間を溶存物質が移動する場合，拡散の結果，2つの管の中の溶存物質の濃度が両者の平均になると移動が停止します。しかし，対向流の場合，水中よりも血液の中の方が溶存物質（この場合は酸素）の濃度が常に低いため，水中の酸素の多くが血液へと拡散します。このような単純ながら巧みな方法により，えらでは水中の酸素が効率よく取り込まれます。

2．ヘモグロビンと酸素解離曲線

1　ヘモグロビンと酸素解離曲線の特徴

　ヘモグロビンはヘムとよばれる二価鉄イオンを含む色素と，グロビンとよばれるペプチド鎖が結合した分子がサブユニットとなり，サブユニットが４つ結合した四次構造タンパク質です。１つのヘム鉄に１分子の酸素が結合・解離する点は共通ですが，動物の種類によってグロビンのアミノ酸配列が少し異なり，酸素の結合・解離の起こりやすさの違いが生じる原因となっています。

　ヘモグロビンの酸素解離曲線（酸素飽和曲線）の形状は，**二酸化炭素分圧が低く，常温内で温度が低く，pHが高い条件で酸素と結合しやすい左に寄った曲線，逆の条件で酸素を離しやすい右に寄った曲線**になります。外気の影響を強く受ける肺胞とは逆に，呼吸の活発な組織では二酸化炭素が多く，熱発生により温度が高く，二酸化炭素や乳酸などの影響によってpHは低くなっています。この変化は，肺胞で多くの酸素と結合し，組織でその多くを離す上で好都合です。

　安静時のヘモグロビンは，肺胞で結合した酸素の３割程度しか離しません。活発な活動時には酸素解離曲線が右に移動し，酸素を離す量が増加します。

2　酸素解離曲線とさまざまな適応

　酸素解離曲線が生息環境によって異なる例として，アンデスの高地にすみ，コブのないラクダのような動物であるラマ（リャマ）の酸素解離曲線があります。**哺乳類の平均的な酸素解離曲線と比較して著しく左に偏っており，酸素の乏しい環境でも十分な酸素と結合するため，酸素親和性の高いヘモグロビンをもつ**と考えられます。このようなヘモグロビンは，かなり酸素分圧が低下しないと酸素を離さないため，平地にすむ動物のように活発な活動を行うことは難しくなります。ペルーの観光地にはラマのタクシーがあるようですが，急ぎの移動には向かないでしょう。

　哺乳類の胎児ヘモグロビンの酸素解離曲線は，成体のものよりもかなり左に偏っています。胎児の肺は器官としては存在しますが，母体の中では機能していません。**母体ヘモグロビンが酸素を離す酸素分圧のもとで，胎児ヘモグロビンは酸素を受け取ることができ**，胎児は胎盤で酸素を獲得することができるのです。

　成人と胎児のヘモグロビンにこのような違いが生じる原因は，成人のヘモグロビンがα鎖２本とβ鎖２本からなるのに対し，胎児ヘモグロビンはα鎖２本とγ鎖２本からなることです。出生後はγ鎖の遺伝子は発現しなくなるため，新生児のヘモグロビンは，少しずつ成人のヘモグロビンに置き換えられます。成長に伴う酸素解離曲線の変化は，両生類のオタマジャクシから成体（カエル）への変化の際にも起こります。

　ゾウとネズミの酸素解離曲線を比較すると，ネズミよりもゾウのほうが左に寄っています。この理由には体積表面積比の問題が関係しています。

　呼吸器における酸素吸収は呼吸器の表面で起こり，呼吸器の表面積は，体の長さの二

乗に比例します。個体の体積は，長さの三乗に比例し，細胞1個の大きさは動物の種類による差がほとんどありませんので，細胞の数は長さの三乗に比例すると考えられます。したがって，細胞1個が使える酸素量はゾウの方がはるかに少なく，酸素を節約して利用できるよう，左寄りの酸素解離曲線をもつ必要があるのです。

3 酸素解離曲線がS字状になる理由と高地順化

A．BPGとヘモグロビンのアロステリック効果

ヘモグロビンの酸素解離曲線がS字状になることや，動物の種類や胎児と成体の間で酸素解離曲線の形状が異なることの原因は，BPG（DPG）という物質と，この物質のヘモグロビンのサブユニットとの結合の有無や，結合の際の親和性の違いです。

BPGは解糖系から分岐する反応でつくられるビスホスホグリセリン酸という物質で，ヘモグロビンのサブユニット同士を結び付けるはたらきをし，酸素結合部位との間で間接的な競合関係にあります。つまり，ヘモグロビンにBPGが結合している状態では酸素は容易に結合できないのに，ヘモグロビンのサブユニットからBPGが分離すると，酸素が容易に結合できるようになるため，アロステリック酵素における基質濃度と反応速度の関係と同様に，酸素解離曲線はS字状を描くのです。

ヘモグロビンの場合，BPGはβサブユニット同士の間に結合して4つのサブユニット間の立体的な結合状態に影響を与え，下図の①～⑤に相当する変化はほぼ瞬時に進行しますが，この変化を平面上で表現するのは困難なので，同じサブユニット4つからなるタンパク質分子の間に，サブユニット間の結合を強め，基質との結合を妨げる分子Xが4つ挟まっているというモデルでこの間の変化を表現してみます。

アロステリック阻害因子の効果

⊔：基質と結合していないサブユニット
○：基質と結合しているサブユニット
■：サブユニット間の結合を強め，基質との結合を妨げる物質X（アロステリック阻害因子）

サブユニットに基質が1個結合するごとにXが分離し，基質がサブユニットに結合しやすくなる（基質とXの結合場所は異なるが，一方が結合すると他方が結合しにくくなる間接的な競合関係）

基質が4個結合すると飽和に達する

（ヘモグロビンの場合，基質はO₂，XはBPGに相当）

基質濃度が低い①の状態では，サブユニットにXが4つ結合しているため，基質は容易にサブユニットと結合できません。しかし，基質濃度が上昇し，サブユニットに基質が結合するごとに，サブユニットに結合しているXの数が減り，サブユニット間を結び付けて基質との結合を阻害する力が弱まっています。

基質を酸素，XをBPGと言い換えると，**酸素分圧の上昇と共にBPGがサブユニットから分離し，ヘモグロビンの酸素親和性が上昇**し，酸素解離曲線の傾きが途中から急に大きくなります。このような変化により，酸素解離曲線はS字状になります。

ガス交換と酸素運搬

　酸素解離曲線の形が変化する原因の多くは，ヘモグロビンのBPGとの親和性の変化です。二酸化炭素濃度の上昇，pHの低下などはBPGとヘモグロビンの親和性を上昇させる効果をもつため，ヘモグロビンの酸素親和性が低下し，酸素を離しやすくなるのです。ラマやヒトの胎児のヘモグロビンがきわめて酸素親和性が高いのは，これらのヘモグロビンはBPGに対する親和性が低いことが原因です。

　赤みの強い筋肉（赤筋）の中には，ミオグロビンとよばれるタンパク質が多く含まれます。ミオグロビンはヘモグロビンのサブユニット1個に相当する物質で，四次構造タンパク質ではないため，BPGが結合することはありません。そのため，ミオグロビンの酸素解離曲線はS字状でなく，双曲線の一部のような形状です。ミオグロビンは極端に酸素分圧が低下した場合のみに酸素を離すため，筋肉中での酸素の貯蔵に役立っています。赤筋は通常筋原繊維が細いため，瞬発力は弱いのですが，持続力が強いことが特徴です。ミオグロビンの少ない白筋は瞬発力が強いですが，持続力に乏しいことが特徴です。

B．BPGと高地順化

　オリンピックのような大きな大会の前に，運動選手が高地トレーニングに行くことがあります。この目的は二つ考えられ，一つは低酸素分圧条件で腎臓などでつくられるエリスロポエチンというホルモンが骨髄の造血幹細胞のはたらきを促進し，赤血球・ヘモグロビンの量を増やすことです。もう一つは，BPG量を増やし，組織への酸素供給量を増やすことです。高地に行くとラマのようなヘモグロビンになると考える人もいるかも知れませんが，全く逆です。ラマのように活動が不活発になっては勝負になりません。通常はヘモグロビンは結合している酸素の3割ほどしか解離しないため，**高地でも平地と同様に活発に活動を続けていると，BPGが増加して酸素解離曲線は右に移動し，酸素供給量が増える**のです。この状態ですぐに競技に臨めば，筋肉が多量の酸素を使うことができ，良い成績を出せる可能性が高まるわけです。

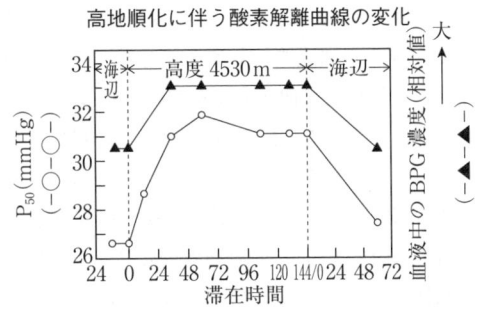

高地順化に伴う酸素解離曲線の変化

P_{50}とは，酸素飽和度が50%になるときの酸素分圧をあらわす。BPGの増加に伴うP_{50}の増加は，酸素解離曲線が右に移動することをあらわす（下図）。

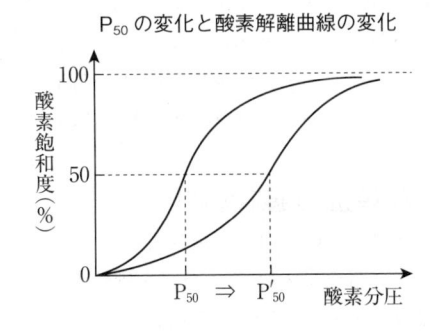

P_{50}の変化と酸素解離曲線の変化

30　生体防御と免疫

1．さまざまな防御反応

　皮膚の表皮細胞層は薄いですが，その外側には丈夫な角質層があり，常に新しいものに取り換えられています。皮膚の表面は皮脂や汗によって弱酸性に保たれ，細菌の細胞壁を分解する酵素であるリゾチームが細菌の増殖を防いでいます。消化管，呼吸器，排出・生殖器官などの皮膚で覆われていない部位は，酸性でリゾチームを含む粘液で守られています。

　微生物が特に入りやすい場所である消化管では，胃液が消化と微生物に対する殺菌作用を担っています。pH2程度の塩酸とタンパク質分解酵素を含む胃液をかけられて生き続けられる微生物は，稀にしかいません。

2．自然免疫

　体表の物理的・化学的防御を突破する者が現れたとき，まず自然免疫が機能します。「非特異的」とよばれることもありますが，文字通り何でも無差別に攻撃するわけではなく，細菌の細胞壁に共通な成分など，大きな分類群ごとに共通の物質が標的となります。自然免疫に関係する細胞の多くはToll様受容体（TLR）を備え，「細菌なら何でも」，「ウイルスなら何でも」というように，無差別に攻撃します。文字通り「何でも攻撃」に近い性格をもつナチュラルキラー細胞（NK細胞）とよばれる白血球は，後で触れるMHCクラスⅠを発現していないあらゆる細胞に穴を開けて破壊します。

　自然免疫の主役である樹状細胞，マクロファージ，好中球などの白血球は，細菌などを食作用によって取り込んで分解します。食細胞の活性を高める発熱や，血管の透過性を高めて傷口に食細胞を集める炎症も起こります。

　樹状細胞は消化管周辺など，外敵の侵入しやすい場所に潜み，異物をとらえるとリンパ節に移動し，未成熟なT細胞に対しても抗原提示を行うことができます。

　白血球以外では，補体というタンパク質が細菌の細胞壁などに結合し，穴を開けて破壊します。これらの**自然免疫は特定の細菌，ウイルスなどに特化していない**ことと，**記憶システムがない**ことが**獲得免疫**との違いです。

3．獲得免疫（適応免疫）

① バーネットのクローン選択説

　自己と非自己を区別し，非自己を排除するしくみである免疫応答は，ジェンナー（1796）による種痘の確立以降，医学的に応用されてきました。その全体像を理解するために，近代的な免疫学の出発点であるバーネットのクローン選択説（1957）から始めてみます。体液性免疫に関する説であり，今日の知見からは訂正すべき点はありますが，その基本

原則は細胞性免疫についても成立しています。バーネット説の骨子は，次のようにまとめることができます。

① 一つのリンパ球のつくる抗体は1種類のみであり，もともと体内にはありとあらゆる抗原の一つ一つと反応する抗体をつくる細胞が備わっている。

> バーネット以前は，異物を「型」に取り，それに適合する抗体をつくるという鋳型説が有力でした。そうではなく，一つのリンパ球は1種類の抗体しかつくらないと主張したのです。
>
> この点は完全に正しいのですが，ありとあらゆる抗体という多様性が生じるしくみについては十分説明できませんでした。この点を説明したのが利根川進の発見した遺伝子再編成であり，リンパ球の成熟過程で多数の候補遺伝子断片からのランダムな選択により，多様な可変部遺伝子ができるというものです。
>
> 代表的な免疫グロブリンであるIgGは，2本のH鎖（重鎖）と2本のL鎖（軽鎖）がS－S結合によって結び付いた構造をしています。H鎖の候補遺伝子は3つの領域（V，D，J）からなり，V領域は50，D領域は30，J領域は6ほどの遺伝子断片を含み，$V_{1\sim50}$から1つ，$D_{1\sim30}$から1つ，$J_{1\sim6}$から1つの遺伝子断片をランダムに選んだもの，たとえば$V_{27}D_{12}J_5$が特定の細胞のH鎖可変部遺伝子となります。
>
> この場合，H鎖については$50\times30\times6=9000$種類存在し，同様にL鎖には可変部遺伝子$V_{1\sim35}$，$J_{1\sim5}$が存在し，$35\times5=175$通り存在します。これらの組み合わせにより，$9000\times175=1575000$，150万種以上の多様性をもつ可変部ができます。

② 多様な抗原の一つ一つと結合する多種類の抗体の中には，自己成分と結合するものも含まれるが，そのような抗体をつくる細胞（クローン）は未熟な段階で攻撃対象に出会い，逆に自らが破壊される。その結果，非自己を攻撃する細胞が残る。

> 自己と非自己を区別するしくみとして基本的に正しいのですが，今日，糖尿病や多くの成人病に自己免疫が関係していることが知られており，この説が完全に正しいとしたら，自己免疫疾患という病気自体存在するはずがありません。自己攻撃性クローンが禁止クローンとして死滅する現象は完全ではなく，不活性な状態で生き残っているものも多いのです。不活性化されていた細胞が何らかの原因で再活性化され，自己の細胞を攻撃する疾患が，自己免疫疾患です。
>
> なお，胸腺でのTリンパ球の「教育」とは，自己攻撃性の細胞を死滅，不活性化させることです。胸腺では，本来全身の特定の部位でしか発現しない遺伝子も発現し，すい臓のランゲルハンス島B細胞でしか発現しないはずのインスリン遺伝子なども，胸腺では発現します。さまざまな遺伝子産物をTリンパ球に提示し，それらと反応するものを殺す。それが，胸腺流の「教育」です。

③ 成熟したリンパ球は細胞表面に特定の抗原と特異的に結合する抗体をもつ。抗原と結合したリンパ球は大量の抗体をつくり，抗体が細胞外に放出される。つまり，抗原

が大量の抗体産生を行う細胞集団（クローン）を選択する。

> 抗原による抗体産生クローンの選択という，クローン選択説の核心です。B細胞は抗原受容体として，膜結合型の抗体を備えており，抗体産生とは膜タンパク質である抗体分子の過剰生産・分泌であり，完全に正しい内容です。
> しかし，抗原受容体に抗原が結合することは，通常抗体産生の必要条件に過ぎません。B細胞がヘルパーT細胞に抗原提示する形でヘルパーT細胞と結合し，ヘルパーT細胞が分泌し，免疫系の情報伝達物質である，サイトカインの一種を介した刺激を受けることも必要です。

2 体液性免疫と細胞性免疫

樹状細胞やマクロファージなどのプロフェッショナルな抗原提示細胞，骨髄で分化し体液性免疫に関係するB細胞，骨髄でできた後に胸腺で成熟したT細胞の三者が主役となります。T細胞には，免疫システムの指令センターとなるヘルパーT細胞（細胞性免疫を促進するTh1,体液性免疫を促進するTh2），細胞性免疫を実行するキラーT細胞（細胞障害性T細胞），過剰な免疫応答を抑制する制御性T細胞などがあります。レトロウイルスの一種であるHIV（エイズウイルス）はヘルパーT細胞に感染し，機能を失わせるため，後天性免疫不全症候群（エイズ）が発症すると著しく免疫機能が低下し，健康な状態では感染しないような微生物まで感染する日和見感染が起こります。

3 MHCと抗原受容体を介した免疫系の情報伝達

免疫反応は，細胞間の情報伝達によって起こる現象であり，T細胞に情報を提示することに関係するのがMHC（主要組織適合抗原複合体），情報を受け取ることに関係するのがB細胞やT細胞表面の抗原受容体です。**B細胞の抗原受容体は単独の抗原断片（エピトープ，抗原決定基）とも結合できますが，T細胞の抗原受容体は抗原決定基とMHCの複合体でないと結合できず，T細胞への情報伝達にはMHCが必要**です。

MHCは多様性が高く，型の一致する他人はごく稀にしかいません。2種類あり，MHCクラスⅠはキラーT細胞への抗原提示用で，ほとんどすべての細胞に発現しており，非自己抗原を提示した細胞は破壊されます。もう1種類はMHCクラスⅡで，こちらはヘルパーT細胞への抗原提示用で，樹状細胞，マクロファージ，B細胞，単球などに発現しており，抗原提示を受けたヘルパーT細胞は免疫系の細胞を活性化するサイトカインを放出します。MHCを介してキラーT細胞と結合した細胞は殺され，MHCを介してヘルパーT細胞と結合した細胞は褒められるというイメージです。

ウイルス感染を例に，免疫応答に至る経路を，順を追って確認しましょう。まず，粘膜組織など，異物が侵入しやすい場所の近くに潜んでいる**樹状細胞がウイルスを取り込むとリンパ節に移動し，ウイルスの分解産物をMHCクラスⅡの内部から細胞表面に出します。これが抗原提示です。**そこに適合する抗原受容体をもつ**ヘルパーT細胞（Th2）が抗原提示細胞と結合するとサイトカインを放出し，MHCクラスⅡを介した抗原提示**

の形でこのヘルパーT細胞と結合しており，かつ，抗原受容体で抗原決定基と結合しているB細胞を活性化します。その結果，B細胞は盛んに増殖し，抗体産生細胞に分化し，**抗体産生を開始します。これが体液性免疫です。**

他方，ウイルスの感染を受けた細胞はその断片を細胞表面のMHCクラスⅠの中に出します。キラーT細胞はT細胞受容体を介してそこに結合し，この状態でヘルパーT細胞（Th1）からのサイトカインの指令を受容すると，**抗原を提示している感染細胞にアポトーシス**（⇨ p.61）**を誘導する物質を注入し，破壊します。これが細胞性免疫です。**

細胞性免疫は，非自己のMHCをもつ細胞に対する攻撃にも関与し，移植臓器への拒絶反応を引き起こします。型の異なるMHCをもつ細胞から，キラーT細胞が情報伝達を受けているようにも見えますが，これは，「自己のMHC＋異種抗原」と「非自己のMHC」が，同様の応答を引き起こすためであると考えられています。

キラーT細胞はそれ自体細胞破壊能力がありますが，活性化したB細胞（抗体産生細胞）が放出した抗体は抗原に結合するだけであり，単独では抗原を不活性化することはあっても，抗原を破壊する能力はありません。自然免疫に関与する細胞の中には，抗体の定常部と結合するFc受容体をもつものが多く，細胞に穴を開ける作用がある補体も抗体によって集合します。つまり，**抗体は食細胞や補体などの自然免疫系が攻撃すべき相手の表面に「目印」をつけ，そのはたらきを活性化する**ことが重要な役割です。

4 一次応答と二次応答

免疫という語は「疫病を免れる」，一度かかった病気に二度かからないという現象から名付けられた語ですが，花粉症などのアレルギー反応や，臓器移植における拒絶反応も細胞性免疫の現れであることが明らかになり，「二度目はない」という現象は，免疫の一つの面に過ぎないことが明らかになっています。とはいえ，適応免疫の大きな特徴であることも事実です。

この現象が起こる原因としては，**最初の免疫応答によってヘルパーT細胞の指令を受けたB細胞，T細胞の一部が記憶細胞として長く残存し，再度の同一抗原の刺激に対してすみやかに増殖して活発な免疫応答を起こす**ことが挙げられます。

ジェンナーは牛痘の接種で天然痘にかからなくなる事実を発見しました。牛痘と天然痘の原因は別種のウイルスですが，両者は共通の抗原決定基をもっていたため，牛痘に対する免疫記憶が天然痘に対しても有効だったのです。一般に，無害または毒性の低下した菌であるワクチンを接種して免疫記憶をつくることで，同じ病原体に対する抵抗性を獲得することができます。

5 血液型と適合比

A．ABO式血液型

血液型とは，赤血球などの血球表面の抗原決定基の型に基づく分類です。ラントシュタイナーが発見し，最も有名なABO式血液型のほか，Rh式，MN式などさまざまな

系列のものが知られています。ABO式血液型の場合，A抗原（凝集原）をもつA型は抗B抗体であるβ凝集素をもつというように，自分のもたない型物質に対する抗体が血しょう中に多量に存在します。A型でα凝集素がないのは，自己攻撃性クローンの死滅，不活性化による免疫寛容によるものですが，非自己の凝集原に対しては，二次応答の状態になっています。この原因は，ABO式の型物質はありふれた物質であって，皮膚や消化管の中に常に存在する細菌にA，Bの型物質をもつものがおり，それに反応した結果と考えられています。

　緊急時には，**供血者の赤血球が受血者の血しょうと反応しない方向であれば少量の輸血が可能**であり，たとえば，O型の赤血球は凝集原をもたず，受血者の血管内で凝集することはないため，すべての血液型に対して輸血可能です。

　O型の血しょう中には凝集素α，βが存在し，A型の赤血球にはαと反応するA凝集原が存在しますが，供血者の血しょうと受血者の赤血球の関係を無視できるのは，「少量の輸血」だからであり，大量に，あるいは急激に輸血することはできません。

　この理由は，次に触れる適合比になりやすいかどうかが関係しています。A型の赤血球をO型の血管内に輸血すると，ゆっくり輸血しても，ある程度薄まったところで凝集体ができますが，O型の血液をA型の血管内にゆっくり輸血すれば，凝集素は直ちに大量の凝集原と出会い，大きな凝集体はできない場合が多いのです。

B．適合比

　問題編p.119で触れたように，抗体は「両手」で2つの抗原を結び付ける形をしていますが，抗体が多過ぎると，すべての抗原決定基に抗体が「片手」で結合してしまい，抗原同士を抗体が結びつける形になりにくいため，凝集塊は形成されません。逆に，抗体が少なすぎると，抗体は一部の抗原を2つずつ結び付けることしかできず，大半の抗原決定基が抗体と結合していないため，大きな凝集塊が形成されることはありません。**抗体が多数の抗原を格子状に結び付け，大きな凝集塊が形成されるのは，抗原と抗体がある一定の割合になった場合のみで，この状態が適合比です。**

　抗原Aと抗A抗体を寒天上の少し離れた位置に置くと，抗原，抗体共に最初の位置から少しずつ拡散し，最初の位置を中心とした濃度勾配が形成されます。抗原に近すぎる位置は抗原の濃度が高すぎ，抗体に近い位置は抗体の濃度が高すぎ凝集塊はできません。両者の間の適合比になる位置では，凝集塊が沈降線として肉眼で確認できます。

　数学的には，両者の中間であれば垂直二等分線，3:2など，一定の距離の比であれば，沈降線は円の軌跡（アポロニウスの円）を描くでしょう。この原理を使うと，未知の抗原Xが既知の抗原Aと同じかどうか容易に判定できます。

　XがAと同じ抗原の場合，抗原Aが2カ所から拡散し，両方の位置から拡散してくる抗原Aの等濃度線は双山型の等高線のような形を描きます。そのため，適合比の位置を結ぶ沈降線が交差することはありません。

他方YがAとは別の抗原Bだったとします。この場合，抗原Aと抗A抗体，抗原Bと抗B抗体が別々に沈降線をつくるため，2本の沈降線は互いに無関係につくられ，交差する場所ができます。

C．Rh血液型不適合

Rh抗原はヒトとアカゲザルに共通に存在する抗原で，この抗原をもつ場合がRh＋，もたない場合がRh－です。Rh－の女子がRh＋の子を出産する場合，適切な処置をしないと，血液型不適合が問題になることがあります。

Rh－の母体にとってRh因子は非自己ですが，母体と胎児の血管は胎盤で接しているだけであり，出生前後までは両者の血液が交流することはありません。しかし，出産前後に血液が多少とも交流し，母体にRh因子に対する免疫記憶がつくられる場合があります。第二子もRh＋だった場合，二次応答によって母体で大量の抗Rh抗体がつくられ，これが胎児に流入すると，胎児の赤血球が破壊されてしまう可能性があるのです。

しかし，これは医療的には解決済みの問題であり，**出産直後の母体にRh因子に対する抗体を含む血清を注射することで予防できます**。Rh抗体は胎児から流入した赤血球のRh抗原に結合し，抗原決定基をふさいでしまいます。抗原決定基が抗体によってふさがれると，胎児赤血球のほとんどは好中球などの抗原提示能力のない白血球の食作用によってすみやかに処理されてしまうため，Rh因子に対する免疫記憶が形成される可能性はほとんどありません。

6 Th1/Th2バランスとアレルギー

近年の清潔指向の高まりとともに感染症は減少しました。しかし逆にアレルギー疾患が増加しています。小児期に多いアトピー性皮膚炎もその一種です。この原因に関して，ストラヒャン（1958）は新生児から幼年期において衛生的な状態で過ごすほど，アレルギー体質になりやすいという，今日衛生仮説とよばれるデータを発表しました。バーネットのクローン選択説の提唱とほぼ同じ時期であり，当時はその原因を説明することはできませんでしたが，近年，この原因がヘルパーT細胞のTh1とTh2の量的なバランスが関係することが明らかになってきました。

Th1の関与する細胞性免疫は，ウイルスに感染した細胞や細菌などの細胞レベルの異物，Th2の関与する体液性免疫は，毒物など，主に分子レベルの異物に応答する免疫システムです。若年期に細菌・ウイルスなどと接触する機会が少なすぎると，Th1が刺激されにくく，Th2の割合が高くなり，過剰な抗体産生が起こりやすくなります。特に**IgEという抗体は，肥満細胞に作用して血管拡張作用をもつヒスタミンを放出させ，この反応が過剰に起こったものがアレルギー反応です**。

Th1/Th2バランスは，一度崩れたら二度と直らないというものではなく，バランスを直すさまざまな手段が研究されています。

31 排出と体液の浸透圧調節

1．排出の意義

排出には，一般に次の2つの意義があります。
(1) **窒素排出物などの老廃物を捨てること。**
(2) **体液の水ポテンシャル（浸透圧）調節などの恒常性。**

(1)に関して。三大栄養素のうち，タンパク質を分解すると，炭水化物や脂肪の分解と異なり，アミノ酸のアミノ基に由来するアンモニア NH_3 が生じます。動物は無機窒素の同化機能の一部が欠損しており，タンパク質合成に必要な20種類のアミノ酸のすべてを合成することはできないため，余分な NH_3 が排出されます。

(2)に関して。老廃物と共に水や無機塩も排出され，これらの排出量は体液の浸透圧やイオン組成に応じて変化し，その調節には各種のホルモンが関与しています。

2．窒素排出物の種類と生成

NH_3 が有害なのは，水に溶けてアルカリ性を示したり，中枢神経の神経伝達物質であるグルタミン酸と結合してグルタミンを生じるためです。そのため，体内に多量に蓄積することはできませんが，膜透過性が高いため，軟体動物，甲殻類，硬骨魚類，両生類の幼生などは水中に拡散させることができ，排出に問題は生じません。

両生類の成体や哺乳類は通常水の乏しい環境にすみ，**尿素は毒性が低く濃縮可能**なので，尿素の形で排出します。尿素合成系である肝細胞の 尿素回路 は，一遺伝子一酵素説で有名なアルギニン合成系と似ていますが，合成されたアルギニンを酵素アルギナーゼが加水分解してオルニチンを生じる過程で尿素を生じる点が異なります。

筋肉などで生じた NH_3 はグルタミン酸と結合したグルタミンや，解糖系で生じたピルビン酸にアミノ基を転移したアラニンの形で運ばれ，肝臓はこれらの物質の脱アミノ反応で生じた NH_3 を尿素に変換しています。

サメ，エイなどの軟骨魚が尿素で排出するのは，海水の3分の1に相当する体液の浸透圧に尿素を加えて海水の浸透圧と等しくし，浸透圧調節のエネルギーを節約するためです。ハ虫類，鳥類の多くは，尿酸の形で排出します。尿素は毒性が低いとはいえ，水溶性のため，卵内に大量に貯蔵すると浸透圧への影響が無視できず，**水に溶けない尿酸は，浸透圧に影響を与えない点が有利**です。ハ虫類の一部から進化した哺乳類の窒素排出物が両生類と同様の尿素であることは奇妙に感じられるかもしれませんが，哺乳類の胎児は窒素排出物を胎盤で捨てることができるため，尿酸排出の必要がなく，エネルギーの節約の意味から尿素排出に戻ったと考えられます。なお，哺乳類の尿中にもわずかに尿酸が含まれるのは，核酸の分解産物として生じたもので，ヒトの痛風という病気は，関節などの血管内に尿酸結晶が生じることで起こります。

3．肝臓のはたらき

肝臓には尿素合成以外にも多くの機能があり，次のような機能を行っています。

1）グリコーゲンの合成・貯蔵・分解　2）アルブミンなどのタンパク質の合成
3）尿素合成　　　　　　　　　　　　4）解毒作用
5）胆汁の生成　　　　　　　　　　　6）脂溶性ビタミン（ビタミンA，D）の貯蔵
7）赤血球の破壊　　　　　　　　　　8）発熱による体温維持
9）血液の貯蔵

　肝臓がこのように多様な機能をもつのは，肝臓は消化器系に属する人体で最大の固形臓器であり，直接または間接的に三大栄養素すべての代謝に関係することの現れです。

　1）は炭水化物代謝で，小腸で吸収され，肝門脈を通って運ばれてきたグルコースをそのまま全身に流さずにグリコーゲンに合成し，必要に応じてグルコースに戻しています。血糖調節の効果器という見方もできます。

　タンパク質代謝に関しては，肝門脈から運ばれてきたアミノ酸を用いて2）の血しょうタンパク質の合成が行われ，3）の尿素合成は，タンパク質の分解で生じたNH_3の解毒です。

　NH_3以外の有害物質は，NH_3とは異なる方法で4）の解毒作用を受けます。グルクロン酸のように非常に水に溶け易い物質と結合させ（グルクロン酸抱合），胆汁と共に消化管内へ排出するなどの方法です。

　脂肪は肝門脈でなくリンパ管を通るため，脂肪代謝に対する肝臓の影響は大きくありません。しかし，5）胆汁に含まれる胆汁酸によって脂肪の消化過程を助ける，6）脂溶性ビタミンの貯蔵という点で無関係ではありません。

　胆汁は脂肪を消化しやすい細かい粒にする界面活性剤としての作用である乳化剤となる胆汁酸と，胆汁色素からなります。胆汁色素はヘモグロビンに含まれるヘムの分解産物であるビリルビンがグルクロン酸抱合を受けたもので，便の色の原因です。ヘモグロビンの分解は，肝臓と脾臓で起こる7）の赤血球の破壊と関係し，脾臓からの血管は肝臓に入るため，どちらで分解されたヘモグロビンも肝臓でビリルビンになります。

　肝臓ではこのように盛んな代謝が行われており，当然8）の発熱も大きくなります。さらに，肝臓の機能の多くが肝臓に出入りする血液成分と関係し，9）の血液の一時的な貯蔵による血流量の調節機能をもつことも納得できるでしょう。

4．水生動物の外液と体液濃度

1 脊椎動物以外の外液と体液

　外洋で生活するカニなどは浸透圧が安定した環境にすむため，調節機構は備わっておらず，外液の浸透圧を変化させると，体液の浸透圧も変化します。これらの浸透順応型の動物が適応可能な塩分濃度の範囲は狭いですが，河口付近などにすむ動物の場合，外

液の浸透圧が海水と大きく異なる条件では調節機構がはたらき、体液浸透圧を海水に近い範囲に維持でき、海水と淡水が入り混じるような環境でも生活できます。

2 硬骨魚の浸透圧調節

A．海産硬骨魚

　硬骨魚の体液の浸透圧は淡水魚と海水魚で大差なく、海水の3分の1程度であり、進化の過程で魚類が誕生した場所の外液浸透圧を反映していると考えられています。

　海産硬骨魚の体液は外液よりも浸透圧が低く、常に体表から水が出ていくため、**海水を飲み、えらの塩類細胞から塩分を積極的に排出**しています。海水を飲んで塩分（実際は海水の2～3倍濃い食塩水）を捨てる形で水の補給をしているのです。

　なお、塩類腺とよばれる塩分排出器官はハ虫類や鳥類にも存在し、ウミガメが産卵時に泣いているように見えるのは、ウミガメでは涙腺が塩類腺に変形しており、一時的に陸に上がっても、塩分の排出が続いているためです。

　魚類の腎臓には体液よりも高濃度に尿を濃縮する機能はないため、体液と同じ浸透圧の尿を少量排出しています。体液の浸透圧調節における腎臓の役割はやや副次的で、糸球体を欠くなど、排出器が退化した魚類も少なくありません。

B．淡水産硬骨魚

　外液は蒸留水に近く、体表から常に水が入ってきます。この水を捨てるのに主要な役割を果たしているのがよく発達した腎臓です。腎臓では塩分を積極的に再吸収していますが、水はあまり再吸収されず、**多量の低張尿が排出されます。**

　えらでは、海産魚で発達する塩分排出に関係する塩類細胞は発達せず、塩分吸収に関係する細胞が発達します。しかし、淡水中の塩類は少ないため、その重要性は大きくありません。実際、サケのように淡水中で生まれ、海で育つ回遊魚の場合、淡水中では腎臓のみで調節を行い、海に近づいてから塩分排出型の塩類細胞が発達します。

　サケのように淡水で生まれて海で育つ魚もいれば、ウナギのように海で生まれて川で育つ魚もいます。このように生育過程で生活場所を変える回遊魚が誕生した原因には、気候条件が関係すると言われています。一生淡水で育つ陸封型のサケはいても一生海で生活するサケはいないという関係から、最初のすみかは産卵場所の方と考えられます。熱帯の海は海水の上下循環が乏しいため、サンゴ礁などの一部の環境を除き栄養分が乏しく、熱帯の海で生まれた魚はずっと海にいるよりも、淡水に移動した方が大きく育つ可能性が高くなります。他方、寒冷な海は海水の上下循環が盛んに起こり、栄養豊富なため、ずっと河川などの淡水にいるよりも海水に移動した方が大きく育つ可能性が高くなります。そのような理由から、暖地の海で生まれた魚の中にはウナギのように川で育つ魚が現われ、寒地の河川で生まれた魚の中にサケのように海で育つ魚が現われたと考えられます。これらの回遊魚では、えらや腎臓の機能に関して、淡水型、海水型の切り換えが行われています。

5. さまざまな排出器

　プラナリアなどの扁形動物は、ほのお細胞を備えた原腎管、環形動物、軟体動物、節足動物などは繊毛の生えた腎口をもつ腎管、窒素排出物が尿酸である昆虫は消化管に付属するマルピーギ管を備えています。管内に入った体液から有用物質を再吸収したり、管内へと老廃物を分泌する、ゆるやかな物質移動です。脊椎動物の腎臓では、糸球体に高い圧力をかけてつくった原尿中から、細尿管で有用物質を再吸収しています。ヒトでは一日にできる原尿量は 200 L 近く、体液が繰り返し原尿となり、再吸収されます。

　高い圧力をかけて大量の原尿をつくり、必要な物質だけを回収する腎臓の方式は、多くのエネルギーを必要としますが、利点もあります。分子量が大きくない未知の有害物質が侵入した場合、腎臓以外の排出器では、この物質が長期間体内に滞在し、害を与える可能性が高くなりますが、腎臓の方式であれば、この物質は再吸収されず、すみやかに体外へ排出されます。腎臓は、有害物質を自動的に排除する上で効率のよいしくみであり、脊椎動物に寿命の長い動物が多い原因の一つと考えられています。

6. ヒトの腎臓とそのはたらき

■1 細尿管のループ構造と排出量の調節

　血しょう成分のうち、ろ過されない血しょうタンパク質と、すべて再吸収されるグルコースは尿中に排出されませんが、水や無機塩は大半が再吸収され、一部尿中に排出されます。その排出量は体液浸透圧などによって変化し、**無機塩類の再吸収量は副腎皮質から分泌される鉱質コルチコイドの細尿管への作用、水の再吸収量は脳下垂体後葉から分泌されるバソプレシンの集合管への作用によって調節**されています。

　哺乳類などの腎臓は、魚類と異なり、高張尿を排出できます。これは、細尿管のボーマンのうから出た部分（下行脚）に続く集合管に近い部分（上行脚）が、集合管と対向流（⇨ p.130）を形成していることが関係しています。

　細尿管で無機塩類を積極的に吸収し、細尿管の水透過性が低いと、管内の溶液の浸透圧はどんどん下がり、淡水魚のような大量の低張尿ができます（右の上図）。細尿管の水透過性が高いと、細尿管の無機塩類の吸収に伴い、細尿管の周辺の浸透圧が上昇し、浸透圧差によって水も管内から出るため、少量の等張尿が排出されます（右の下図）。海水魚の尿と同じ結果です。**真っすぐ伸びた細尿管では、体液より濃い尿をつくることはできない**のです。

直線状の細尿管と再吸収

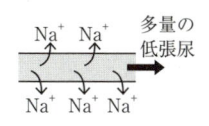

細尿管の水の透過性がなければ、Na^+ などの溶質は再吸収され、水は再吸収されずに排出されるため、多量の低張尿が排出される。

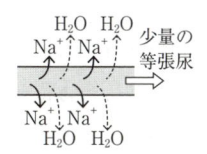

Na^+ などの溶質の再吸収により、細尿管周辺の浸透圧は高くなっているため、浸透圧の勾配に従って水は受動的に再吸収され、浸透圧差は生じない。

→ 能動輸送　⇢ 受動輸送

Na⁺の能動的な再吸収は上行脚のみで起こり，上行脚は水透過性がないため，管内の浸透圧は上にいくほど低くなり，能動輸送によって管外に出る無機塩類の量は上部ほど減っていきます。管内から出た無機塩類により，管外は多少とも管内よりも浸透圧が高く，結果として，**管内，管外共に上部ほど浸透圧が低い浸透圧勾配が形成されます**。

　他方，下降脚では水や無機塩が自由に出入りします。下へ進むほど周囲の浸透圧が高くなるため，管外へと水が出て行きます。管内，管外共に，下にいくほど浸透圧が高いという浸透圧勾配が形成されることにより，腎臓の中に，局所的に体液より浸透圧が高い場所が生じます。

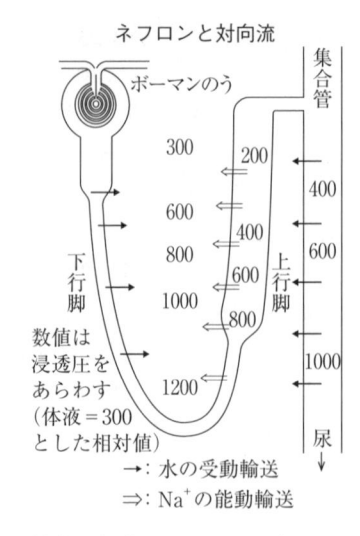

ネフロンと対向流

（図：数値は浸透圧をあらわす（体液＝300とした相対値））

→：水の受動輸送
⇒：Na⁺の能動輸送

　鉱質コルチコイドは主に上行脚のナトリウムポンプの機能を促進しており，上行脚の能動輸送によって細尿管の上下の浸透圧勾配が形成されます。尿の浸透圧，従って体液浸透圧の調節に深く影響するのは，脳下垂体後葉から分泌され，集合管に作用するバソプレシンです。バソプレシンは，主に集合管壁の細胞に存在するアクアポリン（水チャネル）を調節しており，バソプレシンの作用がない場合，アクアポリンは細胞質の内部に存在し，集合管の水透過性は低く，上行脚の最上部にあった薄い尿がそのまま排出されます。大量の水を飲んだ場合などに低下した体液浸透圧を正常に戻すための調節です。

　バソプレシンが分泌されると，アクアポリンが集合管壁の細胞の細胞膜に移動し，集合管の水透過性が高くなります。この場合，集合管内の水は周囲と浸透圧が等しくなるよう，管外に移動し，進むにつれて高い浸透圧の場所を通るため，それと等しい浸透圧，つまり，体液よりも高い浸透圧になるまで尿が濃縮されます。

　ヒトの尿の濃縮能は最大でも海水と同程度までで，海水を飲んで濃い尿を排出しても，体液浸透圧を下げることはできません。しかし，砂漠にすむ動物の中には，海水よりも濃い尿をつくることができ，海水からでも水の補給ができるものもいます。

2 腎臓と排出量

A．ろ過量を求める

　腎臓でのろ過によって生じる原尿量は，ろ過されるが全く再吸収されない物質の注射と濃度の測定によって求められ，一部の植物特有の糖であるイヌリンがよく用いられます。イヌリンを注射した場合，原尿中のイヌリンは全く再吸収されないため，原尿中のイヌリン量は尿中のイヌリン量と等しく，次頁の図①のように次の式が成立します。

原尿量×原尿中のイヌリン濃度＝尿量×尿中のイヌリン濃度　…①

　式①の右辺の2つの項は容易に測定でき，原尿中のイヌリン濃度は血しょう中のイヌ

リン濃度と同じなので，式①の変形より，次のように原尿量が求められます。

$$原尿量 = 尿量 \times \frac{尿中のイヌリン濃度}{血しょう中のイヌリン濃度} = 尿量 \times イヌリンの濃縮率 \quad \cdots ①'$$

B．再吸収量とクリアランス値

尿素などの一部再吸収される物質の場合，下図②のように次の式が成り立ちます。

原尿中の尿素量＝再吸収される尿素量＋尿中の尿素量　したがって，

原尿量×原尿（血しょう）中尿素濃度＝再吸収される尿素量＋尿量×尿中尿素濃度…②

原尿量は式①'から求められ，血しょう中や尿中の尿素濃度，尿量は容易に測定できるため，これらを式②に代入し，再吸収される尿素量も求められます。

なお，式②の両辺を原尿（血しょう）中の尿素濃度で割ると，左辺は原尿量，右辺の2番目の項は，$尿量 \times \frac{尿中の尿素濃度}{原尿（血しょう）中の尿素濃度}$，すなわち尿量×尿素の濃縮率

になります（下図③）。原尿量を100として，尿量×尿素の濃縮率が60とすれば，原尿100の中にあった尿素のうち，原尿60の中にある尿素が尿中に出て，原尿40の中の尿素は再吸収されたことを示しています。このように，**ある物質（x）について求めた尿量×物質xの濃縮率が，物質xのクリアランス値（清掃値）**です。クリアランス値が大きい物質ほど，**腎臓での排出効率が高い**ことを示しています。

ろ過される物質の多くは，一部が再吸収された後，残りが尿中に排出されるため，クリアランス値は最大でも原尿量（ろ過量）で，多くの場合，原尿量の一部です。しかし，例外的にパラアミノ馬尿酸のクリアランス値は原尿量よりも多くなります。

パラアミノ馬尿酸は全く再吸収されず，再吸収とは逆に，毛細血管中のほぼ全量が細尿管へと分泌されるため，パラアミノ馬尿酸の量については，次の関係式が成立します。

原尿中の量＋分泌される量＝尿中の量

パラアミノ馬尿酸のクリアランス値は，腎臓を通過する血しょうの全量をあらわします。パラアミノ馬尿酸は，本来体内にはない，トルエン（シンナー）などの有機溶媒が肝臓で処理されてできる物質であり，有機溶媒は細胞膜を通過してタンパク質を変性させる場合もある好ましからぬ物質なので，徹底的に嫌われているのです。

腎臓での物質の移動とクリアランス値

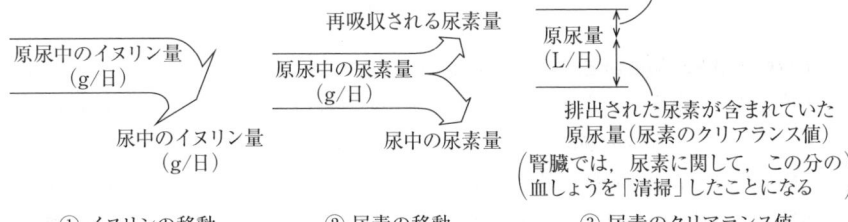

① イヌリンの移動　　② 尿素の移動　　③ 尿素のクリアランス値

32　恒常性

1．恒常性とは

　細胞の生命活動を安定的に保つためには，細胞の置かれた環境である体液の状態を安定的に維持することが必要であり，**内部環境（体内環境）である体液の状態を安定的に保つ機能が恒常性（ホメオスタシス）**です。恒常性という概念は拡大解釈されやすく，免疫系や血液凝固系を含めることも可能ですし，極端な場合，地球全体を一つの生命体と見立てた，「地球環境の恒常性」という言い方もあります。これらは比喩であり，基本的には，間脳視床下部が中枢となり，**自律神経や内分泌系からのホルモンを介した，体液の浸透圧，血糖値，体温などの調節が恒常性の代表例**です。

　自律神経は交感神経と副交感神経からなり，アクセルとブレーキのように拮抗的に各種器官のはたらきを調節しています。神経興奮の伝導・伝達を介して特定の器官のはたらきに影響を与えるため，電話をかけて命令するように，すみやかに作用があらわれますが，一時的な傾向が強い調節です。

　ホルモンとは内分泌腺で合成され，微量で大きな生理作用をあらわす化学物質であり，微量で大きな生理作用を現す点はビタミンと似ていますが，ビタミンは体内では合成できず，体外から摂取します。

　ホルモンの作用が現れるためには，体液中の濃度がある程度高まる必要があり，自律神経による調節と比較して遅効的な傾向があります。しかし，一定の濃度を維持しさえすれば継続的に機能させることが可能であり，持続的な調節という傾向があります。

　自律神経とホルモンの作用の違いは絶対的なものではなく，実際は密接に関係しあって機能しています。神経伝達物質と神経分泌ホルモンの間に本質的な違いはなく，受容細胞がシナプスを介して神経と密着していれば神経伝達物質，血液を介して離れていればホルモンという程度の違いです。

```
                        恒常性の概略
              ┌ 神経性調節…自律神経（交感神経，副交感神経）の拮抗調節
              │          （即効的，一時的）
  視床下部    │
  （最高中枢）│
              └ 液性調節…各種内分泌腺からのホルモン→血流により全身へ
                        →受容体を備えた特定の標的細胞のみに作用
                        （遅効的，持続的）
```

2．自律神経のはたらき

　自律神経は，中枢から効果器に向かう際，途中の神経節でシナプスを形成してニューロンを乗換えるという特徴があり，中枢と神経節の間が節前神経，神経節から効果器の間が節後神経です。節前神経の神経伝達物質はアセチルコリンですが，節後神経の神経伝達物質は副交感神経ではアセチルコリン，交感神経では主にノルアドレナリンであり，

単に自律神経の神経伝達物質といった場合，節後神経の神経伝達物質のことです。

交感神経はすべて脊髄から派生し，脊髄の近くに交感神経節があります。副交感神経の最大のものは延髄から派生する迷走神経ですが，中脳から派生する動眼神経，脊髄から派生する仙髄神経なども含まれ，効果器の近くに神経節があります。

交感神経のはたらきは「闘争か，逃走か」と表現され，眼をカッと見開き（瞳孔が拡大），息遣いが荒くなり（呼吸運動の活発化），胸はドキドキし（拍動の促進），鳥肌が立つ（立毛筋の収縮）など，緊張・興奮した状態で優位になります。副交感神経は，交感神経とは逆に作用する場合が多く，交感神経によって抑制される消化に関係した活動を副交感神経は促進します。

同じアセチルコリンが分泌されても，運動神経は骨格筋を収縮させ，副交感神経は心臓の拍動を弱めるという，筋肉に対して逆の作用をしています，これは神経伝達物質に対する受容体の違いによるものです。

骨格筋の細胞膜には，アセチルコリンが結合することで開くリガンド依存性陽イオンチャネルが存在し，アセチルコリンはナトリウムイオンの流入による脱分極を引き起こします。副交感神経が作用する器官には別の受容体が存在し，受容体にアセチルコリンが結合すると，受容体に結合していたGタンパク質（GTP結合タンパク質）が活性化され，Gタンパク質のサブユニットがカリウムチャネルに結合し，カリウムイオンの流出による過分極が起こります。アセチルコリンが神経終末から放出される点は同じでも，異なる受容体に結合すれば，膜電位が逆方向に変化し，筋収縮への影響も逆になります。

Gタンパク質は心筋に対する作用のように，直接イオンチャネルのはたらきに影響を与えるほか，ある種の酵素を活性化し，細胞内でのcAMP（環状アデノシン一リン酸），IP_3（イノシトール三リン酸）などの物質の合成を引き起こすこともあります。cAMP，IP_3などは，細胞表面に神経伝達物質が結合したことを細胞内に伝える物質であり，神経伝達物質やペプチドホルモンのように，**細胞内に入らない情報伝達物質が細胞膜の受容体に結合したことを細胞内に伝えるセカンドメッセンジャー**です。セカンドメッセンジャーはある種の酵素の活性化，イオンチャネルの細胞質内部から細胞膜への移動などの変化を引き起こし，各細胞に特有の応答を引き起こします。

Gタンパク質やセカンドメッセンジャーは，電気器具のスイッチのようなものであり，別のはたらきをする電気器具のスイッチの構造が同じでも不思議はないのと同様，さまざまな情報伝達の中で機能しています。

心臓に対する交感神経の作用にも，Gタンパク質が関係しています。洞房結節に存在するペースメーカー周辺の受容体にノルアドレナリンが結合すると，Gタンパク質はcAMPを介して細胞膜のカルシウムチャネルを開かせ，カルシウムイオンの流入による脱分極を引き起こし，拍動を促進します。

147

3．内分泌腺とホルモン

　消化腺，汗腺などの外分泌腺からの分泌物は排出管（導管）を通り，体外へ分泌されるのに対し，内分泌腺は排出管をもたず，**ホルモンは血管に入り，血液を通じて全身に運ばれます**。ホルモンの分子量は一般に小さく，タンパク質であっても血管をすり抜け，ホルモンに対する受容体をもつ特定の標的細胞のみに作用を及ぼします。

　ホルモンの化学的実体は，大半が小さなタンパク質（ペプチド）ですが，チロキシンはヨウ素Iを含む芳香族アミノ酸，アドレナリンはアミノ酸から変化した物質であり，副腎皮質ホルモンや生殖腺ホルモンは脂質のステロイドです。これらのうち，**脂溶性のチロキシンとステロイドホルモンの受容体は細胞内に存在しますが，他のホルモンは細胞内に入らず，受容体は細胞膜に存在します**。細胞膜に受容体が存在するホルモンは，自律神経と同様，セカンドメッセンジャーを介して情報が伝えられますが，脂溶性ホルモンの受容体は細胞内に存在し，多くの場合，受容体と共に転写調節因子となり，特定の遺伝子発現を調節します（⇨ p.56）。

　ホルモンの種類はかなり多いため，まず，さまざまな場面で繰り返し登場するホルモンを確認しましょう。

　最高中枢である視床下部の神経分泌細胞の終末は正中隆起部の血管に接しており，脳下垂体前葉から分泌されるホルモンに対する放出ホルモンや放出抑制ホルモンを分泌します。その指令によって脳下垂体前葉から各種刺激ホルモンと成長ホルモンが分泌されます。

最も代表的な内分泌腺とその命令系統

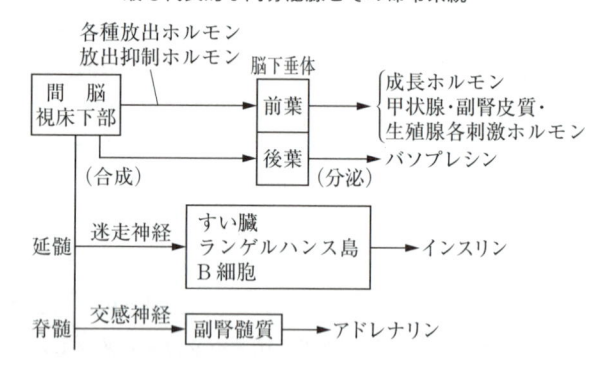

間脳視床下部 →（合成） 各種放出ホルモン／放出抑制ホルモン → 脳下垂体 前葉（分泌）→ 成長ホルモン／甲状腺・副腎皮質・生殖腺各刺激ホルモン
　　　　　　　　　　　　　　　　　　　　　　　　　　　　　後葉 → バソプレシン
延髄 → 迷走神経 → すい臓 ランゲルハンス島 B細胞 → インスリン
脊髄 → 交感神経 → 副腎髄質 → アドレナリン

　各種刺激ホルモンとは，甲状腺，副腎皮質，生殖腺（卵巣内のろ胞や黄体，精巣）から分泌されるホルモンの分泌を促進するホルモンで，これらの指令に基づき，甲状腺からはチロキシン，副腎皮質からは糖質コルチコイドの分泌が促進されます。生殖腺から分泌されるホルモンとしては，ろ胞からのエストロゲン，黄体からのプロゲステロン，精巣からのテストステロンなどがあります。脳下垂体前葉の指令によって分泌されるホルモンは，細胞内受容体と結合する脂溶性ホルモンであるという共通性があります。

　視床下部と脳下垂体後葉の関係は脳下垂体前葉とは異なり，視床下部の神経分泌細胞の神経終末が脳下垂体後葉へと直接伸びています。脳下垂体後葉は脳下垂体前葉のように自らホルモンを合成しておらず，視床下部の神経分泌細胞の合成したホルモンを分泌しているだけです。脳下垂体後葉から分泌されるバソプレシンは，集合管での水分再吸

収の促進のほか，血管収縮による血圧上昇作用もあります。

　すい臓ランゲルハンス島Ｂ細胞は，視床下部の指令に基づき，延髄から派生する副交感神経（迷走神経）による調節を受けています。ランゲルハンス島Ｂ細胞から分泌されるインスリンは，血糖上昇時に血糖値を下げる作用をもつ唯一のホルモンであり，インスリンの分泌や作用の低下は糖尿病の発症につながります。

　副腎髄質は交感神経と発生的に近く，交感神経と特に密接な関係があり，交感神経の神経伝達物質であるノルアドレナリンと類似したアドレナリンを分泌します。副腎髄質に接続する交感神経は，終末からアセチルコリンを放出する節前神経であり，副腎髄質はそれ自体，交感神経の節後神経が変化したものと見ることができます。

4．ホルモンとフィードバック

　内分泌腺からのホルモンを介した恒常性の調節機構の特徴として，負のフィードバックが挙げられます。「負の」とは，**変化を妨げるという意味**であり，増え過ぎたときに減らすことも，減り過ぎたときに増やすことも負のフィードバックです。正のフィードバックとは，増え過ぎたときにさらに増やす，減り過ぎたときにさらに減らすことで，通常調節というよりシステムの暴走状態です。とはいえ，正のフィードバックも全くないわけではなく，ホルモンのはたらきの中で正のフィードバックと見なせるものに，性周期の中で卵巣内のろ胞から分泌されるエストロゲンによって脳下垂体前葉から黄体形成ホルモンの分泌が促進される経路があります。この場合，黄体形成ホルモンは短時間に急激に分泌量を増やし，ろ胞からの排卵を引き起こします。免疫系の「樹状細胞やマクロファージなどの白血球の抗原提示がヘルパーＴ細胞を介して抗体産生を促進し，抗体が白血球の食作用を促進し…」という経路も正のフィードバックと見なすことができ，抗原の侵入にすみやかに応答する上で有用と考えられます。

　しかし，恒常性に関してフィードバックとは，通常負のフィードバックのことと考えて構いません。例えば，甲状腺からのチロキシンは，呼吸などの代謝を促進する機能をもつ一方，チロキシンの血中濃度は視床下部や脳下垂体前葉によって感知されており，チロキシンの濃度が上昇すると，視床下部からの甲状腺刺激ホルモン放出ホルモン，脳下垂体前葉からの甲状腺刺激ホルモンの分泌量が低下します。その結果，甲状腺のチロキシン分泌量が低下し，チロキシン濃度が低下します。もちろん，チロキシン濃度が低下し過ぎると，視床下部，脳下垂体前葉からの指令によって分泌量が増加し，チロキシン濃度は一定の幅の中で調節されています。

　なお，ホルモンに限らず，生体物質一般に言えることですが，**ある物質の濃度が一定ということは，通常合成も分解も起こっていない状態ではなく，合成・分泌される量と分解・排出される量が釣り合っている状態**です。分泌が低下すれば，分泌量を分解量が上回るため，直ちに濃度が低下します。

33 血糖調節と体温調節

1. 血糖値の調節と恒常性

1 血糖調節の意義

　正常人の血糖値は約0.1％（1mg/1mL）に保たれており，正常な生命活動になくてはならないものです。血糖値が極端に低下すると脳などの神経系のはたらきが阻害され，昏睡状態や死を招く危険がありますし，高血糖は腎臓の再吸収能力を超え，尿中に糖が排出される（糖尿）だけでなく，各種の合併症の原因となります。

2 血糖値を下げるしくみ

　食後などに血糖値が上昇すると，間脳視床下部の糖中枢がそれを感知し，迷走神経（副交感神経）を経てすい臓ランゲルハンス島のB細胞からのインスリンの分泌が促進されます。内分泌腺の中には上位中枢の指令がなくても分泌が起こる例があり，ランゲルハンス島B細胞もその一つで，細胞膜のグルコース輸送体の作用を通じて血糖値を直接感知し，高血糖時にはインスリンの分泌が高まります。

　インスリンは肝臓や筋肉に作用し，グルコースからグリコーゲンを合成する酵素の活性を高め，グリコーゲン合成を促進する一方，筋肉や脂肪組織などの細胞膜のグルコース透過性を高め，糖の吸収を高めます。後者はグルコース輸送体（GLUT）に対する作用であり，筋肉や脂肪組織のGLUTはインスリンの作用によって細胞質内から細胞膜へと輸送されます。なお，肝臓は常に肝門脈からのグルコースを取り込んでいるため，肝臓のGLUTは常に細胞膜に存在し，インスリンの影響を受けません。

3 インスリンと糖尿病

　糖尿病は血糖値が上がり，尿中に糖が出る病気ですが，糖尿病が危険な理由の一つは，GLUTに関係する問題です。インスリンが作用しないとGLUTが機能しなくなり，血中からグルコースが取り込まれなくなり，細胞がグルコース飢餓に陥るのです。

　糖尿病は，遺伝，自己免疫，生活習慣などの原因により，インスリンの分泌やインスリンに対する応答が起こらなくなることで発症します。インスリン受容細胞が原因の場合，血中のインスリン濃度は健常者よりも高いことも多く，インスリンを注射しても症状は改善しません。

4 血糖値を上げるしくみ

　食事の合間などに血糖値が低下すると，視床下部から交感神経を通じて副腎髄質からのアドレナリンの分泌が促進されます。アドレナリンはインスリンとは逆に，肝臓でのグリコーゲンの分解を促進し，血糖値を上昇させます。アドレナリンと似たはたらきをしているホルモンとして，すい臓ランゲルハンス島のA細胞から分泌されるグルカゴンがあり，ランゲルハンス島のA細胞は交感神経の支配も受けますが，血糖値を直接感知し，グルカゴンの分泌が高まります。

アドレナリンやグルカゴンによる血糖値上昇作用は，肝臓に対する作用であり，筋肉に対するものではありません。筋肉はインスリンの作用を受けてグリコーゲン合成が促進される点は肝臓と同様ですが，合成・貯蔵されたグリコーゲンがグルコースに戻って体液中に放出されることはありません。この原因は肝臓と筋肉で発現しているグリコーゲン分解系酵素の違いです。グリコーゲンが分解される際，デンプンと異なり，加水分解でなく加リン酸分解が起こり，肝臓はこのリン酸基を切り出してグルコースとして体液中に放出しますが，筋肉にはリン酸基を切り出す酵素が発現していません。筋肉は自らの収縮に必要なATP合成のためにグリコーゲンを貯蔵しているのです。

　副腎皮質が分泌する糖質コルチコイドも血糖値の調節に関係しています。糖質コルチコイドは視床下部，脳下垂体前葉を介して分泌が促進され，筋肉のタンパク質の分解や肝臓でのアミノ酸のグルコースへの変換の促進によって血糖値を上昇させます。

5　血糖値を上げるしくみはなぜいくつもあるのか

　血糖値を上昇させるホルモンは，アドレナリン，グルカゴン，糖質コルチコイドだけでなく，成長ホルモンやチロキシンも血糖値を上昇させる場合があります。血糖値を下げるホルモンとしてはインスリンしかないのに対し，血糖値を上昇させるホルモンは複数存在します。この意味を考える上で，まず，ホルモンの一般的特徴として，自律神経よりも遅効的，持続的な調節という傾向があることを思い出して下さい。この特徴が特にはっきり現れるのは，脳下垂体前葉を介して調節される脂溶性ホルモン群であり，これらは特に長期的調節に関係が深いといえます。他方，交感神経の支配下で分泌される副腎髄質からのアドレナリンや，副交感神経の支配下で分泌されるすい臓ランゲルハンス島B細胞からのインスリンなどは分泌調節に自律神経が関係しているため，脳下垂体前葉を介して調節されているホルモンよりも短期的な調節に関与する性格があると言えます。

　この観点から見ると，血糖値を下げるしくみに関しては，短期的な調節であるインスリンのみであるのに対し，**血糖値を上げる調節については短期的調節と長期的調節の両方が備わっている**と見ることができます。

　インスリンが全くないと，細胞はグルコースを使えなくなってしまうため，インスリンの分泌は必ずしも短期だけとは言えませんが，**インスリンを多量に必要とする場面は食事の直後以外になく，このときインスリンは急激に増加する**のです。

　他方，血糖値を上昇させるホルモンのうち，一日の中で変動するのは，アドレナリンやグルカゴンで，糖質コルチコイドの分泌量は，食事の直後の一時的な血糖値の上昇によって変動することはありません。アドレナリンやグルカゴンは肝臓に蓄えられているグリコーゲンの分解によって血糖値を上昇させますが，野生動物の場合，数日の絶食は稀ではなく，決して多いとは言えない肝臓のグリコーゲン貯蔵量に頼る血糖調節しかないとしたら，短期間で死んでしまうでしょう。糖質コルチコイドによる調節は，飢餓の

危険，長期的な絶食時に，体のタンパク質を分解しても血糖値を維持するためのしくみとして発達したと考えられます。

　肝臓のグリコーゲンの分解促進に関与するホルモンであるアドレナリンとグルカゴンは協調的に機能する場合が多く，両者の違いは明瞭ではありませんが，副腎髄質は交感神経と発生的にも近く，ランゲルハンス島A細胞よりも交感神経との関係が緊密です。アドレナリンは，交感神経が優勢となる活発な活動に伴うグルコースの大量消費に備えて血糖値を上げるためのホルモン，直接感知が多いグルカゴンは，血糖値が正常値よりも低下したときに正常値に戻すためのホルモンという傾向があります。実際，体温調節において体内の代謝を活発化するために血糖値を上げる場面では，アドレナリンは盛んに分泌されますが，グルカゴンの分泌量はほとんど変化しません。

2．体温調節のしくみ
1 体温調節と環境への適応

　脊椎動物のうち，鳥類と哺乳類は体温調節のしくみを備えており，体温を一定に保つことで外界の温度に左右されず，体内の活動を安定的に保つことができます。体温調節能が発達していないハ虫類の場合，早朝は活発に活動できないため，太陽の熱を利用して体温を上昇させてから本格的な活動を開始します。

　近縁な動物で比較すると，恒温動物の場合，寒冷な地域に生息する種は，温暖な地域に生息する種よりも大型（ベルクマンの規則）で，耳などの突起物が小さい（アレンの規則）傾向が認められます。**寒冷な地域に生息する種は，体積に対する表面積を小さくし，体内で発生する熱に対する，体表から逃げる熱の量を小さくしている**と説明されます。

2 体温調節の概略

　体温調節は基本的に体温を上昇させるしくみで，体温を低下させるしくみとしては，発汗により，汗の蒸発に伴って温度低下を促進させる機能がある程度です。

　交感神経は，主に体温を高く維持する際に優位になりますが，皮膚では副交感神経の分布が確認されておらず，交感神経のみが分布しており，発汗も汗腺に接続する交感神経の作用によって起こります。汗腺に分布している交感神経の終末からはノルアドレナリンでなくアセチルコリンが分泌され，他の交感神経とは性格が異なります。イヌは皮膚の汗腺の発達が悪く，暑いときは舌を出して熱を逃がします。

　体温調節のしくみにおいて，まず，外界の温度変化は皮膚の温度受容器によって感知され，間脳視床下部に伝えられます。視床下部は外界の温度変化だけでなく，血液の温度変化を感知しますが，外気温が低下すれば当然体温が下がる可能性が高いため，体温が下がる前に，いわば予防的に体温調節が機能し始めるのです。

　体温の上昇は，体表からの熱放散量を減らすことと，体内での熱発生量を増やすことによって行われます。部屋の温度を保つことに例えれば，窓を閉めて室内の熱を逃げな

くすることが前者，室内で暖房をつけることが後者に相当します。

3 熱放散量の調節

熱放散量を減らすしくみは，**交感神経の皮膚への指令**によって行われる**立毛筋の収縮**や，**皮膚の血管収縮**です。ヒトの場合，立毛筋を収縮させても熱放散量を減らす効果は期待できませんが，全身が体毛で覆われている動物の場合，立毛筋を収縮させることは，皮膚の周囲を取り巻く断熱層を厚くする効果があります。綿の量が同じでも，空気が沢山入ったふかふかの布団は暖かく，綿が硬く詰まった布団は暖かくないのと同じ理屈です。皮膚の血管を収縮させることは，皮膚の血流量を減らす意味があります。血液温度の低下は全身の温度低下につながるため，皮膚で冷やされる血液量を減らすのです。

4 熱発生量の調節

熱発生量を増やすしくみとは，**体内での代謝を高めること**です。脳下垂体前葉からの甲状腺刺激ホルモンによって分泌が促進される甲状腺からの**チロキシンは呼吸を促進し，呼吸に伴う熱発生量を増やします**。呼吸基質であるグルコースの供給量は，副腎髄質からのアドレナリン，副腎皮質からの糖質コルチコイドなど，**血糖値の上昇に関与するホルモンによって増加します**。交感神経を介して**心臓の拍動が促進されることは，呼吸基質・酸素や発生した温熱の運搬**に関係し，運動神経を介した筋肉運動（震え）の活発化に伴うエネルギー消費も呼吸を活発化させる機能があります。これらのはたらきによって体温が上昇すると，血液温度を視床下部が感知し，交感神経や脳下垂体前葉などのはたらきが抑えられます。

　副腎皮質からの糖質コルチコイドは，食事の合間の血糖値の低下では分泌量は変化しないのに，体温の低下に際しては短時間で分泌量が増加します。脳下垂体前葉によって支配されている内分泌腺はやや遅効的という傾向と矛盾するように思えますが，やや遅効的・即効的ということは大体の傾向に過ぎません。糖質コルチコイドは体が大きなストレスを受けた時などにすみやかに分泌される傾向があり，食事の合間の空腹と異なり，寒冷条件での体温の低下は生命にかかわる大きなストレスです。このような条件では糖質コルチコイドも比較的短時間で分泌量が増加してきます。

　熱発生器官としては，肝臓や骨格筋が代表的ですが，肩甲骨の周辺に存在し，乳幼児に多い褐色脂肪組織も重要です。通常の白色の脂肪組織と異なり，血管に富む脂肪組織で，細胞内に特殊なミトコンドリアが存在します。水素イオンの膜間腔への輸送（⇨ p.25）までは普通のミトコンドリアと同じですが，特殊なタンパク質が水素イオンをマトリックスへ通してしまうために ATP 合成が起こらず，呼吸で得られるエネルギーはすべて熱に変化します。呼吸に伴う熱発生は，通常はエネルギーの損失ですが，体温維持においては，熱を得ることが目的となるのです。

34　個体群と生態系

1．生態学とは

　生態学は，生物学の他の分野とは異なる特徴をもつ学問です。他の分野は生物が対象であり，個体を出発点として器官，組織，細胞，細胞小器官やそれを構成する分子の挙動を扱い，その手法は基本的に分析的です。生態学は生物の集まりである**生物群集**と生物群集を取り巻く非生物的環境を含む生態系が対象であり，ある地域に生息する同種個体の集まりである**個体群**を出発点とし，その手法は基本的に総合的です。

　生態学は3つの関係，すなわち**非生物的環境が生物群集に与える作用，生物群集が非生物的環境に与える環境形成作用，生物群集を構成する個体群と個体群の相互作用**を扱います。3つの関係に伴う物質やエネルギーの移動も重要です。

　生態学のこのような特徴は，生物学以外の学問分野の関心事となり，社会学者の一部は生態学は社会学の一部であるとし，自らを社会生態学者と称しています。その一例として，「生態学的発想に基づく文明の盛衰」に関する議論を紹介しましょう。

　紀元前に成立したチグリス・ユーフラテス文明などの四大文明を初めとし，かなり長期間にわたって一定の地域で文明の繁栄が見られた例はかなりあります。これらの中には千年を超えて続いたとされるものもありますが，詳細に検討すると，本当に繁栄したと言える期間はそれほど長くはありません。しかし，例外的に長く繁栄が継続した文明が一つあり，それは，あえて文明という言葉を使えば，日本の江戸文明です。

　人口百万人を擁し，当時としては世界最大級の都市である江戸を抱えながら，江戸が三百年の長きにわたり繁栄を続けたことは，文明の常識からは，かけはずれたものです。大都市を中心とする文明は，周辺農地から荒廃が始まり，やがては滅びていきます。鎖国という，外部との物流の乏しい条件の中で衰退の気配を見せなかったのは不思議というほかはないのです。社会生態学的見地からは，この継続性の主な原因は，「糞尿の処理」とされています。

　大河川の周囲に成立した文明では，糞尿は川に流されていましたが，江戸時代では糞尿は貴重なものとされ，周辺農民が江戸から糞尿を持ち帰り，肥料として農地に戻していました。江戸と周辺農地の間には安定した物質循環が成立していたため，農地の荒廃は起こらなかったのです。

2．個体群

■1　個体群の構造と資源

　個体群を考える上で根本的に重要なのは，「**資源**」という**概念**です。個体群とは，同じ資源を要求する個体の集まりであり，ある地域における，個体群を構成する個体の分布状態には一般に以下の3つが考えられます。

個体群と生態系

ランダム分布は全く規則性がなく，偶然個体が存在する様式で，ごく稀です。均一分布は個体がほぼ等間隔に分布している様式で，あまり多くありません。最も一般的なのは塊状分布で，ある程度の数の個体が集団を形成する様式です。

個体群と分布様式

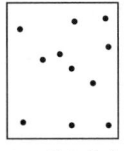

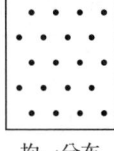

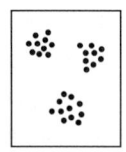

ランダム分布　　均一分布　　塊状分布

ランダム分布が稀なのは，同種個体は同じ資源を要求するため，個体は資源を巡って必ず関係し合うためです。例外的，一時的に資源が豊富な状態を除き，個体群を構成する個体は互いに無関係ではあり得ないため，個体が互いに無関係に分布するランダム分布はあり得ないのです。

均一分布は，一定の範囲内の資源を特定の個体が独占する場合に見られます。動物のなわばり形成のほか，大きな樹木が一定の範囲の光を独占して近くに大きな木は生えない場合など，樹木の分布にも見られます。

塊状分布が最も一般的である原因の１つは，集団を形成した方が資源を多く得られる場合が多いことです。**同じ資源を要求する個体の間には，当然資源を巡る争いが存在するはずですが，それを超える利益が存在するため，集団を形成している**のです。「集団形成の利益」は何か。個体群の特徴を理解する上での重要なテーマです。

集団の中では，資源を巡って争いを繰り返すことを避けるために順位制を形成する，特定のリーダーのもとに協力して行動する，協力・分業を伴う社会構造を形成するなどの現象がしばしば見られます。これらは集団形成の利益を大きくするために，集団を構造化していると見ることができます。

資源とは，具体的に以下の３つであり，他のことは考える必要はありません。

① 食物，エネルギー源　　② 安全・好適な生活場所　　③ 配偶者

この３つのみを考えればよい理由は，生物が行う生命活動が３つだからです。①は同化・異化を含む代謝という生命活動のための資源，②は身を守るために刺激を受容して応答し，恒常性を維持するための資源，③は有性生殖を行い，自らの遺伝子を子孫に残すための資源です。

2 成長曲線と密度効果

一定の空間内で一定量の餌を与えながら，ある個体群を増殖させると，密度が低い間はほぼ一定の割合で密度が増加しますが，ある程度以上密度が増加すると，それ以上密度が増加しなくなり，このような個体群の成長をあらわすＳ字状の曲線が成長曲線であり，密度が最大に達したときの密度が環境収容力です。

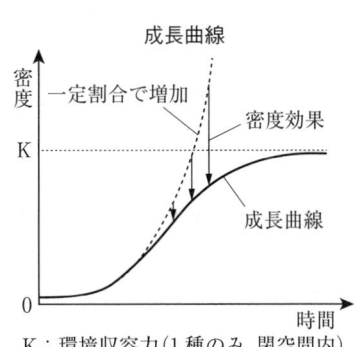

K：環境収容力（1種のみ，閉空間内）

155

成長曲線が常に一定の割合で増加する形にならず，環境収容力の限界で飽和に達するのは，密度の上昇と共に密度の増加を抑制する密度効果が現れるためです。
　密度効果の原因となる環境抵抗には，以下の３つが考えられます。
① 食物の不足　　② 生活空間の不足　　③ 老廃物の蓄積などの生活空間の悪化
　３つの資源との関係では，高密度条件での配偶者の不足は考えられず，配偶者の要因は無関係です。密度の増加に伴う食物要因の変化は量的な不足だけですが，生活空間については量的な不足と質的な悪化の２つが考えられるため，この３つになります。

3　密度効果の特殊な例－相変異
　密度効果は個体の繁殖力の低下と死亡率の上昇が一般的ですが，バッタ，アブラムシ，ウンカなどでは，**高密度条件で形態や習性が変化する相変異**が見られることがあります。低密度条件で育った個体（孤独相）は産卵（子）数は多いですが，翅がない（アブラムシ），翅が短い（バッタやウンカ）など，長距離移動の能力が低い特徴を備えています。高密度条件で育った個体（群生相）は産卵（子）数は少ないですが，有翅，長翅など，長距離移動能力が高くなります。これらの種では，**高密度条件で移動能力の高い個体が生じ，密度を下げ，分布を広げるしくみ**を備えていると見ることができます。

4　生命表と生存曲線
　個体群の出生から死滅までの期間における個体数，死亡率，死亡原因の変動をあらわす表が**生命表**で，生命表の**個体数変動を**（通常初期値を1,000に換算して）**片対数グラフで表現したものが生存曲線**です。対数目盛りの場合，変化率が一定で等間隔になるため，**生存曲線**が極端に右下がりになっている場合は死亡率が高いことを示し，ほとんど下がっていない時は死亡率が低いことを示しています。
　生存曲線は，通常以下の３つのどれかの型になります。
A：初期死亡率が極端に高く，やがて死亡率が低下する。
B：一生を通じ死亡率がほぼ一定のため，直線状になる。
C：初期死亡率が低く，生理的寿命に近づくと急激に死亡率が上昇する。
　ヒトはCのタイプに属するため，Cが最も自然な形に感じるかもしれませんが，野生生物の世界では，未成熟な個体は生き残る力が弱い以上，本来Aが最も自然な形です。それにもかかわらず，BやCになる生物が存在するということは，親の保護など，生存曲線をBやCに変化させるような力が作用していることを示しています。親がどの程度子を保護するかは，ある種個体群が生態系の中で生き残るためにどのような繁殖戦略を採用しているか，ということのあらわれです。
　一般に，ある個体群が周囲から獲得している資源の量は，現存する個体の生き残りに必要な最低限度を大きく超えることは稀です。毎日飢えをしのぎ，やっとのことで生き残っているのです。言い換えると，子孫を残すことに支出できる資源は僅かしかなく，子孫に資源を与える仕方は以下のどちらかしかあり得ません。

① 多数の子に少しずつ与える。　② 少数の子にやや多く与える。

①の戦略の場合，**小さな卵を沢山産み，生存曲線はA型**になります。②の戦略の場合，大きな卵を少数つくることになります。卵の栄養だけでなく，卵を隠す，保護する，餌を与えるなどの活動に資源を費やすこともあり，**1個体の子に与える資源が増えるほど，生存曲線はB，Cに近づきます**。

①のような繁殖戦略はr戦略，②のような戦略はK戦略とよばれます。r，Kは，生存曲線において低密度条件での増加率をr，環境収容力をKと表現することに対応し，r戦略者の個体数は僅かな環境要因の変動によって大きく変化します。相変異は，r戦略者の一部が，密度の大幅な増加への対応として備えているプログラムなのです。

生存曲線がB型，C型のどちらになるかは，繁殖戦略以外の要因も関係しています。一生を通じて天敵の捕食を受ける場合，子を保護している親が死ねば子も死ぬため，B型になります。有力な天敵がいない場合，C型に近づくことになります。

3．個体群の相互作用

■ 個体群の相互作用とニッチ

個体群の相互作用を考える場合の根本概念はニッチ（生態的地位）です。ニッチとは，一般に次の2つの面での個体群の位置を総合的に示す概念です。いつ，どこで，何を食べて生活し，何に食べられるかという，個体群の生き方を表現したものです。

① 時間的，空間的位置　② 食物連鎖上の位置

ニッチは資源とも深く関係し，①は，生活場所（やその場所を占有する時間帯）という資源，②は食物という資源に関するものです。別種の個体群の間に繁殖要因はありませんので，異なる個体群の関係に影響を与える資源は2つのみです。ニッチ，資源に関して直接関係しない個体群の間に直接的な関係はなく，ニッチをめぐる直接的な種間関係は，以下のA，Bのどちらかになります。

A．ニッチの近い種間関係

(a) 食物・生活場所共に同じ…競争関係

この関係では常に資源を巡って争い，共存不可能になります。この原則は競争的排除則（ガウゼの法則）とよばれ，実際，ある地域に長く共存する種間のニッチは少しずつ異なる場合がほとんどです。しかし，人為的な作用により持ち込まれた外来種（帰化種）の中には，在来種とニッチの等しい生態的同位種が含まれる場合もあり，このような種の間では激しい種間競争が見られる場合がありますが，ある程度の時間が経過すると，すみ分けなどの関係に移行する場合もあります。

(b) 競争の結果，または競争が回避できる関係

資源の観点からは，**食物，生活場所のどちらかが異なる場合，競争は回避**できます。食物が共通な種がニッチを分割し，本来生活可能な基本ニッチよりも狭い範囲で実現

ニッチを獲得するすみ分けや，生活場所が共通な種が異なる食性，探餌行動になる食い分けが見られることがあります。

(c) 森林の階層構造

すべての植物は光，水，無機塩という同じ資源を要求し，同じニッチを占めているともいえます。それにもかかわらず多種類の植物が見られる事実は，競争的排除則に反しているようにも見えます。開花時期，定着場所など，時間的・空間的にニッチが細かく分かれていることもありますが，生育に要求する光の量など，量的な観点ですみ分けが起こっており，その具体例が森林の階層構造です。

森林の階層構造とは，森林の中で高さに応じて，広く葉を展開している種が異なる現象のことです。発達した森林を調べると，まず，最大の面積を占める優占種を含む高木層，その下のやや低い植物からなる亜高木層，ヒトの背の高さ程度の低木層，地表付近の草本層に異なる種が見られます。異なる階層の植物の光強度－光合成曲線を比較すると，一般に上層の植物ほど陽生植物

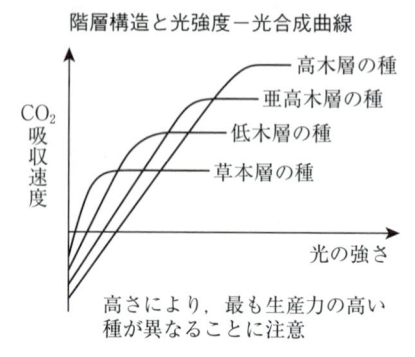

階層構造と光強度－光合成曲線

CO_2吸収速度

高木層の種
亜高木層の種
低木層の種
草本層の種

光の強さ

高さにより，最も生産力の高い種が異なることに注意

としての性格が強く，下層には弱い光でも十分生活できる植物が見られます。森林全体としては，強い光も弱い光も無駄にせず，効率よく物質生産を行っているのです。

このような階層構造は，**要求する光強度に応じた植物のすみ分け**と見ることができますが，階層構造の成立により，一つの空間内で多様な種が共存し，**食物連鎖は複雑な食物網を形成**しています。

一般に，複雑な食物網を備えた生態系の場合，種構成が多様なため，特定の種の大発生のような現象は起こりにくくなっています。何らかの原因で，ある種がいなくなったとしても，ニッチが似た他の種が，いなくなった種と似た役割を果たすためです。しかし，耕地や人工林では，生産者の種構成が単純で，食物連鎖が直鎖状に近い場合が多くなります。このような生態系では，何らかの原因で特定の種が消滅すると，その種が天敵となっていた種が大発生し，生態系の崩壊につながる危険もあります。

B．他の個体群からニッチ（資源）を得る関係

(a) 食物のみを得る関係…被食者－捕食者相互作用

最も普遍的な種間関係で，この関係のつながりが食物連鎖です。発達した生態系では，食物連鎖の関係は複雑な網の目のような食物網を形成しています。個体数の増減が，捕食者では被食者より少し遅れる関係が見られることもあります。このような関係が成立するのは，被食者が身を隠す場所があるために全滅せず，被食者がある程度減少すると，捕食者が餌不足となって，減少する場合です。

(b) 生活場所を（も）得る関係…広義の共生

　ある種の体表や体内を生活場所とするなど，**密接な関係をもって生活する関係**を，広くすべて共生とよぶことがあります。この意味では，一方が利益を得て他方に害を与える寄生も，一方のみが利益を得て他方は利益も不利益もない片利共生も，相互に利益を得る相利共生も，すべて共生に含まれます。

　寄生も共生の一種と見なす広い概念は，進化的な長い時間の中で考えたとき，寄生→片利共生→相利共生というように，種間関係が変化する可能性があるという考え方に基づいています。寄生関係はかなり不安定な関係であり，寄主を死滅させると寄生者もニッチを失い，死滅せざるを得ません。相手に害を与えなければ安定した生活が維持できるし，相手に利益を与え，多くの子孫を残せるようにすれば，寄主個体群全体に寄生者を広げることも可能になります。実際，相利共生の典型例とされるマメ科植物と根粒細菌の関係はきわめて特異性が高く，両者の関係の間に非常に長い歴史があることを示唆する証拠が多くあります。過去に猛威をふるった病原菌の中には，致死作用をもつものが死滅し，有害性が低下したとみなせるものも見られます。

共生と進化

```
寄生         敵対的    不安定    非特異的
片利共生      ↕        ↕        ↕          ↓
相利共生     友好的    安定     特異的     進化の方向？
```

C．間接的相互作用など

　ニッチが近い関係でなくても，近い場所で生息していると，これらとは異なる関係が見られることがあります。ある種の生物の放出する物質が，他の生物に大きな害を与え，一方的な害を受ける片害作用などです。長い時間の中では地球上で酸素を発生する生物が誕生したことにより，酸素（活性酸素）の毒に対する備えをもたない生物の多くが死滅したことなどは，地球規模で起こった片害作用です。少数であっても，**食物連鎖全体，あるいは生活場所全体に大きな影響を与えるキーストーン種の作用により，他の個体群が大きな影響を受ける場合もあります。**

　食物連鎖に影響を与えるキーストーン種の例として，岩場に生息するヒトデがよい例となります。ヒトデを除去すると，岩場に生息する固着性貝類の種類が著しく減少することが知られています。ヒトデの存在により，貝類の密度がかなり低く保たれているため，競争的排除が機能せずに多種の貝類が共存していたのです。ヒトデを除去すると，特定の種のみが生き残り，他種が絶滅してしまう場合があります。

　生活場所に影響を与えるキーストーン種としては，ビーバーが挙げられます。ビーバーは日本には生息していませんが，川をせき止め，ダムをつくることで知られています。そのことにより，多くの種が影響を受けることは言うまでもありません。

35 作用・反作用・相互作用と植生

1．環境の作用と生活形

　生物の形や性質は，環境の作用を強く受け，**環境への適応のあらわれとなる形態や生活様式が生活形**です。体温調節に関連して説明したベルクマンの規則やアレンの規則（⇨ p.152）は，温度という環境要因に対する適応のあらわれです。

　植物の常緑樹，落葉樹，草本のような区分も，植物の生活形を表現したものです。ラウンケル（1907）は，生活形を定量的に表現するため，**休眠芽（抵抗芽）の位置によって植物を区分しました**。30 cm 以上の高さの地上植物，地表面（0 cm）から 30 cm 程度の地表植物，地表面ぎりぎりの半地中植物，地中や水中につける地中植物や水生植物，そして休眠芽をつけず，種子で休眠する一年生植物という区分です。

ラウンケルの生活形

30 cm ― 地上植物	休眠芽なし 一年生植物
― 地表植物	
0 cm ― 半地中植物	
― 地中・水生植物	

　さまざまな気候条件において，これらの区分に該当する生活形の植物の種類数を比較すると，この区分が**年平均気温と年間降水量の影響を強く受ける**ことがわかります。

　まず，気温，降水量共に十分な熱帯多雨林では，圧倒的に地上植物が多くなります。低温，乾燥のような悪条件がない気候条件では，他種との受光競争（相互作用）が重要となり，高い位置に芽をつけることが有利であるためと考えられます。

生活形と気候条件・バイオーム

低温 → 地上植物多（熱帯雨林）
半地中・地表植物多（ツンドラ）
乾燥 ↓
一年生植物多（砂漠）
（縦軸：年間降水量 多／少，横軸：年平均気温 低／高）

　熱帯多雨林から寒冷な地域に向かうと，地上植物の割合が下がり，ツンドラでは地上植物はほとんど見られず，半地中植物や地表植物が多くなります。寒冷な地域では芽を低い位置に付けて，悪条件に耐えているわけですが，完全に地中に潜る地中植物の割合は高くありません。春の温度上昇を素早く感知し，成長を開始する上で，地中植物は不利なのかも知れません。地中植物はサバンナのように動物群集の多い地域で多い傾向が見られ，動物の捕食から芽を守る必要性が高い環境への適応のようです。

　熱帯多雨林よりも乾燥地に向かうと，一年生植物の割合が高くなります。種子は乾燥に強く，一年生植物は降雨のある短期間で世代を完結できます。

　ラウンケルの生活形の区分で，**地上植物の割合は受光競争の強さ，半地中植物および地表植物の割合は低温の厳しさ，一年生植物の割合は乾燥の厳しさ，地中植物および水生植物の割合は動物の捕食の強さ**を表現する指標とみなすことができるようです。

2. バイオーム

1 バイオームと環境

ラウンケルの生活形からも明らかなように，生物群集は環境からの作用，特に年平均気温と年間降水量という2つの条件の影響を受けています。このような環境条件により，生物群集はいくつかのバイオーム（生物群系）に区分されます。

世界のバイオームは，縦横の軸に年間降水量と年平均気温をとって表現することが多いのですが，バイオームを特徴付けるのはそのバイオームに成立する植生です。**植生の外観上の様相である相観は，森林における高木層など，最上層に存在し，最も広い面積を占めている優占種によって決まります**。熱帯多雨林などの多様な種構成のバイオームのように，特定の優占種が存在しない場合でも，最上層に多く見られる同じ生活形の植物によってバイオームが特徴付けられます。バイオームは更に，分布が狭く特定の範囲に特徴的に出現する標徴種によって細かく区分されます。

2 日本のバイオーム

日本は世界的に見て降水量が多く，ほぼ全土を通じ年間降水量が1,500 mmを超えるため，**バイオームは主に年平均気温によって決まります**。一般に，標高が100 m上昇すると0.6度程度平均気温は下がりますので，ある場所から北へ行っても高い山に登っても，同じバイオームが見られ，**緯度の変化に伴う水平分布と，標高の変化に伴う垂直分布において，同じバイオームが同じ順序で出現する**ことになります。

右の表は，本州中部の垂直分布と太平洋沿岸の水平分布をまとめて表現したものです。垂直分布と水平分布の違いは，北海道中部以北の低地で見られる針葉樹林では，エゾマツ，トドマツなどが見られるのに対し，本州中部の亜高山帯の針葉樹林では，コメツガ，トウヒ，シラビソなどが見られること程度です。

日本のバイオーム

垂直分布（本州中部）	バイオーム	水平分布（気候区）	代表的植物
高山帯 2500 m（森林限界）	高山草原（ツンドラ相当）	（寒帯）	ハイマツ，コケモモ
亜高山帯 1500 m	針葉樹林	亜寒帯 北海道中部	（北海道）エゾマツ，トドマツ （本州）コメツガ，トウヒ
山地帯 800 m	夏緑樹林	冷温帯 東北南部	ブナ，ミズナラ
丘陵帯 0 m	照葉樹林	暖温帯 九州南部	カシ，シイ，クス，タブ
	亜熱帯多雨林	亜熱帯	ビロウ，ヘゴ，ソテツ

3 日本にないバイオーム

世界のバイオームのうち，ツンドラに近いものは日本の高山帯にも見られますが，典型的な熱帯多雨林と，降水量の乏しい地域で出現するバイオームは，日本では見られません。これらのバイオームは次のような特徴を備えています。

熱帯多雨林：特定の優占種が存在せず，多様な種構成と発達した階層構造をもつ。着生植物，つる植物なども多い。

雨緑樹林：熱帯雨林よりもやや乾燥した地域に見られ，雨季と乾季の明瞭な交代が見られる。乾季に落葉し，チークなどが優占種となる。

サバンナ：雨緑樹林よりもさらに乾燥した地域に見られ，草食動物の餌となるイネ科の草本と身を隠す低木の存在により，動物群集が豊富。

砂漠：一年生草本と多肉植物がまばらに見られる程度の荒原。寒冷条件に見られる荒原であるツンドラと異なり，半地中植物は少ない。

ステップ：やや冷涼な内陸部の砂漠の周辺などに見られ，自然植生としては一面のイネ科草本の草原であるが，農耕地となっている場合が多い。

　世界のバイオームをあらわす図中に**硬葉樹林**が書き込まれていることもあります。夏に雨が少ない地中海周辺などに見られ，オリーブ，コルクガシなど，クチクラ層が発達した少数種の常緑樹（硬葉樹）が散在します。

3．植生の遷移

1　遷移の区分

　東北南部から九州南部の低地では，神社の周辺などを除き，照葉樹林を見る機会は多くありません。しかし，田園地帯では照葉樹林に近い林が少しずつ増えてきました。薪炭材などの森林の伝統的な利用が減少し，植生が放置されているためです。

　植生を放置すると，バイオームの区分で表現される植生（極相）へと変化していきます。この過程が遷移で，遷移は下記のように分類されます。

一次遷移：火山の爆発などが原因で始まる遷移。以下の2つに区分される。
　乾性遷移：溶岩流などで生じた裸地から始まる遷移。
　湿性遷移：湖沼に土砂や植物遺体が堆積して進行する遷移。寒地では分解速度が遅いため，内部がドーム状に盛り上がる高層湿原が出現。

二次遷移：山火事，伐採，休耕地などにより，植生が失われた場所から始まる遷移。**土壌が形成された条件から始まり，埋土種子や植物の地下部からの発芽により進行が速く**，しばしば複数の段階が平行して進行する。

2　乾性遷移の過程

　遷移という現象は，非生物的環境からの作用，生物群集からの環境形成作用，そして生物群集の中での個体群の相互作用という3つの力がはたらいて進行します。典型的な遷移の過程である乾性一次遷移の過程は，下記のように進行します。

　溶岩流などで生じた裸地に，**まず地衣類，コケ類**などが定着し，荒れ地になります。地衣類とは，菌類（主にカビと総称される子のう菌類）と，シアノバクテリアや緑藻の共生体で，菌類は岩の隙間などに細い菌糸を這わせ，水分を吸収でき，シアノバクテリアや緑藻は光合成ができます。つまり，この共生体は，土壌のない岩の表面などでも十分生活できるのです。コケ植物は，維管束が形成されない点で陸上への適応性が低いと

されることもありますが，土壌が形成されていない条件では，維管束や器官分化が見られず，全身で水分を吸収するコケ植物の方が有利といえます。

昼夜の温度変化に伴う鉱物の僅かな体積変化によって**荒れ地の岩石は徐々に風化し**，石，砂となります。定着する植物の増加に伴い，**腐植とよばれる植物の遺体の蓄積量も，徐々に増加**していきます。岩石の風化で生じた砂などと，腐植の混じった土壌は徐々に厚くなり，やがて根を張る植物の定着も可能になります。まず，メヒシバ，イヌムギなどの**一年生草本の草原**，次いでススキやイタドリを主とする**多年生草本の草原**，さらにヤシャブシ，アカメガシワなどの**低木**，ついには**高木**が現れます。

ここまでの遷移の進行の原因には，岩石の風化という物理現象も関係しますが，腐植の堆積量の増加によることが大きく，**進行の主な原因は，定着した植物が土壌環境を変化させる環境形成作用である**といえます。

最初に目に付く高木は，一般にアカマツやコナラ，山村の里山に多いクヌギなどの陽樹です。周囲に草本や低木しか見られない明るい環境では，陰樹よりも陽樹の方が成長が速いためです。しかし，やがて陽樹が繁茂し，林全体が樹木の葉で覆われた林冠が閉じた状態になります。林冠が閉じると，林内にほとんど直射光が入らなくなり，林内の地表面付近である林床の照度は急激に低下します。この状態では陽樹の芽生えは枯死し，陰樹が目立つようになり，やがて陰樹を中心とする林となります。

陽樹林から陰樹林への変化は，受光競争，すなわち個体群の相互作用が原因です。

極相林を構成する樹種は，照葉樹林帯ではカシ，シイなど，夏緑樹林帯ではブナ，ミズナラなどです。極相で優占する主要な植物は，世界的には年平均気温と年間降水量，日本では主に年平均気温のみによって決まっています。つまり，**最後は気候条件という環境からの作用の影響を強く受けて植生が決まります**。

なお，実際は見渡す限り一面の陰樹林のような林はなく，**陰樹を主とする林の中に斑状に陽樹が存在する状態が極相林**です。この原因には，遷移の進行に要する時間が通常数百年かかることと，長い周期で起こる自然現象が関係しています。

四季の移り変わりのように，毎年必ず起こる短周期の自然現象のほか，異常気象と呼ばれる現象も，数百年単位の時間の中では，起こる可能性の方が高いのです。短周期の変動のみであれば，老木が倒れた小さなギャップ（植生の隙間）に再び陰樹が育ち，陰樹林が更新されます。しかし，気候変化に伴う特定の昆虫の大発生や，風水害に伴う広範囲の倒木で生じたやや大きいギャップの中には，陽樹が育つようになります。近年，**中規模撹乱はしばしば生物多様性を維持する役割**を担っていることが注目されていますが，遷移においても同様です。大きな規模の火山の爆発のような変化は，広範囲の植生を完全に破壊し尽くす可能性がありますが，中規模撹乱は，陽樹を生き残らせ，**新たに生じたギャップに定着する陽樹の種子の供給源を生み出す**という意味もあるのです。

36 物質生産と生態ピラミッド

1. さまざまな生態ピラミッド

　生物群集は，植物や独立栄養の細菌を含む生産者，植物食動物である一次消費者や動物食動物である二次ないしそれ以上の消費者と，遺体や排出物を分解する従属栄養の細菌や，菌類，土壌動物などの分解者からなり，生産者と消費者は食う食われる関係で結ばれています。**生態ピラミッドとは食われる者から食う者へ，栄養段階の下位の者から上位の者へと積み上げた図であり，個体数ピラミッド，現存量ピラミッド，エネルギー（生産力）ピラミッドがあります。** 個体数や現存量（生体量）を積み上げたものは必ずしもピラミッド状にはなりませんが，一定期間（通常一年間）における栄養段階の間のエネルギーの移動量をあらわした**エネルギーピラミッドは必ずピラミッド状になります。各栄養段階が獲得したエネルギーの一部は必ず呼吸などに用いられるため，上位段階のエネルギー量が下位の段階よりも大きくなることはないためです。**

　個体数ピラミッドは，大きな生産者に多数の小さな一次消費者が依存しているような場合，例えば，森林生態系や寄生関係中心の食物連鎖では逆転しやすくなります。

　現存量ピラミッドは，水界生態系や草原生態系などで逆転することがあります。これらの生態系における主な生産者はそれぞれ植物プランクトン，草本植物で，その上位栄養段階の消費者である魚類や植物食動物と比較して，寿命が短い生物です。そのため，生体量の蓄積期間が短く，長い寿命の中での成長量を現存量として蓄えている消費者よりも生体量は小さくなることが多いのです。生体量中のごく一部しか光合成を行わない樹木と異なり，水界や草原の生産者は現存量に占める光合成を行う部分の割合が大きく，現存量あたりの生産量が大きいことも，逆転しやすい原因です。

2. 物質生産とエネルギーピラミッド

　エネルギーピラミッドが逆転しない理由について，生態系の物質生産をもとに更に考えてみましょう。ここでの議論は，光合成に関する次の式が出発点になります。

　　（葉面積当たり）　　　光合成量＝見かけの光合成量＋呼吸量

　ある生態系における生産者の年間の量としては，次の式になります。

　　（生産者）　　総生産量（同化量）＝純生産量（純同化量）＋呼吸量

　生産者の光合成量の総和が総生産量ですが，生産者の呼吸量には茎や根の呼吸量も含まれるため，純生産量はすべての葉の見かけの光合成量の総和より少なくなります。純生産量は次のように3つの項の和です。

　　　　　純生産量＝成長量＋被食量＋遺体量（枯死量）

　成長量は生産者の現存量に加わる生産者の取り分，被食量は，消費者が生産者から奪い取った消費者の取り分，植物の枯死体は分解者の取り分です。**生物群集は生産者，消**

費者，分解者の三者からなるため，生産者の純生産量は３つに分けられるのです。純生産量の三者の分配率の違いは，バイオームの性格を知る良い指標となります。

　一次消費者に注目すると，生産者の被食量は一次消費者の摂食量です。摂食量のすべてが同化量とはならず，糞，すなわち不消化物として排出されてしまう量がかなりあります。そのため，一次消費者については次の式が成立します。

　　　摂食量＝同化量＋不消化排出量

この点を除き，生産者に注目した場合とほぼ同様で，次の関係が成立します。

　　　同化量＝純同化量（生産量）＋呼吸量

　生産量を三者で分配することは生産者と同様ですが，ここでの三者は一次消費者，二次消費者，分解者です。

　以上の関係を生産者から順に積み上げたものがエネルギーピラミッドです。ごく短期的には一次消費者が大発生して生産者の成長量がマイナスになり，逆転しているように見える場合もありますが，長続きはしません。各段階での呼吸によるエネルギー消費が存在するため，エネルギー保存則に従い，エネルギーピラミッドは逆転しません。

3．エネルギーピラミッドと生物群集

　生態系の物質生産，エネルギーピラミッドは，生態系におけるエネルギーの移動をよく表現していますが，重要な欠陥があります。それは，エネルギーピラミッドで表現されているのは生産者と消費者のみであり，分解者が考慮されていない点です。しかし，この点は解決法があります。

　生産者，消費者の遺体量や不消化排出量は分解者に渡ります。分解者が捕食されると見なせる場合でも，その捕食者が主に呼吸に利用します。また，分解者が年々増加するということは考えにくく，分解者の成長量はほぼ０とみなせます。つまり，**分解者に渡る遺体量や不消化排出量は，すべて呼吸量と見なせます**。結局，成長として現存量に付け加わる量以外は，分解者も含めた生物群集全体の呼吸量となります。この観点からは，次の式が成立します。この式はきわめて重要であり，その意味は，物質循環に関連して改めて考えます。

　　　生産者の総生産量＝生物群集全体の成長量＋生物群集全体の呼吸量

エネルギーピラミッドと物質生産

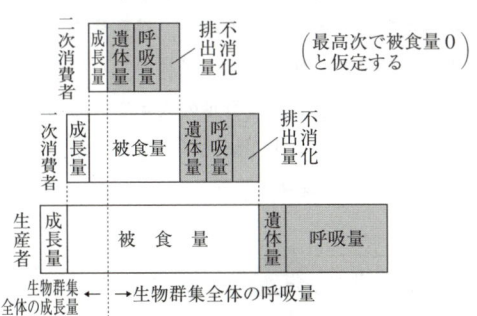

（注１）現実の量と幅は無関係（呼吸はもっと多い）。
（注２）現実の栄養段階数は，通常もう少し多い。
（注３）　　　生物群集全体の呼吸量

4．エネルギー分配と生態系の特徴

■1 総生産量の純生産量と呼吸量への分配

　光合成速度も呼吸速度も，常温内では温度上昇に伴って増加します。そのため，湿潤地域のバイオームで比較すると，熱帯多雨林の総生産量は，針葉樹林より大きくなります。しかし，温度上昇に伴う光合成速度の上昇は，呼吸速度の上昇ほど大きくありません。そのため，**総生産量に占める呼吸量の割合は，高温地域のバイオームほど大きくなり，純生産量の温度による違いは総生産量の違いほどには大きくなりません。**

■2 純生産量の分配

A．成長量
　遷移途中でやや高くなりますが，発達した生態系や地球全体では0と見なせます。

B．被食量
　海洋などの水界の生態系で極端に大きく，陸上では草原生態系が比較的大きくなります。被食量の大きい生態系は，現存量ピラミッドが逆転しやすい生態系と一致します。被食量の大きい生態系は，現存量に対する純生産量の比で与えられる回転率が大きい生態系でもあります。少ない現存量で多くの純生産を行っている一方，純生産量の大半が被食量になるため，現存量は短期間で入れ換わっているのです。

C．枯死量
　森林生態系などで大きくなり，**枯死量の大きい生態系は，個体数ピラミッドが逆転しやすい生態系と一致します。**森林の主な生産者である大型な樹木は，幹など，動物の餌として適さない部分が現存量の大半を占めるため，純生産量に占める被食量の割合が小さく，純生産量の大半が枯死量となります。

海洋生態系
・主な生産者：植物プランクトン
・現存量当たりの生産量大
・生産者の寿命が短い
・回転率が大きい　　$\left(回転率 = \dfrac{純生産量}{現存量}\right)$

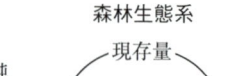

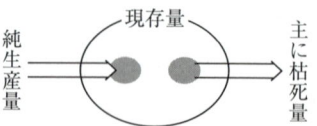

森林生態系
・主な生産者：大型樹木
・現存量の大半が非光合成系
・ほとんど消費者の捕食を受けない
・回転率が小さい

5．生産構造図

　植物群集の物質生産の垂直的構造を示す図である**生産構造図**は，植物群集内の相対照度の変化を測定した後，一定の高さの幅ごとに植物群集を刈り取る層別刈取法によって作成されます。草本群集の生産構造図は，イネ科型または広葉型のどちらかに該当する場合が多く，両者の違いの第一原因は，その植物群集の植物の葉の付き方です。

物質生産と生態ピラミッド

イネ科型の植物は葉が斜めに付き，広葉型では水平に付きます。そのため，イネ科型では広葉型よりも葉が光を遮る面積が狭くなりますが，広葉型では葉面積がそのまま光を遮る面積になります。その結果，相対照度はイネ科型では緩やかに低下し，広葉型では急激に低下します。したがって，イネ科型では葉は群集の下層まで広く分布するのに対し，広葉型では下層に葉を付けることができず，葉は上層のみに集中します。

群集面積に対する葉面積の比をあらわす値である葉面積指数は，植物群集における葉の重なり合いの程度を示す値であり，イネ科型ではしばしば10を超える大きな値になりますが，広葉型の葉面積指数はあまり大きくなりません。

葉の分布状態は，同化器官（葉）と非同化器官（茎）の割合にも影響を与えます。広葉型は上層に集中する葉を支えるため，イネ科型よりも上層まで太い茎を伸ばす必要があり，光合成は行わずに呼吸は行う非同化器官の割合が高く，**物質生産の観点からはイネ科型の方が有利**です。

イネ科型では，群集内の地表面の相対照度は通常 0 にならず，広葉型ではほぼ 0 になります。そのため，イネ科型群集への他種の侵入は容易ですが，広葉型群集への他種の侵入は困難です。日本のように極相が森林となる地域で局所的に生じた草原で広葉型が多いのは，草本植物が樹木の侵入を妨害していると見ることができます。

葉の付き方と光を遮る面積　　　　生産構造図の違い

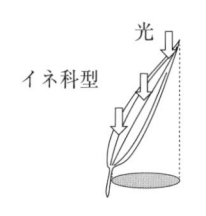

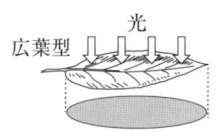

	イネ科型	広葉型
葉のつき方	斜め	水平
相対照度の低下	ゆるやか	急激
葉の分布	下層まで広く	上層のみに集中
葉面積指数	大	小
非同化器官量／同化器官量	小	大
特徴	物質生産に有利	他種の侵入困難

$$葉面積指数 = \frac{葉面積の合計}{群集面積}$$

日本の空き地，河川敷などでは，北米原産のセイタカアワダチソウが多く見られます。広葉型で，しかも地下部から毒物を放出して他種の植物の発芽・成長を抑制する他感作用（アレロパシー）があり，他種の侵入は困難なはずですが，近年，日本の代表的な多年生草本であるススキが盛り返す様子が観察されています。

アレロパシー物質は他種の侵入を防ぐだけでなく，分解者やセイタカアワダチソウ自身にも作用し，無機塩類の不足を招き，自らの成長も弱めます。セイタカアワダチソウの「自滅」に乗じ，周囲からススキが侵入しているようです。イネ科型のススキはセイタカアワダチソウよりも効率よく物質生産を行うことができるため，弱ったセイタカアワダチソウとの競争で優位に立つ場面も出てきているようです。

37　生態系の物質循環と地球環境の保全

1．物質循環とエネルギーの流れ

　生態系の物質生産に関して，次の式を確認しました（⇨ p.165）。この式の意味を，さらに詳しく考えてみましょう。

**　　　　生産者の総生産量＝生物群集全体の成長量＋生物群集全体の呼吸量**

　極相林などの安定した生態系では，生物群集の成長量はほぼ0と見なすことができます。地球生態系全体で考えた場合も，現在地球上の生物の現存量が，ヒト個体群を除き毎年成長しているとはとても考えられません。地球生態系における生物群集の成長量が負の値であることはあり得ても，正の値である可能性は低いと考えられます。そこで，一旦0と見なすと，地球生態系全体で次の式が成立していることになります。

**　　　　生産者の総生産量＝生物群集全体の呼吸量**

　植物が光合成によって合成した有機物量が，すべて生物群集全体の呼吸量となっているわけです。物質生産の基礎は，生物の代謝です。そこで，代謝における議論と同様，このことの意味を物質とエネルギーの両面で考えてみることにしましょう。

　まず，物質に関して。生産者の総生産量とは，生産者が二酸化炭素，水などの無機物を有機物に合成した量です。生産者の合成した有機物は，消費者の摂食量となったり，枯死量として分解者に渡る形で生物群集を移動します。この移動の過程に関与する生物群集のさまざまな段階で，有機物は呼吸によって無機物に変化します。この式は**物質は無機物，有機物，再び無機物と形を変えながら循環している**ことを示しています。

　次にエネルギーに関して。生産者が物質合成に用いるエネルギーは，太陽の光エネルギーに由来します。生産者は光合成によって光エネルギーを有機物の化学エネルギーに変換しており，化学エネルギーの一部は，生産者自身の呼吸によって熱エネルギーに変わります。

　生産者の固定した化学エネルギーの一部は，有機物の化学エネルギーの形で消費者や分解者へと移動しますが，このエネルギーもどこかの段階で呼吸や呼吸で合成されるATPの化学エネルギーを用いた生命活動に伴って熱エネルギーに変化します。つまり，**太陽の光エネルギーは，生産者によって化学エネルギーに変換され，化学エネルギーの形で生物群集を移動した後，結局すべて熱エネルギーとなり，系外へと発散します**。したがって，エネルギーの流れは常に一方向であり，生態系の中に入った量と同じ量だけ生態系から出ているのです。

　物質は形を変えて循環し，総量は変化しない。エネルギーは太陽から入ってきた分と同じ量だけ外に出る。これが，生態系の平衡ということです。

2．炭素循環と大気汚染

1　炭素循環と森林の役割

　近年，大気中の二酸化炭素濃度が徐々に上昇しており，石油，石炭などの化石燃料の消費に伴う二酸化炭素の増加や，熱帯林などの森林破壊が原因と言われます。後者の原因については少し注意が必要であり，総生産による二酸化炭素の吸収量と，生物群集全体の呼吸量が釣り合っている限り，森林自体が二酸化炭素の吸収に重要な役割を果たしているとは言えません。熱帯多雨林は巨大な現存量として炭素を保持しており，破壊した森林の樹木を燃やせば大量の二酸化炭素が大気中に放出されて大気中の二酸化炭素が増大するのは事実ですが，熱帯林の保護が必要とされる主な理由は，必ずしも二酸化炭素吸収量の減少ではありません。

　森林は根系によって土砂の流出を防ぎ，蒸散によって少しずつ水を排出し，地形，気候に大きな影響を与えます。高温な地域では，分解者の活動が活発で腐植の分解速度が速いため，土壌は薄く，有機物の大半は土壌中でなく植物体に存在します。そのため，破壊すると遷移が容易に進行せず，植生が回復しない危険もあるのです。

　熱帯雨林のように，その破壊が地球環境に大きな影響を与える森林がある一方，逆に破壊しないことが多くの生物の生活の場を奪っている例もあります。本州中部の平地における極相林は，カシ・シイなどの照葉樹林ですが，これらの地域では有史以来，薪炭材，草刈り場などとしての利用により，クヌギ，コナラなどの陽樹を主とする里山とよばれる森林や草地が長く維持されてきました。近年里山が経済的な価値を失い，鬱蒼とした極相林へと遷移しつつあります。絶滅種，ないしレッドリストに記載されている絶滅危惧種は，深山幽谷にすむ生物よりもヒトとニッチが重なる種が多いのです。草原性の昆虫など，人手が入らなくなったことが原因で絶滅に瀕している種も少なくありません。

2　温室効果と地球温暖化

　温室効果ガスとは，無色透明で可視光線を吸収せず，赤外線を吸収する作用をもつ気体のことです。化石燃料の大量消費によって約 0.04 ％に達した二酸化炭素のほか，メタン，フロン，水蒸気なども含まれます。**日中は太陽から可視光線を主とする光放射が入るのに対し，夜間は冷却に伴って地表の物体から赤外線が放出され，出て行きます。** この赤外線を大気中の温室効果ガスが捕捉すると，その一部が地表を暖め，地球から出

地球温暖化のしくみ

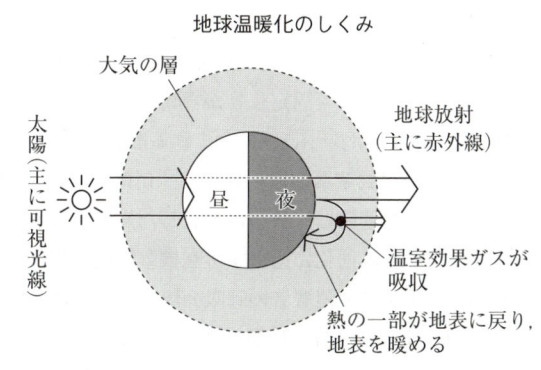

大気の層
太陽（主に可視光線）
昼　夜
地球放射（主に赤外線）
温室効果ガスが吸収
熱の一部が地表に戻り，地表を暖める

（現実の大気の層は，地球の大きさと比較してきわめて薄い）

て行く熱を減らしてしまいます。古細菌のメタン菌（メタン生成菌）は，ATP合成のために有機物を分解し，メタンを発生させます。沼地の底泥，牛の消化管などにも生息しますが，特に警戒すべきなのは，シベリアの永久凍土地帯のメタン菌です。温暖化が進むと永久凍土内に閉じ込められているメタンの放出やメタン菌の活性化が起こり，正のフィードバック的な温暖化の進行の危険もあるのです。

3 大気汚染と酸性雨

化石燃料の燃焼によって酸性酸化物である**窒素酸化物や硫黄酸化物が大気中に放出されると，水に溶けて雨や霧のpHを低下させます**。日本でも雲霧帯ともよばれる針葉樹林帯などで酸性雨が原因で枯れたと考えられる樹木が見つかっていますが，降水量の少ない北米，欧州などではかなり大規模な森林の被害が起こっています。

4 フロンガスとオゾン層破壊

フロンとは，炭素，水素，フッ素，塩素などを含む複数の物質の総称で，化学的には毒性がなく，容易に分解しません。冷蔵庫の冷媒，洗浄剤，スプレーなど，さまざまな用途で広く用いられていました。フロンは安定な物質のため，大気中では容易に分解せず，成層圏まで上昇すると紫外線によって分解し，原子状塩素Clを放出します。Clは，オゾンを破壊する触媒となり，**オゾン層破壊は地表に到達する有害な紫外線の量を増やし，DNAの構造に異常を生じさせ，皮膚がんの増加を招く危険があります**。

すでにフロンの製造は禁止されていますが，過去に放出されたフロンが少しずつ成層圏に到達し，オゾン層を破壊しています。最近の推定によると，南極，北極などで観察されているオゾンホールは2020年頃から小さくなり，2050年に1980年のレベルまで戻るとされています。この推定が正しいことを祈るばかりです。

3．窒素循環と水質汚染

1 窒素循環

大気中には分子状窒素N_2が約80％含まれていますが，生態系の窒素循環における役割は大きくなく，窒素固定生物が窒素の還元によってアンモニウムイオンNH_4^+をつくる反応と，硝酸イオンNO_3^-に含まれる酸素を電子受容体とする特殊な呼吸（硝酸呼吸）を行う脱窒菌（脱窒素細菌）により，硝酸塩がN_2に変化する反応がある程度です。窒素循環の主要な経路は，植物が吸収した無機窒素イオンを材料とした窒素同化の関与する経路です。窒素同化に由来する有機窒素化合物は生産者自身が利用するほか，消費者に移動し，生産者や消費者の呼吸分解や，生産者・消費者の遺体・排出物に対する分解者の作用によってNH_4^+に戻ります。NH_4^+や，NH_4^+が硝化菌の作用をうけて生じたNO_3^-は再び植物に吸収され，全体としての循環がみられます。

雷電のような自然エネルギーによって生じる窒素酸化物も多少はありますが，近年は工業的な窒素肥料の合成量が無視できない量になってきました。

2　水質汚染と富栄養化

　工場排水や生活排水が未処理の状態で河川に流入すると，有機窒素化合物を好気性微生物が分解する反応に伴って水中の酸素が消費し尽くされ，腐敗とよばれる有機窒素化合物の嫌気的分解が起こります。その結果，有害な，あるいは悪臭を放つ窒素化合物が生じ，魚介類が生育できなくなることがあります。今日では，排水は下水処理場に送られ，N，Pなどの無機イオンを取り除く高度処理も普及してきましたが，肥料に由来する無機イオンの降雨に伴う河川への流入もあり，富栄養化の問題は解決したとは言い難い状況です。

　水中における藻類などの増殖の最大の限定要因はN，Pなどの栄養塩類の濃度であり，これらの**栄養塩類が河川に流入すると，藻類の大発生を招く危険があります**。栄養塩類が少ない場合，かなり多くの種類の藻類が生育できる場合でも，栄養塩類が過剰になると競争的排除が機能し，少数の種類の藻類が大発生する場合が出てきます。**海水中では，橙藻類（渦鞭毛藻類）の一種などが大発生し，水が赤い色に見える赤潮**，湖沼などの淡水中では，**シアノバクテリアなどの増殖により，水が青緑色になるアオコ（水の華）**などがその例です。

　かなりの量の有機物が底泥として蓄積している湖沼では，有機物の分解で底部から供給される栄養塩類の量も少なくなく，富栄養化の問題を一挙に解決することは容易ではありません。アオコをろ過して吸い取る，増殖速度の速い水草に栄養塩を吸収させる，脱窒菌を活用するなど，さまざまな方法が試されています。

　脱窒菌は硝酸呼吸によってN_2を生じ，水中の無機窒素イオンを減らすことができます。脱窒作用は嫌気条件で起こりやすく，硝化は好気条件で起こるため，硝化を盛んに行わせ，かつ，脱窒作用を盛んに行わせることは決して容易ではありません。第二次大戦以前は窒素肥料が高価であったため，脱窒作用による窒素肥料の損失が重要な問題であり，窒素肥料をまいた直後に水田に水を張り，硝化を抑えることで脱窒も抑える方法が推奨されました。時代が変わり，近年は脱窒作用を盛んに行わせる方法が研究されています。

3　生物濃縮

　環境中ではごく低濃度であっても，生体内で濃縮されてしまう有害物質があります。合成有機化合物や重金属化合物などで，これらの物質は脂溶性あるいはタンパク質と結合しやすい性質のために細胞膜を容易に透過して体内に入り，生物が分解経路をもたないために体内で分解されず，脂肪組織に入ったり体内の物質と結合し，排出されにくい性質があります。これらの物質は生体内で濃縮され，**各栄養段階での生物濃縮により，生産者や低次の消費者にとっては無害な濃度であっても，高次の消費者において大きな害が現れる場合があります**。アメリカなどで鳥類の卵殻を薄くもろいものにしたDDT，水俣病の原因となったメチル水銀などがその例です。

38 生命の起源と地質時代の生物進化

1. 自然発生説の否定と化学進化

1 自然発生説の否定

大型の生物の自然発生は，17世紀のレディの実験によって否定されましたが，レーウェンフックが自作の顕微鏡で発見した微生物などでも自然発生が起こらないことは，19世紀のパスツールの実験によって証明されました。白鳥の首のような曲がったガラス管のついたフラスコの中で肉汁液を煮沸し，放置しても微生物が発生してこないことを示したのです。**ガラス管を付けたのは**，空気中に生物の自然発生の素があり，加熱するとはたらきを失うという考え方があり，**密閉条件では自然発生の素が入れなかったために微生物の自然発生が起こらなかったという批判が避けられなかったためです**。

2 ミラーの実験と化学進化

自然発生説の否定により，生命の起源と，その前段階で起こったはずの有機物の非生物的合成が，問題として意識されるに至ります。ミラーは当時有力であった，C, H, N, O に水素が結合した気体が大気の主成分と考える**還元大気説に従い，メタン CH_4，水素 H_2，アンモニア NH_3 を封入した容器内に加熱した水蒸気 H_2O を循環させて，火花放電を行うことで，各種アミノ酸などができることを確認しました**。

この実験は，原始大気の成分が雷の空中放電のエネルギーによって反応する様子のモデルですが，今日では，生命誕生当時の大気は，窒素，二酸化炭素，水蒸気などが主成分であったという考え方が有力です。このような大気組成では容易に有機物はできませんが，**海底の熱水噴出孔からは，ミラーが実験で用いたような気体が噴出しており，深海の高温・高圧条件で有機物ができた可能性があります**。

2. 生命の起源と RNA ワールド説

現存する生物は DNA，RNA，タンパク質のすべてがない限り生命活動を行えません。これらの物質が偶然別々に合成され，偶然出会って生命活動が始まったというのは，あまりに確率が低すぎます。この点を説明するのが RNA ワールド説です。

RNA は遺伝子としてはたらくことが可能であり，RNA が触媒機能をもつ場合もあります。RNA だけでも，DNA やタンパク質の機能をある程度果たすことは可能なのです。**RNA のみの世界が最初にあり，その後酵素機能はタンパク質，遺伝子機能は DNA に移ったと考えれば，現在の生命体の起源が説明できます**。

この場合，問題になるのは，RNA から DNA という，転写とは逆の流れです。エイズウイルスなどのレトロウイルスは逆転写酵素をもち，RNA から DNA を合成することができます。逆転写酵素は，RNA ワールドを DNA ワールドに切り換える過程に関与した酵素なのかもしれません。

3. 先カンブリア時代の生物進化
1 代謝系の進化
　地球の歴史46億年のうち最初の8億年程度の間に，最初の生物が登場したと考えられています。最初の生物は熱水噴出孔から噴出する物質を用いて有機物を合成する化学合成を行っていたとも言われますが，その後，現存の紅色硫黄細菌のような，**電子源として硫化水素などを用いる光合成細菌，次いで電子源として水を用い，酸素を発生させる光合成を行うシアノバクテリアが登場した**と考えられます。酸素はまず，水中の無機物の酸化反応に消費され，鉄は酸素の乏しい環境では二価イオンの形で海水中に溶け込んでいましたが，酸素が十分存在する環境では，水酸化鉄(Ⅲ)の形で沈殿・堆積しました。これが現在の鉄鉱石の層です。シアノバクテリアはストロマトライトとよばれる堆積物を形成しながら大繁殖し，地球の環境を変えていきました。オーストラリア西海岸のシャーク湾には，現在も成長を続けるストロマトライトがあります。**酸素の発生は生物にも大きな影響を与え，大半の生物は，酸素の発生によって死滅した**と考えられます。
　酸素は生体の主成分である有機物と容易に反応する物質である以上，本来猛毒なのです。生き残ったのは，酸素がほとんどない環境に住み着いた嫌気性細菌や，活性酸素毒の消去反応に関与するSOD，カタラーゼなどの酵素（⇨ p.36）を獲得した細菌であり，**酸素と有機物の反応で生じるエネルギーを用いる呼吸を行う生物も登場**しました。

2 生物の陸上進出
　酸素は大気中にも放出され，成層圏のオゾン層を形成しました。オゾン層が形成される以前の地表には，太陽から大量の紫外線が降り注いでおり，紫外線はDNAの塩基チミン同士を結合させるなどの反応を引き起こし，DNAの構造を破壊します。そのため，すべての生物は紫外線の届かない水中で生活していました。**オゾン層による紫外線の吸収は，生物の陸上進出の可能性を生み出した**とはいえ，陸上の環境には次のような困難な特徴があるため，直ちに陸上生物が登場したわけではありません。
　第一は乾燥への対応です。乾燥に耐えるためには，植物ではクチクラ層，動物では外骨格，皮膚などを備える必要があります。
　第二は水中と異なり浮力がはたらかず，体を支えるしくみが必要になることです。ある程度以上大きな植物では，体の支持や物質運搬に関与する維管束，動物の場合であれば外骨格，あるいは骨格と筋肉によって体を支える必要が出てきます。
　第三は温度変化など，環境変化が大きく，それに対応するしくみが必要になります。これらの体制を備えた多細胞生物の陸上進出は，古生代の半ば以降に始まります。

3 真核生物，多細胞生物の誕生
　約21億年前頃，生物の側にも大きな変化が生じました。真核生物の誕生です。真核生物は，**古細菌を起源とすると考えられる大型の細胞の中に枯草菌のような好気性細菌が共生してミトコンドリアになることで誕生**しました。植物の祖先細胞の中には，その

後シアノバクテリアのような細菌が共生し，葉緑体になったと考えられています。

　真核細胞の起源が古細菌であることの根拠としては，遺伝子発現のしくみについて，いくつか真核細胞に似た特徴をもつことが挙げられます。ミトコンドリアや葉緑体の起源が好気性細菌，シアノバクテリアであることの根拠は，細胞に関係して見たように（⇨p.11），内膜，リボソームなどが細菌（真正細菌）の構造に近く，環状 DNA をもち，半自律的に分裂・増殖することが挙げられます。ミトコンドリアや葉緑体は，細菌を外膜で包んだような構造をしているのです。今日，生物界が細菌，古細菌，真核生物という 3 つのドメインに区分されるのは，真核細胞の起源と対応しています。

　46 億年前の地球の誕生から 8 億年程度で最初の生命体が誕生し，その後，シアノバクテリアなどの原核細胞のみが存在する時代が 17 億年近く続きます。時間の長さだけで考えれば，真核細胞の誕生は，生命の誕生以上に困難であったと考えられます。

　真核細胞の誕生は，進化の可能性を大きく広げるものです。その理由の一つは，**減数分裂によって遺伝子の多様な組み合わせを生み出すしくみを備えたこと**です。

　減数分裂に伴う相同染色体の分離，染色体の乗換えなどによって多様な遺伝子構成をもつ個体が生じますが，特定の環境において有利なのはそれらの一部のみです。しかし，ある環境では不利な形質であっても，別の環境では有利ということもあり，遺伝的多様性を備えることは，多様な環境に適応するために有利と言えます。

　真核細胞のもう一つの特徴は**多数の遺伝子を保持していることで，このことが多細胞の体制を形成する上での前提**となっています。

　受精卵はさまざまな組織の形成に必要な遺伝子を保持しており，多くの遺伝子を保持していることが，多様な組織を産み出すことを可能にしています。異なる機能に特化した多種類の細胞の集合と分業により，1 個の細胞だけではできなかった大型の体制を備えた個体の誕生が可能になったのです。**真核細胞の登場から数億年，約 15 億年前には早くも多細胞生物が誕生し，約 6 億年前にはオーストラリア南部のエディアカラ丘陵から最初に発見されたエディアカラ生物群とよばれるクラゲのような偏平・軟弱で骨格や殻をもたない多様な多細胞生物を産み出すに至ります。**

　この時期の大きな変化には，何度か起こった赤道付近まで氷で覆われる全球凍結（全地球凍結）と凍結からの回復が関係するようです。最後の全球凍結の後，多様なエディアカラ生物群に代わり，殻をもつ化石が増えます。この変化をもって古生代に入ります。

4．地質時代の生物進化

■1 古生代

A．カンブリア爆発とバージェス動物群

　三葉虫のような殻のある化石が急激に増えた原因には，アノマロカリスのような強力な捕食者の登場も関係すると考えられています。強力な捕食者から身を守るため，ある

者は底泥の中深く身を隠し，ある者は硬い殻を備えました。約5億4千万年前からの**カンブリア紀**には，**全球凍結を生き延びた生物が，多様な体制を備えるに至ったと考えられ**，この時代の爆発的な生物の増加が**カンブリア爆発**です。

　カンブリア爆発の様子をうかがい知る化石として有名なものに，カナダのロッキー山脈のバージェス山から発見されたバージェス頁岩の中に見られるバージェス動物群があります。頁岩とは泥が堆積した堆積岩の一種ですが，本の頁のように薄くはがれることからその名があります。バージェス頁岩のある付近はかつて海底崖であったと考えられ，多くの生物が頁岩の中に閉じ込められて化石になりました。これらの生物の中には，現在知られているどの生物とも近縁とは言えないものも多く，**多細胞生物のさまざまな形が試され，それらのうち，生き残ったものが現生の生物の祖先になったといえます**。バージェス動物群のピカイアは，その少し前の時代中国雲南省昆明近くの澄江動物群から発見されたミロクンミンギアと共に原始的な魚の体制を有しており，5億2千万年前頃にすでに脊椎動物の祖先が見られたことを示しています。節足動物の祖先と考えられる化石も見つかっており，**分類学上の「門」の段階では，この時代にすでに，現存する動物すべての祖先形が存在したようです**。

B．陸上植物の進化

　オルドビス紀に続くシルル紀の化石からは，最古の陸上植物とされるクックソニアの化石が発見されています。クックソニアは維管束をもたず，二又分岐する数 cm の体制と考えられており，胞子のうと思われる構造体が確認されています。シルル紀に続くデボン紀にはクックソニアと近縁で維管束を備えたリニアが出現しています。

　近年の DNA 分析により，コケ植物はシダ植物よりも配偶体中心の車軸藻類と近縁であり，車軸藻類からコケ植物，シダ植物と変化する過程で胞子体が徐々に発達し，配偶体が徐々に退化したという考え方が有力です。クックソニアやリニアは，コケ植物の祖先からシダ植物の祖先が生じる過程で出現した植物のようです。

　デボン紀に続く石炭紀には，シダ植物の大型化が進み，シダ植物の大森林が形成されます。この時代を石炭紀とよぶのは，石炭などの化石燃料の大半がこの時期のものに由来することによるものです。いかに大森林であったかを示すものではありますが，原因はそれだけではありません。この時代には，まだ木材中のリグニンを効率よく分解できる真菌類（カビの類）の白色腐朽菌が登場しておらず，木材がほとんど分解されることなく埋蔵されたことも大きいと考えられます。

C．古生代の動物の進化

　古生代には何度も生物の大量絶滅が起こり，その前後で繁栄する種が変化します。大量絶滅の時期は，ほぼ時代区分の境目の時期と一致しています。特に大きなものとしては，オルドビス紀末，デボン紀末，古生代最後の時期であるペルム紀末などがあります。その原因としては，大陸の移動に伴う火山活動の活発化，極端な温度の変動とそれに伴

う海水面の大きな変動などが考えられています。

　植物が陸上進出した後，それを追いかけるように，シルル紀の次の時代，**約 4 億年前のデボン紀に昆虫類に近い節足動物が陸上進出を果たします。**脊椎動物は魚類が繁栄していましたが，やがて両生類が出現します。節足動物が脊椎動物より早く陸上に進出できた理由としては，節足動物は体を包む外骨格だけで乾燥からの保持と体の支持が可能だったのに対し，脊椎動物の場合，表皮・皮膚によって体を乾燥から守り，骨格によって体を支持する必要があったこと，陸上での呼吸器官として，昆虫は気管という，体表の気門から体内に直接酸素を送るしくみで済んだのに対し，脊椎動物は，肺という陸上での呼吸に特化した器官をつくる必要があったことなどが関係するようです。石炭紀には両生類が繁栄する一方，ハ虫類も出現しています。

2 中生代

　2億5千万年前頃，**古生代最後の大量絶滅によって三葉虫は完全に絶滅し，ジュラ紀を中心に裸子植物とハ虫類（恐竜）が繁栄する時代**になります。裸子植物はシダ植物よりも乾燥した陸上環境への適応性が高く，ハ虫類も丈夫な卵殻と胚膜に包まれた状態で陸上で発生できます。発生途上の胚をいかにして陸上の乾燥した環境から守るかという，両生類が解決できなかった難問を，ハ虫類が解決したわけです。

　中生代の最後の時期である**白亜紀の終わりには，中生代を通じて繁栄したアンモナイトや恐竜が絶滅しました。**この原因については諸説ありますが，小惑星の衝突とその後の粉塵，温度低下が原因という説が有力で，メキシコのユカタン半島で発見されたチクシュループクレーターがその跡と言われています。この大量絶滅により，個体数で99％，種の数で70％以上が死滅したと言われています。中生代の最初の時期である三畳紀に登場した哺乳類，白亜紀に登場した被子植物は次の新生代に繁栄しますが，実は恐竜は絶滅していないという考え方もあります。恐竜の体制は基本的に鳥類と同じであったと考えられ，そうだとすれば，鳥類という形で恐竜は生き残っているわけです。

3 新生代

A．第三紀の生物と共進化

　中生代末の大量絶滅の後，約6550万年前から2300万年前頃まで，世界の大半が熱帯気候に近かったとされる温暖な時代が続きます。**この時代が古第三紀で，被子植物の大森林が展開し，哺乳類がさまざまな環境へと適応放散し，昆虫の多様化も進みます。**被子植物が裸子植物を圧倒できた理由の一つは，動物を利用する方法を身につけたことのようです。裸子植物の花粉は風で運ばれ，受粉に動物が関与することはありませんし，種子を包み，果皮になる子房壁もありません。他方，被子植物のかなりの種は，昆虫に蜜を与えて花粉を媒介させ，鳥類や哺乳類に果実を食べさせて糞と共に種子を散布するという形で動物を利用しています。

　このような関係の結果，特定の植物と特定の動物の結び付きが強まることがあります。

植物の側からは，特定の昆虫が同種の花を繰り返し訪れ，受粉の確率が高まって大量の花粉は不要になり，動物の側からは，特定の植物の蜜などを自分たちだけが独占できます。その結果，植物は特定の昆虫に合わせたような花の形，動物は特定の植物の蜜を得やすいような形になるなど，**植物と動物が互いに相手に合わせて進化したとみられる特徴が見られるようになり，相互に適応しながら進化する共進化という現象が見られるようになります**。古第三紀に繁栄を遂げた動物たちは，いわば植物にパートナーとして選ばれた結果繁栄したという面もあるのです。

2300万年前以降260万年前頃まで，気候は徐々に寒冷化，乾燥化し，鬱蒼とした森林に代わり，草原が広がるようになります。**この時期が新第三紀であり，イネ科植物などの草本植物，そしてウマのような草原を走るのに適した特徴を備えた動物が繁栄します**。約700万年前頃から，人類の祖先とされる猿人が登場します。

B．第四紀

新第三紀末に氷河期に入り，氷河期とやや温暖な間氷期を繰り返す第四紀に入ります。第四紀は260万年前以降，現在につながる時代ですが，寒冷な氷河期に適応できる生物が多く進化する一方，現生人類と同じ *Homo* 属の人類が相次いで現れます。

第一紀，第二紀がないのに古第三紀，新第三紀，第四紀という区分は変に感じるかも知れません。これは古い時代区分のなごりで，殻のある化石がない第一紀（先カンブリア代），不完全な生物のいた第二紀（古生代と中生代），現存する生物の化石がある第三紀とに分け，その後，第二紀を示準化石（特定の時代に広範囲，多量に出土し，時代区分に役立つ化石）をもとに三葉虫である古生代とアンモナイトである中生代に分け，第三紀から人類の化石が見つかる第四紀を新設，という変遷の結果です。

第四紀は人類の時代と言えますが，人類の定義は，人文科学，社会科学の観点からは，知恵がある，考える（リンネの二名法による人の学名 *Homo sapiens* は，ラテン語で *Homo* = 人，*sapiens* = 知恵のある，賢いの意），道具を使うなど，色々言われます。しかし，化石を眺めても知恵があったかどうかは分からず，ヒトであるかどうかを化石自体でなく，周囲に転がっている道具に委ねるのも生物学的に都合が悪いのです。

生物学の立場からは，直立二足歩行をしていたと考える根拠があれば，人類と見なします。直立二足歩行の根拠とは，頭蓋骨を重心付近で背骨が支えていること，背骨がＳ字状で足骨が土踏まずのあるアーチ状であること，骨盤が広いことなどです。このような特徴の前提として，**人類の祖先はかつて樹上生活者であり，樹上から地表へと生活場所を移したと考えられます**。樹上生活者であったことの根拠は，肩の関節が自由に回転すること，親指と他の指が対向し，物をつかめること，両眼が正面を向き，距離がわかることなどです。ずっと地上を4本の足で歩いていた動物とは異なるこれらの特徴が，前足に歩行以外の機能を与える直立二足歩行を可能にしたと考えられます。

39 進化のしくみと集団遺伝

1. 進化学説と数学的処理

　進化のしくみとされる事柄の中には，数学的な扱いが異なるものが存在します。まず，2つの過程の違いについて確認しましょう。

　1つは確率論に基づく議論です。議論の前提は大数の法則で，数がきわめて多い集団では，数学的，理論的な確率が，統計的，経験的な確率と一致します。もう1つは遺伝子頻度の変動がランダムウォークの過程と見なせる数が少ない集団であり，この場合，生存率，適応度などの確率論的な道具の有効性は高くありません。

　ランダムウォークとは，ある動きと次の動きが無関係に起こるということです。

　例えば，歩いて5歩分の幅の橋を，泥酔した人がよろよろ歩いて渡る場合を考えます。この人の「癖」として，無限回歩けば，右に行く確率は 0.4，左へ行く確率は 0.6 とします。橋の中心からスタートして，3歩どちらかに続けて歩けば，橋から落ちます。

遺伝子頻度とランダムウォーク
（遺伝子 A のみ）

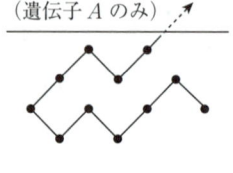

（遺伝子 a のみ）

　広々とした場所でかなり長い距離，例えば1km歩く場合，1歩で前に進む距離から，1km歩くのに要する歩数が計算できます。歩数と左右に行く確率と1歩で横にずれる距離をもとに，1km先では何m左にずれると予想されるかは計算できます。これは確率論を踏まえた期待値計算です。

　他方，今偶然右へ2歩よろけたとして，3回続けて右に行く確率は低いから，次は左に行くだろう，などということは言えません。直前の2歩と次の1歩は全く無関係であり，次の1歩で橋から落ちる確率は 0.4 です。「回数が少ないときは確率の議論は当てにならない」という意味と理解して構いません。

　生物学と遺伝子頻度の議論に戻しましょう。例えば，遺伝子 A をもつ場合の生存率より遺伝子 a をもつ場合の生存率の方が少し高いと仮定します。多数の個体からなる集団で，何年後に A と a の遺伝子頻度がどう変化するかは，大数の法則に基づいて計算できますが，5個体しかいない集団では，数年後に生存率が低いはずの遺伝子 A の方をもつ個体だけが生き残っている可能性もあります。これがランダムウォークの過程です。

　なお，どちらの議論でも必要な条件があります。それは，今観察している現象を外部との関係を無視し，その中だけで考えることができること，「閉じた系」として扱えることです。大きな集団でも，外部から異なる遺伝的特徴の個体が大量に移動してくるとか，ある遺伝的特徴の個体が外に出て行ってしまったりすれば，当然遺伝子頻度は変化します。ランダムウォークの過程でも，落ちそうになると支える人がいれば，どちらにも落ちずに橋の向こうにたどり着けるでしょう。

2. ランダムウォーク過程と進化

　木村資生の提唱した分子進化の中立説によると，タンパク質のアミノ酸配列の変化，DNA の塩基配列の変化などの突然変異のほとんどは生存上有利でも不利でもない，進化的に中立なものです。しかし，そのような突然変異であるにもかかわらず，その突然変異が集団全体に広がったり，集団内から失われるのは，ランダムウォークの過程と考えられます。遺伝的浮動，びん首効果などは，すべてランダムウォーク過程の別の表現と考えてよいでしょう。

　遺伝的浮動とは，泥酔した人が右か左どちらかに落ちるように，対立遺伝子の一方が失われたり，集団内の遺伝子頻度が大きく変化する現象で，生存上の有利・不利とは無関係に，全くの偶然によって起こります。**びん首効果**とは，大きな集団から分かれた集団を構成する個体数が一時的に極端に少なくなると，しばしば対立遺伝子の遺伝子頻度が極端に偏る現象です。数歩歩くだけではどちらに落ちるか分からないのと同様，個体数の少ない集団の遺伝子頻度が元の大集団と大きく異なることは，普通に起こりえます。

3. ハーディ・ワインベルグの法則と集団遺伝

1 ハーディ・ワインベルグの法則

A．法則とその意義

　1908 年，イギリスの数学者ハーディとドイツの医師ワインベルグは，別々にほぼ同時に集団遺伝学の基礎をなす式を導き出しました。この法則は，後述の条件が成立する場合，集団内の遺伝子頻度は何代経っても変化しないことを主張するものです。

　遺伝子頻度が変化しない限り，進化が起こるはずもなく，この法則は一見したところ，進化を否定する法則のようにも見えます。しかし，そのような見方は正しいとは言えず，実際は否定的な形で進化の起こる原因を示したものと考えればよいでしょう。

　実際，成立条件と反する場合に式を立て，漸化式によって n 世代後の遺伝子頻度を推定することも可能です。その意味で，従来進化の原因と考えられていた事柄が，どの程度遺伝子頻度に影響を与えるか，式を立てて推定することができ，進化の原因の影響を科学的に考えるための重要な道具と言えます。

B．成立条件とその意味

　ハーディ・ワインベルグの法則の成立条件は，以下の 5 つです。

① **注目する集団は，外部との遺伝的交流がない。**
② **大きな集団である。**
③ **突然変異が起こらない。**
④ **対立遺伝子間に生存上の優劣がない。**
⑤ **交配は対立遺伝子とは無関係に，ランダムに起こる。**

まず，①と②は，確率論的手法で進化，すなわち遺伝子頻度の変化を扱うことを宣言した前提です。①は注目した集団の中だけで遺伝子頻度の問題を考えること，閉じた系であることを言っており，あらゆる数学的処理の前提です。②は，確率論の前提である大数の法則そのものです。

③以降3つの条件は，「進化の原因の逆」と考えるとよいでしょう。ハーディ・ワインベルグの法則は，前提条件が成立する場合は遺伝子頻度の変化，ひいては進化が起こらないことを主張しています。その対偶関係にある命題として，進化が起こる場合とは，前提条件が成立しない場合であることを主張しているのと全く同じです。

③は突然変異の逆。突然変異が起こらなければ進化は起こらない，突然変異が起これば進化が起こり得ることということです。

突然変異にはさまざまなものがあり，塩基の置換，欠失などの遺伝子突然変異のほか，染色体の観察で確認可能な染色体突然変異もあります。染色体突然変異には，染色体の一部が欠ける欠失，一部の領域が繰り返される重複など，局所的なものから，減数分裂時の染色体不分離などによって $2n$ が $2n±1$ のように変化する異数性のほか，$2n$ が $3n$，$4n$ のように変化する倍数性もあり，進化の原因としての突然変異説を唱えたド・フリースの発見したものは，実はこのタイプの突然変異でした。また，コムギのゲノムから推定される進化のように，種間雑種と染色体数の倍加により，複数のゲノムを保持するようになるものも，特殊な突然変異と見なすことができます。

④は，「自然選択は起こらない」と言い換えることができます。ダーウィンが提唱した自然選択説そのものは，体細胞に生じた変異と生殖細胞に生じた変異の区別が曖昧ですが，突然変異と組み合わせると，進化の原因をよく説明しています。突然変異の大半は生存上不利なため，自然選択によって集団から除かれますが，生存上有利な変異遺伝子は，徐々に集団における遺伝子頻度を増加させ，長い時間の中では新たな種を生み出す可能性があるわけです。

⑤は自由交配（ランダム交配）とよばれますが，実はこれもダーウィン説と深く関係しています。この点に関する有名な逸話に，ダーウィンがクジャクを大変嫌っていたという話があります。

20代のビーグル号の航海でガラパゴス群島のフィンチなどを観察した後，ダーウィンは30代ですでに自然選択説の考えに到達していたようですが，主著『種の起源』を世に問うたのは50歳になってからです。このように長い時間がかかった理由の一つは，「雄のクジャクの羽はなぜあのように美しいか」ということの説明が付かなかったからではないかと言われています。クジャクの羽の派手な色は明らかに目立ちやすく，天敵に襲われやすいため，自然選択という観点からは明らかに不利です。ダーウィンは自然選択説では説明が付かない現象，自然選択説に対する有効な反論を自ら思いついてしまっていたのです。

進化のしくみと集団遺伝

しかし，後にダーウィンは，気候条件，餌となる生物，天敵などの外部からの選択だけでなく，同種の異性個体による選択，性選択もあるという考え方にたどり着きます。クジャクの目立つ羽は，天敵との関係では不利ですが，雌が大きな羽の個体を交尾相手として選んだ場合，羽を大きく目立つものにする遺伝子が残ることになります。選択は環境だけでなく，同種の異性個体によっても起こるのです。

自由交配が前提条件になっていることは，性選択が進化の原因になり得ることと対応しており，③〜⑤の前提条件は，**突然変異，自然選択，性選択という進化の３つの原因がはたらかない場合，進化が起こらないことを主張するものです。**

なお，自由交配の逆は性選択ではなく，自家受精と考えているかも知れませんが，これは間違いです。自家受精かどうかは，遺伝子頻度には影響を与えません。「遺伝の計算問題の解法パターン」としては，自由交配と自家受精の扱い方は違いますが。

余談ですが，それではなぜ雌は大きな羽の雄を選ぶのでしょうか。この点に関しては，次のような仮説があります。

雄の羽の大きさは第二次性徴なので，性ホルモンの影響下にあり，羽の大きさと性ホルモンの分泌量は比例する傾向があります。性ホルモンの化学的実体はステロイドで，ステロイドは免疫抑制作用もあります。つまり，羽の大きな雄は，免疫系を抑制するという危険を冒してまで大きな羽をつくっていると見ることができ，それでいながら健康であることは，生存に有利な遺伝子をもつことを示唆しています。羽の大きな雄を選ぶということは，健康な遺伝子をもつ雄を選ぶという意味があるという説明です。

C．法則の証明と計算法

法則の前提条件に注目しながら，この法則の証明過程を見てみましょう。集団遺伝の計算問題を解くのに必要な方法は，ハーディ・ワインベルグの法則が成立することを前提とした問題で使う単純な方法を除き，証明過程の中にすべて含まれています。数学でも，重要定理の証明過程には問題を解く技術が詰まっていますが，同じことです。

【証明】

大きな集団において，生存上の優劣のない対立遺伝子 A, a の遺伝子頻度をそれぞれ p, q $(p+q=1)$ とおくと，自由交配による遺伝子型とその頻度は次の式で与えられる。

$$(pA + qa)^2 = p^2AA + 2pqAa + q^2aa \quad \cdots ①$$

ここで二乗計算が行われていますが，二乗という計算操作自体，**雌雄の配偶子で遺伝子頻度に差がないこと，交配がランダムに行われること，** という２つの前提に基づくものです。さらに，配偶子の組み合わせによって生じるのは直接は受精卵であり，この比をそのまま個体の遺伝子型とその頻度であるとしていることは，**対立遺伝子間に生存上の差がないことも前提としています。**次頁の図のように，**雌雄の配偶子が全く偶然に出会う，この事象を式の形で表現したのが二乗計算です。**

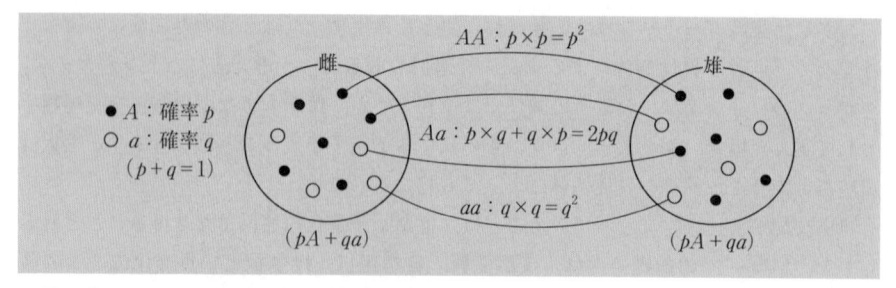

①の集団がつくる配偶子とその比は次の式で与えられる。

$$\left.\begin{array}{l} A : p^2 \times 1 + 2pq \times \dfrac{1}{2} = p^2 + pq = p \quad (\because \ p+q=1) \\ a : 2pq \times \dfrac{1}{2} + q^2 \times 1 = pq + q^2 = q \quad (\because \ p+q=1) \end{array}\right\} \cdots ②$$

これらの配偶子のもつ遺伝子と生存率は無関係なので，この割合は次世代の遺伝子頻度と一致する。［証明終］

②の計算が，ハーディ・ワインベルグの法則の証明過程を理解する上で，最大の難所と言えるものです。まず，確率 p^2 で存在する遺伝子型 AA の個体，確率 $2pq$ で存在する遺伝子型 Aa の個体，確率 q^2 で存在する遺伝子型 aa の個体は注目した集団内でランダムに分布していると考えられますが，遺伝子型ごとに分けて書くと，上図のようになります。遺伝子型により，つくる配偶子の数に差はなく，配偶子のもつ遺伝子と配偶子の生存率は無関係とすると，遺伝子 A の配偶子が生じる確率は，確率 p^2 で存在する遺伝子型 AA の個体が確率 1 でつくるものと，確率 $2pq$ で存在する遺伝子型 Aa の個体が確率 $\dfrac{1}{2}$ でつくるものの合計です。式②は，この考え方をもとに遺伝子 A の遺伝子頻度を求めています。遺伝子 a をもつ配偶子の存在確率も同様です。

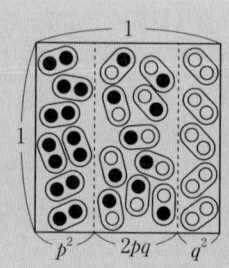

配偶子の比がそのまま次世代の遺伝子型の比と見なせるのは，遺伝子が生存率と関係しないためであり，任意のある世代における遺伝子頻度と，次の世代の遺伝子頻度が同じであるということによって，「何代経っても変化しない」ことが証明できたと言えるのは，数学的帰納法の考え方によります。

2　自然選択と集団遺伝

ハーディ・ワインベルグの法則については，以上の事柄が理解できていれば十分です。この先は数学が得意な方だけ読んで下さって結構です。ハーディ・ワインベルグの法則が成立しない場合の例として，生存上明らかに不利な遺伝子の遺伝子頻度が集団内でどのように変化していくか，確認してみましょう。いわば，ダーウィンの自然選択説を集

進化のしくみと集団遺伝

団遺伝の発想から検証する作業です。遺伝子の例として，ホモになると致死の，ハツカネズミの遺伝子 Y を例に取ります。

[自然選択説の検証]

初期条件 F_1 において，ホモになると致死作用を示す遺伝子 Y とそれに対する野生型の対立遺伝子 y の遺伝子頻度を共に 0.5…①と仮定し，第 n 世代 F_n における遺伝子 Y の遺伝子頻度を p_n，y の遺伝子頻度を $1-p_n$ とおく。F_n においてランダム交配が行われると，F_{n+1} の胎児の遺伝子型とその頻度は次の式で与えられる。

$$\{p_n Y + (1-p_n)y\}^2 = p_n^2 YY + 2p_n(1-p_n)Yy + (1-p_n)^2 yy \quad \cdots ②$$

②の胎児集団のうち，確率 p_n^2 で存在する遺伝子型 YY の個体は出生前に死亡するため，生き残った個体における遺伝子型とその比は

$$Yy : yy = 2p_n(1-p_n) : (1-p_n)^2 = 2p_n : (1-p_n) \quad \cdots ③$$

したがって，生き残った個体の中における各遺伝子型とその頻度は次のとおり。

$$Yy : \frac{2p_n}{2p_n + (1-p_n)} = \frac{2p_n}{1+p_n}, \quad yy : \frac{1-p_n}{2p_n + (1-p_n)} = \frac{1-p_n}{1+p_n} \quad \cdots ④$$

式③から式④を導き出した過程に注意して下さい。割合（確率）は常に合計1とすべきですが，遺伝子型 YY の個体が死亡したことにより，合計が1ではなくなってしまいました。そこで，生き残った個体の中における Yy，yy それぞれの遺伝子型の個体の割合を求め直し，合計1に直しているのです。

④より，F_{n+1} における遺伝子 Y の遺伝子頻度 p_{n+1} は，次式の通り。

$$p_{n+1} = \frac{p_n}{1+p_n} \quad \cdots ⑤$$

④の集団のうち，遺伝子 Y をもつのは遺伝子型 Yy の個体だけであり，Yy のつくる配偶子が遺伝子 Y をもつ確率は 0.5 ですから，集団内における Yy の割合を元に，Y の遺伝子頻度が求められます。

漸化式⑤は，p_n の逆数 q_n を考えることで一般式を求めることができる。
$q_1 = 2$，$q_{n+1} = q_n + 1$ より，q_n は初項2，公差1の等差数列 $q_n = 1+n$ であるから，

$$p_n = \frac{1}{1+n} \quad \text{（検証結果）}$$

ダーウィンが進化の原因であると主張した自然選択が，遺伝子頻度に影響を与える様子が見えたと思います。ある世代で $\frac{1}{2}$ の割合で存在する遺伝子でも，生存上不利であれば世代と共に $\frac{1}{3}$，$\frac{1}{4}$，$\frac{1}{5}$ と減っていく。これが自然選択の効果です。

ハーディ・ワインベルグの法則が重要なのは，その前提条件が成立する場合ではなく，むしろ，**前提条件が成立しない場合にその後の遺伝子頻度はどのように変化していくかを推定できる**ことこそが重要であると言えるでしょう。

40 生物の系統

1. 分類学の基礎

1 種とリンネの二名法

種とは自然状態で交配可能な個体を含む分類群であり、18世紀の分類学者リンネの提唱した二名法によって命名されています。二名法による種名（学名）は、世界共通の名称で、ラテン語の属名と種小名からなります。学名はリンネ以前にもありましたが、属名に相当する名称の後に、その種の特徴をあらわす語をいくつも並べた長いものでした。属名の後を一語にしたのがリンネであり、簡潔で扱いやすいため、新種が発見された場合、国際的な命名規約に従って二名法によって命名されます。

2 分類階層

リンネ以後、分類学者は属よりも大きな分類群を作り始めました。いくつかの属をまとめた科、目、綱、門、界、ドメインです。例えば、モンシロチョウ *Pieris rapae* は、スジグロシロチョウと共にモンシロチョウ属 *Pieris* に属し、ツマキチョウ、モンキチョウと共にシロチョウ科、各種のチョウやガと共にチョウ目（鱗翅目）、カブトムシ、トンボと共に昆虫綱、クモやエビと共に節足動物門、ミミズ、ヒトと共に動物界、そして植物、ゾウリムシと共に真核生物ドメインに属します。

2. 系統樹

1 系統樹と派生形質

生物の進化的な類縁関係を表現した系統樹を、形態的な特徴を中心に作成する場合、**ある分類群以上で共通に存在する形質である派生形質**という概念が重要です。

脊椎骨は、脊椎動物全体に共通する派生形質であり、この派生形質によって脊椎動物全体を含む「枝」がつくられます。この枝に属するグループのうち、現存するヤツメウナギなどが属する円口類や古生代に栄えた原始的な魚類を除き顎が存在するため、顎という派生形質によって魚類が区分されます。以下、肺によって両生類、羊膜によってハ虫類、体毛によって哺乳類が区分されます。植物でも維管束によってシダ植物、種子形成によって裸子植物、子房によって被子植物といった形です（下図）。

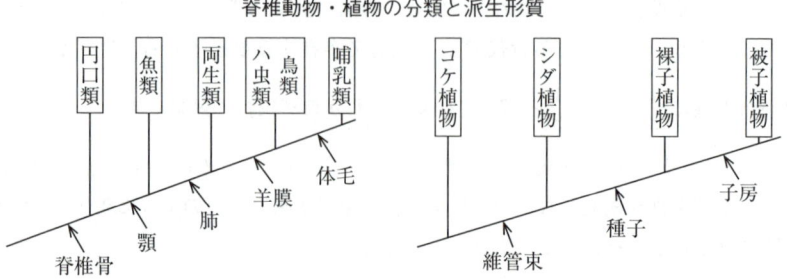

脊椎動物・植物の分類と派生形質

別系統に分かれた後，別々に同じ形質をもつ場合も考えると，同じ形質を備えていれば同系統とは必ずしも言えず，何を派生形質と見るか，主観が入る余地があります。

2 体腔と動物の系統

いくつかのグループで別々に発達した形質の例に，真体腔の形成があります。

体腔とは，三胚葉性動物の内臓が入る腔所（空間）のことで，三胚葉をもっていても，プラナリアなどの扁形動物には体腔はなく，センチュウなどの線形動物には胞胚腔が体液で満たされた偽体腔（原体腔）がありますが，他の**多くの三胚葉性の動物は，中胚葉性上皮に裏打ちされた真体腔があります**。

真体腔がない場合，体の外壁を支える中胚葉と内臓を支える中胚葉という区別もないため，体の動きに伴って内臓が動く形になり，偏平な体制になります。真体腔をもつ動物では，外壁の外胚葉を中胚葉が支えて円筒状の構造を維持し，体の表面の動きと消化管などの内臓の活動が切り離されます。真体腔は動物の大型化や陸上進出に重要な役割を果たした「進化的な発明」と言えますが，イカ・タコ・カタツムリなどの軟体動物とミミズ，ヒルなどの環形動物の共通祖先，エビや昆虫などの節足動物，そしてウニ・ヒトデなどの棘皮動物の祖先で別々に発達したと考えられています。

3 発生と動物の系統

A．発生反復説

成体の形質と共に，発生過程も系統関係を知るうえで重要です。

発達した成体の形質ができるまでの発生過程では，しばしば祖先動物の原始的な形質が現れます。ヘッケルは，この事実を「**個体発生は系統発生を繰り返す**」（発生反復説）と表現しました。例えば，**環形動物と軟体動物の発生過程でトロコフォア幼生とよばれる共通の形態の幼生が現れる**ことなど，系統的に近縁な動物では，発生過程でよく似た形態が見られることがあります。

B．相似器官・相同器官と収束進化・適応放散

一見よく似た器官であっても，発生過程をみると全く異なる場合も多くあります。このような相似器官の存在は，**共通の環境，共通の生活様式の結果，それに適応した形態・機能の器官ができたという進化的な収斂（収束進化）の結果**と考えられ，似た器官を備えていても，発生過程を調べると系統的に近縁ではないことが明らかになることがあります。

他方，一見異なる器官であっても，**骨格などの基本構造が共通で，発生途上の起源が共通な相同器官は，ある動物群がさまざまな生活場所に適応して分岐する適応放散と関係が深く，共通の構造が変化した結果**とみることができます。

さまざまな動物の発生過程を調べると，大まかに言って3つに分けられます。一つは，細胞分化が不十分で，組織や器官を形成せず，内外二層の体制をもつ海綿動物，内胚葉と外胚葉に由来する組織・器官形成が見られ，放射対称の体制を備えたクラゲやイソギ

ンチャク，ヒドラなどの刺胞動物，そして，中胚葉を含む三胚葉と左右対称の体制を備えた他の動物群です。

　胚葉は明瞭な組織・器官を形成するのに先立つ，おおまかな区分で，二胚葉とは体の外側表面と内部という区分ができたこと，三胚葉とは，外側表面，消化管壁などの内側表面と，それらの間に存在する器官をつくる体制になったことを示します。

　クラゲのような放射対称の体制と昆虫や脊椎動物などの左右対称の体制を比較すると，ショウジョウバエの頭尾軸の形成に関与するビコイドのような体軸形成に関与する遺伝子の数の観点から，左右対称の方がより高度と考えられています。放射対称の体制は体軸の形成に関係する遺伝子が1つあればできますが，左右対称の場合，頭尾，背腹，左右の方向性を決める遺伝子が必要です。体制に基づく区分は，遺伝子などの分子的な情報による区分ともよく一致しています。

　三胚葉で左右対称の体制の動物は，さらに2つに分けられます。発生途上に形成された原口付近から肛門ができ，口は別の場所につくる脊椎動物などの新口動物と，原口付近が口になり，肛門が反対側にできる旧口動物です。なお，旧口動物の中でも節足動物と線形動物は，扁形動物，軟体動物，環形動物などとあまり近縁ではなく，三胚葉で左右対称のグループは2つに分けるより3つに分ける方が正しいという見方も有力です。この見方は以下に説明する分子的研究の成果に基づいています。

4 分子時計と系統樹

A．分子時計と分子系統樹の作成法

　多くの種が共通に保持しているタンパク質のアミノ酸配列やその遺伝子DNAの塩基配列の違いの個数に注目し，系統樹が作成されています。形態や発生過程は，近縁な種間でしか比較できませんが，多くの生物に共通に存在する機能に関係する遺伝子を用いれば，動物と植物など，形態的な対応性を見いだせない種間の比較も可能です。

　突然変異はランダムに起こるため，分岐後の年代が長いものほど違いが大きいと考える分子時計の考え方により，違いの個数を比較することで，共通祖先からの分岐年代を推定することができます。具体的な手順としては，次の方法が代表的です。

1. 違いの個数が最も小さいものから順に注目する。A種とB種の間でa個の違いがある場合，A，B種の共通祖先からそれぞれ$\frac{a}{2}$個ずつ変化したとみなす。
2. aの次に小さい個数を探す。A種とC種の間でb個であると考えると，分岐年代から考えてB種とC種の違いもb個のはずであるが，多少の違いがあることが多い(b'とする)。この場合，何らかのルール（通常，bとb'の平均をとる）に従ってb''を出し，A，B，Cの共通祖先から$\frac{b''}{2}$個ずつ変化したと見なす。
3. 以下，同様の方法により，Dも系統樹に位置付ける。
4. 化石など，他の確実な証拠に基づいて，A〜Dが共通祖先から分岐したのがx年前であると推定される場合，違いの数と分岐年代が比例すると仮定すれば，他の分岐

年代についても推定できる。

あるDNA領域の塩基数の違いを元に作成した分子系統樹

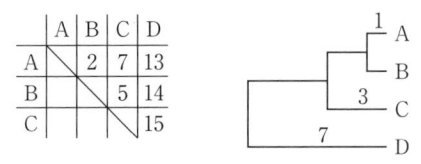

	A	B	C	D
A		2	7	13
B			5	14
C				15

```
     ┌─ 1 ─ A
   ┌─┤
   │ └─── B
 ──┤   3
   │ ┌───── C
   └─┤
   7 └───── D
```

(左表の5と7, 13と14と15の平均から作成したのが右の系統樹)

B. 分子時計の正確さに関する諸問題

　このような手法によっていくつかのタンパク質や遺伝子について推定を行うと、推定結果がよく一致する場合もありますが、かなり大きな違いが出てしまう場合もあります。その原因の一つは、注目する部位によって変化の速度が異なることです。

　酵素タンパク質の活性部位のアミノ酸配列やそれを指定する遺伝子の塩基配列を比較すると、非常に違いが少ないのに対し、タンパク質の活性部位以外、遺伝子のイントロンとして除去される部位などには大きな違いが見られることがあります。突然変異そのものは機能的に重要な部位か否かとは全く無関係に偶然、ランダムに起こると考えられますが、酵素の活性部位のように**機能上重要な位置に突然変異が起こった場合、生存上大きな不利が生じる可能性があります。**このような突然変異を起こした**個体は子孫を残す確率が下がり、変異が子孫に伝わらないため、突然変異が起こらなかったように見え**てしまうのです。動物と植物のように、系統的に遠い種間で系統樹を作成する場合、むしろ差が少ない領域の方が扱いやすいという場合もありますが、近縁な種間の分析にこのような領域を用いると、同じアミノ酸を指定する別のコドンへの変化のような、生存に全く影響しない変異以外に違いがない場合もあります。

　その他の問題点としては、単純に違いの個数を比較すると、同じ塩基やアミノ酸の変化が別々に生じた場合、それらは両者の違いとはならないため、数字の過小評価につながることがあります。これは、分岐年代から考えて、同じはずの違いの個数を平均するというやり方が正しいかどうかという問題でもあります。

C. 分子系統樹を作成する際の別の考え方（1）― 派生形質の考え方を用いる方法

　単純に違いの個数に注目して比較するのでなく、派生形質と似た考え方で分子の違いを調べ、系統関係を推定する考え方もあります。例えば、A～F種の塩基配列を見たとき、21番の塩基がA～C種はアデニン(A)、D～Fはチミン(T)であるとします。A種が最も祖先生物に近いとすると、D～Fは「派生形質21番AからT」という変化により、A～Cと別系統に分かれた、という見方が可能です。たった1個の塩基の変化に大きな意味を持たせることが合理的なのかという疑問も感じるでしょうが、合理性がないとは言い切れない例もあります。例えば、現生人類とネアンデルタール人は、同種内の別亜種（種内の別集団）の関係とされますが、現生人類が言語を器用に扱えるように

なった原因は，たった１個の塩基配列の変化によるとも言われています。とはいえ，ここでも派生形質の場合と同様，何を重視するかで主観が入る余地があります。

D．分子系統樹を作成する際の別の考え方（２）— 保持している遺伝子の比較

動物の形づくりに重要な役割を果たす遺伝子があります。体節構造を備えた動物において，各体節の特徴の形成に関与するホメオティック遺伝子です。体節構造をもつ動物は新口動物の中の脊椎動物，旧口動物の中の節足動物と環形動物があり，従来は新口動物の中で体節化が起こって脊椎動物が生じ，旧口動物の中の節足動物と環形動物の共通祖先で体節化が起こったと考えられていました。しかし，節足動物と環形動物のもつホメオティック遺伝子には，かなりの違いが存在します。ホメオティック遺伝子の多くは新口動物と旧口動物で共通ですが，**旧口動物のホメオティック遺伝子については，節足動物は線形動物と共通，環形動物は軟体動物や扁形動物と共通**という関係が見られます。

線形動物は昆虫の外骨格と同様，丈夫な外皮を備えており，脱皮をしながら成長します。環形動物などのグループはトロコフォア幼生（担輪子）や，口の周りを触手が取り巻く触手冠をもちます。そのため，**旧口動物は脱皮するという分岐形質によって節足動物と線形動物を含むグループ（脱皮動物）になり，環形動物などはそれとは別の冠輪動物に分かれたものであり，節足動物と環形動物は系統的にはかなり遠い**と考えられるようになりました。この考え方はリボソームRNAの塩基配列による分析とも一致しています。

三胚葉動物の系統と分岐形質

3．五界説と3ドメイン説

1　五界説とその区分

　生物を大きく分ける大区分である界については，ホイッタカーによる五界説が有力とされ，原核細胞からなる細菌（モネラ）界，真核生物のうち，単細胞生物や単細胞生物と近縁な生物は原生生物界，発達した多細胞生物は，カビ，キノコなどの菌界，陸上植物を含む植物界，動物界に区分されていました。

　原生生物界は多様なグループの集まりであり，カイメンの細胞とよく似た襟鞭毛虫類や，植物と近縁な藻類も含まれます。藻類には，褐藻やケイ藻のようにクロロフィル a と c をもつもの，紅藻類のようにクロロフィル a やシアノバクテリアと共通の補助色素をもつもの，そして植物と同様，クロロフィル a と b をもつ緑藻類が含まれます。

　分子的な研究からは，コケ，シダと種子植物を含む陸上植物のみを植物界としてまとめることには否定的な結果も得られており，緑藻とクロロフィル a，b をもつ原生生物などと陸上植物をまとめて緑色植物界とまとめる考え方も有力です。この区分によれば，五界説でいう植物界は，緑色植物界の中で，緑藻を含む緑色植物門とは別のストレプト植物門の中に分類され，その中で車軸藻目と並ぶ，一つの目となります。なお，動物分類についても，有輪動物門，外肛動物門…のように，少し古い分類体系を学んだ者にとっては聞いたこともない分類群もよく知られるようになりつつあります。

2　3ドメイン説とその背景

　五界説の修正を迫ったのは，高温，高圧，高塩など，他の生物がほとんど生息できない環境に多く見られる特殊な細菌類でした。我々の身の回りにも生活しており，沼地やウシなどの哺乳類の腸の中で生活しているメタン生成菌は，嫌気的環境における有機物の分解に伴い，温室効果ガスの一種であるメタンガスを放出しています。

　古細菌（アーキア Archaebacteria）という名称は，細菌 bacteria の前に，古いという意味のラテン語の archaios を付けたものです。古い時代に真正細菌から分かれたのは事実ですが，必ずしも細菌よりも古い起源とは言い切れず，生命の起源の場所と想定されている高温高圧の熱水噴出孔のような場所でも生活できる事実が，古い，すなわち生命の起源に近いと連想されたという程度の意味です。

　古細菌は膜脂質の主成分が，グリセリンと炭化水素鎖がエーテル結合によって結びついたエーテル型脂質であることや，細胞壁の成分が異なる点で，真正細菌とは大きな違いがあります。**リボソーム RNA 遺伝子の比較や一部の遺伝子にイントロンが存在する事実から，真正細菌よりも真核生物により近いと考えられています。**

　古細菌の細胞内に好気性の真正細菌が共生し，真核細胞が登場したという考え方が有力視されるようになり，細胞の起源という観点から，界より更に上位の階層としてドメインを新設し，真正細菌，古細菌，真核生物ドメインに分けるのが，現在正しいと考えられている生物の系統です。

あとがき

A：先生，ついに最後までやりました。全問制覇，やったあ。

大森：えらい，がんばったね。すばらしい……。

B：えー，A，速すぎ。俺なんか5問目でストップしてるっていうのに。

大森：問題編と参考書編を行きつ戻りつしながら，やってくれたかな。

A：もちろんです。そうでないとこの本の良さを生かせないじゃないですか。ほら，見てください，このノートが証拠です。

大森：……実によくやってあるね。著者として嬉しいわ。

A：えへ。気軽なハイキングと違って，それなりの山に登るには装備やルートの研究が欠かせないでしょう。どこで時間をとられそうか，天候が怪しいとき一時退避できるのは何処かも。それと同じで，私はまず参考書編の各章の小項目名を書き出してみて，その章全体のイメージを掴むようにしました。それを元に自分の脚力にみあった登り易いルートを見つけて読み始めました。読むのに慣れて来たところで，少しずつ自分にとって難所が多いルートかなあと思う章にアタックするようにしました。

B：なるほど……さすが山岳部。「解答する前に」ひと手間掛けたという訳か。俺は逆だな。ほら，見てください。俺は「解答した後に」，自分の出来をチェックして，誤答原因を自分だけに判る記号で，この本に直接付けてあるんです。俺サッカー部なんですけど，試合の後に大事な場面ごとに，どんなプレーをしたか，どんなプレーをした方がよかったのか，メモしてあるんです。それを応用してみました。

A：あ，それいいアイデアね。私もやればよかった。

大森：二人とも**自分なりに工夫して**勉強してくれたんだね。身になるやり方は人によって様々。**自分に合ったこの本の活用方法を模索する**ことが，結果として知らない間に実力がアップする，よい勉強につながると思うよ。

B：そんな大層なことは考えてなくて，先生が，「教材は買ったまま使うな，自分流にカスタマイズして使え」って，いつも言うからやってみただけです。

大森：あ，あ，あらそう……。

夢か……

私が作る問題を面白いと思っていただき大変光栄です。受験生どうしがお互いに突っ込み合って欲しい，そこですかさず，「なんで」と合いの手を入れて欲しい，という願望を問題の形にしてきました。また，登場人物に敢えて実験で失敗させたり，考え違いをさせたりして，受験者が登場人物に助け舟を出すことが解答になるような問題を作ってきました。判定模試では受験生が問題を解きながら，くすっと笑えるオチも付けるようにしています。

　今回この本を作る過程で，過去の判定模試の中には現在の入試の出題傾向には合致しなくなっている問題もあることが判明し，換骨奪胎，登場人物は変えずに問題内容を大胆に組み換えたものもありました。この本で学習する皆様も上述のAさん，B君のように**自分流のちょっとした勉強法の工夫を各自取り入れながら**，最後までやり遂げて欲しいと思います。そして合格の暁には**是非その方法を我々にもお知らせくださいね**。お待ちしています。

　最後になりましたが，この本をまとめるに当たり，ご意見をくださった山下翠先生，太田信頼先生，企画・編集でお世話になった梶原一也さんに心よりお礼申し上げます。そして，吉田邦久先生をはじめ，判定模試・全国模試出題メンバーの皆様には，模試編集会議において，いつも的確な御助言を数多く賜りましたことを改めて深く御礼申し上げます。

大森　智子

　この本の原稿を書き始めてから書き終えるまでに，子供の頃にかわいがってくれた伯母と，19年かわいがっていたネコを見送りました。もうそういう歳になったんだなあと思います。この本は良い仕事の区切りになりました。愛用の書院のワープロもさすがにガタが来ていますし，今後はこの手の仕事はテキトーに手を抜き，体力の続く限りフィールドワークに力を注ごうと思っております。

　ん？「テキトーに手を抜き」という所，頼むから表現を変えてくれとか騒いでいるやつがいるようだな。聞こえねえなあ。最近は耳も悪くなってな。都合の悪いことだけだけどな。

中島　丈治

■写真提供：PPS通信社

生物総合 40 題

著　　者	中島 丈治
	大森 智子
発行者	山﨑 良子
印刷・製本	日経印刷株式会社
発行所	駿台文庫株式会社

〒101-0062　東京都千代田区神田駿河台1-7-4
　　　　　　小畑ビル内
　　　　　　TEL.編集 03(5259)3302
　　　　　　　　販売 03(5259)3301
　　　　　　　《①-364pp.》

Ⓒ Jyoji Nakajima and Tomoko Ohmori 2016

落丁・乱丁がございましたら，送料小社負担にて
お取替えいたします。

ISBN978-4-7961-1773-9　Printed in Japan

http://www.sundaibunko.jp
駿台文庫携帯サイトはこちらです→
http://www.sundaibunko.jp/mobile